H. nº 17600

BIBLIOTHEQUE
DES
AUTEURS
DE
BOURGOGNE.

BIBLIOTHEQUE DES AUTEURS DE BOURGOGNE,

Par Feu M. l'Abbé PAPILLON, *Chanoine de la Chapelle au Riche de Dijon.*

TOME SECOND.

M=X.

Le prix est de 20 liv. en feuilles. Le Portrait de l'Auteur à la tête.

A DIJON,
Chez FRANÇOIS DESVENTES, Libraire, ruë de Condé, à l'Image de la Vierge.

M. DCC. XLV.
AVEC APROBATION ET PRIVILEGE DU ROI.

BIBLIOTHEQUE DES AUTEURS DE BOURGOGNE.

M

JEAN MACER.

ACER, (*Jean*) né à Santigny, proche de Mont-réal en Auxois, étoit Licentié en Droit, & Professeur en Droit Canon, à Paris, vers le milieu du XVIe. Siècle. Il a fait quelques Ouvrages, dont voici les Titres.

JEAN MACER.

1. *De profperis Gallorum fucceffibus Libellus, quo pariter differitur de Tributorum exactionibus, tum de Jure quo Galli fibi vindicant Provincias quas repetunt: cum Scholiis Jo. Blond.* Paris, Guillaume Guillard, 1555. *in* 8°. Jean le Blond, Conseiller au Parlement de Dijon, avoit été son Disciple.

2. *Panegyricus de laudibus Mandubiorum, quo etiam retunduntur extraneorum in Gallos calumniæ.* Ibid. 1556. *in* 8°. Voy. le *Confpectus Hiftoric. Burgund.* de M. de la Mare, p. 43. Le même Jean le Blond y a ajoûté ses Notes Latines, comme dans le précédent.

3. *Indicarum Hiftoriarum ex oculatis & fideliffimis Teftibus perceptarum Libri III.* Ibid. 1555. *in* 8°. Macer n'avoit jamais été aux Indes. Se trouvant à Avignon, il lia amitié avec une personne qui avoit demeuré aux Indes pendant trente ans, & mit par écrit tout ce qu'il en aprit. Etant de retour à Paris, où il faisoit sa résidence ordinaire, il rangea ces Mémoires, & les donna au Public.

Part. II.   A

JEAN MACER.

4. La Croix-du-Maine attribuë à *Macer* une *Philippique contre les Poëtaſtres & Rimailleurs de notre tems.* Paris, Guillard, 1557. Je ne ſçais en quelle forme elle fut imprimée.

Voy. la *Bibliothèque Françoiſe* de la Croix-du-Maine, p. 1239. celle de du Verdier, pag. 717. & le *Suplément de Moreri* de 1735.

JEAN MACHOU.

JEAN MACHOU.

MACHOU, (Jean) *Lieutenant ès Juſtices de Tournus*, comme il ſe nomme lui-même, mourut à Tournus, le 14. Avril 1669. Il eſt Auteur de l'Ouvrage ſuivant :

L'origine de la Ville & Abbaye de Tournus, de Fondation Royale, ſous le nom de S. Valerien, ou ſelon le Vulgaire, S. Valerin, martyriſé au même Lieu, dédié enſuite à l'honneur de N. Dame & de Saint Philibert : Sa ſéculariſation & changement en Egliſe Collégiale. Avec l'établiſſement & diſtinction des Juſtices Laïques & Séculiéres des Reſſorts des Elûs, & Députés des trois Ordres du Comté de Mâconnois en la Généralité de Bourgogne, où ſont marquées les cauſes des néceſſités publiques, les expédiens pour y rémédier, les Règlemens de Police, les devoirs d'un chacun, & autres particularités très utiles pour connoître les Droits des Seigneurs Hauts-Juſticiers. Châlon, Philippe Tan, 1657. *in* 8°. *It.* 2e. Edition, ſous ce Titre : *Pratique Judiciaire, tant Civile que criminelle des Juſtices ſubalternes, &c.* Ibid. 1662. *in* 8°. Je ſuis ſurpris que le P. le Long n'ait pas fait mention de la première Edition de cet Ouvrage, de laquelle je l'avois inſtruit.

Voy. *Bibliothèque des Hiſtoriens de France* du P. le Long, & l'*Hiſtoire de Tournus*, par le P. Chifflet, pag. XV.

JOSIAS MACHUREAULT.

JOSIAS MACHUR.

MACHUREAULT, (Joſias) étoit né à Châlon, le 8. Mai 1561. Il profeſſoit la Religion Prétenduë-Réformée. Dès l'âge de 17. ans, il s'étoit apliqué à la Chirurgie ; & étant allé à Arles, il y ſoûtint, ſur cette Science, des Thèſes qui lui firent tant d'honneur qu'on lui donna ſolemnellement le Titre d'*Abbé* ; c'eſt-à-dire, Intendant des Chirurgiens d'Arles. *Machureault* étudia à Paris ſous du Laurens, Médecin célèbre, & ſçavant Profeſſeur d'Anatomie. De retour en ſa Patrie, il y obtint des Lettres de Prevôt des Maîtres Chirurgiens, & exerça ſa Profeſſion avec beaucoup d'honneur & de ſuccès. Il mourut le 4. Mai 1622. à 61. ans. Il a compoſé.

1. *Exercices de* Joſias Machureault, *de Châlon-ſur-Sône, touchant l'amitié.* 1611. *in* 12. ſans nom de Ville, ni d'Imprimeur ; & la même année, à Genève, chez Chouet, *in* 12.

2. *Traité des Vertus & des Vices.* Mſ.

3. Vers François, à la tête des Ouvrages de Job Bouvot.

Voy. Jacob, *de claris Scriptor. Cabilon.* pag. 70. & le *Suplément de Moreri* de 1735.

GASPARD MACONNAI.

MACONNAI, (*Gaspard*) Jésuite de Mâcon, où il résidoit encore en 1632. comme je l'aprends de l'Ouvrage suivant : *L'Arc-en-Ciel de la Ville de Mâcon, représentant par l'éclat de ses couleurs, les rares perfections d'Henri le Grand, Premier Prince du Sang, Gouverneur de Bourgogne, en son Entrée à Mâcon, le 4. Décembre 1632.*

GABRIEL MADELENET, OU MAGDELENET.

MADELENET, *ou* MAGDELENET, (*Gabriel*) fils de Henri Madelenet, naquit vers 1587. à S. Martin du Puy, sur les confins de la Bourgogne, du côté du Nivernois. Ménage s'est trompé, en croyant qu'il étoit de Champagne. [1] Le Pere de *Magdelenet*, quoique d'une fortune médiocre, n'épargna rien pour son éducation. Gabriel *Magdelenet*, après avoir étudié en Philosophie, en Théologie & en Droit, à Nevers & à Bourges, se rendit à Paris en 1610. & se fit recevoir Avocat au Parlement de cette Ville. Son mérite fut bientôt connu, & lui donna de l'accès chez les personnes les plus distinguées de la Cour. Le Cardinal du Péron lui accorda sa protection, & le Cardinal de Richelieu l'honora de la Charge de son Interpréte Royal en Latin. *Magdelenet* avoit une pension de 1500. livres du Roi Loüis XIII. Le Cardinal de Richelieu lui en donna une autre de 700. livres, après qu'il eut entendu la lecture d'un Poëme François que *Magdelenet* avoit composé sur la prise de la Rochelle, & qui n'a pas été imprimé, non plus que ses autres Poësies Françoises. En quoi le Public n'a pas beaucoup perdu, si nous en croyons Balzac, qui les comparoit à celles de du Moüin, Poëte très méprisable. [2] *Magdelenet* abandonna la Poësie Françoise pour s'apliquer à la Latine, où il réussit si bien que le même Balzac disoit que *Magdelenet* faisoit des Vers comme Horace. Pierre Petit, Auteur de son Eloge, qu'on voit à la tête de son Recüeil de Poësies, dit qu'il avoit plus d'art que de génie. Petit nous aprend que *Magdelenet* avoit une aversion naturelle pour les impromptus, quoiqu'on en trouve deux ou trois dans ses Vers. Mais ce que Baillet [3] loüe le plus en lui, c'est qu'il avoit fait une heureuse alliance des Vertus Morales & Poëtiques ; ce qui est fort rare dans une même personne.

---

[1] *Menagiana*, pag. 223. Edit. de 1693.
[2] Lettre XXI. à Chapelain, Liv. IV.
[3] *Jugemens des Sçavans*, V. vol. p. 246. Edit. *in* 4°.

GABRIEL MADELEN — Coſtar faiſoit beaucoup d'eſtime de la Muſe de *Magdelenet*. C'étoit, dit-il, le premier homme pour les Vers Lyriques. [1] Loüis-Henri de Loménie, dans la Préface qu'il a miſe à la tête du Recüeil de cet Auteur, dit qu'il n'étoit point porté à la Satire. *Satiricæ dicacitatis Expers*. Sa converſation étoit facile, agréable & enjoüée. Il a cultivé, avec ſuccès, la peinture & la ſculpture, dont il connoiſſoit toute les délicateſſes, & il joüoit parfaitement du Luth. Sur la fin de ſes jours, il fit ſur la Gravelle, dont il étoit vivement tourmenté, des Vers qui étoient ſon chef-d'œuvre, ſelon Pierre Petit, mais qui n'ont pas été mis en lumière. *Magdelenet* paſſant par Auxerre, y fut attaqué d'une longue fièvre, qui le conduiſit au tombeau, le 20. Novembre 1661. à l'âge de 74. ans. Jean Magdelenet, Lieutenant au Préſidial d'Auxerre, ſon neveu, le fit inhumer dans l'Egliſe de Nôtre-Dame *la d'Hors*, avec cette Epitaphe.

D. O. M.

Memoriæ Gabrielis Madeleneti, à Conſiliis & Secretis Regis Chriſtianiſſ. Sermoniſque Latii Interpretis. Nec enim Tumulo obſcurum jacere juſtum eſt, qui tum, dum viveret, in Cœlum Heroas evexit. Claruit primùm Foro, tum Aulæ ſervivit. Otio denique vacavit, ne juſtitiæ, ne fidei, ne ſibi deeſſet. Neque tamen ignotum virtus latere paſſa eſt. Gratia Regum Ludovici XIII. & XIV. Alumnum elegit. Cardinalium Perronii, Richelii, & Mazarini ſtudium fovit. Docti omnes coluere. Quantus porro Vir, qui tantos habuit Muſarum ſuarum Fautores! Gratus olim Delphino futurus, ni dum hunc Orientem adoraret, ipſe occaſum ſuum ſenſiſſet, ſoli Deo in poſterùm victurus. Bene precare, Viator, ut Cœlo glorioſus vivat, quem laurus in terris non patietur mori.

*Obiit Altiſſiodori, XIII. Kal. Dec. an. D*ni*. MDCLXI. ætat. 74. in Ædibus & complexu Joannis Madeleneti, ex fratre nepotis amantiſſimi, qui ei hoc Monumentum*

P. L. C.

Son Recüeil a été imprimé, ſous ce Titre: *Gabrielis Madeleneti Carminum Libellus*. Paris, Claude Cramoiſy, 1662. *in* 12. pagg. 124: It. ibid. Paris, 1725. *in* 12. Nicolas Bourbon, fameux Poëte, s'écria la premiére fois qu'il vit des Vers de *Magdelenet*: *Ubi tandiu latuiſti?*

Voy. Konig, *Bibliotheca vetus & nova*, pag. 492. M. Titon du Tillet, *Parnaſſe François*, pag. 268. le *Dictionnaire de Moreri*, & le *Suplément de* 1735. les *Mémoires* du P. Niceron, Tom. **XXV.** page 16. & ſon Eloge à la tête de ſes Poëſies.

---

[1] Voy. la *Continuation des Mémoires de Littérature & d'Hiſtoire*, Tom. II. Part. II. pag. 324.

BARTHELEMI

BARTHELEMI MAGNIEN.

MAGNIEN, (*Barthelemi*) fils de Guillaume Magnien, fçavant Jurifconfulte de Châlon, embraffa la même Profeffion que fon pere. Il fut fucceffivement premier Echevin de Châlon en 1634. & deux fois Maire vers 1650. Il affifta en cette derniére qualité aux Etats de Bourgogne tenus en 1651. en préfence du Roi Loüis XIV. Le Difcours qu'il y prononça, fut imprimé la même année *in* 8°. avec ceux que Claude Burgat, Syndic de Châlon, & Jean-Baptifte Beuverand, Députés aux mêmes Etats, firent à Sa Majefté. *Magnien* prononça quelques autres Harangues devant des Perfonnes de la première qualité, qui furent auffi imprimées dans ce Recüeil. On trouve encore dans l'*Illuftre Orbandale*, Tom. I. pag. 763. une Harangue que *Magnien* prononça à l'Entrée de M. le Marquis d'Uxelles, Gouverneur de Châlon.

Voy. Jacob, *de claris Scriptor. Cabilon.* pag. 112.

JEAN MAGNIEN.

MAGNIEN, (*Jean*) étoit né à Tournus, & non dans la Province de Breffe, comme l'a dit M. Broffette dans fes Notes fur Defpreaux : il fit fes études chez les Jéfuites de Lyon. Après avoir été quelque tems Avocat au Préfidial de cette Ville, il partit pour Paris où il fe fixa. Il y fut affaffiné après l'an 1661. Il avoit été Ami de Molière, lorfque celui-ci fe fut affocié avec quelques jeunes gens qui avoient du talent pour la déclamation à laquelle il s'exerçoit avec eux. Ils joüoient dans le Faux-bourg S. Germain & dans le quartier S. Paul, & on apelloit leur Société l'*Illuftre Théatre*.

CATALOGUE DE SES OUVRAGES.

1. *Artaxerxes*. Paris, 1645. *in* 4°.

2. *Les Amans difcrets*. Ibid. 1645. *in* 4°.

3. *Le grand Tamerlan & Bajazet*. Ibid. 1648. *in* 4°.

4. *Le Mariage de Dorontade & de Statyra*. Ibid. 1648. *in* 4°.

5. *Sejanus, Tragédie*. Ibid. 1647. *in* 4°.

6. *Jofaphat & Barlaam*. Ibid. 1647. *in* 4°.

7. *Zénobie Reine de Palmyre*. 1660. *in* 4°.

8. *Heures du Chrétien, divifées en trois Journées*. Paris, 1654. *in* 8°. Vers & Profe. L'Auteur y prend le Titre d'Hiftoriographe de Sa Majefté.

9. *La Science univerfelle*. Paris, 1663. L'Auteur mourut pendant l'impreffion de cet Ouvrage.

10. Il a laissé plusieurs Tragédies manuscrites.

Voy. Jacob, *de claris Scriptor. Cabilon.* pag. 135. la *Bibliothèque des Théatres.* Note de M. Brossette sur le 36e. Vers du IVe. Chant de l'*Art Poëtique* par Despreaux, *Suplément de Moreri* de 1735.

JEAN MAGNIN.

JEAN MAGNIN.

MAGNIN, (*Jean*) étoit né à Tournus, & vivoit sur la fin du XVIe. Siècle. M. l'Abbé Juenin a inséré dans sa nouvelle Histoire de Tournus, *le Recüeil des Annales de Tournus par vénérable & scientifique personne Messire* Jean Magnin, *Secretaire en l'Eglise Paroissiale S. André*, depuis l'année 1557. jusqu'en 1575.

Voy. la *nouvelle Histoire de Tournus*, à la fin de la IIIe. Partie, & pag. 287. des Preuves.

JACQUES MAIGNIEN.

JACQUES MAIGNIEN.

MAIGNIEN, (*Jacques*) Notaire, mourut à Dijon en 1666. âgé de plus de 70. ans. Il fit imprimer en cette Ville, chez Pierre Palliot en 1660. des *Stances à S. A. R.* (M. le Prince de Condé) *sur son glorieux Retour* (à Dijon) *in* 4°. Ce Poëme est assez étendu.

HUBERT MAILLARD.

HUBERT MAILLARD.

MAILLARD, (*Hubert*) Bénédictin de la Congrégation de S. Maur, naquit à Flavigny de Nicolas Maillard. Il mourut dans sa Patrie, le 10. Novembre 1710. âgé de près de 50. ans. Il étoit pour lors Visiteur de la Province de Bourgogne. D. le Cerf en fait une mention honorable dans sa *Bibliothèque des Auteurs de la Congrégation de S. Maur.* Je ne crois pas que D. Maillard ait fait imprimer d'autre Ouvrage que l'*Oraison funèbre de M. Benigne Joly*, Chanoine de S. Etienne de Dijon. Dijon, Claude Michard, 1695. *in* 4°.

Voy. *Bibliothèque des Auteurs de la Congrégation de S. Maur*, pag. 328.

LOUIS MAILLEY.

LOUIS MAILLEY.

MAILLEY, (*Loüis*) habile Avocat au Parlement de Dijon, naquit en cette Ville, le 15. Août 1629. de Paul Mailley, & mourut le 17. Avril 1666. M. de la Mare nous aprend dans sa *Vie Latine de Claude Saumaise*, qu'il étoit grand Imitateur de Cicéron, qu'il avoit lû assiduement, & dont il avoit fait une étude particulière.

DE BOURGOGNE.

Loüis *Mailley* est Auteur de la Préface Latine qui est à la tête du Re- LOUIS cüeil des Poësies de Philippe Robert, imprimées sous ce Titre : *Car-* MAILLEY. *mina Philippi Roberti Græca & Latina quæ superfunt.* Dijon, Cha- vance, 1666. *in* 8°. Cette Préface porte le nom d'*Æmilius*, qui est l'Anagramme de *Maillius*. J'ai vû chez M. de la Mare plusieurs Let- tres Latines du même.

Mailley a fait encore plusieurs autres Ouvrages Mss. comme un Re- cüeil d'Arrêts du Parlement de Dijon, dont Taisand a parlé dans l'A- vertissement qui est à la tête de sa *Coûtume de Bourgogne*; des Notes sur le Code Thèodosien, ausquelles il travailla pendant cinq ans ; des Remarques sur Harmenopule, Jurisconsulte Grec. Il est fait mention de cet Ouvrage dans une Lettre Ms. de M. de Chevanes à M. de la Mare, datée du 15. Fevrier 1655.

GUILLAUME MAILLY, MALY, OU MALIG.

MAILLY, MALY, *ou* MALIG, (*Guillaume*) Jacobin GUILL. du XIIIe. Siècle, selon le P. Echard, est Auteur de plusieurs Ser- MAILLY. mons Mss. On trouve des Sermons de *Mailly*, mêlés avec ceux de Robert de Sorbonne. Le P. Echard croit que les Sermons, dont To- masini a donné les Titres parmi les Mss. qui sont à Venise dans la Bi- bliothèque de S. Jean & de S. Paul, sous le Titre de *Sermones Fra- tris Girardi de Malliaco*, sont de Guillaume *Mailly*, & que les Co- pistes ont écrit mal-à-propos *Gérard*, au lieu de *Guillaume*.

Voy. Echard, *Scriptor. Ordin. Prædicator.* Tom. I. pag. 483.

GUILLAUME MAILLY.

MAILLY, (*Guillaume*) Jacobin, né dans le Bourg de Mailly- GUILL. le-Château à quatre lieuës d'Auxerre, aussi bien que le précédent, MAILLY. mourut Jubilé, selon le P. Echard, le 4. Mars 1462. & fut enterré à Auxerre. Il a composé un Ouvrage Ms. conservé chez les Jacobins d'Auxerre, & intitulé : *Tabulare S. Thomæ*.

Voy. Echard, *Scriptor. Ord. Prædicat.* Tom. I. pag. 820.

JEAN DE MAILLY.

MAILLY, (*Jean de*) de la même Patrie & du même Ordre JEAN DE que les précédens, mourut vers le milieu du XIIIe. Siècle. Etienne MAILLY. de Bourbon Jacobin, dans le Prologue qu'il mit à la tête de son Li- vre, qui a pour Titre : *De septem Donis*, fait mention d'une Chro- nique de *Jean de Mailly*, en ces termes : *De Chronicis F. Joan. de Malliaco, de Ordine Prædicatorum, qui ea protendit usque ad sua tem- pora.* C'est-à-dire, jusqu'en 1026.

Voy. Echard, *Scriptor. Ord. Prædicat.* Tom. I. pag. 127.

GABRIEL BERBIS, SEIGNEUR DE MAILLY.

GABRIEL DE MAILL.
MAILLY, (*Gabriel Berbis, Seigneur de*) proche d'Auxonne, a fait imprimer dans le *Mercure de Mars* 1728. pag. 479. une Lettre écrite d'Auxonne, le 5. Décembre 1727. par M. *de Mailly* à M. Tercier, *sur les Cloud que les Payens attachoient solemnellement dans leurs Temples*.

JACQUES MAISTRET.

JACQUES MAISTR.
MAISTRET, (*Jacques*) Bourguignon, Docteur en Théologie, Evêque de Damas & Suffragant de l'Archevêché de Lyon. Le P. le Long le fait naître dans un lieu qu'il apelle *Juliacum* : c'est Juilly proche de Châlon. Le P. Philippe de la Sainte Trinité le range parmi les illustres Ecrivains de son Ordre. *Jacques Maistret* mourut en 1615. Il a laissé des *Homélies Latines sur l'Ecclésiaste & sur Isayë*. Mss. chez les Carmes de Lyon de l'ancienne Observance.

Voy. *Historia Carmelitana*, pag. 462. Le Long, *Bibliotheca Sacra*, pag. 841.

PHILIPPE DE MAIZIERE.

PHILIPPE DE MAIZ.
MAIZIERE, (*Philippe de*) Docteur en Théologie, & Curé de Laynet au Diocèse de Châlon, étoit né en 1630. dans le Bourg de Chagny. Après avoir fait les fonctions de Curé pendant plus de quarante ans, il se retira sur la fin de ses jours à Châlon où il acheta une Charge de Conseiller-Clerc au Présidial de cette Ville. Il y mourut en 1709.

CATALOGUE DE SES OUVRAGES.

1. Sonnet imprimé en 1657. à la tête de l'Ouvrage d'Antoine Thibauld, Curé de Chagny, intitulé : *L'Etat autrefois varié, à présent stable de la Paroisse de Chagny. Maizière* prend dans ce Sonnet la qualité de Bénéficier en cette Eglise.

2. Poëme en l'honneur de J. de Maupeou, Evêque de Châlon, sous le Titre de l'*Oracle de la Renommée sur le Portrait du parfait Prélat*. Châlon, Philippe Tan, 1660. pag. 33.

3. *Discours Théologiques des Perfections de Dieu, en forme de Lettres adressées au Roi, & à diverses personnes considérables*. Lyon, François Comba, 1689. *in* 12. 3. vol. Le dernier est dédié à M. Fyot, Abbé de S. Etienne de Dijon. On voit par l'aprobation, que l'Ouvrage étoit composé dès 1679.

4. *Lettres sçavantes sur les Grandeurs de Dieu*. Ibid. *in* 12. 3. vol.

5. Vers 1700. *Maiziére* fit imprimer une brochure *in* 8°. fans date, fous ce Titre : *Table, ou Mémoire abregé de divers Ouvrages que le Sr. de Maiziére, Prêtre, Docteur en Théologie, & Conseiller Honoraire au Présidial de Châlon, a composé pour son usage, & par le zèle de se rendre utile à l'Eglise pendant cinquante ans de son Ministére, craignant par l'incertitude de sa vie, & l'état de son âge, d'être prévenu par la mort.* Ce Catalogue renferme les Titres d'une douzaine de Mss. sur l'Ecriture Sainte, *l'Accomplissement des Prophéties, &c.* J'ignore où ils sont.

Voy. le *Suplément de Moreri* de 1735.

JEAN DE MALAING.

MALAING, (*Jean de*) Seigneur de Montigny & de Missery, Elû particulier pour la Noblesse au Bailliage d'Auxois, a fait imprimer une *Oraison & Remontrance faite en la Ville de Semeur, Bailliage d'Auxois, en l'Assemblée des trois Etats, le 8. Septembre 1565. sur la réformation & ampliation de la Coûtume de Bourgogne.* Dijon, Antoine Grangier, *in* 8°. Vers la fin de son Discours, il dit : *Nous avons dressé en notre Bailliage d'Auxois quelques Mémoires des articles qui nous semblent être requis & nécessaires. Après avoir communiqué chacun de nous ses caiers, nous délibérerons ensemblement pour nous en accorder.*

Il est parlé de *Jean de Malaing,* dans le *Procès-verbal de la Coûtume de Bourgogne.*

CLAUDE MALLEMANS, OU MALLEMENT.

MALLEMANS, ou *MALLEMENT,* (*Claude*) Seigneur de Messanges, Village situé dans le Val de Vergy, étoit né à Beaune. Il se rendit assez jeune à Paris, & entra en 1674. dans la Maison de l'Institution des Prêtres de l'Oratoire. Il demeura peu de tems en cette Congrégation. Je ne sçais s'il étoit déja Prêtre, lorsqu'il en sortit. Il s'attacha à l'Université de Paris, & professa pendant 34. ans la Philosophie dans le Collége du Plessis. Il eut l'honneur de donner des Leçons de cette Science à Madame la Duchesse de Bourgogne. Sur la fin de ses jours, se trouvant dans une situation peu commode, il se retira dans la Communauté des Prêtres de S. François de Sales, où il mourut le 17. Avril 1723. âgé de 77. ans. Il étoit habile Cartésien.

CATALOGUE DE SES OUVRAGES.

1. *Machine pour faire toutes sortes de Cadrans Solaires : Nouveau système de l'Aimant.* Paris, Jean Cusset, & dans le *Journal des Sçavans* de 1679. p. 267. Edit. *in* 12.

Part. II.   C.

CLAUDE MALLEM.
2. *L'Ouvrage de la Création. Traité Physique du Monde. Nouveau Système.* Raisonnemens différens de ceux des anciens Philosophes. Paris, 1679. *in* 12. On trouve à la fin de cet Ouvrage, un Recüeil de plusieurs Pièces Astronomiques sur le nouveau système qu'il a inventé. Il y a eû une seconde Edition de ce Livre. Voy. les *Mémoires de Trevoux*, Fevrier 1706. pag. 272.

3. *Sonnet* au-devant du *Reméde Anglois contre les Fièvres*, par Blegny. Paris, 1682.

4. *Le grand & fameux Problême de la Quadrature du Cercle, résolu géométriquement par le cercle & la ligne droite.* Paris, 1683. *in* 12. It. *ibid.* 1686.

Voy. le *Journal des Sçavans* de 1684. p. 332. Edit. *in* 12.

5. *Réponse à une Critique Satirique*, intitulée : *Apothéose du Dictionnaire de l'Académie Françoise.* Paris, Ballard, 1686. *in* 12.

6. *Réplique à la réponse de l'Inconnu sur la Quadrature du Cercle.* Dans le *Journal des Sçavans* de 1698. *in* 12. pag. 330.

7. *Fautes remarquées par Mall. de Mess. dans toutes les Cartes de Géographie, sur le sujet de la Pentapole dans la Terre de Chanaan, apellée aujourd'hui la Terre Sainte.* Journal des Sçavans, 1698. pag. 679. Edit. *in* 12.

8. *Réponse à la Lettre écrite contre la Remarque sur la Pentapole.* Dans le *Journal des Sçavans* de 1697. p. 197. La suite de cette Réponse, est p. 294. *ibid.* Le P. le Long s'est trompé, en attribuant les Remarques & la Réponse à l'Abbé de Mallemans, Chanoine de Sainte Oportune, frere de Claude.

Voy. la p. 842. de sa *Bibliothèque Sacrée.*

9. *La question décidée sur le sujet de la fin du Siècle :* Si l'année 1700. est la derniére du XVIIe. Siècle, ou la premiére du XVIIIe. Siècle. Paris, Moreau, 1699. *in* 12. & dans le *Journal des Sçavans* de la même année, p. 430. Edit. *in* 12.

10. *Discours sur trois articles des Journaux de Trevoux pour la deffense de son nouveau Système du Monde.* Paris, 1705. *in* 12.

11. *Extrait d'une Réponse à une Lettre Italienne écrite de Rome sur son nouveau Système du Monde.* Dans le Journal des Sçavans de 1716. Juillet, p. 9. Edit. *in* 12.

12. *Nouveau Système de l'Aimant.* In 4°.

Voy. le *Suplément de Moréri* de 1735.

ETIENNE MALLEMANS.

MALLEMANS, (*Etienne*) frere du précédent, fut marié à Paris, & y mourut le 6. Avril 1716. âgé de plus de 70. ans. Il a composé plusieurs Pièces en Vers ; entr'autres, un Madrigal sur le Camp de Loudun, imprimé dans le *Mercure de Septembre* 1698. Un *Sonnet* dans le *Mercure de Mars* 1703. pag. 203. Le *Défi des Muses en trente Sonnets Moraux*, remplis en trois jours sur les mêmes Bouts-Rimés donnés par Madame la Duchesse du Maine, & sur divers sujets. Paris, 1701. *in* 12. pag. 44. L'Auteur ayant apris qu'on l'accusoit d'être à bout par ces trente Sonnets, en ajouta dix autres sur divers autres sujets, & sur les mêmes rimes; & pour peu qu'on l'eût encore défié, il menaçoit d'aller jusqu'au centiéme. Il a fait encore imprimer quelques Chansons sur l'Avénement de Philippe V. à la Couronne d'Espagne.

Voy. Basnage, *Histoire des Ouvrages des Sçavans*, Mai, 1701. pag. 587. & 596. Juin, 1701. p. 277. & le *Suplément de Moréri* de 1735.

ETIENNE MALLEM.

JEAN MALLEMANS.

MALLEMANS, (*Jean*) frere des précédens, naquit le 22. Janvier 1649. Il avoit été marié, & avoit suivi la profession des Armes. Il embrassa ensuite l'Etat Ecclésiastique, & fut pourvû le 15. Mars 1702. d'un Canonicat de l'Eglise Collégiale de Sainte Opportune à Paris, où il mourut, le 13. Janvier 1740. âgé de 91. ans, moins neuf jours. » Il avoit beaucoup voyagé en Hollande, en An-
» gleterre, en Flandres, en Allemagne & ailleurs. On a sçû de lui-
» même qu'il alla une fois à Mons, dans l'unique dessein de chercher
» la première Edition de la Traduction du Nouveau Testament, qui
» porte le nom de cette Ville, & qu'il y croyoit imprimé, quoiqu'il
» soit certain que cette Edition a été faite en Hollande. Singulier dans
» ses sentimens, il n'a fait aucun Ouvrage où il ne se soit écarté des
» opinions les mieux fondées, & où il n'ait donné dans des bizarre-
» ries insoûtenables. Quand il vit que son frere Claude Mallemans
» prenoit parti pour Descartes, il s'en fâcha sérieusement, Descartes
» ne méritant, selon lui, aucune estime . . . On lui a souvent en-
» tendu dire que S. Augustin n'étoit qu'un Théologien fort médiocre,
» & qu'il n'avoit rien entendu sur-tout dans les matières de la Grace. »
Tel est le Portrait qu'en fait M. l'Abbé Goujet dans son *Suplément de Moréri*.

JEAN MALLEM.

CATALOGUE DE SES OUVRAGES.

1. *Conduite pour entendre chrétiennement la Messe*. Paris, Josse, 1696. *in* 12.

2. *Histoire de la Religion*, où est comprise l'Histoire Sainte depuis Adam jusqu'à Jésus-Christ.

JEAN MALLEM.

3. *La Vie de Jésus-Christ, tirée des quatre Evangélistes, sans en rien omettre, & sans y rien ajoûter.* Paris, Mariette, 1704. 2. vol. *in* 12. C'est une espèce de concorde que l'Auteur regardoit comme fort au-dessus de tous les Ouvrages que nous avons en ce genre.

4. *Histoire de l'Eglise depuis Jésus-Christ jusqu'à l'éternelle paix qui fut donnée aux Fidéles sous l'Empire de Jovien, avec des réflexions édifiantes, & par occasion, toute l'Histoire prophane, liée avec la Sacrée.* Ibid. 4. vol. *in* 12. C'est la suite de l'Ouvrage précédent.

5. *Lettre à M. le Comte de Nairval, où est donnée l'évidente intelligence du 2. Verset du VI. Chapitre de la Genèse, où est le véritable Systême du Paradis Terrestre établi contre le sentiment de Calvin, Scaliger & autres modernes.* Dans les *Mémoires de Trevoux* du mois de Septembre 1707. pag. 1635.

6. *Lettre au R. P. de Tournemine, pour servir de Réponse à la Lettre précédente, & pour établir le vrai sens de ces paroles de l'Evangile de S. Luc* : Homo quidam abiit in Regionem longinquam accipere sibi Regnum, & reverti. *Mémoires de Trevoux*, Juillet, 1708. p. 1229.

7. *Lettre au même, pour justifier cette Traduction de ce Passage de S. Luc, XXII. 51.* Sinite usque huc. *Permettez, ou avec votre permission, souffrez que j'avance jusques-là.* Mémoires de Trevoux, Août 1708. p. 1390.

8. *Réponse à la Critique de la Lettre précédente.* Ibid. Septembre, 1708. p. 1601.

9. *Réplique à la réfutation de la Réponse.* Ibid. Décembre, 1708. pag. 2081. Cette Réfutation est du P. Athanase de Paris, Picpus.

10. *Lettre où la Divinité de Jésus-Christ est démontrée contre les Sociniens, par deux nouvelles Preuves tirées de l'Evangile.* Ibid. Mars, 1709. p. 522.

11. *Lettre sur un Passage difficile de l'Evangile* : La Malédiction du Figuier. *Ibid.* Novembre, 1709. p. 1968.

12. *Traduction Françoise des Ouvrages de Virgile en Prose Poëtique, avec des Notes.* Paris, Mariette, 1706. 3. vol. *in* 12. L'Auteur prétendit avoir expliqué ce Poëte *en cent endroits, dont toute l'Antiquité a ignoré le vrai sens.* Mais, dit M. Vaillant (dans sa Traduction des Eglogues de Virgile, publiée en 1724.) il paroît que le Public n'a pas été plus content de sa Traduction, que de ses autres Ouvrages. En effet, ajoûte-t-il, bien loin d'avoir cette politesse que demande un Ouvrage, composé principalement pour les Dames, selon le dessein de M. Mallemans, on peut dire qu'elle est rampante, sans élévation, & même barbare.

13. *Pensées sur le sens littéral des dix-huit premiers Versets de l'Evangile de S. Jean.* Paris, Mariette, 1718. *in* 12. Les Journalistes de Trevoux disent que quand on n'admettroit pas toutes les conjectures de l'Auteur

l'Auteur, on estimeroit son esprit. Voy. *Mémoires de Trevoux*, Mai 1718. pag. 569. Voy. aussi l'*Europe Sçavante*, Tom. V. Part. I. pag. 110. où l'on voit un extrait de cet Ouvrage.

JEAN MALLEM.

14. *Les Pensées sur S. Jean* devoient être suivies de pensées pareilles sur les 18. ou 20. premiers Versets des trois autres Evangélistes. Ces Ecrits sont achevés depuis plus de 20. ans. Mais le Privilége que l'Auteur avoit sollicité pour les faire imprimer, lui ayant été refusé, elles n'ont pas vû le jour. Il avoit aussi beaucoup travaillé sur S. Jean. Cet Ouvrage devoit former 5. ou 6. gros volumes. Le Privilége lui en fut pareillement refusé, parce qu'il avoit pris à tâche de réfuter toutes les Traductions modernes de l'Ecriture Sainte, particulièrement celle de M. Godeau, du P. Amelotte, de Mons, du P. Bouhours & de Richard Simon. M. *Mallemans* trouvoit dans ces Auteurs bien des fautes grossières qu'il relevoit. C'est ainsi qu'il s'en expliqua au mois de Septembre 1726. dans une Lettre au P. Batterel, de l'Oratoire, que ce Pere m'a communiquée.

15. *La Vie des Philosophes.* Mss. Il a parlé à plusieurs de ses Amis de cet Ouvrage qui auroit formé 2. vol. *in* 12.

16. Selon M. l'Abbé Goujet, il a composé *plusieurs Factums & Requêtes dans les démêlés assez fréquens qu'il a eûs avec son Chapître en Corps, ou avec plusieurs membres, & dans lesquels on trouve plus que de la vivacité.*

Voy. la *Bibliothèque Sacrée* du P. le Long, & le *Suplément de Moréri* de 1735.

―――――――――

PIERRE MALPOY.

MALPOY, (Pierre) Avocat & Conseil de Dijon, naquit en cette Ville, de Bernard Malpoy, Echevin. Il mourut fort âgé, le 7. Juillet 1644. Pierre Bernier [1] le loüe, & lui donne rang parmi les fameux Avocats de son tems.

PIERRE MALPOY.

CATALOGUE DE SES OUVRAGES.

1. *Chariot de Triomphe du Roi*, *représenté par l'Infanterie Dijonnoise, le Dimanche 25. Fevrier 1629. mêlé de François & de Bourguignon.* Dijon, Nicolas Spirinx, 1629. *in* 8°.

2. *Réjoüissance de l'Infanterie Dijonnoise pour la Naissance de M. le Prince de Condé.* Ibid. 1630. *in* 8°.

3. *L'Entrée de très haut & très puissant Prince Henri de Bourbon, Prince de Condé, Gouverneur de Bourgogne, en la Ville de Dijon, le 30. Septembre 1632.* Dijon, veuve Cl. Guyot, 1632. *in folio*, pagg. 85.

―――――――――

[1] Dans la Préface de son *Plaidoyé sur un Mariage clandestin.*

PIERRE MALPOY.

4. *Réjoüissance de l'Infanterie Dijonnoise pour l'Entrée de M. le Marquis de Tavanes, Lieutenant de Roi au Gouvernement de Bourgogne, le 4. Fevrier 1636.* Dijon, Claude Guyot, 1636. in 4°.

5. *Retour de Bon-tems, dédié à Monseigneur le Prince, Gouverneur de Bourgogne.* Ibid. 1632.

6. *Réjoüissance de l'Infanterie Dijonnoise pour la Venuë de Monseigneur le Duc d'Anguien, le 25. Fevrier 1636.* Ibid. 1636. in 4°. Quelques-uns attribuent ces trois dernières Pièces à MM. Perard & Brechillet.

7. *Récit de ce qui s'est passé en la Ville de Dijon pour l'heureuse Naissance de Monseigneur le Dauphin.* Dijon, Palliot, 1638. in 4°. Aux pages 3. & 15. de cette Pièce, il est parlé d'une Fête comique, apellée vulgairement la *Mere-Folle*. Voy. ce que j'en ai dit à l'article de M. *Lucotte du Tilliot*.

8. *Description du Feu de joye dressé en la Ville de Dijon, à l'honneur du Roi, pour la Prise de Thionville, par M. le Duc d'Anguien; sur les desseins de P. Malpoy & Brechillet, Echevins.* Ibid. 1643. in 4°.

THIBAULT MALPOY.

THIBAULT MALPOY.

MALPOY, (*Thibault*) Régent de l'ancien Collége de Dijon vers 1550. Il fit imprimer cette année un Livre, intitulé: *Grammatica Latina*. In 8°.

ANTOINE MALTESTE.

ANTOINE MALTEST.

MALTESTE, (*Antoine*) vivoit dans le XVIIe. Siècle. Il a fait l'Ouvrage suivant: *Descriptio Comitatûs Cadrelensis, Autore Antonio Malatestâ, Præfecti Cadrelensis Vicario*. Msc. M. de la Mare en a parlé dans son *Conspectus Historic. Burgund.* L'original de cette Pièce étoit chez M. Maltête, Conseiller au Parlement de Dijon.

Voy. *Conspectus Historic. Burgund.* pag. 46. & Palliot, *Histoire du Parlement de Bourgogne*, pag. 322.

CLAUDE MALTESTE.

CLAUDE MALTEST.

MALTESTE, (*Claude*) habile Conseiller au Parlement de Dijon, mourut d'apoplexie, le 29. Mai 1690. à près de 71. ans. M. *Maltête* étoit habile dans les Langues Grecque & Latine. Le P. le Long a fait mention de sa *Traduction du Nouveau Testament sur le Latin*, en 3. vol. in 4°. Msf. J'ai les deux derniers Tomes de cette Traduction ; c'est-à-dire, depuis les Actes des Apôtres, jusqu'à la fin du Nouveau Testament.

J'ai vû de la façon de M. *Maltête* le commencement de l'*Histoire Secrette* du Parlement de Dijon, depuis 1650. jusqu'en 1655. inclusivement. Elle renferme plusieurs traits curieux. L'original Mss. est chez M. le Conseiller Maltête. M. le Président Bouhier en a une copie.

Voy. la *Bibliothèque Sacrée* du P. le Long.

FRANÇOIS MALTESTE.

MALTESTE, (*François*) Avocat au Parlement de Dijon, Maire de cette Ville ez années 1651. & 1652. mourut âgé de plus de 80. ans, le 5. Fevrier 1659. Il est Auteur des Ouvrages suivans.

1. *Epitre Latine, & trois Epigrammes en la même Langue.* Dans *l'Indice Armorial de Geliot*, pag. 370. & suiv.

2. *Trois Poësies Françoises*, chacune d'environ cent Vers, imprimées dans un Recüeil de Pièces Burlesques, intitulé : *La Perdrix & l'Orange, Question proposée au Carnaval en l'an 1645.* Dijon, Palliot, 1645. *in* 8°. Voy. les pages 9. 13. & 28.

3. *Dissertatio Forensis. Fideicommissum Arbitrio Monachi relictum.* Ibid. 1658. *in* 4°. pagg. 48. Il agite la question pour & contre, de même que dans la Pièce suivante.

4. *Dissertatio Forensis. Rex Sagittarius Tributorum immunitatem postulat.* Ibid. 1658. pagg. 39. Un Chevalier du Jeu de l'Arc de Dijon, qui avoit jetté l'oiseau à bas, donna occasion à cet ingénieux amusement.

5. Il a fait des Vers François sur la mort d'Etienne Pérard. Ils furent imprimés en 1658. *in* 4°. à Dijon, à la page 15. du Recüeil de Vers que Brechillet publia à l'honneur de Pérard.

François *Maltête* a laissé un fils nommé Jacques Maltête, Docteur de Sorbonne, Doyen de la Sainte Chapelle de Dijon, mort en cette Ville, le 3. Avril 1706. âgé de plus de 75. ans. Cet Ecclésiastique étoit bon Théologien, & il avoit brillé dans les Conférences que M. le Tellier, Archevêque de Reims, tenoit à Paris sur la Théologie. Le P. Vavasseur, son ami, lui adressa la XXXVe. Epigramme de son IIIe. Livre d'Epigrammes Latines. M. de Launoy lui écrivit aussi la IVe. Lettre de la IIIe. Partie de son Recüeil, & la IVe. de la VIe. Partie. M. *Maltête* laissa en mourant, une bonne Bibliothèque, que les Libraires de Paris achetérent en 1709.

ROCH MAMEROT.

ROCH MAMEROT

MAMEROT, (*Roch*) Jacobin, Confesseur de Marie Stuart, Reine d'Ecosse, veuve de François II. Roi de France ; Licentié de Sorbonne, du 14. Fevrier 1557. étoit né à Auxerre, où il mourut en 1587.

Le P. *Mamerot* a long-tems prêché à Auxerre. Il y prêcha, entr'autres, le Carême de 1586. Ses principaux Sermons sont imprimés avec ceux qu'il a faits sur le Prophète Jonas, & qu'il dédia à Nicolas Pseaume, Evêque de Verdun, tandis que l'Auteur étoit Prieur des Dominicains de cette Ville. Au reste, ce n'est qu'un abregé latin des Sermons qu'il avoit prononcés en Langue vulgaire. Ils portent ce Titre : *Viginti Conciones in Jonam Prophetam, & quinque in Dominicas Adventûs, & Festum Nativitatis*. Verdun, Mart. Mercator, 1573. in 8°. pagg. 250. Le P. le Long cite une Edition de 1575. Mais je crois qu'il se trompe.

Le P. *Mamerot* a fait encore un *Discours sur la Sainte Confession*. Roüen, 1587. in 8°.

Voy. le Long, *Bibliotheca Sacra*, pag. 843. Echard, *Scriptor. Ord. Prædicator*. Tom. II. p. 280.

SAINT MAMERT OU MAMERTIN.

SAINT MAMERT

MAMERT, *ou MAMERTIN*, (*Saint*) Abbé de Saint Germain d'Auxerre, a fait la Relation Latine de sa Conversion, opérée par le ministère de S. Germain. Elle se trouve dans la Vie de S. Germain que composa Constance, Prêtre de Lyon, par ordre de S. Patient, son Archevêque. Bollandus a inseré cette Vie dans ses *Actes des Saints*, pag. 758. & suiv. du mois d'Avril. M. Lebeuf l'a traduite en François en 1722. Cette Traduction est faite sur d'excellens Mss. qui ont sept ou huit cent ans d'antiquité, & qui sont dans l'Abbaye de S. Marien d'Auxerre. M. de Tillemont place la mort de S. *Mamert* en 462. ou 484. Mais M. Lebeuf croit qu'il mourut le 30. Mars 473. jour de Vendredi Saint, à l'âge de 70. ou 75. ans.

Voy. sa Vie dans Bollandus, Tillemont, *Histoire Ecclésiastique*, Tom. XV. pag. 14. 15. 26. & 839. M. Lebeuf, *Relation autentique de la Conversion de S.* Mamert, *Abbé à Auxerre, écrite par lui-même*. Dijon, Augé, *in* 8°.

VORLE DE MARCENAY.

VORLE DE MARCEN.

MARCENAY, (*Vorle de*) Chanoine de Notre-Dame d'Autun, Docteur en Médecine, naquit en 1656. à Châtillon-sur-Seine. Il a fait imprimer *l'Arrangement des principaux Aphorismes d'Hippocrate* d'*Hyppocrate pour servir à gouverner méthodiquement les Malades*. Sans nom de Ville, ni d'Imprimeur, (Autun) 1719. *in* 12.

FRANÇOIS MARCHAND.

MARCHAND, (François) Chanoine d'Auxerre, vivoit au milieu du XVIe. Siècle. Il est Auteur de la *Vie Latine de François I. de Dintedille*, mort en 1531. *Evêque d'Auxerre*. Il écrivit en 1548. cette Vie qui est imprimée dans le I. vol. de la *Bibliothèque des Mss.* du P. Labbe. FRANÇOIS MARCH.

Voy. la *Bibliothèque des Historiens de France* du P. le Long, pag. 94. N°. 4104.

JEAN-LOUIS MARCHAND.

MARCHAND, (Jean-Loüis) Doyen du Collège des Médecins de Dijon, étoit né en cette Ville, où il mourut le 26. Fevrier 1688. à 91. ans. Il a fait imprimer les deux Ouvrages suivans. J. LOUIS MARCH.

1. *De febre purpurata hoc anno 1666. per Burgundiam grassante, deque ejus causâ proximâ & verâ curatione*, Tractatus. Dijon, Palliot, & Paris, Hélie, Josset, 1666. *in* 12. pagg. 131. Voy. un extrait de ce Livre dans le *Journal des Sçavans*. Juillet, 1666. p. 606. Edit. *in* 12.

2. *Méthode nouvelle pour guérir la Fièvre maligne & pourprée, apellée autrement la Fièvre des Armées, bientôt, & à peu de frais.* 1674. *in* 12. pagg. 39.

Voy. son Eloge, intitulé : *Jo. Marchantii, Philosophi, Medicorum Divione Aggregatorum Decani, expressum Versibus Elegiacis doctrinâ paradoxis refertissima Elogium*. Dijon, 1678. *in* 4°. pagg. 13. L'Auteur de cet Eloge étoit un parent de l'Auteur, & il s'est déguisé sous ces Lettres initiales F. P. M.

On marque à la fin de cet Eloge, qu'en 1678. *Marchand* étoit âgé de 81. ans. Il en avoit donc 91. en 1688. lorsqu'il mourut.

Voy. aussi *Lindevius renovatus*, de Mercklin, pag. 663.

JEAN-LOUIS MARCHAND.

MARCHAND, (Jean-Loüis) étoit né à Auxonne. Je sçais que M. Titon du Tillet le fait naître à Lyon. [1] Mais j'ai apris de quelques personnes de mérite qui l'ont connu, qu'Auxonne étoit sa J. LOUIS MARCH.

---

[1] *Parnasse François*, pag. 658. Edit. *in folio*.

Part. II.

J. LOUIS MARCH.
Patrie, & qu'il avoit des raisons importantes pour la déguiser. [1] Quoiqu'il en soit, *Marchand* étoit constamment le plus habile Organiste de France. S'étant blessé 6. ou 7. ans avant sa mort, au bras gauche, il ne laissoit pas d'exécuter de très beaux morceaux de Musique, qui surprenoient tous ceux qui les entendoient, & qui sçavoient son accident. On peut voir plusieurs autres circonstances de la Vie de *Marchand*, dans le *Parnasse François* de M. Titon du Tillet. Il me suffira de dire qu'il mourut à Paris, au mois de Fevrier 1732. âgé de 63. ans, & qu'il fut inhumé au Cimetière des Saints Innocens. Il a composé un Livre de Clavecin, dans le tems qu'il étoit Organiste de S. Honoré. Cet Ouvrage est imprimé en 1705. *in* 4°. Oblong, à Paris, chez Christ. Ballard. Il a fait encore 2. vol. *in* 4°. de Pièces de Clavecin. C'est lui qui a fait aussi la Musique de l'Opera de Pyrame & de Thisbé, dont les paroles sont de Morfontaine. Cet Opera n'a point été représenté. Il avoit épousé la fille du Sr. Denys, Facteur de Clavecin à Paris, dont il a eû une fillle retirée à la Communauté de Sainte Agnès, qui a un grand coffre rempli de Musique, composée par son pere.

V. le *Parnasse François* de M. Titon du Tillet, Edit. *in folio*.

OLIVIER DE LA MARCHE.

OLIVIER DE LA MARCHE.
MARCHE, (*Olivier de la*) Grand & Premier Maître d'Hôtel de Philippe, Archiduc d'Autriche, étoit fils de Philippe de la Marche. Il naquit en Bourgogne, ainsi qu'il le dit au commencement de ses Mémoires, & non en Franche-Comté, comme plusieurs l'ont crû; entr'autres, Bullard dans son Académie des Sciences, Tom. I. pag. 133.

Olivier de la Marche étoit né vers l'an 1422. Il fut attaché de bonne heure à Philippe, Duc de Bourgogne, qu'il servit avec beaucoup d'affection, de même que Charles le Guerrier son Successeur, dont il fut Maître d'Hôtel & Capitaine des Gardes. Le Roi Loüis XI. le demanda au Duc Philippe, lorsqu'on arrêta prisonnier en Hollande, l'an 1463. le Bâtard de Rubempré, soupçonné d'avoir voulu enlever le Comte de Charollois. Mais Philippe refusa de livrer un Serviteur si fidèle. Le Comte de Charollois le fit Chevalier à la journée de Monthléri, l'an 1465. Il fut fait prisonnier à la Bataille de Nancy, dans laquelle son Maître perdit la vie, l'an 1477. Ayant payé sa rançon, il fut mis en liberté, & s'attacha à Maximilien d'Autriche, qui avoit épousé l'Héritiére de Bourgogne.

---

[1] Voici ce qu'en écrivoit, de la Patrie de *Marchand*, M. Titon du Tillet à M. Joly, Chanoine de la Chapelle-au-Riche de Dijon, le 14 Mars 1739. » Je me souviens que feu » M. l'Abbé Papillon me reprochoit d'avoir fait naître à Lyon, Loüis *Marchand*, ce fameux » Organiste. Il vouloit absolument qu'il fut natif d'Auxonne, mais la fille dudit *Marchand*, » demeurante à la Communauté de S. Agnès, m'a toûjours assuré que son pere étoit de » Lyon, & l'on vient de graver chez Odierre, un joli portrait de cet Organiste, où on » le dit né en cette dernière Ville. »

DE BOURGOGNE.

Il fut envoyé par Philippe, fils de Maximilien, en Ambaffade, à la Cour de France pour complimenter le Roi Charles VIII. après la mort de Loüis XI. fon pere. *Olivier de la Marche* mourut le 1. Fevrier 1501. & fut enterré dans l'Eglife des Chanoines Réguliers de Cauberg, ou Cauremberg, autrement Monfroid. Cette Eglife étoit près du Palais des Ducs de Brabant. Son Tombeau fut ruïné par les Religionnaires. On lui dreffa cette Epitaphe.

OLIVIER DE LA MARCHE.

Cy gît Meffire Olivier de la Marche, qui trépaffa l'an M. D. I. le prem. jour de Fevrier, & Dame Ifabeau Machefoin fon époufe, qui trépaffa l'an M. D. X. le XI. jour de Novembre.

Vis-à-vis ce Tombeau, il y avoit un Tableau contre le mur de cette Eglife, lequel contenoit l'Eloge, en Vers, d'Olivier de la Marche, en ces termes :

Cy gît Olivier, de la Marche Seigneur,
Et Grand Maître d'Hôtel rempli de tout honneur.
Qui fut fage & fecret, léal & magnifique,
Et qui fit maints beaux dits en belle Rhétorique.
L'an quinze cens & un, le premier Fevrier
Mourut plein de vertus. Veüillez pour lui prier.
Dame Ifabeau Machefoin mourut neuf ans après,
Sa Compagne & Epoufe, & gît ici auprès.
Priez que Paradis à elle foit ouvèrt,
Et au bon Chevalier, lequel a tant fouffert.

CATALOGUE DE SES OUVRAGES.

1. *Le Chevalier délibéré, ou la Vie & la Mort de Charles, Duc de Bourgogne, qui trépaffa devant Nancy. En Rimes Françoifes.* Paris, 1489. *in* 4º. Le P. le Long [1] & M. Lenglet après lui [2] fe font trompés en attribuant ce Livre à George Chatelain. J'avertîs de cette erreur le P. le Long, qui me promit de la rectifier.

2. *Le Parement & Triomphe des Dames, avec des explications en Profe.* Paris, Michel Lenoir, 1520. *in* 8º. *It.* Lyon, Arnoullet, *in* 16. La Croix-du-Maine [3] cite une Edition de ce Livre, faite en 1510. à Paris. Mais je crois qu'il fe trompe.

3. *Mémoires d'Olivier de la Marche.* In folio, 1562. par les foins de Denys Sauvage, Hiftoriographe de France. *It.* 1567. Agand, chez

---

[1] *Bibliothèque des Hiftoriens de France*, pag. 541. Nº. 10255.
[2] *Méthode pour étudier l'Hiftoire*, Tom. IV. pag. 219. Edit. de 1729. in 4º.
[3] *Bibliothèque Françoife*, pag. 367.

OLIVIER DE LA MARCHE. Gérard de Salenson, avec des Annotations de L. D. G. *Lautens* (Jean) *de Gand*. It. Bruxelles, 1607. *in* 4°. 3e. Edition, *revuë & augmentée d'un Etat particulier de la Maison du Duc Charles le Hardy, par le même Auteur, en* 1474. It. Lyon, *in folio*, 1612. It. Bruxelles, 1615. *in* 4°. It. Louvain, 1645. *in* 4°. & non *in* 8°. comme l'a crû le P. le Long. [1]

M. l'Abbé le Gendre préfére le vieux langage d'*Olivier de la Marche* à celui de son Réformateur, qui a voulu lui donner quelques expressions plus correctes & plus intelligibles. Voy. la Préface de l'*Histoire de France*, par M. le Gendre, pag. 80. M. le Président Bouhier a une copie manuscrite des Mémoires de la Marche, faite vers la fin du XVIe. Siècle, sous ce Titre : *Mémoires contenant ce qui s'est passé à la Cour de Philippe le Bon, & Charles, dernier Duc de Bourgogne, & de la Princesse Marie leur fille, jusques vers la fin du XVe. Siècle*. In folio.

4. *De la Puissance de nature, & comment les Corps Célestiaux gouvernent naturellement le monde*. Ms. *in* 4°. parmi ceux de la Bibliothèque du Cardinal du Bois, N°. 5877. Il étoit aussi chez M. Foucault, Conseiller d'Etat.

5. *Traités & Avis de quelques Gentils-hommes François, sur les Duels & Gages de Bataille*. Paris, Richer, 1586. *in* 8°.

6. *Sommaire Description de la taille, mœurs, complexion, piété & faits mémorables des deux derniers Ducs de Bourgogne, ses Maîtres*. Ms. Du Verdier a fait mention de cet Ouvrage dans sa Bibliothèque Françoise, pag. 932.

7. *Discours dressé à M. l'Avitailleur de Calais, des Etats, Offices, Police & Revenu annuel de la Maison de Bourgogne*. Ms. V. l'*Histoire de Châlon*, par le P. Perry, Jésuite, pag. 276.

8. *Etat de la Maison des Ducs de Bourgogne. Enterrement du Duc de Bourgogne. Cérémonies d'un Batême*. Bayle dit qu'on *vient de publier en Flamand l'Etat de la Maison des Ducs de Bourgogne*.

9. Il y avoit chez M. Baluze, un Ouvrage que je crois d'*Olivier de la Marche*, & qui est intitulé : *Les nobles Promesses & Vaillances de Galien Restauré, fils de noble Olivier de la Marche, & de la belle Jaqueline, fille du Roi Hugon, Empereur de Constantinople*. Lyon, 1625. *in* 4°. Voy. Bibliot. Baluze, pag. 401. N°. 5198. & la *nouvelle Bibliothèque des Mss*. du Pere Labbe, *in* 4°. pag. 287.

10. *Livre des Conseils touchant les usages & manières de la Cour*. Ms. dans le Cabinet de M. de Lampinet, Conseiller au Parlement de Besançon, de même que les suivans.

11. *Livre des Conseils œconomiques*.

---

[1] *Ibid.* pag. 810. N°. 15630.

DE BOURGOGNE.

OLIVIER DE LA MARCHE.

12. *Livre des Conseils Polémiques, ou de l'Art de faire diverses machines de Guerre.*

13. Poëme intitulé : *Du Chevalier déterminé*, dans lequel il loüe le Poëme d'un Gentil-homme nommé de Montgesoye, Seigneur dudit lieu, qu'il nomme le pas de la mort. C'est peut-être le même Ouvrage que le *Chevalier délibéré* dont j'ai parlé au N°. 1.

14. *Le Parement & le Triomphe des Dames d'honneur*, Poëme augmenté par Pierre Desray, imprimé à Paris en 1510. Voy. la *Bibliothèque Belgique* de Valère-André.

15. *Poëme des sept douleurs de la Vierge Marie*, & d'autres Ouvrages pieux conservés dans la Bibliothèque de l'Escurial.

16. *Diverses Poësies Françoises.* Plusieurs Curieux en ont des copies. Colletet a fait la Vie d'*Olivier de la Marche*, parmi celles des Poëtes François, qui vont, dit-on, être bientôt mises sous presse.

Voy. *Académie des Sciences*, par Bullart, Tom. I. pag. 136. Valère-André, *Bibliothèque Belgique*. Bibliothèques Françoises de la Croix-du-Maine & de du Verdier. Palliot, I. vol. de ses *Mémoires Mss*. M. Lenglet, *Méthode pour étudier l'Histoire*. Le Long, *Bibliothèque des Historiens de* France. *Dictionnaire de Bayle*, celui *de Moreri*, & le *Suplément* de 1735.

NOEL MARGUERON.

NOEL MARGUER

MARGUERON, (*Noel*) *Aumônier du Prince de Condé, Chapelain de la Sainte Chapelle* (de Dijon) *Archiprêtre de Nuys, & Curé d'Argilly.* Ce sont les qualités qu'il prend dans l'Ouvrage suivant : *Récit véritable de l'attentat commis contre le S. Sacrement, dans l'Eglise d'Argilly.* Lyon, Comba, 1667. *in* 12. *It.* Dijon, Ressayre, 1674. *in* 12. *Margueron* mourut au mois d'Août 1678. âgé de près de 70. ans.

LOUIS MARICHE.

LOUIS MARICHE.

MARICHE, (*Loüis*) de Châlon, mourut en cette Ville, à l'âge de 55. ans en 1670. Il a fait imprimer un *Discours d'Uranide contre ceux qui donnent tout aux choses naturelles, sur les Comètes qui ont paru l'année dernière & la présente 1665. avec une prédiction des choses les plus remarquables qui doivent arriver.* Châlon, Philippe Tan, 1665. *in* 4°. pagg. 30.

Part. II. F

LA SŒUR MARGUERITE DU SAINT SACREMENT.

LA SOEUR MARGUER

MARGUERITE DU SAINT SACREMENT, (*la Sœur*) Religieuse Carmélite, étoit née à Beaune, le 7. Fevrier 1619. de Pierre Parigot & de Jeanne Bataille. Ces deux familles sont des plus anciennes de la Ville. On peut voir fort au long dans les Auteurs que je citerai à la fin de cet article, les vertus dont le Ciel a comblé cette sainte & admirable Fille, qui mourut le 26. Mai 1648. dans sa trentiéme année. On me permettra de raporter l'Epitaphe qu'on lui a dressée, quoiqu'elle ne soit pas d'un style qui doive plaire aux Amateurs de la belle Latinité. Je remarquerai seulement qu'on n'y a nullement exageré la vertu éminente de cette Religieuse.

Siste, Viator, & mirare novum ad stuporem, hoc ævo gratia miraculum. Pia Soror à Sanctissimo Sacramento, in hoc Belnâ Burgundiorum Oppido nobiliter nata. In hocce Carmeli Gynecéo consummata in brevi, explêvit tempora multa. Adhuc in Cunis, Jesu-Christi hinc Infantis, inde Crucifixi sponsa optatur inter dilectas prædilecta. Decennis Peplum induta Carmeliticum, jam Christi-Para Nurus, Filia, deinceps & Soror. Magni evadit Patris Eliæ æmula, magna & Matris Theresæ perfecta Imitatrix, nullis non oppleta Divini Spiritûs Charismatis, per omnia virtutum decora ad insueta, ultraque modum sanctitatis apices quantotius evolavit. Vis paucis, tum multa, tum magna? tota, quanta, quanta fuit, Margarita; non aliud vixit quam innocentiæ victima, hostia pœnitentiæ, sacrificium simplicissimæ paupertatis, cujusvis demum sanctimoniæ consummatio absolutissima. Verè Theodidactam effecere, nunc etiam propalant, cœlestis sapientia, continua propemodum extases, Prophetia per omnes gradus eminentissima, Dæmonum perpetua triumphatrix, operatrix miraculorum, majus ipsa miraculum, tot hodieque facit felices, quot ejus interventu ad Deum accedunt oratores? Ora, & abi, fœlix, si aut innocens pœnitentem, aut pœnitens innocentem imitaris. Sed priùs supplex & gratulabundus

Sparge rosas tumulo, tumulo quoque lilia sparge:
Hoc Christi gemino stemmate sponsa nitet.
Virgo, simul Martyr, Phœnicis fœdera nectit,
Æternam Vitam mortis adepta bono.

Desiit mori V. Kalend. Jun. an. ætat. XXVIII. Christi M D C. XLVIII.

L'Auteur de cet Epitaphe s'est trompé, en ne donnant que 28. ans de vie à la *Sœur Marguerite*, & en disant qu'elle mourut le 27. Mai. Il faut s'en raporter à ce que j'ai dis au commencement de cet article. J'ai tiré ces dates de la *Vie de la Sœur Marguerite*, par le Pere Parisot, de l'Oratoire, son Confesseur.

La piété a inspiré à la *Sœur Marguerite*, les Ouvrages suivans.

Entretiens avec la Mere Marie de la Sainte Trinité, sur les Mystéres de l'Enfance de Jesus-Christ, & sur la Sainte Vierge. Ces Entretiens sont imprimés, pag. 427--453. de sa Vie, par le P. Parisot. Pag. 738. *ibid.* on trouve *douze Lettres* de la même Religieuse.

Le Petit Office du Saint Enfant Jesus, & l'Institution de sa Famille, par Sœur Marguerite du Saint Sacrement, avec des Méditations en l'honneur des Mystéres de l'Enfance, & autres Ouvrages , &c. par le R. P. A. de l'Oratoire. Paris, Coutelier, 1689 *in* 12. Outre l'*Institution de la Famille du S. Enfant Jesus*, Ouvrage de près de 50. pages, composé par la Sœur *Marguerite*, elle en a fait un autre de pareille étenduë, qui se trouve à la page 15. de ce Livre, & qui a pour Titre : *Ordre dressé par Sœur Marguerite,* &c. *pour honorer le S. Enfant Jesus à toutes les heures du jour de sa Naissance.*

Voy. sa Vie composée par le P. Joseph Parisot de l'Oratoire, son Confesseur, qui s'est déguisé sous le nom de Jean d'Auvray. Cette Vie est intitulée : *L'Enfance de Jesus, & sa Famille honorée en la Vie de Sœur Marguerite du S. Sacrement, &c.* Paris, Pierre le Petit, 1654, *in* 4°. & *in* 8°. & souvent depuis. Sa Vie dans celles des *Saints*, par le P. Giry, Minime. Une troisiéme composée par le P. Pherotée de la Croix, Carme, imprimée à Lyon en 1685. *in* 12. Une autre en 1690. à Paris, chez Michallet, par T. D. C. c'est-à-dire, Jean-Pierre Tronçon de la Chenevière. *Vita della Medesima tradotta per Antonio Patrignani, in* 8°. *Firenze*, 1704. la page 291. N°. 6309. de la *Bibliothèque des Historiens de France*, du P. le Long, qui s'est trompé, en plaçant la mort de la Sœur *Marguerite* à l'an 1650. & en disant qu'elle étoit fille de Mr. Acarie.

JEAN MARIE.

MARIE, (*Jean*) Chanoine & Pénitentier de l'Eglise Cathédrale d'Auxerre, & Vicaire Général d'André Colbert, Evêque de la même Ville, est fils de Claude Marie, Conseiller au Bailliage & Présidial d'Auxerre. Il a composé en 1704. un petit Ecrit Théologique, intitulé : *Sentiment orthodoxe des Sçavans Cardinaux, Jean de Turrecremata, Baronius, Bellarmin & autres Théologiens, soutenu contre un prétendu article de Foi, enseigné dans la nouvelle Ordonnance de Monseigneur l'Archevêque de Cambray,* du 10. Fevrier 1704. chez François Garnier.

MARTIN MARINEL.

MARINEL, (*Martin*) Chanoine d'Auxerre en 1637. fit imprimer vers ce tems-là, un *Cérémonial pour l'usage d'Auxerre.* Sa Vie est aussi peu connuë que son Ouvrage.

EDME MARIOTTE.

EDME MARIOTT. MARIOTTE, (*Edme*) de l'Académie Royale des Sciences, Prieur de Saint Martin de Beaumont, étoit Bourguignon, selon l'Auteur du Suplément de Moreri, 1735. Il mourut au mois de Mai 1684. Ses Ecrits sont plus connus que l'Histoire de sa Vie.

CATALOGUE DE SES OUVRAGES.

1. *Nouvelles découvertes touchant la vuë.* Paris, 1668. *in* 4°.

2. *Expériences sur la congelation de l'eau.* Dans le *Journal des Sçavans* de 1672. pag. 24. & suiv. *It.* imprimées séparément à Paris en 1682.

3. *Traité du Nivellement.* Paris, 1672. & 1674. *in* 4°.

4. *Traité de la percussion des corps.* De l'Imprimerie Royale, *in folio* & *in* 12. 1676. *It.* Paris, Michallet, 1676. & 1684. *in* 12.

5. *Essais de Physique, ou Mémoires pour servir à la connoissance des choses naturelles.* Ibid. 1676. *in* 12. 4. vol. *It.* 1679. & 1681. Voy. l'Histoire de l'Académie des Sciences de 1678.

6. *La végétation des Plantes : la nature de l'air, & le froid, & le chaud.* Paris, 1679. & 1686. On y a joint la *Dissertation sur les couleurs.*

7. *Manière de connoître quel vent règne dans l'air, & de prévoir quel tems il doit faire le lendemain, & deux ou trois jours après, tiré des Essais de Physique.* Ibid. 1697.

8. *Quatriéme Essai de Physique sur les couleurs, ou Traité des couleurs.* Paris, Michallet, 1681. *in* 8°. Voy. le *Journal des Sçavans* de 1682. pag. 28. Edit. *in* 12.

9. *Lettres écrites sur le sujet d'une nouvelle découverte touchant la vuë.* Paris, J. Cusson, 1682. Elles avoient paru dès 1678. dans l'Histoire de l'Académie des Sciences.

Voy. les *Actes de Leipsic*, Tom. II. pag. 67.

10. *Essai de Logique contenant les principes des Sciences, & la manière de s'en servir pour faire de bons raisonnemens.* Paris, 1678. Voy. le *Journal des Sçavans* du 9. Mai 1678.

11. *Expérience curieuse, nouvelle & agréable, communiquée par* **** *à l'Académie des Sciences.* Dans le *Journal des Sçavans* de 1682. pag. 47.

12. *Traité du mouvement des eaux & des autres corps fluides*, dressé en cinq parties par M. Mariotte, & mis en lumière par M. *de la Hire.* Ibid. Michallet, 1686. *in* 12. *It.* 2ᵉ. Edit. Paris, Jombert, 1700. Voy. *Suplem.* Journal de Léipsic, pag. 151.

DE BOURGOGNE.

EDME MARIOTT.

13. *Règles des jets d'eau.* Dans les *Régistres de l'Académie des Sciences*, de 1693. *in* 4°. Voy. *Journaux de Leipsic*, Tom. XVI. pag. 130. Tous ces Ouvrages de *Mariotte* ont été réimprimés à Leyde en 2. vol. *in* 4°. l'an 1717. On a inféré dans cette nouvelle Edition, le Traité suivant qui n'avoit point encore paru.

14. *Traité sur le mouvement des Pendules.* Voy. au sujet de la nouvelle Edition de ses Ouvrages, l'*Histoire Critique de la République des Lettres*, par Masson, Tom. XII. pag. 426. & la *Bibliothèque Choisie* de Jean Leclerc, Tom. IX. pag. 212.

15. On attribuë à *Mariotte* un fameux Distique sur les Conquêtes de Loüis le Grand. Il est imprimé en plusieurs endroits, & en dernier lieu, dans le *Suplément de Moreri* de 1735.

M. de Fontenelle n'a point fait d'éloge particulier de *Mariotte* : Il l'a loüé seulement dans celui de Neuton, pag. 27. où il assure que *Mariotte* avoit beaucoup de génie pour les expériences, & qu'il a réussi sur beaucoup de sujets.

Voy. le *Suplément de Moréri* de 1735.

CLAUDE LE MARLET.

CLAUDE LE MARL.

MARLET, (*Claude le*) Avocat au Parlement de Dijon, vivoit en 1530. Il a composé les Ouvrages suivans.

1. Un *Conseil* parmi ceux de Chasseneuz, *folio* 75. Edit. de 1638.

2. *Orationes duæ Valentiæ habitæ, una in laudem D. Sebastiani, altera in funere generosi adolescentis Ant. Palmerii ex tempore recitata.* Lyon, Seb. Gryphe, 1528. *It.* ibid. 1538. *in* 8°. Voy. la *Bibliothèque de Gessner*, de 1583. p. 135. & le *Glossaire Bourguignon* de M. de la Monnoye, pag. 291.

3. *De felicissimo Reginæ* [1] *adventu, Divione celebrato Enchiridion.* Dijon, Grangier, *in* 4°. sans date. Il y a un autre Edition de cet Ouvrage, à la tête duquel l'Auteur a pris le nom de *Merula*. Voy. le *Glossaire Bourguignon, loco citato*.

Voy. l'*Armorial* de Palliot, p. 66.

PHILIBERT DE LA MARE.

PH. DE LA MARE.

MARE, (*Philibert de la*) Seigneur de Chevigny & du Port de Palleau, célèbre Avocat au Parlement de Dijon, mourut à Dijon, le 6. Septembre 1680. à 73. ans. Il n'a rien fait imprimer ; mais il a laissé d'excellens Mss. loüés par M. le Président Bouhier, dans sa Coûtume de

---

[1] Eléonor d'Autriche, fille de Philippe I. sœur de l'Empereur Charles-Quint, mariée au Roi François I. le 1. Juillet 1530.

PH. DE LA MARE. Bourgogne, pag. 644. & 680. Taisand en a aussi parlé dans l'Avertissement de son Commentaire sur la même Coûtume, imprimée en 1698. M. Raviot en a parlé honorablement dans les *Observations* qu'il a publiées sur les Arrêts recüeillis par François Perrier, &c. Voy. pag. XXXII. de sa Préface.

Voici les Titres des Ouvrages Mss. de Philibert de la Mare.

1. *Recüeils de Droit Civil par ordre alphabétique.* 3. vol. *in folio.*

2. *Recüeils de Droit Canonique par ordre alphabétique.* In folio.

3. *Recüeil d'Arrêts du Parlement de Dijon, depuis* 1624. *jusqu'en* 1674. In folio.

4. *Plaidoyés & Consultations depuis* 1627. *jusqu'en* 1674. *par ordre de date, avec une Table alphabétique des Questions qui y sont contenuës.* 12. vol. *in folio.*

5. On a imprimé depuis peu quelques Notes de cet habile Avocat sur la Coûtume de Bourgogne. Elles sont jointes à celles de MM. François Bretagne, Nicolas Perrier & Claude-François Jehannin, sur la même Coûtume, impr. en 1736. à Dijon, chez Augé, *in* 4°.

PHILIBERT DE LA MARE.

PH. DE LA MARE. MARE, (*Philibert de la*) fils de Pierre de la Mare, Maître des Comptes, & de Claudine Rondot, étoit né à Dijon, le 13. Décembre 1615. fut reçû Conseiller au Parlement de Bourgogne, le 11. Décembre 1637. & épousa, le 3. Juillet 1640. Marie Berbis, morte le 8. Novembre 1677. dont il eut plusieurs enfans. M. *de la Mare,* au sentiment de M. de la Monnoye, [1] avoit beaucoup de génie pour écrire l'Histoire & les Eloges des Sçavans, parmi lesquels il a tenu lui-même un rang distingué. Son stile latin formé sur celui de M. de Thou, étoit très propre à ce genre d'écrire; & tout ce qu'il a donné sur ces matiéres, a été fort bien reçû du Public, & fait désirer que l'on publie les Ouvrages qu'il a laissés Mss. Son mérite lui fit obtenir la qualité de Citoyen Romain, comme il le marque à la page 36. de sa Vie Latine de Guillaume Philandrier, où l'on voit qu'il étoit en grande liaison avec le sçavant Marie Suarès, Evêque de Vaison. Il étoit très versé dans la Littérature & dans l'Histoire, ainsi que ses Ouvrages peuvent en convaincre. Costar [2] l'a loüé comme un grand Antiquaire très entendu dans les Médailles & dans les anciennes Inscriptions. Un fort gros Recüeil de Lettres Mss. qui est aujourd'hui entre les mains de M. le Conseiller de la Mare son arrière-petit fils, fait foi, qu'il étoit en relation avec les plus sçavans hommes de l'Europe. Ce sçavant homme mourut à Dijon, le 16. Mai 1687. dans sa 73e. année.

---

[1] Notes sur le Ve. vol. des *Jugemens des Sçavans*, pag. 59.

[2] Voy. la Continuation des *Mémoires de Littérature & d'Histoire*, Tom. II. Part. II. pag. 345.

DE BOURGOGNE.

CATALOGUE DE SES OUVRAGES.

1. Il a inséré une petite Poësie Latine à la tête du Livre, intitulé : *Definitiones Juris, per Julium Pacium*, dont Jacques Berbisey procura l'Edition qui parut en 1639. *in* 8°.

2. *De Bello Burgundico.* 1642. *in* 4°. pagg. 21. sans nom de Ville, ni d'Imprimeur. *It.* à la suite de son *Conspectus Historicorum Burgundorum*, publié à Dijon en 1689. *in* 4°. par les soins de Philippe de la Mare son fils. L'Auteur fit present de son Livre en 1642. au célèbre Gassendi, qui lui fit réponse qu'il souhaiteroit qu'il employât ses talens à l'Histoire de Bourgogne, & le même stile dont il a écrit l'Histoire du Siége de S. Jean-de-Lône. Voy. pag. 116. 122. 126. & 136. *Epistolarum Gassendi, Tom. VI. Operum, Edit. Lugduni* 1658. *& Florentiæ* 1728.

3. Dans le même volume des Lettres de Gassendi, pag. 160. on trouve l'extrait d'une Lettre de M. *de la Mare*, qui est insérée toute entière, pag. 319. & suiv. d'une Dissertation du même Philosophe, qui porte ce Titre : *De proportione quâ gravia decidentia accelerantur.* Paris, Heuqueville, 1646. *in* 4°. Autre Lettre de M. *de la Mare* parmi celles de Gassendi, p. 313. *ibid.* Elle contient l'explication d'une Médaille trouvée à Autun, sur laquelle on lit cette Légende : *Papeonanus.* Autre, pag. 524. *ibid.* sur les Ouvrages de Léonard Aretin. Il assure que c'est par le conseil de M. Dupuy qu'il a entrepris l'Edition des Ouvrages de cet Italien. Voy. *ibid.* pag. 439. 441. 442. 446. 447. *&c.* des Réponses de Gassendi à M. de la Mare.

4. *Elenchus Operum Leonardi Aretini.* Dijon, 1653. brochure *in* 4°. Je ne sçais pourquoi l'Auteur n'a pas exécuté ce projet. Il est parlé de cette brochure à la pag. 373. de la nouvelle Bibliothèque des Mss. du P. Labbe, & dans le *Catalogue des Auteurs*, par Teissier, Tom. II. pag. 228.

5. *Lettre Latine à Charles Fevret*, Avocat au Parlement de Bourgogne. Elle est à la tête du Dialogue Latin de ce célèbre Jurisconsulte, *de claris Fori Burgundici Oratoribus*, imprimé en 1654.

6. *Guijoniorum Fratrum Opera & Vita.* Dijon, 1658. *in* 4°. Ces Vies ont été réimprimées en 1711. à Breslau, dans un Recüeil *in* 8°. intitulé : *Vitæ selectæ quorumdam eruditissimorum & illustrium Virorum.* Coloimès a fait l'Eloge de l'Auteur de ces Vies dans sa Gaule Orientale, pag. 268. Teissier, pag. 272. de son Catalogue Latin des Auteurs, n'a parlé que de la Vie de Jacques Guijon. Hallervord & Konig ont imité cette faute ; l'un, dans sa *Bibliothèque Curieuse*, pag. 333. & l'autre, à la pag. 508. de sa *Bibliothèque ancienne & moderne.*

7. *De vita & moribus Guilelmi Philandri, Epistola ad Franciscum Cardinalem Barberinum.* Dijon, 1667. *in* 8°. & *in* 4°. pagg. 62.

8. *De saccharo & manna, Commentarius.* Paris, du Mesnil, 1664. *in* 8°. M. de la Mare a mis une Préface à la tête de ce Traité, qui est de Claude Saumaise.

9. *Cl. Salmasii Præfatio in Librum de Homonymis Hyles iatricæ.* Ejus-

PH. DE LA MARE. dem de *Plinio Judicium*. Dijon, 1668. *in folio*. M. *de la Mare* a fait l'*Avis au Lecteur*. MM. Lantin & *de la Mare* procurérent l'Edition de ces deux Traités du docte Saumaise. Voy. le Tome II. des *Dissertations de M. Huet*, Lettre à Grævius, p. 362. & 377. Ces illustres Dijonnois avoient promis à M. Huet, de lui envoyer les Ouvrages posthumes de Saumaise, pour les faire imprimer.

10. *Conspectus Historicorum Burgundiæ*. Dijon, Ressayre, 1689. *in* 4°. Il parut après la mort de l'Auteur, par les soins de Philippe de la Mare son fils, qui y joignit une nouvelle Edition du Commentaire Latin, *de Bello Burgundico*. Ce Livre est loüé, p. 33. *Supplem. Introduct. ad Notitiam rei literariæ*, *Gottellffii Struvii*. Voy. aussi l'*Histoire des Ouvrages des Sçavans*, par Basnage, Novembre, 1690. pag. 117.

11. *Huberti Langueti Vita*. Hall. A. du Sarrat, 1700. *in* 12. pagg. 161. Plusieurs Auteurs l'ont attribuée mal-à-propos à J. P. Lacdoric, qui en est simplement l'Editeur. L'Epitre Dédicatoire au Roi Loüis XIV. que j'ai luë dans l'original Mss. est datée de 1666. & l'Auteur lui-même s'en explique ainsi dans une Lettre à Nicolas Heinsius son ami, datée du 1. Décembre 1660. *Huberti Langueti, V. Cl. nostratis, vitam proximis diebus ad umbilicum perduxi brevi forte edendam*. Voy. pag. 682. Tom. V. *Epistolar. claror. Viror. per Burmann.* impr. en 1727.

Bayle, dans son Dictionnaire Critique, article *Hubert Languet*, dit que cette Vie est bien écrite & très curieuse.

12. Dans le Recüeil de M. Burman, que je viens de citer, on trouve quinze Lettres Latines de M. *de la Mare* à Nicolas Heinsius. Voy. le Ve. vol. p. 677. & suiv.

OUVRAGES Mss. DU MESME AUTEUR.

13. *Claudii Salmasii Vita, VII. Lib. comprehensa*. Colomiès est le premier qui l'annonça en 1664. à la pag. 189. de sa *Gaule Orientale*. Basnage se plaint dans son Histoire des Ouvrages des Sçavans, du mois de Novembre 1690. p. 121. du retardement de l'Auteur à publier cette Vie. Voy. aussi la *Bibliothèque des Bibliothèques* du P. Labbe, p. 141. M. *de la Mare*, qui parle de cette Vie dans une Lettre à Nicolas Heinsius, datée du mois de Juillet 1663. avoit communiqué en 1680. son Ms. au docte Ezechiel Sphanheim son ami, qui étoit pour lors à Paris, en qualité de Résident de l'Electeur de Brandebourg. M. de la Monnoye fit des corrections & des aditions à cette Vie, qui furent aprouvées par M. Huet. Voy. *Huetii Commentarius de rebus ad eum pertinentibus*. Un Sçavant du premier ordre prépare une nouvelle Edition de cette Vie, qu'il enrichira de plusieurs autres corrections & additions considérables.

14. *Recüeils de Titres concernant les Ducs de Bourgogne*. In folio.

15. *De Nuithonum, Germaniæ Populorum, transfusâ in Burgundiam Coloniâ, Epistola ad D. Comeau*. Voy. p. 37. *Conspectus Historic. Burgund.*

16. *Campinium, seu Ruris Suburbani ad Tilliam Descriptio & Historia*.

17. *Obelisci Plomberiani Historia.* L'Inscription Latine, qui est gravée PH. DE LA sur le pied d'Estal de cet Obélisque, élevé à Plombière, joli Village à une MARE. lieuë de Dijon, est de M. *de la Mare*. M. Gauthier, qui faisoit élever ce Monument, alla à Paris pour présenter au Roi le dessein & les Inscriptions qu'on avoit composées pour ce sujet. Sa Majesté s'en raporta pour le choix de ces Inscriptions, à M. le Duc de Montausier, & à M. Bossuet, pour lors Evêque de Condom, qui préférérent celles de M. *de la Mare*. Je tiens cette particularité de M. le Conseiller de Clugny, parent de M. Gauthier.

18. *Mémoires de la Vie & Origine de Othe Guillaume, Duc & Comte de Bourgogne.*

19. *Gilberti Genebrardi Vita.* Voy. *Conspectus Historic. Burg.* p. 69. & le *Menagiana*, Tom. IV. Ce n'est qu'un projet de la Vie de Génébrard.

20. *Petri Leguxii Bercherii, Divionensis Senatûs, dein Gratianopolitani, Principis Vita. Fragmentum.* Voy. *Conspectus*, &c.

21. *Janoti Patoilleti, Sedis Apostolicæ Protonotarii Vita. Jacobi ex Vintimillæ Comitibus, Senatoris Divionensis Vita.*

22. *Mémoires de la Vie de Messire Barthelemy de Chasseneuz.*

23. *Mémoires pour servir à la Vie de Denys Pollot, Procureur Général au Parlement de Dijon, depuis Premier Président au Parlement de Paris, & Ambassadeur en Angleterre, avec les Lettres de son Ambassade.*

24. *Philippi Lantini, Senatoris Divionensis, Vita.*

25. *Conjectures sur la Colomne de Cussi, avec sa Description.*

26. *Vie de Cujas.* J'ai vû cette Vie qui n'est point en ordre, & qui est très superficielle. Ménage en a cité quelques morceaux parmi les témoignages qu'il a recüeillis sur Pierre Ayrault, son ayeul maternel. Voy. le *Menagiana*, Tom. I. pag. 37. Edit. de 1715.

27. *Mémoires pour servir à la Vie de Saint Thomas d'Aquin, de Sainte Barbe, d'Etienne de la Boëtie, Conseiller au Parlement de Bourdeaux.* Ce ne sont que des Mémoires informes.

28. *De usu Stapedum apud Veteres, hoc est, ante Constantini Magni ætatem.* Ce Traité est divisé en VIII. chapitres, dont le plus long n'a pas 12. lignes.

29. *Mélanges de Littérature & d'Histoire, ou Mémoires de ce qu'il a vû ou lû de singulier, bons mots, conversations, &c.* Il commença ces Mémoires en 1670. & les acheva en 1687. qu'il mourut. Il y a un grand nombre d'Anecdotes Littéraires & de faits curieux dans cet Ouvrage, qui mériteroit de voir le jour.

J'ai vû une partie des Ouvrages dont j'ai rendu compte, dans le *Conspectus Historicorum Burgundiæ*, & l'autre dans sa Bibliothèque, qui étoit très nombreuse, mais qui étoit encore plus estimable, par raport aux Mss.

PH. DE LA MARE. qui venoient la plûpart du docte Saumaise. Cette Bibliotheque fut conservée à Dijon jusqu'en 1719. que Ganeau l'acheta des héritiers. Les Hollandois, qui furent avertis de cette vente, offrirent à Ganeau six mille livres, des seuls Mss. Ils étoient prêts à les transporter, lorsque M. l'Abbé de Louvois, Bibliothécaire du Roi, les arrêta par l'autorité de M. le Régent, & les mit dans la Bibliothèque du Roi. Le P. Martene fait mention de la Bibliothèque de M. *de la Mare*, à la pag. 145. de son *Voyage Littéraire*, Tom. I. Part. I.

Voy. Baluze *ad Capitularia*, Tom. I. N°. LXXII. Præfat. & N°. LXXX. Huet, *Dissertations*, Tom. II. pag. 377. *Ejusdem Commentarius de rebus ad eum pertinentibus*. Menagiana, Tom. I. pag. 57. 94. Tom. II. pag. 27. *&c*. Fabricius, *Bibliothèque Grecque*, Tom. V. pag. 279. Launoy, *Histoire du Collége de Navarre*, pag. 806. *Jugemens des Sçavans*, & Anti-Baillet, *Mélanges* de Vigneul-Marville, Tom. II. Mabillon, *Iter Burgundicum*, pag. 11. *Bibliothèque des Historiens de France*, par le P. le Long, & le *Suplément de Moreri* de 1735.

EDMOND MARTENE.

EDMOND MARTENE. MARTENE, (*Edmond*) Bénédictin de la Congrégation de Saint Maur, naquit le 22. Décembre 1654. à Saint Jean-de-Lône, petite Ville du Diocèse de Dijon, de Claude Martene, Bourgeois de S. Jean-de-Lône, & de Françoise Soucelier.

Le jeune Martene s'engagea de bonne heure dans l'Etat Religieux, & fit profession de la Règle de S. Benoît à Reims, dans le Monastére de S. Remi, le 8. Septembre 1672. Et ce que je ne dois pas oublier, c'est qu'il a été l'Eleve du célèbre D. Luc Dachery. D. *Martene* nous aprend cette circonstance dans la Préface du IVe. vol. de son Traité des *anciens Rites de l'Eglise*. Né pour faire un grand nombre de découvertes dans la Science Ecclésiastique, le P. *Martene* s'apliqua aussitôt après sa Profession Religieuse à l'étude de la Théologie. Il fit ensuite une étude profonde des anciens usages des Monastéres, & passa de-là à ceux de l'Eglise.

Le P. D. Denys de Sainte-Marthe ayant fait agréer au Chapitre Général de la Congrégation de S. Maur, tenu à Marmoutier en 1708. le grand projet qu'il avoit formé de refondre l'Ouvrage de ses Ancêtres, qui a pour Titre : *Gallia Christiana* ; on jetta les yeux sur D. *Martene*, pour aller rechercher dans les Archives & les Bibliothèques des Eglises & des Monastéres du Royaume, de quoi supléer à ce qui étoit échapé aux connoissances des premiers Auteurs, & perfectionner un Ouvrage très important, par le jour qu'il répand sur l'Histoire Ecclésiastique & Civile des Gaules, sur-tout depuis la Fondation de la Monarchie. Le désir de contribuer à cet Ouvrage lui aplanit toutes les difficultés. Il partit pour son premier voyage, le 11 Juin 1708. & revint au mois de Novembre 1713. chargé d'une moisson si abondante, que sans compter plus de deux mille Pièces, qui doivent servir de preuves dans la *Gallia Christiana*, elle forme la meilleure partie des V. volumes qu'il publia à Paris en 1717. sous le Titre de *Thesaurus no-*

DE BOURGOGNE.

vus Anecdotorum, &c. Cette collection, ainsi que tous les autres Ouvrages qu'il a publiés dans ce genre, renferme un nombre infini de Pièces singuliéres, Fragmens de Conciles & de Chroniques, Fondations d'Eglises, Lettres de plusieurs Princes, de Souverains Pontifes, d'Evêques, Actes, Formules, Ordonnances, &c. dont les Sçavans font tous les jours usage, & dont ils connoissent seuls l'utilité. Il eut pour Compagnon de voyage le P. D. Ursin Durand. Ils se mirent une seconde fois en chemin, par ordre de leurs Supérieurs, & pénétrérent jusqu'en Allemagne en 1719. C'est à ces nouvelles recherches que le Public doit le second Tome du *Voyage Littéraire*, imprimé à Paris en 1724. aussi bien que l'Ouvrage qui a pour Titre : *Veterum Scriptorum novissima collectio*. Il se préparoit à mettre de nouveaux Ouvrages en lumière, lorsqu'il fut attaqué d'apoplexie, le 20. Juin 1739. Il mourut le même jour, âgé de 84. ans, & six mois, moins deux jours, dans l'Abbaye de S. Germain-des-Prez, où sa droiture, sa simplicité, & sur-tout un attachement scrupuleux à tous ses devoirs, le faisoit encore plus estimer que la vaste étenduë de ses connoissances.

EDMOND
MARTENE.

CATALOGUE DE SES OUVRAGES.

1. *De antiquis Monachorum Ritibus, Libri V. collecti ex variis ordinariis, consuetudinariis, Ritualibusque manuscriptis, ex antiquis Monachorum Regulis, ex diversis SS. Actis, Monasteriorum Chronicis & Historiis, aliisque probatis Autoribus permultis.* Lyon, Anisson, Posuel & Rigaud, 1690. in 4°. 2. vol. Voy. l'extrait de cet Ouvrage dans l'*Histoire des Ouvrages des Sçavans*, par Basnage, Mars, 1692. p. 299. Voy. aussi l'année 1695. du même Journal, p. 424. où l'Auteur est mal-à-propos apellé Mersenne. Voy. aussi le *Journal des Sçavans* de 1692. p. 574. Edit. *in* 12. & *Bibliotheca antiquaria Fabricii*, p. 105. 106. & 111.

2. *Commentarius in Regulam Sancti Bened. Hi Literalis, Moralis, Historicus ex variis antiquorum Scriptorum Commentationibus, Actis Sanctorum, Monasteriorum Ritibus, aliisque Monumentis, cùm editis, tum manuscriptis, concinnatus.* Paris, François Muguet, 1690. in 4°.

3. *La Vie du vénérable D. Claude Martin, Religieux de la Congrégation de S. Maur.* Tours, 1697. *in* 8°. It. Roüen, 1698. *in* 12. La profonde vénération qu'il avoit pour D. Claude Martin, mort à Marmoutier, en 1676. en odeur de Sainteté, lui fit entreprendre cette Vie, ainsi que l'Ouvrage suivant. Le P. *Martene* avoit vécu long-tems à Tours, sous la conduite de ce Religieux. Voy. ce que dit de cette Vie, D. le Cerf, à la pag. 307. de sa *Bibliothèque Historique de la Congrégation de S. Maur.*

4. *Maximes spirituelles du vénérable D. Claude Martin*, &c. tirées de ses Ouvrages, & confirmées par les sentimens des SS. PP. Roüen, 1698. *in* 12.

5. *Veterum Scriptorum & Monumentorum Moralium, Historicorum, & Dogmaticorum ad res Ecclesiasticas, Monasticas & Politicas illustrandas, nova Collectio.* Roüen, Guillaume Behourt, 1700. *in* 4°. Voy. le *Journal de Leipsic*, Tom. XX. p. 153. la *Bibliothèque Historique & Cri-*

EDMOND MARTENE

tique des Bénédictins de la Congrégation de Saint Maur, par D. le Cerf, p. 303. & les *Nouvelles de la République des Lettres*, par Bernard. Novembre, 1700. pag. 594.

6. *De antiquis Ecclesiæ Ritibus, Libri IV. collecti ex variis insigniorum Ecclesiarum Libris Pontificalibus, Sacramentariis, Missalibus, Breviariis, Ritualibus, seu Manualibus, ordinariis, seu consuetudinariis, cùm manuscriptis, tum editis, ex diversis Conciliorum Decretis, Episcoporum Statutis, aliisque probatis Autoribus permultis. Liber I. complectens Historicum de disciplina in Sacramentorum administratione Tractatum. Pars I. in qua de Baptismo, Confirmatione & Eucharistia agitur.* Roüen, Guillaume Behourt, 1700. *in* 4°. Voy. Bernard, *Nouvelles de la République des Lettres*, Juin, 1700. p. 603. & Juillet, p. 3.

7. *Ejusdem Libri I. pars II. in qua de Pœnitentia, Extrema-Unctione, Sacris Ordinationibus & Matrimonio agitur.* Ibid. 1700. *in* 4°.

8. *Tomus III. complectens Lib. II. & III. in quibus Ritus ad Sacras Benedictiones, atque ad disciplinam Ecclesiæ spectantes, Commentariis illustrati repræsentantur.* Ibid. 1702. *in* 4°. It. 2ª. *Editio ab Auctore tertiam ultra partem aucta, & novis indicibus exornata.* Antuerpiæ (Mediolani) Typis Jo. Bapt. de la Bry, 1736. *in folio*, 3. vol. It. *ibid.* 1738. aussi *in folio*.

9. *Tractatus de antiqua Ecclesiæ disciplina, in Divinis celebrandis Officiis, & varios Ecclesiarum Ritus, & usus exhibens Italiæ, Germaniæ, Hispaniæ, Angliæ, & maximè Galliæ.* Lyon, Anisson & Posuel, 1706. *in* 4°. C'est la IVᵉ. Partie du Traité, *de antiquis Ecclesiæ Ritibus*. M. Dupin a fait un extrait de tous ces Traités, depuis la page 225. jusqu'à la 255e. du IVᵉ. Tome de sa *Bibliothèque Ecclésiastique des Auteurs du XVIIe. Siècle*.

10. *Voyage Littéraire de deux Religieux Bénédictins de la Congrégation de S. Maur, où l'on trouvera,* I. Quantité de Pièces, d'Inscriptions & d'Epitaphes, servantes à éclaircir l'Histoire & les Généalogies des anciennes Familles. II. Plusieurs usages des Eglises Cathédrales & des Monastéres, touchant la discipline & l'Histoire des Eglises des Gaules. III. Les Fondations des Monastéres, & une infinité de Recherches curieuses & intéressantes qu'ils ont faites dans près de cent Evêchés & huit cents Abbayes, qu'ils ont parcouru. Paris, Florentin de Laulne, *&c.* 1717. *in* 4°. Tom. I. en II. Parties. Le second Tome parut en 1724. à Paris, chez Montalant, aussi *in* 4°. Voy. l'*Europe Sçavante*, an. 1718. pag. 130. & le *Journal Littéraire de Juin*.

11. *Thesaurus novus Anecdotorum, &c.* Paris, 1717. 5. vol. *in folio*. Les deux premiers volumes contiennent diverses Epitres des Papes & des Rois, & le Procès de Jean XXII. Le IIIᵉ. renferme diverses Chroniques & d'autres Monumens Historiques. Dans les deux volumes suivans, on trouve plusieurs Ouvrages d'Auteurs qui ont vécu depuis le IVᵉ. Siècle jusqu'au XIVᵉ. D. Durand a aussi travaillé à cette Collection. Voy. l'*Europe Sçavante*, an. 1718. p. 117. *Histoire Critique de la République des Lettres*

Lettres en 1714. Tom. VI. p. 362. *Journaux de Leipsic*, 1718. p. 481. & 487. & M. l'Abbé Lenglet, dans son *Catalogue des Auteurs de Droit Canon*, à la fin des *Libertés de l'Eglise Gallicane* en 2. vol. *in* 4°. p. 197. où il dit que le P. Martene est très versé dans les Antiquités Monastiques & Ecclésiastiques. Voy. aussi l'*Histoire Critique de la République des Lettres*, par M. Masson, Tom. VIII. p. 404. Le P. de Montfaucon, dans une Lettre à l'Auteur de ce Journal, dit, que le Recüeil du P. Martene vaut encore mieux que celui de D. Luc d'Achery; mais le P. D. le Cerf n'en tombe pas d'accord. Voy. sa *Bibliothèque des Ecrivains de la Congrégation de S. Maur*, p. 306.

12. D. Martene a eû part à la nouvelle Edition *in folio* du *Spicilège* de D. Luc d'Achary, faite à Paris, chez Montalant en 1723. par les soins de M. de la Barre, de l'Académie des Inscriptions.

13. *Veterum Scriptorum & Monumentorum, Historicorum, Dogmaticorum, Moralium, amplissima Collectio*. Paris, Montalant, *in folio*, 9. vol. dont les trois premiers parurent en 1724. Les 4. 5. & 6. en 1729. & les 7. 8. & 9. en 1732. Il est à propos d'avertir que les Préfaces des trois premiers volumes de ce Recüeil, attribuées mal-à-propos dans un Journal à D. Mopinot, sont de D. Martene & de D. Durand.

14. *Imperialis Stabulensis Monasterii Jura propugnata adversùs iniquas Disceptationes Ignatii Roderici de Abbatibus & origine Stabulensis & Malbundariensis Monasterii, vindice Domno Edmundo Martene*. Cologne, veuve Slebusch, 1730. *in folio*. Dans la Préface du second Tome de l'Ouvrage marqué au n. 13. D. Martene ayant paru prendre parti pour l'Abbaye de *Stavelo*, qui prétend avoir Jurisdiction sur celle de Malmedi, les Religieux de cette dernière en firent paroître leur mécontentement dans un Ecrit divisé en deux parties, qui a pour Titre : *Ignatii, Roderique Disceptationes de Abbatibus, origine primæva & hodierna Constitutione Abbatiarum inter se unitarum Malbundariensis & Stabulensis*, &c. *in folio*, imprimé à Wirzebourg en 1728. D. Martene y fit une réponse divisée en deux parties, dont nous avons donné le Titre. Cet Ouvrage du sçavant Bénédictin est moins la discussion d'une querelle particulière sur les Prééminences d'une Abbaye, qu'un corps de Dissertations, où sont traités avec beaucoup d'érudition plusieurs points d'Histoire, de Discipline & de Diplomatique.

Voy. au sujet de ce Livre, les *Mémoires de Trevoux* du mois d'Octobre 1731. pag. 1695. & suiv.

15. Quoique dans l'Eloge de D. Mabillon, prononcé à l'Académie des Belles-Lettres, on ait dit qu'il manquoit peu de choses au VI.e & dernier Tome des Annales de l'Ordre de S. Benoît, il s'en falloit beaucoup que l'Auteur ne l'eut laissé complet. D. *Martene* en fit la Préface, y inséra un grand nombre d'additions & de corrections, & le fit paroître à Paris en 1739. Il en est parlé dans l'un des Mercures de France.

16. *Histoire de l'Abbaye de Marmoutier, avec les preuves*. Mss. 2. vol. *in folio*. Le P. le Long a fait mention de cet Ouvrage dans sa *Bibliothèque*

EDMOND MARTENE — des *Historiens de France*, p. 236. N°. 5136. Il en est aussi parlé dans l'*Eloge de D. Martene*, inféré au *Mercure d'Août* 1739. où l'Auteur de cet Eloge dit que D. *Martene* avoit une prédilection particuliére pour cette Abbaye.

17. Le même Auteur assure que D. *Martene* a laissé des *Mémoires Mss. pour servir à l'Histoire de la Congrégation de S. Maur*.

18. Il est dit *ibid.* qu'il travailloit à donner deux Tomes des *Actes des Saints de l'Ordre de S. Benoît*, pour servir de continuation au grand Recüeil de *D. Luc d'Achery & de D. Mabillon*, & qu'il comptoit donner immédiatement après, le Recüeil de *la Vie & des Lettres de S. Thomas de Cantorbéry*, lorsqu'il fut surpris de la mort.

19. Le P. Remy, Carme de Dijon, frere de D. Martene, m'a assuré que cet Auteur avoit composé une *Vie des Saints*, dans laquelle il réfute entièrement celles de M. Baillet. Il n'est point fait mention de cet Ouvrage dans le détail des Mss. qu'a laissés le P. *Martene*.

Voy. le *Dictionnaire de Moreri* & le Suplément de 1735. Dupin, *Bibliothèque des Auteurs Ecclésiastiques* du XVIIe. Siècle, pag. 225. Le P. Pez, *Bibliotheca Benedictino-Mauriana*, p. 353. Ce P. l'apelle mal-à-propos *Landurensis*, ce qui veut dire *de Laon*. *Histoire des Ouvrages des Sçavans*, Mars 1692. p. 299. & 1695. p. 424. Fabricius, *Bibliotheca Antiquaria*, p. 105. 106. & 111. Bernard, *Nouvelles de la République des Lettres*, Juin 1700. p. 603. Juillet, p. 3. & Novembre 594. *Europe Sçavante*, 1718. p. 130. *Bibliothèque Historique & Critique des Bénédictins de la Congrégation de S. Maur*, par D. le Cerf, p. 306. *Bibliothèque des Historiens de France du P. le Long*, p. 236. N°. 5136. Le P. Mabillon a loüé D. *Martene* en beaucoup d'endroits de ses Ouvrages, sur-tout dans sa Préface sur S. Bernard. Il le met parmi ceux *qui operam suam in hanc (Bernardi) editionem strenuè & peramanter impenderunt*. Voy. aussi l'*Eloge de D. Martene* dans le Mercure de Septembre 1739. p. 1784. & suiv.

BENIGNE MARTIN.

BENIGNE MARTIN. MARTIN, (*Benigne*) Avocat au Parlement de Dijon, mourut au commencement du XVIIe. Siècle. Il a composé *les Saillies de l'Amant de Jesus & de Marie sur le S. Sacrifice de la Messe*. Dijon, veuve Claude Guyot, 1634. *in* 12. Il paroît par l'aprobation & l'avertissement au Lecteur, que c'est un Ouvrage posthume.

BARTHELEMI MARTIN.

BARTH. MARTIN. MARTIN, (*Barthelemi*) Apoticaire de M. le Prince de Condé, étoit né à Chanseaux, Bourg du Bailliage de Châtillon. Il mourut à Paris en 1698. âgé de près de 80. ans. Il a composé les deux Ouvrages suiv.

1. *Dissertation sur les dents*. Paris, Thierry, 1679. *in* 12. pagg. 136.

2. *Traité de l'usage du lait*. Ibid. 1684. *in* 12. pagg. 146. It. ibid. 1716. *in* 12.

BERNARD MARTIN.

MARTIN, (Bernard) célèbre Avocat du Parlement de Dijon, naquit en cette Ville l'an 1574. Fevret en fait l'Eloge dans son Dialogue des illustres Avocats de Dijon, aussi bien que Pierre Bernier dans ses Plaidoyés. Martin étoit habile dans les Langues Latine & Grecque. Il mourut le 15. Novembre 1639. âgé de 65. ans, & légua en mourant une partie de ses Livres aux Jésuites de Dijon, où l'on voit son Portrait. Il a composé les Ouvrages suivans.

1. *Variæ Lectiones.* Paris, Pierre Chevalier, 1605. *in* 8°. Il y explique plusieurs Passages de divers Auteurs.

2. *Coûtumes générales du Duché de Bourgogne, tant anciennes que modernes, avec les Notes de Bernard Martin.* In 12. sans date & sans nom d'Imprimeur, feüillets 24. Ils roulent sur le I. Titre de notre Coûtume, *de Justice & Droit d'icelle.* Martin avoit composé 5. vol. *in folio* de Notes *sur la Coûtume de Bourgogne.* Elles sont conservées en Ms. chez M. le Président Bouhier.

3. Vingt-quatre Vers Elégiaques à la tête de l'*Histoire de la Sainte Hostie de Dijon*, par Philibert Boulier.

Voy. Fevret, *de claris Fori Burgundici Oratoribus*, pag. 106. & 112. & Pierre Bernier, pag. 5. de son *Plaidoyé sur un Mariage clandestin.*

CLAUDE MARTIN.

MARTIN, (Claude) né à Autun, a fait, selon la Croix-du-Maine, des *Elémens de Musique pratique*, & une *Institution Musicale.* Ce Bibliothécaire ne dit pas si ces Ouvrages sont imprimés.

Voy. la *Bibliothèque Françoise* de la Croix-du-Maine.

JEAN MARTIN.

MARTIN, (Jean) de Dijon, a fait un Poëme, intitulé : *Le vol du Papillon de Cupido.* Lyon, Thibaud Payen, 1543. *in* 8°. *It.* Paris, la même année. Il est encore Auteur d'un Ouvrage qui a pour Titre : *De usu Astrolabii, unà cum Procli & Nicephori Astrologia.* Paris, Guillaume Cavellat, 1554.

Voy. *Bibliothèque Philosophique* de Bolduanus, pag. 37. *Bibliothèque Françoise* de la Croix-du-Maine, pag. 243. & celle de du Verdier, pag. 723.

JACQUES MARTINEAU DE SOLEYNE.

JACQUES MARTIN.

MARTINEAU DE SOLEYNE, (*Jacques*) Poëte François, Subdélégué de M. l'Intendant de Bourgogne, Conseiller Honoraire au Présidial d'Auxerre. M. *Martineau de Soleyne* a fait les Ouvrages suivans.

1. *Epithalame à Monseigneur le Duc, & à Madame la Duchesse, sur leur Mariage*, le 9. Juillet 1713. In 4°.

2. *La Nymphe de la Rivière d'Yonne à M. le Régent en* 1715. Paris, Pierre Giffey, *in* 4°.

3. *L'Entrée de M. l'Ambassadeur de Portugal.* Paris, Ganeau, 1717. Voy. les *Mémoires de Trevoux* du mois de Juin de cette année, pag. 1023.

4. *Stances présentées au Roi sur les Cérémonies du Batême de S. A. R. M*gr*. le Comte de Clermont.* Mercure de Novembre 1717. pag. 197.

5. *Ode à Madame la Duchesse de Lorraine.* Il est dit dans les *Mémoires de Trevoux*, Juin 1718. pag. 189. que M. le Duc de Lorraine fit present d'un Diamant à l'Auteur pour le recompenser de cette Ode.

6. *Stances* (trente-six) *sur la Promotion du Roi Stanislas à l'Ordre du S. Esprit, & sur le Mariage de la Princesse Marie sa Fille, avec le Roi Loüis XV.* Impr. pag. 386. d'un *Recüeil de Poësies*, publié à Chalons en Champagne en 1726. *in* 12. M. *de Soleyne* promet dans cette Pièce, un *Poëme Héroïque de l'Institution de l'Ordre du S. Esprit en cinq Chants.* Ces Stances servent d'Episodes au dernier Chant.

7. *Les Vœux de l'Europe & de la France ; des vertus & de la paix, pour la santé du Roi* (Poëme Héroïque sur sa petite vérole.) Paris, veuve Coutelier, 1729. *in* 8°. Voy. le Mercure de Juin 1729. pag. 1370. & les *Mémoires de Trevoux* du Mois d'Octobre de la même année, pag. 1882. Les Journalistes de Trevoux disent que M. *de Soleyne* a fait en Prose une Description de la fameuse Grotte d'Arcy, près Vermenton, par Ordre de M. le Duc d'Orléans, pour reconnoître ce merveilleux Souterrain, & que ses Observations publiées dans les Journaux & Mémoires Littéraires, & inférées à perpétuité dans le Dictionnaire de Moreri, se conservent dans le Cabinet des Curiosités de l'Académie.

JEAN MASSOT.

JEAN MASSOT.

MASSOT, (*Jean*) Seigneur de Précy, Conseiller au Parlement de Dijon, a fait imprimer une *Ephitalame sur les Mariages de France & d'Espagne, accomplis au mois de Novembre* 1615. Dijon, Claude Guyot, 1616. *in* 8°. pagg. 32.

JEAN MASSOT.

MASSOT, (*Jean*) Seigneur de Montmoyen, Président en la Chambre des Comptes de Bourgogne, étoit né à Dijon, & y mourut l'an 1649. âgé de 62. ans. Il a composé les deux Poëmes Latins qui suivent.

1. *Hercules Gallicus anni* 1642. *&* 1643. Paris, Chatelain, 1646. *in* 4°. C'est un Panégyrique de Loüis XIII. dédié à la Reine Régente par une Epître Françoise.

2. *Gravelinga*, *seu Herculis Gallici Liber V.* Ibid. 1647. *in* 4°. Dédié à Gaston d'Orléans, par une Epître Françoise.

CLAUDE MASSON.

MASSON, (*Claude*) né à Beaune. Après avoir fait ses premiéres études dans le Collége des Peres de l'Oratoire de cette Ville, il prit le parti des Armes ; mais ennuyé de cette Profession, il l'abandonna pour entrer dans la Congrégation de l'Oratoire, où il fut reçû en 1645. Il y enseigna les Humanites pendant quelques années ; & ayant été ordonné Prêtre en 1650. il s'apliqua tout entier à la Prédication. Se voyant sur la fin de ses jours, hors d'état de prêcher, il prit la résolution de faire imprimer ses Sermons. Mais il mourut le 29. Octobre 1693. à Paris, âgé de 64. ans, après l'impression du I. volume.

CATALOGUE DE SES OUVRAGES.

1. *Oraison funèbre d'Angélique du Toc*, *Abbesse de S. Laurent de Bourges.* Bourges, 1671. *in* 4°.

2. *Panégyriques des Saints.* Lyon, Plaignard, 1694. *in* 8°. 2. vol.

3. *Sermons sur toutes sortes de sujets.* Ibid. 1694. *in* 8°. 2. vol.

4. *Carême.* Ibid. 1695. 2. vol. *in* 8°.

5. *Avent.* Ibid. 1696. *in* 8°.

Voy. Dupin, *Catalogue des Auteurs Ecclésiastiques*, Tom. III. col. 347. Cet Auteur met mal-à-propos la mort du P. *Masson*, au 9. Novembre.

Qu'il me soit permis de parler ici de Pierre Masson, mort à Dijon, le 2. Novembre 1716. âgé seulement de 39. ans, l'un des plus habiles Fondeurs de France, & connu par plusieurs Ouvrages de l'Art ; entr'autres, par l'Aigle qu'il a faite pour la Métropolitaine de Besançon. Cette Piéce passe pour un Chef-d'œuvre.

JEAN MATAL.

JEAN MATAL. MATAL, (*Jean*) Bourguignon, Docteur en Théologie de la Faculté de Paris en 1606. vivoit encore en 1625. puisqu'il fit imprimer cette année, un Livre intitulé : *Speculum Hierarchiæ Ecclesiasticæ.* Paris, 1625. *in* 12.

Voy. Dupin, *Table des Auteurs Ecclésiastiques*, Tom. II. col. 1718.

LUC MATEROT.

LUC MATEROT MATEROT, (*Luc*) habile Maître Ecrivain, fit imprimer en 1608. à Avignon, chez Blamereau, un *in* 4°. Oblong, sous ce Titre : Les Œuvres de Luc Materot, *Bourguignon*, *Citoyen d'Avignon*. C'est tout ce que j'ai pû découvrir de *Materot*. L'Ouvrage est beau & bien gravé. On y trouve des Vers de l'Auteur, Latins & François.

CLAUDE MATHIEU.

CLAUDE MATHIEU MATHIEU, (*Claude*) Bachelier en Théologie, Chanoine de la Chapelle - au - Riche de Dijon, est né à Dijon, le 4. Janvier 1681. M. l'Abbé *Mathieu* s'est distingué par ses talens pour l'éloquence, & il seroit à souhaiter que le Public eût profité de tous les Ouvrages qu'il a composés en ce genre. Mais il n'a rien fait imprimer que l'*Oraison funèbre de Monseigneur Loüis Dauphin de France*, *Fils de Loüis XIV.* Dijon, de Fay, 1711. *in* 4°. pagg. 42. L'Auteur la prononça le 9. Août de la même année, dans la Sainte Chapelle de cette Ville, & reçut les aplaudissemens qu'il méritoit.

ODOT-LOUIS MATHION.

ODOT-L. MATHION MATHION, (*Odot-Loüis*) Mathématicien, né à Dijon, mourut en 1700. à Savigny en Touraine, âgé de 80. ans. Il avoit été Religieux de l'Ordre de S. François, & fut transféré de cet Ordre en celui de S. Benoît, dans l'Abbaye de Joux-Dieu. Le célèbre Nicolas Samson en fait cet Eloge dans son *Introduction à la Géographie* : [1] « Il y a quelques
» années que je tiens de M. *Mathion*, dont l'esprit est si éclairé dans tou-
» tes les Sciences, & particuliérement dans les Mathématiques, une ligne
» d'un si excellent usage pour déterminer par sa seule inspection, sans mou-
» vement, sans table & sans écrit, le plus grand jour de tous les Pays du
» Monde, au moins jusqu'au Cercle Polaire, *&c.* »

---

[1] Pag. 197. Edit. *in* 12. 1681. & pag. 52. Edit. *in folio.* Dans l'Edition *in* 4°. de 1705. pag. 97. il dit : *Fut M. Mathion.*

CATALOGUE DE SES OUVRAGES.

1. *Nouvelle Montre minutale*, ou le moyen de faire qu'une montre de poche, ou autre, qui ne marque que les heures, marquera les minutes, sans rien changer, ni ajoûter aux rouës. Impr. dans le *Journal des Sçavans* de 1676. pag. 218. Edit. *in* 12.

2. Dans le même Journal de l'année 1691. pag. 252. il est parlé de quelques autres Ouvrages de *Mathion*, comme du *Compas Graduateur & d'autres instrumens de Mathématiques*.

3. *Geographiæ Astronomicæ Synopsis, Versibus Hexametris comprehensa.* Dans le *Journal des Sçavans* de l'année 1694. pag. 761.

4. Pag. 355. *Bibliothecæ Leydensis*, on cite parmi les Mss. de Hugens : *Mathion Descriptio Iridis & Halonis*, *an*. 1669. *mense Nov*. C'est une Lettre à Hugens.

DOM CLAUDE-HUGUES MATHOU.

MATHOU, (*Dom Claude-Hugues*) Religieux Bénédictin de la Congrégation de S. Maur, naquit à Mâcon. Il étoit fils du Lieutenant Criminel de cette Ville. A l'âge de 15. ans, il entra dans la Congrégation de S. Maur, & fit Profession à 16. ans, le 26. Septembre 1639. dans l'Abbaye de Vendôme. Il a été pendant 12. ans Prieur des Abbayes de S. Pierre-le-Vif, ou le Vic, & de Sainte Colombe de Sens. M. de Gondrin, Archevêque de Sens, eut tant d'estime pour sa vertu & pour ses talens, qu'il le fit l'un de ses Grands Vicaires. En 1669. D. *Mathou* fut nommé Prieur de l'Abbaye de S. Benigne de Dijon, & en 1675. Prieur de celle de S. Etienne de Caen. Mais étant devenu infirme, & se sentant avancé en âge, il ne voulut plus exercer aucun emploi. Il se retira dans l'Abbaye de S. Pierre de Châlon, où il passa les 20. dernières années de sa vie, & où il mourut, le 29. Avril 1705. âgé de 83. ans. Il a fait imprimer les trois Ouvrages suivans.

1. *Roberti Pulli, S. R. E. Cardinalis, Theologorum, ut vocant, Scholasticorum antiquissimi, Sententiarum Libri VIII. & Petri Pictaviensis, Academiæ Parisiensis olim Cancellarii, Sententiarum Libri V. cum Notis & Observationibus*. Paris, Piget, 1655. *in folio*. Les Sentences du Cardinal Robert Pullus, Anglois, n'avoient point encore été publiées. Dom *Mathou* fut aidé dans ce travail par D. Hilarion le Fevre, l'un des plus habiles Théologiens qu'ait eû la Congrégation de S. Maur. D. *Mathou* profita aussi des lumières de M. de Launoy, qui lui fut d'un très grand secours, comme l'Editeur l'avoüe lui-même dans la Préface de son Livre, *de verâ Senonum origine*. Je dois cette remarque à M. l'Abbé des Fontaines, qui l'a renduë publique, dans ses *Observations sur les Ecrits des Modernes*, Tom. V. pag. 218. & suiv.

2. *De vera Senonum Origine Christiana, adversùs Jo. Launoii criticas Observationes, Dissertatio cum Appendice adversùs Lud. Dupinium*. Pa-

D. CLAUD. ris, Langronne, 1687. *in* 4°. D. *Mathou* tâche de prouver contre M. de
MATHOU. Launoy, que S. Savinien, S. Potentien & S. Albin, ont été envoyés à
Sens par S. Pierre, qu'ils y ont prêché la Foi & bâti une Eglise. L'Auteur
a joint à cet Ouvrage, un *Appendix* contre M. Dupin, qui dans le Tom. I.
de sa *Bibliothèque des Auteurs Ecclésiastiques*, semble favoriser le sentiment
de M. de Launoy.

3. *Catalogus Archiepiscoporum Senonensium ad fontes Historiæ noviter
accuratus.* Ibid. 1688. *in* 4°. Le P. le Long ne paroît pas faire beaucoup
d'estime de cet Ouvrage. Il prétend que l'Auteur tombe souvent dans des
fautes grossières; qu'il y a peu d'ordre & peu de critique; que son stile est
obscur & affecté. D. *Mathou* a inféré à la fin de ce Catalogue, une Apologie fort succinte de Léoteric, ou Leuteric, Archevêque de Sens, que Baronius prétend avoir été infecté des erreurs pernicieuses que Berenger a depuis enseignées sur l'Eucharistie.

Voy. D. le Cerf, *Bibliothèque des Auteurs de la Congrégation de Saint
Maur*, pag. 346. Le P. Bernard Pez, *Bibliotheca Benedictino Mauriana*,
pag. 97. qui fixe mal-à-propos la mort de D. *Mathou* au 25. Avril. Le
Long, *Bibliothèque des Historiens de France*, pag. 192. N°. 4049. & le
Suplément de Moreri de 1735.

ANTOINE MAUCOUVENT.

ANTOINE MAUCOU. MAUCOUVENT, (*Antoine*) Bourguignon, vivoit en 1607. comme il paroît par le Titre du Livre suivant: *Les Pseaumes de la Méditation, Contemplation, Confession & Pénitence de David, mis en Vers Héroïques, fidélement selon la Version de S. Jérôme, & celle du feu Archevêque de Sens* (Regnaud de Beaune, mort en 1606.) *par Antoine de Maucouvent, Bourguignon*. Paris, aux frais de l'Auteur, *in* 16. sans date, mais en 1607. comme il paroît par le Privilége du Roi.

LOUIS MAUMENET.

LOUIS MAUMEN. MAUMENET, (*Loüis*) Chapelain de Madame & Chanoine de l'Eglise de Notre-Dame de Beaune, naquit à Beaune, le 22. Septembre 1655. de Loüis Maumenet, Conseiller du Roi, & Enquêteur au Bailliage de cette Ville, & de Françoise Lobot. Il étoit Académicien d'Angers. Il aima la Poësie, la cultiva & y réussit. On peut voir aisément par ses Ouvrages, qu'il n'étoit pas à beaucoup près si méprisable que l'a crû Richelet, qui l'a raillé vivement dans son Dictionnaire. M. Gillet, Maire de Beaune, parent & héritier de notre Auteur, m'a apris qu'il avoit trouvé dans les papiers de ce dernier, les raisons de sa querelle avec Richelet. *Maumenet* avoit pris en Prose & en Vers, le parti de Furetière contre Richelet. *Maumenet* mourut à Paris, le 9. Août 1716.

CATALOGUE DE SES OUVRAGES.

1. *Poëme qui a remporté le prix de Poësie à l'Académie Françoise en
1689.* Paris, Coignard, 1689. *in* 4°.

DE BOURGOGNE.

2. *Poëme qui a remporté le prix à l'Académie d'Angers*. 1689. *in* 4°. Le sujet du prix étoit la jonction des deux Mers. Basnage a loüé la beauté de cette Poësie dans son *Histoire des Ouvrages des Sçavans*, Mars 1689. pag. 276. Ces deux Pièces firent connoître *Maumenet* de M. le Duc de Montauzier, & de M. Bossuet, qui l'honorérent de leur estime.

LOUIS MAUMEN.

3. Il a remporté quatre prix à l'Académie de Toulouse, & deux à celle d'Angers. Ces Pièces qui ont mérité le prix, ont été imprimées. Le Poëme intitulé : *Les Plaintes de l'Europe*, qui fut couronné en 1709. à Toulouse, est une de ses meilleures Poësies.

4. Poëme qui remporta le prix de l'Académie Françoise en 1715. C'est un Poëme au Roi sur la paix de 1714.

5. *Description en Vers François de la Maison de Brunon*, pour M. Brunet, Garde du Trésor Royal. Paris, Barbin, 1688. *in* 4°.

6. *Ode sur la prise de Lerida*. L'Auteur l'a traduisit la même année (1709.) en Vers Latins. Cette Pièce lui fit honneur.

7. *Ode à M. l'Abbé Bignon* en 1713. Paris, 1713.

8. *Ode à M. le Duc de Bavière*. Ibid. 1713.

9. *Ode Latine à M. Languet*, alors Evêque de Soissons, & traduite en François par Pierre Durand. Paris, 1714. *in* 4°.

10. *Ode sur la Simplicité Chrétienne*. Dans le *Journal des Sçavans* de 1717. pag. 124. Edit. *in* 12.

11. Dans le Recüeil de Pièces fugitives, imprimées en 1704. pag. 558. on parle d'une *Ode que l'Abbé Momeney présenta au Roi sur la Naissance du Duc de Bretagne*.

12. Thomas Corneille, dans son Dictionnaire Géographique, article *Bibracte*, fait mention d'une Dissertation de l'Abbé *Maumenet*, par laquelle il prétend prouver que *Bibracte* n'est autre chose que la Ville de Beaune.

M. Gillet, Maire de Beaune, qui possède plusieurs autres Poësies Mss. de l'Abbé *Maumenet*, avoit promis un Recüeil entier de toutes ces Pièces.

« L'esprit vif de M. *Maumenet* (dit M. l'Abbé Parisot, dans son Eloge
» inséré au *Journal des Sçavans* du mois de Mars 1717.) ne lui permettoit
» pas de revenir au travail sur une même matière, aussi souvent qu'il l'auroit
» fallu. Trop ménager de ces réflexions gênantes, auxquelles il faut nécessairement
» s'asservir pour rendre dignes de la postérité, les Ouvrages dont
» on veut assurer la vie, il ne suivoit souvent que la vivacité dans les siens. »

Voy. les *Nouvelles Littéraires de la Haye*, Tom. V. pag. 135. *Pièces fugitives* de l'Abbé Archimbaud, Tom. I. *Eloge de l'Abbé Maumenet*, par l'Abbé Parisot, dans le *Journal des Sçavans* du mois de Mars 1717. & le *Suplément de Moreri* de 1735.

Part. II. L

JEAN MAURICE.

JEAN MAURICE. MAURICE. (*Jean*) J'ai trouvé dans les Annales Typographiques de Maittaire, un Ouvrage de *Maurice*, qui a pour Titre : *Jo. Mauritii, Præfecturæ Burgundiæ Senatoris repetitio L. Unica C. quo loco mulieres munera subire soleant.* Lyon, Griphe, 1538. *in* 4°. Ce même Ouvrage est cité dans le Catalogue des Livres imprimés chez Griphe à Lyon.

Voy. Maittaire, *Annales Typographici*, Tom. II. pag. 574.

JEAN DE MAZILLES.

JEAN DE MAZILLES MAZILLES, (*Jean de*) Capitaine de Saulx, Echanson de Charles, Duc de Bourgogne, a écrit des Lettres à sa Sœur, *touchant la Prise de la Ville de Liége en* 1478. *Ms.* Ces Lettres étoient dans la Bibliothèque de M. le Conseiller de la Mare, qui en a fait mention dans son *Conspectus Historic. Burgund.*

Voy. *Conspectus Historicorum Burgundiæ*, pag. 19.

N... MEAT.

N.... MEAT. MEAT, (N...) Bourguignon, Bachelier en Théologie, fit imprimer en 1644. à Paris, chez Thomas Blaise, un Ouvrage *in* 12. assez gros, intitulé : *La Fille Héroïque, ou Sainte Reine Martyre.*

Voy. D. George Viole, Bénédictin, pag. 130. de son *Apologie pour Sainte Reine.*

JEAN MELENET.

JEAN MELENET MELENET, (*Jean*) célèbre Avocat au Parlement de Dijon, naquit à Montot, proche de Saint Jean-de-Lône, vers l'an 1660. Il épousa le 9. Février 1682. Olimpe Camus, dont il eut plusieurs enfans. Une de ses filles a épousé M. Gabriel Davot, habile Professeur en Droit François dans l'Université de Dijon.

Ce n'est pas mon dessein de faire ici l'Eloge de M. *Melenet*. Tout ce que j'en pourrois dire, seroit fort au-dessous de son mérite. Je remarquerai seulement que plusieurs Etrangers qui l'ont connu, ont avoüé qu'il auroit brillé dans le Parlement de Paris, comme dans celui de Bourgogne, où sa mémoire ne mourra jamais. J'ajoûterai encore que les qualités de son cœur, répondoient à celles de l'esprit, & que s'il est rare de trouver un Avocat en qui l'on voye réunis plus de talens dans sa Profession, il l'est encore davantage d'en trouver qui se soit également distingué, par la probité & le désintéressement.

M. *Melenet* mourut à Dijon, le 12. Juillet 1722. âgé de 62. ans.

DE BOURGOGNE. 43

Il a laissé plusieurs Mss. excellens qui mériteroient de voir le jour ; entr'autres, un gros cayer de *Remarques sur le Traité de l'Abus*, par *Fevret*, quelques cayers *sur les Criées, sur le Retrait lignager, sur les Prescriptions, & sur d'autres Titres de la Coûtume de Bourgogne*. Ces Mss. sont entre les mains de M. Davot, qui en connoit parfaitement le prix, & qui se distingue autant aujourd'hui dans sa Profession, que M. *Melenet* l'a fait autrefois. Dans l'*Histoire du Quillotisme*, on trouve une Requête de M. *Melenet*, présentée à M. *Jean Fils-Jean, de Grand Maison, Conseiller-Clerc au Parlement de Dijon*. M. *Melenet* la fit au nom de Claude Quillot. M. l'Abbé Goujet a donné dans son *Suplément de Moreri* de 1735. un fort bon extrait de ce Procès. Il s'est trompé seulement sur le nom de M. *Melenet*, qu'il apelle *Menelet*.

Voy. le *Suplément de Moreri* de 1735. article, CLAUDE QUILLOT.

JEAN MELENET.

PIERRE-RICHARD MÉNAULT.

MÉNAULT, (*Pierre-Ricard*) Prêtre, né à Beaune. Il étoit Maître de Musique dans l'Eglise de S. Etienne de Dijon. Il mourut en cette Ville, l'an 1694. âgé de plus de 50. ans. Il a fait imprimer les Ouvrages suivans.

P. RICH. MENAULT.

1. *Missa ad imitationem Moduli* : O felix Parens. *Paris, Ballard*, 1676. in folio. *Menault* étoit pour lors Maître de Musique à Chalons en Champagne.

2. *Missa ad imitationem Moduli* : Tu es spes mea. *Ibid.* 1686. in folio.

3. *Missa ad imitationem Moduli* : Ave, Senior Stephane. *Ibid.* 1687. in folio.

4. *Missa ad imitationem Moduli* : Ferte rosas. A six voix. *Ibid.* 1691. in folio.

5. *Missa ad imitationem Moduli* : Date lilia. A six voix. *Ibid.* 1692. in folio.

Dans ces quatre derniéres Piéces, l'Auteur prend la qualité de *Symphoneta, Symphoniarcha Sancti Stephani Divionensis*.

6. Il a encore fait imprimer des Vêpres en Musique, dédiées au P. de la Chaise, Confesseur du Roi Loüis XIV. Je ne les ai pas vûes.

CLAUDE LE MENESTRIER.

MENESTRIER, (*Claude le*) Antiquaire du Cardinal Barberin, qui fut ensuite Pape sous le nom d'Urbain VIII. étoit né à Dijon, comme l'a remarqué [1] M. Moreau de Mautour. Il mourut vers 1657. On a fait imprimer après sa mort, les Ouvrages suivans.

CLAUDE LE MENES.

---

[1] Article, Dijon, dans le carton qu'il a fait de cet article pour le *Dictionnaire Géographique* de Thomas Corneille.

CLAUDE LE MENES. *Symbolica Dianæ Ephefiæ Statua, à Claudio Menetreio, Ceimeliothecæ Barberinæ Præfecto expofita.* Romæ, Typis Mafcardi, figures, 1657. in 4°. pagg. 82.

Frederic Ubaldini procura l'Edition de cet Ouvrage. Il fut réimprimé à Rome, *in folio*, chez Jacques de Rubeis, avec une Lettre d'Holftenius, & des Notes de Bellori. *It.* dans le VIIe. vol. des *Antiquités Grecques* de Gronovius, Tom. VII. pag. 357. & fuiv. Voy. *Supplem. Actor. erudit.* Tom. II. p. 82.

Voy. le *Suplément de Moreri* de 1735. article, *Claude-François Meneftrier.*

JEAN-BAPTISTE MENESTRIER.

JEAN-BAP. MENESTR. MENESTRIER, (*Jean-Baptifte*) Confeiller du Roi, Secretaire de fa Chambre, Controlleur Provincial de l'Artillerie de Bourgogne, naquit à Dijon en 1564. & y mourut en 1634. On voyoit autrefois fon Epitaphe peinte fur une des vitres de la Paroiffe de S. Médard de cette Ville, en ces termes finguliers & peu férieux.

Cy gît Jean le Meneftrier,

L'an de fa vie foixante & dix.

Il mit le pied dans l'Etrier,

Pour s'en aller en Paradis.

Le Meneftrier a fait imprimer les Ouvrages fuivans.

1. *Médalles, Monnoyes & Monumens antiques d'Impératrices Romaines.* Dijon, Claude Guyot, 1625. *in folio*, pagg. 29.

2. *Médalles illuftres des anciens Empereurs & Impératrices de Rome.* Dijon, Palliot, 1642. *in* 4°. figures. Hallervordius s'eft trompé, en croyant que cet Ouvrage eft une feconde Edition du premier. Au refte, c'eft mal à propos que plufieurs Auteurs ont attribué au P. Meneftrier Jéfuite, les *Médalles illuftres des anciens Empereurs*, comme M. de Vallincourt l'a prouvé dans fon éclairciffement au fujet d'un Mémoire de M. Moreau de Mautour, concernant une correction de Suetone & de Dion. Cet éclairciffement a été imprimé en 1732. dans la *Bibliothèque Françoife*, Tom. XVIII. IIe. Partie.

3. *Livre des Médailles du Sieur le Meneftrier. I. Partie.* Dijon, 1627. *in* 4°. J'avoüe que je ne connois cet Ouvrage que par ce qu'en a dit le Pere Banduri, qui eft, je crois, le feul qui en ait fait mention. *Differuit*, dit le P. Banduri, *tenuiter admodum & jejunè.*

Voy. *Bibliot. Nummaria Labbe*, pag. 237. Hallervordius, *Bibliotheca curiofa*, pag. 190. Teiffier, *Catalog. Auctor. & Bibliot.* p. 449 Naudé, Mafcurat, p. 251. 2e. Edition. Il parle de *le Meneftrier* avec honneur, & le *Suplément de Moreri de 1735.* article, Claude-François Meneftrier.

ANDOCHE

ANDOCHE MERLE.

MERLE, (*Andoche*) Doyen de Saulieu, mourut vers 1665. à plus de 70. ans. Il a composé, selon M. de la Mare, des *Mémoires pour servir à l'Histoire de Saulieu*.

Voy. *Conspectus Historicorum Burgundiæ*, pag. 44.

LOUIS - FRANÇOIS MICAULT.

MICAULT, (*Loüis-François*) né à Nuys, a été Capucin pendant quelques années, après lesquelles ses Supérieurs lui permirent de passer dans le Val-des-Choux. Il étoit Docteur en Théologie. Il mourut en 1713. âgé de plus de 72. ans, à Vaulse, Prieuré du Val-des-Choux, dans le Bailliage d'Avalon. Il a composé les Ouvrages suivans.

Le véritable Abbé Commandataire, ou le droit des Commandes établi sur l'autorité du Roi, le pouvoir du Pape, & le mérite des Commandataires. Dijon, Grangier, 1674. *in* 12. Cet Ouvrage fut suprimé par Arrêt du Parlement de Dijon. C'est une Critique de l'*Abbé Commandataire* du Pere François Delfau, Bénédictin. M. l'Abbé Lenglet a fait mention du *véritable Abbé Commandataire*, à la page 9. de son *Catalogue des Auteurs de Droit Canonique*, où il dit que l'Ouvrage est d'un Capucin, & qu'ainsi il le croit fort désintéressé.

2. *La Science civilisée ou dépaysée des Ecoles d'Athènes, &c.* Châtillon-sur-Seine, P. Laimeré, 1677. *in* 8°.

3. Il composa sur la fin de ses jours, un Ouvrage qui est demeuré Ms. & qui est intitulé : *Laissons le monde comme il est*. C'est une peinture des abus qui se sont glissés dans tous les différens états de la vie, avec les moyens dont on peut se servir pour y aporter du reméde. Chaque chapitre finissoit par ces mots : *Mais laissons le monde comme il est*. M. le Conseiller de Clugny m'a dit qu'il avoit vû souvent ce Ms. On ignore où il est.

Voy. M. l'Abbé Lenglet, *Catalogue des Auteurs de Droit Canonique*, p. 9.

ANTOINE MICHARD.

MICHARD, (*Antoine*) Imprimeur de Dijon, où il mourut, le 31. Octobre 1688. à 62. ans, a imprimé un Ouvrage de sa composition, intitulé : *L'Ortographe Françoise, ou Méthode nouvelle pour rendre notre Langue facile aux enfans & aux étrangers qui cherchent sa véritable prononciation dans l'arrangement des Lettres, & dans leur ponctuation, qui en font la valeur.* 1676. *in* 8°. pagg. 152.

JEAN-BERNARD MICHAULT.

J. BAPT.
MICH.

MICHAULT, (Jean-Bernard) Avocat au Parlement de Bourgogne, Académicien de Dijon, est né en cette Ville, le 18. Janvier 1707. de Jean Michault, Procureur au même Parlement, & de Cécile Boillot.

M. Michault a donné dès son enfance des marques de son goût pour les Lettres. Une inclination naturelle pour la Botanique l'engagea d'abord à faire de cette Science une étude particuliére. Il s'adonna aussi avec beaucoup d'ardeur à la Musique, & s'apliqua ensuite à divers genres de Littérature. Outre les Ouvrages qu'il a rendus publics, il a encore composé quelques autres Ecrits, qui ne tarderont pas à voir le jour.

CATALOGUE DE SES OUVRAGES.

1. Dès 1730. il a inséré, & continué d'insérer dans les *Mercures de France*, plusieurs Pièces en Vers, comme des *Epigrammes*, des *Madrigaux*, des *Elégies*, une *Epitre d'Alexandre à Pancaste*, &c.

2. *Réflexions critiques sur l'Elégie*. Dijon, Augé, 1734. *in* 8°. pp. 190. sans la Préface de 23. pages. Cet Ouvrage, qui est didactique, renferme aussi la Critique d'un Livre de M. l'Abbé Leblanc sur le même sujet. Ce dernier a crû qu'un amour violent & impétueux devoit faire le caractére de l'Elégie, & a mis, pour ainsi dire, une enseigne à son sistéme ; c'est un Vers de Virgile : *Læsit amor, magnoque irarum fluctuat æstu*, Æneid. IV. M. *Michault*, qui prétend au contraire que des peines légéres & des sentimens de tendresse, doivent faire le fond de cette sorte de Poësie, a pris aussi pour devise un autre Vers de Virgile : *Qualis populea mœrens Philomela sub umbra*. Georgic. IV. Ces Vers expriment assez bien les différentes idées de ces deux Auteurs sur la matiére élégiaque. On trouve un extrait de l'Ouvrage de M. *Michault*, dans le *Journal des Sçavans* du mois de Décembre 1734. p. 2173. & suiv. dans les *Mémoires de Trevoux*, Fevrier 1737. p. 337. & suiv. & dans le IIIe. Tome, pag. 280. & suiv. de la *Bibliothèque Françoise* de M. l'Abbé Goujet, qui en parle d'une manière avantageuse.

3. *Explication des desseins des Tombeaux des Ducs de Bourgogne*, qui sont à la Chartreuse de Dijon, *présentés à S. A. S. Mgr. le Duc, le* 1. *Mai* 1736. *par le Sr. J. P. Gilquin, Peintre*. Nuys, Antoine Migneret, 1736. *in* 4°. pp. 8. *It.* Dijon, Marteret, 1737. *in* 8°.

4. *Lettre à M. Bri*** sur la situation de la Bourgogne, par raport à la Botanique*. Dijon, Marteret, 1738. *in* 8°. M. *Michault* y soûtient que la Bourgogne est plus élevée, ou du moins aussi haute que les Alpes ; ce qu'il prouve par les Plantes Alpines qui croissent dans cette Province, & par le cours des Riviéres qui en sortent.

5. *Dissertation Historique & Critique sur le Vent de Galerne*. Bâle, (Genève) 1740. *in* 8°. pp. 41. L'Auteur, dans cette Dissertation, s'est déguisé sous le nom de *Mureau de Cherval*.

DE BOURGOGNE. 47

6. M. *Michault* a envoyé à M. Titon du Tillet, un *Recüeil de plusieurs Poësies*, pour être insérées dans les *nouveaux Amusemens du cœur & de l'esprit*. J. BAPT. MICH.

Il travaille à un *Catalogue des Plantes qui naissent aux environs de Dijon*, avec quelques *Dissertations sur l'Histoire naturelle de la Bourgogne, & sur la Botanique en général*. Il se propose aussi de donner au Public des *Essais Philologiques sur la nature & les qualités des Vents*, une *Bibliothèque Historique & Critique des Livres en Ana*, & de quelques autres Ouvrages de ce genre ; des *Recherches sur les principales Bibliothèques & les Cabinets les plus curieux de la Ville de Dijon*.

PIERRE MICHAULT.

MICHAULT, (Pierre) Secretaire du Comte de Charollois (connu depuis sous le nom de Charles le Guerrier) étoit Sujet de Philippe le Bon, Duc de Bourgogne, comme il le dit lui-même dans l'Epitre Dédicatoire de son *Doctrinal de Cour*, qu'il présenta à ce Prince. *Pierre Michault*, selon la Croix-du-Maine, [1] *étoit Poëte & Orateur François, & vivoit l'an* 1466. Il a écrit, dit-il, *un Livre intitulé* : Le Doctrinal de Cour, *divisé en* 12. *chapitres, lequel Livre est composé, partie en Vers, partie en Prose*. La Croix-du-Maine ajoûte qu'il a été imprimé à Genève, *in* 8°. & qu'il contient 28. feüillets. Du Verdier, qui cite aussi cet Ouvrage, [2] dit que *Pierre Michault* a composé le *Doctrinal de Cour, par lequel on peut être Clerc sans aller à l'Ecole, imprimé à Genève*, in 8°. *par Jacques Vivian, en* 1522. *avec Privilège Apostolique*. PIERRE MICH.

La Croix-du-Maine, & du Verdier n'ont pas connu une autre Edition du *Doctrinal de Cour*, in 4°. sans date, où l'on aprend qu'il a été composé en 1466. Voyez-en un long extrait dans le *Mercure de France*, Mars, 1741. pag. 533. & suiv.

Voilà tout ce que disent ces deux Bibliothécaires au sujet de cet Auteur. Mais M. Galland, dans son *Discours sur quelques anciens Poëtes, & sur quelques Romans Gaulois peu connus*, [3] nous aprend que *Pierre Michault* a composé un autre Ouvrage en Prose & en Vers, qui a pour Titre : La Danse des Aveugles, & qui étoit conservé en Ms. dans la Bibliothèque de feu M. Foucault, Conseiller d'Etat, & Intendant de Caen. Ce Sçavant s'est trompé, en disant que le *Doctrinal de Cour est aparemment le même Ouvrage, qui est ici apellé la Danse des Aveugles*. Ce sont deux Livres biens différens, comme on le voit par la fin de ces Ouvrages. [4] Cette distinction est encore clairement marquée par un passage de la *Bibliothèque Françoise* de du Verdier, qui n'a pas connu le véritable Ecrivain de

---

[1] *Bibliothèque Françoise*, pag. 404.

[2] *Bibliot. Franç.* pag. 857.

[3] Cette Dissertation est imprimée dans les *Mémoires de l'Académie des Inscriptions*, Tom. II. pag. 728. & suiv. Edit. *in* 4°.

[4] M. Galland cite les derniers Vers, qui sont très différens de la fin du *Doctrinal de Cour*.

PIERRE MICH. la *Danse des Aveugles*, & qui range cet Ouvrage dans la classe des Livres, dont les Auteurs sont incertains. [1] M. Galland, qui n'en cite qu'un Ms. ignoroit aparemment qu'il fût imprimé.

Le P. de Montfaucon, qui donne à notre Auteur les noms de *Michau Tailleman*, *Tailleran*, & *Tiellement*, lui attribuë [2] *plusieurs Poësies du tems du Roi Charles VII. avec l'Histoire de Grisélidis*, in 4°. M. Galland, dans sa Dissertation, que j'ai citée, assure que l'*Histoire de Grisélidis*, mise en Vers François par feu M. Perrault, de l'Académie Françoise, fait partie du Parement des Dames, Ouvrage de l'Historien Olivier de la Marche. [3]

Le même P. de Montfaucon, [4] donne encore à *Pierre Michault*, des *Propositions & Délibérations de la Chambre du Tiers-Etat à Paris aux Etats de la Ligue de l'an* 1593. transcrit de la propre main d'*Aariste*, premier Commis de *Tiellement* (c'est-à-dire, de *Pierre Michault*, selon le P. de Montfaucon) qui en étoit le Greffier sur le Plumettis (Plumitif) de son Maître, de l'année 1593.

Le P. de Montfaucon est tombé dans un anachronisme considérable. Il est impossible que *Pierre Michault*, Secrétaire du Comte de Charollois en 1466. & *Auteur de plusieurs Poësies du tems du Roi Charles VII.* ait été Greffier des Etats tenus à Paris en 1593.

Au reste, Colletet n'a pas fait la Vie de *Pierre Michault*, comme on le voit par la liste de ses *Vies des Poëtes François*, imprimée dans la *Bibliothèque des Historiens de France* du P. le Long, pag. 885. Le nom de *Pierre Michault* ne se trouve pas aussi dans l'*Etat des Officiers & Domestiques des Ducs de Bourgogne*, publié en 1729. à la suite des *Mémoires pour servir à l'Histoire de France & de Bourgogne*, par D. Guillaume Aubré, Bénédictin. D'où je conjecture que *Pierre Michault* n'étoit plus au Service du Comte de Charollois, quand ce Prince succéda à son Pere en 1467. Peut-être même *Michault* mourut-il avant le Duc Philippe Le Bon; c'est-à-dire, peu de tems après lui avoir présenté son *Doctrinal de Cour*. Quoique cet Auteur se dise Sujet du Duc de Bourgogne, il n'est pas certain qu'il soit né en cette Province, plusieurs autres Pays étant soûmis à la Domination des Ducs de Bourgogne.

Voy. la *Bibliot. Franc.* de la Croix-du-Maine, pag. 404. celle de du Verdier, pag. 857. le *Discours de M. Galland, sur quelques anciens Poëtes, & sur quelques Romans Gaulois peu connus*. Il se trouve dans le Tom. II. pag. 728. des *Mémoires de l'Académie des Inscriptions*, Edit. in 4°. La nouvelle *Bibliothèque des Mss.* du Pere de Montfaucon, pag. 793. 795.

---

[1] *Bibliothèque Françoise*, pag. 269. Du Verdier dit que cette Pièce a pour Titre : *La Danse des Aveugles ; c'est-à-dire, des humains dansans en ce monde sous la conduite de l'amour, de la fortune & de la mort, composée en Rime.* Ce Bibliothécaire cite le commencement de cet Ouvrage, qui n'est qu'en Vers, au lieu que le *Doctrinal de Cour* est, partie en Vers, partie en Prose.

[2] *Nouvelle Bibliothèque des Mss.* pag. 795.

[3] Cet Ouvrage a été imprimé, selon la Croix-du-Maine.

[4] Montfaucon, *ibid.* pag. 1188.

1188.

DE BOURGOGNE. 49

1188. & une *Lettre sur un ancien Poëte François* (Pierre Michault) *écrite à M. l'Abbé Fijan, par M. l'Abbé Joly*, imprimée dans le *Mercure de France*, Mars, 1741. pag. 733. & suiv.

CLAUDE MICHEL.

MICHEL, (*Claude*) Avocat au Parlement de Dijon, naquit en cette Ville, le 1. Décembre 1695. de Gilbert Michel, Chauffecire, Scelleur à la Chancellerie de Dijon, & de Marie Camus. Il mourut à Paris, le 11. Avril 1719.

CLAUDE MICHEL.

M. *Michel* avoit beaucoup de dispositions pour les Sciences. Il donnoit de grandes espérances de devenir un Sçavant du premier Ordre, lorsque la mort l'enleva à la fleur de son âge. M. de la Monnoye a fait son Eloge dans le IVe. volume de son *Menagiana*, où il marque la satisfaction qu'il avoit de voir ce jeune Sçavant, *de qui il croyoit bien pouvoir dire un jour, mais non pas si-tôt* : Est bene. Sa *Traduction du* Gallus *de Virgile*, ajoûte ce Critique, *vaut celle d'Heinsius, & presque celle de Scaliger*. M. de la Monnoye fait encore mention dans le même Ouvrage de la Xe. Eglogue de Virgile en Vers Grecs, par M. *Michel*, & il cite ailleurs un Distique Latin du même. On a quelques autres Poësies de M. *Michel*, comme une *Epitre en Vers François à M.* . . . dans le *Mercure* de Janvier 1717. Une *Lettre galante en Prose & en Vers à M. Gravelot, son ami*, dans le *Mercure* d'Août 1717. pag. 48. *Epitre en Vers à M. de* . . . *pour le détourner de la Satyre*, dans le *Mercure* d'Octobre de la même année, pag. 141. *Epitre en Vers libres à* Mlle. . . . . *en lui donnant une copie de l'Art d'aimer, faite sur la sienne qu'on avoit gardée* : dans le *nouveau choix de Pièces de Poësies*, imprimées à la Haye, chez Van Bulderen en 1715. Tom. II. pag. 195. Une autre *Pièce à une Dame, en lui envoyant un bouquet de fleurs naturelles & artificielles*. Ibid.

Voy. le *Menagiana* de 1715. Tom. IV. p. 66. *Lettre à M. Quillot*, & les cartons du *Menagiana*, dans les *Mémoires de Littérature*, par M. de Sallengre, Tom. I. pag. 261.

ANTIDE DE MIGIEUX.

MIGIEUX, (*Antide de*) Seigneur de Savigny, Président à Mortier au Parlement de Dijon, du 8. Mars 1689. étoit fils de Guy de Migieux, Président aux Requêtes du Palais, & d'Anne Bourée. M. *de Migieux* mourut le 11. Novembre 1717. dans sa Terre de Savigny, âgé de 62. ans.

ANTIDE DE MIG.

Dans les *Nouvelles Littéraires*, imprimées à Leyde, chez du Sauzet, on trouve un Discours, ou plûtôt un Compliment que ce Président fit au Roi, le 27. Décembre 1716. & pag. 85. *ibid*. le Compliment qu'il fit à M. le Duc d'Orléans, Régent du Royaume.

Le Médecin Bacon a dédié à M. *de Migieux*, son *Analyse des eaux de*

Part. II. N

Bourbonne, imprimée en 1717. & Madame de Sainctonge lui dédia en 1714. le II. vol. de ses Poësies, & lui en adressa quelques-unes.

Voy. les *Nouvelles Littéraires* de la Haye, Tom. III. pag. 84.

CLAUDE MIGNAULT, en Latin *MINOS*.

CLAUDE MIGN. MIGNAULT, en Latin [1] *MINOS*, (*Claude*) Avocat du Roi au Bailliage d'Estampes, & Doyen des Professeurs en Droit Canon à Paris, naquit à Talant, [2] qui est une petite Ville, ou plûtôt un ancien Château des Ducs de Bourgogne, situé à trois quarts de lieuës de Dijon. Il ne faut donc pas prendre à la lettre plusieurs endroits de ses Ouvrages, où il prend la qualité de Dijonnois.

Mignault commença ses études assez tard. Il avoit douze ans, lorsqu'il entra dans l'ancien Collége de Dijon, pour y aprendre les premiers principes de la Langue Latine. Il y étudia les Humanités pendant sept ans. *Per septennium fere*, dit-il, [3] *ad inferiores relegatum Scholas, & nodis, quibus me expedire non nisi serò admodum potui detentum constrixit inimica, & certè molesta satis conditio*. Il eut pour Maître le sçavant Loüis Bæsa, Espagnol, Professeur dans l'ancien Collége de Dijon. *Postquam Linguæ Latinæ & Græcæ, Mathematum & Philosophiæ Peripateticæ rudimenta delibassem in Palæstra Literatissimi D. Bæsæ Hispani.* Il a eû soin de nous aprendre au même endroit, & en plusieurs autres passages de ses Ecrits, qu'il avoit une timidité naturelle qu'il ne pouvoit surmonter. *Dubius sum*, poursuit-il, *an ratione aliqua conqueri mihi liceat, quod fortunam non tam iniquam habuerim, quàm ingenium inani admodum & rusticano quodam pudore præpeditum*.

Mignault s'étant fait connoître à le Vasseur Principal du Collége de Reims, il fut nommé, à la sollicitation de ce Principal, à une Chaire de de Professeur en la même Ville, & il en exerça les fonctions pendant quatre années.

Il commença ses Leçons par l'explication du *Théages* de Platon. Il expliqua dans la suite tous les bons Auteurs Grecs & Latins, principalement ceux qui traitent de l'Eloquence, de la Poësie & & de la Philosophie morale.

Je ne connois pas la cause qui engagea *Mignault* à quitter Reims pour

---

[1] Baillet a blâmé l'affectation de *Mignault* à latiniser son nom. Voy. pag. 363. des *Auteurs déguisés*. Il est pourtant vrai que *Mignault* n'est pas plus condamnable que plusieurs autres Sçavans, ou pour mieux dire, tous les Gens de Lettres du XVIe. Siècle qui ont fait comme lui. Ce que l'on pourroit lui reprocher avec plus de justice, c'est de s'être apellé *Minos*, & non *Mignaltius* ou *Mignautius*, qui répondent mieux au nom de *Mignault*.

[2] *Mignault* lui-même désigne clairement sa Patrie dans des Vers Latins, & dans un Sonnet qu'il fit en 1568. & imprimés à la tête du *Paradoxe de la cure de la peste*, par Claude Fabry, Médecin. *Mignault* s'y dit *Talentinus*. Philibert Collin, Conseiller au Parlement de Dijon, son ami, lui donne aussi la même Patrie dans des Vers qu'il lui adresse en ces termes *Claudio Minoi, Talentino*. D'ailleurs j'ai vû ces paroles écrites de sa main sur des Livres qui lui ont apartenu : *Cl. Minois, Talentini*.

[3] Voy. son Epitre Dédicatoire des *Emblêmes d'Alciat*.

DE BOURGOGNE.

aller à Paris. Peut-être cette première Ville n'étoit pas un Théatre assez vaste pour lui, ou bien il n'y trouvoit pas tous les secours nécessaires pour se perfectionner davantage dans la Littérature. Quoiqu'il en soit, il fut Professeur au Collége de la Marche, & quelque tems après dans celui de Bourgogne, où il fut attiré par Fayus qui en étoit le Principal, & qui avoit déja eû le tems de connoître son mérite. *Mignault* ouvrit sa Classe le 27. Fevrier 1574. & prononça à cette occasion, quelques Discours qui furent imprimés l'année suivante.

La peste étant survenuë à Paris où elle dura pendant quatre ans, *Mignault* quitta cette Ville en 1578. & se retira à Orléans. Il y étudia en Droit & y prit des Degrés en cette Faculté.

On ignore en quel tems il revint à Paris. Il est certain qu'il y résidoit en 1597. puisqu'il étoit cette année Doyen de la Faculté de Droit, & qu'il mit en possession d'une Chaire de Droit Canon, Hugues Guijon à qui il avoit donné son suffrage pour cette place. [1]

Baillet nous aprend [2] que « *Mignault*, Professeur en Droit Canon à
» Paris, fut nommé avec Edme Richer, Nicolas Ecelin, Docteur en Mé-
» decine, & Jean Gallart, Procureur du Collége de Boncourt, pour tra-
» vailler à la Réformation de l'Université en 1600. & que le 15. Septembre
» 1601. ils furent de nouveau nommés par Arrêt pour l'exécution du même
» dessein. George Criton, Ecossois, Professeur Royal, ajoûte Baillet, fit
» contre Richer, un Ecrit qui avoit pour Titre : *Paronomus*, pour insinuer
» que ses Adversaires renversoient les Loix dans leurs nouveaux Statuts. En
» 1602. Mignaut & Richer composérent l'*Apologie du Parlement & de*
» *l'Université*, contre le *Paronome* du Collége de Lizieux. C'est que ces
» Censeurs vouloient que dans chaque Classe, il n'y eut qu'un Professeur.
» Criton vouloit que dans le Collége de Lizieux, & dans quelques autres,
» il y eut deux Professeurs en Rhétorique, selon un ancien usage. Criton,
» (c'est toûjours Baillet qui parle) y professoit gratuitement la Rhétorique
» en second. Il ne faisoit que d'y entrer un moment. Après qu'il y étoit en-
» tré, il sortoit pour donner la place à un autre ; & par-là, il éludoit les
» Arrêts de la Cour. Ces Censeurs remirent en 1603. leur pouvoir entre les
» mains des Commissaires, nommés par le Roi, pour être les Curateurs de
» l'Université. »

Mignault, qui avoit préféré les Humanités à la Philosophie, changea de goût en 1584. L'étude des Belles-Lettres, dit-il, m'occupoit uniquement autrefois, & faisoit toutes mes délices ; aujourd'hui, c'est la Philosophie qui me fait négliger les autres Sciences.

J'ignore l'année de la mort de ce sçavant homme. On pourroit croire qu'il étoit mort avant 1605. puisque Bernard Martin, de Dijon, dans un

CLAUDE MIGN.

---

[1] Voy. l'Ouvrage Ms. d'Edme Thomas, intitulé : *Eloges des illustres Autunois*, Liv. II. chap. VIII. & les *Vies des Guijons*, par M. de la Mare, page pénultième. Je ne sçais pourquoi Hugues Guijon, dans un Discours qu'il prononça en 1612, & qu'il apelle, *Schola Regia Encœnia*, ne fait aucune mention de *Mignault* son Compatriotte, qui l'avoit installé, quoiqu'il parle de plusieurs Gens de Lettres qui avoient illustré la Faculté de Droit Canon.

[2] *Auteurs déguisés*, pag. 33. cet Auteur l'apelle *Minaut*, dit Minos.

CLAUDE MIGN. Livre [1] qu'il fit imprimer en 1605. dit en parlant de lui : *Magni illius Jurisconsulti memoriæ gratulari.* Mais ces termes ne me paroissent nullement décisifs, & ne prouvent en aucune manière que *Mignault* fût mort. Quoiqu'il en soit de l'année de sa mort, il est certain qu'il finit ses jours dans un âge fort avancé, comme on peut le voir par les différentes dates de ses Ouvrages. Il se plaint cependant en quelqu'endroit [2] de la foiblesse de son tempérament.

Je ne dois pas oublier que le célèbre Charles Fevret avoit pris à Paris des Leçons de Droit de *Mignault*. Voici de quelle manière Fevret en a fait mention dans le Poëme sur sa Vie, imprimé dans le II. Tome de la *Continuation des Mémoires de Littérature & d'Histoire*.

Excepi Minoë legente inscripserat olim,
Quod cupidis Legum *Justinianus Opus.*

Plusieurs autres Sçavans lui ont donné de grandes loüanges ; entr'autres, le Cardinal Bona [3] qui l'apelle : *Vir multæ lectionis & eruditionis.* Mais il n'étoit pas moins estimable par sa douceur & par sa probité, que par son érudition. Aussi ses Ecoliers avoient-ils pour lui beaucoup d'attachement, & cherchoient à lui faire plaisir en toutes choses. [4]

CATALOGUE DE SES OUVRAGES.

1. Plusieurs Vers Latins, & un Sonnet à la tête de l'Ouvrage de Claude Fabry, Médecin, intitulé : *De peste curanda*, Liber. Paris, 1568. *in* 8°.

2. *Eidillium de felici & Christiana professione illustrissimi Principis Caroli à Lotharingia, Marchionis Cænomani, ad Sacrum Bellum in Turcas susceptum anno* 1572. Paris, Denys Dupré, 1572. *in* 4°. Le nom de *Mignault* ne paroît pas à la tête de cet Ouvrage ; mais l'Auteur l'a écrit de sa main sur l'exemplaire qui est dans la Bibliothèque de M. le Président Bouhier. Il parut la même année une Traduction de ce Poëme, sous le Titre de *Discours sur la Chrétienne & généreuse Entreprise de Monseigneur Charles de Lorraine*, &c. *contre le Grand Turc, en* 1572. Ibid. *in* 4°. Je ne balance point à donner à *Mignault* cette Traduction qui est en Vers François ; car on y trouve à la fin la même Devise Grecque qu'il avoit mise au Poëme Latin.

3. *Auli Persii Satiræ, præpositis argumentis, quibus Autoris mens explicatur, & additis ad marginem variis Lectionibus.* Paris, *Th. Brumennius*, 1574. *in* 8°.

4. *Six Distiques Latins à la loüange de Jacques Bourdin.* Ils se trouvent à

---

[1] *Variæ Lectiones*, fol. 61. recto.

[2] *Corpusculi nimia imbecillitas*, dit-il, dans son *Institution de la jeunesse* dont je parlerai au N°. 7. de ses Ouvrages.

[3] Dans la *Censure des Auteurs*, qui est à la tête de son Traité Latin *de la Psalmodie*.

[4] Voy. *Oratio in Alciati Emblemata.*

DE BOURGOGNE. 53

la tête, page 76. des *Prefaces de Manuce*, traduites en François par Bourdin, CLAUDE
& publiées à Paris en 1574. MIGN.

5. *De re literaria, Orationes tres.* Paris, J. Richer, 1574. & 1576. *in* 8°. Le troisiéme Discours a pour Titre : *Ad Alciati Emblemata laudatio.* Il a été réimprimé dans plusieurs Editions des *Notes de Mignault sur les Emblêmes d'Alciat*, comme dans l'Edition de 1577. pag. 101. *&c.*

6. *Alciati Emblemata, cum Commentariis, quibus Emblematum omnium apertâ origine, mens Authoris explicatur, & obscura omnia dubiaque illustrantur.* Anvers, Plantin, 1574. *in* 16. Cette Edition, qui est très belle, devoit paroître en 1571. car l'Epitre Dédicatoire à Anne d'Escars, Abbé de S. Benigne de Dijon, est datée de Paris, le 1. Décembre 1571. [1] Aussi Plantin, dans une Lettre Latine à l'Auteur, qui se trouve à la fin de cet Ouvrage, s'excuse-t-il d'en avoir retardé l'impression pendant trois années. Cette premiere Edition fut suivie de plusieurs autres. Je crois que la seconde est d'Anvers 1574. *in* 12. It. *ibid.* 1576. *in* 8°. Mignault dit en cette Edition, qu'il y en avoit déja eû sept ou huit, tant à Paris, qu'à Anvers. It. Paris, Marnef, 1581. & 1583. *in* 8°. Anvers, Plantin, 1583. *in* 8°. Paris, Etienne Vallet, 1589. *in* 8°. Leyde, 1591. *in* 8°. & *in* 16. Paris, 1601. *in* 8°. Paris, Jean Richer, 1602. *in* 8°. Paris, Etienne Vallet, 1608. *in* 8°. Leyde, Rapheling, 1608. *in* 8°. Lyon, Roüille, 1614. *in* 8°. *cum locorum Græcorum explicatione.* On lit à la fin, *Notæ posterioris Minois ad Alciati Emblemata.* Cette Edition est bonne. Paris, Jean Richer, *cum Notis Fred. Morelli*, 1618. *in* 8°. Padoüe, *cum Notis Minois & Pignorii*, 1619. *in* 8°. & 1661. *in* 4°. Les Notes de *Mignault* sont séparées de celles de Pignorius. Anvers, Moret, 1648. *in* 12. Cette multitude d'Editions prouve l'estime que le Public faisoit alors de ce Livre, qui n'est plus aujourd'hui si recherché. Plusieurs Auteurs ont loüé les *Commentaires de* Mignault *sur les Emblêmes d'Alciat.* Voy. entr'autres, Collet, pag. 106. & suiv. de son *Discours sur la Poësie morale.* Il assure que par,, mi les Auteurs qui avoient travaillé sur ces Emblêmes, *Mignault*, ou,, *Minos* étoit le plus considérable, puisque c'est lui qui les a enrichis d'un,, docte Commentaire en Langue Latine. » Le même Colletet nous a laissé d'autres témoignages de l'estime qu'il faisoit de cet Auteur dont il a composé la Vie, qui se trouve dans le Recüeil Ms. de ses Vies des Poëtes François.

Mignault ne se contenta pas d'avoir travaillé en Latin sur les Emblêmes d'Alciat ; il voulut les mettre entre les mains de tout le monde, & les traduisit pour cela en François, sous ce Titre : *Emblemata Andreæ Alciati*, J. C. *Latino - Gallica.* Les Emblêmes Latins-François du Seigneur André Alciat. La Vie d'Alciat. La Version Françoise non encore vuë ci-devant. Paris, J. Richer, 1584. *in* 12. La Croix-du-Maine s'est trompé [2] en mettant cette Edition à l'année 1583. Je ne crois pas que cette Version ait été

---

[1] Je ne sçais pourquoi on a retranché cette Epitre dans plusieurs Editions.
[2] *Bibliothèque Françoise*, pag. 60.

Part. II. O

CLAUDE MIGN. réimprimée. *Mignault* nous aprend dans sa Préface que dès 1582. il travailla à cette Traduction *à heures qu'il étoit contraint de perdre dans un Batteau, voyageant plusieurs fois par occasion de ce lieu* (Estampes. Il y étoit Avocat du Roi, comme nous l'aprenons dans le Privilége pour cet Ouvrage) *à Paris, à Corbeil, & d'Illec à Estampes . . . qu'il l'a lû & relû tant de fois, que non seulement il l'a retenu par cœur, mais qu'il en a tiré le suc.*

Je ne dois pas oublier que *Mignault* entreprit ses Commentaires sur Alciat, à la sollicitation d'un Moine de S. Benigne de Dijon, son ami, nommé Leger Bontems. [1]

7. *De liberali Adolescentum Institutione in Academia Parisiensi, Declamationes contraria. An sit commodius Adolescentes extra Gymnasia, quàm in Gymnasiis ipsis institui.* Paris, J. Richer, 1575. *in* 8°. Ce sont les Discours qu'il fit à l'ouverture des Classes, le 27. Fevrier 1574.

8. *Partitiones Oratoriæ Ciceronis, certis distinctæ capitibus & tabulis illustratæ.* Paris, Richer, 1576. *in* 4°.

9. *Audomari Talæi Rhetorica, unà cum facillimis ad omnia præcepta ejusdem Artis, & exempla illustranda Commentationibus.* Paris, Gilles Beys, 1577. *in* 4°. It. Francfort, 1582. *in* 8°. Draudius [2] cite une autre Edition de Francfort, faite en 1600. *in* 8°. *Mignault*, à la tête de ce Livre, se qualifie, *Regiæ Burgundionum Scholæ in Academia Parisiensi disciplinarum liberalium Doctor.*

10. *In Partitiones Oratorias, Tabulæ & Syntagmata.* Paris, 1582. *in* 4°. It. Francfort, chez les héritiers de Weckel, 1584. suivant Draudius. [3] L'Editeur du *Catalogue de la Bibliothèque de Nicolas Heinsius*, s'est trompé [4] en citant une Edition de ce Livre, faite à Bâle en 1550.

11. *Ausonii Griphus Ternarii numeri cum explicatione.* Paris, J. Richer, 1583. *in* 8°. J'ai vû des Auteurs qui citent une Edition de 1574. *in* 4°. mais je crois qu'ils se trompent, & sur la date, & sur la forme du Livre. Fabricius [5] fait une faute beaucoup plus grossiére, en disant que cet Ouvrage, dont il donne mal le Titre, fût imprimé en 1516.

Mignault a inséré à la fin de son Commentaire, un Traité intitulé : *Appendix Apologetica pro Ausonii Gripho.*

12. *Commentarii in Orationes Ciceronis pro Sylla & pro Marcello.* Francfort, chez les héritiers de Weckel, 1584. *in* 8°. It. à Vérone, 1589. *in* 8°. *cum Notis Andreæ Patricii Minois & aliorum*, selon Fabricius. [6]

---

[1] C'est lui qui a pris en Latin le nom de Leodegarius *Agatho-Chronicus*; ce dernier mot signifie en Grec, *Bontems*.
[2] *Bibliotheca Classica*, page 1481.
[3] *Ibid.* page 1437.
[4] Partie II. pag. 54.
[5] *Bibliotheca Latina*, page 586. |Edit. *in* 8°.
[6] *Ibid.* page 106.

DE BOURGOGNE.

13. *Aufonii Eidillia duo. Unum ad nepotem Aufonium de ftudio puerili. Alterum de ambiguitate eligendæ vitæ*, &c. *cum Notis : Excepta omnia ex ore docentis, à ftudiofis aliquot in Academia Parifienfi, an.* 1575. Paris, Jean Richer, 1583. *in* 8°. Dans l'Epitre Dédicatoire, l'Imprimeur dit qu'il attend des mêmes Ecoliers d'autres Notes de *Mignault*. *Majorum Vigiliarum Notas in Aufonii ludum feptem Sapientum. In* XII. *Cæfares. In Panegyricum. In Parentalia.* Ces Pièces n'ont pourtant pas été imprimées.

14. *Q. Horatii Epiftolarum Libri duo, & in eas Prælectiones methodicæ, quibus Artis Logicæ Analyfis & Moralis doctrinæ ratio illuftrantur.* Paris, Gilles Beys, 1584. *in* 4°. L'Auteur adreffe fon Epitre Dédicatoire, qui eft de l'an 1578. à Jean Fyot, habile Confeiller au Parlement de Dijon, fon intime ami. *Mignault* eftimoit cet Ouvrage plus que tous les autres qui font fortis de fa plume. Gilles Beys, qui l'a imprimé, y a introduit la diftinction des J & des V confonnes d'avec les I & les U voyelles, qu'aucun Imprimeur n'avoit encore obfervée, & qui n'avoit paru jufques-là que dans les Ouvrages de Ramus qui en étoit l'Inventeur, comme je l'ai prouvé dans une Differtation inférée à la page 217. du VII°. Tome de la *Continuation des Mémoires de Littérature & d'Hiftoire*, par le R. P. Defmoletz.

15. *Epiftola Arnulphi, Epifcopi Lexovienfis, nunquam ante hac in lucem edita : Ex Bibliotheca Odonis Turnebi, Hadriani F.* Paris, J. Richer, 1585. *in* 8°. Cet Evêque mourut vers l'an 1181. à S. Victor de Paris. Voy. les *Remarques fur la Vie de Pierre Ayrault*, par Ménage, pag. 189. & fuiv. *Mignault* dédie cet Ouvrage au célèbre Jacques Gillot, Chanoine de Langres.

16. *C. Plinii fecundi, Novocom. Epiftolarum Libri* X. *His adjecta Nota & Obfervationes, Auctore Cl. Minoe, Jurifc.* Paris, J. Richer, 1588. *in* 8°. It. Paris, 1598. *in* 8°. It. *cum Notis Cafaubonii*, 1606. *in* 16. & 1608. *in* 12. les Notes de *Mignault* font jointes à quelques autres Editions des Lettres de Pline, données par Cafaubon. Scioppius [1] recommande cette Edition de Pline, & lui donne rang parmi les bons Livres & les Auteurs choifis. Je fuis furpris que Fabricius ait oublié la première Edition des Lettres de Pline par *Mignault*, laquelle fut faite fur de bons Mff. entr'autres, fur un qui étoit dans la Bibliothèque du Chancelier P. Olivier. Dans le Privilége du Roi, il eft fait mention des *Notes de Mignault fur le Panégyrique de Pline.* Elles n'ont pourtant jamais été publiées.

17. *Panegyricus, five Relatio pro Schola Juris Parifienfi.* Paris, Drouaut, 1600. *in* 8°. It. *ibid.* 1602. C'eft un Difcours qu'il prononça en 1600.

18. Dans le Parlement de Bourgogne de Pierre Palliot, à Dijon en 1649. *in folio*, il y a, pag. 187. une Lettre de *Mignault* à Philibert Colin, Confeiller au Parlement de Dijon, fon ami, datée du 3. Novembre 1567. M. Colin lui avoit envoyé fes Poëfies pour les faire imprimer.

Parmi les Mff. de M. le Confeiller de la Mare, j'ai vû une Lettre de *Mig-*

---

[1] *Confultationes de fcholarum & ftudiorum ratione*, pag. 56.

nault à M. de Thou, Premier Président au Parlement de Paris. On connoît par cette Lettre que *Mignault* étoit depuis long-tems en relation avec cet illustre Magistrat. Ce Recüeil de Lettres étoit intitulé chez M. de la Mare : *Gallorum Epistolæ*.

J'ai l'exemplaire de ses Commentaires sur les Epitres d'Horace, dont il fit present à M. l'Abbé de Bussières. Il y a joint cinq Distiques Latins assez bien écrits de sa main, dans lesquels il est assez surprenant de trouver cette faute de quantité :

Hæc tamen aquo animo, Antistes, te spero laturum.

Je crois qu'on doit moins l'attribuer à l'ignorance de *Mignault*, qu'à son inattention. Peut-être a-t-il vû cette faute, sans se mettre en peine de la corriger.

Etienne Pasquier adresse une Epitre à *Mignault*. Elle regarde les Notes de ce dernier sur les Emblêmes d'Alciat. Il est aussi parlé de lui dans les Lettres du même Pasquier, pag. 324. de l'Edition d'Avignon en 1590. Pasquier lui adresse encore la LXIVe. Epigramme de son Livre.

Voy. *Bibliot. Bibliothec.* Labbe, page 27. Doujat, *Prænotiones Juris Canon.* pag. 641. Konig, *Bibliotheca vetus & nova*, pag. 541. De tous les Ouvrages de *Mignault*, Konig n'a connu que les Notes sur Alciat & sur Pline. *Mémoires de Littérature*, par le P. Desmoletz, Tom. VII. pag. 200. les *Mémoires du P. Niceron*, Tom. XIV. pag. 81. & le *Suplément de Moreri* de 1735.

BARTHELEMI MILET.

MILET, (*Barthelemi*) Sieur de Marsilly, Licentié en Droit, étoit né à Dijon, & vivoit en 1640. Il a composé les Ouvrages suivans.

1. Quelques Vers François à la tête des *Madrigaux de B. de la Villatte*, *annotés* par Réné de Corcenet, in 8°.

2. Harangue prononcée devant la sérénissime République de Venise, par Rémond Vidal, Gentilhomme François & Ambassadeur du Roi, sur l'heureux succès des Armes de Sa Majesté : [1] traduite de l'Italien en François, par le Sr. de Marsilly, Dijonnois. Paris, Jean Martin, 1629. in 12. pagg. 14.

3. Sermons pour les Dimanches & Fêtes de l'Avent, prêchés en la Ville de Saragosse, par le P. Christophle d'Avendano, Carme, &c. traduits de l'Espagnol. Paris, Gaspard Méturas, 1627. in 8°. pagg. 704. It. ibid. 1636. in 8°. Le Traducteur nous aprend dans son Epitre Dédicatoire au Cardinal de Bérulle, que pendant qu'il étoit en Espagne, il avoit eû de grandes liaisons avec le Pere d'*Avendano*, qu'il avoit encore oüi prêcher à Paris.

---

[1] L'Auteur veut parler de la Prise de la Rochelle.

BENIGNE MILLETOT.

MILLETOT, (*Benigne*) naquit à Semeur, Capitale d'Auxois, d'une famille originaire de Flavigny. Il étoit fils de N... Milletot, Avocat du Roi au Bailliage d'Auxois. *Benigne Milletot* fut d'abord Conseiller à la Table de Marbre du Palais, & ensuite Conseiller au Parlement de Dijon, le 6. Juin 1585. En 1612. il fut commis par Lettres-Patentes du Roi, pour faire exécuter l'Edit de Nantes dans le Bailliage de Gex, & y rétablir l'exercice de la Religion Catholique. Cette Commission le lia d'une amitié intime avec S. François de Sales, qui l'apelloit son frere. *Milletot* devint en 1626. Doyen du Parlement de Dijon, & mourut le 7. Septembre 1640. dans un âge fort avancé. Taisand [1] s'est trompé en plaçant sa mort à l'année 1622. Le P. Jacob [2] a ignoré aussi le tems de sa mort, puisqu'il dit que *Milletot* mourut sous le Pontificat d'Urbain VIII. Or, ce Pape tint le Siége pendant plus de vingt ans.

Benigne *Milletot* commença à se faire connoître au Public en 1595. par une *Epitre Dédicatoire*, adressée à Humbert de Marsilly, Seigneur de Cipierre, Bailly du Charollois, à la tête de la *Consolation du Sieur de Juilly à son fils prisonnier*. On croit que *Milletot* a eû part à cet Ouvrage.

Mais l'Ecrit qui lui a donné le plus de réputation, est son *Traité du Délit commun & Cas privilégié, ou de la puissance légitime des Juges Séculiers sur les personnes Ecclésiastiques*, par B. [3] M. C. imprimé en Fevrier, l'an 1611. *in* 8°. pagg. 133. sans nom de Ville ni d'Imprimeur, mais à Dijon, chez Claude Guyot. Dadin de Hauteserre a critiqué [4] vivement le Titre de cet Ouvrage, qui fut attaqué d'abord par des Vers Satiriques, dont l'Auteur ne fut pas connu. Les Amis de *Milletot* répondirent à cette Satire par un grand nombre de Vers, parmi lesquels on en trouve du sçavant Claude Saumaise. Cette Réponse fut imprimée sous le Titre de *Défense du Traité du Délit commun*. Dijon, 1611. *in* 8°. pagg. 61. Le *Traité du Délit commun* fut réimprimé à Dijon, chez Claude Guyot en 1615. avec des Additions considérables, & un Privilége du Roi, à qui cette seconde Edition est dédiée. Cet Ouvrage a été réimprimé plusieurs autres fois. On trouve dans l'Edition de 1616. une *Réponse à la question à lui proposée par un sien Ami, touchant la Dénomination de l'Eglise Gallicane en 1615*. laquelle, quoiqu'en ait pensé M. Dupin, [5] n'a jamais été imprimée séparément. Elle se trouve avec le Traité dans le premier volume des *Libertés de l'Eglise Gallicane*, Edit. de 1631. Le *Traité du Délit commun* a été

---

[1] *Vies des Jurisconsultes*, pag. 370. de la premiére Edition.

[2] *Bibliotheca Pontificia*, pag. 729.

[3] Cette Lettre initiale a donné occasion à Denys Simon, de douter s'il doit l'apeller Benigne ou Barthelemi. Le P. Jacob croyoit qu'il se nommoit Blaise.

[4] Voy. *Vindiciæ de Jurisdictione Ecclesiastica adversùs Car. Fevretum, & aliorum Tractatus de Abusu*.

[5] *Table des Auteurs Ecclésiastiques*, Tom. II. col. 1576.

BENIGNE traduit en Latin, sous ce Titre : *De legitima Judicum Secularium potestate in personas Ecclesiasticas*, 1612. *in* 8°. Je ne dois pas oublier que S. François de Sales faisoit une estime singuliére de ce Livre, & qu'il employa tout son crédit pour empêcher qu'il ne fût mis dans l'*Index* des Livres deffendus à Rome. Mais il ne put empêcher qu'il ne fût mis dans la premiére classe de cet *Index*.

MILL.

Voy. Palliot, *Parlement de Bourgogne*, pag. 246. Jacob, *Bibliotheca Pontificia*, pag. 279. Taisand, *Vies des Jurisconsultes*, pag. 370. premiére Edition. Denys Simon, *Bibliothèque des Auteurs de Droit*, Tom. II. pag. 182. Hauteserre, *Vindiciæ de Jurisdictione Ecclesiastica*, p. 146. M. l'Abbé Lenglet du Fresnoy, pag. LXVI. de sa *Préface sur les Libertés de l'Eglise Gallicane*. Cet Auteur recommande la lecture du *Traité du Délit commun*. Le *Suplément de Moreri* de 1735.

JEAN-BENIGNE MILLETOT.

JEAN-BEN.
MILL.

MILLETOT, (*Jean-Benigne*) petit-fils du précédent, fils de Guy-Anne Milletot & de Marie Machecot, naquit à Dijon, le 5. Janvier 1635. fut reçû Conseiller au Parlement de Bourgogne, le 23. Février 1660. & mourut le 31. Juillet 1711.

Il a fait imprimer une Lettre de 20. pages, *in* 4°. écrite à M. le Chancelier Seguier, par laquelle il le prie de lui accorder une dispense d'âge pour remplir une Charge de Conseiller au Parlement de Dijon. J'ai encore vû de M. *Milletot* trois Piéces en Vers François, & une autre en Vers Latins, à la tête de la *Coûtume de Bourgogne* de Taisand, imprimée à Dijon en 1698. *in folio*. Le même Jurisconsulte cite dans l'Avertissement de cet Ouvrage des *Arrêts recüeillis par M*. Milletot.

MARC-ANTOINE MILLOTÉT.

MARC-AN.
MILL.

MILLOTET, (*Marc-Antoine*) d'une famille originaire du Comté de Bourgogne, naquit à Dijon. Il fut reçû Avocat Général au Parlement de cette Ville, le 5. Mars 1594. & posséda cette Charge jusqu'en 1633. qu'il la résigna à son fils. Il partit pour Paris en 1635. & y mourut l'année suivante. Ce Magistrat avoit beaucoup de goût pour les Lettres qu'il cultivoit, malgré les fonctions importantes de sa Charge qu'il remplissoit avec de grands aplaudissemens.

CATALOGUE DE SES OUVRAGES.

1. *Sonnet Italien*, & *Vers Latins* à la tête du *Dictionnaire des Rimes* de le Fevre, publié par Tabourot en 1588. *in* 8°.

2. *Deux petites Piéces en Vers Latins* dans le Livre intitulé : *Hug. Langlæi Epicedia*, dont Jacques Guijon procura l'Edition en 1595. *in* 4°.

3. *Sonnet* à la tête du *Denys Alexandrin*, par Benigne Saumaise, en 1597.

4. *Remontrance faite au Parlement de Dijon, à l'ouverture des Plaidoyeries après la S. Martin* 1601. Cette Harangue se trouve à la page 581. du *Recüeil des Remontrances faites à la Cour du Parlement, & aux ouvertures d'icelles, par quelques Avocats du Roi*, imprimé en 1605. *in* 8°. à Paris, chez Binet. La même Pièce est insérée dans le premier Recüeil des *publiques actions de l'Eloquence Françoise*, pag. 594. Ce Recüeil parut en 1604. *in* 8°. à Lyon, chez de Harsy. *It.* dans les *Harangues & actions publiques*, imprimées en 1609. à Paris, chez Heuqueville, p. 581.

5. L'Inscription qui est au bas de la Statuë de Henri IV. sur le Pont-Neuf, est de *Millotet*.

6. *Ode Françoise*, imprimée à la pag. 55. de la *Deffense du Délit commun*, par Benigne Milletot en 1611.

7. *Inscription Latine du Frontispice de la Maison des Pénitens Bleus, à Toulouse, & trois ou quatre autres Inscriptions pour la même Ville*, imprimées sur une feüille volante.

8. *Inscription Latine en Prose & en Vers*. L'Auteur l'avoit faite vers 1622. pour être mise sur le Pont élevé au confluant de l'Isere & du Rhône par Ordre du Connétable de Lesdiguiéres, & renversé en 1650. Robert a fait imprimer cette Inscription à la pag. 333. de sa *Gaule Chrétienne*.

9. *Vers Iambiques* à la tête du I. volume des *Arrêts de Bouvot* en 1623. Autres à la tête du II. volume du même Ouvrage.

10. *Asie, Uranie & quelques autres Vers François*, imprimés *in* 8°. sans date.

11. *Carmen numerale, quo Basis Regia Marmoreis, Æneisque Emblematis ornata absolvitur*. Impr. en 1636.

12. *Rupella capta, Epigramma*. Dans le Recüeil intitulé: *Epinicia Musarum* en 1634. *in* 4°. pag. 75.

13. *L'Inscription de l'Arcenal de Paris* est du même Auteur. Elle est imprimée en plusieurs endroits, & en dernier lieu, dans le *Suplément de Moreri* de M. l'Abbé Goujet.

Voy. le *Suplément de Moreri* de 1735.

MARC-ANTOINE MILLOTET.

MILLOTET, (*Marc-Antoine*) fils du précédent, & de Marie Dubois, naquit à Dijon, le 1. Mai 1603. fut reçû le 13. Mai 1635. dans la Charge d'Avocat Général au Parlement de Bourgogne, & mourut à Châlon en 1687. âgé de 84. ans. Il fut deux fois Maire de Dijon, & rendit plusieurs services importans à cette Ville.

M. *Millotet* a laissé les Mss. suivans.

1. *Mémoires servant à l'Histoire de Bourgogne*.

2. *Apologie pour la Franche-Comté de Bourgogne, où sont contenus les*

BIBLIOTHEQUE DES AUTEURS

MARC-AN. MILL. véritables sujets de sa Reddition, sous l'obéissance de Loüis XIV. en 1668. In folio de 40. pages. Il étoit chez M. le Conseiller de la Mare.

3. *Requête en forme de plainte contre un Panégyrique Latin du Duc d'Epernon, Gouverneur de Bourgogne*, fait par M. Jules Pérard, Conseiller aux Requêtes du Palais, dans lequel il y avoit des traits contre le Sr. Millotet. In 4°. de 92. pagg. chez M. le Président Bouhier. Le Panégyrique par Jules Pérard, fut imprimé en 1657.

Voy. le *Parlement de Bourgogne*, par Pierre Palliot, pag. 341. & le *Suplément de Moreri* de 1735. à la fin de l'article Marc-Antoine Millotet.

PHILIPPE MINOT.

PHILIPPE MINOT. MINOT, (*Philippe*) Bachelier en Théologie, Prêtre Mépartiste, ou Habitué de la Paroisse S. Michel de Dijon, naquit en cette Ville, & mourut à Paris vers 1680. âgé de plus de 60. ans. Il étoit pour lors Chapelain à S. Germain l'Auxerrois. Voici les Ouvrages que j'ai vûs de sa façon.

1. *Récit envoyé par un Particulier à un sien Ami*, touchant ce qui s'est passé de plus considérable en la Canonization de S. François de Sales, au Monastére de la Visitation de Beaune, le 17. Juillet 1666. Brochure in 4°. imprimée en 1666.

2. *Epitaphe* (en onze Stances de Vers François Alexandrins) *de Philippe Fyot d'Arbois*, Président au Parlement, mort à Dijon, le 5. Octobre 1669. imprimée la même année en feüille volante, in 4°.

3. J'ai vû plusieurs autres Poësies Mss. de *Minot*, & trois Discours qu'il présenta au Roi Loüis XIV. au Village de Messigny, proche de Dijon, le 19. Juin 1674. après la Conquête du Comté de Bourgogne. Le second Discours est adressé à la Reine, & le troisiéme, à M. le Dauphin. Ces Discours sont suivis de quelques Vers sur cette Conquête.

Minot avoit la confiance de M. l'Abbé Fyot. Il fut envoyé en 1672. à Paris par cet Abbé, pour acheter la Bibliothèque de M. Godeau, Evêque de Vence, laquelle est à present à Dijon, entre les mains de M. le Président Fyot de la Marche, Comte de Bosjan. *Minot* en conclut le prix à treize mille livres.

ANTOINE MOITORET DE BLAINVILLE.

ANTOINE MOITOR. MOITORET, (*Antoine de Blainville*) Architecte, naquit à Pichange, Village situé à quatre lieües de Dijon, du Notaire de ce Lieu, & non à Dijon, comme il le dit dans ses Ouvrages. Né avec du goût pour l'Architecture & pour la Géometrie, il tâcha de perfectionner ses talens. Après avoir passé ses premiéres années à Dijon, il se rendit à Roüen où il fut choisi Arpenteur & Jaugeur Royal du Bailliage & de la Vicomté, à quoi le Roi joignit une Commission pour les Bières qui se vendoient dans

la

DE BOURGOGNE. 61

la même Ville. Il mourut à Roüen, le 4. Janvier 1710. âgé d'environ 60. ANTOINE MOITOR.
ans.

CATALOGUE DE SES OUVRAGES.

1. *Traité du Jauge universel : Ensemble, la méthode de toiser les ouvrages de maçonnerie, les pierres, vidanges & fossés, les bois équarris & ronds propres à servir aux Bâtimens d'Architecture, & la construction des Vaisseaux de Guerre, avec plusieurs démonstrations curieuses.* Lyon & Paris, 1697. *in* 8°. Roüen, Besogne, 1698. *in* 8°. *It.* nouvelle Edition publiée sous ce Titre, par M. Haquet, Prêtre de Roüen : *Nouveaux Elémens de Géométrie de Blainville, contenant l'arpentage des Superficies accessibles & inaccessibles ; ensemble, la méthode,* &c. *avec un nouveau Traité des Fortifications, & un Abrégé d'Arithmétique.* Roüen, Besogne, 1714. *It.* Paris, Montalant, 1726. *in* 12.

2. *Traité du grand Négoce de France pour la correspondance des Marchands : Ensemble, les principales observations du Jauge, de la Marine & de la Négociation.* Paris, Colombat, 1698. *in* 8°. *It.* revû & augmenté. Roüen, Besogne, 1728. *in* 12. 2. vol.

3. *L'Arithmétique universelle, laquelle fait connoître aisément & sans Maître, tout ce qu'il y a de plus utile & de plus nécessaire dans l'exercice de la Guerre, du Commerce & des Finances.* Roüen, 1707. *It.* ibid. 1721. *It.* ibid. 1724. avec le Traité suivant, par les soins du Sieur Chizot, Hollandois. *It.* ibid. 1728. *in* 12.

4. *Nouveaux Elémens de Géométrie Pratique concernant l'arpentage des Superficies accessibles & inaccessibles : Ensemble, la méthode de toiser,* &c. *Un Abrégé du Nivellement, &c.* Paris & Roüen, 1726. *in* 12.

5. *Abregé de la Sphére, avec les Tables de Déclinaison & d'Ascension droite du Soleil & des Etoiles les plus notables, en usage jusqu'en 1720.* Ibid. 1700. 1701. & 1714. *in* 12. Cette derniére Edition a été augmentée par M. Haquet.

Voy. le *Suplément de Moreri* de 1735.

BERNARD DE LA MONNOYE.

MONNOYE, (*Bernard de la*) né à Dijon, le 15. Juin 1641. [1] BERNARD DE LA MONNOYE étoit fils de Nicolas de la Monnoye, & de Catherine Baron sa femme ; & a été l'un des hommes de Lettres, qui a fait le plus d'honneur à notre Province. Il fit ses premieres études au Collége des Jésuites de Dijon, & y donna dès lors des preuves des talens heureux, qu'il avoit pour la Poësie Latine. Nous avons, en effet, de lui quelques Epigrammes en cette Langue, qu'il avoit faites dans sa première jeunesse, & que Martial n'auroit pas

---

[1] C'est la véritable date de sa naissance, prise sur les Régistres de la Paroisse de Notre-Dame, à Dijon.

Part. II. Q

BERNARD
DE LA
MONNOYE

désavouées. Son pere, qui le deſtinoit au Barreau, l'envoya étudier la Juriſprudence en l'Univerſité d'Orléans. Etant revenu en ſa Patrie, il y fut reçû au nombre des Avocats du Parlement, le 16. de Novembre 1662. La délicateſſe de ſon tempérament l'ayant empêché d'exercer cette Profeſſion, dont il auroit pû s'acquitter avec honneur, il ſe livra tout entier à ſon penchant pour les Belles-Lettres; & ſon goût dominant pour la Poëſie, lui fit adopter l'Anagramme, A DELIO NOMEN, qu'on trouve ſur tous ſes Livres, au lieu de ſon nom.

Sa famille ayant ſouhaité qu'il achetât une Charge, il traita de celle de Correcteur en la Chambre des Comptes de Bourgogne, & y fut reçû le 11. Mars 1672. Au mois de Juin 1675. il épouſa Claudine Henryot, qui mourut à Paris au mois de Janvier 1726. & dont il a eû quatre enfans, deux fils & deux filles. Pierre de la Monnoye l'aîné vit encore, & eſt établi à Paris. Il a un fils Avocat au Parlement de Paris, qui y exerce ſa Profeſſion avec beaucoup de diſtinction. Le ſecond fils de *Bernard de la Monnoye*, & ſes deux filles, ont embraſſé la Vie Religieuſe.

M. *de la Monnoye*, après avoir rempli pendant plus de 20. ans, avec exactitude, ſa Charge de Correcteur, prit le parti de la réſigner au mois d'Août 1696. pour n'être plus diſtrait de ſes études favorites. C'eſt ainſi qu'il paſſa dans Dijon les dix années ſuivantes, lié avec tous les Gens de mérite de cette Ville, & partageant ſon loiſir entr'eux & les Muſes. Mais en l'année 1706. s'étant déterminé, pour quelques raiſons domeſtiques, à quitter le ſéjour de ſa Patrie, il ſe tranſporta d'abord en la Ville de Noyon, où il fut attiré par un oncle de ſa femme, qui y étoit Théologal. Enfin, l'année ſuivante, il fut s'établir à Paris, d'où il ne ſortit plus, & y fit conduire tous ſes Livres, qui étoient en bon nombre, & très bien choiſis.

Sa réputation y étoit déja fort grande, particuliérement par l'honneur qu'il avoit eû de remporter en 1671. le premier prix que l'Académie Françoiſe avoit propoſé pour la Poëſie, & par quatre autres prix pareils qui lui avoient été adjugés depuis. Ainſi la mort de M. l'Abbé Regnier-Deſmarais ayant laiſſé une place vacante dans cette illuſtre Compagnie, elle jetta auſſi-tôt les yeux ſur M. *de la Monnoye*, pour la remplir.

Il y fut reçû le 23. Décembre 1713. avec un grand aplaudiſſement. M. l'Abbé d'Eſtrées, répondant à ſon Diſcours de remerciement, aſſura que depuis un très grand nombre d'années, la Compagnie n'avoit pas été ſi brillante que le jour de ſon Election, que tout ce que l'Académie avoit de plus illuſtre à la Cour, & de plus diſtingué dans la Prélature, avoit voulu y avoir part; & que les ſuffrages, qui ſe trouvent d'ordinaire partagés par le mérite des Prétendans, s'étoient tous réunis pour un ſi bon choix.

Un ingénieux Eccléſiaſtique, nommé P. Durand, fit au ſujet de cette réception, un joli Poëme, ſous ce Titre: *Bernardus Moneta, Vir Academicus, uni Minervæ adjudicatus*, avec une Réponſe de M. *de la Monnoye*, intitulée: *Euchariſticon*, in 4°. Paris, Coignard, 1714. Le R. P. Oudin, Jéſuite de Dijon, lui envoya auſſi en cette occaſion, une très belle Ode Latine, qui mériteroit de voir le jour.

Les divers Ouvrages, que M. *de la Monnoye* a depuis donnés au Public, & dont il ſera parlé ci-après, ont bien juſtifié les juſtes Eloges qu'il reçut dans cette occasion. Apliqué uniquement à les composer, & à remplir ses fonctions Académiques, il joüissoit tranquilement de tous les agrémens que le séjour de Paris fournit à un homme de Lettres, quand par les funestes révolutions de l'année 1720. il vit déranger toute sa fortune. Lors qu'il s'étoit déterminé à quitter la Bourgogne, il avoit converti en constitutions de rente, les biens qu'il avoit en fonds, & il s'en étoit fait un revenu fort honnête. Il essuya le remboursement de ces rentes en billets de Banque, lesquels peu de tems après, périrent entre ses mains. Il n'avoit point apris au Parnasse l'art, devenu alors si commun, de faire fructifier le papier. Cela fit qu'en 1721. il se trouva réduit à la triste nécessité de vendre les Médailles qui lui avoient été données autrefois pour les prix qu'il avoit remportés à l'Académie. Il en fit ses plaintes par ce Distique Latin:

Laurum, aurumque tuli, felicis præmia Venæ.
Aurum Rex repetit. Laurea sola manet.

Ce fut aussi le sujet des six Vers suivans:

Les prix du pauvre la Monnoye
Du système fatal sont devenus la proye.
Ciel! Faut-il perdre ainsi tout le fruit de mes Vers?
Ce coup me perce les entrailles;
Et pour d'assez belles Médailles,
Il le faut avoüer, c'est un vilain revers.

Son mérite & la considération qu'il s'etoit acquise parmi les personnes de bon goût, lui procurérent peu de tems après des ressources auxquelles il ne s'attendoit pas. Feu M. le Duc de Villeroy, ayant apris la triste situation où il se trouvoit, en fut si touché, qu'encore qu'il ne le connût que de réputation, il lui fit une pension annuelle de six cens livres, qui lui a été exactement payée toute sa vie. Je me souviens que dans une Lettre de M. *de la Monnoye* à M. le Président Bouhier, du mois de Mars 1722. que me fit voir ce Magistrat, & où M. *de la Monnoye* lui aprenoit cet événement, [1] il ajoûtoit qu'étant allé remercier son Bienfaiteur, ce Seigneur lui avoit d'abord fermé la bouche, en lui disant: *Oubliez cela. C'est à moi de me souvenir que je suis votre Débiteur.* Ce seroit dommage de laisser ignorer à la postérité, un trait qui fait tant d'honneur à ce généreux Duc, &, si je l'ose dire, à notre Siécle.

M. *de la Monnoye* n'ayant pas eû la liberté de faire de bouche ses remerciemens à M. de Villeroy, y supléa par les Vers suivans qu'il lui envoya:

---

[1] Il en est parlé, mais moins exactement dans les Mémoires Histor. & Crit. d'Août 1722.

BERNARD DE LA MONNOYE

Je l'avoüe, il est vrai, Seigneur ; pour subsister,
J'ai, dans la commune disgrace
Vendu tous les Prix, qu'au Parnasse
J'eus, dans mes jeunes ans, l'honneur de remporter.
Mais je ne les dois plus aujourd'hui regretter ;
Votre bonté me les remplace.
C'est peu dire ; elle m'a rendu
Beaucoup plus que je n'ai perdu.
Les Médailles que j'ai venduës,
Ne m'ont duré que peu de tems.
Elles ne sont point revenuës ;
Mais les vôtres, Seigneur, reviendront tous les ans.

Dans ce même tems, une Société de Libraires de Paris ayant résolu de réimprimer *les Jugemens des Sçavans*, par M. Baillet, & étant avertie que M. *de la Monnoye* y avoit fait beaucoup d'additions & de corrections, lui constitua, pour les avoir, une semblable pension de six cens livres, pendant sa vie.

Enfin, M. Glucq de Saint-Port, Conseiller au Grand Conseil, qui connoissoit le prix des Livres de M. *de la Monnoye*, d'autant plus estimables, qu'ils étoient pour la plûpart, chargés de curieuses Notes marginales de sa main, offrit de les acheter, & les acheta en effet, pour la somme de dix mille livres, qu'il lui paya comptant, avec la douce condition, de lui en laisser l'usage tant qu'il vivroit.

Ces divers adoucissemens, que trouva M. *de la Monnoye* dans son malheur, lui rendirent la tranquilité qu'il avoit perduë ; en sorte que malgré la foiblesse de sa vuë, qui devint extrême dans les derniers tems, on le vit travailler avec autant d'assiduité que jamais. Mais enfin, étant accablé d'années & d'infirmités, il mourut à Paris, le 15. Octobre 1728. & fut inhumé en l'Eglise de S. Sulpice, sa Paroisse.

M. l'Abbé de Rothelin fit de lui un très bel Eloge, à la réception de M. Poncet de la Riviére, Evêque d'Angers, qui le remplaça à l'Académie Françoise. Il n'oublia pas de remarquer que M. *de la Monnoye*, aprèsavoir été couronné cinq fois par cette Compagnie, avoit forcé ses Concurrens à souhaiter de voir assis au nombre de leurs Juges, un rival qu'ils désespéroient de vaincre. Il ajoûta qu'il étoit initié dans tous les Mystères du Parnasse, dont il connoissoit toutes les Langues. Il avoüa enfin, que par la discussion critique des Anecdotes Littéraires, dans laquelle il excelloit, il s'étoit formé un genre d'érudition presque unique.

Il n'y avoit rien de trop fort dans ces loüanges de l'éloquent Abbé. Comme M. *de la Monnoye* avoit fait toute sa vie sa principale étude des Langues Sçavantes, de la Critique Littéraire & de la Poësie, il n'avoit rien oublié pour s'y perfectionner, & il y avoit aporté une attention & une exactitude,

dont

DE BOURGOGNE.

dont peu de gens font capables. Personne ne possédoit mieux que lui les fi- BERNARD
nesses des Langues Grecque & Latine, pour ne rien dire de la sienne propre DE LA
& des Langues Italienne & Espagnole, qui lui étoient familières. Il ne crut MONNOYE
pas même indigne de lui, de s'instruire de l'ancien patois de sa Patrie, qu'il
ne croyoit pas inutile pour reconnoître les origines de notre ancien Idiome,
& dont la naïveté lui plaisoit très fort. C'est pour cela, qu'après s'être exercé long-tems à faire des Vers Grecs, Latins & François, il entreprit encore
d'en faire de Bourguignons. Singularité, dont il voulut conserver la mémoire par ce Distique Latin, qu'il souhaita qu'on mît au bas de son Portrait, que M. le Président Bouhier fit faire en 1721. & qu'il conserve dans
son Cabinet.

Divio me genuit; retinet Lutetia. Franco,
Argolico, Latio, Burgundo Carmine lusi.

S'il fut recommandable par les qualités de l'esprit, il ne le fut pas moins
par celles du cœur. Plein de probité jusqu'au scrupule, modeste sans affectation, fidéle à ses amis, d'un commerce doux & désintéressé ; on le vit
toûjours égal jusqu'aux derniers momens de sa vie. Bien différent de la plûpart des Sçavans, qui craignent d'aider les autres de leurs découvertes, jamais homme ne fut plus communicatif que lui. Tous les trésors de Littérature dont ses porte-feüilles étoient remplis, étoient ouverts à tous les Curieux. C'est un témoignage que lui a justement rendu un sçavant Hollandois [1] qui en avoit fait l'épreuve, & qui cite à ce sujet, MM. Bayle, le
Duchat, & d'autres ausquels M. *de la Monnoye* avoit rendu obligeamment
les mêmes services. Tous ceux qui ont été en commerce avec lui, peuvent
lui rendre la même justice.

Aussi y a-t-il peu de Sçavans dont le mérite ait été plus universellement
aplaudi par les Connoisseurs. Outre l'Eloge que M. de Sallengre en a mis
au-devant des Poësies de M. *de la Monnoye*, & ce qu'il en avoit dit auparavant en sa Préface de la Vie de Montmaur, on peut voir les loüanges que
lui ont donné Pierre Petit, [2] M. Ménage, [3] Adrien Baillet, [4] M.
Baudelot de Dairval, [5] le Poëte Santeüil, [6] le P. de Montfaucon, [7]
M. Gibert, [8] M. Bayle, [9] M. Titon du Tillet, [10] qui s'étend fort

---

[1] M. de Sallengre, *Eloge Histor. de M. de la Monnoye, au-devant de ses Poësies*, pag. 40.
[2] P. Petit, *de Amazonib*. p. 384. Edit. de 1687.
[3] Ménage, *Antibaillet*, p. 69. Edit. de 1690.
[4] Baillet, *Jugem. sur les Poëtes*, art. 1557.
[5] Baudelot, *de l'Utilité des Voyages*, Tom. II. p. 696. première Edition.
[6] Santeüil, *Carmin*. p. 341. Edit. 1694.
[7] Montfaucon, *Præfat. Palaeogr. Gr.* p. VII.
[8] Gibert, *suite des Jugem. des Sçavans*, Tom. I. p. 188.
[9] Bayle, *Lettres*, Tom. II. p. 418. 442. 446. 570. 579. 599. 610. 612. 630. 650. 658. &
699. Edit. de Prosp. Marchand.
[10] M. Titon du Tillet, *Parnasse Franç*. Edit. *in folio*, p. 629.

Part. II. R

BERNARD DE LA MONNOYE au long sur les excellentes qualités de M. *de la Monnoye*, & plusieurs autres dont on pourra avoir occasion de parler dans la suite.

Il y a aussi peu de Journalistes [1] qui ne lui ayent rendu la même justice. Ceux de Trevoux [2] en ont parlé ainsi, à l'occasion d'une de ses Traductions en Vers François : *L'exactitude est le caractére de M. de la Monnoye. On admire encore plus, que l'âge ait respecté dans lui ce beau feu, qui a emporté tant de prix à l'Académie.* Il a été apellé par ceux de Leipsic, [3] *Vir omnis elegantiæ peritissimus & studiosissimus.* Ceux même de Venise [4] ont reconnu par l'Eloge suivant, combien il étoit versé dans la Littérature Italienne : *Il Sign. Bernardo de la Monnoye, Letterato, tutto chè Francese, versatissimo tutta via nella cognizion de Gli Scrittori Italiani, sopra i quali ha fatto delle Observazioni particolari, &c.* Ce fut sans doute, cette raison qui engagea l'Académie des *Ricovrati* de Padouë, à lui envoyer en 1687. des Lettres d'Académicien. [5]

On a donc peine à comprendre, ce qui a pû faire dire à un homme d'esprit, [6] que M. de la Monnoye *n'étoit que médiocrement versé dans la moderne Littérature Françoise.* On ose assurer au contraire, qu'il y a peu de gens qui en ayent mieux connu le fort & le foible, & qui fussent plus capables d'en juger. C'est donc par pure inadvertance, que ce trait est échapé à l'habile Censeur.

M. *de la Monnoye* n'étoit point si occupé des Ouvrages d'esprit, qu'il ne méditât souvent sur le terme fatal, commun à tous les mortels, & qu'il ne s'y fût bien préparé. Quelques années même avant sa mort, il s'étoit fait, & à son Epouse, cette Epitaphe :

> *Bernardus placida compostus pace Moneta*
> *Conditur hîc, Artes cui placuere bonæ;*
> *Cui tribuit crebras Academia Gallica Lauros;*
> *Qui Latias etiam, Cecropiasque tulit.*
> *Felix, ni fluctus incautum egisset in altos*
> *Vexare ingenuum fraus meditata caput.*
> *Hac attrivit opes; studiorum hac otia rupit,*
> *Forsan & hinc mors est aspera visa minus.*
> *Communem sensit Conjux dilecta dolorem,*
> *Hîc prope dilecti quæ cubat ossa viri.*

---

[1] Voy. entr'autres, l'*Hist. Crit. de la République des Lettres*, Tom. VIII. p. 413. & Tom. 12. p. 424. Le *Journal Littéraire* de 1716. Tom. IV. p. 13. &c.

[2] *Journ. de Trevoux de Fevrier* 1713. p. 373. Voy. aussi le *Journal d'Août* 1722. p. 669.

[3] *Journ. de Leipsic*, de 1716. p. 152.

[4] *Giornale de Letterati*, Tom. XXXV. p. 403.

[5] Lettre de M. Nicaise dans les *Nouvelles de la République des Lettres par Bernard*, Octob. 1703. p. 389.

[6] *Le Nouvelliste du Parnasse*, Tom. III. p. 328.

Non his ambitio, non sedit pectore livor;
At simplex probitas, & sine labe fides.
Credibile est animas, adeo virtutis amantes,
Ad quos hac abiit, nunc habitare locos.

Il ne manquoit à la gloire de M. *de la Monnoye*, que de trouver un Poëte capable de chanter dignement les regrets, que causa sa mort à ses amis, & à la République des Lettres. Il le rencontra bientôt dans le R. P. Oudin, Jésuite du Collége de Dijon, l'un des plus sçavans hommes de sa Compagnie, & qui étoit son ami depuis plusieurs années. Il fit à ce sujet, un excellent Poëme de près de cent Vers, qu'il adressa à M. du Tilliot, ami & Admirateur zèlé de M. *de la Monnoye*, sous ce Titre : *Bernardi Moneta, eximii Poëta & Critici, Epicedium.* Cette Pièce fut imprimée à Dijon, chez de Fay, en une feüille *in* 4°. au commencement de 1729. & encore une fois la même année, & chez le même Imprimeur, *in* 12. avec une Traduction en beaux Vers François, de la façon de M. Richard de Ruffey, aujourd'hui Président à la Chambre des Comptes de Bourgogne. Le tout fut infiniment aplaudi, & mériteroit fort d'être joint aux Poësies de M. *de la Monnoye*, si jamais on en donne une Edition complette. La Pièce Latine, avec un Sonnet de M. l'Abbé le Blanc, sur la mort de M. *de la Monnoye*, se trouve encore dans la *Continuation des Mémoires de Littérature* du R. P. Desmoletz, Tom. VIII. p. 159. & 164.

Il est tems de parler des Ouvrages de cet illustre mort ; mais comme ils sont en très grand nombre, & que plusieurs sont confondus avec des Ouvrages qui ne sont pas de lui, j'ai crû devoir les distinguer en quatre classes ; la première, des plus considérables de ceux qui ont été imprimés ; la seconde, de ses Ouvrages qui n'ont point encore paru, ou qui se trouvent épars & mêlés dans des compositions d'autrui ; la troisième, des Ouvrages d'autrui ausquels il a eû part ; & la dernière, de ceux qui lui ont été attribués ; mais qui ne sont pas de lui.

OUVRAGES PRINCIPAUX DE M. DE LA MONNOYE,
imprimés séparément.

1. Thyrsis. *Ecloga, in* 4°. en 8. pages sans nom de lieu, ni d'Imprimeur. L'Auteur y désigne seulement son nom par ces lettres initiales : B. D. L. M. D. qui signifient, *Bernardus de la Monnoye, Divionensis.* On y voit à la fin cette date : IV. ID. MAIAS. MDCLXIII. C'est un Epithalame fait pour le Mariage du fils de M. de Givès, Avocat du Roi au Siége Présidial d'Orléans, avec lequel il avoit lié amitié pendant son séjour en cette Ville.

2. *Le Duel aboli.* Poëme *in* 4°. à Paris, chez le Petit, 1671. & une infinité de fois depuis dans les Recüeils de l'Académie, & ailleurs, comme encore parmi les Poësies de M. *de la Monnoye*, imprimées à la Haye en 1716. Cette Pièce est la première qui ait remporté le prix de la Poësie, proposé par l'Académie, & qui commença à donner à son Auteur, la répu-

BERNARD tation de grand Poëte. Depuis peu cependant, un Critique célèbre [1] cen-
DE LA surant un homme d'esprit, qui avoit traité cette Pièce de *Chef-d'œuvre*, a
MONNOYE prétendu *qu'elle étoit plûtôt une amplification, qu'un Poëme & que les Vers pour la plûpart, en sont durs & plats, & que le style en est décousu.* Mais il me permettra d'oposer à son jugement, celui de l'Académie & du Public. On sçait d'ailleurs [2] que M. Despreaux avoüoit à ses amis, qu'avant qu'on connût l'Auteur de ce Poëme, on le lui avoit attribué. C'étoit assez dire ce qu'il en pensoit. On ne nie pourtant pas qu'il ne s'y trouve quelques tours & quelques expressions, qui ne plairoient pas aujourd'hui. Mais il faut considérer que les mêmes défauts se trouvoient alors dans Corneille, sans que les oreilles en fussent choquées, ni qu'on cessat de regarder ses Ouvrages, comme des Chefs-d'œuvres.

3. *L'Académie Françoise sous la protection du Roi.* Poëme, *in* 4°. Paris, Cramoisy, 1673. & dans les Recüeils des Pièces, présentées à l'Académie pour les Prix, *in* 12. Paris, Coignard, 1694. & 1698. Ce Poëme, auquel l'Auteur avoit joint une Epître Dédicatoire à MM. de l'Académie, leur ayant été envoyé trop tard, ne put entrer en concurrence pour le Prix, dont il étoit très digne.

4. *Ode au Roi, sur la Conquête de la Franche-Comté*, *in* 4°. Paris, Cramoisy, 1674. Et depuis dans le Recüeil des Poësies de l'Auteur, qui eut l'honneur de présenter cette Pièce au Roi, au retour de cette Conquête, au Château d'Arc-sur-Tille.

5. *La Gloire des Armes & des Lettres sous Loüis XIV.* Poëme, *in* 4°. Paris, le Petit, 1675. & dans les Recüeils de l'Académie, *in* 12. Cette Pièce, qui a été aussi insérée parmi les Poësies de M. *de la Monnoye*, remporta encore cette année, le Prix proposé par cette Compagnie.

6. *L'Education de Monseigneur le Dauphin.* Poëme, *in* 4°. Paris, le Petit, 1677. & dans les mêmes Recüeils. Cette Pièce fut encore couronnée par l'Académie, dans la distribution des Prix de la même année.

7. *Les grandes choses faites par le Roi en faveur de la Religion.* Ode, *in* 4°. Paris, le Petit, 1683. Cette Pièce remporta pareillement le prix de l'Académie cette année ; mais sans la participation de l'Auteur. Voici comment la chose se passa. [3] Quelques années auparavant, Santeüil, Chanoine de S. Victor, avoit fait une Ode Latine sur le même sujet, & M. *de la Monnoye* l'avoit traduite en Vers François, à la prière d'une personne de considération. Quand le sujet, dont on vient de parler, eut été proposé par l'Académie, quelques amis de M. *de la Monnoye* jugérent que cette Traduction étoit digne d'entrer en lice. Mais comme elle étoit de près de 200. Vers, & qu'il falloit la réduire à cent, pour obéir aux Loix de cette Compagnie, on en retrancha plusieurs strophes. Cependant, toute tronquée qu'elle étoit, le prix ne laissa pas de lui être adjugé. Mais M. *de la Mon-*

---

[1] L'Auteur des *Observat. sur les Ecrits modernes*, Lett. 269.
[2] *Eloge Hist.* de M. *de la Monnoye*, au-devant de ses Poësies, p. 5.
[3] Voy. l'*Eloge Histor.* de M. *de la Monnoye*, au-devant de ses Poësies, pag. 10.

noye eut la générosité de l'envoyer à Santeüil, qui ne se fit pas prier pour l'accepter. Cette Pièce, rétablie en son entier, fut inférée parmi les Poësies du même Santeüil, dans l'Edition de 1694. & depuis dans le Recüeil de celles de M. *de la Monnoye.*

8. *La gloire acquise par le Roi, en se condamnant dans sa propre Cause.* Poëme, *in* 4°. Paris, 1685. Cette Pièce, pour laquelle l'Auteur remporta la cinquiéme fois le Prix proposé par l'Académie, est la derniére qu'il ait présentée à cette Compagnie, laquelle lui fit dire qu'il pouvoit être content d'avoir été si souvent couronné, & qu'il devoit désormais laisser à ses rivaux, l'espérance de vaincre.

9. *Ode pour Monseigneur le Dauphin, sur la Prise de Philisbourg,* in 4°. 1688. sans nom de Lieu, ni d'Imprimeur, & depuis inférée parmi les Poësies de l'Auteur, & dans le Recüeil des Vers choisis, imprimés *in* 12. à Paris, chez Josse, en 1701.

10. *Noei tô nôvea, composai en lai ruë du Tillô,* in 12. Dijon, Ressayre, 1700. Et les mêmes, avec autres pareils, *composai en lai ruë de lai Roulotte.* In 12. Ibid. 1700. Ces Noëls ayant attiré à l'Auteur quelques Censeurs, par leur naïveté un peu trop libre, il crut devoir y répondre par la Pièce suivante.

11. *Epologie dé Noei de lai Roulotte & du Tillô,* in 12. sans date, & sans nom de Lieu, ni d'Imprimeur. Mais on sçait qu'elle fut imprimée en 1706. à Dijon. Toutes ces Pièces Bourguignones furent réimprimées en 1717. *in* 12. à Luxembourg; c'est-à-dire, à Dijon, chez de Fay, & depuis, encore une seconde fois. Mais l'Edition la plus belle & la plus correcte, est la suivante:

12. *Noei Bourguignons de Gui Barôsai,* quatriéme Edition. In 8°. *Ai Dioni, ché Abran Lyron de Modéne,* 1720. Cette Edition est augmentée de quelques Pièces, & d'un *Glossaire Alphabétique, pour l'intelligence des mots Bourguignons,* qui est très curieux, & qui conservera le souvenir d'un Idiome, lequel commence à se perdre, comme la plûpart des autres patois du Royaume. Les mêmes Noëls ont encore été réimprimés à Dijon, *in* 12. chez Sirot en 1724. & en 1738. chez de Fay. It. avec quelques augmentations d'un autre Auteur en 1737. L'Auteur du *Suplément de Moreri,* publié à Paris en 1735., dit à l'article de M. *de la Monnoye, qu'on regarde ces Noëls, comme un chef-d'œuvre d'esprit; mais qu'on y trouve plusieurs pensées, expressions & propositions, que l'on a crû devoir censurer.*

13. *Eloge de l'Abbé Regnier Desmarais,* mis au-devant des Poësies de cet Abbé, imprimées à la Haye, chez du Sauzet, 1708. en 2. vol. *in* 12.

14. *Traduction en Vers François de trois Pièces Latines; l'une, sur le Vin de Bourgogne; l'autre, sur le Vin de Champagne; & la troisiéme, sur le Cidre.* A Paris, & à Dijon.

15. *Hymni in Officium S. Benigni,* in 4°. Langres, Personne. Il y avoit déja eû quatre de ces Hymnes imprimées, avec la Traduction en Vers Fran-

BERNARD DE LA MONNOYE çois de la façon du même Auteur, dans l'Office du même Saint, à Dijon, chez de Fay, en 1709. *in* 8°.

16. *Obſervations ſur le* Cymbalum Mundi, *de Bonaventure des Périers*, in 12. Cologne, Gaillard, 1711. Ces Obſervations ſe trouvent à la fin des *Contes & Nouvelles du même des Périers*, en 2. vol. *in* 12. Elles ne ſont pas toutes de M. *de la Monnoye*. Les ſiennes ſont diſtinguées par les lettres A. B. C. &c. Mais il s'eſt plaint qu'on les avoit mutilées & défigurées. Les autres, ſont d'un inconnu, qui les a diſtinguées par cette marque, §. Quelques Gens ont attribué à M. *de la Monnoye*, une Préface ſur le même *Cymbalum*, qui eſt au-devant de l'Edition, que Proſper Marchand donna la même année de cet Ouvrage. Mais elle n'eſt pas de lui. Il en ſera parlé, lorſque nous ferons mention des Ouvrages qui lui ont été attribués mal-à-propos.

17. *Traduction en Vers François d'une Ode Latine du Sieur Benigne Grenant, ſur le Vin de Bourgogne*, in 12. Paris, Etienne, 1712. & Dijon, de Fay, la même année.

18. *Traduction en Vers François des Vers Latins*, faits par M. Guérin, Profeſſeur en Rhétorique au Collége de Beauvais, à la loüange de M. de Meſmes, Premier Préſident du Parlement de Paris. *In* 4°. Paris, Etienne, 1712. & depuis inférée au Recüeil des Poëſies de M. *de la Monnoye*.

19. *Diſcours à l'Académie Françoiſe*, prononcé le 23. Décembre 1713. lorſqu'il y fut reçû à la place de M. *l'Abbé Regnier-Deſmarais*, avec la Réponſe de M. *l'Abbé d'Eſtrées*, in 4°. Paris, Coignard, 1713. & *in* 4°. Dijon, de Fay, la même année, & pluſieurs autres fois dans les Recüeils de l'Académie.

20. *Recüeil de Pièces choiſies, tant en Proſe qu'en Vers*. In 12. la Haye, Van-Lom, & autres, 1714. 2. vol. Il n'y a rien de M. *de la Monnoye* dans ce Recüeil, que la Préface. Du reſte, un Journaliſte de Hollande a eû raiſon de dire, [1] que malgré le Titre de ce Recüeil, il a été imprimé à Paris. Il l'a été en effet, chez Emery & Compagnie, comme l'aſſure l'Auteur du *Suplément de Moreri*, qui parut en 1735. en l'article de M. *de la Monnoye*.

21. *Pièces pour le prix du Jeu de l'Arquebuſe*, rendu à Dijon en 1715. *in* 12. Dijon, de Fay, 1715.

22. *Menagiana, ou les bons mots & Remarques Critiques, Hiſtoriques, Morales, & d'érudition de M. Ménage*. Troiſiéme Edition, *in* 12. Paris, de Laulne, 1715. 4. volumes. It. Amſterdam, 1716. 4. volumes. La ſeconde Edition de cet Ouvrage avoit paru en 1693. à Paris, chez de Laulne, en 2. volumes, par les ſoins du Sieur Auguſte Galland, & de quelques autres amis de M. Ménage. M. *de la Monnoye* y avoit auſſi fourni quelques additions & corrections, [2] & on l'avoit depuis réimprimé en

---

[1] *Journal Littéraire de Juillet* 1714. p. 407.
[2] Voy. l'Eloge Hiſtor. de M. *de la Monnoye*, au-devant de ſes Poëſies, p. 26.

Hollande. Mais le Libraire de Paris, qui vouloit en donner une nouvelle Edition, en avertit M. *de la Monnoye*, qui crut devoir profiter de cette occasion, non seulement pour en corriger les erreurs, les anachronismes & les fausses citations, & y ajoûter les remarques nécessaires, mais encore pour y insérer une infinité d'Anecdotes Littéraires, & de petites Pièces de sa façon, qui auroient difficilement trouvé place ailleurs. Ainsi il grossit ce Recüeil de deux nouveaux volumes. Il inséra aussi à la fin du dernier, trois Dissertations très curieuses : sçavoir,

Lettre à M. Bouhier, Président au Parlement de Dijon, sur le prétendu Livre des trois Imposteurs.

Dissertation sur le Livre, intitulé : Le moyen de parvenir.

Dissertation sur la fameuse Epigramme Latine de l'Hermaphrodite.

Cette Edition a été réimprimée à Paris, chez la veuve de Laulne, en 4. vol. *in* 12. en 1729. Et la Dissertation, *sur le moyen de parvenir*, a été mise depuis à la tête d'une nouvelle Edition de ce Livre, qui a paru à Chinon, en 2. vol. *in* 12.

23. *Indice expurgatoire du Menagiana*, in 12. Paris, de Laulne, 1715. brochure de 48. pages. En voici le sujet, suivant un Avertissement qui est au-devant. Quelques personnes graves ayant examiné les additions faites au *Menagiana*, y avoient condamné certains endroits qui leur avoient paru trop libres. L'Auteur, né docile, & préférant le sentiment des autres au sien propre, consentit de fournir des cartons, pour les mettre en place des endroits qu'on jugeoit à propos de retrancher. Ce sont ces cartons qu'on trouve dans cette brochure, & que M. de Sallengre fit réimprimer dans la seconde Partie du premier volume de ses *Mémoires de Littérature*, qui parut à la Haye, chez du Sauzet, 1716. Toute cette Histoire est racontée plus au long dans l'Eloge Historique de M. *de la Monnoye*, qui est au-devant du Livre dont il sera parlé ci-après. Du reste, son travail sur le *Menagiana* a été fort loüé, & même deffendu contre ceux qui le critiquoient, par les Auteurs des *Nouvelles Littéraires*, imprimées à la Haye, Tom. I. pag. 290. 328. 329.

24. *Remarques détachées de Littérature.* Elles ont été insérées par M. de Sallengre, à la fin du Tome I. Part. I. des *Mémoires de Littérature*, dont je viens de parler, lequel fut imprimé en 1715. à la Haye, chez du Sauzet. Et quoiqu'on n'y ait pas mis le nom de M. *de la Monnoye*, on sçait qu'elles sont de lui, & l'on y reconnoit des Vers, qui certainement sont de sa façon. Il en est de même de pareils Mémoires qui sont à la fin de la seconde Partie. On est même persuadé que plusieurs des autres Pièces qui sont dans ce curieux Recüeil, sont de cet Académicien. Mais je ne ferai ici mention que de celles dont je suis assuré.

25. *Mémoire sur le Livre de Théodore de Beze*, intitulé : *Epistola M. Benedicti Passavantii*, &c. Il a été inséré au même volume, page 320. sans nom d'Auteur.

26. *Notes sur la Pancharis de Jean de Bonnefons.* Elles sont pareille-

ment insérées au même Tome, page 339. Mais M. de Sallengre avoüe que le tout a été tiré de la derniére Edition du *Menagiana*.

27. *Réponse à une Lettre*, imprimée à la Haye, chez H. Scheurleer, en 1716. in 12. sous ce Titre : *Réponse à la Dissertation de M. de la Monnoye*, sur le Traité, *de tribus Impostoribus*. Cet Ecrit de M. *de la Monnoye* avoit paru à la fin du dernier Tome du *Menagiana*, comme on l'a vû ci-dessus. M. de Sallengre, après avoir inséré, Tom. I. Part. II. p. 376. de ses *Mémoires de Littérature*, un extrait de la Lettre dont je viens de parler, publia à la suite la Réponse de M. *de la Monnoye*, lequel acheva d'y mettre dans le plus grand jour, la question dont il s'agissoit.

28. *Mémoires sur la Vie & les Ouvrages de Jean-François Sarasin*. Ils sont au même Tome, p. 419. des mêmes *Mémoires de Littérature*, sans nom d'Auteur. Mais ils sont de M. *de la Monnoye*, comme l'a reconnu le P. le Long, *Biblioth. Hist. de France*, N°. 17389.

29. *Poësies de M. de la Monnoye, de l'Académie Françoise, avec son Eloge, publiées par M. de S.* . . . (c'est-à-dire, M. de Sallengre) *in* 8°. la Haye, Levier, 1716. & encore chez le même, 1721. Il en est parlé dans plusieurs Auteurs. [1] Mais comme cette Edition s'étoit faite à l'insçû de l'Auteur, & qu'on y avoit inséré plusieurs Pièces trop libres, & même quelques-unes, qui notoirement ne sont pas de lui ; il en fit, avec raison, un désaveu public au dernier article du *Journal des Sçavans*, du 7. Décembre 1716. On auroit souhaité que cela l'eut engagé à nous donner lui-même une Edition complette de ses Poësies, comme on sçait qu'il en avoit le dessein. Mais puisque la mort l'a empêché de l'exécuter, on espère qu'il se trouvera quelqu'un, qui voudra bien en prendre le soin. J'indiquerai dans la suite ce qui est de ma connoissance, par raport aux secours qu'on peut trouver, pour ramasser ce qui ne se rencontre point dans cette Edition.

30. *Remarques sur les Jugemens des Sçavans d'Adrien Baillet*, in 4°. Paris, Moëtte, 1722. 7. vol. & à Amsterdam, 1725. en 8. vol. *in* 4°. & 16. vol. *in* 12. Dès l'année 1720. M. *de la Monnoye* avoit donné un essai de ces Remarques, qui avoit été inséré au *Mercure de France* du mois d'Août de la même année. Mais l'Ouvrage ne put être achevé que deux ans après. Encore paroît-il avoir été fait un peu à la hâte. Du reste, la Vie de Baillet, qui est au-devant de cette Edition, n'est pas de M. *de la Monnoye*. On a sçû de lui-même, qu'elle étoit de M. A. Frion, Professeur au Collége de la Marche, qui ne voulut pas être nommé, quoiqu'il ait mis son nom à l'Epitaphe de Baillet, qu'on voit à la fin de cette Vie.

31. *Remarques sur le Pogiana de M. Lenfant*, in 12. Hostelfort, 1722. Quoique le nom de M. *de la Monnoye* ne soit point au-devant de cet Ouvrage, qu'on croit imprimé à Paris, il est certainement de lui.

32. *Divo Mommeti Hymni*, in 4°. sans date, ni nom de lieu, ou d'Im-

---

[1] Bernard, *Rép. des Lettres*, Septembre 1716. p. 188. Le *Journal Littéraire* de 1717. p. 331. *Ducatiana*, Tom. I. p. 56.

primeur,

primeur, brochure de huit pages, à la fin de laquelle on trouve le nom de l'Auteur en cette sorte : *B. Moneta.*

33. *Lettre à M. l'Abbé Conti, sur les principaux Auteurs François.* Elle a été insérée au Tom. VIII. p. 230. de la *Bibliothèque Françoise*, qui parut en 1726.

34. *Traduction en Vers François de trois Hymnes Latines, composées par M. Coffin, sur un Miracle arrivé à Paris, au Fauxbourg S. Antoine,* imprimée *in* 4°. & *in* 8°. chez Thiboust, en 1726.

35. *Vers de M.* de la Monnoye, *sur la mort de Madame son Epouse, arrivée le* 20. *Janvier* 1726. *in* 4°. Dijon, Augé, 1726. brochure de trois pages. Elle se trouve aussi au *Mercure de France* du mois d'Avril 1726. & dans la *Continuation des Mémoires de Littérature*, Tom. I. P. II. p. 310.

36. *Remerciment à MM. de l'Académie Françoise,* au sujet de la députation qu'ils firent, pour complimenter M. *de la Monnoye* sur la mort de Madame son Epouse, *in* 4°. Dijon, Augé, 1726.

37. *Notes de M.* de la Monnoye, *sur les facétieuses Nuits de Straparole,* in 12. 1726. 2. vol. Cela est ainsi marqué dans le Catalogue des Livres de la Comtesse de Verruë, imprimé à Paris, chez Martin, 1737.

38. *Deux Préfaces, pour mettre au-devant de la Pancharis de Bonnefons,* imprimée à Amsterdam, chez les Vetsteins, 1727. ou plûtôt à Paris, chez Barbou. Il en est parlé dans la *Bibliothèque Françoise*, Tom. X. p. 215. & au *Journ. des Sçavans*, 1725. p. 765.

39. *Vie de Pyrron, traduite du Grec de Diogène Laërce, avec des Remarques,* imprimée dans la *Continuation des Mémoires de Litterature* du R. P. Desmoletz, Tom. III. p. 251. à Paris, chez Simard, 1727.

40. *Commentarius in Steph. Baluzii Carmen, de laudibus Joan. Bapt. Brossard, Canonici Tutelensis.* Pièce dans le goût de Mathanasius, imprimée en 1728. au Tom. VI. p. 184. & suiv. des mêmes Mémoires.

41. *Remarques sur l'Anti-Baillet de M. Ménage,* imprimées avec l'Anti-Baillet, *in* 4°. Paris, Moëtte, 1730.

42. *Notes sur la Bibliothèque choisie, & les Opuscules de Colomiés,* imprimées avec ces Ouvrages, *in* 12. Paris, Martin, 1731.

43. *Fragment d'une Lettre sur l'Auteur du Songe du Vergier,* imprimé avec le Traité des *Libertés de l'Eglise Gallicane*, Édit. de 1731. au-devant du Tom. II.

44. *Lettre à M. Maittaire, contenant plusieurs Remarques sur les Annales de l'Imprimerie, & sur l'Histoire des Etiennes,* in 8°. Dresda, 1732. Il en est parlé au Tom. XXV. de la *Bibliothèque Germanique*, pag. 233.

45. *Notes sur le Cymbalum Mundi,* jointes à l'Edition de cet Ouvrage, *in* 12. 1732. Il en est fait mention au Catalogue des Livres de la Com-

Part. II. T

BERNARD tesse de Verruë, dont il a été parlé ci-dessus, p. 74. Mais il y a grande
DE LA aparence que ces Notes sont plûtot celles de Prosper Marchand.
MONNOYE

46. *Notes Historiques & Critiques sur les Contes, ou nouvelles Récréations, & joyeux Devis de Bonaventure des Periers*, in 12. Amsterdam, Châtelain, 1735. 3. vol. Dans les derniéres Editions du *Moreri*, à l'article de *Bernard de la Monnoye*, ces Notes sont annoncées, avec cette Observation, que ces Contes sont, non de Bonaventure des Periers, mais de Jacques Pelletier, & de Nicolas Denisot.

47. *Carmina quædam selecta, & partim inedita, Græcè & Latinè scripta*. Ils ont été imprimés par les soins de M. l'Abbé d'Olivet, de l'Académie Françoise, dans le Recüeil, intitulé : *Poëtarum ex Academia Gallica, qui Latinè, aut Græcè scripserunt Carmina*, in 12. Paris, Boudet, 1738.

OUVRAGES DE M. DE LA MONNOYE, NON IMPRIMÉS,
ou qui se trouvent épars & mêlés dans des compositions étrangéres.

1. *Lettres diverses, la plûpart critiques.* Il en est fait mention dans les Editions de *Moreri*, dont je viens de parler. L'on est persuadé que M. *de la Monnoye* en a conservé des doubles, qui pourront se trouver chez M. Glucq de Saint-Port, entre les mains duquel tous ses Mss. ont passé, avec sa Bibliothèque. En tout cas, on pourroit trouver une bonne partie des originaux chez les personnes à qui ces Lettres ont été écrites. Outre celles que j'ai en ma puissance, je sçais que M. le Président Bouhier, qui a été pendant plus de 30. ans en commerce régulier de Lettres avec M. *de la Monnoye*, a gardé presque toutes celles qu'il a reçuës de lui, & qu'il y a joint celles qu'il lui avoit écrites, lesquelles lui furent renduës par M. *de la Monnoye*, peu de tems avant sa mort. Il est sûr que si on en faisoit un choix, il s'y trouveroit d'excellentes Observations de Littérature. Je ne parle point des Dissertations, sur le Livre, *de tribus Impostoribus*, sur l'Epigramme de l'*Hermaphrodite*, sur le Songe de *Poliphile*, & sur *Pomponius Lætus*, ni aussi des Remarques sur l'*Anti-Baillet*, qui sont marquées comme Anecdotes dans le *Dictionnaire de Moreri*. Car elles ont été imprimées depuis, soit dans les Additions au *Menagiana*, soit dans les Remarques sur les *Jugemens des Sçavans* d'Adrien Baillet. Il n'y a que les Remarques sur l'*Anti-Baillet*, qui ont paru avec l'*Anti-Baillet* même, comme je l'ai observé ci-dessus.

2. *Trois cent Epigrammes choisies, tant de Martial, que d'autres Poëtes anciens & modernes en Vers François.* Elles sont annoncées pareillement dans le même *Dictionnaire de Moreri*. Mais il y en a beaucoup qui ont été imprimées postérieurement, soit dans les Additions au *Menagiana*, soit dans le Recüeil des Poësies de M. *de la Monnoye*, publié par M. de Sallengre, soit dans les *Mémoires de Littérature* de ce dernier. Ainsi je n'en ferai point ici le détail. Mais voici quelques autres Vers de cette nature, qui se trouvent répandus dans différens Livres imprimés, & que je mettrai ici sans ordre, suivant que ma mémoire me les fournira.

3. *Vers François sur Pierre Palliot*, insérés dans son Eloge au *Dictionnaire de Moreri*. Autres à M. le Duc du Maine, au-devant du *Diction-*

naire de Trevoux. Autres au Maréchal Duc de Villars, au sujet de sa réception à l'Académie, imprimés à la suite de son Discours. Autres, faits pour l'année séculaire du Monastére des Religieuses Ursulines de Dijon, imprimés dans la Relation de cette Fête, à Dijon, chez Ressayre, 1719. *in* 8°. Autres sur une Traduction Françoise des Odes d'Horace, qu'on trouve dans Jean-Albert Fabricius, *Supplement. ad Biblioth. Latin.* p. 340. Autres sur le Mariage du Roi, au *Mercure de France*, *d'Octobre* 1725. *p.* 3. Autres qui sont inscrits sur les murs du Couvent des Capucins de Dijon, & qui sont de M. *de la Monnoye* pour la plus grande partie. Autres en forme de Placet, au *Mercure de France, de Mai* 1726. *p.* 959. Sonnet en Bouts-Rimés, qui remporta le prix proposé par le Sr. Mignon, Maître de la Musique du Roi. Il est à la tête du Recüeil de ces Sonnets, imprimés à Paris, chez Quinet, 1683. *in* 12.

4. Epigramme Latine au-devant du Livre du Card. Noris, *de Epochis Syro-Macedonum.* Autres au nombre de neuf, avec la Traduction en Vers François, au-devant du *Commentaire de Taisand, sur la Coûtume de Bourgogne.* Autres au-devant du Tom. I. de la *Critique du P. Pagi, sur les Annales de Baronius.* Autres au-devant du Poëme Latin du R. P. Oudin, intitulé : *Somnia.* Autres pour mettre au bas du Portrait de M. le Président Bouhier, au-devant du *Corpus Juris Canonici de Gibert*, imprimé à Genève en 1735. *fol.* Autres sur les deux Glossaires de M. du Cange, dans Morhofius, *Polyhistor. Lib.* 4. *cap.* 8. Autres sur le Marché nouveau, établi par M. le Cardinal de Bissy, dans l'ancien Préau de la Foire de S. Germain, au *Mercure de France, d'Avril* 1727. Autres pour mettre à la tête du Livre du prétendu *Brenno Vulcanius*, intitulé : *Bibliotheca Vulcani.* Voy. la *Biblioth. de l'Europe*, Tom. I. p. 463. 1728. Autres à la loüange de *Piscopia Cornara*, inferée dans le *Tumulus P. Petiti*, imprimé en 1687. p. 8. Autres au Sieur Martin, inférée au *Suplément de Moreri*, qui parut en 1735. à l'article de M. *de la Monnoye.*

5. Vers funèbres François, Latins, & en d'autres Langues. *Epitaphium P. Petiti*, inféré au *Tumulus P. Petiti*, imprimé en 1687. Et au *Dict. de Moreri*, à l'article de Petit. *Musarum Tumulus*, &c. au Recüeil de Pièces sur la mort de M. l'Abbé Boisot, *in* 4°. Dijon, Ressayre, 1694. Et en la *Continuat. des Mém. de Littérat.* Tom. IV. Part. I. p. 25. Epitaphes de M. Lantin, Conseiller au Parlement de Dijon, en Vers Grecs, Latins, Italiens & François, avec son Eloge au *Journ. des Sçavans* de 1695. pag. 248. de l'Edit. *in* 12. *Funus Santolinum*, &c. parmi les Pièces sur la mort de Santeüil, *in* 4°. Dijon, 1698. & dans le *Santoliana*, Part. II. p. 41. *Anna Fabra Tumulus*, au Journ. de Trevoux, de Janvier 1721. p. 120. Traduction en Vers Latins d'une Epitaphe Grecque de Michel de Montagne, au-devant des Essais de ce dernier, Edit. de 1725. p. LII.

6. Traduction en Vers François de la Glose Espagnole de Sainte Thérèse, qui commence : *Muero porque no muero*, imprimée dans la Vie de l'Abbé Fevret, par le P. Bourée en 1694. p. 71. Et au *Journal de Trevoux, de Septembre* 1702. p. 88. avec un Eloge du Traducteur, & encore dans la Vie de cette Sainte, par Villefore, *in* 4°. 1712. avec une Préface de M. *de la*

BERNARD DE LA MONNOYE — Monnoye sur cette Glose. On dit que ces Vers ont été mis en Musique à Paris, en 1698. Autre Traduction de la Prose rimée de S. Bernard : *Jesu, dulcis memoria*, &c. imprimée avec celle de la Glose de S^{te}. Thérèse, à Lyon, *in* 12. Barbier. Autres de 19. Hymnes Latines sur le Cœur de Jesus, imprimées avec l'*Office du Sacré Cœur de Jesus*, par le P. Bourée, *in* 8°. Lyon, Certe, 1700. Autre de l'Epigramme de Roscius, raportée par Cicéron au premier de ses Dialogues, *sur la nature des Dieux*. M. l'Abbé d'Olivet a inféré cette Version dans sa belle Traduction de ces Dialogues, Tom. I. p. 296. de l'Edit. de 1732. Le même, en sa Traduction des *Tusculanes de Cicéron*, Tom. I. p. 230. Edit. de 1737. a reconnu que la plûpart des Vers qui se trouvent traduits dans la seconde Tusculane, sont de M. *de la Monnoye*.

7. *Autres Poësies diverses, non encore imprimées.* Il y en a un nombre prodigieux, soit en Latin ou en François, soit même en Grec & en Italien. Ses amis en ont beaucoup, & sur-tout M. le Président Bouhier, & le R. P. Oudin, Jésuite. Mais le Recüeil complet en doit être chez M. Glucq de Saint-Port. Il faut espérer qu'il voudra bien n'en pas priver le Public.

8. Inscription Latine en Prose, gravée sur un Marbre, qui fut posé à Dijon en 1705. en la place de Saint Etienne, contre un mur attenant le lieu où étoit anciennement l'Eglise Paroissiale de Saint Médard. Autre Inscription pareille, gravée sur un Marbre, qu'on voit en l'Eglise à Saint Etienne de la même Ville, pour servir de Mausolée à M. Claude Fyot, Abbé de cette Eglise.

9. *Règles de la Poësie Françoise.* C'est un abregé Ms. de 20. pages *in* 4°. qui est entre les mains de la Dame de la Monnoye, fille de l'Auteur, & Religieuse Ursuline de Dijon.

10. *Remarques Critiques sur la Traduction d'Anacréon, par l'Abbé Regnier-Desmarais, & sur ses Observations sur ce Poëte.* Il y en a une copie dans la Bibliothèque de M. le Président Bouhier.

11. *Traduction de la seconde Tusculane de Cicéron.* Elle est en original dans la même Bibliothèque. M. l'Abbé d'Olivet en fait mention dans sa Traduction du même Ouvrage, Tom. I. p. 231. Edit. de 1737.

12. *Remarques, additions & corrections sur les Bibliothèques Françoises de la Croix-du-Maine & de du Verdier.* Elles étoient en état d'être imprimées au tems de la mort de l'Auteur, & le Ms. en a passé avec ses autres Livres, dans la Bibliothèque de M. Glucq de Saint-Port. L'Auteur du *Voyage Littéraire*, imprimé à la Haye en 1735. *in* 12. & attribué au Sieur Jordan, Ministre à Berlin, dit, pag. 53. qu'il a vû ces Remarques entre les mains du feu P. Nicéron, Barnabite. Il assure que le nombre n'en est pas assez grand, pour engager un Imprimeur à faire une nouvelle Edition de ces deux Bibliothèques. Mais de bons Connoisseurs m'ont certifié le contraire. J'en ai vû quelques essais entre les mains de M. le Président Bouhier, à qui l'Auteur les avoit envoyés, qui sont très propres à me le confirmer. Ce qui a pû tromper M. Jourdan, c'est que ces Remarques sont écrites d'un caractére

caractére extraordinairement ſerré & menu. Elles mériteroient fort, ſans doute, de voir le jour, quoique l'Auteur n'ait jamais eû deſſein, comme on l'a crû, de continuer ces Bibliothèques juſqu'à nos jours. Quand il commença ces Remarques, il n'étoit plus d'un âge à entreprendre un travail auſſi immenſe. Car je ſçais que ce ne fut qu'en 1723. Mais c'eſt toûjours beaucoup, d'avoir corrigé les fautes, & la plûpart des omiſſions des deux Bibliothécaires. M. Falconet, qui a vû ces Remarques, en a fait un grand Eloge dans les Mémoires de l'Académie des Belles-Lettres, Tom. VII. p. 299. Edit. *in* 4°.

13. *Remarques ſur les Vies des Juriſconſultes*, par P. Taiſand. M. de la Monnoye les avoit faites ſur le Mſ. de l'Auteur, & afin qu'il corrigeât les fautes en grand nombre, qui s'y trouvoient, avant qu'il les donnât à l'Imprimeur. Je les ai vuës en quatre petits cayers, écrits de ſa main, *in* 4°. & remplis d'une infinité de recherches ſçavantes & curieuſes. On ne ſçait par quel aveuglement l'Auteur de ces Vies n'en a fait aucun uſage, ni même ceux qui en ont procuré une ſeconde Edition.

14. *Remarques ſur la Farce de Patelin.* M. de Sallengre, dans l'Eloge Hiſtorique de M. *de la Monnoye*, qu'il a mis au-devant de ſes Poëſies, p. 39. aſſure qu'il avoit fait des Remarques fort curieuſes ſur cette Farce.

15. *Commentaire ſur les Poëſies de Mellin de Saint-Gelais*. M. Titon du Tillet, en ſon *Parnaſſe François*, p. 630. Edit. de 1732. dit que le Mſ. en eſt dans la Bibliothèque de M. Glucq de Saint-Port.

16. Henri du Sauzet, Imprimeur d'Amſterdam, promettoit au Public une nouvelle Edition des *Œuvres de Saraſin*, avec des Notes & corrections de M. *de la Monnoye*. Voy. *Bibliothèque Françoiſe*, Tom. XIX. pag. 183.

OUVRAGES ETRANGERS, AUSQUELS A EU PART M. *de la Monnoye.*

Le Dictionnaire Critique de M. Bayle. Lorſque la premiére Edition de cet Ouvrage eut paru, M. *de la Monnoye* le lut avec avidité, & y fit un grand nombre d'obſervations importantes, qui furent communiquées à l'Auteur par l'entremiſe de M. l'Abbé Nicaiſe. M. Bayle en fut très reconnoiſſant, & profita de cette occaſion pour entrer en commerce de Lettres avec M. *de la Monnoye*, duquel il tira une infinité d'éclairciſſemens, dont il ne manqua pas de faire uſage dans les Editions ſuivantes de ſon Dictionnaire. Il l'a reconnu avec candeur, non ſeulement en divers endroits de cet Ouvrage, mais encore en pluſieurs de ſes Lettres imprimées. Ce fait n'a pas été oublié par M. de Sallengre, dans l'*Eloge Hiſtorique* de M. *de la Monnoye*, qu'il a mis au-devant de ſes Poëſies, p. 41.

Notes ſur Rabelais, par M. *le Duchat*. Quand ce dernier eut fait l'ébauche de ſon travail, il l'envoya de Berlin à M. *de la Monnoye*, avec qui il étoit en relation, pour lui en dire ſon ſentiment, & l'aider de ſes Obſervations. Quelque ingrat que fût ce travail, M. *de la Monnoye*, qui ne pouvoit rien refuſer aux Gens de Lettres, qui le conſultoient, revit & cor-

BERNARD rigea tout cet Ouvrage, & l'on ofe dire qu'on lui doit la plus grande partie
DE LA de ce qui fe trouve de meilleur dans l'Edition, qui en parut à Amfterdam
MONNOYE en 1711. en 5. vol. M. Duchat a reconnu en quelques endroits de fes Notes, l'obligation qu'il lui avoit à cet égard; & s'il n'en a point parlé en fa Préface, c'eft, dit M. de Sallengre, [1] *que M. de la Monnoye l'avoit prié de garder un profond filence fur fon chapitre.*

Jugemens des Sçavans, fur les Auteurs qui ont traité de la Rhétorique, par M. Gibert, Profeffeur en Rhétorique au Collége Mazarin. Ce fçavant Auteur n'a pas héfité d'avoüer dans cet Ouvrage, Tom. I. pag. 188. qu'il avoit reçû, pour le perfectionner, de grands fecours de M. *de la Monnoye*, dont le nom, dit-il, *l'érudition & le goût, font connus de tous les Sçavans.*

Hiftoire de Pierre Montmaur, & Mémoires de Littérature, par M. *de Sallengre*. Cet Auteur, tant dans fa Préface de l'Hiftoire de P. Montmaur, que dans l'Eloge Hiftorique de M. *de la Monnoye*, cité plufieurs fois ci-deffus, a témoigné autentiquement fa reconnoiffance de ce qu'il devoit à M. *de la Monnoye* pour l'Hiftoire dont je viens de parler. Il ne lui en devoit pas moins pour fes *Mémoires de Littérature*, comme nous l'avons obfervé dans la lifte des Ouvrages de M. *de la Monnoye*.

Remarques de M. Broffette fur les Œuvres de M. Boileau-Defpréaux. Cet habile Commentateur a reconnu en divers endroits de cet Ouvrage, qu'il devoit beaucoup d'éclairciffemens à M. *de la Monnoye*. On peut voir fur-tout ce qu'il en dit fur la Satire 6. V. 119.

Pogii Bracciolini, Florentini, Hiftoriæ de varietate fortunæ, cum Epiftolis LVII. hactenus ineditis. M. l'Abbé Oliva, Editeur de ces Piéces, qui parurent pour la premiére fois à Paris, chez Coutelier, 1723. in 4°. en avoit aporté d'Italie une copie manufcrite, mais qui fourmilloit de fautes. Il crut devoir recourir, pour les corriger, à M. *de la Monnoye*, qui avoit une parfaite connoiffance des Ouvrages du Poge, & de fes contemporains. Le fçavant Académicien ne voulut fe charger que de la revifion des Lettres. Celle des Livres, *de Varietate Fortunæ*, fut confiée à M. l'Abbé Brochard, Profeffeur du Collége Mazarin. Il eft dit un mot de l'un & de l'autre, mais affez légérement, dans la Préface de l'Ouvrage. Cependant il eft certain, que fans eux, il n'auroit pas paru en l'état qu'il eft.

M. *Cofte*, dans fes Notes fur les *Effais de Montagne*, reconnoit devoir plufieurs éclairciffemens à M. *de la Monnoye*. Voy. Tom. I. p. 308. Tom. II. p. 214. & Tom. III. p. 11. 241. & 283. de l'Edit. de 1725.

M. *l'Abbé d'Olivet*, dans la Lettre qu'il a mife au-devant de fa Traduction des Dialogues de Cicéron, *de la Nature des Dieux*, p. 37. Edit. de 1732. avoüe qu'ayant befoin pour cet Ouvrage des lumiéres de M. *de la Monnoye*, il le confultoit fouvent. Et à la pag. 296. du Tom. I. il rend ce témoignage, *qu'ayant voulu s'expliquer fur cet illuftre Académicien dans les termes que l'amitié & l'eftime devoient lui dicter*, M. de la Monnoye, en

---

[1] M. de Sallengre, *Eloge Hiftor. de M.* de la Monnoye, *au-devant de fes Poëfies*, p. 42.

renvoyant son manuscrit, avoit rayé de sa main tout ce qui sentoit la loüange, & avoit réduit l'Auteur, à n'oser publier que sa modestie.

OUVRAGES ATTRIBUE'S A M. DE LA MONNOYE, ET qui ne sont pas de lui.

Histoire de M. Bayle, & de ses Ouvrages. Elle parut d'abord en 1715. à la tête du *Dictionnaire de Bayle*, imprimé à Genève, sans nom d'Auteur, & séparément, *in* 12. Mais en 1716. Jacques Desbordes l'imprima a Amsterdam, *in* 8°. & y mit le nom de M. *de la Monnoye*, qui la désavoüa publiquement au dernier article du *Journal des Sçavans*, du 17. Août 1716. & dans les *Nouvelles Littéraires* du 27. Juin de la même année. Voy. aussi son *Eloge Historique*, au-devant de ses Poësies, p. 39. Cette Histoire est de l'Abbé du Revest, suivant l'Auteur du *Suplément de Moreri*, imprimé en 1735. à l'article de M. *de la Monnoye*, lequel, dit-il, en ayant eû communication, indiqua à l'Auteur plusieurs corrections dans un Mémoire qui est encore Ms.

Préface du Cymbalum Mundi, au-devant de l'Edition de 1711. On l'a attribuée à M. *de la Monnoye*; mais elle est de Prosper Marchand, qui a imprimé ce petit Livre. Voy. Jean Vogt, *Catalog. Libr. varior.* p. 71.

Poësies de Coquillard, Villon, & autres anciens Poëtes François, imprimées à Paris, chez Coutelier, en 1724. &c. in 12. On a crû que M. *de la Monnoye* en étoit l'Editeur; & l'Auteur du *Suplément de Moreri*, qui parut en 1735. l'a avancé ainsi, en l'article de M. *de la Monnoye*. Mais il ne s'est pas souvenu du désaveu qu'en avoit fait ce dernier, à la fin du *Journal des Sçavans* d'Avril de la même année. Il y a pourtant une petite Note de M. *de la Monnoye*, au-devant de la *Farce de Patelin*. Mais il se plaignoit que Coutelier l'avoit défigurée.

Joan. Bonefonii Pancharis, in 12. Amsterdam, Wetstein (ou plûtôt Paris, Barbou) 1725. Comme on prétendoit que M. *de la Monnoye* avoit pris soin de cette Edition, il écrivit aux Journalistes des Sçavans, une Lettre, insérée en leur Journal du mois de Décembre de cette année, où en s'avoüant Auteur des deux Préfaces, qui sont au-devant de cette Edition, il dit qu'il n'a eû aucune part au reste, & se plaint même qu'ayant indiqué à l'Imprimeur, 351. Vers anecdotes de Bonnefons, il a négligé de les insérer dans cette Edition.

Poësies de Mellin de Saint-Gelais, in 12. L'Abbé Archimbaud, en son *Recüeil de Pièces fugitives*, Tom. II. p. 213. attribüe cette Edition à M. *de la Monnoye*. Mais il n'y a contribué, qu'en fournissant à l'Imprimeur, quelques Epigrammes Latines & Françoises de Saint Gelais, qui n'avoient point encore paru, quoiqu'il ait laissé un Commentaire Ms. sur ce Poëte, comme il a été observé ci-dessus.

PHILIBERT DE MONTAGU.

PHIL. DE MONTAG. MONTAGU, (*Philibert de*) Bachelier en Théologie, & Chanoine de l'Eglise Cathédrale d'Autun, étoit né en cette Ville, & y mourut vers 1690. âgé d'environ 80. ans. *Philibert de Montagu* étoit lié d'une amitié très intime avec le Docteur de Launoy; & lorsqu'il étoit à Paris, il se trouvoit exactement aux Conférences Académiques que ce Docteur tenoit chez lui. Ce fut à la sollicitation de *Montagu*, que M. de Launoy travailla à éclaircir l'Histoire de S. Lazare, Patron de la Cathédrale d'Autun. *Montagu* fit l'Epitre Dédicatoire de ce Livre au Chapitre d'Autun, & le fit imprimer en 1641. sous ce Titre : *De Commentitio Lazari & Maximini, Magdalenæ & Marthæ in Provinciam appulsu, Dissertatio.* Paris, Jean Remy, 1641. *in* 8°. & *ibid.* en 1660.

JEAN DE MONTHOLON.

JEAN DE MONTH. MONTHOLON, (*Jean de*) naquit à Autun de Nicolas de Montholon, Avocat du Roi au Bailliage de cette Ville, & de Marguerite Dumay. On peut voir la Généalogie de cette famille dans le *Dictionnaire de Moreri.* Jean *de Montholon* entra, en un âge peu avancé, dans l'Abbaye des Chanoines Réguliers de S. Victor à Paris. Il reçut le Bonnet de Docteur en Droit à l'âge de 22. ans. Son mérite lui procura le Chapeau de Cardinal; mais sa mort arrivée en 1521. l'empêcha de joüir de cette Dignité, à laquelle il venoit d'être nommé.

Il fit imprimer en 1517. le Traité d'Etienne d'Autun, sur le S. Sacrement, sous ce Titre : *Stephani, Eduensis Episc. de Sacramento Altaris.* Paris, Henri, Etienne, *in* 8°. Ce Traité se trouve aussi dans le VIe. volume de la *Bibliothèque des Peres.*

Promptuarium utriusque Juris. Paris, Colines, 1520. 2. vol. *in folio.* C'est une espèce de *Dictionnaire Alphabétique des matières de Droit.*

Voy. le *Suplément de Moreri* de 1735.

CLAUDE DE MONJOURNAL.

CLAUDE DE MONJ. MONJOURNAL, (*Claude de*) Seigneur de Sindrey, & du Thil dans le Charollois, étoit d'une illustre famille de Châlon, suivant le P. Jacob, quoique du Verdier ait pensé qu'il étoit du Bourbonnois. *Monjournal* avoit assisté aux Etats de Blois en 1588. Il est Auteur du *Discours sur le très heureux Avénement du très Chrétien Roi Henri de Pologne, en France.* Lyon, Jove, 1574. Le P. le Long a oublié cet Ouvrage dans sa *Bibliothèque des Historiens de France.*

Voy. du Verdier, *Bibliothèque Françoise*, pag. 185. & le Traité du P. Jacob, *de claris Scriptor. Cabilon.* pag. 130.

ETIENNE MOREAU.

MOREAU, (*Etienne*) Conseiller du Roi en ses Conseils, Avocat Général en la Chambre des Comptes de Bourgogne, naquit à Dijon, le 1. Septembre 1639. de Jacques Moreau, Auditeur en la Chambre des Comptes de la même Province, & de Catherine Roserot. Il mourut à Dijon, le 27. Avril 1699. âgé de près de 60. ans. C'étoit un homme de beaucoup d'esprit, bon Orateur, bon Poëte, réussissant également dans l'Héroïque & dans le Lyrique, dans la Musique, dans les Décorations, dans les Devises & dans les Emblêmes. Voici son Portrait, par Philibert-Bernard Moreau de Mautour, son frere.

> Ce Magistrat est mort âgé de soixante ans :
> A l'éloquence il joignit en son tems
>   La Poësie & la Musique ;
>   Tant qu'il vécut, il les mit en pratique ;
> Dans tous les trois il excella.
> Veut-on le peindre ? en trois traits, le voilà.

M. *Moreau* avoit de fort belles qualités, mais elles étoient un peu obscurcies par son penchant pour la raillerie, qui étoit tel, que souvent il n'épargnoit pas même ses meilleurs amis. On croit que nonobstant ce défaut, il n'auroit pas laissé d'être Maire de Dijon, s'il ne fût mort quelques mois avant l'Élection. Ce qui donna occasion à M. de la Monnoye, de lui faire cette Epitaphe :

>   Ci git des bons mots le grand Maître,
> En Vers, en Prose Connoisseur ;
> MOREAU, qui croyant un jour être
> Le Tribun de Dijon, en est mort le Censeur.

M. Moreau de Mautour son frere, a fait imprimer de fort belles Stances sur sa mort. Il est à propos de les consulter pour connoître la diversité des talens d'*Etienne Moreau*. Elles commencent ainsi : *Muses, Orante est mort*. On les trouve à la page 95. du IVe. volume des *Pièces fugitives*, recüeillies par l'Abbé Archimbaud. On voit dans le même Recüeil, pag. 98. l'Epitaphe Latine que M. Dumay, Conseiller au Parlement de Dijon, excellent Poëte, a consacrée à la mémoire de M. Moreau. Elle est aussi insérée dans le dernier *Suplément de Moreri*.

CATALOGUE DE SES OUVRAGES.

1. Sonnet sur le Mariage du Roi Loüis XIV. avec Marie-Thèrése d'Autriche, imprimé sur une feüille volante.

Part. II.   X

ETIENNE MOREAU.

2. *Les nouvelles fleurs du Parnasse.* Lyon, Daniel Gayet, 1667. *in* 12. Ce Recüeil contient dix petits Dialogues de Lucien, deux Eglogues, des Vers sur la mort de Senèque, qui faisoient partie d'une grande explication Latine & Françoise, d'une Enigme en Tableau, représentant la mort de Senèque, que M. *Moreau* prononça en Public au Collége des Jésuites de Dijon, où il avoit fait ses premiéres études, plusieurs Sonnets, Epigrammes, Chansons, *&c.*

3. *Discours prononcé au Parlement de Dijon*, (le 9. Janvier 1676.) *à la Présentation des Lettres de Provision de M. le Marquis d'Uxelles, Lieutenant de Roi en Bourgogne.* Dijon, Jean Grangier, 1677. *in* 4°. pagg. 56.

4. *Réjoüissances faites dans la Ville de Dijon au sujet de la Naissance de Monseigneur le Duc de Bourgogne.* Ibid. 1682. *in* 4°. pagg. 17.

5. *Relation de la pompe funèbre faite dans la Sainte Chapelle de Dijon, après la mort de Loüis de Bourbon, Prince de Condé.* Ibid. Palliot, 1687. *in* 4°.

6. *Mémoire présenté au Roi, au sujet du rang des Officiers de son Royaume, envoyé au Roi en* 1686. Ce Discours, qui est fort judicieux, est la premiére Pièce du II. volume du *Recüeil des Pièces fugitives d'Histoire & de Littérature*, par l'Abbé Archimbaud, en 1717. à Paris.

7. *Feu de joye tiré à Dijon, le Dimanche 28. Novembre 1688. pour la Prise de Philisbourg par Monseigneur le Dauphin.* Dijon, Ressayre, 1688. *in* 4°.

8. *Lettre écrite à* M**** *au sujet de la mort de M. J. Bapt. Boisot, Abbé de S. Vincent de Besançon.* Ibid. 1694. *in* 4°. pagg. 9. & dans le IVe. volume de la *Continuation des Mémoires de Littérature & d'Histoire*, imprimé en 1727. pag. 1. Cette Lettre est très curieuse & bien écrite.

9. *Discours de l'Etablissement d'une Académie de Belles-Lettres dans la Ville de Dijon.* Ibid. Claude Michard, 1693. *in* 4°. pagg. 21.

10. *L'Amour & la Folie*, pag. 86. des *Pièces fugitives* de l'Abbé Archimbaud.

11. *Deux Pièces en Vers François sur la mort de Santeüil*, pag. 47. du Recüeil intitulé, *Funus Santolinum*, imprimé *in* 4°. à Dijon & réimprimé dans les Poësies de Santeüil, par M. de la Martelière.

12. *Un Distique Latin*, & douze Vers François, à la tête de la *Coûtume de Bourgogne*, par Taisand, en 1698. *Epigramme Latine*, ibid.

13. *Vers François*, dans le *Menagiana* de 1715. Tom. II. pag. 378.

14. *Discours sur la Paix, prononcé à l'ouverture de la Chambre des Comptes, après la Saint Martin de* 1676. imprimé la même année.

Voy. le *Catalogue des Ouvrages d'Etienne Moreau*, par M. de Mautour son frere, imprimé dans plusieurs exemplaires du *Dictionnaire Géographique* de Thomas Corneille, article, Dijon. Cet article a été communiqué par le même M. de Mautour. Cette feüille a été imprimée séparément chez Coignard. Voy. aussi le *Suplément de Moreri* de 1735.

JACQUES MOREAU.

MOREAU, (*Jacques*) fils du précédent, & de Marguerite Durand, naquit à Dijon, le 18. Août 1663. Il prenoit la qualité de Sieur de Brasey, quoique cette Terre n'ait jamais apartenu à sa famille. *Jacques Moreau* prit le parti des Armes, & fut Capitaine de Cavalerie dans le Régiment des Cuirassiers Espagnols du Comte de Louvigny. Il mourut âgé de 60. ans à Briançon en Dauphiné. Il avoit épousé en premiéres nôces Charlotte Segaud de Beaune; & en secondes nôces, N. de la Vallée, fille du Grand Ecuyer du Duc de Zell, & veuve du Sieur de la Primaudoye de la Religion Prétenduë-Réformée, qu'elle professoit aussi, mais qu'elle abandonna, en épousant M. *Moreau*.

Quoique Jacques *Moreau* ne se fut pas livré à l'étude avec autant d'aplication que son pere, son génie vif & aisé, supléa en quelque sorte à ce qui pouvoit lui manquer du côté de l'érudition.

CATALOGUE DE SES OUVRAGES.

1. *Journal de la Campagne de Piémont, sous le Commandement de M. de Catinat, Lieutenant Général des Armées du Roi, en* 1690. Paris, Jean-Baptiste Langlois, 1691. *in* 12. La brieveté & la clarté de cette Relation sont loüées dans le *Journal des Sçavans* de la même année, pag. 641. Edit. *in* 12. Le P. le Long, dans sa *Bibliothèque des Historiens de France*, pag. 516. N°. 9779. dit que ce Journal a été rédigé, aussi bien que le suivant, par M. Moreau de Mautour, oncle de l'Auteur.

2. *Journal de la Campagne de Piémont pendant l'année* 1691. *& du Siége de Montmelian, sous M. de Catinat.* Paris, Claude Mazuel, 1692. *in* 12. Voy. le *Journal des Sçavans* de la même année, pag. 517.

3. *Relation de ce qui s'est passé à Châlon-sur-Sône, à l'Entrée de M. le Duc de Bourgogne, le* 14. *Avril* 1701. Lyon, Chapuys, 1701. *in* 4°.

4. Les cinq derniers Livres du Virgile Travesti, sous ce Titre : *Suite du Virgile Travesti de Scarron*, 1706. *in* 12. en Hollande. L'Auteur a blessé dans cet Ouvrage, toutes les règles de la bienséance. Voy. Fabricius, *Bibliotheca Latina*, p. 219.

5. *Mémoires Politiques, amusans & Satiriques de Messire J. N. D. B. C. de L. Colonel du Régiment de Dragons de Casauski, & Brigadier des Armées de Sa Majesté Czarienne, à Véritopolie, chez Jean Disant-vrai* (c'est-à-dire, à Amsterdam, chez Etienne Roger) 1716. *in* 12. 3. vol. Voyez l'*Histoire Critique de la République des Lettres*, par Masson, & les *Mémoires de Trevoux* de 1716. Dans le IIIe. vol. qui contient plusieurs Poësies très libres, l'Auteur a inséré deux Comédies de sa composition : sçavoir, la *Prévention* ridicule, & l'*Escroc*.

Voy. la *Bibliothèque des Historiens de France*, du P. le Long, pag. 516. N°. 9779. & le *Suplément de Moreri* de 1735.

JACQUES MOREAU.

JACQUES MOREAU. MOREAU, (*Jacques*) Docteur en Médecine, fils d'Aminadab Moreau, Receveur du Domaine du Roi, & de Françoise Masson, naquit à Châlon-sur-Sône, le 15. Mai 1647. Se sentant du goût pour la Médecine, il alla étudier à Paris, en cette Faculté, & fut Disciple du célèbre Guy Patin, qui devint son ami. Après ses études, de retour à Châlon, il y soûtint dans l'Hôpital, des Thèses publiques, qui excitérent contre lui la jalousie & la haine des anciens Médecins. Ils l'accusérent d'avoir soûtenu des propositions contraires aux principes de la véritable Médecine. *Moreau* se deffendit par plusieurs Ecrits que les personnes impartiales estimérent. Il mourut le 4. Juin 1729. C'étoit un homme d'une grande probité, qui partageoit son tems entre les exercices de sa Profession, la lecture & la peinture.

CATALOGUE DE SES OUVRAGES.

1. *Consultation sur un rhumatisme, avec une réfutation d'une Réponse qu'on y a faite.* Châlon, Philippe Tan, 1688. in 12.

2. *Traité chymique de la véritable connoissance des fiévres continuës, pourprées & pestilentes, & les moyens de les guérir & de s'en préserver, tant par les acides, que par les sudorifiques, conformément à la doctrine d'Hippocrate & de Galien.* Dijon, Jean Ressayre, 1689. in 12.

3. *Apologie sur la maladie d'une Demoiselle.* In 12.

4. *Réfutation d'une Réponse faite à une Consultation sur un rhumatisme.* 1689. in 4°. sans nom d'Imprimeur.

5. *Lettre écrite à un Médecin refugié en Suisse, qui contient en abregé, un véritable éclaircissement sur la cause des fiévres continuës, arrivées en grand nombre depuis le mois de Juillet jusqu'en Novembre* 1709. *avec la manière de les traiter, où l'on suit par tout la nature & ses mouvemens, qui sont les seuls moyens qu'on doit employer pour les guérir.* Châlon, Nanty, 1709. in 12.

6. *Réfutation d'une Réponse sous le nom emprunté du Sieur Bacot, Médecin à Verdun, où le Sieur Moreau renverse entiérement tout ce qu'on a pû dire contre la doctrine de sa Lettre, envoyée à un Médecin Suisse,* in 12. pagg. 46.

7. *Réfutation de la Réponse qu'a faite M. Martiny, Docteur en Médecine à Ville-Franche, à la Lettre du Sieur Moreau, écrite sur les fiévres en* 1709. *& envoyée à un Médecin refugié en Suisse.* 1710. *in* 12. pagg. 51. sans date, nom de Ville, ni d'Imprimeur.

8. *Exposition des erreurs & des contradictions dans lesquelles M. Martiny, Médecin est encore tombé, en examinant la Réfutation qui a été faite à sa Réponse à la Lettre écrite à un Médecin refugié en Suisse, sur les fiévres de* 1709. Châlon, Nanty, 1711. *in* 12.

9.

9. *Differtation Phyfique fur l'hydropifie, fort curieufe pour les Sçavans,* JACQUES MOREAU. *très utile au Public; on y fait voir l'abus des purgatifs dont on fe fert mal-à-propos pour les guérir, & enfuite les vrais remédes,* &c. Ibid. 1712. *in* 12.

10. *Oraifon pour obtenir fon falut, en la difant tous les jours à la Sainte Meffe, avec un cœur certainement contrit & humilié.* Ibid. 1713. *in* 12.

Voy. le *Suplément de Moreri* de 1735.

DOM JEAN-BAPTISTE MOREAU.

MOREAU, (*Dom Jean-Baptifte*) frere d'Etienne Moreau, dont D. J. BAP. MOREAU. j'ai parlé ci-deffus, naquit à Nevers [1] en 1645. entra jeune dans l'Ordre de Citeaux, devint Prieur de cette Abbaye, & enfuite Vicaire de fon Ordre. Il étoit Bachelier de Sorbonne, ou fimplement en Théologie, comme le prétend l'Auteur du *Suplément de Moreri* de 1735. C'étoit un homme d'efprit & de beaucoup de piété. Il mourut le 1. Avril 1726. âgé de plus de 81. ans, dans l'Abbaye de Villiers proche de la Ferté, au Dioçefe de Sens, de laquelle il étoit Directeur. Voici l'Epitaphe que fon frere Philibert-Bernard Moreau de Mautour compofa pour être gravée fur fon Tombeau. Elle eft imprimée à la page 19. de l'Eloge de D. Jean-Baptifte *Moreau*, par le même :

Hîc jacet

Domnus Joannes-Baptifta Moreau, ex Divione Burgundus, nobili familia ortus, Baccbalaureus Sorbonicus, Archicænobii Cifterçii Religiofus Sacerdos, & quondam Prior, qui in pluribus aliis dicti Ordinis Monafteriis etiam Prioris munere, ac Vicarii Generalis ejufdem Ordinis Dignitate laudabiliter perfunctus eft, affiduo Sacrarum Literarum ftudio, & Concionum Minifterio deditus. Obiit in hoc Monafterio de Villariis, die prima Aprilis 1726. anno ætatis fuæ 81. Converfionis 63.

Anima ejus requiefcat in pace.

D. *Moreau* a compofé les Ouvrages fuivans.

1. *Eloge funèbre de Dame Marguerite le Cordier du Tronc, Abbeffe de Villiers.* Paris, Jean-Baptifte Lameffe, 1720. *in* 8°.

2. *Compliment à Madame de Clermont de Chatte, Abbeffe de Villiers, lorfqu'elle fut nommée Abbeffe.* Ce Difcours eft à la pag. 249. du *Journal de Verdun*, Octobre 1720.

On a trouvé après fa mort plufieurs autres Ouvrages Mff. qu'il avoit compofés, plufieurs Sermons, un *Traité de la Grace*, compofé en 1703. fes *fentimens touchant la prédeftination, & l'accord de la liberté avec la Grace*, un *abregé des Conciles Généraux*, un *Traité de la conduite & difcipline de*

---

[1] Catherine Roferot fa 'mere, qui parcouroit par hazard quelques Villes frontières de Bourgogne, étoit pour lors à Nevers. Mais je n'ai pas crû devoir le confidérer comme étranger; toute fa famille étant originaire de Bourgogne.

D. J. BAP. MOREAU. *l'Eglise*, un *Traité de l'Ecriture Sainte & des Sacremens*, un *Traité de l'Eucharistie*, composé pour les *Nouveaux Convertis du Diocèse de Rhodès*. D. *Moreau* étoit pour lors Visiteur de cette Province.

Voy. son *Eloge*, par Philibert-Bernard Moreau de Mautour, son frere, imprimé dans le *Mercure d'Avril* 1726. & séparément à Nancy, en 1728.

PHILIBERT - BERNARD MOREAU DE MAUTOUR.

PH. BERN. MOREAU. MOREAU DE MAUTOUR, (*Philibert-Bernard*) frere du précédent, [1] Auditeur Ordinaire de la Chambre des Comptes de Paris, le 21. Mars 1682. & Membre de l'Académie des Inscriptions & Belles-Lettres depuis 1701. naquit à Beaune, le 21. Décembre 1654. & mourut à Paris, le 7. Septembre 1737.

M. *Moreau de Mautour* s'est distingué dans la République des Lettres par un grand nombre d'Ouvrages qu'il a composés sur toutes sortes de matières. Il étoit Poëte François, Historien & Antiquaire. Dès 1686. Baudelot de Dairval avoit loüé [2] les Médailles & le curieux Cabinet de M. *de Mautour*.

CATALOGUE DE SES OUVRAGES.

1. *Plusieurs Pièces en Vers*, dans les *Mercures Galans* de l'année 1679.

2. Le P. le Long assure dans sa *Bibliothèque des Historiens de France*, pag. 516. N°. 9779. que M. *de Mautour* a rédigé les deux *Journaux de la Campagne de Piémont & de Montmélian*, par Jacques Moreau de Brasey, son neveu. Le I. parut en 1690. & le II. en 1692.

3. *La Fontaine de Goussainville*, traduite du Latin de Pierre Petit, avec une Préface & une Epitre à M. Nicolaï, Premier Président de la Chambre des Comptes de Paris. *Paris*, *Mazuel*, 1699.

4. *Idylle sur la Devise des Chênes*, par Mlle. de Scudery. Ibid. 1700. in 4°.

5. *Traduction Françoise de l'Ode de M. l'Abbé Boutard, sur l'année séculaire*. Ibid. veuve Lambin, 1700. in 4°.

6. *Ode Latine sur l'Etablissement de l'Académie Royale des Inscriptions, traduite par M. de Mautour, & presentée au Roi*. Ibid. Imprimerie Royale, 1702. in 4°.

7. *Discours préliminaire sur l'Histoire des Amazones, lû par l'Auteur*, le 14. Novembre 1702. à l'Académie des Inscriptions. Voy. p. 157. des *Mémoires de Trevoux*, Janvier 1703. M. *de Mautour* annonça cette Histoire à la pag. 118. des *Nouvelles de la République des Lettres*, Janvier, 1703.

8. Deux Traductions de deux Odes de M. l'Abbé Boutard. L'une, sur

---

[1] Il est parlé de cette famille dans le *Mercure d'Octobre* 1737. pag. 2306. & suiv.
[2] *Utilité des Voyages*, Tom. II. pag. 686. Edit. de 1686.

l'établissement de l'Académie des Médailles & Inscriptions. Cette Traduction fut imprimée en 1702. L'autre, *au Roi, Protecteur des Muses.* Paris, Lambin, 1702.

PH. BERN. MOREAU.

9. *Madrigal* au-devant du *Dictionnaire de Trevoux*, imprimé en 1704.

10. *Dissertation sur une Figure de Bronze, trouvée en 1709. près le Village d'Ablainserette entre Bapaume & Arras.* Voy. un extrait assez long de cette Pièce, p. 1239. des *Mémoires de Trevoux*, Juillet 1705. Cette figure étoit dans un Tombeau. Elle représente une Divinité des Anciens. L'explication entiere fut imprimée, in 8°. pagg. 36. à Paris, chez Cot, en 1706. *Bernard* en fait l'Eloge, pag. 679. & suiv. de ses *Nouvelles de la Rép. des Lettres*, Décembre 1706.

11. *Suplément de la Dissertation sur cette figure*, imprimé in 4°. à Paris & en Hollande. Voy. p. 236. & suiv. des *Nouvelles de la République des Lettres*, par Bernard, Août 1707.

12. *Histoire de la Reine Marie de Médicis, jusqu'à son accommodement avec le Roi, à Angers, en* 1617. imprimée avec la *Description de la Galerie du Palais de Luxembourg*, in 4°. & *in* 8°. Paris, 1704.

13. *Dissertation sur l'Inscription trouvée à Autun* : Deæ Bibracti. Voy. l'extrait de cette Dissertation dans les *Mémoires de Trevoux*, Juillet, 1704. p. 1131. & dans les Régistres de l'*Académie des Inscriptions*, 1703. M. l'Abbé Bignon a loüé l'érudition & l'exactitude de cette Pièce.

14. Traduction du *Rationarium temporum* du P. Petau, de Latin en François. Il en avoit déja paru 2. vol. en 1708. chez la veuve Barbier. Voy. p. 453. des *Nouv. Litt. du mois de Déc.* 1714. M. l'Abbé Lenglet, pag. 59. du IIIe. vol. de sa *Méthode pour l'Histoire*, Edit. in 4°. dit que cette Traduction a été imprimée en 1704. qu'elle est exacte & judicieuse, & qu'elle peut faire honneur à l'Ouvrage du Pere Petaut. « Les deux premiers » volumes, continuë-t-il, ont été traduits par M. *Moreau de Mautour* : Le » troisiéme, dit-on, est de la Version de M. l'Abbé Dupin. » M. *de Mautour* avoit néanmoins aprouvé en 1728. l'attribution entiére que je lui faisois de cette Version.

15. *Mémoire pour servir à l'Histoire de Dijon.* C'est l'article de la Ville de Dijon qu'on inséra en 1709. dans le *Dictionnaire Géographique* de Thomas Corneille. Ce carton de Dijon a été imprimé & vendu séparément. L'Auteur, dans la suite, a donné plus d'étenduë à cet article en faveur de sa Patrie & des Auteurs de cette Ville.

16. *Observations sur des Monumens d'antiquités, trouvés dans l'Eglise Cathédrale de Paris.* Paris, Cot, 1711. in 4°.

17. *Explication d'une Cornaline antique, sur laquelle on voit gravées en creux, deux têtes, l'une sur l'autre, qui sont d'un jeune Prince, avec un Diadême, & d'une Princesse plus âgée, & qui sont accompagnées de symboles que M. de Mautour attribuë à Alexandre & à Olimpias.* La Cornaline apartenoit au Voyageur Paul Lucas. Voy. la pag. 663. des *Mémoires de Trevoux*, Avril 1714.

PH. BERN. MOREAU.

18. M. *Moreau* a procuré la quatriéme Edition du *Caractére des Chrétiens* par M. de Mélique son ami. Elle parut en 1715. à Paris. L'Editeur en a corrigé ou refondu le style. Voy. les *Mémoires de Trevoux*, Fevrier 1715. pag. 1367.

19. *Dissertation sur un Monument trouvé à Lyon en 1714. où sont décrites les particularités concernant l'Epitaphe d'un Gladiateur*, in 8°. Voyez l'extrait de cette Piéce à la page 146. des *Mémoires de Littérature*, par Sallengre, 1715. P. I.

20. *Chanson toute Poëtique sur l'Isle de Saint-Cosme, vis-à-vis de Meulan, Maison de Plaisance de M. l'Abbé Bignon.* Voy. p. 8. du Tom. II. des *Nouvelles de Littérature* de 1715. où la Chanson est imprimée.

21. *Vers à S. A. R. Madame, sur son Portrait qu'elle avoit donné à l'Auteur*, page 98. du *Journal de Verdun*, Nov. 1716.

22. *Dissertation sur la Divinité Romaine*, bonus eventus : *Le bon succès*. Elle est imprimée, p. 448. & suiv. du II. vol. de l'*Histoire de l'Académie des Inscriptions*, 1717. in 4°. Le P. *Banduri*, pag. 185. *Bibliotheca nummaria*, in 4°. 1716. parle de cette Dissertation de M. *de Mautour*, & la traite de sçavante.

23. *Piéces en Vers à la loüange de Mademoiselle des Houlieres.* Ces Piéces sont dans le *Journal de Verdun*, Juillet 1714. & Novembre 1718.

24. *Onze Stances irréguliéres sur la mort d'Etienne Moreau, son frere.* Voy. pag. 95. & suiv. du IVe. vol. des *Piéces fugitives de l'Abbé Archimbaud*, imprimé en 1717. Le Sr. Martel, pag. 76. de son I. vol. des *Piéces fugitives*, impr. en 1722. fait entendre après quelques autres, que M. *de Mautour* est Auteur du Recüeil qui a paru en 5. vol. sous le nom de l'Abbé Archimbaud, ou du moins qu'il y a eû beaucoup de part.

25. *Remarques sur une Médaille d'or de Domitille, qui est dans le Cabinet de Madame.* Voyez-en l'extrait, p. 2330. des *Mémoires de Trevoux*, Décembre 1721.

26. *Devises & Inscriptions faites pour l'Entrée de l'Infante Reine à Paris*, pag. 138. du *Mercure de Mars* 1722.

27. *Remarques sur une Figure trouvée à Narbonne.* Il en est parlé, p. 276. du *Mercure d'Août* 1723.

28. *Vers sur le Mariage de Madame la Comtesse de Nancy*, pag. 527. du *Mercure de Mars* 1723.

29. *Idylle de l'Isle-Adam pour M. le Prince de Conty*, pag. 498. du *Mercure de Septembre* 1723.

30. Le P. de Montfaucon a inseré à la pag. 224. du *Suplément de son Antiquité expliquée*, une *Description de la Colomne de Cussi en Bourgogne*, par M. de *Mautour*, avec l'Eloge de l'Auteur.

31. *Remarques sur une Epitaphe de Philippe le Bon*, pag. 291. du *Mercure de Fevrier* 1725.

DE BOURGOGNE.

32. *Traduction en Vers François du Pseaume* 127. Beati omnes qui timent Dominum, p. 490. du *Mercure de Mars* 1725. *Autre Traduction du Pseaume* 149. Cantate Domino. *Ibid.* p. 623.

MOREAU DE MAUT.

33. Stance au Pape Benoît XIII. sur l'Ouverture du *Grand Jubilé de l'année Sainte à Rome*, p. 92. & suiv. du *Mercure de Mai* 1725.

34. *Vers sur le Mariage de Madame la Marquise de Janson, Fille de M. Nicolaï, Premier Président de la Chambre des Comptes de Paris.* Mercure de Juillet 1725.

35. *Dissertation sur la Déesse Isis.* Elle se trouve au commencement du IIIe. vol. de l'*Histoire de Paris*, par les PP. Felibien & Lobineau, imprimée en 1725. à Paris, *in folio.*

36. *Remarques sur des singularités de la Ville de Paris*, imprimées dans le Tom. III. de l'*Histoire de l'Académie des Belles-Lettres*, p. 136.

37. *Explication d'une Colonne milliaire, du tems de l'Empereur Claude.* Dans les *Mémoires de Trevoux*, Septembre 1703. art. 158. *Autres explications des Colonnes milliaires*, au Tom. III. de l'*Histoire de l'Académie*, p. 250. jusqu'à la page 260. *Explication d'une Inscription de Nantes*, dans les *Mémoires de Trevoux*, Janvier 1707.

38. *Rondeau pour la Reine, mariée avec le Roi Loüis XV.* dans différentes Relations de ce Mariage.

39. *Bouquet en Vers Anacréontiques à une Dame*, pag. 203. du *Mercure de Janvier* 1726. *Autre Bouquet*, page suivante, *ibid.*

40. *Regrets de Catulle sur la mort du Moineau de Lesbie*, pag. 304. du *Mercure de Fevrier* 1726. On dit ici que M. *de Mautour* avoit inséré dans le *Mercure Galant* du mois de Juin, quelques Traductions des Poësies de Catulle, & qu'alors il en avoit traduit une partie.

41. *Sonnet sur la Retraite d'un Seigneur de la Cour dans une Communauté Religieuse*, pag. 702. du *Merc. d'Avril* 1726. *Eloge de D. Moreau, Vicaire Général de Citeaux*, ibid. pag. 853.

42. *Vers sur le Mariage de M. le Marquis de Turbilly*, pag. 1077. du *Mercure de Mai* 1726.

43. *Madrigal à une Dame très spirituelle pour le jour de sa Fête*, pag. 2001. du *Mercure de Septembre* 1726. & *ibid.* pag. 2016. des *Remarques sur un passage d'Horace*, pag. 2018. *ibid. Remarques sur un passage de Martial.*

44. *Traduction de la IIe. Poësie de Catulle.* Passer, deliciæ meæ, *&c.* Mercure d'Octobre 1726. pag. 2276.

45. *Epitre à M. Morosini, Ambassadeur de Venise en France*, pag. 2785. du *Mercure de Décembre* 1726. La Pièce est en Vers François.

46. *Imitation de la Ve. Poësie de Catulle à Lesbie:* Vivamus, mea Lesbia, atque amemus, p. 899. du *Mercure de Mai* 1727.

Part. II.   Z

47. *Observations sur une Inscription antique, gravée sur bronze, concernant la Ville de Bibracte*, p. 296. & suiv. de la *Continuation des Mémoires de Littérature & d'Histoire*, par le P. Desmoletz, Tom. IV. Part. II. imprimé en 1727.

48. *Explication d'une ancienne Epitaphe, découverte en Provence*, pag. 264. du *Mercure de Fevrier* 1728.

49. *Eloge de D. Moreau, ancien Prieur de l'Abbaye de Citeaux, Vicaire Général de l'Ordre, & Bachelier de Sorbonne.* Nancy, J. B. Cusson, 1728. in 4°. pp. 20.

50. *Observations Critiques & Historiques sur quelques singularités de la Ville de Paris*, pag. 216. & suiv. du Tom. V. de la *Continuation des Mémoires de Littérature & d'Histoire*, imprimé en 1728.

51. *Suite de ces Observations*, &c. p. 116. & suiv. du Tom. VI. de la *Continuation des Mémoires de Littérature*.

52. *Traduction du II. Epithalame de Catulle, sur les Nôces de Julie & de Manlius.* Mercure de Septembre 1728. pag. 1987.

53. *Reflexions sur un Estampe qui représente une partie de l'Apothéose d'Homère, & qui est gravée & raportée dans la Vie de ce Poëte, au commencement de la nouvelle Traduction de l'Iliade d'Homere, par Madame Dacier*, pag. 529. & suiv. du VII°. Tom. de la *Continuation des Mémoires de Littérature*.

54. *Correction de deux passages de Dion & d'un passage de Suétone, à l'occasion d'une Médaille de Caligula*, pag. 2121. des *Mémoires de Trevoux*. Novembre 1728.

55. *Réponse de M. de Mautour à quelques Remarques Critiques, anecdotes qui ont été faites au sujet de la correction de deux passages de Dion & de Suétone*, &c. pag. 557. des *Mémoires de Trevoux*, Mars 1729. On trouve dans le *Mercure de Juillet* 1730. pag. 1617. un *Mémoire de M. de Mautour, sur ces corrections*.

56. *Imitation sur la onziéme Ode d'Horace*, Liv. II. Eheu fugaces, &c. en Vers François, dans le *Mercure de Mars* 1730. pag. 447.

57. *Observations sur le Dieu Telesphore, par un Antiquaire de Provence*, dans le Tom. X. pag. 384. de la *Continuation des Mémoires de Littérature & d'Histoire*.

58. *Question Historique sur le sujet d'un ancien Obélisque*, dans le même Ouvrage, Tom. XI. pag. 472.

59. *Nouvelle Description d'un ancien Monument de Provence.*

60. *Notice d'un Ms. de la Cour amoureuse, & des Rois, & de l'Epinette.* Cette Dissertation, aussi bien que la précédente, est imprimée dans *l'Histoire de l'Académie Royale des Inscriptions*.

61. L'Auteur de la Préface, qui est à la tête du *Dictionnaire Universel*, Edit. de Nancy, 1734. dit que M. *de Mautour* lui a communiqué *une*

DE BOURGOGNE.

quarantaine de Remarques ou d'additions, dignes d'un habile Académicien.

62. *De la Peur & de la Paleur, Divinités représentées sur les Médailles Romaines*, dans le Tom. XI. pag. 9. de l'*Histoire de l'Académie des Inscriptions*.

63. *Observations sur le nom du Général des Troupes de Maxence.* Ibid. pag. 124.

64. *Observations sur une Inscription Latine, découverte en Champagne.* Ibid. pag. 170.

65. *Description Historique des principaux Monumens de l'Abbaye de Citeaux.* Ibid. pag. 193.

66. Lettre de M. M. de M. à M. D. T. (*Moreau de Mautour* à M. du Tilliot) *au sujet de la Figure d'un Nain antique du Cabinet de M. Foucault, Conseiller d'Etat*, in 8°. pagg. 8. sans nom de Ville, ni d'Imprimeur, mais à Dijon, chez Antoine de Fay.

Je ne range point parmi les Ouvrages de M. de Mautour, les *conjectures* qui paroissent sous son nom *sur un grand nombre de Tombeaux qui se trouvent dans un lieu particulier de l'Auxois en Bourgogne*, imprimées dans le IIIe. vol. pag. 273. de l'*Histoire de l'Académie des Inscriptions*, parce que ces *conjectures*, quoiqu'accompagnées de ses nouvelles réflexions, ne sont en partie que l'extrait d'une *Dissertation* de M. Bocquillot, Chanoine d'Avalon, sur cette matière, imprimée en 1724. C'est un aveu, que M. de *Mautour* m'a fait lui-même.

On ne peut entrer dans le détail de plusieurs autres Pièces d'érudition, & sur-tout de Poësies Galantes, & de Traductions répandues dans les Journaux & Recüeils de Littérature, &c.

Le P. Spiridion Poupart, Religieux Picpus, a adressé à M. *de Mautour* sa *Dissertation sur les Bois Sacrés*, imprimée en 1712. *in* 12.

Un autre Auteur lui adressa une partie de la *Critique de Berenice*, insérée dans le *Mercure de Février* 1725.

M. l'Abbé Poncy de Neuville, lui adressa aussi en 1736. une Pièce en Vers, *sur le Titre & le Droit de Vétéran*, que l'Académie Royale des Inscriptions & Belles-Lettres venoit de lui accorder par une Délibération, qui fut aprouvée par Sa Majesté. Cette Poësie se trouve dans le *Mercure de Mai* 1736. pag. 966.

Voy. le *Journal des Sçavans*, Juillet 1736. pag. 1177.

PIERRE MOREAU.

MOREAU, (Pierre) de la Religion Prétenduë-Réformée, naquit à Paray-le-Monial dans le Charollois. Il employa une grande partie de sa vie à voyager, & courut souvent de grands risques. Il fut fait prisonnier à Belgrade; & ayant tenté de se sauver, il fut condamné à être pendu; mais il obtint sa grace. Il avoit demeuré deux ans au Bresil. *Moreau* mourut à Paray vers 1660.

PIERRE DE MAUT.
Il a composé l'*Histoire des derniers Troubles du Bresil, entre les Hollandois & les Portugais, depuis* 1644. *jusqu'en* 1648. Paris, Augustin Courbé, 1651. *in* 4°.

Relation du Voyage de Roulox Baro, Interpréte & Ambassadeur Ordinaire de la Compagnie des Indes d'Occident, de la part des illustrissimes Seigneurs des Provinces-Unies au Pays des Tapuies dans la Terre Ferme du Bresil, commencé le 3. *Avril* 1647. *& fini le* 14. *Juillet de la même année; traduit du Hollandois en François, par Pierre Moreau.* Cette Pièce est imprimée à la pag. 97. & suiv. des *Relations véritables de Madagascar & du Bresil,* publiées en 1651. *in* 4°. par Claude-Barthelemi Morisot, de Dijon, & imprimée à Paris, chez Courbé.

Voy. le *Suplément de Moreri* de 1375.

ANDOCHE MOREL.

ANDOCHE MOREL.
MOREL, (*Andoche*) Jésuite, naquit à Dijon le 17. Janvier 1599. de Jean Morel, Avocat au Parlement, & de Jeanne Joly, entra dans la Compagnie de Jesus en 1616. regenta la Philosophie & la Théologie Scolastique pendant plusieurs années, fut Recteur du Collége d'Aix, & Supérieur de la Maison de S. Joseph, à Lyon. Il mourut à Grenoble le 7. Avril 1674.

CATALOGUE DE SES OUVRAGES.

1. *L'Image de la Noblesse Chrétienne, proposée dans la mort du Vicomte Alexandre de Pasquier.* Grenoble, Pierre Verdier, 1638. *in* 4°.

2. *Lettre d'un Ecclésiastique d'Avignon, sur l'année séculaire de la Société de Jésus.* Avignon, Jean Riot, 1640. *in* 4°.

3. *Discours prononcé au jour des Devoirs funèbres, rendus à la Vénérable Mere de Chantal, par les Religieuses de la Visitation de Sainte Marie à Avignon.* Ibid. Claude Berthier, 1656. *in* 4°.

4. *Réponse générale aux Lettres répanduës dans le Public contre la Doctrine des Jésuites.* Lyon, Guillaume Barbier, 1656. *in* 4°.

5. *Tractatus Historicus de falso imposita SS. Patrum ratione docendi Fideles, tam in fide, quàm in moribus.* Grenoble, Philibert Charcais, 1661. *in* 8°.

6. *Seize Discours sur la Canonisation de S. François de Sales.* Ibid. Robert Philippe, 1665. *in* 8°.

7. *Relation de ce qui s'est passé à S.* *Pierre d'Avignon, pour réprimer la licence du Carnaval.* Avignon, chez Bramareau.

Voy. Sotwel, *Scriptor. Societ. Jesu*, pag. 46. & le *Suplément de Moreri* de 1735.

JACQUES-PHILIBERT MOREL.

MOREL, (*Jacques-Philibert*) Médecin du Roi, naquit à Châlon le 21. Avril 1632. de Jean Morel, dont je parlerai dans l'article suivant. Cette famille, qui est annoblie depuis plus d'un Siècle, tire son origine de Lons-le-Saulnier en Franche-Comté. On voit dans l'Eglise Paroissiale de cette Ville, des Epitaphes, où leurs Ancêtres sont qualifiés de Nobles. Jacques-Philibert *Morel* mourut le 3. Mai 1725. à 94. ans commencés. A 91. ans, il avoit encore la mémoire si bonne, qu'il récitoit en ma présence, des pages entières d'Auteurs Grecs & Latins qu'il avoit lûs anciennement, & il m'assuroit qu'il n'avoit jamais rien oublié. Mais il étoit encore plus recommandable par sa piété, que par la beauté de sa mémoire, & par son érudition.

Il a fait imprimer d'excellens Discours Anatomiques qu'il avoit prononcés en différentes occasions. Ils sont intitulés : *Discours Anatomiques prononcés dans l'Amphitéatre de Chirurgie, Ouvrage très utile & même très nécessaire aux Chirurgiens.* Châlon, Nanty, 1716. *in* 12.

Voy. le *Suplément de Moreri* de 1735.

JEAN MOREL.

MOREL, (*Jean*) pere du précédent, Docteur en Médecine de la Faculté de Montpellier, naquit à Châlon en 1593. d'Antoine Morel & d'Odette Blondeau. Il mourut en cette Ville au mois de Septembre 1668. à 75. ans. *Morel* étoit habile dans les Langues Latine & Grecque. Il a composé un Traité, intitulé : *De febre purpurata, epidemia & pestilenti quæ ab aliquot annis in Burgundiam, & omnes ferè Galliæ Provincias miserè debacchatur.* Lyon, Jean-Antoine Huguetan, 1641. *in* 8°. It. seconde Edition augmentée, *ibid.* Philippe Tan, 1654. *in* 8°. Vander-Linden & le P. Jacob se sont trompés, en mettant la première Edition de ce Traité à l'année 1642.

Le P. Jacob fait mention de quelques Vers Latins que *Morel* a faits à la loüange de Guillaume Bernardon, Doyen de l'Eglise Cathédrale de Châlon. Ils sont imprimés, dit le P. Jacob, à la tête du *Traité de l'Indifférence*, imprimé à Paris. Je n'ai pas vû cette Edition ; mais j'ai celle de Lyon, faite en 1622. chez Pillehotte, dans laquelle ces Vers ne se trouvent pas.

Morel a encore composé d'autres Vers Latins sur la mort de Loüis Bétaut, Médecin, son Compatriotte. On les lit dans l'Eglise des Carmes de Châlon, sur la tombe de ce Médecin.

Voy. Vander-Linden, *Bibliotheca Medica*, Jacob, *de claris Scriptoribus Cabilonensibus*, pag. 114. & le *Suplément de Moreri* de 1735.

JEAN MORELET.

JEAN MORELET MORELET, (*Jean*) Ecuyer, Seigneur de Couchey, Recteur de l'Hôpital de Brochon, qui de son vivant fut réuni à l'Hôpital Général de Dijon, étoit né en cette Ville, & y mourut le 7. Mai 1679. à 90. ans. Il a fait imprimer les deux Ouvrages suivans.

1. *Bellum Sequanicum secundum.* Dijon, 1668. in 8°. pagg. 87. Cet Ouvrage fut critiqué par celui-ci : *Le bon Bourguignon, ou Réponse à un Livre injurieux à l'auguste Maison d'Autriche, & à la Franche-Comté,* intitulé : *Bellum Sequanicum II.* suivant l'Imprimé à Wergulstadt, chez Clionas Stomlick, 1672. in 12. L'Epitre Dédicatoire est signée : *C. E. B.* On attribuë cette Critique à M. Boyvin, Conseiller au Parlement de Dôle, lequel étoit l'un de ceux qui s'oposoient au Traité de la Maison d'Autriche avec la Maison de France. Il est parlé de ce M. Boyvin, à la pag. 42. du *Bourguignon intéressé,* Ecrit fait en partie contre celui de *Morelet.*

2. *Claud. Barth. Morisoti, Domini de Chaudenay, Viri clariss. & eruditiss. Divionensis, Vitæ Elogium.* Dijon, Ressayre, 1675. in 4°. pagg. 4. Morisot, dans ses Lettres Latines, parle souvent de *Morelet* son ami. Voy. Centur. I. pag. 191. & Centur. II. pag. 63. 66. 68. & 102. où il lui adresse plusieurs Lettres. Dans la IIIe. Centur. des Lettres Mss. de Morisot, dont l'Original est chez M. le Président Bouhier, il y a une Lettre qui porte le nom de *Morelet,* datée du 1. Mai 1626. Mais on sçait que Morisot prenoit plaisir de fabriquer des Lettres sous le nom suposé de ses Amis, & d'une partie des Sçavans de tous les Pays. Je ne doute point que celle-là ne soit du même Morisot ; car on y reconnoît son stile, & sa coûtume de semer des Vers dans sa Prose.

Chez M. le Président Bouhier, il y a un Ms. original de *Morelet,* intitulé : *Jo. Moreleti de Couchey, Divion. de Bello Batavico, Belgico, Sequanico & Germanico per annos 1672. 1673. 1674. & 1675. gesto sub Ludovico XIV. Gallorum Rege, Libri IV. tum ejus manu subscripti, tum ex ejus Autographo descripti.* In folio.

LAURENS MORELET.

LAURENS MORELET MORELET, (*Laurens*) Doyen de l'Eglise Collégiale de S. Denys de Nuys, fils d'Etienne Morelet, Conseiller au Bailliage de Dijon, & de Marie Vallot, naquit en cette Ville, le 6. Septembre 1636. M. *Morelet* a été long-tems Aumonier de M. le Duc d'Orléans, frere du Roi Loüis XIV. Dans son Traité *de la Génération Eternelle du Verbe Incarné,* il prend la qualité de Prédicateur de la fuë Reine. Il est Auteur des Ouvrages suivans :

1. *La Gallerie de S. Clou, & ses Peintures expliquées sur le sujet de l'Education des Princes.* Paris, Pierre le Petit, 1681. in 4°. It. avec ce nouveau Titre : *Traité de Morale pour l'Education des Princes, tiré des Pein-*

DE BOURGOGNE. 95

tures de la Gallerie de S. Clou. Ibid. Jean-Baptiste Nægo, 1686. *in* 12.

2. *Lettre à S. A. R. Monsieur, Frere unique du Roi.* Dijon, 1700. *in* 4°. It. Nuys, Jacques le Masle, 1718. *in* 4°.

3. *De la Génération Eternelle du Verbe Incarné Jesus-Christ. Deuxième Discours tiré de l'Ouvrage*, intitulé : *Théologie éloquente, ou le Prédicateur de Jesus-Christ.* Nuys, le Masle, 1720. *in* 8°. L'Auteur promettoit la seconde partie de cet Ouvrage ; mais je crois qu'elle ne sera jamais imprimée.

PIERRE MORESTEL.

MORESTEL, (Pierre) naquit à Tournus. Il étoit Prêtre, Docteur en Théologie, & Chanoine de l'Eglise Collégiale de S. Loüis à Sassey au Diocèse d'Evreux, & enfin, Curé de S. Nicolas de la Taille, dans l'Archevêché de Roüen au Pays de Caux. *Morestel* prit soin de l'éducation & des études de Charles de Lorraine, Duc d'Elbeuf, & se distingua par son érudition & par la connoissance qu'il avoit des Langues Latine & Grecque, comme il est aisé de le voir par ses Ecrits, dont plusieurs sont encore aujourd'hui très recherchés. Il mourut vers l'an 1646.

CATALOGUE DE SES OUVRAGES.

1. *Philomusus, sive de triplici anno Romanorum, mensibus, eorumque partibus, deque die civili & diversitate dierum, Libri V.* Lyon, Jacques Roussin, 1605. *in* 4°. & dans le VIIIe. volume des *Antiquités Romaines* de Grævius, pag. 733.

2. *Alypius, sive de Priscorum Romanorum Feriis, Liber.* Ibid. 1605. *in* 4°. & dans le Tome VIII. des *Antiquités Romaines*, pag. 789. Voyez Teissier, *Catalogus Auctorum*, pag. 539.

3. *Les secrets de nature, ou la pierre de touche des Poëtes, en forme de Dialogue*, contenant presque tous les préceptes de la Philosophie naturelle. Roüen, 1607. *in* 12. It. ibid. 1652. *in* 12.

4. *La Philosophie occulte des Devanciers de Platon, d'Aristote, &c. en forme de Dialogue, extraite des Fables anciennes.* Paris, 1607. *in* 12.

5. *Pompa feralis, seu justa Funebria.* Paris, Melchior Moliére, 1621. *in* 8°. & Tom. XII. *Antiquitatum Romanarum Grævii*, pag. 1354.

6. *Artis Kabbalistica, sive Sapientia Divina Academia.* Paris, 1621. *in* 8°. & dans l'*Uranoscopium* de Goclenius, *in* 8°.

7. *Methodus ad acquirendas omnes Scientias.* Roüen, 1632. *in* 8°.

8. *Le Guidon des Prélats, & Bouclier des Pasteurs.* Paris, Jacques du Gast, 1634. *in* 8°. Ce Livre fit beaucoup de bruit. Ayant d'abord été condamné par l'Archevêque de Roüen, l'Auteur se pourvut au Parlement de cette Ville, qui défendit à l'Imprimeur d'achever l'impression de la Censure du Prélat. Pendant ce tems-là, la Faculté de Théologie de Paris, à qui

PIERRE MOREST. l'Archevêque de Roüen s'étoit adreſſé, fit examiner le Livre. *Moreſtel* l'ayant ſçû, alla trouver les Docteurs Commiſſaires, promit de ſe ſoumettre à leur jugement, & obtint d'eux, qu'ils ne porteroient point de Cenſure. L'Archevêque de Roüen fit auſſi caſſer par un Arrêt du Conſeil, toute la procédure du Parlement.

9. *Regina omnium Scientiarum, quâ duce ad omnes Scientias & Artes, qui Literis delectantur, facilè conſcendent.* Roüen, Beauvais, 1632. in 8°.

10. *Encyclopedia, ſive artificioſa ratio & via circularis ad Artem magnam & mirabilem Lullii, per quam de omnibus diſputatur, habeturque cognitio. Item lineæ communicationis ab eodem ductu, ſeu idea Artis breviſſima, in Collegio Salicetano.* 1646. & 1648. in 8°.

11. *Le Séjour délicieux.* Roüen, 1648. in 8°.

Voy. Jacob, *de claris Scriptoribus Cabilonenſibus*, pag. 133. Hallervordius, *Bibliotheca Curioſa*, pag. 325. Konig, *Bibliotheca vetus & nova*, pag. 554. Ces deux derniers Auteurs ont parlé ſuperficiellement des Ouvrages de *Moreſtel*; & le *Suplément de Moreri* de 1735.

PIERRE MORIN.

PIERRE MORIN. MORIN, (*Pierre*) Ingénieur de la Province de Bourgogne, naquit à Beaune vers 1670. C'eſt M. *Morin* qui a fait conduire aux portes de Dijon, le 22. Septembre 1720. la Statuë Equeſtre du Roi Loüis XIV. fonduë à Paris en 1690. par le célèbre Etienne le Hongre, & qui, le 26. Mars 1725. éleva cette Statuë ſur un pied d'Eſtal, dans la Place Royale de Dijon.

M. *Morin* a fait imprimer des *Réflexions ſur les projets du Canal pour la communication des deux Mers.* Dijon, Antoine de Fay, 1718. in 4°. pagg. 12.

Problême & Diſſertation de Mathémathique. Ibid. *in folio*, pagg. 4. ſans date.

ANTOINE MORISOT.

ANTOINE MORISOT. MORISOT, (*Antoine*) Avocat au Parlement de Dijon, étoit né en cette Ville, & y mourut fort âgé en 1612. Charles Fevret a fait l'Eloge de *Moriſot* dans ſon Dialogue Latin des illuſtres Avocats du Parlement de Bourgogne. Ce fut *Antoine Moriſot* qui préſenta, le 19. Juillet 1610. le docte Claude Saumaiſe, pour être reçû Avocat au Parlement de Dijon.

CATALOGUE DE SES OUVRAGES.

1. *Sonnet* imprimé en 1573. à la tête de la *Camille de Pierre Boton, Mâconnois*, in 8°.

2. *Sonnet à la tête de l'exhortation à la Paix, traduite du Grec d'Iſocrate, par Philippe Robert.* Lyon, 1579. in 8°.

DE BOURGOGNE. 97

ANTOINE MORISOT.

3. *Poëme Latin de plus de cent Vers à la loüange du Conseiller Popon*, p. 56. du *Tumulus Pomponii*, par Vintemille. Paris, 1580.

4. *Vie de Jesus-Christ en Vers François*. Mf. chez les héritiers de l'Auteur. Cette Pièce est excellente, selon Fevret, dans le Livre que j'ai cité.

Voy. *Caroli Fevreti, de claris Fori Burgundici Oratoribus*, pag. 101. & suiv. & pag. 9. du *Réveil de Chindonax*, par Guenebauld, en 1621.

CLAUDE-BARTHELEMI MORISOT.

CL. BART. MORISOT.

MORISOT, (*Claude-Barthelemi*) Sieur de Chaudenay & de Vernat, naquit à Dijon, le 12. Avril 1592. Il étoit fils de Barthelemi Morisot, *Conseiller Héréditaire en sa Chambre des Comptes de Dôle*, comme il l'apelle lui-même, & de Jeanne Brocard. *Morisot* aprit les Humanités sous Marsile; le Grec, sous Cliton; la Philosophie, sous Cospéan. Il étudia en Droit à Toulouse sous Cadan, & se fit recevoir Avocat au Parlement, par complaisance pour son pere; car il n'avoit aucune inclination pour la Jurisprudence. Aussi n'exerça-t-il pas long-tems cette Profession. *Morisot* mourut le 22. Octobre 1661.

CATALOGUE DE SES OUVRAGES.

1. *Epitre de Nestor à Laodamie sur la mort de Protesilas. Consolation à M. de Bellegarde sur la mort de M. de Termes. Vers Latins sur le même sujet.* Dijon, Claude Guyot, 1621. *in* 4°.

2. *Henricus Magnus.* Leyde, (Dijon, Claude Guyot) 1624. *in* 8°. It. Genève, Aubert, 1627. C'est plûtôt un Panégyrique qu'une Histoire du Roi Henri IV.

3. *Les Epitres d'Aristenète en François avec des Notes.* Targa, Imprimeur de Paris, avoit commencé d'imprimer cet Ouvrage; mais étant mort avant que l'impression fut finie, l'Edition n'en fut pas continuée.

4. *Paraphrase du Cantique des Cantiques.* Mf. Je place cet Ouvrage, ainsi que le suivant, selon la date de la composition, suivant Morelet dans son Eloge Latin de *Morisot*.

5. *Libellus de Viris illustribus sui ævi.* Mf.

6. *Alitophili veritatis lacryma, sive Euphormionis Lusinini Continuatio.* Genève, Pierre Aubert, 1624. *in* 12. & plusieurs autres fois depuis. Ce Livre, qui a fait beaucoup de bruit, est une Satire violente contre les Jésuites, qui le firent condamner par un Arrêt du Parlement de Dijon, dont il est parlé dans le *Menagiana* de 1715.

7. *Ponticus Medicæa ad illustriss. Cardinal. Richelium.* (En Vers.) Paris, Targa, 1628. *in* 4°. & à la page 130. de la premiére Centurie de ses Epitres.

8. *Panegyricus Ludovico Justo scriptus.* Dijon, veuve Claude Guyot, 1629. *in* 4°. & pag. 145. de la I. Centurie de ses Lettres.

Part. II.   Bb

CL. BART.
MORISOT.

9. *Querela Apollinis Romani de Emin. Cardin. Richelio, quod Poëtas Gallicos præferat Romanis.* (En Vers Hendecasyllabes.) Ce Poëme fut inséré d'abord à la pag. 233. du Recüeil intitulé : *Epinicia Musarum Cardin. de Richelieu*, imprimé en 1634. *in* 4°. *Morisot* le plaça ensuite dans la IIe. Centurie de ses Lettres, pag. 7. & suiv.

10. *Orbis Maritimus, sive rerum in mari & littoribus gestarum generalis Historia, in qua inventiones navium, earumdem partes, Armamenta, Instructiones Classium, Navigationes, Prælia maritima, Arma, Stratagemata, Strophæa, Triumphi, Naumachiæ, Urbes & Coloniæ maritimæ: Periplus Orbis antiqui & novi, Magistratus, Præfecturæ & Officia Classica apud omnes gentes, Leges navales, Lustrationes Classium, causæ & genera Ventorum, Usus Pixides Nauticæ, Histiodromia, Marium diversi motus, æstusque atque exundationes, aliaque omnia ad rem maritimam pertinentia explicantur.* Dijon, Pierre Palliot, 1643. *in folio*, avec des figures. On trouve de bonnes choses dans cet Ouvrage sur la Géographie Maritime. J'ai oüi dire qu'il est fort estimé en Allemagne ; mais il ne paroît pas qu'il soit aujourd'hui fort recherché en France.

11. *Peruviana.* Dijon, Guy-Anne Guyot, 1645. *in* 4°. pagg. 345. M. de la Monnoye [1] prétend que *Morisot* a écrit sous des noms suposés, les démêlés du Cardinal de Richelieu, avec la Reine Marie de Médicis, & Gaston, Duc d'Orléans, Frere du Roi Loüis XIII.

12. La suite de cet Ouvrage fut imprimé l'année suivante dans la même Ville, sous ce Titre : *Conclusio & interpretatio totius Operis, eodem Authore*, pagg. 35. Il paroît par cette conclusion que l'Auteur a voulu traiter de la Pierre Philosophale dans cette Histoire. On trouve à la fin du Livre, une clé qui découvre les noms des Personnages dont il y est fait mention.

13. *Publii Ovidii Nasonis Fastorum Libri XII. quorum sex posteriores à Cl. Barth. Morisoti, Divion. substituti sunt.* Dijon, Guy-Anne Guyot, 1649. *in* 4°.

14. *Carolus I. Britannorum Rex à Securi & Calamo Miltoni vindicatus.* Dublin, 1652. *in* 12. pagg. 118.

15. *Relations véritables & curieuses de l'Isle de Madagascar & du Bresil, avec l'Histoire de la derniére Guerre, faite au Bresil entre les Portugais & les Hollandois, trois Relations d'Egypte, & une du Royaume de Perse.* Paris, Courbé, *in* 4°. pagg. 115. Il n'y a que la premiére Relation qui soit de *Morisot*.

16. *Epistolarum Centuria II.* Dijon, Chavance, 1656. *in* 4°. A la fin de la IIe. Centurie, on trouve les Eloges Latins de Jacques Godefroy, de Claude Saumaise, de Pierre Legoux, Premier Président du Parlement de Grenoble, & de Jean Bouchu, Premier Président de celui de Dijon. J'ai vû chez M. le Président Bouhier, deux autres Centuries de Lettres Mss. ori-

---

[1] *Menagiana*, Tom. I. pag. 100. Cet Auteur a traduit un joli conte, tiré de cette Histoire, sur la Pragmatique Sanction.

ginales de *Morifot*. La IVe. ne contient que vingt-quatre Lettres ; ce qui CL. BART.
prouve clairement que ces Lettres & les Réponfes ont été forgées dans le Ca- MORISOT.
binet de l'Auteur. À la tête de la I^e. Centurie, l'Auteur en promettoit une
III_e. Les Sçavans font perfuadés que ces Lettres n'ont jamais été envoyées à
ceux à qui elles font adreffées.

17. *Commentaria in VI. Libros priores Faftorum Ovidii, & VI. pofte-rior, & ab illo (Morifoto) fubftitutos.* Mf. 3. vol. *in folio*, chez M. le Préfident Legouz. On y trouve beaucoup de Figures, de Médailles, d'Antiques, &c. Ce Mf. a été loüé par Morelet, dans fon Eloge de *Morifot*, comme le fruit de trente années de recherches & d'aplication.

Voy. fon *Eloge* par Jean Morelet, imprimé à Dijon chez Reffayre, en 1675. *in* 4°. le *Dictionnaire de Moreri*, & *le Suplément de* 1735.

JACQUES DE MORTIERES.

MORTIERES, (*Jacques de*) Chanoine de l'Eglife Collégiale de JAC. DE
Châlon, étoit né en cette Ville, & mourut en 1623. Le P. Jacob MORTIER.
dit que Colletet avoit fait la Vie de Jacques *de Mortieres*, & qu'elle étoit
parmi celles des Poëtes François de Colletet. Cependant le nom de *Mortie-res* ne fe trouve point dans la lifte de ces Vies, qui eft inférée à la pag. 885.
de la *Bibliotheque des Hiftoriens de France*, par le P. le Long. Mortieres a
compofé un Poëme, intitulé : *La Parthenice Mariane de J. Bapt. Man-tuan, Carme.* Lyon, Claude Nourry, & J. Beffon, 1623. *in* 4°.

Voy. du Verdier, *Bibliotheque Françoife*, pag. 609. & le P. Jacob, *de claris Scriptoribus Cabilonenfibus*, pag. 17.

ANTOINE DU MOULIN.

MOULIN, (*Antoine du*) Mâconnois, Valet de Chambre de la ANTOINE
Reine de Navarre, Sœur du Roi François I. vivoit au milieu du DU MOUL.
XVIe. Siècle.

CATALOGUE DE SES OUVRAGES.

1. *Traduction du Manuel d'Epictete*, auquel font ajoûtées les *Sentences des Philofophes de Grèce*. Lyon, de Tournes, 1544. *in* 16. & Anvers, Plantin, 1558.

2. *Traduction des Commentaires de Céfar*, par Etienne de Laigue, & Robert Gaguin, revuë par Antoine du Moulin. Lyon, de Tournes, 1545. *in* 8°. & *ibid.* 1555. 2. vol. *in* 16.

3. *Epigramme Latine.* Dans les Poëfies de Guillaume du Cher, p. 160.

4. *Traité de Plutarque, de reprendre à ufure.* Ibid. de Tournes, 1546.

5. *Traduction du Livre des Augures & Divinations d'Auguftin Niphus.* Ibid. 1546. *in* 8°. & Paris, Jerôme de Marnef, 1566.

ANTOINE DU MOUL.

6. *Sonnet* à la pag. 93. des *Erreurs Amoureuses* de Pontus de Tyard.

7. Il a revû & corrigé un Livre d'Alchymie, intitulé : *La Fontaine des Amoureux de Science*, écrit par Jean de la Fontaine, de Valenciennes. Lyon de Tournes, 1547. avec figures.

8. *Antonius Molinius, de diversa hominum natura.* Ibid. 1548. *in* 8°.

9. *Les Illustrations des Gaules*, par J. *le Maire*, *avec la Couronne Margaritique*, & *plusieurs autres Œuvres d'Antoine du Moulin.* Ibid. de Tournes, 1549. *in folio*.

10. *Du naturel divers des hommes*, écrit d'abord en Latin par Antoine du Moulin, & traduit ensuite en François par le même. Ibid.

11. Il a revû & corrigé les *Œuvres de Clement Marot*, imprimé à Lyon, chez Guillaume Rouille.

12. Il en a fait de même à l'égard de *celles de Bonaventure des Périers*, imprimées *ibid*. en 1544. *in* 8°. C'est lui qui est Auteur de l'Epître Dédicatoire de ce Livre à Marguerite de Navarre. Il étoit intime ami de du Périers, qui lui adresse trois ou quatre Ouvrages.

13. Il a revû & corrigé le *Livre doré de Marc-Auréle, traduit du Vulgaire Castillan par R. B. de la Grise*, *Secretaire du Cardinal de Grammont*, & *vérifié sur les exemplaires Latins*, & *Castillans par du Moulin*. Ibid. & en 1550. *in* 16. très belle Edition.

14. *La Chyromance* & *Physionomie naturelle par le regard des membres de l'homme*, *écrite premiérement en Latin par J*. de Indagine. Lyon, in 8°. & *ibid*. de Tournes, 1549. *in* 12. It. *ibid*. 1576. *in* 12. & Paris, *in* 16. chez J. de Ruelle.

15. *Physionomie naturelle.* Lyon, 1550. *in* 8°.

16. *Les souverainetés contre toutes les maladies*, *tirées* & *traduites de Marcellus, Auteur ancien.* Ibid. 1550.

17. *La vertu* & *propriété de la Quintessence, faite en Latin par* Jo. de Rupescissa, *ou de Roquetaillade*. Ibid. 1549. *in* 8°. It. *ibid*. 1581. *in* 8°.

18. *Traduction des Fables d'Esope en Rimes Françoises*, *avec la Vie d'Esope*. Paris, J. Ruelle, Figures. *It*. Lyon, de Tournes, 1549. *in* 16.

19. *La déploration de Venus sur le bel Adonis*, *qui est un Recüeil de plusieurs Chansons*, *tant musicales que rurales*, *fait par* du Moulin, & *extrait de plusieurs Poëtes*. Lyon, de Tournes, 1551.

La Croix-du-Maine m'aprend qu'Antoine *du Moulin* avoit promis de traduire plusieurs anciens Philosophes Grecs & Latins ; par exemple, *le Livre de la vertu* & *efficace de cœur, les rais de ce monde inférieur*, *des choses accidentelles* & *survenantes*, *par lesquelles on peut avoir connoissance de la pensée des hommes*, *la Chiromance* & *vraye Physionomie*, *ou diverse nature des hommes*, *faite* par Loxus, *Médecin*; Aristote & Polémon, *Auteurs Grecs*.

Voyez

DE BOURGOGNE.

Voy. la *Bibliothèque Françoise* de du Verdier, pag. 74. & celle de la Croix-du-Maine, pag. 10.

PHILIPPE MOUTEAU.

MOUTEAU, (*Philippe*) Médecin & Intendant des Eaux minérales de Bourbon-Lancy, sa Patrie, où il mourut le 12. Fevrier 1695. âgé de 88. ans.

Il a composé l'Ouvrage qui a pour Titre : *Les miracles de la nature, ou la guérison de toutes sortes de maladies par l'usage des Eaux minérales de Bourbon-Lancy*. Autun, Pierre Laimeré, 1655. *in* 8°. It. Châlon, Philippe Tan, 1660. *in* 8°.

Voy. pag. 226. *Bibliot. Scriptor. Historia naturalis J. Jacobi Scheuchzer*. Tiguri, 1706. *in* 8°.

JACQUES DE MUCIE.

MUCIE, (*Jacques de*) naquit à Dijon, fut reçû Conseiller au Parlement de Bourgogne, le 10. Mai 1681. & ensuite Président à Mortier au même Parlement. Ce Magistrat mourut à Dijon, le 10. Septembre 1704. âgé de près de 64. ans. Il a fait un *Recüeil des Arrêts rendus sur son Raport, pendant le tems qu'il a été Conseiller*. Ce Ms. qui est conservé dans la Bibliothèque de M. le Président Fyot de la Marche, est cité avec éloge, dans plusieurs endroits de la *Coûtume de Bourgogne*, par Taisand, & sur-tout dans la Préface.

FRANÇOIS MUDRY.

MUDRY, (*François*) Observantin, Docteur en Théologie, étoit né à Beaune, & vivoit au milieu du Siècle dernier. Il est Auteur du Livre qui a pour Titre :
Annotations sur les priviléges de l'Ordre des Freres Mineurs de l'Observance Régulière, particuliérement des trois grandes Provinces de France : sçavoir, de France, Touraine & Saint Bonaventure. Lyon, G. Valfray, 1645. *in* 8°. pagg. 290.

PIERRE LE MUET.

MUET, (*Pierre le*) Conseiller, Ingénieur & Architecte du Roi, naquit à Dijon d'une bonne famille, le 7. Octobre 1591. Il étoit fils de Philippe le Muet, Garde Provincial de l'Artillerie de Bourgogne, & d'Anne de Cirey. Pierre *le Muet* s'est distingué en France par son habileté dans les Fortifications, & particuliérement en Picardie où il fut employé par le Cardinal de Richelieu. Il servit dignement le Roi Loüis XIII. aux

PIERRE LE MUET. Siéges de plusieurs Places importantes, & fut un des plus sçavans Architectes de son Siècle. La Reine Mere Anne d'Autriche le choisit pour achever la somptueuse Eglise du Val de Grace à Paris. Il mourut en cette Ville, le 28. Septembre 1669. âgé de 78. ans.

CATALOGUE DE SES OUVRAGES.

1. *Les cinq Ordres d'Architecture dont se sont servis les Anciens, traduits du Palladio.* Amsterdam, 1726. *in* 8°. It. Paris, 1639. *in* 4°. It. *ibid.* François Langlois, 1645. *in* 4°. It. Amsterdam, Corn. Dankerts, 1646. *in* 4°. It. Paris, 1647. *It. in* 8°. sans date. *It. ibid.* 1672. 1682. 1718. 1719. & 1721. On a joint à presque toutes ces Editions, les *nouvelles inventions pour l'Art de bien bâtir, & le Traité des galleries, entrées, salles, anti-chambres & chambres, avec la manière de trouver la hauteur de chaques pièces proportionnées selon leur grandeur ; comme aussi leurs aires & superficies, planchers & platfonds des portes, des fenêtres & croisées, & de leurs ornemens, des cheminées, des escaliers, & de leurs diverses manières: ensemble, des combles & de leurs couvertures, le tout ainsi que nous pratiquons en France.* Cet Ouvrage, & tous les autres du même Auteur, ont été reçûs avec beaucoup d'aprobation en France, & dans les Pays étrangers.

2. *Les Règles des cinq Ordres d'Architecture de Vignole, augmentées & réduites de grand en petit.* Paris, 1632. *in* 8°. Cet Ouvrage a été réimprimé plusieurs fois, sur-tout à Paris, chez Mariette & Jollain. Les *Nouvelles Littéraires* de 1715. Tom. II. pag. 348. par du Sauzet, nous aprennent qu'il y a six ou sept Editions de cette Traduction du *Palladio*, & que la dernière est de 1700. Quelques Critiques ont blâmé *le Muet* d'avoir souvent substitué ses pensées à celles de *Palladio* ; mais il a été justifié par d'autres qui pensent que le Traducteur a fait sagement de s'écarter de son original, pour se rendre plus utile à sa Nation.

3. *La manière de bien bâtir pour toutes sortes de personnes.* Paris, Langlois, 1623. *in folio.* It. *ibid.* 1647. It. *ibid.* 1664. It. 1681. *in folio.*

Voy. le *Dictionnaire de Moreri*, & le *Suplément* de 1735.

ROMUALD LE MUET.

ROMUALD LE MUET. MUET, (*Romuald le*) ancien Provincial des Freres de la Charité, sçavant Mathématicien, naquit à Colanges-les-Vineuses dans l'Auxerrois. Le Public a vû plusieurs Lettres du P. *le Muet, sur la Quadrature du Cercle, sur l'Aiguille aimantée, & sur d'autres sujets semblables.* Elles sont imprimées dans les *Journaux de France.* Ces Pièces que l'Auteur avoit toûjours refusées constamment à ses amis, & qu'ils ont tirées de lui par adresse, sont toutes anonymes ou pseudonymes.

EDME MUGNIER.

MUGNIER, (*Edme*) naquit à Châlon en 1623. de N. Mugnier, Procureur au Bailliage de cette Ville. Après avoir été reçû Docteur en Médecine, il retourna dans sa Patrie où il acquit l'amitié de Philippe Guide, de la Religion Prétenduë Réformée, célèbre Médecin, qui se plut à l'instruire par ses conseils. *Mugnier* n'oublia rien pour témoigner sa reconnoissance à son ami, & il composa, pour le retirer de l'erreur, l'Ouvrage dont je parlerai au N°. I. *Mugnier* mourut le 9. Novembre 1702. à 79. ans.

CATALOGUE DE SES OUVRAGES.

1. *Calvin démasqué*. Châlon, Philippe Tan, 1653. *in* 12.

2. *Quæstio Academica, an eadem vita ac miseria Natalia*. Ibid. 1653. *in* 4°. pagg. 30. Il y a dans cette Pièce beaucoup de citations Grecques & Latines.

3. *La calomnie convaincuë du Médecin prétendu*. Brochure, *in* 4°. sans date, sans nom de Ville, ni d'Imprimeur. L'Auteur, en cet Ouvrage, fait son Apologie contre Bacot, de Verdun, qu'il nomme, tantôt Médecin, & tantôt Apoticaire, qui l'avoit accusé d'avoir fait saigner un malade à contretems.

4. On attribuë à *Mugnier* les *Eloges* qui sont dans l'Histoire de Châlon, intitulée : *L'illustre Orbandale*, imprimée en 1662. *in* 4°. 2. vol.

MUFARD. Voy. *MUSSARD*.

N... MUGUET.

MUGUET, (N...) de Châlon, a laissé des Mémoires MSS. cités par le P. Perry, Jésuite, dans son *Histoire de Châlon*. Le P. Perry en a publié plusieurs extraits qui concernent les événemens passés du tems de *Muguet*, & sur-tout en 1591.

JEAN MUNIER.

MUNIER, (*Jean*) Conseiller & Avocat du Roi au Bailliage d'Autun, naquit en cette Ville, le 11. Août 1557. Il étoit fils de Nicolas Munier, qui avoit possédé la même Charge avant lui, & de Marthe Moitton. *Munier* mourut à Autun en 1637. Il a laissé les Ouvrages suivans :

1. *Recherches & Mémoires servans à l'Histoire de l'ancienne Ville & Cité d'Autun*, par J. Munier, & recüeillis par Claude Thiroux (son gendre.) Dijon, Philibert Chavance, 1660. *in* 4°. On trouve à la fin, des *Eloges des Hommes illustres d'Autun*. Ces *Mémoires* sont loüés par Ladonne dans ses *Antiquités d'Autun*. Voy. Teissier, *Catalog. Biblioth.* pag. 193. Hal-

JEAN MUNIER. lervordius, *Bibliotheca curiosa*, pag. 191. Konig, *Bibliotheca vetus & nova*, pag. 191. Labbe, *Bibliotheca Bibliothecarum*, pag. 98. & 360.

J'ai vû chez M. le Conseiller de la Mare à Dijon, un Mss. original de Munier, *in folio*, intitulé: *Recherches des anciens Comtes d'Autun, d'où sont issus les premiers Ducs de Bourgogne, divisées en deux parties, où est compris un Traité de la Vie de Rodolphe, Roi de France, tiré de tous les bons Auteurs*, par M. Jehan Munier, Conseiller & Avocat du Roi ès Cours Royales dudit Autun.

Voy. la *Bibliothèque des Historiens de France*, par le P. le Long, & le *Dictionnaire de Moreri*.

CLAUDE MUSSARD.

CLAUDE MUSSARD. MUSSARD, (*Claude*) d'Autun, a composé le Livre, intitulé: *Chronica Samotheorum*. Chasseneuz cite cet Ouvrage avec Eloge dans son *Catalogue de la Gloire du Monde*, Part. XII. N°. 60. col. 1. *fol.* 351. Edit. de Francfort, 1579. L'Auteur est apellé *Musard* dans cette Edition de Chasseneuz; mais je crois que c'est une faute d'impression.

DE BOURGOGNE. 105

N.

JEAN DE NAISSEY.

AISSEY, (*Jean de*) Chanoine & Archidiacre de Châlon, mourut en cette Ville, le 29. Décembre 1570. Selon le P. Jacob, il s'est distingué par sa piété & par son érudition. *Jean de Naissey* a laissé un Ms. qui étoit à Châlon dans la Bibliothèque de M. de Virey, Maître des Comptes. Il est intitulé : *Historia Regum Francorum Epitome, seu Chronicon*. Le P. Jacob & Saint-Julien, en ont fait mention. Ce dernier fait entendre que cet Ouvrage est François.

Voy. Jacob, *de claris Scriptoribus Cabilonensibus*, pag. 20. & les *Antiquités de Châlon*, par Pierre de Saint-Julien, pag. 439.

LE PERE ADRIEN NARDOT.

NARDOT, (*le Pere Adrien*) Dijonnois, Docteur en Théologie, de l'Ordre des Freres Prêcheurs, a fait imprimer un volume de Sermons sous ce Titre : *Discours prédicables amplifiés par lieux communs, pour servir la plûpart à sujets divers & extraordinaires*. Lyon, Jacques Gaudion, 1625. *in* 8°. Le Grec & l'Hébreu sont semés abondamment en cet Ouvrage.

Voy. Echard, *Scriptores Ordinis Prædicatorum*, Tom. I. pag. 436.

FRANÇOIS - ANTOINE NARDOT.

NARDOT, (*François-Antoine*) né à Dijon, Curé de Saint Pierre de cette Ville, y mourut le 10. Janvier 1682. âgé de 76. ans. Il a composé l'Ouvrage suivant :

Discours d'honneur à la mémoire d'Illustriss. & Révérendiss. Pere en Dieu, Messire André Fremyot, Archevêque de Bourges. Dijon, Pierre Palliot, 1641. *in* 4°. pagg. 52.

PIERRE NATUREL.

NATUREL, (*Pierre*) né à Châlon d'une noble famille, a été, selon le P. Perry, Jésuite, *Chanoine de l'Eglise Cathédrale de S. Vincent à Châlon, pendant* 24. *années, Chantre de la même Eglise pendant*

Part. II. Dd

PIERRE NATUREL. 25. ans, *Grand Vicaire & Official de cinq Evêques, Archidiacre de Tournus, Tréforier de l'Eglife de Langres, Prieur de Saint Julien en Gérais, & de Baume-la-Roche.* Le P. Perry ajoûte que *Naturel* avoit beaucoup d'érudition, de zèle pour la Religion, & que fes mœurs étoient irréprochables. *Naturel* mourut âgé de 80. ans, le 9. Décembre 1582.

Pontus de Tyard, fon ami, lui dreffa cette Epitaphe :

Piis manibus, perpetuæ memoriæ Petri Naturelli, qui, cum Collega Sacri hujus Collegii XLIV. Coriphæus, & Choroftales XXV. annis fuiffet, quinque Epifcop. Cabilon. Vicaria Opera levaffet mente fanâ in corpore fano, caftiff. religiofiff. & piiff. vixiffet, fefeque moribus caftigatiff. animo atque ingenio, per Literas Divinas & Humanas elucidatiff. exempla, admirandum atque imitandum omnibus hominum Ordinibus præbuiffet, anno inftauratæ falutis generis humani MDLXXXII. die IX. Nov. & ætatis fuæ LXXX. Chrifto fidiffimè innitens, non duris fed levius culfenii doloribus fractus, bonorum omnium mærore mortuus eft.

Pontus Tyardæus Epifc. Cabilon. hoc amicitiæ & pietatis officium præftans,
P. C.

Le P. Jacob affure qu'il a vû chez M. Bernard Durand, Avocat de Châlon, & chez M. Virey, Maître des Comptes de Dijon, un Mf. de *Naturel*, intitulé : *Hiftoria Ecclefiæ Cathedralis S. Vincentii Cabilonenfis.* Saint-Julien, qui en a parlé dans fes *Antiquités de Châlon*, loüe fon *labeur en la perquifition des noms, tems & geftes des Evêques de Châlon.* Le P. Perry, dans les *Preuves de fon Hiftoire de Châlon*, cite un Titre qui porte ces paroles : *Eodem tempore florebat Petrus Naturel, qui fcripfit Hiftoriam manufcriptam Epifcoporum Cabilonenfium, quam è Latino vertit in Gallicum Petrus Sanjulianus.* Dans l'*Illuftre Orbandale*, il eft fait mention du *Catalogue des Evêques de Châlon*, par Pierre Naturel.

J'ai vû chez M. le Confeiller de la Mare, un autre Mf. du même Auteur, fous ce Titre : *Le Cartulaire du Monaftère de Saint Marcel-lez-Châlon, a été fait par fon bon Seigneur, & comme Frere, Meffire Pierre Naturel.* Ce Mf. eft à prefent dans la Bibliothèque du Roi.

Naturel fut un de ceux qui furent choifis en 1571. pour la réformation de la Coûtume de Bourgogne. Il eft qualifié Docteur ès Droits, dans le Procès-verbal de la réduction de cette Coûtume.

Voy. Saint-Julien, *Antiquités de Châlon*, pag. 374. & 382. Perry, *Hiftoire de Châlon*, pag. 360. & Preuves de la même Hiftoire, pag. 100. & 110. *L'Illuftre Orbandale*, Tom. II. pag. 290. Jacob, *de claris Scriptor. Cabilon.* pag. 35.

JACQUES NAUDOT.

JACQUES NAUDOT. NAUDOT, (Jacques) étoit né à Autun. Il entra dans la Communauté du Collége de Navarre, où il enfeigna les Humanités. Il reçut le Bonnet de Docteur en Théologie, & fut pourvû d'un Canonicat de l'Eglise Cathédrale d'Autun. Quelque tems après, le Collége de Besançon le JACQUES choisit pour être son Principal. Pendant qu'il en exerçoit les fonctions, il NAUDOT. composa les Ouvrages dont je vais rendre compte. Il mourut en 1606. fort âgé. Voici l'Epitaphe qu'on lui fit :

Venerabilis M. Jac. Naudot, insignis Theologus, Grandævusque Prior Sorbonicus, de Republica Gallicana bene meritus, A. 3. Non. Januarii 1606. hic in Domino quiescit unà cum Fratre Domino Emil. Naudot, in Ball. Hedu. Particul. Vice gerente Regis, quorum gratiâ Officium de tribus horis annuatim in Festo Ascensionis Domini peragendum M. Joan. Naudot, D. Mariæ Canonicus, fundavit an. D. 1624.
His requiem precantibus propitietur Dominus! Amen.

CATALOGUE DE SES OUVRAGES.

1. *Catéchisme en Vers Latins.* Je ne sçais si cet Ouvrage est imprimé.

2. *Argumenta brevia in Evangelia dierum Dominicalium & Feriarum celebrium totius anni, &c.* Mf. chez les héritiers de l'Auteur, ainsi que les suivans, dit le Docteur de Launoy, dans son *Histoire du Collège de Navarre* ; c'est-à-dire, qu'ils sont perdus ; car je n'ai pû découvrir, ni les Mff. ni les héritiers.

3. *Argumenta in Evangelia de Festis Sanctorum.*

4. *Disticha in Epistolas de Communi Sanctorum.*

5. *Disticha in Evangelia specialium Missarum, quæ Votivæ appellari solent.* Incipiunt : Zachæus Christum, &c.

6. *Disticha in Epistolas Missarum, quæ Votivæ dicuntur.* Incipiunt : O Solima ! es felix.

7. *Disticha quædam de Sanctis, quæ prætermissa erant, nunc juxta mensium ordinem disposita.* Incipiunt : Abscisso Puero, &c.

Voy. *Collegii Navarræi Historia*, Edit. in 4°. pag. 326. & 716.

JACQUES DE NEUCHAISES, OU NEUCHESES.

NEUCHAISES, *ou* NEUCHESES, (*Jacques de*) Baron JACQ. DE de Buffy, des Francs, &c. naquit le 25. Octobre 1591. [1] Il étoit NEUCH. fils de Jean-Jacques de Neuchèses, Baron de Buffy, & de Marguerite Fremyot, fille de Benigne Fremyot, Président au Parlement de Bourgogne. Jacques *de Neuchaises* fut élevé par le sçavant Claude Robert, connu par sa *Gaule Chrétienne* ; prit à Bourges le Bonnet de Docteur en Théologie ; devint Chancelier de l'Académie & de l'Eglise de Bourges, Vicaire Général de la même Eglise ; Abbé de Varennes, Ordre de Citeaux, du même Diocèse ; Abbé de Saint Etienne de Dijon ; de Ferrières, Ordre de Saint

---

[1] Le P. Jacob s'est trompé à la page 109. de ses *Ecrivains de Châlon*, en mettant la naissance de ce Prélat à l'année 1592. Le P. Perry, mieux instruit, le fait naître en 1591.

JACQUES DE NEUC. Benoît, Diocèse de Sens; Prieur de Nantùa, Ordre de Cluni, Diocèse de Lyon; Doyen de Saint Denys de Nogent-le-Rotrou, Ordre de Cluni, Diocèse de Chartres; & enfin, Evêque de Châlon-sur-Sône. Il avoit été Député à l'Assemblée du Clergé en 1625. & en celle de 1645. Ce Prélat mourut à Châlon, le 1. Mai 1658. âgé de 66. ans, 6. mois.

CATALOGUE DE SES OUVRAGES.

1. *Oraison funèbre de François de la Grange de Montigny*, Maréchal de France, prononcée à Bourges, le 14. Décembre 1617. Bourges, 1618.

2. *Harangue prononcée à l'Entrée du Roi Loüis XIII. à Châlon*, en 1629. Elle est insérée à la pag. 728. du I. Tome de l'*Illustre Orbandale*, dans la *Gaule Chrétienne* de Messieurs de Sainte-Marthe, & dans le XVe. volume du *Mercure François*, imprimé en 1629. pag. 96.

3. *Harangue prononcée devant Henri de Bourbon*, Gouverneur de Bourgogne. Châlon, 1633. & dans la *Gaule Chrétienne*.

4. *Harangues prononcées devant le Roi Loüis XIV. & la Reine Anne d'Autriche, à Dijon*, au nom des trois Etats de Bourgogne, en 1650. Ms.

5. *Rituel du Diocèse de Châlon.* Lyon, Jean Certe, 1653. in 4°.

Voy. Jacob, *de claris Scriptoribus Cabilonensibus*, pag. 109. *Histoire de Châlon*, par le P. Perry, pag. 438. & suiv. & pag. 494. *Poësis Pindarica* du même, pag. 190. & suiv. *Histoire de l'Eglise Collégiale de Saint Etienne de Dijon*, pag. 235. L'*Illustre Orbandale*, Tom. II. pag. 541. & suiv. où l'on trouve l'*Eloge Historique* de ce Prélat. Voy. aussi le *Discours funèbre d'André Fremyot, Archevêque de Bourges*, par François-Antoine Nardot, pag. 13.

CHARLES DE NEUVEGLISE.

CHARLES DE NEUV. NEUVEGLISE, (*Charles de*) naquit à Saint-Gengoux, petite Ville du Mâconnois, le 9. Mars 1646. & mourut le 14. Juillet 1719. à 73. ans. Il étoit Prêtre & Professeur de Philosophie au Collége de Toissey dans la Principauté de Dombes. Emploi qu'il a exercé pendant quarante ans, & qu'il préféra à des Bénéfices, dont M. Felix, Evêque de Châlon, vouloit le gratifier. Ce Prélat lui avoit offert une Cure considérable, & la place de Promoteur dans son Diocèse.

CATALOGUE DE SES OUVRAGES.

1. *Carte Topographique de Dombes*, avec l'*Histoire de ce Pays*, en forme de Thèses soutenuës par Claude Cathet de Garnereau, fils de M. le Premier Président du Parlement de Dombes. Toissey, Leblanc, 1697. in folio, pagg. 52.

2. *Réponse de l'Auteur de l'Abregé de l'Histoire de Dombes à la Critique de M. Guichenon par M. Collet, & à la Lettre du Pere Menestrier*, Jésuite. Trevoux, Ganeau, 1697. & 1698. in 8°. pagg. 74.

3. *Traité méthodique, & Abregé de toutes les Mathématiques, contenant une Introduction, où l'on donne l'explication des termes, les règles des opérations les plus nécessaires de l'Arithmétique & de l'Algèbre, & la pratique de plusieurs Problêmes de Géométrie.* Lyon, Plaignard, *in* 8°. 2. vol. fig.

CLAUDE NICAISE.

NICAISE, (*Claude*) Chanoine de la Sainte Chapelle de Dijon, naquit en cette Ville. Il étoit fils d'Antoine Nicaise, Controlleur des Mortes-Payes, & de N. Coquelin. [1] Après avoir fait ses premiéres études dans sa Patrie, il se rendit à Paris où il recommença sa Philosophie dans l'Université, prit le Degré de Maître ès Arts, & étudia ensuite en Théologie au Collége de Navarre. Il y demeuroit depuis une année, lorsqu'il aprit qu'un de ses amis alloit à Rome pour des affaires de la Maison de Longueville. Il se détermina à l'y accompagner. C'étoit au commencement du Pontificat d'Alexandre VII. en 1655. ou 1656. Comme il n'étoit que Sous-Diacre quand il quitta la France, on l'engagea à recevoir le Diaconat, & ensuite la Prêtrise. Peu de tems après, il parcourut une bonne partie de l'Italie, & s'en revint en France par Venise. Il vit à Rome tout ce qu'il y avoit de Sçavans & d'habiles Artistes, & se fit estimer & aimer généralement de tous ceux qui le connurent. Il compta parmi ses amis, des personnes du premier Rang. On peut voir le dénombrement de toutes les connoissances qu'il fit en Italie dans ses deux Lettres à M. Carrel, Prêtre de Seissel, insérées dans les *Nouvelles de la République des Lettres*, Octobre 1703. Il continua toutes ses liaisons, quand il fût de retour en France, par un commerce assidu de Lettres, & il alla les cultiver une seconde fois en Italie, sur la fin du Pontificat d'Alexandre VII. Mais ce voyage ne dura pas si longtems que le premier. Il revint dans le Royaume avec M. de Rancé, Abbé de la Trappe, qui l'honora depuis, de son amitié. Tout le monde a oüi parler de la Lettre que M. de la Trappe lui écrivit sur la mort de M. Arnauld, qui a fait tant de bruit. M. Nicaise quitta l'Abbé de la Trappe près de Florence, & prit la route de Gènes où il fit quelque séjour. De retour à Dijon, il ne pensa plus qu'à augmenter sa Bibliothèque, qui étoit nombreuse & bien choisie, à cultiver les Lettres, & à entretenir commerce avec le plus grand nombre des Sçavans de l'Europe. Le Pape Clement XI. lui a écrit souvent avant son Exaltation, & l'Abbé *Nicaise* le complimenta par Lettre sur son élection en 1700. Il mourut l'année suivante 1701. le 20. Octobre, à Villy, Village à 7. lieües de Dijon, âgé de 78. ans, après avoir été tourmenté pendant plusieurs années, des douleurs de la pierre. M. de la Monnoye lui fit une Epitaphe, raportée dans les *Nouvelles de la République des Lettres*, dans le nouveau *Menagiana*, dans les *Poësies de M. de la Monnoye*, & dans le *dernier Suplément de Moreri*; ce qui me dispense de l'insérer ici. On

---

[1] Basnage s'est trompé dans son *Histoire des Ouvrages des Sçavans*, Décembre 1701. p. 538. en disant que le frere de l'Abbé *Nicaise* a été Procureur Général à la Chambre des Comptes de Dijon. *Moreri* est tombé dans la même erreur.

CLAUDE NICAISE. prétend que cette Epitaphe peu sérieuse, dépeint assez bien l'Abbé *Nicaise*.

CATALOGUE DE SES OUVRAGES.

1. *Elogium & Tumulus Petri Petiti Medici*, in 8°. 1687. It. à Utrecht en 1689. *cum Dissertat. de moribus Antropophagorum, & de Homeri Nepenthe P. Petiti*, in 8°. Voy. le *Journal des Sçavans* de 1689. & l'*Histoire des Ouvrages des Sçavans par Basnage*, Mai 1689. pag. 193. Pierre Petit étoit ami de l'Abbé *Nicaise*, à qui il avoit dédié sa Dissertation Latine *sur la Croix*; mais cette Pièce n'a pas vû le jour.

2. *Explication d'un ancien Monument trouvé en Guyenne dans le Diocèse d'Ausch*. Paris, Daniel Hortemels, 1689. *in* 4°. pagg. 46. sans l'Epitre Dédicatoire à l'Archevêque d'Ausch, de 5. pages, & une Préface de dix, où il est parlé des anciens Tombeaux & de leurs différences. Quelqu'un ayant critiqué sans raison cet Ecrit, l'Abbé *Nicaise* repliqua à la Critique, & prouva l'ignorance de son Adversaire; mais il ne voulut pas faire imprimer la Réponse qu'il se contenta d'envoyer manuscrite à M. l'Archevêque d'Ausch.

3. *Extrait d'une Lettre que l'Abbé* Nicaise *écrivit à M. Cousin, au sujet de la Critique qu'on avoit faite de l'Ouvrage précédent*. Dans le *Journal des Sçavans* de 1690. pag. 265. Edit. *in* 12.

4. *Extrait d'une Lettre de M. Nicaise au même*. Ibid. pag. 551. Voyez Basnage, *Histoire des Ouvrages des Sçavans*, Mai 1690. pag. 422.

5. *De Nummo Pantheo Adriani Imperatoris ad Ezech. Sphanhemium, Dissertatio*. Lyon, Anisson, 1689. *in* 4°. Voy. *Acta Eruditorum Lips. Supplem. I.* Sect. VII. pag. 373. & N°. 1539. Tom. I. pag. 377. L'Auteur y est apellé: *Antiquitatis perscrutator solertissimus*. Voy. aussi Basnage, *Histoire des Ouvrages des Sçavans*, ibid. pag. 135. N°. 1690. & *Bibliograph. Antiquaria Fabricii*, pag. 268.

6. *Traité des Sirénes*. Paris, Anisson, 1691. *in* 4°. L'Auteur prouve que c'étoient des oiseaux. Voy. *Act. Lips.* Tom. II. Sect. VII. pag. 341. & 613. N°. 2478. Notes des Christoph. Volphius sur le *Casauboniana*, pag. 225. on y loüe & l'Ouvrage & l'Auteur. Basnage, *Histoire des Ouvr. des Sçav.* Septembre 1693. pag. 39. & Fevrier 1696. pag. 283. Struv. *Introduct. ad Hist. Liter.* pag. 498. & le *Journal des Sçavans* de 1691. pag. 514. Edit. *in* 12.

7. *Catalogue de la Bibliothèque de M. Fleutelot, Conseiller au Parlement de Dijon*. Paris, 1693. *in* 12. L'Abbé *Nicaise* rangea ce Catalogue, & y mit une Préface Latine.

8. *Epitaphe Latine de Nicolas Poussin, célèbre Peintre, son ami*. Elle est imprimée dans les *Entretiens sur les Vies des Peintres*, par Félibien, Tom. IV. pag. 50. Edit. *in* 12. & dans le *Suplément de Moreri* de 1735. article *Poussin*.

9. Dans le Recüeil intitulé: *Funus Santolinum*, imprimé à Dijon *in* 4°. on trouve, pag. 51. & 63. *deux Epitaphes de Santeüil*, par l'Abbé *Nicai-*

DE BOURGOGNE.

se ; l'une, en Prose ; l'autre, en Vers. Elles sont réimprimées dans les *Œu- vres de Santeüil*, Edit. en 3. vol.

10. *Lettre à M. Bourdelot, Médecin du Roi, sur la mort de M. Arnauld, Docteur de Sorbonne*. Cette petite Pièce, qui a fait beaucoup de bruit se trouve dans plusieurs Recüeils de Lettres écrites sur la mort de M. Arnauld.

11. Extrait de deux Lettres de l'Abbé *Nicaise*, pag. 600. & 100. du Livre intitulé : *Otium Hannoverianum, seu Miscellan. ex ore & schedis Leibnitii*. Leipsic, 1718. *in* 8°. L'Auteur y fait mention de sa Dissertation, *de Minerva Arnelia, unà cum Mercurio illius Symbolo, Ara singularis, Emin. Card. Noritio consecrata*. Elle fut envoyée à Gronovius, qui devoit l'insérer dans ses *Antiquités Grecques*. Pagg. 61. & 72. *otii Hanoverani*, il y a deux Lettres de M. Leibnitz à l'Abbé *Nicaise*.

12. *Discours sur la Musique des Anciens*. Ms. Il avoit eû dessein de le faire imprimer avec plusieurs Lettres de M. Ouvrard, Chanoine de l'Eglise Métropolitaine de Tours. Il l'acheva peu après la mort de M. Ouvrard, à qui il vouloit le dédier. Fabricius a fait mention de ce Discours dans sa *Bibliothèque Grecque*, Tom. II. pag. 251.

13. *Traduction Françoise de l'Italien de Bellori, contenant la Description des Tableaux du Vatican, avec un Discours sur l'Ecole d'Athènes & sur le Parnasse, deux Tableaux de Raphael*, Ms. L'Auteur vouloit dédier cet Ouvrage au Cardinal Albani, son ami ; mais ce Cardinal étant depuis devenu Pape, sous le nom de Clement XI. la modestie de l'Auteur trouva cet Ecrit indigne de lui être présenté.

14. *Lettre de l'Abbé Nicaise sur la mort du Pere Pagi*, imprimée dans les *Nouvelles de la République des Lettres*, du mois de Novembre 1699. p. 595. Ce Sçavant étoit en relation avec l'Abbé *Nicaise*, à qui il a écrit ; entr'autres, une Lettre sur diverses découvertes de Chronologie, dans les *Nouvelles de la République des Lettres*, Juillet 1699. pag. 40. & dans l'*Histoire des Ouvrages des Sçavans*, Mars 1698. pag. 138.

15. Quatrain & Lettre Latine aux Académiciens de *Ricovrati* de Padoüe sur la mort de la célèbre *Piscopia Cornara*. MM. du May & de la Monnoye envoyérent aussi des Vers sur le même sujet à l'Académie de Padoüe, qui en fut si contente, qu'elle reçut dans son Corps, nos trois illustres Dijonnois.

16. L'Abbé *Nicaise* a travaillé au plan des *Thermes de Tivoli*, que le Pere Kirker a inséré dans son *Latium antiquum*. C'est à lui que ce pere doit le plan de ce qu'il y a de plus considérable dans son *Latium*. L'Abbé *Nicaise* l'obtint pour lui du Cardinal François Barberin, à qui il présenta un Mémoire sur ce sujet.

17. *Deux Lettres à M. Carrel, Prêtre de Seissel*, insérées dans les *Nouvelles de la République des Lettres*, Octobre 1703. pag. 367. & suiv.

Voy. *Lettres à M. Carrel, Eloge de M*. Nicaise, *par M. Pierre Legouz, Conseiller au Parlement de Bourgogne*, dans les *Mémoires de Trevoux du mois de Décembre* 1701. pag. 251. Le *Dictionnaire de Moreri, & le Suplément de* 1735.

CLAUDE NICAISE.

JEAN NICOLAS.

JEAN NICOLAS.

NICOLAS, (*Jean*) né à Dijon, Avocat Général au Parlement de Bourgogne, mourut le 19. Janvier 1681. âgé de plus de 70. ans.

Il est Auteur d'une partie des Pièces qui sont dans un Ouvrage burlesque, intitulé : *La perdrix & l'orange*, question proposée au Carnaval en 1645. imprimé *in* 8°. la même année, à Dijon, chez Pierre Palliot.

Les Ragoûts de Carnaval, brochure de 4. pages *in* 4°.

Conclusions prises le 15. Avril 1660. sur la présentation des Lettres pour le Gouvernement de Bourgogne, expédiées en faveur de Loüis de Bourbon, Prince de Condé. Ces Conclusions sont imprimées à la suite du Discours de Charles Fevret, sur le même sujet. Dijon, Palliot, 1660. *in* 4°.

J'ai un Ouvrage Ms. assez étendu en Vers libres du même Auteur. Il est intitulé : *Ordonnances à se réjoüir pour l'année 1668. au sujet de la Police, disposition, formalités, qui à l'avenir s'observeront aux soupers & repas.*

LE PERE NICOLAS.

LE PERE NICOLAS.

NICOLAS, (*le Pere*) Prédicateur Capucin, étoit né à Dijon. Son nom de famille étoit Peltret. Il mourut à Lyon en 1694. après avoir été trois fois Définiteur de la Province, & Provincial.

CATALOGUE DE SES OUVRAGES.

1. *Oraison funèbre de M. Odebert, Président au Parlement de Bourgogne.* Dijon, Grangier, 1662. *in* 4°.

2. *Pharaon réprouvé, ou l'Avocat de la Providence de Dieu sur la réprobation des Pécheurs.* Lyon, Claude Muguet, 1685. *in* 4°. Ce sont des Sermons pour l'Avent.

3. *Octave du Saint Sacrement.* Ibid. Deville, 1686. *in* 8°.

4. *Octave de l'Assomption.* Ibid. 1687. *in* 8°.

5. *Sermons sur tous les Evangiles du Carême.* Ibid. 1687. *in* 8°. 3. vol.

6. *L'esprit du Chrétien Ecclésiastique & Religieux.* Ibid. 1688. *in* 8°. 3. vol.

7. *Panégyriques sur les Mystères de Notre Seigneur.* Ibid. 1688. *in* 8°.

8. *Sermons prêchés pendant l'Avent.* Ibid. Plaignard, 1688. Deux autres Editions la même année.

9. *Panégyriques sur les Mystères de la Sainte Vierge.* Ibid. Deville, 1688. *in* 8°.

10. *Lettre curieuse à un ami, dans laquelle on fait l'Analyse de la nouvelle Théologie mystique du Docteur Molinos.* Dijon, Jean Ressayre, 1688. *in* 12.

DE BOURGOGNE.

11. *Sermons pour les Quarante Heures, contre le mauvais usage du Sacrement de Pénitence.* Lyon, Deville, 1691. *in* 8°. LE PERE NICOLAS.

12. *Panégyriques des Saints.* Ibid. Thomas Amaulry, 1693. *in folio*, 2. vol.

13. *Sermons sur les Evangiles de tous les Dimanches de l'année.* Ibid. 1694. *in* 8°. 3. vol.

14. *Sermons pour les Vêtures & Professions Religieuses.* Ibid. 1695. *in* 8°.

15. *Octave des Morts.* Ibid. 1696. *in* 8°.

16. *Sermons pour les Quarante Heures, contre le mauvais usage du Sacrement de l'Eucharistie.* Ibid. Deville, 1696. *in* 8°.

Le *Carême* du Pere *Nicolas* a été traduit en Italien, sous ce Titre : *Quaresimale del Padre Nicolò, di Dijon, Provinciale dé Padri Capuccini della Provincia di Lione ; tradotto del Francese.* Venise, Francesco Storti, 1730. *in* 4°. 2. vol.

Voy. la *Bibliothèque des Capucins*, par le P. Denys de Gènes, imprimée *in folio* en 1691. Il a parlé très peu exactement du *Pere Nicolas*.

N... NIQUEVARD.

NIQUEVARD, (N...) en 1634. étoit Capitaine des Enfans de Châlon ; & en cette qualité, il fit deux Discours à M. d'Uxelles, Gouverneur de cette Ville. Ils sont imprimés à la page 764. & 767. du I. volume de l'*illustre Orbandale*. Pag. 782. *ibid.* on lit un Compliment qu'il fit, étant Maire de Châlon en 1660. à M. de Maupeou, lorsqu'il prit possession de l'Evêché de cette Ville. N... NIQUEV.

N... LE NOBLE.

NOBLE, (N... *le*) natif de Bourgogne, résidant à Paris, remporta en 1716. le Prix de Poësie, aux Jeux Floraux de Toulouse. N... LENOBLE.

Il a aussi remporté en 1722. le Prix de Prose, proposé par l'Académie Françoise. Ces paroles de l'Ecclésiaste VII. 6. en étoient le sujet : *Melius est à Sapiente corripi, quàm Stultorum adulatione decipi.* Qu'il vaut mieux être repris par un homme sage, que d'être séduit par les flateries d'un insensé. Cette Pièce est insérée dans le *Recüeil de plusieurs Pièces d'Eloquence, présentées à l'Académie Françoise*, pour le prix de l'année 1722. pag. 1-56. Paris, Coignard, 1723. *in* 12. Voy. un extrait du Discours de M. *le Noble*, pag. 18. & suiv. du IIIe. vol. de la *Bibliothèque Françoise* de Camusat, imprimé en 1723. *in* 12.

Part. II. F f

CHARLES NOBLOT.

CHARLES NOBLOT.

NOBLOT, (*Charles*) naquit le 17. Mai 1668. à Aisi, Village du Pays d'Auxois, d'Emilien Noblot, & de Reine Compain, originaire de Précy sous-Thil. Le jeune *Noblot*, après avoir fait ses études à Dijon, se rendit en 1690. à Paris, où il cultive les Belles-Lettres avec succès.

CATALOGUE DE SES OUVRAGES.

1. *Géographie Universelle, Historique & Chronologique, Ancienne & Moderne*, où l'on voit l'origine, les changemens, les mœurs, les coûtumes, la Religion, le gouvernement, les qualités de chaque Etat, & ce qu'il y a de plus rare & de plus remarquable. On y fait aussi mention des Inventeurs d'une infinité de choses, d'Hommes célèbres, soit dans les Lettres, soit dans la Guerre, par raport aux Villes où ils ont pris naissance. On y a joint une Géographie Ecclésiastique, ou un détail des cinq Patriarchats, leur établissement & l'état présent de chacun, avec un petit abregé des Conciles Généraux, que l'on a mis au bas des Villes, où ils se sont tenus. Les Chefs d'Ordres, l'année de leur institution, & les Ordres Militaires des Puissances de l'Europe. Paris, Osmont, & Associés, 1725. in 12. 5. vol. en 6. Tom.

2. *Tableau du Monde ancien & moderne*, divisé en trois parties. La I^e. contient la division du Monde en 7. âges, les époques les plus célèbres de l'Histoire, depuis Adam jusqu'à présent, & comment depuis la dernière des quatre Monarchies, qui est celle des Romains, se sont formés presque tous les Etats qui subsistent aujourd'hui. La IIe. est une courte Description des quatre parties du Monde, contenant ce qu'elles produisent pour l'utilité des hommes ; les mœurs, la Religion & la Langue de toutes les Nations. La IIIe. enfin, est un Recüeil de toutes sortes de Remarques curieuses, parmi lesquelles on trouvera l'origine des Arts & des Sciences. Paris, Prudhomme, 1730. in 12. pagg. 149.

3. *La Bibliothèque des Poëtes Latins & François*, Ouvrage aussi utile pour former le cœur, qu'agréable pour orner l'esprit. Paris, Rollin, 1731. in 12. On en trouve un long extrait dans le *Mercure de Janvier* 1731. pag. 107. Voy. aussi la page 338. & suiv. du *Nouvelliste du Parnasse*, imprimé en 1731. Lettre XIV.

4. *Les Tablettes Chronologiques de M. Marcel*, Avocat au Parlement, contenant les suites des Papes, des Empereurs & des Rois qui ont régné depuis J. C. expliquées & continuées jusqu'à présent. Paris, 1729. in 12.

5. *L'origine des Arts & des Sciences*. Paris, Hippolythe-Loüis Guérin, 1740. in 12.

6. *Lettre de M. Noblot, à M. l'Abbé de Gourné, sur le Prospectus de sa Géographie*, imprimé dans le *Mercure de Mars* 1741. pag. 563. Dans le *Mercure de Juillet* 1741. pag. 1514-1523.

LIVRES NON IMPRIMÉS.

7. *Morale tirée de l'Ecriture Sainte & des SS. Peres, accompagnée de réflexions édifiantes, & des notes pour mieux faire entendre les Passages de l'Ecriture. En suivant l'ordre alphabétique, on donne la définition des vertus & des vices. Enfin, tous les principes de la Religion Chrétienne sont renfermés dans cet Ouvrage, qui par conséquent, ne peut être qu'extrêmement utile à toutes sortes de personnes pour remplir leurs devoirs, chacune dans leur état.*

8. *Abregé Chronologique pour servir à l'Histoire de l'Eglise, depuis Jésus-Christ jusqu'à présent.*

HUGUES DE NOYERS.

NOYERS, (*Hugues de*) Evêque d'Auxerre, fils de Miles II. Seigneur de Noyers, d'une ancienne Maison de Bourgogne, dont on peut voir la Généalogie dans le *Dictionnaire de Moreri*, eut de grands démêlés avec le Comte d'Auxerre, qui tâcha de le noircir par toutes sortes de calomnies. Ce Prélat usant du pouvoir que sa Dignité lui donnoit, l'excommunia avec tous ses Officiers, & les déclara indignes de la sépulture Ecclésiastique. Cette action de vigueur & de fermeté, irrita si fort ce Comte, qu'il fit enterrer le corps d'un enfant dans une des Salles de la maison de *Hugues*, & chassa tous les Ecclésiastiques de l'Eglise Cathédrale. Cette excommunication dura assez long-tems, & ne fut levée qu'après la satisfaction du Comte d'Auxerre, qui fut obligé de déterrer lui-même le corps de l'enfant, & de l'aporter nuds pieds & en chemise dans le Cimetiére, pour y être enterré en préfence de tout le Peuple. *Hugues* mourut à Rome, l'an 1206. le 29. Septembre, selon les uns, & le 6. Décembre, selon les autres. On lui attribuë un Traité Latin, intitulé : *De Clericorum Militum gestis mirabilibus*. Gesner, qui assure que cet Ouvrage a été imprimé, l'attribuë à un Hugues de Mâcon.

Voy. *Bibliot. Bibliothec. MSS. Labbe*, Tom. I. pag. 471. La *Gaule Chrétienne* de Claude Robert, pag. 252. celle de MM. de Sainte-Marthe, Tom. II. pag. 282. & le *Dictionnaire de Moreri*.

O.

LOUIS ODEBERT.

LOUIS ODEBERT.

DEBERT, (*Loüis*) né à Avalon, Chanoine de l'Eglise Collégiale de cette Ville, fut dans la suite Principal du Collége de Cambray à Paris. Il mourut à Avalon, le 5. Août 1535.

Parmi les Manuscrits de la Bibliothèque du Roi, on trouve l'Ouvrage suivant : *Ludov. Odebert Sermo Synodalis habitus anno 1521. apud Senones* : Effunde frameam. *Venerabiles Universo*.

PIERRE ODEBERT.

PIERRE ODEBERT.

ODEBERT, (*Pierre*) reçû Président aux Requêtes du Palais de Dijon, le 23. Mars 1604. & exerça cette Charge pendant 42. années, avec beaucoup d'intégrité. Il donna 80000 liv. pour élever de jeunes filles dans l'Hôpital de Sainte Anne de Dijon, & trente mille livres pour établir dans le Collége des Jésuites de la même Ville, quatre Professeurs en Théologie. M. *Odebert* mourut le 19. Novembre 1661. âgé de 87. ans, & fut enterré dans l'Eglise de Saint Etienne de Dijon, où on lui dressa cette Epitaphe.

DD. P. O.

Sta, Viator, & lege ;
Accessisti ad Viri Tumulum, qui nobiliorem,
Si passus esset, meruerat.
Petrus Odebertus hìc jacet,
In Libell. Supplic. Curia Præses
Magni nominis, majorisque virtutis ;
Qui, dum non paucis præfuit, omnibus profuit,
Jus suum cuique tribuendo,
Nec mirum ; nam de suo cuique tribuit.
Et quàm fervida in Deum pietatis, tam
Profusa in Pauperes liberalitatis fuit :
Illis victum, illis hospitium præbuit.

Amplissima

Amplissima, Divione & Avallone, Xenodochia
Exstruxit, Urbium ornamenta, seu
Potiùs propugnacula Patrum Capucinorum
Cœnobium Avallone instauravit,
Gymnasiumque inibi fundavit, insignem
Informandis Juvenum animis Palæstram.
Ad hæc piissimæ Conjugis, Odettæ Maillard,
Consilio usus, quæ non optimâ dote magis
Quàm præclaris animi dotibus, pietate & diligentiâ
Tantis operibus incumbentem juvit.
Ipse deinde Theologiæ Scholam
In Collegio Divio-Godrano aperuit,
Seminarium Episcopale ditavit,
Refugiumque ; & effusis in Pauperes opibus,
Illos tandem hæredes instituit,
Ut quorum Hospes exstiterat, eorum nuncuparetur Pater.
   His peractis obiit anno ætatis suæ LXXXVII.
     Die XIX. Nov. M. D. C. LXI.
Publico luctu sepultus, quem, dum vixit, absterserat.
    Abi, Viator, & luge.

M. *Odebert* est Auteur du Livre qui a pour Titre : *l'Académie des Afflictions, où se trouvent les biens solides.* Dijon, Philibert Chavance, 1666. in 4°.

Le Pere Thomas Leblanc, Jésuite, lui a dédié un Ouvrage qui a pour Titre : *Le Chrétien dans l'Eglise,* imprimé en 1658.

Voy. Palliot, *Parlement de Bourgogne,* pag. 270. & le P. Perry, Jésuite, *Poësis Pindarica,* Edit. de 1653. où il fait le Panégyrique de ce Président.

ODON.

ODON, Chanoine Régulier de Saint-Pere d'Auxerre, vivoit dans le XIIe. Siècle. Guillaume de Toucy, Evêque de cette Ville, fit tant d'estime de lui, qu'il le fit premier Abbé de Saint-Pere en 1178. On ignore pourquoi *Odon* ne conserva pas cette place. D. Luc d'Achery, dans le IIe. volume de son *Spicilège,* pag. 529. & 535. a fait imprimer quelques Lettres d'*Odon.* On trouve une Lettre du même dans la *Chronique Latine de Saint-Maurien d'Auxerre.* On trouve en cette Abbaye, un Mf. qui est

ODON. peut-être d'*Odon*, lequel contient une espèce de Théologie rédigée par Sentences, selon la coûtume de ces tems-là. Il est intitulé : *Sententiæ Magistri Odonis. Magister Odo, Canonicus Regular. S. Petri Antissiodor. in Libro Mss. Sententiarum.* Ce Mss. est du XIIe. Siècle. Un Critique de nos jours a prouvé que le Recüeil de Sentences, imprimé à la fin de l'Ouvrage de Hugues de Saint Victor, est d'*Odon* d'Auxerre. Du moins, dit-il, il s'est pû faire que le Mss. de Hugues étant commun à Saint-Pere d'Auxerre, où l'on observoit alors la Règle de Saint Victor, *Odon* en ait transcrit, & expliquée, de vive voix, les Sentences aux Religieux qui étoient sous sa conduite.

Dans l'Abbaye de Saint Maurien d'Auxerre, on trouve encore un Mss. qui a pour Titre : *Sermones Odonis*.

P.

PIERRE PALLUET.

PALLUET, (*Pierre*) Mépartiste, ou Prêtre Habitué de l'Eglise Saint Michel de Dijon, naquit en cette Ville le 5. Novembre 1633. & mourut vers 1700. Il a composé les deux petits Ouvrages suivans :

1. *De la dévotion au Sacré Cœur de Jesus.* Dijon, Michard, 1697. *in* 12.

2. *Réflexions sur les différentes qualités & opérations du Sacré Cœur de Jesus.* Ibid. 1702. *in* 12. Il travailla à cet Ouvrage avec Madeleine Joly, Religieuse de la Visitation, morte à 70. ans, vers 1711.

EDME ET JOSEPH PANIER.

PANIER, (*Edme & Joseph*) freres nés à Auxerre. Lorsque les Huguenots firent le Siége de la Ville d'Auxerre en 1567. chacun de ces deux freres fit une *Relation de ce Siége*, dont on voit encore plusieurs copies à Auxerre. Ils marquent avec beaucoup d'ingénuité ce qu'ils ont vû & entendu. M. l'Abbé Lebeuf convient que ces Mémoires lui ont été d'un très grand secours pour l'Ouvrage qu'il donna en 1724. sur la même matière. La Relation d'Edme *Panier* est plus étenduë & plus circonstanciée que celle de *Joseph*. L'un & l'autre moururent à Auxerre, dans une même année ; *Edme*, le 21. Septembre 1587. & *Joseph*, le 26. Octobre.

Voy. l'*Histoire d'Auxerre*, par M. Lebeuf, pag. 153. 156. & la Préface, pag. 2.

ALMAQUE PAPILLON.

PAPILLON, (*Almaque*) Dijonnois, Poëte François, Valet de Chambre du Roi François I. naquit en 1487. Sa famille conserve encore à Dijon son Portrait. Il y est marqué qu'il étoit âgé de 72. ans en 1559. Marot étoit ami de *Papillon*, & lui a donné plusieurs marques de son estime en différens endroits de ses Poësies. Dans son Epitre *à François I. pour lui recommander* Papillon, *Poëte François, étant malade*, [1] il dit à ce Prince,

---

[1] Cette Epitre au Roi, est la derniére de celles de Marot.

Que Papillon tenoit en main la plume,
Et de ses faits, faisoit un beau volume,
Quand maladie extrême lui a fait
Son Œuvre exprès demeurer imparfait.

Je ne connois personne qui ait parlé de cette Histoire de François I. par Almaque *Papillon.* C'étoit peut-être un Poëme à la gloire de ce Restaurateur des Sciences.

Voici comment il parle de *Papillon*;

Et lui offrant tout ce que Dieu ha mis
En mon pouvoir pour aider mes amis,
Dont il est l'un, tant pour l'amour du style,
Et du sçavoir de sa Muse gentile,
Que pour autant que sa Muse en santé
A ta loüange il a toûjours chanté,

Puis adressant la parole à son ami, il lui dit que

Si oncques Muse à l'autre fait plaisir,
Certes la tienne est du Roi écoutée;

Ensuite portant la parole à François I.

Dois-je penser que ton cœur tant humain
Trouve mauvais si je prête la main
A un ami, vû même que nous sommes
Et lui & moi du nombre de tes hommes?

Et ailleurs:

Voilà les pleurs & regrets que je fais
Pour mon ami le parfait des parfaits.

Ces deux Vers sont tirés d'une Epitre de Marot, qui parut pour la premiére fois dans les Œuvres de ce Poëte, Edit. de la Haye 1731. *in* 12. Elle se trouve à la pag. 214. & suiv. du IIe. Tome.

Papillon étoit connu du célèbre Corneille Agrippa, qui dans une Lettre datée de Strasbourg, le 31. Décembre 1525. parle de lui en ces termes à un de ses amis: *Eruditissimus Papilio in suis Literis salutem ad me ex tuo nomine scripsit.*

La Croix-du-Maine dit que le *Thrône d'Amour est* de Papillon, *comme le témoigne l'Auteur de la Généalogie des Dieux, surnommé l'Innocent égaré.* Je n'ai pû voir le *Thrône d'Amour.* J'ignore s'il est en Prose ou en Vers, & s'il est imprimé.

Mais j'ai vû un autre Ouvrage de *Papillon*, intitulé: *Le nouvel Amour.* Il parut d'abord anonyme à la pag. 237. des *Opuscules d'Amour par Heroet*

DE BOURGOGNE. 121

& autres divers Poëtes, imprimés en 1547. à Lyon, chez Jean de Tournes, *in* 8°. Le nom de cet Auteur ne fut découvert que dans les Editions fuivantes. Dans le Catalogue des Livres de M. Baluze, N°. 1078. on cite le *nouvel Amour du Seigneur Papillon, avec des Pièces de Fontaine, d'Héroet, &c.* Paris, 1549. *in* 12. Je trouve encore le même Poëme avec le nom de l'Auteur, dans un Livre intitulé : *Le mépris de la Cour, &c.* Cet Ouvrage contient toutes les Pièces du Recüeil de 1547. qui a pour Titre : *Opufcules d'amour par Héroet, &c.* On lit au feüillet 155. *recto*, du *mépris de la Cour*, une Préface datée de 1546. que je crois de *Papillon*, auffi bien qu'un *Huitain de Cupido, &c.* & deux Dixains fur la même matière. A la fin de ces Pièces, l'Editeur, qui étoit Antoine Alaigre, Chanoine de Clermont en Auvergne, a inféré le *Poëme du nouvel Amour inventé par le Seigneur Papillon*. Cette Poëfie contient fix ou fept cens Vers de cinq pieds. Elle eft fuivie de cinq Dixains du même Auteur. Le Poëme du nouvel Amour, eft un *Eloge des chaftes Amours de François I.*

Voy. les Œuvres de Marot, pag. 281. & fuiv. Edit. de 1581. & pag. 214. du Tom. II. Edit. de la Haye, 1731. Agrippa, *Epift. Lib. III. Epift. LXXXII.* Tom. II. Edit. de Lyon, *in* 8°. *apud Beringos Fratres.* La Croix-du-Maine, *Bibliothèque Françoife*, pag. 422. & *l'Eloge Hiftorique de M. Papillon*, imprimé à Dijon en 1738. *in* 8°. pag. 5. & 6.

THOMAS PAPILLON.

PAPILLON, (Thomas) de la même famille que le précédent, laquelle conferve auffi fon Portrait, habile Jurifconfulte & Avocat au Parlement de Paris, vivoit fur la fin du XVI$_e$. Siècle, & au commencement du XVII$_e$. *Thomas Papillon* étoit verfé dans la connoiffance des Langues fçavantes, & des Belles-Lettres. Il a compofé les Ouvrages fuivans :

1. *Libellus de jure accrefcendi.* Paris, Berjon, 1613. *in* 8°. It. *ibid.* 1616. It. *Lugduni Batavorum*, 1640. *in* 16. & 1660. *in* 12. Le Jurifconfulte Othon a inféré ce Traité, de même que le fuivant, dans le IVe. volume de fon *Thefaurus Juris Romani*, imprimé à Leyde, chez Vander-Linden en 1729. *in folio.* Konig, Lipenius & le P. Jacob ont parlé du *Libellus de jure accrefcendi*, & ont omis les autres Ecrits de *Papillon*.

2. *De directis hæredum fubftitutionibus.* Paris, 1616. *in* 8°.

3. *Commentarii in IV. priores Titulos Lib. I. Digeft.* Paris, Pierre Durand, 1624. *in* 8°. J'ai vû des Mémoires Mff. par lefquels il eft prouvé que cette Famille eft originaire de Tours.

Voy. Konig, *Bibliotheca vetus & nova*, pag. 606. Lipenius, *Bibliotheca Juridica*, pag. 4. Jacob, *de claris Scriptoribus Cabilonenfibus*, pag. 44. *Mémoires de Michel de Marolles*, Part. I. pag. 9. & 372. Beze, *Hiftoire des Eglifes réformées de France*, Tom. I. pag. 750. 774. & 780. De Launoy, *Hiftoire Latine du Collége de Navarre*, pag. 268. & 407. Edit. *in* 4°. & *l'Eloge Hiftorique de M. Papillon*, pag. 6. & 7.

CLAUDE PARADIN.

CLAUDE PARADIN. PARADIN, (*Claude*) frere de Guillaume Paradin, qui fera le sujet de l'article suivant, étoit né à Cuiseaux, dans le Bailliage de Châlon. Il étoit Chanoine de Beaujeu, & vivoit encore en 1561.

CATALOGUE DE SES OUVRAGES.

1. *Epitre Dédicatoire au Seigneur Jean Parisot, Châtelain de Lon-le-Saulnier, son oncle.* Elle est à la tête de *la divine Philosophie de Vivès*, traduite en François par Guillaume Paradin, son frere, & imprimée à Lyon, en 1550. *in* 8°. chez Roy, & à Paris en 1556. *in* 16. Cette Epitre est datée de Beaujeu, le 25. Mars 1550. Le P. Niceron a oublié cet Ouvrage dans le Catalogue qu'il a donné des Ecrits de Claude Paradin.

2. *Quatrains Historiques de la Bible.* Lyon, Jean de Tournes, 1553. *in* 8°. It. *ibid.* nouvelle Edition augmentée en 1558. Il y a dans cet Ouvrage des figures en bois du petit Bernard. Le P. Niceron dit que la seconde Edition est augmentée de 231. Quatrains, accompagnés chacuns de leur devise. Il n'y en a que 226.

3. *Devises Héroïques de Claude Paradin, avec figures.* Lyon, de Tournes, 1557. *in* 8°. & *in* 16. It. Anvers, Plantin, 1562. It. Doüay, 1563. It. augmentée par François d'Amboise. Paris, 1620. It. en Latin, sous ce Titre: *Symbola Heroïca Latinè versa*, 1600. *in* 16.

4. *Alliances Généalogiques des Rois de France, & Princes de Gaules, assemblés de Pere à Fils, avec leurs Alliances conjugales, Armoiries & Ecussons purs & écartelés.* Lyon, Jean de Tournes, 1561. *in folio*. It. seconde Edition augmentée par Jean de Tournes. Lyon, 1606. *in folio.* It. 3e. Edition revuë & augmentée en plusieurs endroits, & en laquelle ont été ajoûtés de nouveaux Blasons, & divers Ecartelages d'Armoiries. Genève, 1636. *in folio*. Ce volume ne contient que de simples Généalogies sans aucunes preuves.

5. *Huit Vers François à la tête de l'Histoire de notre tems faite en Latin, par Guillaume Paradin, & traduite en François par lui-même.* Lyon, Pierre Michel, 1558. *in* 12. C'est dans ces Vers qu'il se dit frere de Guillaume Paradin.

Voy. la *Bibliothèque Françoise* de la Croix-du-Maine, pag. 61. & celle de du Verdier, pag. 187. La Croix-du-Maine se trompe, en attribuant à *Claude Paradin, la Chronique de Savoye, les Antiquités de Lyon, & la Traduction de quelques Dialogues de Vivès*, Ouvrages qui portent tous en tête le nom de Guillaume Paradin. Voy. le P. Jacob, *de claris Scriptoribus Cabilonensibus*, pag. 127. le *Dictionnaire de Moreri*, & les *Mémoires du P. Niceron*, Tom. XXXIII. pag. 196.

GUILLAUME PARADIN.

PARADIN, (*Guillaume*) Doyen de Beaujeu, étoit né à Cuiſeaux, [1] petite Ville de la Breſſe Châlonnoiſe. Il s'eſt rendu célèbre dans le XVIe. Siècle par ſon érudition & par ſes talens pour écrire l'Hiſtoire. [2] Le P. le Long m'ayant demandé mon ſentiment ſur cet Auteur, afin de ſe mettre en état d'en parler dans ſa Bibliothèque des Hiſtoriens de France, [3] dont il préparoit une nouvelle Edition, je lui répondis qu'on pouvoit reprocher à Paradin la plûpart des défauts des Hiſtoriens de ſon ſiècle, trop de crédulité, trop peu de critique : Que ces défauts ſont en quelque façon, l'éloge de ſa ſincérité & de ſa bonne foi, qualités qu'il peut diſputer avec tous les Hiſtoriens de la Terre.

Paradin mourut à Beaujeu, le 16. Janvier 1590.

CATALOGUE DE SES OUVRAGES.

1. *De antiquo Statu Burgundia, Liber.* Lyon, Etienne Dolet, 1542. *in* 4°. *It.* Bâle, Jean Oporin, *in* 8°. avec d'autres Traités Hiſtoriques. *It. ibid.* 1550. & 1552. & *ibid.* in 8°. ſans date, ni nom d'Imprimeur. Voy. Boëcler, *Bibliog. curioſa & Britannica.* M. Triver a inſéré ce Traité dans ſon Tréſor Latin des *Antiquités Germaniques.*

2. *De rebus in Belgio geſtis à Duce Andegavenſi*, anno 1543. *Epiſtola.* Paris, Gautherot, 1544. *in* 8°. *It.* en François, ſous ce Titre : *Diſcours de la Guerre de l'an* 1542. *&* 1543. *traduit du Latin de* Paradin, *par* P. H. G. c'eſt-à-dire, Philibert-Hegemon Guide.

3. *Anglica Deſcriptionis Compendium & Hiſtoria.* Paris, 1545. *in* 8°. Le P. Jacob a oublié cet Ouvrage dans le Catalogue des Ecrits de *Guillaume Paradin.*

4. *Memoria noſtri temporis.* Lyon, de Tournes, 1548. *in folio.* Il traduiſit cet Ouvrage en François, ſous ce Titre : *Hiſtoire de notre tems, faite en Latin par* Guill. Paradin, *& traduite en François par lui-même.* Lyon, 1550. *in* 12. *It. ibid.* 1552. 1553. & 1554. *It.* avec une continuation tirée d'autres Auteurs juſqu'en 1557. Cette Hiſtoire renferme ce qui s'eſt paſſé depuis l'Avenement du Roi François I. à la Couronne, juſqu'en 1549.

5. *Continuation de l'Hiſtoire de notre tems, depuis* 1550. *juſqu'en* 1556. Lyon, 1556. *in folio.* It. Paris, 1575. *in* 8°. M. l'Abbé Lenglet loüe cet Ouvrage dans ſa *Méthode pour étudier l'Hiſtoire.* Voy. pag. 276. & 507. du II. Tom. Edit. de 1729. *in* 4°.

6. *Traité du vrai amour & ſageſſe divine, Introduction à la ſageſſe*, tra-

---

[1] Le P. Niceron ſe trompe, en diſant *Cuiſſeaux.*
[2] Le P. Jacob lui donne les Titres de Théologien, de Philoſophe & de Poëte.
[3] Voy. *Bibliothèque des Hiſtoriens de France*, pag. 771. N°. 15022.

GUILL. PARADIN.

duit du Latin de Jean-Loys Vivès. Lyon, Maurice Roy, & Loüis Pesnot, 1550. *in* 8°.

7. *Chronique de Savoye.* Ibid. de Tournes, 1552. *in* 4°. It. *revuë & augmentée*, ibid. 1561. *in folio* It. sous ce Titre: *Chronique de Savoye, extraite pour la plûpart de l'Histoire de M. Guill. Paradin*, 3e. *Edition enrichie & augmentée en divers endroits, & continuée jusqu'à la paix de* 1601. (Lyon) Jean de Tournes, 1602. *in folio.* Les additions, qui se trouvent en cette Edition, ont été tirées de différens Auteurs, comme l'Imprimeur la marque dans son Avertissement, où il témoigne qu'il auroit publié plûtôt cette nouvelle Edition (les anciennes ne se trouvant plus depuis long-tems) sans la mort de Messieurs *Paradin*, & les troubles de la France. Cette Edition est la meilleure; mais ce Livre n'est pas estimé. Voy. M. Lenglet, *Méthode pour l'Histoire*, Tom. III. pag. 401. Edit. *in* 4°.

8. *Méthode, ou briève Introduction pour parvenir à la connoissance de la vraye & solide Médecine, traduite du Latin de Léonard Fusch.* Lyon, de Tournes, 1552. *in* 16.

9. *Histoire d'Aristée de la Translation de la Loi de Moyse, écrite premiérement en Grec, & puis en Latin, par Mathias Paulmier, & ensuite en François, par Guillaume Paradin.* Lyon, 1552. *in* 12. selon Fabricius, dans sa *Bibliothèque Grecque*, Tom. II. pag. 318. It. *ibid.* Claude Senneton, 1564. *in* 4°.

10. *Afflictæ Britannicæ Religionis, ac denuo restitutæ Exegema.* Lyon, Jean de Tournes, 1555. *in* 8°.

11. *Traité de Concorde publique.* Beaujeu, Justinien & Philippe Garils, 1556. *in* 8°. & non 1566. comme le dit le P. Niceron.

12. *Le Blason des Danses où se voyent les malheurs & ruïnes venant des danses, dont jamais homme ne revint plus sage, ni femme plus pudique.* Ibid. 1556. *in* 8°. Le P. Niceron s'est encore trompé, en mettant cette Edition en 1566.

13. *Historiarum memorabilium ex Genesi Descriptio Tetrasticis Versibus.* Lyon, Jean de Tournes, 1558. *in* 8°.

14. *De motibus Galliæ, & expugnato, receptoque Itio Caletorum, Commentarius.* Ibid. 1558. *in* 4°. & dans le IIIe. volume, pag. 9. des Ecrivains d'Allemagne, par Simon Scardius, imprimé à Bâle en 1574.

15. *Mémoires de l'Histoire de Lyon en III. Livres, avec les Inscriptions antiques, les Tombeaux & Epitaphes qui se retrouvent en divers endroits de la Ville de Lyon.* Lyon, 1573. *in folio.* It. *ibid.* 1674. La Croix-du-Maine cite une Edition de 1575. It. *avec les Priviléges de la Ville de Lyon, recüeillis par Claude de Rubys.* Lyon, 1625. *in folio.* Paradin prévenu des idées de Symphorien Champier, a rempli son Ouvrage de Fables, au jugement du P. Menestrier, qui ajoûte à la pag. 176. de son *Introduction à l'Histoire de Lyon*, que les Mémoires dont parle *Paradin* dans son Epitre Dédicatoire, & qu'il dit lui avoir été communiquée par Nicolas de Langes,

&

DE BOURGOGNE.

(& non *de Langa*, comme le veut le Pere Niceron) Lieutenant Général de Lyon, font l'Ouvrage de Claude de Bellièvre, Président au Parlement de Grenoble, intitulé : *De Lugduno Prixo*, dont *Paradin* s'eſt ſervi, ſans avoir rien dit de cet habile homme, quoiqu'il ait inſéré tout ſon Ouvrage dans ſes Mémoires, & qu'il n'ait fait que le traduire.

GUILL. PARADIN.

16. *Les Annales de Bourgogne.* Lyon, Antoine Griphius, 1566. in folio. Ces Annales commencent en 378. & finiſſent en 1482.

17. *Les deux premiers Livres de l'Hiſtoire de Procope de Céſarée, de la Guerre des Goths, faite en Italie contre Juſtinian le Grand, Empereur, traduits en François par* Guillaume Paradin. Lyon, Benoît Rigaud, 1578. in 8°.

18. *Guill. Paradini Auchemani Epigrammata. Acceſſit Francorum Regum ſeries cum Notis annorum quibus ſinguli inierunt Principatum, eodem Autore.* Lyon, Antoine Griphe, 1581. in 4°. pagg. 72. Il n'y a rien d'intéreſſant dans toutes ces Epigrammes, qui ſont ſuivies de Quatrains, dont chacun traite d'un Roi de France. *Paradin* ſe plaint de la foibleſſe de ſa ſanté, dans l'Epitre Dédicatoire de ces Poëſies.

19. *Six Diſtiques Latins* à la tête des diverſes Leçons d'Antoine du Verdier, ſouvent imprimées.

20. *Mémoriaux des Familles anciennes de France.* Mſ. oublié par le P. Niceron. La Croix-du-Maine & du Verdier en font mention dans leurs *Bibliothèques Françoiſes*.

21. Le P. Jacob, dans ſon Traité, *de Scriptoribus Cabilonenſibus*, fait mention d'une *Hiſtoire de l'Egliſe Gallicane*, que *Paradin* a faite en Latin. Je ne ſçais ſi elle eſt imprimée. Le P. Niceron l'a omiſe.

Voy. Konig. *Bibliotheca vetus & nova*, pag. 608. Cet Auteur parle peu exactement de *Paradin*. Jacob, *de claris Scriptoribus Cabilonenſibus*, p. 25. Bibliothèque Françoiſe de la Croix-du-Maine, pag. 152. & celle de du Verdier, pag. 500. Le Long, *Bibliothèque des Hiſtoriens de France*, pag. 771. N°. 15022. & le IIIe. volume des *Mémoires* du P. Niceron, pag. 164.

JEAN PARADIN.

PARADIN, (*Jean*) de Louhans au Diocèſe de Châlon, étoit parent, ſelon la Croix-du-Maine, de Guillaume Paradin. Le P. Niceron prétend que le P. Jacob eſt tombé dans l'erreur, en diſant que Jean *Paradin* étoit premier Médecin de François I. « Mais cela n'ayant aucune
» vraye-ſemblance, dit le P. Niceron, il eſt à croire qu'il s'eſt trompé. Il
» dit de même, ſans preuve, que Jean *Paradin*, Médecin, vivoit à Di-
» jon vers l'an 1588. & mourut âgé de plus de 80. ans, à Belleneuve, près
» de Mirebeau, d'où ſon corps fut raporté à Dijon, & enterré dans l'Egli-
» ſe de S. Michel. La Croix-du-Maine & du Verdier ne diſent rien de ſem-
» blable ; ainſi on peut préſumer que le P. Jacob a confondu *Jean Paradin*
» avec quelqu'autre. »

JEAN PARADIN.

Part. II.   Ii

JEAN PARADIN. On s'expose aifément à tomber dans l'erreur, quand on nie un fait attefté précifément, parce qu'il ne paroît pas vraifemblable. Premiérement, je ne vois pas pourquoi il n'y a aucune vraifemblance que Jean *Paradin* ait été Médecin de François I. En fecond lieu, comment la Croix-du-Maine & du Verdier, qui ont écrit en 1585. auroient-ils pû parler de l'enterrement de cet Auteur mort en 1588 ? Si le P. Niceron eût fçû que le célèbre Etienne Bernard avoit époufé la fille unique de ce Médecin, il n'auroit pas nié témérairement, comme il a fait, l'enterrement du pere auprès de fa fille, dans la Chapelle des Bernard, à S. Etienne de Dijon. Voici ce qu'il a compofé.

1. *Micropædie de Jean Paradin, de Louhans.* Lyon, Jean de Tournes, 1546. *in* 12. pagg. 107. *It.* Paris, Etienne Groulleau, 1547. *in* 16. Les Pièces qui font contenuës dans ce Recüeil, font en Vers. En voici les Titres : *La mifére & càlamité du tems, commençant en Latin :* Vivere diverso mortales more videntur.

Dialogue de la Mort & du Pelérin, Extrait des Dialogues Latins de Ravifius Textor.

Cent Quatrains contenant les cent Diftiques Latins de feu M. Faufte.

Epigrammes, Dixains & Huitains fur divers fujets moraux & amoureux.

Propos vulgaire d'un Amoureux & de fa Mye, traduit d'Henri Bebelius. Ces Quatrains, dit Colletet, en parlant des *cent Quatrains contenant les cent Diftiques Latins de Faufte*, ne font autre chofe qu'une Verfion de cent Diftiques Latins, tirés de ceux que *Fauftus Andrelinus* adreffe à Jean Rufe, Tréforier Général des Finances de Charles VIII. Le Poëte Latin le remercie d'une honnête penfion que Rufe lui faifoit toucher fur les deniers les plus clairs de l'Epargne. Colletet cite deux Quatrains de la Traduction de *Paradin*, plûtôt, dit-il, pour montrer le ftile de ce tems-là, que pour aucune eftime qu'il en doive faire.

2. On lit un *Dixain* de Jean *Paradin* à la tête des *Opufcules de Plutarque de Chéronée*, traduits par Etienne Pafquier, de Louhans, imprimés *in* 8°. à Lyon, chez Jean de Tournes en 1546.

Voy. la *Bibliothèque Françoife* de la Croix-du-Maine, pag. 255. & celle de du Verdier, pag. 736. Le P. Jacob, *de claris Scriptoribus Cabilonenfibus*, pag. 123. Colletet, *Traité de la Poëfie morale*, pag. 118. & 125. Le même Colletet a fait la Vie de *Jean Paradin* parmi celles des Poëtes François, comme on le voit par la lifte de ces Poëtes, imprimée dans la *Bibliothèque des Hiftoriens de France*, du P. le Long, pag. 885.

TRAJAN PARADIN.

TRAJAN PARADIN. *PARADIN*, (*Trajan*) étoit peut-être parent de ceux dont je viens de parler. Voici ce qu'en dit le P. Jacob. « *Paradin* étoit Secretaire de » l'Abbeffe de Sainles ; il avoit de l'érudition, & il excelloit dans la con- » noiffance des Langues Latine, Italienne & Françoife. Il a traduit de l'Italien en François, le Dialogue VIII. d'Antoine Bruccioli, *du devoir d'un Général d'Armée*, à Poitiers, chez Jean Marnef, en 1551.

J'ai vû encore un Sonnet de *Paradin* à la tête de la *divine Philosophie de Vivès*, traduite par Guillaume Paradin, & imprimée en 1556. à Paris, *in* 16. ce qui me porte à croire qu'ils étoient parens.

Voy. la Croix-du-Maine, *Bibliothèque Françoise*, pag. 469. celle de du Verdier, pag. 1184. & le P. Jacob, *de claris Scriptoribus Cabilonensibus*, pag. 128.

BLAISE PARISE.

PARISE, (*Blaise*) habile Avocat au Parlement de Dijon, mourut en cette Ville, le 18. Fevrier 1705. âgé de 70. ans. Il a fait des *Notes sur le Règlement des Decrets*. Elles sont imprimées dans les *Instituts au Droit Coûtumier de Bourgogne*, publiés à Dijon, chez Jean Ressayre, en 1697. in 8°.

Voy. l'*Histoire des Commentateurs de la Coûtume de Bourgogne*, par M. le Président Bouhier, pag. LX.

GUILLAUME PASQUELIN.

PASQUELIN, (*Guillaume*) Avocat, étoit né à Beaune. Il est Auteur de l'*Apologème pour le grand Homère, contre la répréhension du Divin Platon, sur aucuns passages d'icelui*. Lyon, Charles Pesnot, 1577. in 4°.

Voy. du Verdier, *Bibliothèque Françoise*, pag. 500. & la *Bibliothèque Françoise* de M. l'Abbé Goujet, Tom. IV. pag. 50. & suiv.

GUILLAUME PASQUELIN.

PASQUELIN, (*Guillaume*) naquit à Beaune, le 25. Novembre 1575. de Guillaume Pasquelin, Avocat, & de Jeanne Guyard.

Le jeune *Pasquelin* étudia à Dijon au Collége des Jésuites, qui, connoissant ses talens, le sollicitèrent à entrer dans leur Société. Il y fut reçû à Avignon. Après les deux ans de Noviciat, il étudia la Théologie à Tournon, pendant trois années, après quoi il fut envoyé à Milan pour y professer en Grec dans la Classe de Rhétorique.

Il se distingua si fort dans cet emploi, que le P. Mutio Vittelleschi, son Général, lui donna ordre de se rendre à Rome pour y enseigner la Théologie. Il prêcha dans cette Ville en présence du Pape, qui l'honora de son estime & de son aprobation. Il se disposoit à continuer ses fonctions de Théologie, lorsqu'il lui survint une surdité, qui le contraignit d'abandonner sa Chaire. Cette incommodité ne rallentit pas son zèle pour la Société. Il demanda à être admis au quatriéme Vœu, ce qui lui fut promis. Mais le P. Michaëlis, Provincial & Recteur du Collége de Lyon, à qui l'Ordre du Général étoit adressé, en différa l'exécution. J'ai lû dans les Mémoires Mss.

GUILL. PASQUEL. du P. de la Vie, Jésuite, que *Pasquelin ne fut pas admis au degré de Profès, parce qu'il n'avoit pas réussi en Théologie*. Quoiqu'il en soit, ce délai du Provincial, toucha sensiblement le jeune Jésuite, qui ne put tellement dissimuler son chagrin, que le P. Michaëlis ne s'en aperçût. Le Provincial, pour le mortifier, fit un jour prêcher au Réfectoir, & l'Orateur eut ordre d'inférer dans son Discours, que *si une Etoile tomboit du Firmament, le Ciel ne laisseroit pas de rouler*. Ce trait de raillerie, qui s'adressoit à *Pasquelin*, ne l'empêcha pas de continuer ses sollicitations pour être admis au quatriéme Vœu. Le P. Michaëlis tâcha d'éluder sa demande par artifice, lui persuada de faire le voyage de Rome, & d'obtenir lui-même ce qu'il demandoit du P. Général, *afin que vous connoissiés*, lui dit-il, *que je ne mets aucun obstacle à vos désirs*.

Pasquelin ayant reçû des Lettres de recommandation de son Supérieur, se mit en chemin pour aller trouver son Général. Mais à peine fut-il arrivé à Chambéri, qu'il eut un pressentiment que les Lettres dont il étoit le Porteur, ne lui étoient pas aussi favorables, que le P. Michaëlis avoit voulu le lui persuader. Vaincu par ce doute accablant, il ouvrit les Lettres du Pere Michaëlis. Il y trouva de quoi justifier ses soupçons. Ce Pere écrivoit au P. Général, qu'il étoit mécontent de *Pasquelin*, & qu'il n'étoit point à propos de l'admettre à la Profession du quatriéme Vœu. Cet artifice l'indigna si fort, qu'il prit sur le champ la résolution de quitter la Société. Il exécuta ce dessein en 1613. après en avoir obtenu dispense du Pape par un Bref, qui fut fulminé par l'Archevêque de Lyon, & qui est traité de subreptice dans les Régistres de la Compagnie. *Pasquelin* rendu à lui-même, se retira dans sa Patrie auprès de Hugues Guyard, son oncle & son Tuteur, qui lui procura libéralement tout ce qui est nécessaire à la vie. Il ne fut pas long-tems sans emploi. La Prébende Théologale de l'Eglise Collégiale de Beaune, étant venuë à vacquer, il en fut pourvû avec un aplaudissement universel.

Les Jésuites n'étoient pas tellement mécontens de lui, que plusieurs des plus considérables d'entr'eux, ne cherchassent à le rapeller. Les PP. Cotton, Suffren, Arnoult & Garnier, ses amis, lui écrivirent pour l'engager à retourner dans la Société, & lui promirent qu'il y seroit reçû avec honneur, & qu'il obtiendroit ce qu'il désiroit. Il ne leur fit que cette courte réponse : *Ægrotum me noluistis, sanum non habebitis*. Il ne s'en tint pas là ; il composa sa *Protocastasis* contre les Jésuites, Ouvrage qu'il fit, selon quelques-uns, à la sollicitation de M. l'Avocat Général Servin. Quoiqu'il en soit, les Etats Généraux du Royaume, étant pour lors assemblés à Paris, *Pasquelin* présenta son Livre au Tiers-Etat, dans lequel il crut trouver plus de protection. Mais cet Ouvrage fut rejetté unanimement par les trois Ordres ; & une Bulle [1] du Pape Paul V. acheva de le faire tomber entiérement.

Pasquelin ne se rebuta pas de ce mauvais succès; il mit la plume à la main & fit un autre Livre, où il prétendit prouver que la *Compagnie de Jesus*, est pernicieuse. L'impression de ce Livre n'étoit pas finie, que le Lieute-

---

[1] Cette Bulle est datée du 16. Mars 1618. Voy. le P. Alphonse Huilembroucq, Jésuite, Flamand, dans son Livre intitulé : *Societatis Jesu vindicationes adversus Libellum appellatum, Tubam alteram*, imprimé à Bruxelles en 1715. Voy. sur-tout les pages 48. 212. & 213.

DE BOURGOGNE.

GUILL. PASQUEL.

nant de Police, qui en fut averti, vint enlever tous les exemplaires. *Urbis Parisinæ Prætor*, dit le P. Jouvency [1] *Sobolem insulsi Obtrectatoris in ipsis Typographi cunis præfocavit.*

Quelque tems après, *Pasquelin* se reconcilia de bonne foi avec la Société; & pour marquer la sincérité de sa reconciliation, il légua au Collége des Jésuites de Dijon, sa Bibliothèque, qui étoit assez considérable : *Cui, moriens,* dit l'Auteur que je viens de citer, *Bibliothecam non contemnendam Testamento legavit, ut damnum illis pravis Libris illatum melioribus compensaret.*

Je ne dois pas oublier cependant que dans l'intervale de son Livre, intitulé : *Societatem Jesu esse perniciosam mortalibus*, & sa reconciliation avec les Jésuites, il composa contr'eux un autre Ecrit fort vif, dont je rendrai compte dans le Catalogue de ses Ouvrages.

Au reste, *Pasquelin* étoit de bonnes mœurs, & très attaché à ses fonctions, consolant sans cesse les malades & les affligés ; ceux qui l'ont connu, assurent qu'il avoit pour eux une charité sans bornes. Tout ce qu'on peut lui reprocher, c'est son zèle trop amer contre les Jésuites. Il ne laissa pas cependant de cultiver l'amitié de quelques-uns d'entr'eux. Outre les illustres amis de cette Société, dont j'ai parlé, il en avoit d'autres de différentes condidions, qu'il s'étoit acquis par son érudition & son mérite personnel. Le célèbre Juret, qui a passé une partie de sa vie à Savigny auprès de Beaune, le visitoit régulièrement tous les Jeudis, & leurs conférences duroient cinq ou six heures.

Pasquelin mourut le 29. Mars 1632. âgé de près de 57. ans. M. de Lacurne, Avocat de Beaune, a composé un abregé Mss. de la Vie de *Pasquelin*. C'est de cet Ouvrage que j'ai tiré presque tout ce que j'ai dit de *Pasquelin*.

CATALOGUE DE SES OUVRAGES.

1. *Protocastasis, seu prima Societatis Jesu Institutio restauranda summo Pontifici, Latino-Gallica expostulatione proponitur, Theophili Eugenii zelo, &c.* 1614. *in* 8°. de 125. pages, sans nom d'Imprimeur. *It.* dans le Livre intitulé : *Tuba magna mirum spargens sonum, ad SS. P. Clementem XI. &c.* Strasbourg, 1717. 2. vol. *in* 12. Voy. le II. volume. Baillet [2] attribuoit ce Livre au P. Théophile Raynaud, ou à Scioppius. En 1615. on en vit paroître une réfutation attribuée au P. Loüis Richéome, alors Assistant du Général pour la France. Elle est intitulée : *Lettre d'un Pere de la Compagnie de Jesus sur le point des Profès & des Coadjuteurs spirituels, proposée par Théophile Eugène, ces mois passés, en son Libelle fameux, à un autre Pere de la même Compagnie.* A Ormeville, par François de Vérone, 1615. *in* 8°. L'Auteur, pag. 20. & 29. reproche à *Pasquelin* d'être resté 18. ans dans la Compagnie de Jesus, & de n'avoir pas été trouvé digne du Degré de Coadjuteur spirituel, qu'il dédaignoit, dont le célèbre Maffée s'étoit contenté, &c.

---

[1] Voy. *Histoire de la Société*, Liv. XII. N°. 96. pag. 89.
[2] *Auteurs déguisés*, pag. 552. Edit. *in* 12.

Part. II. K k

GUILL. PASQUEL.

2. *Societatem Jesu esse perniciosam mortalibus.* Ce Livre fut suprimé, comme nous l'avons dit dans la Vie de l'Auteur. Le P. Jouvency, dans son Histoire de la Société, dit qu'il étoit sous presse en 1615.

3. *Ouranologie, ou Discours céleste du Ciel ; Hiérothéorie des Ordres Religieux, montrant la source des plus signalés. Parallele des modernes Religieux avec les anciens, & le spécial Parallele de l'Ordre des Jésuites.* Paris, Gilles Blaisot, 1615. in 12. pagg. 603. Cet Ouvrage, qui est dédié au Roi Loüis XIII. fut suprimé dès sa naissance.

4. *Quatorze Vers Elégiaques* à la tête du II. vol. des *Conclusions* de Bouchin, en 1620.

5. *Une Epigramme Grecque & une autre Latine*, au-devant du *Magistrat parfait* du même Auteur, en 1632.

6. *Catéchisme pour les Enfans*, souvent imprimé.

7. *Officia propria insignis Ecclesia Collegiata D. Maria Virginis apud Belnam.* Dijon, Guyot, 1628. in 8°.

8. *Sermons Mss.*

ETIENNE PASQUIER.

ETIENNE PASQUIER

PASQUIER, (*Etienne*) Recteur d'Ecole de Louhans, Diocèse de Châlon, étoit habile dans les Langues Latine & Grecque. Je ne connois de cet Auteur que le Traité suivant :

Opuscules de Plutarche de Chéronnée, traduits en François. Dialogue qui démontre que les animaux ont de la raison. Traité de la manière de rendre ses ennemis utiles. Dialogue de la manière de conserver sa santé. Dialogue où l'on montre s'il y a quelque puissance de la raison dans les animaux terrestres & les aquatiques. Petit Commentaire de la vertu & du vice. Lyon, Jean de Tournes, 1546. in 8°. pagg. 216. Le P. Jacob s'est trompé, en croyant qu'il y avoit autant de volumes séparés que de Traités. Fabricius a oublié cet Auteur, en parlant des Traducteurs de Plutarque dans sa Bibliothèque Grecque, Tom. III. pag. 373.

Voy. du Verdier, *Bibliothèque Françoise*, pag. 318. Le P. Jacob, *de claris Scriptoribus Cabilonensibus*, pag. 122. & Draudius, *Bibliotheca Exotica*, pag. 104.

JEAN-BAPTISTE PATIN.

JEAN-BAP. PATIN.

PATIN, (*Jean-Baptiste*) Docteur en Médecine, né à Beaune, a fait imprimer l'Ouvrage suivant : *Les vertus & effets de la poudre purgative & fébrifuge, & la manière de s'en servir.* Beaune, Blaise Simonnot, 1725. in 12. pagg. 36.

JEAN PATOUILLET.

PATOUILLET, (*Jean*) Protonotaire Apostolique à Dijon, étoit né à Etevaux, Village à trois lieües de Dijon, de Richard Patouillet, & mourut au mois de Juillet 1585.

Voici l'Epitaphe qu'on lui dressa dans l'Eglise d'Etevaux où il est enterré.

D. O. M.

Jano Patouilleto, S. Sedis Apost. Protonotario dignissimo, Viro incomparabili, in quem quicquid in egregium hominem laudis dici potest, hoc fuit naturæ beneficio conlatum, facundia mira, memoria tenacissima, qui Julium Cæsarem, Titum Livium, Virgilium, Horatium, Martialem, Corn. Tacitum, ac Suetonium, Authores Classicos, nominatissimos & probos, sine Tabella recitaret, ita ut de ipsis aptè & rectè loqueretur. Honores & Urbes refugit, Rus coluit, & parvo lare contentus fuit, vixit an. LX. mortuus an. 1585. mense Julio. Janus Prevotius, J. C. ex Semisse hæres, ab eo honoris causa supremis tabulis nuncupatus mœrens posuit ad honorem & virtutem.

Ci-devant git Me. Janot Patouillet, Protonotaire du S. Siége Apostolique, qui décéda l'an 1585. au mois de Juillet. Priez Dieu pour lui.

Patouillet étoit l'aîné de sept enfans qu'avoit eûs son pere, mort en 1546. Je ne crois pas que celui, qui fait le sujet de cet article, ait été marié. Il ne laissa qu'une fille naturelle, légitimée par le Roi Henri III. à cause de sa belle éducation. Ces Lettres de légitimation furent vérifiées au Parlement, le 2. Août 1587.

Je ne connois aucun Ouvrage imprimé de cet Auteur, qui étoit estimé des Sçavans de son tems. Joseph Scaliger, dans sa *Confutatio Fabulæ Burdonum*, assure que *Patouillet* s'étoit apliqué à écrire l'Histoire. Quelques recherches que j'aye faites, je n'ai pû découvrir quelle Histoire a composé *Patouillet*.

Ronsard adresse à *Janot Patouillet*, le XXXVe. Sonnet de la IIe. Partie de ses Amours. Il l'avoit adressé d'abord à Jacques Grevin, avec qui il fut en inimitié dans la suite. Remi Belleau, en sa Note sur ce Sonnet, dit que *Jean Patouillet étoit un homme de grand jugement, de grande lecture, Sçavant dans les Langues & dans l'Histoire*.

Jean Richard a dédié à ce Sçavant, son Ouvrage Latin sur les *Antiquités de Dijon*. Charles Cottier de Juilly, plus connu sous le nom de Flavigny, folio 44. de sa *Consolation à son fils*, apelle *Patouillet, un Philosophe & une ame vrayement démocritique*. Ils ont ensemble, dans le même Ouvrage, un entretien fort long & fort sérieux sur le Destin.

M. le Conseiller de la Mare avoit composé une Vie Ms. de *Patouillet*, laquelle je n'ai pû découvrir.

LOUIS PATOUILLET.

LOUIS PATOUIL. PATOUILLET, (Loüis) Jésuite, né à Dijon, a fait imprimer les deux brochures suivantes : *Poësies diverses sur le Mariage du Roi, avec la Princesse Royale de Pologne.* Strasbourg, veuve Michel Storck, 1725.

Poësie Latine sur la Convalescence du Roi en 1729.

N... PENESSOT.

N... PENESS. PENESSOT, (N...) de Châlon. Le P. Perry, Jésuite, cite fréquemment dans son *Histoire de Châlon*, les Mémoires de *Penessot* en 1591. & il en donne de longs extraits. Cette famille est éteinte aujourd'hui à Châlon. La mere du P. Perry s'apelloit Philiberte Penessot. Je crois que les Mémoires de *Penessot* étoient entre les mains de ce Pere.

LE PERE ANTOINE PENNETI.

LE PERE ANT. PEN. PENNETI, (*le Pere Antoine*) Dominicain, étoit né à Mâcon, selon le P. Echard, qui assure qu'il fit sa Profession Religieuse en la même Ville. Le P. *Penneti* se fit considérer à la Cour de Charles III. Duc de Savoye. Il fut Confesseur de ce Prince depuis 1505. jusqu'à sa mort arrivée, le 15. Août 1514. Le P. Echard ajoûte que le P. *Penneti* a laissé quelques Ouvrages, & qu'il ignore s'ils sont imprimés. Ces Ecrits ont pour Titre : *De reformatione morum, actiones varia.*

Voy. Echard, *Scriptores Ordinis Prædicatorum*, Tom. II. pag. 28.

BENIGNE PERARD.

BENIGNE PERARD. PERARD, (*Benigne*) Controlleur des Décimes, & Receveur des Consignations en Bourgogne, étoit né à Dijon, & mourut en cette Ville, l'an 1558. Etienne Brechillet, son ami, fit sur sa mort une Elégie, imprimée à Dijon, *in* 4°. chez Philibert Chavance. Voici comme il parle de *Pérard*, à la pag. 7.

Qui pourroit relever d'un air plus gracieux,
Soit un grave sujet, soit un facétieux.

Il est Auteur des Pièces suivantes, mêlées de Vers François & Bourguignons. M. de la Monnoye, excellent Connoisseur en ce genre, estimoit beaucoup ces Poësies.

1. *Ebolement de Tailant.* 1611. *in* 8°. Pérard & Brechillet sont Auteurs de cette Pièce, de même que des quatre qui suivent.

2. *Passaige des Pouacres*, in 4°.

3.

DE BOURGOGNE.

3. *Retour du bon tems*, *dédié à M. le Prince*, *Gouverneur & Lieutenant de Bourgogne*. Dijon, veuve Claude Guyot, 1632. *in* 4°. pagg. 76.

4. *Réjoüiffance de l'Infanterie Dijonnoife pour l'Entrée de M. le Marquis de Tavanes, Lieutenant au Gouvernement de Bourgogne*. Ibid. 1632. *in* 4°. pagg. 31.

5. *Réjoüiffance de l'Infanterie Dijonnoife pour la Venuë de Monfeigneur le Duc d'Anguien, le 25. Fevrier 1636*. Ibid. *in* 4°. pagg. 23. 1636. *ibid.*

6. *Les Vœux de la Ville de Dijon à M. le Prince.* Stances, *ibid.* in 4°.

7. *A la Bourgogne, pour l'entrée de M. le Prince.* Stances, *ibid.* 1630. *in* 4°. pagg. 4.

8. *Sept Stances à la tête du Procès criminel de Cothenot*, imprimé en 1645. *in* 12.

9. *La Victoire de Rocroy, à M. le Duc d'Anguien.* Dijon, Pierre Palliot, 1643. *in* 4°. Il y a quinze Stances de dix Vers chacune.

10. Dans un Recüeil burlefque, imprimé *ibid.* en 1645. *in* 8°. fous ce Titre : *La perdrix & l'orange, queftion propofée au Carnaval de l'an 1645. avec les Grottipètes,* [1] *fans vin*, il y a plufieurs Vers de Benigne Pérard, à la page 17. L'Editeur a inféré une Pièce de plus de cent Vers par ce Poëte. Voy. auffi, pag. 41. & 42. où l'on voit cinq Stances du même.

11. J'ai vû chez M. le Confeiller Pérard de la Vefvre, plufieurs autres Poëfies Bourguignones de Benigne *Pérard*. Elles font manufcrites.

BENIGNE PERARD.

ETIENNE PERARD.

PERARD, (*Etienne*) Maître des Comptes, naquit à Dijon en 1590. & époufa en 1615. Claudine Bretagne, dont il eut plufieurs enfans ; entr'autres, Jules Pérard, habile Confeiller au Parlement de Bourgogne, dont je parlerai dans peu. *Etienne Pérard* mourut Doyen de fa Compagnie, le 5. Mai 1663. âgé de 73. ans Le P. Perry, Jéfuite, dans fon *Hiftoire de Châlon*, fait l'Eloge de *Pérard*, & dit qu'il *étoit plein d'honneur & de mérite, & que par fes autres excellentes qualités, il fut honoré d'un Brevet de Confeiller d'Etat.*

Pérard mourut avant que de voir l'impreffion du Livre, qui lui a donné de la réputation, & qui a pour Titre :

1. *Recüeil de plufieurs Pièces curieufes fervant à l'Hiftoire de Bourgogne, choifies parmi les Titres les plus anciens de la Chambre des Comptes de Dijon, des Abbayes & autres Eglifes confidérables, & des Archives des Villes & Communautés de la Province, pour juftifier l'origine des Familles les plus illuftres, & pour inftruire des anciennes Loix, Coûtumes & Privileges des Villes de la Bourgogne.* Paris, Claude Cramoify, 1664. *in folio*, pagg. 608.

ETIENNE PERARD.

---

[1] C'eft-à-dire, ceux qui alloient à une certaine grotte.

ETIENNE PÉRARD.

M. Moreau de Mautour [1] s'est trompé, en disant que *Pérard* mit ce Recüeil au jour. Il n'y en avoit qu'une partie d'imprimée, quand l'Auteur mourut. C'est ce que nous aprend son fils, qui prit soin de l'Edition, après la mort de son pere, dans son Epitre Dédicatoire à M. le Prince, & qui nous promettoit une suite de cet Ouvrage, par laquelle *Etienne Pérard* avoit préparé un très grand nombre de matériaux contenus en plus de vingt gros porte-feüilles, conservés en partie chez M. le Conseiller Pérard, petit fils de l'Auteur, & qui sont très dignes d'être publiés, si l'on s'en raporte à l'accüeil favorable que le Public a fait à l'Ouvrage de *Pérard*.

Cette aprobation cependant n'a pas été si universelle, que plusieurs personnes qui ont loüé d'ailleurs le *Recüeil pour l'Histoire de Bourgogne*, n'ayent reproché à l'Auteur, de n'avoir pas cité les Layettes de la Chambre des Comptes de Dijon, & les cottes des Titres imprimés dans ce Recüeil; ce qui paroît en quelque façon nécessaire, parce qu'il y en a beaucoup qu'on ne trouve point depuis long-tems, & dont les plus anciens Inventaires n'ont point fait mention. M. Prosper Bauyn a mis par écrit cette même plainte dans ses *Notes manuscrites* sur les *Annales de Bourgogne*, par Guillaume Paradin. Il auroit été à souhaiter encore qu'*Etienne Pérard* eût donné lui-même l'Edition de ces Titres, qu'il y eût joint des Notes, & que les Titres eussent été imprimés plus correctement. L'Auteur étoit très capable d'y faire d'excellentes Notes; car il avoit une connoissance parfaite de l'Histoire de Bourgogne, & des Titres qui la concernent, conservés dans la Chambre des Comptes de Dijon.

2. Cette même Chambre des Comptes conserve encore deux autres Mss. du même Auteur. Le premier, consiste en des *Notes sur le second volume de l'Histoire de Bourgogne, par André du Chesne*, qui est l'Histoire Généalogique des Ducs de Bourgogne, imprimée en 1628. *in* 4°.

3. Le second, est intitulé: *Prérogatives de la Chambre des Comptes de Dijon*, N°. 274. des Mss. de la Chambre des Comptes.

4. *Extrait des Arrêts & Jugemens rendus par le Conseil Privé de Philippe-le-Bon, Duc de Bourgogne, ès années 1438. 1439. 1440. 1441. & 1442. & en la Chambre des Comptes de Dijon, depuis 1464. jusqu'en 1621. Régistres des Cautions de la même Chambre, depuis 1490. jusqu'en 1628.* M. le Président Bouhier a une copie Ms. de ces extraits, contenus en un volume *in folio*.

5. *Extraits des anciens comptes rendus sous les Ducs de Bourgogne de la première & seconde Race, sous les Rois Loüis XI. Charles VIII. Loüis XII. & François I. par les Financiers & les Bailliages de la Province.* Ms. en 4. vol. *in* 4°. chez le même.

6. *Recüeil de plusieurs choses remarquables, concernant la Relique de la Sainte Hostie, conservée en la Sainte Chapelle de Dijon; les présens faits à icelle, &c.* Ms.

---

[1] Dans le Carton qu'il a fait de la Ville de Dijon, & inséré dans le *Dictionnaire Géographique* de Thomas Corneille, M. de Mautour y parle de plusieurs Ecrivains de cette Ville.

7. J'ai vû chez M. Pérard, Conseiller au Parlement, petit-fils de l'Auteur, les *Annales de Bourgogne*, par Guillaume Paradin, dont toutes les marges sont chargées de Notes d'Etienne *Pérard*.

JACQUES PERARD.

PERARD, (*Jacques*) Jésuite, peut-être de la même famille que le précédent, vivoit en 1656. Il a composé les Ouvrages suivans.

1. *Entretien spirituel pour tous les Dimanches de l'année, divisé en deux volumes.* Paris, Cramoisy, 1637. *in* 8°.

2. *Tapisserie spirituelle, en laquelle sont représentées plusieurs personnes de diverses conditions.* Ibid. Jacquinot, 1638. *in* 8°.

3. *Sonnet* à la tête de l'*Académie des Afflictions*, par le Président Odebert, imprimée à Dijon en 1656. *in* 4°.

JULES PERARD.

PERARD, (*Jules*) fils d'Etienne Pérard, dont j'ai parlé, fut reçû selon Palliot, Conseiller au Parlement de Bourgogne, le 20. Novembre 1641. & mourut le 5. Mars 1690. âgé de 76. ans.

CATALOGUE DE SES OUVRAGES.

1. *Panegyricus, Ludovico Borbonio Condæo supremam Burgundiæ Præfecturam suscipienti, scriptus.* Dijon, Pierre Palliot, 1648. *in folio*, pagg. 26.

2. *Ode Latine de dix Strophes.* Elle est à la tête du *Traité de l'Abus*, par *Charles Fevret*, Edit. de 1654. & 1667. Cette petite Pièce, ainsi que quelques autres, ont été supprimées, mal à propos, dans les Editions suivantes.

3. *Ode Françoise de dix Strophes*, au-devant de l'*Académie des Afflictions* du Président Odebert. Dijon, 1656. *in* 4°.

4. *Bernardo Fuxeo Duci Spernonio supremam Burgundiæ Præfecturam suscipienti, Julii Perardi munus adventitium.* Dijon, Palliot, 1657. *in folio*, pagg. 84.

5. Jules *Pérard* prit soin de l'Edition du *Recüeil pour l'Histoire de Bourgogne*, d'Etienne Pérard son fils, & en fit l'Epitre Dédicatoire au Prince de Condé.

Voy. Palliot, *Parlement de Bourgogne*, pag. 319.

PERIERS. (*Bonaventure des*) Voy. DESPERIERS.

PIERRE-THOMAS PERREAU.

PIER. TH. PERREAU.

PERREAU, (*Pierre-Thomas*) Curé de Saint Martin-les-Saint-Julien, eſt Auteur de pluſieurs petites Poëſies Françoiſes, dont il m'eſt impoſſible de donner le détail. Il a fait un Sonnet pour l'*Hiſtoire de la Priſe d'Auxerre*, par M. l'Abbé Lebeuf, imprimée en 1724. Il devoit paroître avec cet Ouvrage, & je ne ſçais pourquoi on ne l'y trouve pas. C'eſt ſans raiſon, que l'on a attribué à M. *Perreau*, quelques Satyres en Vers, entiérement opoſées à ſon caractére.

FRANÇOIS PERREAUD.

FRANÇ. PERREAUD.

PERREAUD, (*François*) naquit à Buſſy, proche de Châlon, d'une des plus anciennes & des plus conſidérables Familles de ce Bourg. Il étoit fils d'Abel Perreaud, Miniſtre de la Religion Prétenduë Réformée dans le Pays de Vaux. François *Perreaud* exerça le Miniſtére à Mâcon & à Thoiri, Bailliage de Gex. Il eut de ſa femme, nommée Anne Farcy, un fils, habile Médecin, qui mourut jeune & ſans être marié, vers 1663. *Perreaud* nous a conſervé quelques circonſtances de ſa Vie dans l'Epître Dédicatoire de ſa *Démonologie*. « J'aproche, dit-il, le ſecond terme & le plus » long de l'ordinaire de cette vie humaine ; c'eſt-à-dire, 80. ans. J'ai ſervi » pendant 52. ans dans le Miniſtére. » Il s'exprimoit ainſi en 1652. Il mourut à Gex quelques années après.

Voici le ſeul Ouvrage qu'il a fait imprimer. Quoique peu conſidérable, il n'eſt pas commun :

Démonologie, ou Traité des Démons & Sorciers, de leur puiſſance & impuiſſance ; enſemble, l'Anti-Démon de Mâcon, ou Hiſtoire véritable de ce qu'un Démon a fait & dit, il y a quelques années, dans la maiſon du Sr. Perreaud à Mâcon. Genève, Pierre Aubert, 1653. *in* 12. Le Synode de Bourgogne avoit nommé M. Connain, Miniſtre de Beaune, & Regnaud de Mépillat, Miniſtre de Mâcon, pour examiner ce Livre ; mais ils lui refuſérent leur aprobation. *Perreaud* envoya ſon Mſ. au Sr. Dupon, ſon ami, Miniſtre à Genève, qui le fit imprimer en cette Ville. Je tiens cette circonſtance de M. Loüis le Sage, réſidant en ce Pays-là.

Voy. Baillet, IIe. vol. de ſes *Satyres perſonnelles*, pag. 136. & 180. & les Notes de M. de la Monnoye, ſur cet Ouvrage, pag. 290. Edit. *in* 4°.

JEAN PERRELLE.

JEAN PERRELL.

PERRELLE, & non Perrel, comme le nomme un Auteur de notre Siècle, (*Jean*) naquit à Châtillon-ſur-Seine. M. de la Mare nous aprend dans ſa Vie d'Hubert Languet [1] qu'il avoit profeſſé les Belles-Lettres en cette Ville, & qu'il fut chargé de l'éducation de Guillaume Philan-

---

[1] M. de la Mare l'apelle mal-à-propos Jacques.

drier,

DE BOURGOGNE.

JEAN PERRELL.

drier, fon Compatriotte, qui lui fit beaucoup d'honneur par fes talens, & par la fcience qui le rendirent enfuite fi célèbre. *Perrelle* avoit été attaché auparavant à la Famille de Pierre Paulmier, Archevêque de Vienne, qui lui avoit procuré un emploi dans fa maifon. Il fe fit beaucoup de réputation par fon habileté dans la Médecine ; & pendant que Guillaume Philandrier, fon Difciple, fuivoit la fortune de Jean d'Armagnac, fon Mecène, qui devint enfuite Cardinal, il brilloit à Paris par fon érudition.

Perrelle a compofé les deux Ouvrages fuivans :

1. *Theodori Gazæ, Theffalonicenfis, Liber de menfibus Atticis, Joanne Perrello Interprete.* Paris, Colines, 1535. *in* 8°. & plufieurs autres fois enfuite. Voy. Maittaire, *Annal. Typograph.* Tom. II. Part. II. pag. 823. & 840. & Popeblount, *Cenfura Authorum*, pag. 475. Cette Traduction eft dédiée à Pierre Paulmier, Archevêque de Valence. Ce fut à la follicitation de Jacques Tufan, Profeffeur Royal en Langue Grecque à Paris, que *Perrelle* entreprit cette Traduction. Elle eft inférée dans le IXe. volume des *Antiquités Grecques* de Gronovius, pag. 977. Mais ce qui fait un honneur infini au Traducteur, c'eft que le P. Petau adopta cette Traduction, & l'inféra dans fon *Uranologion*, parmi les bons Auteurs qui ont travaillé fur cette matière. Ce fçavant Jéfuite ne fit aucun changement à la Traduction de *Perrelle*, qui fe trouve à la page 275. de l'*Uranologion*, Edit. de Paris, 1630. *in folio*, & dans l'Edition d'Amfterdam, faite en 1703. chez George Gallet. C'eft la VIIe. Pièce du IIIe. volume du Traité, *de Doctrina temporum, in folio*. On fçait que l'*Uranologion* étoit fait pour fervir de troifiéme volume à la Chronologie du P. Petau.

2. *Ejufdem Interpretis, de ratione Lunæ & Epactarum, fecundùm Gazam, cum Tabula perfecti ambitûs annorum intercalarium.* Ce fecond Ouvrage fe trouve à la fuite du premier dans toutes les Editions, excepté dans le IXe. volume du *Thefaurus Græcarum Antiquitatum* de Gronovius, où il eft à la page 1009.

Voy. *Guillelmi Philandri Vita*, per *Philibertum de la Mare*, page 9. & 10. *Huberti Langueti Vita*, du même, pag. 5. Konig, *Bibliotheca vetus & nova*, pag. 619. & le *Suplément de Moreri* de 1735.

JOSEPH-AIMÉ PERRENEY.

JOS. AIMÉ PERREN.

PERRENEY, (*Jofeph-Aimé*) Maître des Comptes de Dijon, avoit époufé Charlotte-Chriftine Fevret. Il mourut à Dijon en 1678. âgé d'environ 55. ans. Il eft Auteur de l'Ouvrage fuivant :

Lettre de M. Perreney, Confeiller du Roi, Maître en la Chambre des Comptes de Bourgogne & Breffe. Sans nom de Ville ni d'Imprimeur (*Dijon, Jean Grangier*) 1669. *in* 12. Ces Lettres, au nombre de 26. adreffées à des perfonnes de qualité, ne leur ont jamais été envoyées. Elles font à la loüange du Roi Loüis XIV.

Part. II.   M m

FRANÇOIS PERRIER.

FRANÇ. PERRIER.

PERRIER, (*François*) fils d'un Orfèvre de Saint-Jean-de-Lône, naquit en cette Ville. [1] Félibien dit que le jeune *Perrier* se débaucha, quitta ses parens pour aller à Rome, étant encore fort jeune ; mais que manquant d'argent, il se laissa aller aux persuasions d'un aveugle, qui ayant envie de faire le même voyage, le pria de le conduire pendant le chemin. *Perrier* étant arrivé à Rome, fut embarassé pour trouver le moyen de subsister en cette Ville. Il souffrit beaucoup dans les commencemens ; mais la nécessité où il se trouvoit, & la facilité de son génie, le mirent bientôt en état de se tirer d'affaire. Il entra chez un Peintre célèbre, chez qui il demeura quelques années. Mais ce Peintre étant venu à mourir, il lui fallut chercher parti ailleurs. Heureusement pour lui, celui qui acheta les Tableaux de son Maître, le logea chez lui, & voyant son inclination pour la peinture, il emprunta de ses amis, les meilleurs Tableaux, pour les lui faire copier. Il fit plus, car il lui donna la connoissance du célèbre Lanfranc. Ce fut à la sollicitation de ce fameux Peintre, qui étoit jaloux du Dominiquain, que *Perrier* grava à l'eau forte, le Tableau qu'Augustin Carache avoit peint aux Chartreux de Boulogne. Ce morceau de l'Art représentoit la Communion de S. Jerôme, & Lanfranc prétendoit prouver par cette estampe, que l'Ouvrage si vanté, que le Dominiquain avoit fait à Rome sur le même sujet pour la Maison de Saint Jerôme de la Charité, n'étoit qu'un pur larcin ; ce qui étoit faux, selon Félibien en ses *Vies des Peintres*.

Perrier s'acquit dans le Dessein une pratique aisée, agréable & de bon goût ; ce qui fit que plusieurs jeunes gens s'adressèrent à lui pour lui faire retoucher leurs Desseins, & que quelques Etrangers en achetoient des siens pour les envoyer à leurs parens, & s'attirer par-là de l'estime, & du secours dans leurs dépenses. Il s'acquit, au pinceau, la même facilité qu'il avoit pour le crayon. Animé par la promptitude avec laquelle il manioit les couleurs, il résolut de retourner en France ; & étant arrivé à Lyon, Jacques Sarrazin, habile Sculpteur, lui fit peindre le Cloître des Chartreux. M. Brossette n'a pas oublié ce curieux morceau, dans son nouvel Eloge de la Ville de Lyon. *Perrier* alla ensuite à Mâcon, voir deux de ses freres ; l'un, Peintre ; l'autre, Sculpteur. C'est aparemment de ce premier, que le Comte a fait mention dans son *Cabinet des Tableaux*, quand il dit que plusieurs ont gravé les desseins de François *Perrier* ; entr'autres, Gilles Rousselet, & G. Perrier le jeune, de Mâcon. *Perrier* passa ensuite en Bresse, où il fit plusieurs Tableaux, & grava quelques planches à l'eau forte. En 1630. il se rendit à Paris, & travailla quelque tems pour le Peintre Voüet, qui étoit alors Maî-

---

[1] C'est sans raison, que dans le *Dictionnaire de Moreri*, on le fait naître en Franche-Comté. L'origine de cette erreur vient de Félibien, qui à la page 59. de son *Catalogue des Peintres les plus célèbres*, & pag. 136. du IVe. vol. de ses *Vies des Peintres*, Edit. de 1706. in 12. place S. Jean-de-Lône dans le Comté de Bourgogne. En quoi il a été suivi par plusieurs autres, comme par de Piles, *Vies des Peintres*, pag. 482. par le Comte, pag. 89. du III. volume de son Cabinet des Tableaux, &c. M. l'Abbé Goujet a rectifié la faute de Moreri, dans son Suplément de 1735.

DE BOURGOGNE. 139

FRANC. PERRIER.

tre de tous les grands ouvrages. La Chapelle du Château de M. d'Effiat, est toute entière de *Perrier*, sur les desseins de Voüet, & c'est ce qui est de mieux peint dans cette maison. On voit encore de lui à Paris, des Tableaux dans l'Église de Sainte Marie, ruë S. Antoine, la Gallerie de l'Hôtel de la Vrilliére peinte à Fresque : La face de cet Hôtel du côté de la cour, formé en pilastre avec les ornemens, est d'une belle distribution. Les figures de Mars & de Minerve, qui sont à l'entrée de ce magnifique bâtiment, prouvent que *Perrier* étoit aussi habile dans la Sculpture que dans la Peinture. Tout ce qu'il a fait, est travaillé avec goût. Félibien lui reproche cependant d'être souvent peu correct ; il ajoute que ses airs de tête sont secs & peu agréables, & son coloris un peu noir, & qu'il ignoroit la perspective & l'Architecture ; ce qui cause beaucoup d'irrégularité dans le plan de ses figures.

En 1635. *Perrier* reprit la route de Rome. Y ayant demeuré dix ans, il retourna à Paris. Ce fut au retour de ce second voyage, que l'Académie de Peinture lui donna la qualité d'Ancien ; c'est-à-dire, qu'il fut l'un des deux qu'elle choisissoit au sort en ce tems-là. *Perrier* en exerça pendant deux ans les fonctions, avec honneur, & mourut Professeur de cette Académie, au mois de Mai 1650. selon Guérin, pag. 17. de sa *Description de l'Académie*, Edit. de 1715. *in* 12.

Michel de Marolles, dans ses Mémoires, fait l'Éloge de *Perrier*. Dans son Catalogue d'Estampes, il assure que ce Peintre a gravé à l'eau forte, plusieurs choses qui sont pleines d'esprit ; tels que les bas-reliefs, les plus beaux de Rome ; cent des plus célèbres Antiques, & plusieurs choses d'après Raphaël ; entr'autres, quelques-unes de la Gallerie Justiniene. Selon de Piles, il a gravé de clair antique quelques Pièces anciennes, d'une manière dont on lui attribuë l'invention, mais qui avoit déja été mise en usage par le Parmesan. Cette manière consiste en deux planches de cuivre, qui s'impriment sur un même panier de demi teinte ; dont l'une, qui est gravée à l'ordinaire, imprime le noir ; & l'autre dans laquelle consiste tout le secret, imprime le blanc.

Brice, dans sa *Description de Paris*, loüe *une Salutation Angélique de* Perrier, *qui est sur le grand Autel de l'Hôpital des Incurables, & un autre Tableau de la même Eglise, qui est dans la Chapelle à main droite, & qui fait simétrie à une peinture de Champagne.*

Selon l'Abbé de Marolles, que j'ai déja cité, *François Perrier & Michel Natalis*, ont fait 358. Pièces. Elles ont été gravées par plusieurs, tels que Corn. Bloëmart, Gilles Rousselet, Jean Couvay, Jean le Pautre, &c. On voit quelques figures du même *Perrier* dans l'*Hesperides, sive de malorum aureorum cultura & usu*, Lib. IV. Joan. Bapt. Ferrarii, Sen. Soc. Jesu, 1646. pag. 150. 157. *Statuës de F. P. avec leurs contr'épreuves. Un Livre de Triangle en dix Pièces, qui sont des figures, & le Banquet des Dieux.* Voy. le *Cabinet de le Comte*, p. 229. *Quatorze figures de femmes assises, représentant des Vertus.*

Voici les Titres de deux excellens Recüeils, gravés à l'eau forte de la façon de *Perrier*.

Segmenta nobilium signorum & statuarum, quæ temporis dentem invi-

FRANC. PERRIER. *dum evafere , Urbis æternæ ruinis erepta , Typis Æneis ab fe commiffa , perpetuæ venerationis monumentum ,* Fr. *Perrier.* D. D. D. *Romæ ,* 1638. *& à Paris , chez la veuve de deffunt Perrier ,* in folio *, cent figures.*

Icones & Segmenta illuftrium è marmore Tabularum , quæ Romæ exftant à Fr. *Perrier , delineata , & ad antiquam formam lapideis exemplaribus paffim collapfis reftituta.* Romæ, 1645. *& Parifiis ,* 1645. in folio oblongo , 50. planches. On en dit 54. à la page 178. du *Catalogue* de M. de Vilembrouck.

Dans le Catalogue , intitulé : *Indice della Stampe di Giacomo de Roffi,* &c. *in Roma ,* 1657. je trouve ceci : *Statue infigni di Roma intagliate al l'acqua forte , e copiata da Franc. Perrier , Libro in* 103. *quarti fogli imperiati ,* & pag. 50. *Caino che Ammarza Abele inventione , & intaglio al l'acqua forte di Franc. Perrier , merzo folio reale.*

Voy. Félibien, *Catalogue des Peintres les plus célèbres ,* p. 54. *Vies des Peintres ,* du même , Tom. III. pag. 313. & IV. vol. pag. 136. Edit. de 1706. *in* 12. De Piles, *Vies des Peintres ,* pag. 482. Le Comte, pag. 89. & 180. du IIIe. vol. de fon *Cabinet de Tableaux.* M. Broffette, *Eloge de Lyon ,* pag. 103. Brice, *Defcription de Paris ,* Tom. I. p. 274. & Tom. III. pag. 114. *Mémoires de Marolles ,* pag. 154. & 258. & Guerin, *Defcription de l'Académie de Peinture ,* pag. 17. Edit. de 1715. *in* 12.

FRANÇOIS PERRIER.

FRANC. PERRIER. *P*ERRIER, (*François*) Avocat au Parlement de Dijon, Subftitut de M. le Procureur Général, naquit à Beaune, le 14. Janvier 1645. A l'âge de 18. ans, il fe rendit à Paris, y étudia en Droit, s'y fit recevoir Avocat, & plaida quelques Caufes au Châtelet. De retour en Bourgogne en 1664. il plaida affiduëment au Barreau de Dijon. Un jour que fon pere, qui étoit Procureur Fifcal du Marquifat de la Borde, vint à Dijon rendre vifite à M. Brulart, Seigneur de cette Terre, & Premier Préfident du Parlement, ce grand Magiftrat lui témoigna la fatisfaction qu'il avoit euë depuis peu à la plaidoirie de fon fils. Il fit fon Eloge, & propofa au pere, que fi fon fils vouloit demeurer auprès de lui, il lui offroit fa table, une chambre & un Domeftique. Le pere reçut cette propofition avec une joye égale à celle de fon fils. Ce fut à cet illuftre Maître que le jeune *Perrier* dut une partie de fon mérite, qui fut tel, que pendant 21. ans qu'il a exercé les fonctions de Subftitut de M. le Procureur Général, les Arrêts étoient toûjours conformes à fes Conclufions.

Cet habile Jurifconfulte mourut fubitement à Dijon, le 3. Octobre 1700.

Il a laiffé un Recüeil de 350. Arrêts de ce Parlement, dans lefquels il a donné un précis judicieux des Arrêts des Parties. L'Auteur commença cet Ouvrage, le 27. Janvier 1665. & le continua jufqu'au 22. Août 1699. Un Avocat de cette Ville vient d'en enrichir le Public, & y a joint d'amples Obfervations de fa façon, dans lefquelles il a fait entrer les principales queftions qui regardent notre Coûtume. Ce Recüeil imprimé, a pour Titre :

I.

DE BOURGOGNE. 141

1. *Arrêts Notables du Parlement de Dijon, recüeillis par M.* François FRANÇ. PERRIER.
Perrier, *Subſtitut de M. le Procureur Général, avec des Obſervations ſur chaque queſtion, par* Guillaume Raviot, *Ecuyer, Avocat au Parlement, & Conſeil des Etats de Bourgogne.* Dijon, Arnauld-Jean-Baptiſte Augé, 1735. *in folio*, 2. vol.

2. Le même *Perrier* a laiſſé un autre *Recüeil de Droit* fort épais. Il renferme des Commentaires ſur la plûpart des Loix du Code & du Digeſte. Il marque celles qui ne ſont plus en vigueur, & quel uſage on doit faire des autres dans cette Province.

L'original eſt entre les mains de M. Davot, Profeſſeur en Droit François dans l'Univerſité de Dijon.

3. *Un volume de Remarques ſur pluſieurs queſtions de Droit des plus importantes.*

4. *Les minutes de ſes plaidoyers, & un grand nombre d'Avis & d'autres Ecrits concernant le Droit.*

5. *Remarques de Belles-Lettres.* Ces trois derniers Mſſ. ſont entre les mains de M. Loüis Perrier, ſon frere & ſon héritier.

JEAN PERRIER.

PERRIER, (*Jean*) frere du précédent, Bourgeois de Beaune, na- JEAN PERRIER. quit en cette Ville, le 22. Novembre 1654. & mourut le 9. Avril 1731. Il eſt Auteur de l'Ouvrage ſuivant:

Réflexions ſur la machine du corps humain, & ſur le ſang, avec des Remarques utiles pour faire vivre plus long-tems, 1726. ſans nom d'Auteur, de Ville, ni d'Imprimeur. *Perrier* tâche de prouver trois choſes dans cet Ouvrage. I. Que le chile ne ſe change point en ſang. II. Qu'il ne ſe fait point dans notre corps une ſur-abondante replétion de ſang, qui demande une évacuation par la ſaignée. III. Que notre ſang ne ſe peut corrompre dans nos veines. L'Auteur tire pluſieurs conſéquences de ces principes; & celle-ci, entr'autres, que puiſqu'il ne ſe fait pas de nouveau ſang, la pratique de la ſaignée doit être rejettée. L'Auteur ſe vange ici des Médecins, qui lui ont conſeillé l'uſage de la ſaignée dans ſa jeuneſſe, & qui par-là, lui ont rendu la ſanté foible & languiſſante. Par une ſuite de la même prévention & du même ſiſtême, il n'a jamais voulu donner ſa fille à un riche Médecin, qui la lui demandoit en mariage.

NICOLAS PERRIER.

PERRIER, (*Nicolas*) Avocat au Parlement de Dijon, & Secre- NICOLAS PERRIER. taire au Parlement de Metz, étoit d'une honnête famille de Saint-Jean-de-Lône, & y naquit en l'année 1628. S'étant apliqué avec ſuccès, à l'étude de la Juriſprudence, il ſe fit recevoir Avocat au Parlement de Dijon, & ſe fixa en cette Ville. La difficulté, qu'il avoit à prononcer, l'empêcha de

Part. II. Nn

NICOLAS PERRIER. briller au Barreau. Il en fut dédommagé par les Consultations, où il fut très employé, & il acquit une grande expérience dans les affaires.

Comme il ne laissoit pas d'être assidu aux Audiences, il y remarqua avec soin, les Arrêts les plus importans, & il en a laissé un ample Recüeil. Il mourut au mois de Septembre 1694. & laissa deux enfans de son mariage avec Benigne Tribolet; Antoine, mort Tréforier de France en la Généralité de Bourgogne; & Jacques, Sieur de Montrichard, Capitaine de Grenadiers au Régiment de la Chesnelaye. Nicolas Perrier a donné au Public un petit volume, intitulé : *Observations de Droit & de Coûtume, selon l'Usage du Parlement de Dijon*. Dijon, Jean Grangier, 1688. *in* 4°. pagg. 89. L'Auteur n'y mit pas son nom; mais le désigna seulement par ces quatre mots : *Cor, lux jus aperiens*, qui sont l'anagramme de son nom Latinisé. Ces Observations sont au nombre de douze, sur le premier Titre de la Coûtume de Bourgogne. Il avoit eû dessein de continuer cet Ouvrage, & même il en publia en 1691. une seconde Edition chez le même Imprimeur, dans laquelle on trouve le commencement d'une treiziéme Observation sur le droit d'Indire; mais qui, je ne sçais pourquoi, est demeurée imparfaite. Ces Observations ont été réimprimées en 1736. *in* 4°. à Dijon, chez Augé. Elles sont jointes aux Observations *sur la Coûtume de Bourgogne*, par feu M. François Bretagne, Conseiller au Parlement de cette Province. Comme les Observations de *Nicolas Perrier* sur notre Coûtume, sont judicieuses & fondées sur la Jurisprudence des Arrêts de la Cour, elles méritent fort d'être lûës, & font regretter que l'Auteur n'en ait pas donné davantage. Il avoit dessein, ainsi que je l'ai dit, d'en faire imprimer la suite. L'original de cette seconde Partie manuscrite, est aujourd'hui entre les mains de M. Davot, Professeur en Droit François dans l'Université de Dijon. M. Raviot, en sa Préface des Arrêts du Parlement de Dijon, recüeillis par François Perrier, avoüe que pour cet Ouvrage, il a profité du Recüeil d'Arrêts Mss. de *Nicolas Perrier*, qui apartient à M. Davot. Le même M. Raviot fait un grand éloge de *Perrier*, qu'il regarde comme un grand Jurisconsulte. « Quoiqu'il eût peu de talent pour la parole, dit-il, il excelloit dans cette partie de l'esprit, qu'on apelle la judiciaire. »

Voy. l'*Histoire des Commentateurs de la Coûtume de Bourgogne*, par M. le Président Bouhier, pag. LIX. dont cet article est tiré presque entiérement, & la Préface de M. Raviot, *sur les Arrêts du Parlement de Dijon, recüeillis par François Perrier*.

FRANÇOIS PERRIN.

FRANC. PERRIN. **P**ERRIN, (*François*) Chanoine de l'Eglise Cathédrale d'Autun, étoit fils de Martin Perrin, & de Pierrette Pitois, & mourut le 9. Janvier 1606. Etienne Ladonne parle de lui fort honorablement. *Floruere quidem*, dit-il, [1] *superiori ætate duo Viri celeberrimi, Franciscus Perrinus, & Jacobus Leotius, uterque Hedui celeberrimi, quos audio Civitatem*

---

[1] *Antiquitat. Heduor.* imprimées en 1640. pag. 65.

Æduam Gallicè descripsisse. Sed nescio quo fato accidit, ut Authores tanti nominis in publicum prodire vetentur, imò nec privatim eos videndi copia fiat. Nihil amplius superest, quàm ut Typis eorum Opera mandentur, & Auspice Janino [1] *immortalitati consecrentur.* Edme Thomas [2] cite le Titre de ce Livre, tel que je le vais raporter, & dit qu'il n'en a pû recouvrer le MS. Le P. Jacques Vignier, Jésuite [3] nous en a apris le sort. Il prétend que de son tems, l'original étoit chez M. Artault. Le P. Vignier doute s'il doit attribuer cette Histoire à *Perrin* ou à *Aubery*, Médecin de Bourbon-Lancy. Quoiqu'il en soit, voici le Titre de cet Ouvrage :

1. *Véritables recherches de l'Antiquité de la Cité d'Autun.* MS.

2. *Regrets sur les ruïnes de la Cité d'Autun.* MS. Thomas, qui avoit vû cet Ouvrage, en dit beaucoup de bien, & prétend que *Perrin* étoit bon Poëte François.

3. *Le Portrait de la vie humaine, où naïvement est dépeinte la corruption, la misère, & le bien souverain de l'homme, en trois Centuries de Sonnets, dédiés au R. Evêque d'Autun; avec l'Antiquité de plusieurs Cités mémorables, nommément d'Autun, jadis la plus superbe des Gaules: Exemple évident de l'inévitable mutation des choses.* Paris, Chaudière, 1574. in 8°.

4. *Imploration de la Paix au Roi, extraite du Latin de M. Lazare Thomas, & mise en Vers François.* Lyon, 1576. in 8°.

5. *Cent & quatre Quatraines de Quatrains, contenant plusieurs belles Sentences & Enseignemens extraits de Livres anciens & aprouvés ; lesdites Quatraines divisées en quatre Quarterons.* Lyon, Benoît Rigaud, 1587. in 12. On lit à la fin de cet Ouvrage, des *Prières*, à l'imitation de celles dont on use ordinairement en l'Eglise Catholique, traduites du Latin. L'Auteur y remarque que la peste désoloit alors la Bourgogne.

Voy. Ladonne, *Antiquités Latines d'Autun*. Edme Thomas, *Histoire manuscrite d'Autun*, & du Verdier, *Bibliothèque Françoise*, pag. 406. Cet Auteur parle peu exactement de *Perrin*.

CLAUDE PERRY.

PERRY, (*Claude*) naquit à Châlon en 1692. de Pierre Perry, & de Philiberte Pennessot. Son pere, qui aperçut de bonne heure en lui d'heureuses dispositions pour les Sciences, lui fit prendre des Leçons de Jurisprudence. Le jeune *Perry* se fit recevoir Avocat ; mais se lassant bientôt du tumulte du Barreau, il embrassa l'Etat Ecclésiastique, & fut pourvû d'un Canonicat de l'Eglise Cathédrale de Châlon, auquel il renonça, pour

---

[1] Le Président Jeannin, à qui Ladonne dédie son Ouvrage.
[2] *Histoire manuscrite d'Autun*, chap. VIII.
[3] Dans une Note MS. sur le Livre de Ladonne, chez les Jésuites de Dijon.

CLAUDE PERRY. entrer chez les Jésuites. En 1628. il fit son Noviciat à Nancy. Sotwel nous aprend que le P. *Perry* a professé les Humanités & la Rhétorique au Collége de Dijon. Il mourut en cette Ville, le 2. Février 1684. âgé de 83. ans. C'étoit un homme d'une humeur agréable & enjoüée, & d'une petite taille.

CATALOGUE DE SES OUVRAGES.

1. *Poëfis Pindarica.* Châlon, 1641. *It.* 1650. 1653. 1659. *ibid.* & ailleurs.

2. *Icon Regis, tribus Libris comprehensa, quibus res præclara gesta à Ludovico Justo describuntur.* Paris, Rocart, 1642. *in* 12.

3. *Porticus Eminentiss. Cardin. Mazarini. De Bibliotheca commendatione Cl. Vir. Jo. Christ. Virey.* Imprimé en feüilles volantes, & ensuite dans sa *Poëfis Pindarica.*

4. *Magnus Mammes, puer insignis, Ecclesia Lingonensis Patronus.* Long Poëme Lyrique. Langres, Jean Boudrot, 1641. *in* 4°.

5. *Panegyris Illustriss. Petri Odebert, Libellorum supplicum Præsidis.* (Ode) Dijon, Palliot, 1651. *in folio.*

6. *Vie de Saint Eustase, Abbé de Luxeüil.* Metz, Jean Antoine, 1645. *in* 12.

7. *Panegyris Illustriss. D. Jacobi de Neuschèses, Episc. Cabilon.* Châlon, Philippe Tan, 1652. *in* 4°. pagg. 12.

8. *Théandre, ou Semaine Sainte par Dialogues.* Lyon, 1653. *in* 4°. & Châlon, la même année, *in* 8°. Baillet, en ses *Jugemens des Sçavans*, se mocque de l'obscurité, que le P. Perry a affectée dans le Titre de ce Livre.

9. *Vers Latins*, à la tête du *Dialogue Latin* de Charles Fevret, des *illustres Avocats du Parlement de Bourgogne.*

10. *Seize Strophes Alcaïques*, au-devant du Traité de J. Morel, *de febre purpurata.*

11. *Luctus Cabilonis in obitu illustriss. Ludovici Châlon du Blé, Marchionis d'Uxelles, Urbis Cabilon. Gubernatoris designati.* Châlon, Philippe Tan, 1658. *in* 4°. pagg. 13.

12. *Histoire de Châlon.* Ibid. 1659. *in folio.* Burch. Gottelf. Struve, pag. 333. *Introduct. ad rem literariam*, se trompe, en disant que cette Histoire est *in* 4°.

13. *Long Poëme Héroïque Latin*, au-devant du IVe. vol. des *Fleurs Latines des Cardinaux*, par Loüis Doni d'Attichy, Evêque d'Autun, en 1660.

14. *Ode Alcaïque* de seize Strophes, à la tête du *Negotium Sæculorum Mariæ*, du P. Courcier, Jésuite. Dijon, 1660. *in folio.*

15. Dans le *Tumulus Naudæi*, par le P. Jacob, en 1659. on trouve *Epicedium per Cl. Perry.*

16.

DE BOURGOGNE.

16. *Ode Latine*, au-devant du Traité du même, *de claris Scriptoribus Cabilonensibus*.

CLAUDE PERRY.

17. *Extrait d'une Lettre du P. Perry, sur la Période Julienne*. Dans le *Journal des Sçavans* de 1666. pag. 699. Edit. *in* 12.

18. *Obeliscus Plomberianus*. Dijon, Ressayre, 1681. *in* 4°.

19. *Delphini & Mariæ-Annæ Christinæ Bavaræ Filii, Genethliacum*. Ibid. 1682. *in* 4°.

20. *Campinium, Villa Philiberti de la Mare, Carmine celebrata. In Plomberianam Villam à Philiberto de la Mare celebratam*. Il est parlé de ces deux Pièces, pag. 29. *Conspect. Historic. Burgund*. de M. de la Mare.

21. *Ad clariss. Petronillam Gaulthier, Cl. V. Jo. de Clugny, Prætoris Division. viduam, ob concessum ex argento solido ornamentum majori Altari Templi Collegii Divion. Soc. Jesu, Carmen Euchariſticon*. Dijon, Ressayre, 1683. *in* 4°.

22. *Carmen votivum in* LXX. *ætatis annum, & Decembris* 16. *natalitium diem. V. clariss. Car. Fevreti, Jurisconsulti celeberr*. Mſ. *in* 4°. chez M. Fevret de Saint-Mesmin.

23. *In Bibliothecam Patrum Soc. Jesu Lugdun. Ode in Historiam Poëtarum Gallorum Cl. Viri Guill. Colletet*. Mſ.

24. *Vie d'André Guijon, Docteur en Théologie, Chanoine & Théologal de S. Ladre d'Autun, & Vicaire Général*. Mſ. *in* 4°. Elle étoit chez M. Philibert de la Mare, à Dijon.

25. *Généthliaque de Monseigneur le Duc de Bourgogne* (en Vers François.) Ce sont les seuls Vers François que j'aye vûs de ce Pere.

26. *Ode Latine à M. Fleutelot, sur sa Bibliothèque*. Feüille volante.

27. *Une autre sur la Bibliothèque de M. le Président Bouhier*. Feüille volante.

28. *Ode Latine fort longue à M. de Mucie, Conseiller au Parlement de Dijon*. Mſ.

29. *Sylvarum Lyricarum, Tom.* III. *Heroïcorum Liber* I. Mſ. *in folio*, de la main de l'Auteur, au Collège des Jésuites de Dijon.

Voy. Baillet, *Jugemens des Sçavans*, Tom. I. pag. 553. Edit. *in* 12. Labbe, *Bibliot. Bibliothec*. pag. 202. Teissier, *Catalog. Author. & Biblioth*. pag. 58. Jacob, *de claris Scriptoribus Cabilonensibus*, pag. 115. Konig, *Bibliotheca vetus & nova*, p. 62. De tous les Ouvrages du P. Perry, Konig ne fait mention que de l'*Histoire de Châlon*.

Part. II. Oo

CLAUDE PERRY.

CLAUDE PERRY.

PERRY, (*Claude*) neveu du précédent, mourut à Beaune. Il a traduit en Vers François l'Ouvrage de son oncle, intitulé : *Carmen Eucharisticum ad Cl. Petronillam Gaulthier, ob concessum ex argento solido ornamentum majori Altari Templi Collegii Societ. Jesu Divionensis.* Dijon, Ressayre, 1682. *in* 4°.

PIERRE PESSELIERE.

PIERRE PESSEL.

PESSELIERE, (*Pierre*) Moine de l'Abbaye de Saint Germain d'Auxerre, vivoit au milieu du XVI_e. Siècle. Il est Auteur des Traités suivans :

1. *Traduction du Traité de Saint Jean Chrysostôme : Que nul n'est offensé si-non par soi-même.* Paris, Adam Saulnier, 1543. *in* 8°. Du Verdier parle de cet Ouvrage dans sa *Bibliothèque Françoise*, aussi bien que la Caille, dans son *Histoire de l'Imprimerie de Paris*, où *Pesselière* est apellé mal-à-propos Basselière.

2. *Ode Sapphique Latine de sept Strophes*, à la tête de l'Institution de la *Femme Chrétienne de Vivès*, traduite par Pierre de Changy. Lyon, 1543. *in* 16. *Dixain sur la mort de Pierre de Changy.* Ibid.

3. *Vita Sancti Germani, Authore Herico, Monacho Benedict. edita studio Petri Pesselerii, Antissiodor. Cœnobitæ.* Paris, Colines, 1543. *in* 8°.

4. *Liber II. de miraculis S. Germani, quæ in ejus Vita omiserat Hericus Altissiodorensis.* Dans la *nouvelle Bibliotheque des Mss.* du Pere Labbe, Tom. I. pag. 531.

5. Dès 1542. *Pesselière* avoit fait l'Epitre Dédicatoire de *Claude d'Auxerre, sur les Epitres de S. Paul aux Galates.* Elle est imprimée dans la *Bibliothèque des Peres*, Tom. V. pag. 795. Edit. de 1654.

Voy. du Verdier, *Bibliothèque Françoise*, pag. 1038.

PAUL PETIT.

PAUL PETIT.

PETIT, (*Paul*) Licentié de Sorbonne, naquit à Dijon, le 21. Janvier 1671. & mourut en cette Ville, le 3. Septembre 1734. Personne n'a refusé à cet Abbé, le titre de bel-esprit. S'il eût cultivé les heureuses dispositions qu'il avoit pour les Sciences, on lui auroit vû occuper une des premiéres Places de la République des Lettres. C'est ainsi que m'en a souvent parlé M. de la Monnoye. Nous n'avons de M. *Petit*, que les amusemens suivans.

1. *Virgile virai en Borguignon, Livre premei.* Dijon, Antoine de Fay, 1718. *in* 12. pagg. 56.

DE BOURGOGNE. 147

2. *Deuxieme Livre.* Ibid. 1719. *in* 12. L'Ouvrage de M. *Petit*, dans le second Livre, ne commence qu'au VIIe. Vers de la 16e. page :

Car, disô-ti, si dan lo varve.

l'Auteur m'a souvent avoüé lui-même, que les Vers, qui précédent, étoient de la composition de M. le Conseiller Pierre Dumay. On peut aussi consulter sur ce sujet, la page 216. du *Glossaire des Noëls Bourguignons* de M. de la Monnoye, qui cite quelques Vers de M. Dumay, inférés dans le II. Livre du *Virgile Bourguignon*.

La Version est littérale ; & malgré cette contrainte, les Traducteurs ont sçû faire quitter agréablement au Poëte Latin sa gravité, pour lui faire raconter dans le Jargon Bourguignon, les avantures du Héros de Troyes. On peut assurer qu'on trouve dans cet Ouvrage beaucoup de naïveté, & en même-tems le badinage le plus fin & le plus spirituel. Enfin, pour me servir de la pensée d'un Auteur estimé, [1] le grand Virgile rira peut-être autant avec M. *Petit*, & avec M. Dumay, qu'il avoit eû sujet de rire avec le célebre Scarron.

L'Imprimeur nous avoit promis la Traduction des III. IV. V. XI & XIIe. Livres de l'Eneïde, par M. *Petit*. Je ne sçais pourquoi il n'a pas tenu parole.

3. *Sonnet en Bouts-Rimés.* Ce Sonnet, qui remporta le prix, que M. Vaillant, Gentilhomme chez le Roi, avoit proposé pour le Vainqueur, est imprimé dans le *Journal Historique, sur les matières du tems*, Tom. XIV. Juillet 1723. pag. 18.

4. *Deux Sonnets en Bouts-Rimés*, *à l'honneur de Monseigneur Bouhier*, *nommé premier Evêque de Dijon*. Dijon, Augé, 1726. feüille volante.

5. *Divertissement au sujet de la Naissance de Monseigneur le Dauphin*, *chanté chez M. de la Briffe*, *Intendant de Bourgogne*, *le 2. Octobre* 1729. Sans nom de Ville, d'Auteur, ni d'Imprimeur (Dijon) 1729.

6. *Relation des Réjoüissances qui se sont faites à Dijon, à la Naissance de Monseigneur le Dauphin.* Dijon, de Fay, 1729. *in* 4°. pagg. 48. Cette Relation, qui est très bien faite, a été placée presque toute entiere dans le *Mercure de Janvier* 1730. pag. 49-75.

7. *Divertissement exécuté en présence de S. A. S. Monseigneur le Duc*, *Gouverneur de Bourgogne*, *le* 10. *Mai* 1730. Ibid. Augé, 1730. *in* 4°. pagg. 15.

8. *Divertissement pour le jour de la Fête de M. le Comte de Tavanes*, *Brigadier des Armées du Roi*, *& son premier Lieutenant Général en Bourgogne.* Ibid. 1730. *in* 4°. pp. 12.

9. *Ode à Monseigneur Bouhier*, *Premier Evêque de Dijon.* (Treize Stances de 8. Vers chacune.) Ibid. 1732. *in* 4°.

10. M. *Petit* est Auteur du *Catéchisme*, imprimé par Ordre de M. l'Evêque de Dijon, *& du Mandement* qui est à la tête. Ibid. 1733. *in* 12.

---

[1] Gabriel Gueret, *Parnasse Réformé*, pag. 26.

FRANÇOIS PETITOT.

FRANC. PETITOT.

PETITOT, (*François*) Huiſſier au Parlement de Dijon, naquit en cette Ville, le 1. Septembre 1655. & mourut le 11. Novembre 1735. âgé de 80. ans. Il eſt Auteur de la Continuation du Parlement de Dijon, imprimée ſous ce Titre :

Continuation de l'Hiſtoire du Parlement de Bourgogne, depuis l'année 1649. juſqu'en 1733. contenant les Noms, les Surnoms, Qualités, Armes & Blaſons des Préſidens, Chevaliers, Conſeillers, Avocats & Procureurs Généraux, & Greffiers qui y ont été reçus dans cet intervalle. Dijon, de Fay, 1733. *in* folio. Voy. le *Journal des Sçavans* du mois d'Août 1734.

Il eſt encore Auteur de la *Relation des Réjoüiſſances faites à Dijon pour la Naiſſance de Monſeigneur le Dauphin.* (En Bourguignon.) *Ibid.* Augé, 1730. *in* 12. pagg. 45.

SIMON PETITOT.

I.

PETITOT, (*Simon*) fils du précédent, a fait imprimer en 1721. *in* 8°. à Lyon, chez André Laurens, l'Ouvrage ſuivant : *L'idée générale d'une machine hydraulique de nouvelle invention exécutée à Lyon ſur le fleuve du Rhône, pendant l'année* 1730. Pagg. 19. pour l'Ouvrage. Les aprobations des Echevins de Lyon, & de MM. de l'Académie des Sciences & Belles-Lettres de cette Ville, ſont enſuite juſqu'à la page 27.

GUILLAUME PHILANDRIER.

L. D.

PHILANDRIER, (*Guillaume*) naquit en 1505. à Châtillon, d'une bonne & ancienne famille ; mais plus recommandable encore par la vertu que par les titres & les honneurs de la fortune. M. de la Mare, qui nous a donné la Vie de ce Sçavant, fait mention d'un frere & de deux ſœurs de *Philandrier*. L'une, fut mariée à Giſſey de Poitiers, Maire de Châtillon ; & l'autre à Jean Michelinot, qui avoit auſſi un emploi dans la même Ville. Je ne connois aucune circonſtance de la Vie de ſon frere. *Guillaume* fut élevé avec ſoin. Il eut pour Précepteur Jean Perrelle, ſon Compatriotte, qui devint dans la ſuite Médecin célèbre, & ſe fit un grand nom à Paris où il exerça ſon Art. Perrelle enſeigna à *Philandrier*, la Grammaire, la Rhétorique, la Dialectique, & ſur-tout cette partie de la Philoſophie, qui aprend à connoître les ſecrets de la nature, & ce dernier fit de grands progrès dans toutes ces Sciences. Le mérite de *Philandrier* ne reſta pas longtems dans l'obſcurité. George d'Armagnac, de l'illuſtre famille de ce Nom, connu par la protection dont il honoroit les Gens de Lettres, qui avoit ſuccédé en 1529. dans l'Evêché de Rhodès, à François d'Eſtain, & qui fut Cardinal en 1544. ayant entendu parler des rares connoiſſances, que *Philandrier* avoit acquiſes, réſolut de ſe l'attacher, & le fit ſon Lecteur, ou

plûtôt

DE BOURGOGNE. 149

plûtôt son ami & son Confident. Ce fut en vain que les amis de *Philandrier* GUILL. voulurent le dissuader de prendre avec ce Prélat, un engagement qui lui fut PHILAND. difficile de rompre dans la suite. Pour les consoler de son éloignement, il leur envoya son Portrait, qu'il grava lui-même, & qu'il accompagna de huit Vers François, que M. de la Mare nous a conservés, & qui sont raportés dans le dernier *Suplément de Moreri*.

A peine fut-il à Rhodès, qu'il eut occasion de faire plusieurs Inscriptions, qui furent gravées dans cette Ville. Il fit l'une, au sujet du Passage du Roi François I. par cette même Ville, avec les trois Princes, ses Enfans, François Dauphin, Henri & Charles ; une autre, lorsqu'Henri II. Roi de Navarre & sa Femme Marguerite de Valois, Sœur de François I. passèrent par la même Ville en 1535. pour être couronnés Comtes de Rhodès.

Pendant ce tems-là, *Philandrier*, qui avoit du goût pour l'Art Oratoire, travailloit à commenter les Institutions de Quintilien. Marguerite de Valois, qui aimoit les Lettres, & y étoit même versée, ayant vû une partie de cet Ouvrage, conçut beaucoup d'estime pour le Commentateur, & lui ordonna de faire imprimer ses Notes, selon M. de la Mare, qui regrette beaucoup la perte de la suite de ce Commentaire.

Philandrier s'apliqua ensuite à l'Architecture, & prit Vitruve pour son modèle. Non seulement il connut la théorie de cet Art, il passa même jusqu'à la pratique, & l'on voit encore à Rhodès, plusieurs monumens des talens qu'il avoit acquis en ce genre. George d'Armagnac lui confia la direction de l'Edifice de sa Cathédrale. Les voutes de cette Eglise sont d'un travail hardi, & l'on en prendra une grande idée, si l'on en juge par cette Inscription de *Philandrier*.

Facessant Ægyptiorum
Insanæ Pyramidum moles.
Valeant Orbis miracula.

Par où, dit M. de la Mare, il paroissoit défier l'Univers de montrer quelque chose qui pût égaler cet Edifice.

Pendant que *Philandrier* étoit occupé à orner la Ville de divers Edifices, George d'Armagnac fut envoyé à Venise, en qualité d'Ambassadeur du Roi François I. *Philandrier* suivit son Mecène, & profita du voyage de Rome pour y étudier l'Architecture sous le célèbre Sébastien Serlio de Boulogne. Après son retour à Venise, il songea à travailler sur ce que les Anciens lui parurent avoir laissé de plus utile. Il choisit Vitruve, & en conféra exactement tous les Mss. qu'il put trouver, au moyen desquels il en réforma le texte. Ce travail lui coûta beaucoup de soins & de peines. Serlio & Bramante lui furent d'un grand secours ; il profita de même des lumières de tous ceux qui voulurent lui faire part de leurs recherches sur cet Auteur ; & après lui avoir rendu presque toute sa pureté, il lui fut aisé alors d'éclaircir un grand nombre d'endroits, que plusieurs Sçavans avoient tenté inutilement jusques-là d'expliquer. Quand son Ouvrage fut prêt, il le dédia à François I. le Pere & le Protecteur des Arts.

Part. II. Pp

GUILL. PHILAND.

George d'Armagnac, ayant été honoré en 1544. du Chapeau de Cardinal par le Pape Paul III. cette Dignité lui donna un nouveau crédit, dont *Philandrier* profita pour examiner avec plus de soin & d'attention, les restes précieux des Antiquités, dont Vitruve a fait mention. Il joignit à cette assiduité, un commerce réglé avec tous les habiles Architectes de Rome. Ses nouveaux efforts sur Vitruve, plurent au Pape, au Sacré Collége, & à toute la Cour Romaine. *Philandrier* nous aprend lui-même [1] que son Commentaire reçut pendant deux années entiéres, les aplaudissemens de toute la Ville de Rome. Ce fut cette estime universelle, qui lui procura le Titre de Citoyen Romain, qu'il obtint pendant ce tems-là.

En 1544. il revint à Rhodès avec le Prélat, qu'il avoit accompagné, & il prit alors le dessein d'entrer dans l'Etat Ecclésiastique, & de s'y lier par les Ordres Sacrés. Mais il n'exécuta cette résolution que dix ans après. Dans cet intervalle, il continua à exercer l'Architecture à Rhodès, & eut le soin de dresser lui-même des Inscriptions Latines, pour les Edifices publics, dont il eut la direction. M. de la Mare les a toutes raportées dans la Vie de ce Sçavant. En 1554. ayant embrassé l'Etat Ecclésiastique, il fut pourvû d'un Canonicat de l'Eglise Cathédrale de Rhodès, vacant par la mort de Benoît Valiat ; & le 8. Décembre 1561. il fut fait Archidiacre de la même Eglise. Il remplit les fonctions de ces deux Places, avec honneur & avec beaucoup de piété jusqu'à la fin de sa vie, en partageant son tems entre l'étude & les fonctions de son état. George d'Armagnac, ayant été nommé à l'Archevêché de Toulouse, tenta en vain *Philandrier* de l'accompagner en cette Ville ; celui-ci se fixa à Rhodès, & se contenta seulement de lui rendre visite deux fois l'année. Ce fut dans l'intervalle de l'un de ces voyages, qu'il mourut à Toulouse, le 18. Fevrier 1565. âgé de 60. ans, & regretté infiniment de George d'Armagnac, qui le fit enterrer dans l'Eglise de Saint Etienne, où il lui fit ériger un Mausolée, avec cette Inscription :

D. O. M.

Guillelmo Philandro, Castilionæo, Civi Romano ; eximiâ eruditione ac doctrinâ singulari, virtute nobili, scientiâ claro, pietate insigni, Religione non aliena, morum suavitate facili, animi candore conspicuo, sensu erga omnes probo, Antiquitatis & Architecturæ peritissimo, famaque celebritate, etiam exteris, noto, qui in studiis Literarum, multis annis consumptis, dum Antiquorum monumenta evolveret, ac se Anagnosten illustrissimo Cardinali Armaniaco præberet, tandem attritis viribus corporis, leni suspirio vitam efflavit. Georgius, Cardinalis Armaniacus, fidelissimo Anagnostæ suo, spe futuræ resurrectionis hoc Monumentum mœstissimus P. C. Vixit annos LX. fato verò suo functus est X. Kal. Mart. anno Domini M. D. LXV.

C'est à tort que M. de Thou, & Sainte-Marthe, ont reproché à *Philan-*

---

[1] *Præfat. & Epist. Dedicat.* à François I.

drier, d'avoir passé les derniéres années de sa vie dans la paresse. Baillet lui a fait le même reproche ; mais M. de la Monnoye l'a pleinement justifié dans ses Notes sur les Jugemens des Sçavans.

GUILL. PHILAND.

CATALOGUE DE SES OUVRAGES.

1. *In Institutiones Quintiliani, Specimen Annotat.* Lyon, Gryphe, 1535. *in* 8°. & plusieurs fois depuis.

2. *Annotationes in Vitruvium.* Rome, 1544. *It.* 1552. 2e. Edition augmentée d'un tiers pour les Notes, & accompagnée d'un Abregé Latin des Livres de George Agricola, *de ponderibus & mensuris.* Du grand nombre d'Editions qui se sont faites de cet Ouvrage, la derniére de 1649. *in folio*, chez les Elzévirs, est la plus belle. L'Auteur dit dans son Epitre à François I. que cet Ouvrage lui a coûté trois années de travail.

Jean Martin traduisit Vitruve en François, avec les Notes de *Philandrier*, & fit imprimer sa Traduction en 1572. à Paris, *in* 4°. & à Genève en 1618. Voy. la *Bibliothèque Françoise* de la Croix-du-Maine, pag. 220. 243. & 530. Scioppius conseille de lire le Vitruve de *Philandrier.*

3. *De Sectionibus marmoreis & polituris.* Mf. Ce Traité étoit achevé, ainsi que les suivans, que *Philandrier* avoit promis.

4. *De lapidum coloribus.* Mf.

5. *Diatriba de pictura & colorum compositione.*

6. *De Hyaburgia, plasticè & baphicè.* Mf.

7. *De umbris.* Mf. L'Auteur n'étoit pas content de ce que Léon-Bat. Alberti, avoit écrit sur le même sujet. Du Verdier dit qu'il avoit vû tous ces Mss.

8. Voy. sa Vie, par M. de la Mare, sous ce Titre : *De vita, moribus & scriptis Guillelmi Philandri, Epistola* ; & le *Suplément de Moreri* de 1735.

JEAN PICARD.

PICARD, (Jean) naquit à Toutry, Village du Bailliage de Semeur dans la Vallée d'Epoisses. Il paroît par ses Ouvrages, qu'il étoit connu & estimé des Sçavans de son tems, & qu'il résidoit à Paris. Il vivoit vers la fin du XVIe. Siècle.

JEAN PICARD.

CATALOGUE DE SES OUVRAGES.

1. *Six Vers Grecs*, à la tête du Traité de Jean Macer, Dijonnois, *de prosperis Gallorum successibus*, 1558. *in* 8°.

2. *Trente Vers Elégiaques*, au-devant d'un autre Traité du même Macer, *de laudibus Mandubiorum.* Ibid. 1655. *in* 8°.

3. *De Prisca Celtopædia.* Paris, Math. David, 1556. *in* 4°.

4. *Epicinion de rebus gestis Caroli Cossai Brisacei Domini, Galliæ Polemarchi, & Alpini Limitis Præfecti, in quo, quà non minùs fortiter, quàm*

fideliter, in Cafalpina Regione fub illius aufpiciis gesta funt, paucis enumerantur. Paris, Prevost, 1583. *in* 8°.

5. *Guillelmi Neubrigensis, de rebus Anglicis fui temporis, Libri V. cum Notis J. Picardi*, 1610. *in* 8°.

ANNE PICARDET.

PICARDET, (*Anne*) vivoit dans le dix-septiéme Siècle. Elle a fait imprimer des *Cantiques Spirituels*.

HUGUES PICARDET.

PICARDET, (*Hugues*) Procureur Général au Parlement de Bourgogne, naquit à Mirebeau, Bourg à quatre lieuës de Dijon. Il étoit fils de l'*Amodiateur & Facteur de la Maison de M. de Biron, Seigneur de Mirebeau, & Comte de Charny*. Mais il répara glorieusement la bassesse de sa naissance, par ses talens & son mérite. Il fut marié deux fois; de sa premiére femme, Anne de Berbisey, [1] il eut plusieurs enfans, dont l'une, nommée Marie, épousa Jacques-Auguste de Thou, Président au Parlement de Paris. M. *Picardet* résigna sa Charge, le 3. Avril 1641. à Pierre Lenet, Conseiller au Parlement, qui fut reçû, le 3. Août suivant. Il mourut à Dijon, le 29. Avril 1641. à l'âge de 81. ans, & fut enterré à Saint Etienne. Voici l'Epitaphe qu'on lui érigea :

Cy gît Meffire Hugues Picardet, Conseiller du Roi en ses Conseils, & son Procureur Général au Parlement de Bourgogne, lequel après avoir servi fidélement en sa Charge, trois Rois de France, pendant cinquante-trois ans entiers, décéda le Lundy 29. Avril 1641. âgé de 81. ans, laissant pour unique héritiere, Damoiselle Marie Picardet, sa fille, qui lui a fait ce Monument. Priez Dieu pour son ame.

CATALOGUE DE SES OUVRAGES.

1. *Recüeil des principaux points de la Remontrance faite en la Cour de Parlement de Bourgogne, le 24. Novembre dernier, par Me. Hugues Picardet.* Dijon, Jean Maignien, 1605. *in* 8°. pagg. 52. avec une Epitre Dédicatoire de Daniel Briet, au Président Jeannin. *It.* dans le Recüeil que je vais citer au N°. 3.

2. *Remontrance fur l'Edit de Nantes, les Duels, Blasphêmes, &c.* Dijon, Claude Guyot, 1614. *in* 12. *It.* dans le Recüeil suivant :

3. *Les Remontrances faites en la Cour du Parlement de Bourgogne, par Hugues Picardet.* Paris, Claude Morel, 1618. *in* 8°. pagg. 403. *It. ibid.*

---

[1] Fille de Thomas de Berbisey, Procureur Général du Parlement de Dijon, qui lui résigna sa Charge, en même-tems qu'il lui donna sa fille en mariage. Hugues *Picardet* fut reçû le 27. Janvier 1588.

DE BOURGOGNE. 153

1624. *in* 8°. selon le Catalogue des Livres de M. de Thou, pag. 255. L'Auteur, suivant la coûtume de ce tems-là, cite souvent du Grec, & quelquefois même de l'Italien. La première Remontrance fut prononcée à Flavigny, le 15. Novembre 1590. & la seconde, le 16. Novembre 1592. à Semeur, où le Parlement avoit été transféré pendant la Ligue.

HUGUES PICARDET

4. *Plaidoyé sur une vieille erreur populaire, que le droit d'Aubeine est aboli en la Ville de Dijon.* Ibid. 1619. *in* 4°. pagg. 42.

5. *Georgii Flori, Mediolanensis Jurisc. de Bello Italico, & rebus Gallorum praeclarè gestis, Libri VI. scilicet, de Caroli VIII. Expeditione Neapolitana, Libri II. de Ludovici XII. Expeditione Bononiensi, Bello Genuensi, & Bello Germanico, Libri IV. edente Hugone Picardeto.* Paris, Robert Etienne, 1613. *in* 4°. L'Editeur dédia ce Livre au Chancelier de Sillery. Il dit que l'Histoire de Flore avoit été écrite depuis plus d'un siècle ; qu'il écrit avec soin & avec liberté, & qu'il réfute bien les railleries de Guichardin, & des autres Historiens contraires aux intérêts de la France. George Flore vivoit en 1512. Michel Maittaire s'est souvenu de l'Edition de Hugues Picardet, dans ses *Annales Typographiques*, Tom. III. pag. 862. Denys Godefroy a inséré une pattie de l'Ouvrage de Flore, en son Histoire de Charles VIII. imprimée à Paris, en 1684. *in folio* ; sçavoir, l'Expédition de Naples par Charles VIII. en 1494. & 1495. la Guerre de Boulogne entreprise par Loüis XII. du tems du Pape Jules II. la Guerre que ce Prince fit aux Genois pour les soumettre, & celle de Maximilien contre le même Loüis XII. pour le chasser d'Italie.

6. *L'Assemblée des Notables de France, faite par le Roi en la Ville de Roüen, avec les noms des Elûs & Notables.* Paris, 1617. *in* 8°.

7. *L'Assemblée des Notables, tenuë à Paris, ez années 1626. & 1627. & les résolutions prises sur plusieurs questions & propositions d'Etat très importantes pour le Règlement de Justice, Police, Finances, &c. & autres choses nécessaires pour la seureté & Gouvernement de ce Royaume, avec plusieurs Harangues prononcées par les plus Notables de ladite Assemblée.* Paris, Besogne, 1652. *in* 4°. Voy. la *Bibliothèque des Historiens de France* du P. le Long, p. 384.

8. Il y a une Remontrance du même Auteur, à la pag. 870. & suiv. du *Recüeil des Harangues & Actions publiques*, imprimé à Paris, chez Haqueville, *in* 8°.

9. Charles Fevret, pag. 50. & suiv. de son Dialogue, *de claris Fori Burgundici Oratoribus*, parle d'un Dialogue de ce Magistrat avec François Briet, Conseiller au Parlement. Je ne sçais si cette Pièce existe. En voici le sujet, tiré de Fevret : *Franc. Brietum, clarissimum & integerrimum Senatorem, postquam in humanis esse desiit, finxit* (Picardetus) *sibi de nocte adstantem, seque alloquentem, plurimaque graviter & seriò commonentem ad vitam, moresque ex aequitatis, justitiaeque normâ componendos. Quod scripti genus breve, sed eruditum & serium mirè probatum est.* Ibid. p. 52.

Part. II. Q q

HUGUES PICARDET

10. M. le Conseiller de la Mare avoit quelques Lettres de *Hugues Picardet* à Guijon, Procureur du Roi à Autun. Elles sont Mss.

Le P. Jacob assure qu'une partie des Livres de M. *Picardet* est passée dans la Bibliothèque de Pierre Dupuy. Plusieurs Auteurs ont dédié des Ouvrages à cet habile Magistrat.

Pierre Blanchot, Avocat du Roi à Arnay-le-Duc, lui dédia en 1627. son Livre, intitulé: *La Justice de la Jérusalem Céleste*.

Le Jurisconsulte Pierre de Brosse, lui dédia en 1609. son Edition de *Cassiodore*.

Claude-Barthelemi Morisot lui adresse plusieurs Lettres.

Voy. Palliot, *Parlement de Bourgogne*, pag. 349. où l'on trouve quelques circonstances de la Vie de ce Magistrat. Charles Fevret, *de claris Fori Burgundici Oratoribus*, pag. 50. & suiv. Cet Auteur en fait un grand éloge; *Bibliothèque des Historiens de France* du P. le Long, pag. 384. *Claudii-Bartholomæi Morisoti*, *Epistolarum Centuria I*. pag. 91. *& seq.* Paul Dumay, qui parle de lui avec estime dans ses *Notes Latines sur les Epitres d'Innocent III*. Bernier, pag. 8. de son *Plaidoyé sur un Mariage clandestin*. Le P. Jacob, *Traité des plus belles Bibliothèques*, pag. 573.

N... PICHOU.

N... PICHOU.

PICHOU, (N...) Poëte François, naquit à Dijon. Le Sieur Isnard, son ami [1] & Editeur de la Filis de Scire, par *Pichou*, dans une Préface assez longue & assez bien écrite, qui est au-devant de cette Pastorale, nous a conservé quelques traits de la Vie de ce Poëte. *Pichou* étoit fils d'un pere, qui malgré la Profession des Armes, l'avoit élevé avec soin. Il fit ses premiéres études au Collége des Jésuites de Dijon, où il fit paroître une heureuse mémoire, beaucoup de solidité de jugement & de vivacité d'esprit. Mais le *fatras de la Philosophie*, (ce sont les termes d'Isnard) *que l'on souffre aujourd'hui dans les Ecoles*, *le dégoûta*, & il sentit pour cette étude, une aversion invincible. Dès ses plus tendres années, il montra du goût & de l'inclination pour la Poësie Latine. L'Histoire & la Poësie firent toute son aplication. *C'étoient*, selon Isnard, *les deux Maîtresses dont il étoit passionément amoureux*. Le même Panégyriste reconnoit dans son ami ce talent Poëtique que le Ciel ne donne *qu'à des personnes extraordinaires, & qu'à ceux qui ne viennent au monde que par miracle*. Il prouve ce qu'il avance par l'Aprobation dont M. le Prince (Pere du Grand-Loüis de Condé) recompensa ses premiers travaux, par l'honneur qu'il lui fit d'employer sa plume en diverses occasions, & par les aplaudissemens dont toute la Cour avoit honoré les représentations de quatre Piéces Tragicomiques de ce Poëte. *Pichou* fut assassiné vers 1630.

---

[1] Isnard étoit Médecin, & né à Grenoble. Je suis surpris qu'Alard l'ait oublié dans sa *Bibliotheque du Dauphiné*.

DE BOURGOGNE. 155

CATALOGUE DE SES OUVRAGES.

1. *Les Folies de Cardenio. Autres Œuvres Poëtiques du Sieur Pichou.* Paris, François Targa, 1630. *in* 8°. Plusieurs Censeurs s'élevérent contre les Folies de Cardenio. *On en critiqua*, dit Isnard, *la hardiesse trop excessive, & la barbarie du langage*. Mais Isnard y admire au contraire, une œconomie judicieuse, & une versification magnifique.

2. *Les Avantures de Rosiléon.* Ibid. 1630. *in* 8°. Cette Pièce est tirée du Roman de *l'Astrée* de M. d'Urfé.

3. *L'Infidéle Confidente.* Ibid. 1631. Cette Pièce a souvent été représentée par les Comédiens de l'Hôtel de Bourgogne. Isnard prétend qu'elle efface toute la gloire des autres qui avoient été admirées auparavant. Voyez la *Bibliothèque des Théatres*, pag. 176.

4. *Pastorale de la Filis de Scire.* Ibid. 1631. *in* 8°. Cette Pièce est suivie de quelques Stances au Roi Loüis XIII. Elle enleva généralement tous les suffrages de la Cour. Le Cardinal de Richelieu, qui en vit la représentation, dit que c'étoit la Pastorale la plus juste & la mieux travaillée qu'on eût encore vuë.

Voy. l'*Art de la Poësie Françoise*, par la Croix, imprimé en 1694. à Lyon, pag. 414. Il ne fait mention que des *Folies de Cardenio, & de la Filis de Scire*; la *Bibliothèque des Théatres*, & sur-tout la Préface d'Isnard, qui est à la tête de la *Filis de Scire*.

CLAUDE PICQUET.

PICQUET, (*Claude*) Docteur en Théologie, Cordelier de l'Etroite Observance, & Gardien de Châlon, étoit né à Dijon. Il vivoit au commencement du Siècle dernier. Voici les Ouvrages qu'il a fait imprimer.

1. *Commentaria super Evangelicam Fratrum Minorum Regulam, ac Sancti Francisci Testamentum : Adjecit ejusdem S. Patris Vitam & Virorum illustrium ejusdem Ordinis Catalogum, ordine alphabetico digestum.* Lyon, Jean Didier, 1597.

2. *Provinciæ S. Bonaventuræ, seu Burgundiæ, Fratrum Minorum Regularis Observantiæ, ac Cœnobiorum ejusdem initium, progressus & descriptio.* Tours, Claude Michel, 1610. *in* 8°. *It. secunda Editio aucta Tractatulo Juris Domicilii concessi Patribus Recollectis, & quibusdam Notis in errata ejus, qui hanc Descriptionem in prima Editione impugnare tentavit. Non enim omnino conveniunt circa res ejus Ordinis.* Ibid. 1621. *in* 8°. Luc Wading s'est trompé, en disant que la premiére Edition est de 1617. J'ai vû celle de 1610.

3. *Vita Clementis IV. Papæ. Mf. Lugduni, apud Renatum Gros à S. Jayro, Equitem S. Michaëlis*, dit Wading.

Voy. Wading, *Scriptores Ordinis Fratrum Minorum*, pag. 91. & 92.

& Konig, *Bibliotheca vetus & nova*, pag. 637. Ce dernier Auteur ne raporte pas tous les Ouvrages du P. *Picquet*.

ZACHARIE PIGET.

ZACHAR. PIGET.

PIGET, (*Zacharie*) Président au Bureau des Finances à Dijon, vivoit vers le milieu du Siècle dernier. J'ai vû une Harangue qu'il prononça en préfence d'Henri de Condé, lorfque ce Prince fit fon Entrée à Dijon en 1632. Cette Pièce fe trouve à la pag. 26. de la *Defcription de cette Entrée*, par Pierre Malpoy, imprimée à Dijon en 1632. *in folio*.

JACQUES PINSSONAT.

JACQUES PINSSON.

PINSSONAT, (*Jacques*) Profeffeur Royal en Langue Hébraïque, Curé de Saint Sauveur des petites Maifons, Docteur en Théologie de la Faculté de Paris en 1686. & Cenfeur Royal des Livres, étoit né à Bellevêvre, Village dépendant du Bailliage de Seurre, & mourut à Paris, le 9. Novembre 1723. âgé de 70. ans, après avoir légué fa Bibliothèque aux Peres de la Doctrine Chrétienne de la Maifon de S. Charles à Paris. Il eft Auteur des Ouvrages fuivans :

1. *Grammaire Hébraïque*. Je ne connois pas ce Livre, qui lui eft attribué dans les *Nouvelles Littéraires du mois de Décembre 1723*. & dans le *Suplément de Moreri* de 1735.

2. *Confidérations fur les Myftères, les Paroles & les Actions principales de Notre Seigneur Jefus-Chrift : Avec des prières pour s'entretenir en la préfence de Dieu*. Il y a eû deux Editions de cet Ouvrage. La feconde, qui eft corrigée & augmentée de plus de moitié, a été faite à Paris, chez Grégoire Dupuys en 1720. *in* 12. Voy. le *Journal des Sçavans* du mois de Février 1721.

3. M. l'Abbé Goujet, dit que M. *Pinffonat, au commencement des conteftations préfentes de l'Eglife, publia une brochure, qu'il intitula* : La Veuve de Sarepta.

Voy. le *Mercure de Novembre* 1723. pag. 1004. Les *Nouvelles Littéraires de Décembre* 1723. pag. 77. La *Bibliothèque Janféniste du P. de Colonia*, pag. 447. & le *Suplément de Moreri* de 1735.

JEAN PIOCHON.

JEAN PIOCHON.

PIOCHON, communément apellé *de Launay*, (*Jean*) naquit à Dijon, l'an 1649. de Nicolas Piochon, Entrepreneur de cette Ville. Jean *Piochon* fe deftina de bonne heure à l'Etat Eccléfiaftique, & fut, à ce fujet, étudier à Paris, dans le Collége de Lifieux. Il fit même un cours de Théologie. Mais la mort inopinée d'une perfonne de diftinction, qui l'honoroit de fon amitié & d'une eftime particuliére, le détacha entiérement

DE BOURGOGNE. 157

ment du monde. Après s'être livré pendant quelque tems à la retraite & aux JEAN
exercices de piété, il se présenta aux Chartreux. Il y fut reçu avec joye ; PIOCHON.
mais la délicatesse de son tempérament ne put résister, au-delà de six mois,
à l'austérité de cette vie. Rendu au monde, il y vécut avec une piété exemplaire. Ses amis, qui connoissoient sa probité & sa capacité, l'engagèrent à
rendre ses talens utiles au Public. Il suivit leur conseil, choisit la Chirurgie,
& s'apliqua particulièrement à la cure des descentes & des hernies. Il travailla
sous le célèbre Blegny, habile, à la vérité ; mais dont l'esprit trop actif &
trop remuant, a beaucoup obscurci le mérite, & même fait tort à sa fortune. Ce ne fut pas sans une extrême jalousie, que Blegny vit le Public se déterminer pour son Elève. Il tâcha d'effacer la réputation naissante de *Piochon*. Mais voyant que tous ses efforts étoient inutiles, il abandonna Paris,
ne pouvant suporter la préférence que son Elève avoit sur lui. *Piochon* devenu, pour ainsi dire, Maître du champ de bataille, & paisible Possesseur
du Titre de Chirurgien Herniaire, tâcha de plus en plus de mériter l'estime publique par ses recherches & par son aplication à tout ce qui pouvoit le
perfectionner dans son Art. Blegny ne fut pas le seul, qui tenta de mettre
obstacle à sa réputation, plusieurs Chirurgiens, dont le mérite est obscurci
par celui de *Piochon*, tentèrent de le décrier. Mais ils n'y purent réussir; &
les opérations fréquentes qu'il fit avec succès, lui attirèrent les aplaudissemens de toute la France, & le déterminèrent à mettre au jour le Livre dont
je vais rendre compte. Le Roi même eut de l'estime pour lui, & le fit recevoir Maître Chirurgien à Saint-Cosme. Il étoit arrivé au plus haut point de
sa réputation, quand il fut attaqué d'une inflammation d'entrailles. Cette
maladie aussi prompte que dangéreuse, l'enleva le 17. Juin 1701. avec les
plus vifs sentimens de Religion & de piété.

Il avoit épousé en 1690. Catherine-Françoise George, morte le 20. Janvier 1720. de laquelle il laissa deux enfans, un garçon & une fille. La fille
a fait Profession dans le Monastère des Carmelites de S. Denys, à Paris ; &
le fils, qui m'a communiqué une partie de cet Eloge, exerce avec beaucoup
de succès, la Profession de son père. *Piochon* n'a composé que cet Ouvrage :

*Instructions nécessaires pour ceux qui sont incommodés de descentes, avec
quelques Remarques sur le remède du Roi, & sur les moyens qu'on peut
prendre pour envoyer des bandages dans les Provinces.* Paris, Laurent d'Hou-
ry, 1690. *in* 12. pagg. 102. It. ibid. 1730. *in* 12. Ce Livre est dédié à *M.
du Terre, Chirurgien du Roi, Prevôt Perpétuel & Lieutenant Général de
M. le Premier Chirurgien de Sa Majesté.* L'Auteur lui dit que *c'est à ses
opérations fameuses, & à ses sçavantes Consultations, qu'il doit la meilleure partie des connoissances & des lumières, qu'il a dans l'Art de guérir les
descentes,* &c.

PANTALEON PION.

PION, (*Pantaleon*) Bachelier en Théologie, & Principal du Collé- PANTAL:
ge de Châtillon-sur-Seine, mourut en 1703. âgé d'environ 50. ans. Il PION.
est Auteur de l'Ouvrage, qui a pour Titre :

Part. II. R r

Relations des Réjoüissances qui se sont faites à Châtillon-sur-Seine, pour la Réduction de la Ville de Mons. Châtillon, Claude Bourrut, 1691. *in* 12. pagg. 60.

EDME PIROT.

PIROT,) *Edme*) l'un des plus habiles Théologiens du Siècle dernier, naquit à Auxerre, le 12. Août 1613. de Guillaume Pirot, [1] Avocat en cette Ville, & de Chrestienne Vincent. Le Pere Froment, Curé de Notre-Dame la d'Hors, [2] donna les premiéres teintures des Belles-Lettres au jeune *Pirot*, qui étoit son Paroissien. Le Disciple répondit avec succès, aux soins de son Maître. Après que M. *Pirot* eut fait ses premiéres études dans sa Patrie, il alla à Paris, prit des Leçons en Théologie, & se fit recevoir Docteur en cette Faculté. Il devint ensuite Professeur de Sorbonne. Quelque tems auparavant, il avoit été pourvû de la Chantrerie de Varzi, dans le Diocèse d'Auxerre; mais il ne crut pas que cette Dignité demandât une résidence exacte.

Les Evêques d'Auxerre, qui ont gouverné cette Eglise de son tems, ont fait tous leurs efforts pour l'attirer dans ce Diocèse. Le pieux Nicolas Colbert, qui remplissoit le Siège Episcopal en 1672. mit tout en usage pour faire revenir M. *Pirot* dans sa Patrie. Mais l'attachement que celui-ci avoit pour ses fonctions de Professeur de Sorbonne, l'emporta sur toutes les priéres & toutes les promesses qui lui furent faites à cette occasion.

M. *Pirot* mourut à Paris, le 4. Août 1713. & fut enterré à S. Eustache.

Quelque réputation qu'ait eûë cet habile Docteur, on ne trouve rien d'imprimé de sa façon, que le *Discours Latin qu'il fit à l'ouverture des Ecoles de Sorbonne en* 1669. Il parut l'année suivante 1670. à Paris, chez Sébastien Mabre-Cramoisy.

Il a composé une *Relation manuscrite des vingt-quatre derniéres heures de la vie de Marie-Madeleine d'Aubray, Marquise de Brinvilliers, qui eut la tête coupée en* 1676. M. l'Abbé Lenglet du Fresnoy a parlé de cette *Relation*, à la page 151. de son *Traité Historique & Dogmatique du secret de la Confession*, imprimé à Lisle en 1708. *in* 12. Cet Auteur dit qu'on y voit tout ce que la Religion & la prudence permettoient à M. *Pirot*, Directeur de cette Dame, d'écrire en pareil cas. Il entre quelquefois, dit M. Lenglet, dans un détail un peu ennuyant; mais le tout en est beau. Il en fait une Pénitente si bien convertie, qu'il se hazarde jusqu'à dire qu'il auroit souhaité d'être en sa place. Ce sont (continuë toûjours le même Ecrivain) de petits accès de piété, qu'il faut pardonner à un Pere Spirituel. Quand on est revenu à la tranquillité naturelle, on pense tout autrement.

On attribuë à M. *Pirot* des corrections & changemens faits au Livre de

---

[1] Il est parlé de cet Avocat à la pag. 129. des *Grottes de l'Abbaye de S. Germain d'Auxerre*, impr. en 1714.

[2] Cure d'Auxerre de l'Ordre des Prémontrés.

DE BOURGOGNE.

M. le Tourneux, intitulé : *Abregé des principaux Traités de Théologie*, imprimé *in* 4°. en 1693. à Paris. Ces corrections sont manuscrites. J'en ai vû un exemplaire, contenant 140. pages *in* 4°.

LE PERE MARCELLIN DE PISE.

PISE, (*le Pere Marcellin de*) Capucin, naquit à Mâcon, d'une bonne & ancienne famille, en 1594. & mourut le 5. Juin 1656. à 62. ans.

CATALOGUE DE SES OUVRAGES.

1. *Moralis Encyclopedia veritatis.* In 4°. (dit le P. Denys de Genes) an. 1634. & *in folio* 1644. *apud Jo. Tost, seu Joest.* [1] II. *Tomus Venetiis*, 1637. & *Parisiis*, 1640. *apud eund. in folio, IV. Tomi.* In folio, *Lugduni, apud Laurentium Anisson*, 1656. Cependant M. Dupin dit que le IIIe. Tome fut imprimé en 1643.

2. *Commentaria Literalia & Moralia in Evangelium Mathæi.* Lyon, 1656. *in folio.*

3. *Commentaria Literalia in Marcum, Lucam & Joannem.* Ibid. 2. vol. *in folio.* Voy. la *Bibliothèque Sacrée du Pere le Long*, pag. 907.

4. *Vita & Gesta Urbani VIII. Pontificis Maximi.* Roma, *ex Typogr. Camera Apostolica*, 1645. *in* 4°.

5. *Vita & Gesta P. Hieron. Narniensis, Vic. Generalis Capucinorum.* Ibid. 1644. *in* 4°.

6. *Annalium, sive Sacrarum Historiar. Ordin. Min. S. Francisci Capucin. Tom. III. ad annum* 1612. Lyon, Anisson & Posuel, 1676.

7. *Appendix ad Annales Minorum Capucin.* Ms.

8. *Genius Christianus, id est, qualiter Spiritus Christi influat in omnes homines Christianos.* Ms.

9. *An Virtutes Theologales apud Gentes floruerint, &c.* Ms.

Voy. *Bibliotheca FF. Minorum Capucinor.* imprimée en 1691. pag. 229. & Dupin, *Tables des Auteurs Ecclésiastiques*, Tom. II. col. 2054.

BERNARD, SEIGNEUR DU PLESSIS-BESANÇON.

PLESSIS-BESANÇON, (*Bernard Seigneur du*) Gentilhomme Bourguignon, Gouverneur d'Auxonne. Je ne connois cet Auteur que parce que m'en aprend le P. le Long dans sa *Bibliothèque des Historiens de France*, où l'on voit que *du Plessis-Besançon* a composé les Ouvrages suivans :

---

[1] C'est Jost.

BIBLIOTHEQUE DES AUTEURS

BERNARD DU PLESS.

1. *Les Vies de Jacques & Antoine de Chabannes.* Paris, 1617. *in* 8°.

2. *Négociations faites en Italie en* 1630. In folio, Mſ. dans la Bibliothèque de M. Colbert, entre les Mſſ. du Cardinal Mazarin.

3. Le P. le Long fait encore mention des Négociations du même à Veniſe, depuis 1644. juſqu'en 1656. 2. vol. *in folio*, parmi les *Mſſ. de la Bibliothèque de M. Seguier*, N°. 67.

Voy. la *Bibliothèque des Hiſtoriens de France*, par le P. le Long, pag. 671. N°. 13162. pag. 678. N°. 13293. & pag. 706. N°. 13866.

ANNE DE LA PLUME.

ANNE DE LA PLUME

PLUME, (*Anne de la*) Grand Prieur & Aumônier de l'Abbaye de S. Benigne de Dijon, & Vicaire Général de l'Abbé de cette Maiſon, mourut à Dijon, le 16. Septembre 1636. âgé de 66. ans. Sa Famille étoit alliée aux Seigneurs de Miſſery & de Meſſey. Dans la *Deſcription de l'Entrée du Prince Henri de Condé à Dijon, en* 1632. par Pierre Malpoy, on trouve, pag. 34. un *Compliment* qu'*Anne de la Plume* prononça devant ce Prince. Dijon, Claude Chavance, 1632. *in folio.*

DENYS POILLOT.

DENYS POILLOT.

POILLOT, (*Denys*) Préſident au Parlement de Paris, & Ambaſſadeur pour le Roi en Angleterre, naquit à Autun. S'étant établi à Paris, il s'éleva aux premiéres Charges de la Robe. Il fut d'abord Avocat au Conſeil, puis, Procureur Général au Parlement de Dijon, le 18. Décembre 1514. & Conſeiller au Grand Conſeil en 1516. Les Rois Loüis XII. & François I. l'employérent en diverſes Négociations & Ambaſſades, & ce dernier créa en ſa faveur un Office de Maître des Requêtes en 1522. dans le tems qu'il étoit Ambaſſadeur en Angleterre. En 1526. il fut honoré d'une Charge de Préſident à Mortier au Parlement de Paris, dont il fit les fonctions juſqu'à ſa mort, arrivée à Paris, le 29. Décembre 1534. & fut enterré à Saint Euſtache.

M. le Conſeiller de la Mare nous aprend dans ſon *Conſpectus Hiſtoricorum Burgundiæ*, qu'il avoit des *Mémoires ſervans à la Vie de Denys Poillot, avec les Lettres de ſon Ambaſſade.* Ce Mſ. eſt à préſent dans la Bibliothèque du Roi.

Voy. Guichenon, *Hiſtoire de Breſſe.* Blanchard, *Hiſtoire des Préſidens du Parlement de Paris*, pag. 147. Palliot, *Parlement de Bourgogne*, pag. 345. *Hommes Illuſtres d'Autun*, à la fin des *Mémoires de Munier, pour l'Hiſtoire de cette Ville*. Philiberti de la Mare, *Hiſtoricorum Burgundiæ Conſpectus*, pag. 70.

YVES DE POISEU.

POISEU, (*Yves de*) Prieur de S. Marcel-lez-Châlon, de l'Ordre de S. Benoît, Abbé de Cluni en 1257. puis Evêque d'Agen, naquit, si je ne me trompe, dans le Val de Vergi, où l'on voit un Fief, apellé *Poiset*, ou Poiseu, [1] & mourut à Cluni [2] le 26. Août 1255. [3] & fut enterré entre l'Autel de S. Jacques & celui de S. Clément. *Yves de Poiseu* a laissé un Ouvrage Mf. intitulé : *Historia Figuralis*. L'original de cette Histoire est, selon Possevin, en son *Apparat*, dans la Bibliothèque de S. Gal en Suisse. François de Rivo, Grand Prieur de Cluni, qui est entré dans un grand détail des donations qu'*Yves de Poiseu* a faites en faveur de l'Abbaye de Cluni, ne parle pas de ce Mf.

On trouve encore une Lettre du même, écrite en 1281. dans les *Preuves de l'Histoire de l'Abbaye de S. Germain des Prés*, par le P. Bouillard. Ce Pere dit que cette Lettre est copiée sur l'original ; mais il ne dit pas où est cet original ; c'est aparemment dans l'Abbaye de S. Germain des Prés.

Voy. le P. Jacob, *de claris Scriptoribus Cabilonensibus*, pag. 9. la *Chronique Latine de Cluni*, par François de Rivo, insérée à la pag. 1667. de la *Bibliothèque de Cluni* de D. Marrier, & *Preuves de l'Histoire de l'Abbaye de S. Germain des Prés*, pag. LXVIII.

JEAN DE POLIGNY.

POLIGNY, (*Jean de*) Conseiller au Parlement de Dijon, étoit fils de N.. de Poligny, Marchand, & de N.. Malpoy. Il naquit à Dijon en 1564. puisqu'en 1597. il avoit 33. ans, selon son Portrait qui est conservé chez M. le Président Bouhier. *Jean de Poligny* mourut à Dijon en 1620. âgé de 56. ans.

Ce Magistrat a fait imprimer en 1617. in 8°. les Quatrains de Pibrac, qu'il mit dans un nouveau style, & les adressa à son fils, qui mourut fort jeune, & en qui le nom de Poligny fut éteint.

M. le Président Bouhier conserve un Mf. original de *Jean de Poligny*, intitulé : *Journal de ce qui s'est passé au Parlement de Dijon, depuis le commencement de Janvier de l'année 1598. jusqu'à la fin de Mars 1600.*

Voy. Palliot, *Parlement de Bourgogne*, pag. 264.

---

[1] Voy. la *Carte de Bourgogne* par Delisle, gravée en 1709. A la page 12. ce Fief est apellé Poisot.

[2] C'est *Yves de Poiseu* qui commença la Fondation du Collège de Cluni à Paris, achevé par Yves de Chasans, son neveu & son Successeur.

[3] Le P. Jacob s'est trompé, en plaçant cette mort au 8. Septembre.

PIERRE POLLECHAT.

PIERRE POLLECH. POLLECHAT, (Pierre) célèbre Avocat au Parlement de Dijon, mourut en cette Ville vers l'année 1615. Fevret assure que *Pollechat* avoit l'esprit très subtil, & qu'il ne disoit que ce qui convenoit à son sujet. *Hoc tantum diceret quod opus esset.*

Pollechat a laissé des *Observations sur la Coûtume de Bourgogne*, dont Bernard Durand a profité, & fait des extraits dans ses *Remarques sur les Instituts Coûtumiers.*

Dans la Bibliothèque de M. le Président Bouhier, il y a un Recüeil d'Arrêts d'Edme Rigoley, parmi lesquels, (pag. 5. 15. &c.) on cite des Arrêts recüeillis par Pierre *Pollechat* en 1611.

Voy. Fevret, *de claris Fori Burgundici Oratoribus*, pag. 94. & suiv.

LOUIS DE PONCELET.

LOUIS DE PONCEL. PONCELET, (Loüis de) Lieutenant à Saint Gengoux, vivoit dans le XVIIe. Siècle. M. de la Mare a fait mention d'un Ouvrage Ms. de *Poncelet*, intitulé : *Mémoires servans à l'Histoire de la Ville de Saint Gengoux.*

Voy. *Historicorum Burgundiæ Conspectus*, pag. 56.

CLAUDE DE PONTOUX.

CLAUDE DE PONT. PONTOUX, (Claude de) naquit à Châlon, d'une noble famille. Après avoir fait ses Humanités, il se fit recevoir Docteur en Médecine. On peut voir par ces Ouvrages, que cette Science ne fit pas toute son occupation. Il cultiva toûjours les Belles-Lettres, & sur-tout la Poësie Françoise. Il avoit voyagé en Italie, & il avoit assez bien apris l'Italien pour composer des Sonnets en cette Langue. Il mourut à Châlon, dans un âge peu avancé, vers 1579. Pontus de Thiard fit imprimer un Recüeil de Vers Latins sur sa mort.

CATALOGUE DE SES OUVRAGES.

1. *Harangues de S. Basile le Grand à ses jeunes Disciples & Neveux : Quel profit ils pourront recüeillir de la lecture des Livres Grecs, des Auteurs Prophanes, Etniques & Payens, traduite du Grec en notre Langue*, par Claude de Pontoux. Paris, Jean le Royer, 1552. *in* 8°. Le P. Niceron assure que l'Epitre Dédicatoire est du 8. Novembre 1561. Je crois qu'il a voulu dire 1551.

2. *Huitains François pour l'interprétation & intelligence des figures du Nouveau Testament.* Lyon, Guillaume Roüille, 1570. *in* 8°.

3. *Harangues lamentables sur la mort de divers animaux, extraites du Tuscan, renduës & augmentées en Prose Françoise, où sont représentés au*

DE BOURGOGNE.

CLAUDE DE PONT.

vif les naturels defdits animaux, & les propriétés d'iceux, avec une Rhétorique gaillarde. Lyon, Benoît Rigaud, 1570. *in* 16. L'original Italien eft d'*Ortenfio Lando.* Le P. Jacob dit que la Rhétorique gaillarde fut imprimée féparément la même année, *in* 16.

4. Ode Françoife fur la *Profopographie d'Antoine du Verdier,* imprimée en 1573. à Lyon, chez Gryphe. Cette Ode a fix Strophes de dix Vers chacune.

5. *Gélodacrie amoureufe, contenant plufieurs Aubades, Chanfons gaillardes, Pavanes, Branfles, Sonnets, Stances, Madrigales, Chapitres, Odes, & autres efpèces de Poëfie Lyrique & nouvelle, fort plaifante & récréative, tant à la leĉture, qu'au chant vocal ou organique pour l'ébatement des Dames, & non encore vuë par ci-devant.* Lyon, Benoît Rigaud, 1576. *in* 16. & non 1569. comme l'a crû le Pere Niceron. Cet Ouvrage eft moitié Profe, moitié Vers. Le P. Jacob, qui l'apelle *Poëma Lyricum,* ne l'avoit fans doute pas vû.

6. *Les Œuvres de Claude de Pontoux, Gentilhomme Châlonnois, Doĉteur en Médecine.* Lyon, Benoît Rigaud, 1579. *in* 16. pagg. 347. Voici les Pièces qui compofent ce Recüeil.

L'*Idée,* contenant 288. Sonnets à la loüange de fa Maîtreffe. (Il y a en quelques-uns en Italien) Odes, Fantaifies, Chanfons, Stances, Mignardifes, dans le goût des Pièces, apellées en Latin *Bafia.*

Elégie fur le trépas de la Princeffe Ifabelle de France, Reine d'Efpagne.

Elégie des troubles & miféres de ce tems.

La Forêt parenetique ou admonitoire de Maître Ligier du Chefne, Lecteur du Roi à Paris, traduite des Vers Latins en François. La Traduction eft fuivie du Texte Latin de du Chefne.

Chant Poëtique plein d'éjoüiffance & d'allégreffe fur les triomphantes & magnifiques Entrées du Roi très Chrétien Charles de Valois, IX. de ce nom, & de la Reine de France Elizabeth d'Autriche, Fille de l'Empéreur Maximilien II. qui furent faites en la Ville de Paris, les 6. & 29. jours de Mars, l'an 1571.

Elégie fur la mort d'un Cochon, nommé Grongnet.

Les triftes & lamentables Vers de Philippe Beroalde, fur la Mort & Paffion de Notre Sauveur J. C. au Vendredy Saint, rendus de Latin en Poëfie Françoife.

Cantiques. Toutes ces Poëfies, felon le P. Niceron, ne contiennent rien qui mérite de l'attention.

7. *La Scène Françoife, contenant deux Tragédies & trois Comédies, accommodées fur les Hiftoires de notre tems.* Mf. C'eft une Traduction, dit le P. Jacob, du Grec en Latin, d'un ftile affez élégant.

Voy. un Recüeil de Vers Latins de Pontus de Thiard, fur la mort de *Claude de Pontoux,* in Pontofii obitum. *Préface des Œuvres de Claude de*

CLAUDE DE PONT. Pontoux. *Bibliothèque Françoise* de la Croix-du-Maine, pag. 61. & celle de du Verdier, pag. 188. *Guijoniorum Opera*, p. 262. où Jacques Guijon adresse quelques Vers Latins à Claude de Pontoux. Bernard Durand, *Défense de la Préséance de la Ville de Châlon-sur-Sône*, pag. 45.

NICOLAS DE PONTOUX.

NICOLAS DE PONT. PONTOUX, (*Nicolas de*) de la même famille que le précédent, Docteur en Médecine de la Faculté de Montpellier, naquit à Châlon en 1574. de Claude de Pontoux, Sieur de Granges, & de N. Vallon, & mourut le 9. Septembre 1620. à 46. ans, après avoir passé sa vie dans le Célibat, & au service des Pauvres, parmi lesquels il voulut être enterré. Le P. Jacob raporte une longue Epitaphe de *Nicolas de Pontoux* ; mais comme elle ne nous aprend d'autres circonstances de la Vie de ce Médecin, qu'une liste des fondations qu'il a faites, je n'ai pas crû devoir l'inférer ici. *Nicolas de Pontoux* a composé un Poëme François, intitulé : *Le Gentilhomme Châlonnois*, & imprimé à Châlon.

Voy. le P. Jacob, *de claris Scriptoribus Cabilonensibus*, pag. 64.

CLAUDE POPION.

CLAUDE POPION. POPION, (*Claude*) naquit à Auxonne. Il étoit Maître d'Ecole & marié, lorsque par un motif de piété, du consentement de sa femme, il se sépara d'elle pour embrasser l'Etat Ecclésiastique. *Popion* entra au Seminaire, reçut l'Ordre de Prêtrise, & sa femme fit Profession dans une Communauté Religieuse. Mais elle ne tarda pas à se repentir de sa trop grande facilité à suivre les conseils de son mari. Elle réclâma contre ses Vœux, & voulut se rejoindre à lui. Ce Procès donna lieu à l'Ouvrage suivant de *Popion*.

La Sainte Agamomachie, ou *Apologie de Cl. Popion*, contre le Sr. *Gonthier*, Grand Vicaire de Monseigneur de Langres, 1675. in 8°.

Je n'ai pû découvrir quelle fut la suite de ce Procès ; mais il est vrai-semblable que sa femme succomba, puisque *Popion* devint ensuite Curé d'un Village proche d'Auxerre, & mourut dans ce Bénéfice, vers 1680.

MACLOU POPON OU POMPON.

MACLOU POPON. POPON, *ou* POMPON, [1] (*Maclou*) naquit dans un Village de Bourgogne, d'une famille très obscure. Il vint très jeune à Dijon pour y faire ses études, y fut reçu Avocat, & plaida avec beaucoup de réputation jusqu'en 1554. qu'il fut reçu Conseiller au Parlement. Il conserva cette Charge jusqu'en 1577. Il se trouva, le 27. Janvier 1561. à la Confé-

---

[1] C'est ainsi que l'apelle Jacques de Vintemille, dans une Lettre Ms. originale, qui est entre mes mains, datée de 1544.

DE BOURGOGNE.

rence tenuë en préfence du Roi entre les Docteurs Catholiques, & les Miniftres de la Religion Prétenduë Réformée. Il y fut traité principalement du culte des Images.

MACLOU POPON.

Dans le IXe. Régiftre du Parlement, *fol. 303.* on trouve une *Juffion à Maclou Popon, Confeiller, pour procéder à l'exécution de la Commiffion à lui adreffée pour le rétabliffement de l'or & argent, cifaille, recelé au Roi par les Abbé & Religieux de Fontenay, & Commiffion à lui pour faire arpenter les Bois vendus en Bourgogne depuis 25. ans.*

Maclou Popon mourut le 6. Mars 1577. à 63. ans. Jacques de Vintemille, Confeiller au Parlement, fon ami depuis plus de quarante années, fit fa Vie, & invita tous les beaux efprits de fon tems, à faire des Vers à fa loüange. M. de Vintemille fit imprimer ce Recüeil, fous ce Titre : *Macuti Pomponii, Senatoris Divionenfis, Monumentum à Mufis Burgundicis erectum & confecratum.* Paris, Frédéric Morel, 1580. *in* 8°. pagg. 95.

L'Auteur du Recüeil nous aprend plufieurs circonftances de la Vie de fon ami, avec lequel il avoit voyagé en France & en Italie. Il affure que M. Popon étoit très fujet aux douleurs de la gravelle, qu'il touchoit parfaitement du Luth, qu'il avoit toûjours cultivé les beaux Arts & les Lettres, que fa Bibliothèque étoit très confidérable, par raport à fa petite fortune, ou pour mieux dire, à ce tems-là, puifqu'elle ne contenoit que 1500. volumes.

Le même Jacques de Vintemille lui a adreffé plufieurs Ecrits, tels que ceux-ci : *Ad Macutum Pomponium, Jac. Vintimilli Rhodii Carmen Saturnalitium. Carme Saturnal Latin & François. Vers à Maclou Popon,* 1564. *in folio.*

Plufieurs autres Gens de Lettres ont parlé de ce Magiftrat avec éloge. Hugues Picardet, Procureur Général au Parlement de Dijon, le range *parmi ceux que la Bourgogne fe vante d'avoir engendrés, & nourris comme les plus rares ornemens du monde.*

Dans des Lettres de Théodore de Bèze, que j'ai luës en Mf. chez M. le Confeiller de la Mare, on voit que ce fameux Proteftant étoit ami de *Maclou Popon,* qu'il traite d'homme très docte. Ces Lettres, qui font adreffées au même, étoient au nombre de quatorze.

Le Sieur de Juilly, dans la *Confolation à fon fils,* parle amplement de M. Popon, qu'il apelle *luftre & fel de notre Bourgogne.*

Girard lui a adreffé quelques Epigrammes, auffi bien que Philibert Colin, Confeiller au Parlement de Dijon.

Tabourot lui a adreffé auffi une Epitaphe Latine.

Quoique cet illuftre Magiftrat ait été connu d'un grand nombre de Sçavans, je ne crois pas qu'il ait fait imprimer autre chofe, qu'un *Sonnet* qui fe trouve à la tête du *Dictionnaire de Rimes,* par le Fevre, imprimé en 1572. & réimprimé en 1588. Mais j'ai vû plufieurs Ouvrages Mff. de fa façon, chez M. de la Mare.

1. *Plufieurs Lettres Latines au Confeiller Morin.*

2. *Un Recüeil de diverfes Pièces, concernant le démêlé entre Gafpard de Saulx, & MM. de Récourt & Popon, Confeillers au Parlement, Com-*

Part. II. T t

MACLOU POPON. missaires Députés du Roi pour l'exécution de l'Edit de Pacification, du 15. Décembre 1563. In folio.

3. Il a dressé des *Mémoires de l'Assemblée faite en interprétation des Articles de la Coûtume de Bourgogne.* Voy. la *Coûtume de Bourgogne* de 1717. pag. 461.

4. Jacques de Vintemille, à la pag. 17. de son *Tumulus Pomponii*, parle des Ambassades que *Maclou Popon* avoit mis par écrit : *Quibus*, dit-il, *Legationibus functus sit, quæ doctè commentatus sit, quibus etiam Officiis Regem demeritus sit, & quibus artibus Rempublicam juverit, adjicerem,* &c.

5. J'ai vû chez M. de la Mare, une *Relation manuscrite de la Conférence tenuë en présence du Roi, le 27. Janvier 1561. entre les Docteurs Catholiques & les Ministres de la Religion Prétenduë Réformée.* Je crois que cette Relation est du même Auteur.

Voy. *Macuti Pomponii, Senatoris Divionensis, Monumentum à Musis Burgundicis erectum & consecratum. Bigarures de Tabourot*, pag. 280. Edit. de 1640. IVe. *Remontrance de Hugues Picardet, Procureur Général au Parlement de Dijon*, pag. 183. *Consolation du Sr. de Juilly à son fils* ; & la *Coûtume de Bourgogne*, par M. le Président Bouhier, imprimée en 1717. pag. 461.

PIERRE POUPO.

PIERRE POUPO. POUPO, (*Pierre*) Poëte François, né à Bar-sur-Seine, a fait imprimer un Livre, intitulé : *Muse Chrétienne*, in 12. & un *Sonnet* à la tête du *Traité de l'état & origine des anciens François*, par Nicolas Vignier, imprimé à Troyes en 1582. *in* 4°.

Voy. la *Pancharis* de Bonnefons, qui lui donne le Titre de *Docte* ; une Piéce du même, adressée à Lazare Cochlées, Conseiller au Parlement de Paris, *Icones Boissarti*, IIe. Partie, pag. 14. Edit. de Francfort, 1630.

FRANÇOIS POYENS.

FRANÇ. POYENS. POYENS, (*François*) apellé ordinairement le Pere François de Nuys, Prédicateur Capucin, & Définiteur de l'Ordre, naquit en cette petite Ville, & y mourut le 29. Mars 1673. âgé de près de 76. ans, & de plus de 50. de Profession. Il est Auteur du Livre suivant :

La Tour de David, d'où pendent mille boucliers pour la défense des Constitutions des Capucins.

Voy. Dupin, *Table des Auteurs Ecclésiastiques*, Tom. III. col. 368. & pag. 122. *Bibliot. Scriptor. Capucin. per Fr. Dionys. Genuensem*. Genuæ, 1691. *in folio*.

JEAN DE PRECI.

PRECI, (*Jean de*) Religieux Bénédictin, Abbé de S. Germain des Prés, étoit originaire de Bourgogne, & vraisemblablement de Bourgogne même, [1] quoique j'ignore le lieu de sa naissance, qui étoit illustre. Il mourut à Paris dans le Monastère de S. Germain, le 17. Décembre 1353. Voici l'Epitaphe qu'on mit sur sa tombe, dans la Chapelle de Saint Simphorien. Elle mérite d'être raportée pour sa singularité.

> *Hic jacet Abbas Joannes de Preci nomine dictus,*
> *Nobilis hic moribus Pago Burgundiæ natus.* [2]
> *Ejus cura fuit semper venerari Mariam.*
> *Omnibus hic largus vixit, non parcus Egenis.*
> *M. semel, C. ter, L. 1. ter mortuus in anno*
>   *Decembri mense septimâ denâ die.*
> *Spiritus ejus in pace requiescat. Amen.*

On conserve dans la Bibliothèque de l'Abbaye de S. Germain des Prés, une *Version Françoise du Commentaire de Bernard de Montcassin, sur la Règle de S. Benoît.* C'est en 1300. que l'Abbé *Jean* composa cet Ouvrage. D. Jacques Boüillaud en raporte quelques passages dans son *Histoire de S. Germain des Prés.*

Voy. l'*Histoire de l'Abbaye Royale de S. Germain des Prés*, imprimée en 1724. *in folio*, pag. 152 - 157. où l'Auteur a ramassé tout ce qui concerne *Jean de Preci.*

JEAN PRESTET.

PRESTET, (*Jean*) l'un des plus habiles Mathématiciens du Siècle dernier, naquit vers 1648. à Châlon-sur-Sône, où son pere étoit Huissier au Bailliage, & fort peu favorisé des biens de la fortune. S'étant rendu jeune à Paris, il entra, après ses études, au service du célèbre Pere Mallebranche de l'Oratoire, qui lui trouvant de l'esprit & beaucoup de disposition pour les Sciences, cultiva ces talens, & lui enseigna les Mathématiques. Le Disciple, par son aplication continuelle, fit en peu de tems de si grands progrès, qu'à l'âge de 27. ans, il publia des Elémens de Mathématiques, qui, selon M. l'Abbé Goujet, sont les premiers qui ayent paru en François. Il entra au mois de Décembre de la même année, dans la Congrégation de l'Oratoire, où il enseigna les Mathématiques avec beaucoup

---

[1] Il y a en Bourgogne deux Villages qui portent le nom de Precy. L'un ou l'autre a, sans doute, donné naissance à cet Auteur. Voy. la Note suivante.

[2] Ce Vers confirme la naissance que je lui attribuë en Bourgogne.

JEAN PRESTET.

d'aplaudissement, pendant plusieurs années, dans l'Université de Nantes ; mais principalement à Angers. Il sortit de cette Congrégation en 1689. parce que quelqu'un lui avoit reproché qu'il avoit été au service du Pere Mallebranche, & qu'il s'étoit faussement imaginé qu'on le méprisoit pour ce sujet dans la Congrégation. Il y rentra en 1690. & mourut le 8. Juin de la même année, dans la Maison de Marines où on l'avoit envoyé. Il étoit âgé d'un peu plus de 40. ans.

Il a composé l'Ouvrage suivant :

1. *Nouveaux Elémens de Mathématiques, ou Principes généraux de toutes les Sciences qui ont la grandeur pour objet.* Paris, 1675. in 4°. It. ibid. Paris, Praslard, 2. vol. *in* 4°. It. Paris (Hollande) 1699. Prosper Marchand, dans ses *Notes sur les Lettres de Bayle*, pag. 270. dit que cette derniére Edition est pleine de fautes. Dans la Préface de la seconde Edition de ce Livre, il releve avec force, ce que M. Wallis, sçavant Mathématicien, avoit dit contre cet Ouvrage, & contre Descartes, qu'il accusoit d'avoir dérobé d'un Anglois, nommé Hariot, tout ce qu'il avoit de meilleur sur l'Algèbre.

Voy. les *Lettres de Bayle*, Tom. I. pag. 320. de l'Edit. de M. des Maizeaux, l'Abbé le Clerc, *Bibliothèque du Richelet* ; & le *Suplément de Moreri* de 1735.

BARTHELEMI

Q.

BARTHELEMI QUARRE'.

QUARRE', (*Barthelemi*) étoit fils de N... Quarré, Professeur de l'ancien Collége de Dijon, parent d'Edme Robert, Doyen de la Chapelle-au-Riche de cette Ville, frere de Claude Robert, Chanoine de la même Eglise, & connu par sa *Gallia Christiana*. Claude Robert résigna son Canonicat à *Barthelemi Quarré*, qui en fut pourvû le 27. Avril 1609. & qui non content de ce Bénéfice, exerça encore les fonctions de Vicaire Perpétuel de la Paroisse S. Michel de Dijon, jusqu'à sa mort arrivée en 1643.

CATALOGUE DE SES OUVRAGES.

1. *Manière de vivre angéliquement*. Dijon, veuve Guyot, 1624. *in* 8°.

2. *Discours spirituels pour consoler les malades & parens des défunts:* Ensemble, un Traité pour administrer le Sacrement de l'Extrême-Onction. Ibid. 1627. gros *in* 12.

3. *La Garde Angélique*. Ibid. 1631. *in* 8°. *It.* seconde Edition fort augmentée, *ibid.* 1633.

4. *Le Chariot Angélique pour conduire les Ames au Ciel*. Ibid. 1632. *in* 8°. 2. vol.

5. *Explication de l'Office & des Cérémonies que l'Eglise & le Peuple observent aux Obsèques, Vigiles & Messes des Trépassés*. Ibid. 1634. *in* 8°.

6. *Ordre de piété, inspiré par le S. Esprit, dressé par* Barthelemi Quarré, *pour assister le Saint Sacrement, quand on le porte aux malades*. Ibid. 1641. *in* 8°.

ETIENNE QUARRE'.

QUARRE', (*Etienne*) Chevalier de Malthe, troisiéme fils de Gaspard Quarré d'Aligny, Avocat Général au Parlement de Bourgogne, & de Marguerite Perreault de la Serrée, naquit à Dijon. Taisand, dans ses *Vies des Jurisconsultes*, nous a conservé quelques circonstances de la Vie

ETIENNE QUARRE'. de ce Chevalier, qui lui avoient été communiquées par François Quarré d'Aligny, frere d'*Etienne*. « Il ne s'est point fait de Campagne, depuis » 1621. jusqu'en 1654. dit Taisand, où *Quarré* n'ait cherché de la gloire. » Il a été trois fois Aide de Camp. Au secours de Verruë, il commandoit » une Compagnie au Régiment du Marquis d'Ys-sur-Thille. M. le Prince le » fit Capitaine des Mousquetaires de sa Garde. Il fut député deux fois pour » visiter les Places Frontiéres de la Lorraine & de la Bourgogne, & les mit » en état de se deffendre & de se conserver. »

Le Pere Nicolas de Chevanes d'Autun, Capucin, dans son Livre *de la Conduite des Illustres*, parle amplement d'Etienne Quarré. « Ce Chevalier, » dit-il, doit donner incessamment au Public, un Livre où l'Art Militaire » est réduit en pratique, & où toutes les Maximes de la Guerre s'aprennent par des démonstrations sensibles. « Ce Pere avoit vû le Traité d'*Etienne » Quarré*; car il en donne l'idée. « On y enseigne, continuë-t-il, les de- » voirs d'un bon Soldat, & ceux d'un bon Capitaine. On y aprend à for- » tifier les places les moins régulieres, & à les rendre presque imprenables; » à prendre les plus fortifiées, & à conserver les plus foibles. » Cet Ouvrage du Chevalier *Quarré* n'a pas vû le jour. Je me suis aperçû, au reste, que Taisand a copié mot-à-mot, le récit du P. Nicolas de Chevanes, sans le citer en aucune façon.

Etienne Quarré a encore composé l'Epitaphe Françoise de son pere, qui est imprimée à la page 472. des *Vies des Jurisconsultes*, par Taisand.

Voy. Taisand, *Vies des Jurisconsultes*, pag. 472. & suiv. & le P. Nicolas de Chevanes, dit le P. Jacques d'Autun, *De la Conduite des Illustres*, Tom. I. pag. 155. Paris, 1657.

FRANÇOIS QUARRE' D'ALIGNY.

FRANC. QUARRE'. *QUARRE' D'ALIGNY*, (*François*) frere du précédent, Avocat Général au Parlement de Bourgogne, étoit né à Dijon, & mourut le 31. Octobre 1721. à 77. ans.

CATALOGUE DE SES OUVRAGES.

1. Dans le *Mercure Galant* du mois de Novembre 1678. on trouve l'extrait d'un Discours qu'il fit à l'ouverture du Parlement, le 12. Novembre 1678. Ce Discours étoit sur la Justice.

2. *Conclusions prises dans le Procès de M. le Cardinal le Camus, Evêque & Prince de Grenoble, contre les Religieuses de Montfleury, au Parlement de Dijon*. Dijon, Grangier, 1685. *in* 4°. Elles sont à la suite des Plaidoyers des Avocats.

3. *De la Décence extérieure du Magistrat, Discours prononcé, le 12. Novembre 1695*. Dijon, Augé, 1717. *in* 4°.

4. L'Epitaphe Latine qu'il a faite pour son pere, gravée à S. Pierre, sur une Table de Marbre, est imprimée dans les *Vies des Jurisconsultes*, par

Taifand, pag. 473. On la trouvera ci-après, article GASPARD QUARRÉ. FRANC'. QUARRÉ.

5. Il a compofé un grand nombre de Harangues, dont voici le fujet :

L'*Union de la Juftice avec la Religion.*

Le *Serment.*

La *Juftice Morale & Civile.*

Les *Défordres que caufent les paffions dans la diftribution de la Juftice.*

De *la Juftice & de l'Equité.*

De *la Jurifprudence naturelle.*

De *la Jurifprudence Civile, & de la néceffité de fon fecours.*

Du *Magiftrat & de la Loi.*

Des *Conftitutions & du Droit.*

Difcours *pour les Avocats.*

Si *les Avocats peuvent fe charger des Caufes feulement probables.*

La *Juftice des Armes Françoifes, & quelle Guerre peut être utile à fon Tribunal.*

La *Religion protégée par la Juftice.*

Les *befoins réciproques de la Juftice & de la Paix.*

De *l'Union des Officiers de la Juftice.*

6. Outre toutes ces Harangues, qui mériteroient de voir le jour, l'Auteur a encore compofé, felon un Mémoire qu'il m'a communiqué, un *Poëme Latin fur la Paffion*, pour *la Concordance des quatre Evangéliftes.* Mf. de même que les fuivans.

7. *Paraphrafes fur fix Pfeaumes des plus difficiles.*

8. De *la véritable durée de la vie des premiers hommes.*

9. Du *Signe & Figure de la Croix.*

10. De *l'Invention des Lettres.*

11. De *l'Imprimerie & des Bibliothèques.*

12. Des *fept Sages de la Grèce.*

13. *Hiftoire & Origine des Amazones.*

14. *Hiftoire des Sybilles.*

15. *Hiftoire de la Verfion des Septante Interprètes de la Bible.*

16. *Abregé Hiftorique de l'Empire Romain.*

FRANÇOIS QUARRÉ.

FRANÇ. QUARRÉ. QUARRÉ, (*François*) Procureur Général au Parlement de Bourgogne, est né à Châlon. Cet éloquent & habile Magistrat a fait connoître la beauté de son génie, & la solidité de son jugement, dans les Conclusions qu'il a données. Voici celles qui ont été imprimées.

1. *Conclusions à l'occasion du Mandement de M. l'Evêque de Châlon*. Dijon, Ressayre, 1716. *in* 4°.

2. *Conclusions à l'occasion d'un autre Mandement du même Prélat*. Ibid. 1718. *in* 4°.

3. *Conclusions sur le Manifeste d'Espagne*. Ibid. 1719. *in* 4°.

GASPARD QUARRÉ.

GASPARD QUARRÉ. QUARRÉ, (*Gaspard*) Seigneur d'Aligny, naquit à Dijon, le 20. Décembre 1605. de Jean Quarré, Conseiller au Parlement, & de Marie Langlois. *Gaspard Quarré* fut reçu Avocat Général au Parlement de Bourgogne, le 14. Juin 1641. par la résignation de Pierre de Xaintonges. Le onziéme Juillet 1652. le Roi lui donna des Lettres de Conseiller d'Etat, avec une pension de 1200 livres. Cet habile Magistrat mourut le 5. Janvier 1659. à 64. ans, & fut enterré à S. Pierre, dans le Tombeau de cette famille, où on lit l'Epitaphe suivante, composée par François Quarré, son fi¹.

Hic jacet
Gaspardus Quarré, Eques, Toparcha d'Aligny,
Regi à Consiliis,
Et in Suprema Burgundiæ Curia Advocatus Catholicus,
Cui nobilis Avorum series per decem & ultra gradus
Splendoris minùs contulit,
Quàm ingenii & doctrinæ excellentia,
In Judiciis integritas,
Ac invicta in obeundis Magistratûs Officiis;
Maximè verò in publicæ utilitatis amore ac patrocinio,
Animi constantia.
Obiit die V. Jan. an. 1659.
Sociam vitæ habuit, ac sepulturæ,
Margaritam de Perreault de la Serrée,
Tum natalibus, tum virtutibus sponso dignissimam.
Sicut enim ad generis antiquitatem,

Solus

DE BOURGOGNE.

GASPARD QUARRE'.

Solus Stephani filii Melitenses inter Equites adscripti
Titulus sufficit.
Ita eximium diuturnæ viduitatis exemplar,
Necnon Missarum Solemnium dotatio hac in Ecclesia
Per Hebdomadas Corporis Christi
Pietatem testantur.
Decessit ann. 1699. die 16. Dec. ætat. suæ 82.
Amborum Parentum æternùm memor posuit Franc. Q. d'Al. Filius, Advoc. Catholicus.

Gaspard Quarré a composé les Ouvrages suivans :

1. *Les Plaidoyés & Harangues de M. Quarré, Conseiller du Roi en ses Conseils, Avocat Général au Parlement de Bourgogne, Seigneur de Gouloux, Jurisconsulte.* Paris, Antoine Chrestien, 1658. *in* 4°. Quelques exemplaires portent le nom de Pierre Lamy, Imprimeur. Dans le Catalogue de Faultrier, pag. 40. & dans celui de Maridat, pag. 18. l'Edition est placée à l'an 1659. Mais, ou c'est une faute dans ces Catalogues, où l'Imprimeur des *Plaidoyés* de M. *Quarré*, aura changé la premiére feüille pour donner à l'Ouvrage, un air de nouveauté ; car certainement il n'y en a eû qu'une Edition. Ce Livre n'est pas commun. Mais ce n'est pas par-là seulement qu'il mérite d'être recherché. Les Jurisconsultes le regardent comme un Ouvrage éloquent, & rempli de judicieuses maximes. La curiosité du Lecteur y est d'autant plus satisfaite, que l'Auteur raporte les Arrêts donnés sur ses Conclusions.

2. *Histoire des anciens Rois, Ducs & Comtes de Bourgogne, jusqu'à l'année* 965. Mf. L'original est dans la Bibliothèque de M. le Président Bouhier.

3. *Roman Historique* sous le nom de *Peiralité.* Mf. 2. vol. *in* 4°. François Quarré, son fils, m'a dit que cet Ouvrage, dont l'original est chez M. le Président Bouhier, contenoit l'*Histoire de Henri, Prince de Condé.*

Voy. Palliot, *Parlement de Bourgogne*, pag. 342. Taisand, *Vies des Jurisconsultes*, pag. 468. & la *Conduite des Illustres*, du P. Jacques d'Autun, Capucin.

PIERRE QUARRE'.

PIERRE QUARRE'.

QUARRE', (Pierre) Chatollois, Docteur en Médecine, mourut vers le milieu du dernier Siècle. Il est Auteur du Traité qui suit :

Les merveilleux effets de la Nymphe de Santenay [1] *au Duché de Bour-*

---

[1] Gros Bourg entre Châlon & Beaune.

PIERRE QUARRE'. gogne, où est sommairement traité de son origine, propriété & usage. Dijon, veuve Guyot, 1633. *in* 4°. pagg. 47. L'Auteur prétend que les eaux de Santenay doivent leur vertu au mélange d'Alun, de Vitriol, de Souffre, de Sel, de Nitre, de Fer & de Mercure. Il dit que *M. Robin, très fameux Médecin à Dijon, avoit fait le recollement des effets aux causes, ensuite du concours de plusieurs indications contraires.*

LEGER QUENTIN.

LEGER QUENTIN. QUENTIN, (*Leger*) né à Autun, Théologien du XVIe. Siècle, a composé l'Ouvrage, qui a pour Titre :

Theologia antiqua de Martyris adæquatè sumpti Notione. Lyon, 1658. *in* 8°.

CET Auteur me donne occasion de parler ici d'un célèbre Peintre de Dijon, du même nom. Il mourut en cette Ville, *& fut enterré*, *le* 11. *Septembre* 1636. *à S. Nicolas*, *sans monument*, disent les Régistres de cette Paroisse ; mais les Ouvrages qu'il a laissés, seront un monument éternel de sa capacité & de son bon goût. J'ai oüi raconter par d'anciens Peintres, que Nicolas le Poussin, passant à Dijon, & voyant aux Religieuses Jacobines de cette Ville, un Tableau du Maître Autel, qui représente Jesus-Christ, communiant Sainte Catherine de Sienne, admira la beauté de cette Peinture, & demanda si le Peintre demeuroit à Dijon. Quand on lui répondit qu'il y étoit domicilié, *il n'entend pas ses intérêts*, répartit le Poussin, *que ne va-t-il en Italie, il y feroit fortune* ? Nous avons du même Peintre plusieurs autres Tableaux, à Dijon : Aux Dominicains, une Circoncision dans la Chapelle du Nom de Jesus. Ce morceau est très estimé pour le coloris & pour le dessein. : A S. Michel, une Résurrection : Aux Capucins, une autre Résurrection, & un Couronnement d'Epines : A la Madeleine, dans la Chapelle de MM. Bretagne, on voit trois ou quatre Portraits excellens, qui représentent des Anciens de cette Famille : Aux Jésuites, dans la Congrégation, dite des Messieurs, il y a du même *Quentin*, plusieurs grands Tableaux sur les Mystéres de la Vierge. *Quentin* les a faits avec toute la délicatesse de l'Art, la force du coloris, la correction du dessein, & tout ce qu'on a coutume de loüer, dans ce qu'on apelle le goût Lombard. J'espère qu'on me pardonnera cette digression en faveur de ceux qui aiment les beaux Arts.

PAULIN QUINSON.

PAULIN QUINSON. QUINSON, (*Paulin*) Mâconnois, fit imprimer en 1613. à Lyon, chez Claude Morillon, des *Quatrains de la vanité du monde, avec des Noëls & Cantiques sur la Nativité de Notre Seigneur Jesus-Christ, & quelques Airs Spirituels.* Brochure *in* 8°. d'environ 50. pages.

JEAN QUINTIN.

QUINTIN, (*Jean*) naquit à Autun, le 20. Janvier 1500. de Philibert Quintin, Greffier de l'Officialité, & de Philiberte Laborault. Il voyagea dans sa jeunesse, en Grèce, en Syrie, en Palestine & à Rhodes, avant que cette Isle fût prise par les Turcs. Fatigué de ses courses, il revint en France, & fixa sa résidence à Paris. Bayle prétend, après quelques Auteurs, que *Quintin* eut d'abord du penchant pour le Calvinisme; mais que sa Foi, qui n'étoit qu'à tems, ne fut point à l'épreuve d'une longue persécution, qu'il s'accommoda bientôt après, d'un bon Bénéfice qu'on lui procura dans l'Ordre des Chevaliers de Malthe. Quoiqu'il en soit de ce récit, peu après son retour en France, il fut élevé à la Charge de Professeur en Droit Canonique, à Paris, l'an 1536. L'action, qui donna le plus grand sujet de parler de *Quintin*, fut la Harangue qu'il prononça au Nom du Clergé, dans les Etats d'Orléans, au mois de Décembre 1560. Il choqua plusieurs Protestans par ce Discours, & fut obligé de faire satisfaction à l'Amiral de Châtillon, en déclarant devant les Etats, qu'il n'avoit point eû en vuë ce Seigneur, qu'on prétendoit qu'il avoit désigné, & qui s'en étoit plaint à la Reine. Ramus le choisit en 1543. pour l'un des Juges de la dispute, qu'il soûtint contre Govea; mais *Quintin*, & Jean de Baumont, Docteur en médecine, qui étoit l'autre Juge, déclarérent, lorsqu'il fallut prononcer la Sentence, qu'ils ne se vouloient point mêler de cette affaire.

Comme tout ce que je pourrois dire ici sur la Vie de *Quintin*, ne seroit qu'une répétition de ce que Bayle en a dit, je renvoye le Lecteur à son Dictionnaire. J'ajoûte seulement que *Quintin* mourut le 9. Avril 1561. & fut enterré à l'Eglise de S. Jean de Latran, à Paris, où l'on voit cette Epitaphe.

> *Quintinus Doctor, Librorumque Helluo summus,*
> *Dum nulla dapis alterius tentatur orexi,*
> *Dumque Fidem, pro qua calamo pugnavit & ore,*
> *Fortiter affligi videt acrius, & dolet, ex hoc*
> *Orbe invitis, non invitus migrat amicis.*
>
> Obiit nonâ Aprilis 1561.

Bayle prétend encore, avec plusieurs autres, qu'il mourut du regret qu'il eut de voir sa Harangue au Nom du Clergé, critiquée, & l'Auteur raillé d'une manière sanglante, par les Protestans.

CATALOGUE DE SES OUVRAGES.

1. *Melitæ Insulæ Descriptio.* Lyon, Gryphe, 1536. *in* 4°. *It.* Paris, Wechel, *in* 8°. *It.* Francfort, 1600. Voy. *Catalog. Bodley*, pag. 88. Lit. E. & *Annales Typographiques* de Maittaire, Tom. II. pag. 2.

2. *Tractatus de Ventis & Nautica Buxula Ventorum Indice.* Paris, Weckel, *in* 8°.

JEAN QUINTIN.

3. *Exegesis Consilii cujusdam generalis in uno Beneficiorum multitudinem vetantis* 3. *Lib. Decretal. Gregor. cap.* 28. *titre* 5. Ibid. Weckel, 1539. *in* 4°.

4. *De Juris Canonici laudibus. Ecclesiasticorum Canonum defensio breviter & simpliciter duabus Conciunculis, authoritas, theoria, simul & praxis ad Ecclesiasticæ Œconomia, Ordinisque Tabernaculi Consecrationem.* Ibid. Jacques Dupuys, 1540. *in* 4°.

5. *Juris Analecta, in Tit. de verb. signifis. L.* 5. *Decretalium Greg. IX.* Paris, Regnauld Chaudiére, 1544. *in* 4°. *It.* Paris, 1601. *in* 4°. *It.* Nuremberg, 1671. *in* 4°.

6. *De Juris Canonici laudibus.* Paris, Jacques Dupuys, 1549. & 1550. *in* 4°.

7. *Speculum Sacerdotii, seu Apostati describentis Episcoporum, Presbyterorum & Diaconorum mores.* Ibid. Weckel, 1559. *in* 4°.

8. *Repetitæ dudum duæ duorum capitum Prælectiones, cap. de multa Providentia, de Præbendis & Dignitatibus, & cap. novit ille qui nihil ignorat, de Judiciis in antiquis, quorum altera Beneficiorum Ecclesiasticorum, Ecclesiastica Dispensatio designatur; altera Christianæ Civitatis Aristocratia desideratur.* Paris, Weckel, 1552. *in folio.* It. dans un *Recüeil de Droit*, imprimé en 1618. à Cologne, en 6. Tomes *in folio*, chez *Gymnicus*. Le sujet de ce dernier Ouvrage, est la pluralité des Bénéfices, & l'Aristocratie de la Religion Chrétienne.

9. *Orationes duæ adversùs Gnosticorum Sycophantas.* Paris, Weckel, 1556. *in* 8°.

10. *Apostoli describentis Vitam Episcoporum, Præsbiterorum & Diaconorum mores, ex* 25. *Gratiani Distinctionibus excerptas Decretorum Part. I. De Clericor. moribus & vita singulari.* Ibid. 1556. *in* 4°.

11. *Joannis Zonaræ Commentarii in Canones Conciliorum, tam Œcumenicorum, quàm Provincialium.* Ibid. 1558. *in* 4°. & Milan, 1613.

12. *Octoginta quinque Regulæ, seu Canones Apostolorum, cum vetustis Jo. Monachi Zonaræ Scholiis, Latinè modò versis.* Paris, Weckel, 1558. *in* 4°. *It.* dans la Version de Zonare, faite au Louvre en 1618. *in folio*, & avec quelques changemens dans les *Pandectæ Canonum Bereregii*. Oxonii, 1677. *in folio.*

13. *Synodus Gangrensis Evangelicæ Promulgationis anno circiter* 300. *congregata. Jam tot abiere Sæcula, Sæculi præsentis errores, multasque multorum superstitiones & impietates condemnans, explicata Commentariolis.* Paris, Weckel, 1560. *in* 4°.

14. *Scholia in Tertulliani Librum, de Præscriptionibus Hæreticorum.* Ibid. 1560. & 1561. *in* 4°. Voy. Fabricius, *Supplem. II. Bibliot. Latin.* Edit. de 1722. pag. 353.

15. *Hæreticorum Catalogus & Historia, ex Gratiano in Can.* Quidam autem,

autem, *collectus.* Ibid. 1560. *in* 4°. & 1561. selon Dupin, Tom. I. de JEAN QUINTIN. son *Catalogue des Auteurs Ecclésiastiques*, col. 1126.

16. Il a traduit en Latin le *Syntagma Canonum Græcorum*, composé par le Moine Mathieu Blastares. Mais cette Traduction n'est qu'en Ms. dans la Bibliothèque du Roi.

17. *Harangue prononcée au Nom du Clergé, dans les Etats d'Orléans, au mois de Décembre* 1560. Cette Pièce est imprimée dans le Livre, intitulé : *De l'Etat de la Religion & de la République*, par de la Place, & dans le I. vol. de l'*Histoire de France*, par Lancelot de la Popelinière, Tom. I. Edit. de 1522. *in* 8°. feüillet 446.

Voy. Bèze, *Histoire Ecclésiastique, Histoire de M. de Thou, Etat de la Religion & de la République*, par la Place ; & le *Dictionnaire de Bayle*.

R.

FRANÇOIS DE RABUTIN.

FRANÇOIS DE RABUT

RABUTIN, (François de) Bourguignon, Gentilhomme de la Compagnie du Duc de Nevers, François de Clèves.

Dans le I. vol. des *Mémoires Mss.* [1] *de Palliot pour l'Histoire de Bourgogne*, François de *Rabutin* est traité de haut & puissant Seigneur, Chevalier de l'Ordre du Roi, Seigneur de Borbilly, Foul, Pleumeray, &c. Il ne mourut au plûtôt que l'an 1581. car dans les Mémoires de Palliot, [2] il est cité comme present au Contrat de Mariage de Claude de Clugny, Sieur d'Aisy, passé le 15. Mars de cette même année.

Je suis surpris que le Comte de Bussy, dans le Plan de sa Généalogie, qu'il envoya à Madame *de Sevigné*, & qui se trouve dans le Recüeil de ses Lettres, n'ait point rangé *François de Rabutin* parmi ceux qui ont fait honneur à sa Famille. M. de la Rivière, gendre de Bussy, à qui je témoignai ma surprise sur ce sujet, me fit réponse, le 27. Mai 1736. qu'il avoit fait autrefois cette question à M. de Bussy, qui lui dit qu'il avoit oublié *François de Rabutin*, parce que ce Gentilhomme avoit été Domestique du Duc de Nevers, & que ce qu'il avoit écrit, ne valoit rien. Cependant bien des Auteurs n'ont pas porté le même jugement des Ecrits de *François de Rabutin*.

Cet Auteur a composé des *Commentaires des derniéres Guerres du Roi Henri II. & de l'Empereur Charles-Quint, en l'an de Salut* 1552. Paris, Vascosan, 1555. *in* 4°.

Continuation des Commentaires des derniéres Guerres en la Gaule Belgique, entre le Roi Henri II. & l'Empereur Charles-Quint, & Philippe, son Fils, jusqu'en 1578. Ibid. 1558. *in* 8°. Ces Mémoires furent réunis ensemble en XI. Livres, & imprimés en 1574. *in* 8°. à Paris, chez Marc Lagueneux. Guillaume de la Noüe donna la même année une Edition de cet Ouvrage en 2. vol. *in* 8°. Cette Histoire renferme les Guerres arrivées

---

[1] Pag. 93. ces Mss. sont conservés à Dijon, chez M. le Président Joly de Blaisy.
[2] Fol. 507. *ibid.*

depuis 1550. jufqu'en 1558. L'Auteur dit que fon VIe. Livre fut corrigé par Guy de Bruez, Gentilhomme de Languedoc, & que Bernard de Pœy-du-Luc-en-Bear, revit le refte. Le P. le Long a remarqué que M. le Comte de Brienne a retouché les *Mémoires de François de Rabutin*, qu'il lui a donné un ftile plus coulant & plus moderne, & que le Mf. étoit entre les mains de ce Comte, tout prêt à être imprimé. M. l'Abbé le Gendre paroît cependant affez content du ftile de *Rabutin*, & dit qu'il eft fimple & affez châtié pour le tems. M. L'Abbé Lenglet loüe ces Commentaires. La Croix-du-Maine & du Verdier font mention de deux Mff. de *François de Rabutin*; l'un, intitulé : *La Loüange de la Folie*, Traduction de l'*Encomium Moriæ* d'Erafme ; l'autre, a pour Titre : *Defcription du Voyage dernier que fit M. le Duc de Guife en Italie.*

Voy. Du Chefne, *Lifte des Auteurs cités* à la tête de fon *Hiftoire de Vergy*. *Méthode pour étudier l'Hiftoire*, par M. l'Abbé Lenglet du Frefnoy, Tom. II. pag. 276 & 508. Edit. de 1729. in 4°. La Caille, *Hiftoire de l'Imprimerie*, pag. 160. Bibliothèque des Hiftoriens de France du P. le Long, pag. 395. N°. 7646. Le Gendre, *Jugemens fur les Hiftoriens de France*, pag. 35. *Bibliotheca Selecta Poffevini*, pag. 365. *Bibliothèque Françoife* de la Croix-du-Maine, pag. 103. & celle de du Verdier, pag. 409.

JEAN-LOUIS, COMTE DE BUSSY-RABUTIN.

RABUTIN, (*Jean-Loüis*, *Comte de Buffy*) Confeiller d'Etat de l'Empereur, Maréchal de Camp, Général & Colonel du Régiment de Dragons, naquit en Bourgogne de la même Famille que Roger de Buffy, mais d'une branche différente. Il époufa en 1682. Dorothée Elizabeth, Ducheffe d'Holftein, dont il eut des garçons. [1] Il mourut à Vienne, le 17. Janvier 1717. à 74. ans. On voit une de fes Lettres dans le IVe. Tome du Recüeil de celles de Buffy. L'Abbé Lenglet, pag. 346. de fa *Bibliothèque des Romans*, lui attribuë l'*Heureux Page*, *Nouvelle Galante*, in 12. Hollande, 16. « Cet heureux Page, dit-il, eft le célèbre » Comte de *Rabutin*, qui eft devenu Général des Troupes de l'Empereur. » Il a été Page favorifé de deux Grandes Princeffes, & en a époufé une en „ Allemagne. Il eft mort eftimé dans l'Empire, après avoir rendu de grands „ fervices à la Maifon d'Autriche. „

LOUISE-FRANCOISE DE BUSSY RABUTIN.

RABUTIN, (*Loüife-Françoife de Buffy*) troifiéme Fille de Roger, Comte de Buffy, & de Gabrielle de Toulongeon, avoit époufé en premiéres Nôces, Gilbert de Langeac, Marquis de Coligny,

---

[1] Un de ces Fils eft mort à Péterbourg en 1727. Voy. fon Eloge, pag. 185. du 19e. Tom. de la *Bibliothèque Germanique*, où l'on aprend que les Gens de Lettres le regrettoient.

Comte de Dalet ; & en secondes Nôces, elle épousa Henri François de la Rivière. Cette Dame mourut en 1716. âgée de 74. ans.

CATALOGUE DE SES OUVRAGES.

1. C'est elle qui a composé l'Epitaphe de son pere. Elle fut imprimée sur une feüille volante. On la trouve dans le *Suplément de Moreri* de 1735. art. *Roger de Rabutin*.

2. *La Vie en abregé de Madame de Chantal, Premiére Mere & Fondatrice de l'Ordre de la Visitation de Sainte Marie.* Paris, Bernard, 1697. *in* 12. Le P. le Long s'est trompé [1] en donnant cette Vie au Comte de Bussy. L'Epitre Dédicatoire est signée, L. de R. (Loüise de Rabutin)& l'Auteur s'y dit petite Niéce de Madame de Chantal.

3. *Abregé de la Vie de S. François de Sales.* Paris, de Laulne, 1699. *in* 12. C'est mal-à-propos que Baillet attribuë [2] cet Ouvrage à Diane de Bussy-Rabutin, Religieuse de la Visitation de Paris. Une Lettre, que M. de la Riviére me fit l'honneur de m'écrire, le 27. Juin 1735. levera les doutes qui pourroient nous rester sur l'Auteur de ces deux Ouvrages.

,, Vous ne pouviez jamais mieux vous adresser qu'à moi. C'est feu Loüi-
,, se de Rabutin, ma femme, qui a écrit les Vies de S. François de Salles,
,, & de Madame de Chantal. Par modestie & par attention sur les bien-
,, séances de son sexe, elle ne voulut point se faire connoître au Public sous
,, le Titre d'Auteur. Elle pria M. de Bussy, son pere, d'adopter ces Ouvra-
,, ges. Il y consentit volontiers, sçachant bien qu'ils ne feroient point de
,, tort à sa réputation de bien écrire. ,,

M. de la Riviére m'aprend encore que Loüis XIV. ayant lû une vingtaine de Lettres de sa femme, chez Madame de Montespan, lui avoit dit, en les lui rendant : *Votre Femme a plus d'esprit que son Pere*. Il est vrai, dit M. de la Riviére, que ces Lettres étoient toutes de feu. Il ajoûte qu'il les a brûlées, croyant que si on les eut imprimées, on auroit fait un present dangereux à la Postérité, parce qu'elles étoient propres à inspirer des passions, &c.

MARIE DE RABUTIN.

RABUTIN, (*Marie de*) Dame de Chantal & de Bourbilly, naquit en Bourgogne, le 5. Fevrier 1626. de Celse - Benigne de Rabutin, Baron de Chantal, Bourbilly, &c. Chef de la Branche aînée de la Maison de Rabutin, & de Marie de Coulanges. En 1644. *Marie de Rabutin* épousa, à l'âge de 18. ans, Henri, Marquis de Sevigné, Maréchal des Camps & Armées du Roi, & Gouverneur de Fougènes, d'une très ancienne Maison de Bretagne, dont elle eut un fils & une fille. Elle perdit son mari en 1651. dans un Combat qu'il fit avec le Chevalier d'Albret. Elle

---

[1] *Bibliot. des Histor. de France*, pag. 297.
[2] Table critique sur le 29. Janvier, des Vies des SS. p. 150.

eut beaucoup de tendresse pour ses enfans. On voit par ses Lettres à Madame de Grignan, combien elle aimoit cette fille, pour qui elle a conservé, jusqu'à la mort, l'amitié la plus tendre & la plus constante. Madame de Sevigné mourut en 1696. à Grignan, Seigneurie en Dauphiné, près S. Poltrois-Châteaux.

MARIE DE RABUT

Tout le monde connoît la beauté de l'esprit de cette Dame. Ses Lettres sont un modèle en ce genre, qui feront passer son nom jusqu'à la postérité la plus reculée. Les Lettres de Madame de Sevigné, dit un Critique moderne, [1] feront dire à nos neveux, que les Lettres de la cousine valent bien celles du cousin. [2] Parmi les Lettres adoptives, qui sont dans le Recüeil des Lettres du Comte de Bussy, dit un Auteur célèbre [3] celles de *Madame de Sevigné* sont, sans doute, les meilleures. Elle avoit bien du sens & de l'esprit, ajoûte cet Ecrivain. Elle mérite une place parmi les femmes illustres de notre Siècle. Bayle souhaitoit d'aprendre quelques circonstances de la Vie de cette Dame, pour en faire un article de son Dictionnaire.

On ne doit pas être surpris de trouver dans l'*Histoire Amoureuse des Gaules*, un Portrait de Madame de *Sevigné*, qui ne lui fait pas honneur. Le Comte de Bussy est connu pour un homme dangéreux, la plume à la main, & accoûtumé à noircir tout ce qu'il touche.

Les Lettres de cette Dame si connuës & si estimées, parurent pour la premiére fois en 1726. en 2. vol. *in* 12. [4] & l'on en donna la même année, deux Editions ; mais l'une & l'autre, si informes & si défectueuses, qu'elles n'ont servi qu'à en faire désirer une plus complette, plus exacte & plus digne de l'illustre Auteur. L'Edition de 1733. en 3. vol. n'ayant encore rempli aucune de ces qualités, M. le Chevalier Perrin, homme de beaucoup d'esprit, a pris soin de recüeillir, autant qu'il a été en lui, les originaux de ces Lettres, de les ranger par ordre chronologique, & d'en donner une Edition exacte & fidéle, qu'il a publiée en 4. vol. *in* 12. en 1734. à Paris, avec des Notes utiles, le Portrait de Madame de Sevigné, & une Préface aussi curieuse que délicatement écrite. Voy. l'extrait de cette Edition dans le *Journal des Sçavans* du mois d'Août 1734. pag. 1471. & suiv. & le XXe. volume de la *Bibliothèque Françoise*, imprimé en 1735. pag. 242. Cette Edition a été contrefaite en Hollande, & elle avoit été traduite en Anglois quelques années auparavant.

M. le Chevalier Perrin a fait encore imprimer deux nouveaux volumes de Lettres de Madame de *Sevigné* à Madame la Comtesse de Grignan, sa fille, qui en font les V. & VIe. Tomes, à Paris, chez Rollin, en 1737. *in* 12. L'Editeur aprend au Public que l'on ne doit pas compter de voir jamais les Réponses de Madame de Grignan, comme un Auteur estimé [5] l'avoit fait espérer.

---

[1] Vigneul-Marville, *Mélanges*, Tom. I. pag. 274.
[2] Le Comte de Bussy.
[3] Bayle dans sa 652. Lettre.
[4] Ces paroles doivent s'entendre d'une Edition séparée ; car il avoit déja paru plus de deux cent Lettres de *Madame de Sevigné*, parmi celles du Comte de Bussy.
[5] M. l'Abbé Goujet, dans son *Suplément de Moreri*, article *Sevigné*.

MARIE DE RABUT — Voy. le *Menagiana*, Tom. I. pag. 84. & Tom. III. pag. 387. le *Mercure de Mai* 1726. p. 971. & suiv. celui de Mai 1728. p. 905. & suiv. où l'on trouve l'Eloge de Madame de *Sevigné*, le *Journal des Sçavans* de 1727. p. 387. Edit. *in* 12. celui d'Août 1734. pag. 1471. le XXe. vol. de la *Bibliothèque Françoise*, pag. 242. le *Suplément de Moreri* de 1735. les deux Préfaces que M. le Chevalier Perrin a insérées à la tête des Lettres de Madame de *Sevigné*; l'une, en 1733. & l'autre, en 1737.

MARIE-THERESE DE BUSSY RABUTIN.

M. TH. DE RABUT — *RABUTIN*, (*Marie-Thérèse de Bussy*) naquit en 1651. Elle étoit fille aînée de Loüise de Rouville, seconde femme du Comte de Bussy. Cette Dame fut d'abord Chanoinesse de Remiremont. Elle quitta ensuite cet état pour épouser Loüis Madaillan, Marquis de Montataire. Elle mourut le 18. Avril 1729. non à 76. ans, comme on le dit dans le Mercure d'Avril de cette année, pag. 827. mais à 78. ans, ainsi que je le tiens d'une personne de cette famille.

On trouve trois Lettres de cette Dame à son pere, sous ce Titre : *Lettres de Madame de Bussy à M. son pere*. Voy. l'Edit. de 1714. Tom. I. pag. 225. Tom. III. pag. 284. & 457. Tom. I. pag. 188. on lit un *Madrigal* de la même Dame.

NICOLAS-AMÉ DE RABUTIN, MARQUIS DE BUSSY.

N. AMÉ DE RABUT — *RABUTIN*, (*Nicolas-Amé*, *Marquis de Bussy*) & après la mort de Roger de Bussy, son pere, apellé le Comte de Bussy, étoit fils de Loüise de Rouville, seconde femme de Roger. Il mourut au mois d'Août 1719. sans enfans. On a quelques Lettres de lui parmi celles du Comte de Bussy. Voy. Tom. III. pag. 221. 233. 237. 275. 293. 325. IVe. Tome, pag. 40. & pag. 55. 57. 88. 101. 118. 158. du 5e. vol.

ROGER, COMTE DE BUSSY RABUTIN.

ROGER DE RABUT — *RABUTIN*, (*Roger Comte de Bussy*) Lieutenant Général des Armées du Roi, naquit le 3. Avril 1618. à Epiry [1] proche d'Autun. Il a été marié deux fois; la premiére, le 28. Avril 1643. avec Gabrielle de Toulongeon, morte en 1646. [2] la seconde, en 1650. avec Loüise de Rouville, dont il eut deux fils & deux filles. La Généalogie de cette Famille se trouve dans *Moreri* & ailleurs, aussi bien que celle du Comte de Bussy. C'est pourquoi je ne parlerai que de ses Ecrits. Je me contente seulement de dire qu'il mourut le 9. Avril 1693. & qu'il fut inhumé à Notre Dame d'Au-

---

[1] Terre fort ancienne dans cette Famille, & qui en est sortie. Voy. *Mémoires de Bussy*, pag. 3. Tom. I. Edit. *in* 4°.

[2] Il en eut trois filles, Diane, Charlotte & Loüise-Françoise. Voy. pag. 114. & 116. *ibid.*

tun, où on lit son Epitaphe, faite par Loüise de Rabutin, Comtesse d'Al-ROGER DE RABUT letz, sa fille. Je ne la raporte point ici, parce qu'elle se trouve en deux Livres, qui sont entre les mains de tout le monde. [1]

CATALOGUE DE SES OUVRAGES.

1. *Histoire amoureuse des Gaules*, 1665. *in* 12. & plusieurs fois depuis. Je ne sçais si c'est le même Ouvrage que celui qui est cité dans le Catalogue des Livres de M. de Cangé, [2] & qui a pour Titre : *Cartes Géographiques de la Cour, & autres Galanteries, par Rabutin.* Cologne, 1668. *in* 12. On cite le même Ouvrage, p. 259. *ibid.* avec l'*Histoire amoureuse des Gaules*, imprimée avec les noms propres des Acteurs, *in* 12. & l'on ajoute au N°. suivant : *Copie d'une Lettre de Bussy au Comte de S. Agnan, le* 12. *Novembre* 1665. Bussy, par complaisance pour Madame de Monglas, avoit écrit les amours de Mesdames de Châtillon & d'Olonne. C'est ce qu'on a coûtume de joindre à la Gaule amoureuse. C'est sans doute, cette Histoire qui a fait dire agréablement à Vigneul-Marville [3] que *Bussy* descendoit du côté de l'esprit de *Petronius Arbiter.* Au reste, elle est fort bien écrite. Elle a fait beaucoup de bruit à la Cour, & tout le monde sçait que cet Ouvrage fut la cause de sa disgrace. Voy. ce qu'il en dit lui-même dans ses *Mémoires*, Tom. I. p. 212. Edit. *in* 4°. J'oubliois de dire que les *Maximes d'Amour par Bussy*, se trouvent quelquefois avec l'*Histoire Amoureuse des Gaules.* J'en ai vû une Edition assez belle, au-devant de laquelle il y a une Estampe qui représente quantité d'Amours qui badinent ensemble, avec ces paroles au bas : *Bussy invenit, Rabutin excudit.*

2. *Discours prononcé le jour de sa réception à l'Académie Françoise.* Il fut nommé pour remplir la place de Perrot d'Ablancourt, au commencement de Mars 1665. & son Discours fut imprimé la même année, à Paris, *in* 4°. Il se trouve aussi dans le *Recüeil des Discours de l'Académie.*

3. *Remerciment à l'Academie en* 1682. Pag. 376. du même *Recüeil.* Il se trouve aussi, p. 278. de l'Ouvrage suivant, Édit. de 1730.

4. *Discours de Bussy à ses enfans, sur l'usage de adversités & les divers événemens de sa vie.* Paris, 1694. *in* 12. & contrefait la même année à Lyon. *It.* sous ce Titre : *Les Illustres Malheureux par Bussy ; avec un Discours à ses enfans, sur le bon usage des Adversités.* Cologne, 1694. *in* 12. *It.* Paris, 1730. *in* 12. Cet Ouvrage a aussi été joint à ses *Mémoires*, imprimés en 2. vol. *in* 12. en Hollande.

Teissier, p. 238. du II. vol. de son *Catalogue Latin des Auteurs*, dit : Roger... *de Bussy scripsit propriam Vitam Gallicè, apud Jo. Anisson*, 1697. *in* 4°. Je ne sçais si c'est le même Ouvrage que le *Discours de Bussy*, &c.

5. *Mémoires concernant ce qui s'est passé depuis* 1630. *jusqu'en* 1665.

---

[1] La *continuation de l'Hist. de l'Acad. Fr.* & le *Suplément de Moreri* de 1735.

[2] Pag. 128.

[3] *Mélanges de Littérature*, p. 273. Tom. I.

ROGER DE RABUT. Paris, 1696. 2. vol. *in* 4°. & *ibid*. 3. vol. *in* 12. & plusieurs fois ailleurs, comme à Lyon & à Amsterdam. Le Catalogue des Livres imprimés chez Bousquet, à Genève, en 1728. cite, pag. 28. une Edition de ces Mémoires en 8. vol. *in* 12. Hollande. C'est sans doute une faute. *It.* Amsterdam, Zacharie Chatelain, 1731. *in* 8°. 3. vol. Les deux premiers volumes contiennent les *Mémoires* ; & le troisiéme, les *Œuvres mêlées*, où se trouvent les Ouvrages suivans. I. *Rabutiniana, ou Pensées diverses du Comte de Bussy-Rabutin.* « Le *Rabutiniana* [1] renferme plusieurs pensées » choisies, & tirées des Lettres, Mémoires & autres Ouvrages du Comte » de *Bussy*. On y retrouve avec plaisir, mille traits délicats, embellis par ce » tour d'expression & ce charme de stile, qui sont si propres à *Bussy*, qu'il » est en cela véritablement original. Ce choix est fait avec goût & discer- » nement. » II. *Réflexions sur la Guerre.* III. *Critique de quelques Epigrammes, traduites de Catulle & de Martial.* IV. *S'il est nécessaire que les Gens de qualité étudient, & à quel genre d'étude ils doivent s'apliquer ?* L'Auteur y traite de la Grammaire, de l'Eloquence, de la Logique & de la Physique. V. *Discours à ses Enfans*, &c. C'est l'Ouvrage cité au N°. 4. Cette collection étoit annoncée dès 1710. dans le *Journal des Sçavans* de cette année, pag. 594. Edit. *in* 12.

6. *Lettres & leurs Réponses depuis 1666. jusqu'en 1692.* Paris, 1697. 4. vol. *in* 12. Autres Lettres, réimprimées avec les premiéres en 1714. avec un nouvel ordre. Dans l'Edition de 1731. on y a joint les *Mémoires*.

Dès 1705. les Mémoires de Trevoux du mois de Décembre, nous avoient annoncé, p. 2161. la Vie de *Bussy*, faite par l'Abbé du Fresnoy, qu'il devoit joindre à une nouvelle Edition des *Lettres de Bussy*, avec des Notes.

Bernard, p. 448. de ses *Nouvelles de la République des Lettres*, Avril 1702. parle d'un Recüeil que le Sieur Boyer fit en Anglois des *Lettres de plusieurs personnes d'esprit*, parmi lesquelles il y en avoit plusieurs de *Bussy*.

7. *Histoire de Loüis XIV.* Paris, 1699. *in* 12. Ce n'est que le canevas de l'Histoire de ce Prince.

8. *Bussy*, pag. 28. du 2. vol. de ses *Lettres à Madame de Sevigné*, parle d'une Vie qu'il a faite de son pere, & d'une autre de son grand pere. Il assure que ces Vies ne sont point flateuses.

Voy. le P. Rouvére, *Reomaus, ou Histoire de Moûtier-Saint-Jean*, p. 673. *Lettres de Bayle*, pag. 556. & 652. Basnage, *Hist. des Ouvr. des Sçav.* 1697. Mars, p. 305. Prosper Marchand, pag. 556. de ses *Notes sur les Lettres de Bayle*. Le Clerc, *Bibliothèque ancienne & moderne*, Tome VIII. p. 439. Fabricius, *Supplem. ad Bibliot. Lat.* Part. II. p. 207. Brossette sur Boileau, p. 77. du I. vol. Edit. *in* 4°. 1718. Titon du Tillet, *Parnasse François*, pag. 452. Edit. *in folio. Continuat. de l'Hist. de l'Ac. Fr.* p. 297. *Moreri*, & le *Suplément* de 1735.

---

[1] Je dois la connoissance de cette Edition à M. Michault, Avocat au Parlement de Bourgogne, qui a fait l'Extrait du *Rabutiniana*, tel que je le donne ici, dans sa Bibliothèque Ms. des Livres, dont le Titre est terminé en 1733.

LAZARE RABYOT DE CORLON.

RABYOT de Corlon, (Lazare) Procureur du Roi au Bailliage d'Autun, est né en cette Ville, le 22. Septembre 1673. Il n'a donné au Public qu'une Ode, sur le sujet proposé par MM. de l'Académie Françoise, pour le prix de Poësie : *Que jamais Prince n'a mieux connu l'utilité & l'importance du secret, que Loüis le Grand, & ne l'a jamais mieux gardé, soit dans le Gouvernement, soit dans la vie civile.* Cette Piéce est loüée dans les *Mémoires de Trevoux* du mois de Mai 1722. pag. 833. Elle est imprimée dans le *Recüeil des Piéces proposées pour le prix de l'Académie Françoise*, pag. 127. & suiv. Paris, Coignard, 1721. *in* 12.

Le même Auteur a traduit en Prose, l'Enéïde de Virgile. Le Traducteur m'a assuré que cette Version étoit le travail de plusieurs années. J'ai oüi dire aussi qu'il a traduit les *Epitres de Senèque*, & les *Hymnes Latines* du R. P. Oudin, Jésuite, en Vers François.

RAIGNAULD.

RAIGNAULD, Archevêque de Lyon, & Abbé de Vezelai, étoit fils de Dalmace Montaigu, Seigneur de Semeur en Brionnois, & d'Aremburge de Vergi, d'une des plus anciennes & des plus illustres familles de Bourgogne. *Raignauld*, selon plusieurs Auteurs, étoit frere de S. Hugues, Abbé de Cluni, & de Géoffroy de Semeur. Mais le P. de Colonia, dans son *Histoire Littéraire de la Ville de Lyon*, a prouvé par l'Auteur de la *Bibliothèque de Cluni*, & par les Ecrivains du XIIe. Siècle, qu'Hugues étoit oncle, & non pas frere de *Raynauld*. Ce dernier mourut le 7. Août 1129. à Cluni, où on lui dressa cette Epitaphe :

Hic requiescit Dominus Rainaldus, quondam Abbas & Reparator Vezeliacensis, & postea Archiepiscopus Lugdunensis.

Pierre le Vénérable lui fit une autre Epitaphe en Vers, raportée par Claude Robert dans sa *Gaule Chrétienne*.

Raignauld a laissé un petit Ouvrage, intitulé : *Vita Sancti Hugonis, Fratris sui, Abbatis Cluniacensis, mortui ætat. 85. an.* 1109. On le trouve imprimé dans la *Bibliothèque de Cluni*, par D. Marrier, pag. 648. dans *Surius*, & dans le *Recüeil de Bollandus*, Tom. III. On a eû tort dans le Titre de cet Ouvrage, de dire que *Raignauld* étoit frere d'Hugues.

Voy. Claude Robert, *Gallia Christiana*, & la *Gaule Chrétienne* de MM. de Sainte-Marthe, pag. 314. Henri de Gand, p. 162. Edit. d'Aubert le Mire en 1639. Vossius, *de Historicis Latinis*, pag. 373. Edit. de 1651. Casimir Oudin, *Commentar. de Scriptor. Ecclesiast.* Tom. II. page 1106. Dupin, *Table des Auteurs Ecclésiastiques*, Tom. I. col. 469. & Aut. Eccles. du XIIe. Siècle, p. 663. où il place mal-à-propos la mort de *Raignauld* vers 1160. *Synopsis Vitæ S. Hugonis, metricè* ; *Bibliotheca Clu-*

niacenfis, p. 654. & l'*Hiftoire Littéraire de Lyon*, par le P. de Colonia, Tom. II. pag. 232.

RAINOGALA.

RAINOG. **R**AINOGALA, Chanoine d'Auxerre, vivoit en 878. fous Vala, Evêque de cette Ville. Dans l'Hiftoire des Evêques d'Auxerre, publiée par le P. Labbe, on trouve ces paroles : *Duo luminaria Collegii noftri Rainogala & Alagus, collaborante Herrico, Theofopho fimul & Monacho, Gefta Præfulum iftius Sedis compendiofè & commaticè elucubratis indiderunt.* Rainogala a donc travaillé à cet Ouvrage, donné au Public par le P. Labbe, fous ce Titre : *Gefta Epifcoporum Antiffiodorenfium.*

Voy. la *Bibliothèque des Mff.* du P. Labbe, p. 411. & fuiv. Le Long, *Bibliot. des Hift. de France*, p. 194. N°. 4104. *Analecta Mabillonii*, Tom. I. p. 878. & l'article *ALAGUS* dans cette *Bibliothèque*.

JEAN-BAPTISTE RAMEAU.

J. BAPT. **R**AMEAU, (*Jean-Baptifte*) l'un des plus habiles Organiftes de notre Siècle, eft né à Dijon, le 25. Septembre 1683. de Jean Rameau, auffi Organifte, & de Catherine Martinécourt.

CATALOGUE DE SES OUVRAGES.

1. Dès 1706. pendant qu'il étoit Organifte des Jéfuites de la ruë S. Jacques, & des Peres de la Mercy, à Paris, il fit imprimer en cette Ville, un *premier Livre de Pièces de Clavecin*, *gravées par Rouffel*, in 4°. oblong.

2. *Traité de l'harmonie, réduite à fes principes naturels, divifé en IV. Livres. Livre I. du raport des raifons & des proportions harmoniques. Liv. II. de la nature & de la propriété des accords, & de tout ce qui peut fervir à rendre une Mufique parfaite. Livre III. principes de la compofition. Liv. IV. principes d'accompagnement.* Paris, Ballard, 1722. in 4°. p. 432. fans la Préface de 6. pages, & un Suplément de 17. pages, qui contient quelques changemens & corrections néceffaires pour deux chapitres. L'Auteur étoit pour lors Organifte de l'Eglife Cathédrale de Clermont en Auvergne. On trouve un extrait & un éloge de ce Livre dans le *Mercure du mois de Mai* 1727. p. 470. & dans les *Mémoires de Trevoux*, Octobre 1722. p. 1713. & *Novembre* de la même année, p. 1876. Les Journaliftes de Trevoux affurent que la découverte de M. *Rameau* fur le faux principe, où font les Muficiens de faire fyncoper toute diffonance, peut feule donner l'immortalité à l'Auteur.

3. *Nouveau fyftême de Mufique théorique, où l'on découvre le principe de toutes les règles néceffaires à la pratique, pour fervir d'introduction au Traité de l'harmonie.* Paris, Ballard, 1726. in 4°. Voy. l'extrait de cet Ouvrage dans les *Journaux de Trevoux*, Mars 1728. p. 472. « Le Public,

» y est-il dit, a ratifié ce système, & le succès a passé les espérances de
» l'Auteur. L'accompagnement en particulier, outre la régularité & la jus-
» tesse à laquelle il est réduit par l'Auteur, qui a convaincu de faux sur ce
» point les plus habiles Maîtres, sans en excepter les *Corelli*, n'est plus
» qu'un méchanisme éclairé qui ne demande, pour être apris, que le tems
» qu'il faut pour accoûtumer la main & les doigts à une suite de mouvemens
» fort simples & fort naturels, & qui sont presque toûjours les mêmes. Il a
» fallu jusqu'ici des cinq, sept, dix & quinze années pour aprendre assez
» mal cet accompagnement. M. *Rameau* pourroit citer plusieurs Ecoliers,
» & même quelques-uns de grand nom, qui après trois mois, ont sçû tou-
» te la théorie ; après six, toute la pratique, & qui en un an, quinze ou
,, dix-huit mois tout au plus, en ont possédé toute la routine ; mais une rou-
,, tine régulière & pleine d'intelligence, jusqu'à être en état de corriger les
,, chiffres des plus grands Maîtres, de se passer de chiffres, d'en faire des
,, leçons aux autres, d'en raisonner, & même d'en écrire. On pourroit ci-
,, ter ici un de ces Ecoliers illustres, si une pareille gloire n'étoit pas fort au-
,, dessous de celle à laquelle son nom & des talens supérieurs le destinent. Il
,, suffit que c'est un fait assez connu. ,,

J. BAP. RAMEAU.

4. Dans le *Mercure de Novembre* 1728. pag. 2511. il est parlé d'une Cantate, intitulée : *Le Berger fidèle*, mise en musique par M. *Rameau*.

5. *Dissertation sur les différentes méthodes d'accompagnement pour le Clavecin, ou pour l'Orgue ; avec le plan d'une nouvelle méthode établie sur une méchanique des doigts, que fournit la succession fondamentale de l'harmonie, à l'aide de laquelle on peut devenir sçavant Compositeur, & habile Accompagnateur, même sans sçavoir lire la musique.* Paris, 1732. in 4°. Voy. les *Mémoires de Trevoux*, Janvier 1732. p. 187. & Mars de la même année, pag. 445. où l'on trouve un extrait fort long & fort honorable de ce Livre. Les Journalistes disent que M. *Rameau fait passer l'oreille dans les doigts, & l'esprit dans la main*, &c.

6. *Hippolythe & Aricie*, Tragédie de M. *l'Abbé Pellegrin*, mise en musique par M. *Rameau*, représentée le Jeudi 1. Octobre 1733. Paris, in folio.

7. *Les Indes Galantes*, Ballet Héroïque, représenté pour la première fois sur le Théatre de l'Opera, le Mardi 23. Août 1735. Les paroles sont de M. Fuzelier, & la musique, de M. Rameau. Je ne sçais si cette Piéce est imprimée. Voy. le *Mercure de Septembre* 1737. p. 2035. le *Journal Politique & Littéraire du mois de Janvier* 1737. p. 30. & le II. Tome des *Observations sur les Ecrits des Modernes*, p. 238. Lettre XXV.

8. Traité de Musique, sous le Titre de *Génération harmonique*. Paris, 1737. in 8°. Voy. le *Mercure de Fevrier* de la même année, p. 326. où l'on donne une idée de ce Livre, & où l'on assure qu'il a été présenté par l'Auteur à MM. de l'Académie des Sciences, qui l'ont aprouvé.

9. Second Livre [1] de *Pièces de Clavecin*, en 1721. ou 1722.

---

[1] Le reste de cet article nous a été envoyé par l'Auteur.

J. BAPT. RAMEAU.

10. *Nouvelles Pièces de Clavecin*, en 1726. ou 1727.

11. *Cantate*, en 1729. ou 1730.

12. *Castor & Pollux*, Tragédie représentée pour la première fois, le 24. Octobre 1737. Les paroles sont de M. Bernard.

13. *Les Fêtes d'Hébé, ou les Talens Lyriques*, Ballet représenté pour la première fois au mois de Mai 1739. Les paroles sont d'un Anonyme.

14. *Dardanus*, Tragédie représentée pour la première fois, le 19. Octobre 1739. Les paroles sont de M. de la Bruière.

16. *Livre de Clavecin en Concerts, avec un violon ou une flute, & une viole ou un second violon.* Ce Livre doit paroître après Pâques de l'année 1741.

CLAUDE RAPIN.

CLAUDE RAPIN. RAPIN, (*Claude*) Célestin, né à Auxerre, mourut en 1493. Il a composé : *Expositio in quinque Psalmos pro Missæ Celebratione præparatorios, & in Psalmum* 118. Le P. Becquet a parlé de ces Ouvrages dans ses *Eloges des Célestins*.

Voy. aussi la *Bibliothèque Sacrée* du P. le Long, pag. 919. & sa *Bibliothèque des Historiens de France*, pag. 266.

CLAUDE RAVEY.

CLAUDE RAVEY. RAVEY, (*Claude*) habile Avocat au Parlement de Bourgogne, étoit né à Châlon, & mourut à Dijon, le 14. Août 1707. âgé de 42. ans. M. *Ravey* étoit très versé dans les Belles-Lettres. On admiroit, lorsqu'il plaidoit, sa promptitude surprenante pour la répartie. Il est Auteur de l'Ouvrage suivant :

Dom Alvare, Nouvelle Allégorique. Sur la copie imprimée à Cologne, chez Pierre Hyp, in 12. pagg. 128. C'est l'Histoire de ses Galanteries, avec une Demoiselle de Dijon. *Alvare* est une espèce d'Anagramme de *Ravey*.

On attribuë au même Ecrivain, un Ouvrage, intitulé : *Style du Parlement, de la Chambre des Comptes, & de la Chambre des Finances*. Dijon, de Fay, 1711. *in* 12.

GUILLAUME RAVIOT.

GUILL. RAVIOT. RAVIOT, (*Guillaume*) Ecuyer, Avocat au Parlement, & Conseil des Etats de la Province de Bourgogne, est né à Dijon, le 29. Novembre 1667. de Benigne Raviot, Ecuyer, Conseiller, Secrétaire du Roi, & Audiencier à la Chancellerie, & d'Anne Béruchot.

CATALOGUE DE SES OUVRAGES.

1. *Confultation d'un Avocat, fur la Bulle Unigenitus*; fçavoir, *s'il eft permis d'apeller*. 1717. *in* 12. fans nom d'Imprimeur. Cette Pièce, où l'Apel eft condamné, fut imprimée, fans la participation de l'Auteur.

2. *Amor ebrius*. In 8°. fans nom d'Imprimeur & fans date; mais en 1722. à Dijon, chez Augé. C'eft une Elégie qui contient plus de 250. Vers.

3. *Poëfies Latines, fur la Statuë Equeftre de Loüis le Grand, érigée dans la Place Royale de la Ville de Dijon, Capitale du Duché de Bourgogne.* Ibid.

4. *Arrêts Notables du Parlement de Dijon, recüeillis par M. François Perrier, Subftitut de M. le Procureur Général, avec les Obfervations fur chaque queftion.* Dijon, Augé, 1735. 2. vol. *in folio*. Voy. un extrait de cet Ouvrage, dans le *Journal des Sçavans*, du mois de Novembre 1735. pag. 2041. & fuiv. Edit. *in* 12.

5. *De Arte Poëtica.* (En 810. Vers) Ibid. 1736. *in* 8°. pagg. 28.

6. *Nouveau fyftême du Ciel.* Mf.

7. *Deus.* Poëme Latin Mf. contenant plus de neuf mille Vers. C'eft une efpèce d'Antilucrèce, où l'Auteur prouve en VI. Livres, *l'exiftence de Dieu, contre Lucrèce.*

RAYNARD, RAYNAUD, OU REGNIER.

RAYNARD, *Raynaud, ou Regnier*, Abbé de Citeaux, étoit fils de Milon, Comte de Bar-fur-Seine. Il fut d'abord Religieux de l'Abbaye de Clairvaux, & enfuite Général de l'Ordre, au mois de Septembre 1140. M. Gervaife, dans fa *Vie d'Abélard*, raconte le voyage de *Raynaud* à Cluni, & la manière édifiante avec laquelle il y parut. ,, Une vile ,, monture, dit-il, lui tenoit lieu de caroffe à fix chevaux; un pauvre Fre- ,, re Convers, qui l'accompagnoit, faifoit toute fa fuite; mais fon mérite ,, n'avoit pas befoin de ces marques extérieures d'une grandeur mondaine, ,, que le fafte & la vanité ont introduites dans la fuite des tems, trifte fu- ,, plément à la piété & à la vertu des Saints Fondateurs. ,, Le même Hiftorien obferve que ce ne fut que plus de 150. ans après, que les Abbés de Citeaux commencèrent à quitter cette fimplicité de leur Etat, & à prendre des équipages de grands Seigneurs. C'eft ce qui donna occafion à ce Decret du Chapitre Général de l'an 1281. *Quoniam Generali Capitulo datum eft intelligi, quod quidam Abbates muliebrem mollitiem imitantur, in curribus & lecticis geftatoriis faciunt fe portari, ftatuit & ordinat Capitulum Generale, quod nullus Abbas, aut Monachus de cætero talibus uti audeant, alioquin quandiu ufu fuerint, in pane & aqua jejunent, authoritate Capituli Generalis.*

Raynaud ayant oüi parler de la difpute qui s'étoit élevée entre S. Bernard

RAYNARD & Abélard, voulut être le Médiateur de la reconciliation de ces deux grands Personnages. Il en vint heureusement à bout, conduisit Abélard à Clairvaux, & fut témoin des marques mutuelles d'amitié & d'estime qu'ils se donnérent. *Raynaud* mourut le 16. Décembre 1151. regretté universellement de tous ceux qui le connoissoient, & principalement de Saint Bernard, qui donna des larmes à sa mort. Parmi les Lettres de ce Saint, il y en a une adressée à *Raynaud*. C'est la 270e. de l'Edition du Pere Mabillon.

Manriquès a fait imprimer dans ses *Annales de Citeaux*, chap. VI. ad an. 1134. un Recüeil des Constitutions de l'Ordre, depuis S. Etienne, troisiéme Abbé de Citeaux, compilé par *Raynaud*. Ce Recüeil est intitulé : *Speciales Constitutiones à S. Stephano, diversis temporibus post Chartam Charitatis latæ* 187. *Capitibus distinctæ, & an.* 1134. *vulgatæ*. Ces Constitutions sont aussi imprimées à la page 245. & suiv. du *Monasticon Cistercienfe*, publié en 1664. à Paris, *in folio*, par Julien Paris, Abbé de Foucarmont. L'Editeur donne le Titre de Saint à cet Abbé.

Dans le *Catalogue des Mss. d'Angleterre*, imprimé à Oxford, en 1697. *in folio*, on cite, cod. 2196. un autre Ouvrage de *Raynaud*, sous ce Titre : *Regnardi Cisterciensis, & Bernardi Clarevallis Abbatum ad Innocentium Epistolæ*.

Voy. Henriquès, *Menolog. Cistercienfe*, au 16. Décembre. Devisch, *Biblioth. Cisterc.* p. 284. Robert, *Gallia Christiana*, p. 541. & *Supplement. Sigeberti*, an. 1151.

GILBERT REGNAULD.

GILBERT REGNAU.

REGNAULD, (*Gilbert*) Juge-Mage de Cluni, étoit de la Religion Prétenduë Réformée. On lui attribuë un Ouvrage des plus honteux & des plus cyniques, qui ayent jamais été fabriqués. C'est la *Légende de Dom Claude de Guise, Abbé de Cluni, contenant ses faits & gestes, depuis sa nativité, jusqu'à la mort du Cardinal de Lorraine, & des moyens tenus pour faire mourir le Roi Charles IX. ensemble plusieurs Princes, grands Seigneurs, & autres durant ledit tems.* 1581. pagg. 256. *in* 8°. sans nom de Ville, d'Imprimeur ni d'Auteur. Dom Claude de Guise, qui aprit que ce Livre étoit de *Regnauld*, voulut le déposer de la Judicature de Cluni; mais *Regnauld* fut maintenu par Arrêt; & le lendemain, il tint une Audience, après laquelle il jetta les provisions de son emploi au milieu du Parquet, & fit connoître par-là, le peu de cas qu'il faisoit de cette Charge, & de celui dont il la tenoit. Il se retira ensuite à Mâcon, & y exerça la Profession d'Avocat pendant quelques années, après lesquelles il mourut fort âgé, puisqu'il dit qu'il a exercé la Jurisprudence pendant 40. ans. On ignore le tems de sa mort. En divers endroits de son Livre, & dans son Epitre Dédicatoire à Henri de Lorraine, Duc de Guise, Gouverneur de Champagne, &c. il annonce un second volume de cet Ouvrage, *qui sera farci*, dit-il, *d'une infinité d'autres empoisonnemens, meurtres*, &c. *par Dom Claude de Guise*. Cette seconde Partie n'a point été imprimée. Dom

DE BOURGOGNE.

GILBERT REGNAU.

Claude de Guife paffoit communément pour le Batard du Cardinal de Lorraine ; l'Auteur de la Légende prétend qu'il étoit fils illégitime de Marie Serre, Préfidente à la Chambre des Comptes de Dijon. Cet Abbé mourut le 23. Mars 1612. & fut enterré à Cluni, vers le Grand Autel, du côté de l'Evangile, fans Epitaphe & fans Maufolée. La *Légende* le charge de toutes fortes de crimes, tels que parricides, empoifonnemens, concuffions, fauffe monnoye & atheifme. Il faut avoüer que la tradition du Monaftére & de tout le Pays, confirme affez ce qui eft raporté dans cette *Légende*. M. le Cardinal de Boüillon, Abbé de Cluni, détruifit tout ce qui pouvoit rapeller la mémoire de Dom Claude de Guife.

Je n'ignore pas que le P. le Long attribuë cet Ouvrage à Dagonneau, Sieur de Vaux, Juge de Cluni. Il prétend auffi que l'Edition que j'en ai citée, eft la feconde, & que la premiére fut donnée fous le Titre de *Légende de Saint Nicaife*. M. de Thou avoit déja crû que cet Ouvrage étoit de Dagonneau. M. l'Abbé Lenglet a fuivi le P. le Long, en citant deux Editions de la *Légende*. Le Sieur Gabriel Martin, fameux Libraire de Paris, eft auffi du fentiment, que cette *Légende* eft de Dagonneau. [1] Je crois ces deux faits abfolument faux. Dans aucun endroit de l'Edition de 1581. il n'eft fait mention d'une premiére. L'Epitre Dédicatoire eft datée de Paris, le 1. Juin 1581. Pourquoi le P. le Long n'a-t-il pas cité la date de la premiére Edition ? Il n'y a pas d'aparence non plus, que Dagonneau foit Auteur de ce Livre, puifqu'à la page 177. fa mort eft marquée en 1580. Cette preuve me paroît fans replique. Ce qui a, fans doute, fait tomber le P. le Long dans l'erreur, c'eft qu'il eft dit à la page 165. du même Ouvrage, qu'un Seigneur de Vaux a été Juge de Cluni. Comme la *Légende* eft d'un Juge de Cluni, & que Dagonneau étoit Juge de ce Lieu, je préfume que le P. le Long, fans autre examen, lui a attribué cet Ouvrage. Il pouvoit cependant faire attention, que lorfque la *Légende* fut imprimée, il y avoit trente & tant d'années que la Charge de Juge de Cluni avoit été remplie par un Seigneur de Vaux. A la pag. 194. *ibid.* on réfute le bruit qui couroit que de Vaux avoit compofé une Pafquinade en Vers François contre Saint Nicaife, & l'on fait la critique du ftile & de la Poëfie de cette Piéce. Peut-être que le P. le Long a pris cette Pafquinade, qui eft imprimée à la p. 196. de la *Légende* pour la *Légende* même. Au refte, cet Ouvrage n'eft pas commun. Un exemplaire en fut vendu 39. livres dix-neuf fols, dans la vente de la Bibliothèque de M. Dufay, en 1725.

Voy. *Chronologia Abbatum Cluniac. & Bibliot. Cluniac.* par D. Marrier, imprimée à Paris en 1614. *Hiftoire* de M. de Thou, *ad an.* 1574. N°. 7867. le Long, *Bibliothèque des Hiftoriens de France*, N°. 7867. & M. l'Abbé Lenglet, *Méthode pour étudier l'Hiftoire*, II. volume, pag. 509. & 520. Edit. de 1729. *in* 4°.

---

[1] Dans le Catalogue qu'il a rédigé de la *Bibliothèque de M. Dufay*, en 1725. pag. 408.

JACQUES REGNIER.

JACQUES REGNIER.
REGNIER, (*Jacques*) Médecin de Beaune, naquit en cette Ville, le 6. Janvier 1589. de Benjamin Regnier, Avocat, & de Théodorine Simon. Après ses premiéres études, il fut chargé de l'éducation de quelques jeunes Gens de qualité, & fut ensuite Correcteur d'Imprimerie. Fatigué de ces différentes occupations, il prit le parti de se fixer entiérement par l'exercice d'un emploi qui s'accordât avec son caractére. Il crut n'en pouvoir choisir de plus convenable, que l'étude de la Médecine. Il étudia en cette Faculté pendant quelques années, après quoi il fut reçû Docteur à Cahors, le 3. Décembre 1624. Il mourut le 16. Juin 1653. âgé de 64. ans, accablé de miséres & de maladies. Il n'a fait imprimer que l'Ouvrage suivant :

1. *Apologi Phædrii, ex Ludicris J. Regnerii Belnensis Doctoris Medici.* Dijon, Pierre Palliot, 1643. *in* 12. pagg. 125. J'ai oüi dire que feu M. Mallemant, Chanoine de Sainte Opportune, avoit le Ms. original de la IIe. Partie de ces Fables. Je ne sçais pourquoi M. de la Mare, dans sa Vie Latine de Claude Saumaise, qui n'a pas été imprimée, prétend que ces Fables sont dédiées à Charles Fevret, bon ami de l'Auteur. L'Epitre Dédicatoire, au nom de Palliot, est adressée à Gilbert Gaulmin. M. de la Mare, au reste, loüe & l'Ouvrage, & l'Auteur. *Regnier* a laissé les Mss. suivans, dont Edme de Lacurne, Avocat de Beaune, a fait mention dans son Abregé Ms. de la *Vie de Regnier*, excepté celui dont je parlerai au N°. 5.

2. *Livre d'observation sur les maladies pestilentielles.* On le croit perdu.

3. *Apologies plus amples que ceux qui sont imprimés.*

4. *Poëme sur la Passion, & autres Poësies Latines.* Ces Ouvrages sont perdus.

5. M. de la Mare, dans la *Vie de Saumaise* que j'ai citée, fait mention de quelques Ouvrages de Médecine, composés par *Regnier*. Mais il ajoûte en même tems : *Quæ scripta fuere ab eo in re medica, veluti Penthei membra dispersa sunt.*

Voy. la *Vie Ms. de Regnier*, par Edme de Lacurne, Avocat de Beaune.

JEAN REGNIER.

JEAN REGNIER.
REGNIER, (*Jean*) Ecuyer, Seigneur de Guerchy, Bailly d'Auxerre, & Officier du Duc de Bourgogne, pour lequel il témoigna toûjours beaucoup d'attachement, étoit né à Auxerre. *Regnier* fut Bailly de cette Ville pendant trente-six ans. La Croix-du-Maine nous aprend qu'il avoit épousé en 1460. Isabeau Chretienne, & cite pour garant de ce fait, les Ouvrages mêmes de *Regnier*. Cet Auteur étoit avec le Duc de Bourgogne, lorsque ce Prince faisoit la Guerre au Roi Charles VII. & il fut fait prisonnier à Beauvais en 1432. Comme le parti qu'il avoit pris, étoit un Acte de révolte, il crut qu'on le puniroit de mort ; & pour charmer ses ennuis,

nuis, il composa dans la prison un assez grand nombre de Poësies Françoi- JEAN
ses. Il fit aussi son Testament, & le fit sérieusement comme un homme qui REGNIER.
se disposoit à la mort. Mais ayant eû enfin espérance que son affaire n'iroit
pas si mal qu'il l'avoit apréhendé, il fit un second Testament moins sérieux
en Vers, où il décrivit d'une maniére badine, les cérémonies qu'il vouloit
que l'on observât à son enterrement. Il ne sortit cependant pas gratuitement
de prison. *Il paya*, dit du Verdier, *pour rançon de sa prison, où il fut par
l'espace d'un an & huit mois, trois ou quatre mille écus, comme lui-même
l'assure au Discours susdit imprimé* (c'est l'Ouvrage dont je vais parler.)
Regnier avoit voyagé en Europe, en Asie, en Afrique, & sçavoit les Langues Etrangéres. La Croix-du-Maine dit qu'il mourut fort vieux après l'an
1463. Il a composé l'Ouvrage suivant :

*Les fortunes & adversités de Jehan Regnier, Vivant, Seigneur de Gar-
chy*. Paris, Jean de Lagarde, 1526. *in* 8°. en 18. feüillets, impression gothique, selon du Verdier, qui ajoûte *qu'il n'y a rien de bon dans ce Livre,
que quelques Proverbes qui servent de refrains à la Ballade*. M. l'Abbé
Goujet place l'Edition de cet Ouvrage à l'an 1524.

Voy. la *Bibliothèque Françoise* de la Croix-du-Maine, pag. 261. celle
de du Verdier, pag. 750. & le *Suplément de Moreri* de 1735.

REMI.

REMI, d'Auxerre, Religieux de l'Abbaye de Saint Germain de cette
Ville, vivoit à la fin du IXe. Siècle, & au commencement du X. Il
fut pendant plusieurs années sous la discipline d'Hervic, sçavant Bénédictin de S. Germain d'Auxerre. Sa réputation le fit choisir pour succéder à
son Maître dans la Préfecture des célèbres Ecoles de cette Abbaye. C'est sous
lui qu'Odon, Abbé de Cluni, puisa ces grandes qualités, qui l'ont tant
distingué dans son Ordre. Plusieurs Villes témoignérent à *Remi* l'estime
qu'elles avoient pour lui. Foulques, Archevêque de Reims, l'attira auprès
de lui pour rétablir les études qui avoient été un peu négligées, sous Hinc-
mar, son Prédécesseur. *Remi* enseigna les Humanités & la Théologie en
cette Ville, aux jeunes Clercs. Il fut ensuite à Paris, exercer les mêmes fonctions, & toûjours avec beaucoup d'aplaudissemens. On a peine à fixer le
tems de sa mort, & les Ecrits qu'il a composés. Trithême & Sixte de Sienne se sont trompés, en le faisant Evêque d'Auxerre. Sigebert & les autres
anciens Auteurs, qui ont parlé de *Remi*, ne disent rien de cette Dignité.

CATALOGUE DE SES OUVRAGES.

1. *Expositio Missæ*. C'est son premier Ouvrage. Il est dans le VIe. Tome de la *Bibliothèque des Peres*, Edit. de 1589. & Tom. XVI. p. 883. de
l'Edit. de 1677. Casimir Oudin croit que le Traité, *de Indumentis Ecclesiasticis*, dont le Ms. est conservé à Long-pont, Ordre de Citeaux, Diocèse de Soissons, est le même que celui qui a pour Titre : *Expositio Missæ*.
C'est peut-être encore le même que celui-ci : *In Canonem Missæ*, imprimé

REMI. dans le XVIe. Tome, pag. 883. de la *Bibliothèque des Peres*. Le Pere Mabillon prétend que le Traité de l'*Explication de la Messe* est inséré dans le chapitre XI. du Traité d'Alcuin, *de Divinis Officiis*.

2. *De Divinis Officiis*, *Liber I*. Voy. les *Œuvres posthumes* du P. Mabillon, Tom. I. pag. 514. *Lettre à J. Schilter*.

3. *De Festivitatibus Sanctorum*, *Liber I*.

4. *Ad Episcopum Heduorum Gualonem*. Ce Prélat avoit interrogé *Remi* sur deux choses ; la première, *de Altercatione Michaëlis Archangeli cum Diabolo, de Moysi corpore, quod legitur in Epistola Judæ Apostoli. Altera, de eo quod respondens Dominus ad Job, de Turbine dixit : Ecce Behemot, quam feci tecum*. Cet Ouvrage n'est point imprimé. Voy. Bellarmin, *de Scriptoribus Ecclesiasticis*.

5. *Homilia una de Filio Prodigo*. Mf. Casimir Oudin dit qu'il l'a vû.

6. *Glossæ in Vetus Testamentum*. Mf. à Barselle, Diocèse de Bourges. Voy. la *Bibliothèque Sacrée* du P. le Long, pag. 923. & le *Voyage Littéraire* du P. Martène, Tom. I. Part. I. pag. 19.

7. *Expositio in Beresith, seu Genesion*. Mf. M. le Président Bouhier en a une copie du Xe. Siècle, *in folio*. On en voit une autre du XIIe. Siècle, dans l'Abbaye de S. Marien d'Auxerre. Le P. Pez, Bénédictin, dans sa Préface, *in Anonym. Mellic. de Scriptor. Ecclesiast*. fait mention d'une autre copie de ce Commentaire, conservée, dit-il, *in Bibliotheca Garstrensi in Austria*.

8. *Commentaria in XI. minores Prophetas posteriores, excepto Oseâ*. Hentenius publia cet Ouvrage avec Æcumenius en 1545. à Anvers. Il se trouve aussi dans la *Bibliothèque des Peres*, Tom. I. pag. 622. Edit. de 1654. Il y en a une copie parmi les Mff. de la Bibliothèque du Roi.

9. *Commentaria in Oseæ V. priora capita*. Mf. à S. Germain d'Auxerre. *In Joelem*, à S. Marien d'Auxerre ; *& in omnes Psalmos*, à Pontigny. Ces Commentaires sont tirés de S. Ambroise, de S. Augustin, & de Cassiodore. Ils sont imprimés à Cologne, *in folio*, en 1536. 1538. & dans la *Bibliothèque des Peres*, Tom. IX. Edit. de Cologne, & Tom. XVI. pag. 883. *Bibliotheca Maxima PP*. Pierre Lombard a copié du Commentaire de *Remi*, beaucoup de choses qu'il a insérées dans le sien. Voy. *Miræus & Henric. à Gandavo, de Scriptor. Ecclesiast*. p. 167.

10. *In Cantica Canticorum*. Ils parurent en 1533. sous le nom d'Haimon. Voy. le *Voyage Littéraire* du P. Martene, Tom. I. Part. I. p. 155.

11. *In Mathæum*. Mf. à Vienne en Autriche, & à Venise. Voy. *Diar. Italic*. Montfaucon, pag. 364. Dupin croyoit faussement cet Ouvrage perdu. Voy. sa *Table des Auteurs Ecclésiastiques*, col. 366.

12. *In Marcum*. Mf. du XIIe. Siècle, conservé à Modène. Il porte ce Titre : *Sequitur Tractatus Domini Remigii, Venerab. Monachi, & erudit. Commentatoris. In omnibus autem nomen suum tacuit, ut cum sapientia, culmen quoque humilitatis attingat*. Ce Traité de *Remi* est après plusieurs

autres. Le P. de Montfaucon assure qu'il en a vû un Mss. du IXe. Siècle, proche de Pavie. Voy. Montfaucon, *ibid.* pag. 36.

13. Villalpandus, Jésuite Espagnol, a faussement attribué à Remi, Archevêque de Reims, le Commentaire de *Remi* d'Auxerre, sur les Epitres de S. Paul, imprimé par ses soins à Rome, en 1598. & à Mayence, en 1614. Ce Pere n'a pas pris garde que S. Benoît & Bede, qui ont vécu long-tems après Remi, Archevêque de Reims, sont cités dans cet Ouvrage. François d'Origny, autre Jésuite, dans sa *Vie de S. Remi de Reims*, a tâché de justifier Villalpandus. Il fait tous ses efforts pour prouver que le Commentaire sur les Epitres de S. Paul, est de S. Remi, & que *Remi* d'Auxerre, pendant le long séjour qu'il fit à Reims, se remplit des pensées de ce Saint, pour en composer son Ouvrage. Mais cette conjecture est sans fondement. Le stile du Commentaire fait voir qu'il est de *Remi* d'Auxerre, selon le P. Mabillon, & les meilleurs Critiques. D'ailleurs, le P. Alexandre assure que le nom de *Remi* d'Auxerre, se trouve dans la plûpart des Mss. de ce Commentaire, qui se trouvent dans la Bibliothèque du Roi, & dans celle de Montcassin. Voy. les *Mémoires de Trevoux* du mois de Novembre 1714. Ce qui a, sans doute, fait tomber Villalpandus dans l'erreur, au sujet de l'Auteur de ce Livre, c'est que sur son Mss. qui étoit de 1067. & qu'en 1598. on conservoit encore à Sainte Cécile de Rome, il avoit lû ces paroles : *Remigius Remis composuit Epistolas S. Pauli Apostoli luculento Sermone.* Ce sçavant homme ignoroit peut-être, ou ne se souvenoit pas que *Remi* d'Auxerre avoit été à Reims pendant plusieurs années. Voy. *Apologia pro Ruperto*, P. Gerberon, pag. 443. & le P. de Longueval, Jésuite, *Histoire de l'Eglise Gallicane*, Tom. II. vers la fin du Ve. Livre, article de S. Remi de Reims.

14. *Commentaria in Apocalypsim.* Paris, Jean Petit, 1621. *It.* Cologne, 1624. & Paris, 1640. sous le nom d'Haimon. Un Mss. conservé dans la Bibliothèque Ambrosienne de Milan, porte le nom de *Remi*. Je ne sçais pourquoi ses Ouvrages ont été si souvent attribués à Haimon. C'étoit peut-être parce que celui-ci étoit encore Moine de l'Abbaye de S. Germain d'Auxerre, en même-tems que *Remi*.

15. *Interpretatio Vocabulorum Bibliorum.* On voit plusieurs Mss. de cet Ouvrage, sans nom d'Auteur, dans plusieurs Bibliothèques, comme à S. Victor de Paris, *&c.*

16. *Commentarius in Regulam Sancti Benedicti.* Mss. chez les Camaldules de Florence, selon Sigebert & Trithême.

17. Le P. Martene a fait imprimer dans le IIIe. vol. de son Traité, *de antiquis Ecclesiæ Ritibus*, publié en 1702. in 4°. un Sermon Latin de *Remi* d'Auxerre, sur la Dédicace des Eglises, tiré d'un Mss. de S. Ouen.

18. Le même Bénédictin dit qu'il a vû dans l'Abbaye de S. Hydulphe en Lorraine, & à Moyen-Moutier, des Homélies Mss. de *Remi* d'Auxerre. Voy. *Voyage Littéraire*, Tom. I. Part. I. pag. 57. & Partie II. pag. 136.

19. Fabricius fait mention d'un Ouvrage de *Remi*, intitulé : *Remigii*

REMI.

Antiſſiodor. Commentarius in Martianum Capellam de Nuptiis Mercurii & Philologiæ. Perizonius avoit ce Mſ. dont il fit préſent à la Bibliothèque de Leyde. Fabricius ajoûte que ce Mſ. eſt très beau & très correct, *qui locis, etiam*, dit-il, *Grotio Judice, deſperatiſſimis medetur.* Caſimir Oudin a auſſi parlé de ce Mſ. Il y en a un autre du même Ouvrage dans la Bibliothéque du Roi, & deux en celle de M. Colbert.

20. *Remigii Gloſſa in Donatum de Grammatica.* Mſ. dans la Bibliothèque du Roi, & en celle de M. le Préſident Bouhier. Ce dernier Mſ. eſt du XIe. Siècle. *In Lib. de Dialectica*, *de Rhetorica*, *de Geometria*, *de Arithmetica*, *de Aſtrologia*, *de Muſica*. Mſ. chez M. Colbert, & dans l'Abbaye de S. Victor.

Voy. Flodoard, Lib. IV. *Hiſt. Rom.* cap. IX. Sigebert, cap. 113. Trithême, *de Scriptor. Eccleſiaſt.* Bibliot. de Sixte de Sienne, pag. 318. Edit. de 1575. D. Viole, *Vie de S. Germain d'Auxerre*, pag. 209. *Natal. Alexandr.* Sæc. IX. & X. *Hiſt. Eccleſ.* pag. 282. Mabillon, *Sæc. V. Benedict.* pag. 157. Le Long, *Bibliothèque Sacrée*, pag. 923. Bellarmin, *de Scriptor. Eccleſ.* Marténe, *Voyage Littéraire*, en différens endroits. Cave, *Hiſtoire Littéraire.* Dupin, *Bibliot. des Aut. Eccleſ. du IX_e. Siècle.* & Fabricius, *Bibliot. Lat. Supplem.* p. 286. Part. II. Edit. de 1722.

FRANÇOIS REMOND.

FRANÇ. REMOND.

REMOND, (*François*) naquit à Dijon en 1558. de Guillaume Rémond, Conſeiller au Parlement de Bourgogne. Sotwel nous aprend que François *Rémond* fit un voyage fort jeune en Italie, & qu'il entra dans la Compagnie de Jeſus en 1580. âgé de 22. ans. Le P. *Rémond* profeſſa la Théologie pendant 20. années, à Bourdeaux, à Parme & à Padouë. Le Prince Ranutio Farneze, ayant établi une nouvelle Académie à Mantouë, engagea le P. *Rémond* à prendre ſoin de ce nouvel établiſſement. *Primus,* dit Sotvvel, *Studiorum Præfectus creatus eſt.* Ce Pere ſignala ſon zèle & ſa charité pendant le Siége de Mantouë. Il mourut en cette Ville, le 14. Novembre 1631. en confeſſant des malades attaqués de la peſte.

CATALOGUE DE SES OUVRAGES.

1. *Orationes, Elegiæ, Epigrammata.* Lyon, Pillehotte, 1605. *in* 12. *It.* Pont-à-Mouſſon, 1605. *in* 16. Cologne, & Ingolſtad, 1607. *in* 12. *It.* Paris, Cramoiſy, 1613. *in* 8°.

2. *Epigrammata & Orationes XII.* Cologne, Conrard Burgenius, 1605. & 1606. Anvers, 1607. *in* 12. *It.* Genève, Chouet, 1607. *in* 8°. Voy. Draudius, *Bibliotheca*, p. 1533. & *Poſſevini Apparatus*, Tom. I. page 591. Une partie de ces Poëſies eſt inſérée dans le troiſiéme volume de l'Ouvrage, intitulé : *Delitiæ Poëtarum Gallorum*, par Gruter, pag. 209-237. Konig ne cite que cette Edition des Délices des Poëtes François. Voy. ſa *Bibliothèque ancienne & moderne*, pag. 685.

3. *Carmina & Orationes novæ.* Ingolſtad, 1615. *in* 12. *It.* Cologne, Burgens,

DE BOURGOGNE. 197

Burgens, 1615. *in* 8°. Paris, Cramoisy, 1618. *in* 12. & Anvers, 1623. *in* 8°. On trouve une partie de ces Pièces dans un Recüeil de Poësies, intitulé : *Epigrammata Selecta.* Pont-à-Mouſſon, Bernard, 1615. *in* 12. Voy. la page 615. & ſuiv.

4. *Poëmata & XXI. Orationes. Epigrammatum Libri II. Elegiæ VIII. De divinis amoribus, Alexias. Elegiæ VII.* Anvers, p. 1614. *in* 12. & Rome, 1618. L'*Alexias* eſt inférée dans le Recüeil, qui a pour Titre : *Sacrarum Elegiarum Deliciæ, per Phil. Labbe.* Paris, 1648. *in* 12.

5. *Panegyricæ Orationes XV. de S. Ignatio Loyolâ, & XV. de S. Francisco Xaverio. Epitome Vitæ eorum. Una de S. Carolo Borromæo, cum aliquot clarorum Virorum Elogiis.* Plaiſance, Jac. Ardizzoni, 1626. *in* 4°.

6. *Panegyricæ Orationes XXX. cum panegyrica Oratione S. Caroli*, &c. Lyon, Jacques Cardon, 1627. *in* 12.

7. *Oratio in funere Mathæi Contarelli Cardinalis.* 1686. *In funere Conſtantii Sarnani Cardinalis.* 1596. *Philippi Guaſtavillæi Cardinalis.* 1587. Ces trois Pièces ſont inſérées dans le Recüeil, intitulé : *Orationes funebres*, & imprimé à Hanovre, chez Weckel, en 1613. *in* 8°. La I. eſt page 413. La IIe. pag. 418. & la IIIe. pag. 445.

Colletet, dans ſon Traité de la *Poëſie Morale*, dit qu'il a autrefois traduit en Proſe, & publié l'Alexiade du Pere Rémond, & ſes *Epigrammes Saintes*. Ces Pièces furent imprimées en 1622. avec quelques autres Poëſies du même Colletet. Ce Traducteur traite de merveilleux, les Vers de l'Alexiade, & il prétend que l'Auteur fit ce Poëme à l'âge de 20. ans. Le P. Vavaſſeur met le P. *Rémond* parmi ceux qui ont fait l'agrément & l'admiration de leur Siècle. *Qui majoribus noſtris voluptati pariter & admirationi fuerunt.*

Voy. Sotvvel, *Scriptor. Soc. Jeſu*, pag. 246. Draudius, *Bibliot.* pag. 1533. Poſſevin, *Apparat*, Tom. I. pag. 591. Colletet, *Diſcours de la Poëſie Morale*, pag. 34. 174. & 175. Vavaſſeur, *Traité de l'Epigramme*, pag. 260.

RICHARD DE RENVOISY.

RENVOISY, (Richard de) Chanoine de la Sainte Chapelle de Dijon, & Maître de Muſique en la même Egliſe, mourut au mois de Mars 1586. C'étoit un des meilleurs Muſiciens, & des plus excellens Joüeurs de Luth de ſon tems. On en peut juger par les Vers que Philibert Colin, Conſeiller au Parlement de Dijon, fit à ſa loüange, & qui portent ce Titre : *Revisio Muſico & Citharædo eximio.* Voici quelques Vers de ce Poëme. [1]

---

[1] L'original des Poëſies de Philibert Colin, eſt à Dijon, dans la Bibliothèque de M. le Préſident Legouz.

Part. II.

Carmine vocali clarum devincet Iopam ;
Dorceus huic fidibus cedet , & huic Glaphyrus.
Quicquid ab his olim factum , cecinere Poëtæ ,
Hoc nihil est , spectes si quæ agit hic citharâ.
Huic cita , tarda , gravis , vox magna est , parvula , acuta ,
Quam premit , inflectit , sublevat ex libito.

Du Verdier , dans sa *Bibliothèque Françoise* , a donné un Catalogue des fameux Musiciens de son tems , dont Ronsard a parlé ; le nom de *Renvoisy* n'y est point oublié. Le même du Verdier nous aprend que *Renvoisy* a mis en Musique à quatre Parties , les *Odes d'Anacréon* , imprimées à Paris par Lettre Françoise , par *Richard Breton*. La forme du Livre & la date de l'année ne sont point citées dans la *Bibliothèque* de du Verdier. Ce Bibliographe fait encore mention ailleurs de cet Ouvrage de *Renvoisy*. Je crois avec M. le Président Bouhier , que la Traduction des Odes d'Anacréon , dont il est ici parlé , n'est autre chose que celle qu'avoit faite le Président Begat ; car du Verdier , qui ne connoissoit pas l'Auteur de cette Traduction , convient qu'elle étoit différente de celle de Remi Belleau.

Voy. la *Bibliothèque Françoise* de du Verdier , pag. 34. 886. & 1222. & l'*Histoire des Commentateurs de la Coûtume de Bourgogne* , par M. le Président Bouhier , article BEGAT , pag. XLI. & XLII.

SAINT RETICE.

RETICE , (*Saint*) Evêque d'Autun , au commencement du IVe. Siècle. Grégoire de Tours , qui en parle assez amplement , l'apelle Ritice , & dit qu'il étoit d'une Famille très illustre. *Retice* fut engagé d'abord dans le Mariage , où du consentement de sa femme , il garda une perpétuelle continence. Ils s'apliquoient l'un & l'autre à la priére & aux autres bonnes œuvres , sans se mêler des affaires du Siècle. Quelques tems après la mort de sa femme , *Retice* fut nommé Evêque d'Autun par les suffrages du Peuple de cette Ville. Il fut au Concile d'Arles en 314. Ce Concile le choisit pour être Juge des Donatistes , avec Materne , Evêque de Cologne , & Martin d'Arles. Eusebe apelle *Saint Retice* , premier Catéchiste de l'Empereur. *Retice* fit le voyage de Rome , par Ordre de l'Empereur Constantin , pour juger l'affaire de Cécilien. Ce *Saint* a composé quelques Ouvrages , dont il ne nous reste presque que les Titres. Saint Jérôme dit qu'il a fait un *Commentaire sur le Cantique des Cantiques*. Le S. Docteur prétend qu'il y a dans cet Ouvrage plus d'éloquence que d'érudition. Les Auteurs de l'*Histoire Littéraire de la France* , raportent un Passage de Saint Jérôme , où ce Pere reproche à *Retice* d'avoir mêlé dans ses Commentaires , sur le Cantique des Cantiques , plusieurs choses fades & insipides , d'avoir pris Tharsis pour la Ville , qui étoit la Patrie de S. Paul , & l'Or d'Ophaz pour Saint Pierre , à cause que dans l'Evangile , cet Apôtre est nommé Cephas. Il nous reste un fragment du Commentaire de *Saint Retice* dans l'Apologie de Bérenger le Scholastique. Saint Augustin en raporte un autre dans son I. Livre contre Julien, chap. I. tiré de l'Ouvrage contre les Novatiens.

SAINT RETICE.

C'est tout ce que nous avons de l'Ouvrage de *Retice*. Ce Prélat est loüé par S. Augustin, comme une des lumières de son Siècle, & le modèle des Evêques.

Voy. Grégoire de Tours, *de gloria Confessorum, cap.* 75. *Augustinus contra Julianum, Lib. I. cap.* 2. 3. 7. Histoire de la Délivrance de Rome, par Constantin, Part. II. cap. 2. *Hieronym. de Viris illustribus, cap.* 82. D. Ceillier, *Hist. des Auteurs Sac. & Ecclés.* Tom. IV. Baillet, *Vies des Saints*, au 19. Juillet; & le *Suplément de Moreri* de 1735.

REYNAULT OU RAYNAUD.

REYNAULT ou *Raynaud*, apellé aussi Hugues, étoit de l'illustre Famille des Comtes de Bar-sur-Seine & de Tonnerre. Il fut nommé à l'Evêché de Langres, vers 1065. Selon le P. de Vignier, il assista aux Etats Généraux de Bourgogne en 1075. auxquels le Duc de Bourgogne présidoit, & en 1077. il se trouva au Concile d'Autun avec Hugues de Die, Légat du S. Siège, & les Evêque de la Province de Lyon, *ubi refertur eleganter peroraffe*, dit le P. Vignier, qui place sa mort en 1085. au 3. ou 5. d'Avril. Ce Prélat étoit fort sçavant; & tous ceux qui ont parlé de lui, conviennent qu'il étoit très versé dans les Langues Latine & Grecque, & qu'il étoit fort éloquent.

REYN.

Reynauld fit en 1076. le voyage de Jérusalem; il retourna en France par Constantinople, & en raporta plusieurs Reliques; & entr'autres, un Bras de S. Mammetz, qu'il mit dans sa Cathédrale. Cette Eglise quitta dès lors le nom de S. Jean l'Evangéliste, qu'elle portoit auparavant, pour prendre celui de S. Mammetz, qu'elle choisit pour son Patron.

Nous avons deux Ouvrages de *Reynault*; l'un, en Prose; l'autre, en Vers.

Le I. est intitulé: *De Vita, Agone, ac Triumpho S. Mamantii Martyris, è Græcorum fonte Liber unicus.* C'est une simple Traduction de la Vie de ce Saint, par Métaphraste. Voy. D. Raynaut, *Acta sincera*, pag. 277. & seq. Le P. Jean du Bosc a inséré cette Vie à la pag. 219. de la II$_e$. Partie de sa *Bibliotheca Floriacensis*. Surius l'a aussi placée dans ses *Vies des Saints*, au 17. Août, aussi bien que Bollandus.

Le second Ouvrage de *Reynault* est en Vers Héroïques sur le même sujet. L'Auteur anonyme, qui a publié le Livre Latin des *Translations des Reliques de S. Mammetz, Martyr*, imprimé à la suite de la Traduction de *Reynault*, dit ceci de notre Auteur: *Quam Vitam post modum Verfibus Heroïcis dicitur exaraffe. De eodem Antiphonas & Responsoria mirabili modulatione composuit.* On ne sçait ce qu'est devenu ce Poëme sur Saint Mammetz. Celui qui est dans le Breviaire de Langres, au 10. Octobre, pour la Translation de ce Saint, est le même qu'Henri Canisius, dans le

REYN.

VIe. vol. de ſes Leçons anciennes, attribuë à Valfrid Strabou, Abbé de Methzau, en Latin, *Augia*. Cet Abbé le compoſa peut-être à la prière de *Reynault*, & c'eſt ce qui aura pû quelquefois le faire paſſer ſous ſon nom. Quoiqu'il en ſoit, l'Anonyme croit encore que *Reynault* eſt Auteur de l'Hymne que l'Egliſe chante le jour des Rameaux, & qui commence, *Gloria, laus & honor*. Mais Sigebert aſſure que cette Poëſie eſt de Théodulphe, Evêque d'Orléans.

Voy. Robert, *Gallia Chriſtiana*, pag. 374. Tillemont, *Hiſtoire de l'Egliſe*, Tom. IV. pag. 361. & 385. Baillet, *Critiques des Vies des Saints, du 17. Août*. Vignier, *Chronique de Langres*, pag. 90. & ſeq. Gautherot, *Anaſtaſe de Langres*, pag. 356. Du Boulay, *Hiſtoire de l'Univerſité de Paris*, Tom. I. pag. 362. Sirmond, *Not. ad Theodulph. Aurelian*. pag. 284. *Lupus Ferrar. Epiſt.* 20. Naucler, *Chronolog*. fol. 647. Sethus Calviſius, & le P. Petau, *Rationarium temporum ad an.* 822

PHILIPPE RIBOUDEAULT.

PHILIPPE RIBOUD.

RIBOUDEAULT, (*Philippe*) fils d'un Apoticaire de Châlon. Son pere, né dans la Religion Prétenduë Réformée, quoique médiocrement favoriſé des biens de la fortune, ne négligea rien de ce qui pouvoit contribuer à ſon éducation. *Philippe Riboudeault*, après avoir étudié en Théologie, fut choiſi pour exercer le Miniſtére à Châlon. Il s'acquitta de cette fonction pendant pluſieurs années; mais à la Révocation de l'Edit de Nantes, il fut contraint de ſortir du Royaume. Il ſe retira en Suiſſe, où il mourut vers 1690. Il eſt Auteur de l'Ouvrage qui ſuit:

Sacrum Dei Oraculum Urim & Thummim à variis D. Joh. Spenceri, Theologi Cantabrigienſis, excogitationibus liberum. Authore Philippo Riboude aldo, Cabilonenſi. Genève, Samuel de Tournes, 1585. *in* 12.

Spencer, dans ſa Diſſertation ſur l'Urim & le Thummim, qui eſt la ſeptiéme de ſon grand Ouvrage, [1] *de Legibus Hebræorum Ritualibus*, a prétendu prouver fort au long, que l'*Urim* étoit une petite pièce creuſe de figure humaine, que le Souverain Pontife cachoit ſous la doublure de ſon Pectoral, & par laquelle Dieu, ou un Ange répondoit aux interrogations qu'on lui faiſoit; en un mot, que c'étoit un véritable *Téraphim*. *Riboudeault* tâche de réfuter ce ſentiment, & fait voir, qu'encore que Dieu ſe ſoit quelquefois accommodé aux uſages des autres Peuples, pour détruire plus facilement le penchant que les Juifs avoient à l'Idolatrie, cette raiſon ne conclut rien en particulier pour la convenance de l'*Urim*, avec les Statuës qui ſervoient aux faux Oracles, puiſqu'il eſt certain que Dieu a deffendu à ſon Peuple, une infinité de choſes, préciſément parce qu'elles étoient en uſage dans les Pays Idolâtres. Après avoir répondu à pluſieurs autres raiſons de Spencer, l'Auteur examine les autorités qu'il allégue en faveur de ſon opinion, & qu'il emprunte en partie de l'Ecriture, & en partie de pluſieurs autres Li-

---

[1] Elle ſe trouve à la page 1232 - 1425. du II. vol. de l'Edit. de Leipſic, 1705. *in* 4°.

DE BOURGOGNE.   201

vres. Pour ce qui est du *Thummim*, le Théologien Anglois veut que ce PHILIPPE
fût une autre petite Statuë, qui différoit de la première, & quant à l'usage, RIBOUD.
& quant à la forme ; mais que l'on tenoit cachée auprès de l'autre sous le
Pectoral. Il croit que Dieu en régla l'établissement sur ce qui se pratiquoit
en Egypte, où le Grand Prêtre portoit penduë à son cou, une figure for-
mée de pierres précieuses, laquelle on apelloit *la Vérité*. *Riboudeault* ré-
pond qu'il y a plus d'aparence que les Egyptiens ont pris cette coûtume
des Juifs ; & après avoir sçavamment répondu aux remarques de son Adversaire, il examine en peu de mots, les diverses opinions des Docteurs anciens & modernes, sur l'*Urim* & le *Thummim*, & fait voir par-tout beaucoup d'esprit & d'érudition.

Voy. Bayle, *Nouvelles de la République des Lettres du mois de Fevrier*
1686. art. XI. & la *Bibliothèque Sacrée* du P. le Long, pag. 925.

GERMAIN - GILLES RICHARD.

RICHARD, (*Germain-Gilles*) Seigneur de Ruffey, Vesvrotte, GILLES
& du Mortray, Président à la Chambre des Comptes de Bourgogne, RICHARD.
& Elû pour le Roi aux Etats Généraux de cette Province, est né à Dijon,
le 11. Octobre 1706. de Germain Richard, Chevalier, Seigneur de Ruffey, & Vesvrotte, aussi Président à la Chambre des Comptes, & Elû du
Roi aux Etats de Bourgogne ; & de Marie-Anne Durand.

Il s'est fait connoître dans la République des Lettres par plusieurs amusemens en Vers, qui ont mérité l'estime des Connoisseurs. Il a fait imprimer les Pièces suivantes :

1. *Ode sur le Camp de la Sône, commandé par M. le Duc de Lévi*. Cette
Ode, qui est de neuf strophes, fut imprimée à Dijon en 1727. *in* 4°. Elle est aussi insérée dans le *Mercure de Novembre* de la même année, page
2429.

2. *Eloge funèbre de M. de la Monnoye, de l'Académie Françoise. Poëme
Latin du R. P. Oudin, Jésuite, mis en Vers François par M. Richard de
Ruffey*. Dijon, de Fay, 1729. *in* 8°. & à la suite des *Noëls Bourguignons*
de *M. de la Monnoye*, réimprimés (à Dijon) en 1738. *in* 12.

3. *Antiochus, Poëme Héroïque, tiré de l'Ecriture Sainte*. Dans le *Mercure de Juin* 1729. pag. 1118.

4. *Ode sur la Naissance de Monseigneur le Dauphin*. Dijon, de Fay,
1729. *in* 4°. & dans le *Mercure d'Octobre* 1729. pag. 2331. & suiv.

5. *La Beauté, Ode*. Mercure de Juin 1730. pag. 1263. & suiv.

6. *Stances sur la fièvre*. (Il y en a huit, de huit Vers chacune.) *Mercure*
de Mai 1731. pag. 1042. & suiv.

7. *Epithalame de M*^{lle.} *de la Briffe, Fille de M. l'Intendant de Bourgogne, & de M. le Comte de Morges, Chevalier d'Honneur du Parlement*

Part. II.   E e e

GILLES RICHARD. *de Dauphiné.* Mercure d'Août 1732. pag. 1705. & fuiv. Cette Pièce est Monorime.

Il est aussi Auteur des *Devises & Inscriptions de la Pompe funèbre de son Alteffe Sérénissime Monseigneur le Duc*, faite à Dijon par Messieurs les Elûs Généraux des Etats de Bourgogne, le 17. Décembre 1740. Ces Devises font imprimées dans la Description qu'en a donnée le Sieur le Jolivet. Dijon, de Fay, 1741. *in* 4°.

JEAN RICHARD.

JEAN RICHARD. RICHARD, (*Jean*) Avocat au Parlement de Bourgogne, étoit né à Dijon de Claude Richard, & de Jeanne Vese. Fevret parle fort amplement de *Jean Richard*, dans son Dialogue Latin *des illustres Avocats du Parlement de Bourgogne.* Selon cet Auteur, *Richard* avoit un grand fond de lecture & d'érudition; mais il lui manquoit plusieurs choses nécessaires à l'Orateur; la mémoire, l'action & l'éloquence. Charles Fevret a encore remarqué que *Richard* étoit excellent Poëte Bourguignon, que chaque événement remarquable lui fournissoit de quoi exercer sa veine. Le même Auteur ne craint point d'avancer que la gravité de Virgile, les agrémens de Martial, la douceur de Catulle & la délicatesse d'Anacréon, n'ont rien qui surpasse les Vers de cet Auteur. Tout le monde, continuë-t-il, se faisoit un plaisir de copier, & même d'aprendre par cœur les Amusemens Poëtiques de *Richard*. Aucun morceau de ces Poësies ne subsiste aujourd'hui. Je ne doute point que Fevret n'ait poussé ses loüanges trop loin, & qu'un Eloge si magnifique ne soit un défaut dans son excellent *Dialogue des Avocats de Bourgogne*.

CATALOGUE DE SES OUVRAGES.

1. *Jo. Richardi Antiquitatum Divionensium, & de Statuis noviter Divione repertis in Collegio Godraniorum, Liber ad Joan. Patouilletum. Adjecti sunt ad calcem hendecasillabi de fortuna reduce, & alii aliquot ferè ad easdem Antiquitates ejusdem Authoris spectantes Versus, imprimis funebres.* Paris, Guill. Linocerius, 1585. *in* 8°. de 48. feüillets. Konig a fait mention de cet Ouvrage dans sa *Bibliothèque ancienne & moderne*, pag. 691. aussi bien que le P. Labbe, *Bibliot. Bibliothec.* pag. 361. Teissier, *Catalog. Autor. & Bibliot.* pag. 525. & Léon Allatius, dans son Livre, intitulé: *Animadversiones in Antiquitatum Etruscarum fragmenta, ab Inghiramio edita.* Paris, 1640. *in* 4°. Allatius prétend que comme dans les Inscriptions que *Richard* a tâché d'expliquer, il y a des termes dont on ne voit point la signification, il faut que ceux qui les ont écrits, ayent emprunté pour cela les caractéres des Nations étrangéres, & leur maniére de s'expliquer. *Cum nihil significent, alio etiam à Latino, characterum genere, vel aliarum atque aliarum Nationum Notis commixto esse conscriptas*, &c.

2. *Vidi Fabri Tetrastica Gallica, Distichis Latinis reddita à Jo. Richardo Divionensi.* Paris, 1585. *in* 4°. pagg. 32. Le Traducteur a ajoûté

quelques Pièces de sa façon, à la fin de cette Version, oubliée par Colletet, dans son *Discours de la Poësie Morale*, pag. 134.

3. On a encore de *Richard* quelques courtes Notes sur Pétrone. Elles ont paru pour la première fois en 1585. chez Guillaume Linacier, selon la Caille, dans son *Histoire de l'Imprimerie de Paris*. Elles furent réimprimées la même année, *in* 8°. chez Patisson, avec les Remarques de Douza le Pere, sur Pétrone, & à Genève, en 1629. *in* 4°. avec les Notes de plusieurs Critiques. Au commencement du IIIe. volume sur Pétrone, *in* 4°. imprimé à Francfort en 1629. on trouve trois Tables des Auteurs qui ont travaillé sur Pétrone. A la page 10. de la troisiéme, on lit ces paroles : *Christophori Richardi Biturigis Notæ in Petronium.* Les Notes de *Richard* ne sont pourtant pas inférées dans cette Edition ; on trouve seulement son nom à la pag. 20. parmi ceux qui ont fait mention de Pétrone dans leurs Ecrits : avec ces paroles : *Christophorus Richardus Biturix in Præfatione Petronii Arbitri Satiricum sanè eruditissimum relegi.* Mais ces Notes du prétendu Christophe Richard de Bourges, sont certainement de *Jean Richard* de Dijon ; on y trouve le même style & les mêmes tours de phrases que dans les Ecrits de cet Auteur, selon un Critique du premier ordre, qui ne doute en aucune façon, que Jean *Richard* de Dijon ne soit le véritable Auteur de ces Notes. On en sera plus aisément persuadé par la lecture de l'Ouvrage que j'indique au N°. 5. Il n'est donc pas surprenant que Fabricius les ait attribuées au faux Christophe Richard de Bourges.

4. *Les sept Pseaumes Pénitentiels du Roi & Prophête David, avec quelques autres, sans ordre, mis & tournés en Odes Françoises & Pindarelles.* Dijon, Jean Motet, 1607. *in* 12.

5. *De antiqua Francorum Origine, fragmentum ex Scholiis Jo. Richardi ad Petronium Arbitrum.* Paris, J. Richer, 1611. *in* 8°. de 32. feüillets.

Voy. Charles Fevret, *Dialogus, de claris Fori Burgundici Oratoribus*, pag. 78. Les Allatius, *Animadversiones in Antiquitatum Etruscarum fragmenta ab Inghiramio edita*, pag. 62. La Caille, *Hist. de l'Imprim. de Paris*, p. 174. Fabricius, *Bibliot. Lat.* pag. 386.

JEAN-BAPTISTE RICHARD.

RICHARD, (*Jean-Baptiste*) Avocat au Parlement de Bourgogne, naquit à Dijon en 1545. Il avoüe lui-même dans une Enquête par Turbe, imprimée dans la *Coûtume de Bourgogne*, par M. le Président Bouhier, *qu'en* 1581. *il avoit trente-six ans, & qu'il est reçû Avocat à la Cour depuis seize ans*. J'ignore le tems de sa mort ; mais je sçais qu'il vivoit encore en 1615. puisque cette même année, il plaida une Cause, quoiqu'âgé de 70. ans.

CATALOGUE DE SES OUVRAGES.

1. *Ad illustriss. Virum Dionys. Brulartum, supremum Senatûs Divion.*

JEAN-BAP. RICHARD. *Præfidem, pro restituta consuetudine, & instaurato Foro, Carmen Jo. Ricarii, &c.* Cette Poësie de 50. Vers Alexandrins, est à la tête de la *Coûtume de Bourgogne*, imprimée en 1576. à Dijon, chez Desplanches.

2. *Plaidoyé pour les Habitans de Coulches, contre le Prieur & Baron de ce Lieu.* Paris, Nicolas Chesneau, 1582. *in* 12. La Croix-du-Maine a fait mention de cette Pièce dans sa *Bibliothèque Françoise*.

3. *Trois Distiques Latins,* & un Grec, au-devant du *Dictionnaire des Rimes,* par Etienne Tabourot, imprimé en 1588. *in* 8°. L'Auteur signe *Richardus,* au lieu que plus haut, il signoit *Ricarius*.

4. *Plaidoyé pour le Sieur de Tintry, contre Dame Antoinette de Rouvray, veuve du Sieur Baron de Rully : Ensemble, l'Arrêt de ladite Cour de Parlement (de Dijon) donné sur ledit Plaidoyé décisif & interprétatif de l'article de la Coûtume dudit Pays, sur la forme & solemnité des Testamens.* Paris, Claude de Montrezil, & J. Richer, 1595. *in* 12. pagg. 78. Il est parlé de cette Pièce dans la *Liste alphabétique,* ou *Bibliothèque des Coûtumes,* donnée par MM. Berroyer & de Laurière, 1699. *in* 4°. où l'on remarque que Choppin, en sa Préface sur la *Coûtume d'Anjou,* attribuë à *Richard,* un Commentaire entier sur la *Coûtume de Bourgogne.* Je crois que Choppin se trompe; car je ne connois aucun Auteur qui ait parlé de ce Commentaire.

Voy. le *Discours de Souvert, sur les Successions,* imprimé en 1604. *Harangues de M. de Xaintonges, Avocat Général au Parlement de Dijon,* p. 238. où l'Auteur louë tous les Plaidoyés de *Richard,* & dit : *Après que Jean-Baptiste Richard, docte fils d'un pere fort sçavant, eut à son accoûtumée, traité richement cette matière,* &c. *Bibliothèque des Coûtumes,* par MM. Berroyer & de Laurière, pag. 102. & la *Coûtume de Bourgogne* de M. le Président Bouhier, pag. 462.

PIERRE RICHARD.

PIERRE RICHARD. RICHARD, (*Pierre*) Ecuyer, Sieur de Grammont, Avocat au Parlement de Dijon, naquit à Beaune en 1630. Il étoit fils de Loüis Richard & d'Anne Cortelot. On voit par la *Coûtume de Bourgogne* de Taisand, que *Richard* exerçoit la plaidoyerie à Dijon en 1670. Il mourut en cette Ville, accablé de gouttes, la nuit du 5. Fevrier 1701. à 71. ans.

CATALOGUE DE SES OUVRAGES.

1. *Lettre sur la Comète qui parut en 1665. In* 4°. de 12. pages.

2. *Lettre à M. P... sur le Tableau de l'Enigme qui doit être expliquée par M. Morin, fils, le 23. Juillet 1673. à Dijon.* Dijon, Ressayre, 1673. *in* 4°.

3. *Epitaphe de Santeüil* (en dix-sept Vers François.) Elle se trouve à la page 62. du Recüeil de Poësies faites à l'honneur de ce célèbre Poëte, & imprimé à Dijon, chez Michard, en 1698. sous le Titre de *Funus Santolinum.*

DE BOURGOGNE.

tulinum. Cette Epitaphe est aussi insérée dans les *Œuvres de Santeüil*, Edit. de 1729. Paris, *in* 12.

4. *Discours sur les révolutions présentes, & sur le changement du tems & des saisons.* Brochure in 8°. de 30. pages, dédiée à M. Bouchu, Premier Président du Parlement de Bourgogne. Elle fut imprimée sans date & sans nom de Ville, mais à Dijon, chez Jean Grangier, en 1698. L'Auteur prétend dans ce petit Ouvrage que le tremblement de terre arrivé en Sicile au commencement de 1693. est la cause du déréglement des années qui ont suivi.

5. *Traité de l'Agriculture.* Mss. Je crois que c'est le même dont j'ai parlé dans l'article de Liger d'Auxerre. L'Auteur avoit dessein de le mettre au jour, lorsqu'il mourut en 1701.

6. Il a laissé quelques *Mémoires Mss. pour l'Histoire de Bourgogne*, lesquels il n'a pas eû le tems de mettre en ordre.

7. *Traduction de Lucrèce en Vers François.* Ms. L'Auteur regardoit cet Ouvrage, comme le plus important qu'il eût fait. Aussi c'étoit sa production favorite, à laquelle il avoit donné un tems considérable. *Richard* ne s'étoit pas borné à la Traduction de Lucrèce. Il avoit dessein de faire un corps complet de la Philosophie d'Epicure, pour servir de Suplément à Lucrèce. Ce grand Ouvrage forme un Poëme François, divisé en 21. Livres, & achevé en 1696. Le Ms. original est aujourd'hui entre les mains de M. Gillet, Maire de Beaune, & gendre de l'Auteur. Il promet depuis longtems de le donner au Public. Je ne crains point de dire que si le Traité de l'Agriculture de *Richard* étoit le même que celui que possède M. Joly, & dont j'ai fait mention à l'article Liger, la Traduction de Lucrèce ne figureroit pas mal avec la Pucelle de Chapelain, s'il est permis de juger des Vers de notre Auteur par sa Prose.

Voy. Taisand, *Coûtume de Bourgogne*, pag. 294.

CLAUDE RICHER.

RICHER, (*Claude*) Chanoine de S. Quiriace de Provins, fils de Jean Richer, Avocat au Parlement, Seigneur du Bouchet, & de Marie le Clerc, est né à Auxerre, le 10. Novembre 1680.

M. *Richer* a donné dès sa plus tendre jeunesse, des marques de son inclination pour les Mathématiques. A l'âge de 20. ans, il fit imprimer l'Ouvrage suivant: *La Gnomonique universelle, ou la Science de tracer les Cadrans Solaires sur toutes sortes de surfaces, tant stables que mobiles.* Paris, Jean Jombert, 1701. in 8°.

Cet habile Mathématicien est Auteur de l'*Analyse générale, qui contient des méthodes nouvelles pour résoudre des problèmes de tous les genres & de tous les degrés à l'infini.* 1733. in 4°. Quoique cet Ouvrage ait paru sous le nom de M. de Lagny; il est certain, dit M. l'Abbé Goujet, qu'il est de M. l'Abbé *Richer*, Mathématicien très habile, qui a seulement profité des

CLAUDE RICHER. papiers assez informes de M. de Lagny, son ami, avec qui il étoit depuis long-tems en grande relation. Ce volume, que l'Académie des Sciences a adopté, & qui forme le Tome XI. des Mémoires de cette Compagnie, doit être suivi de trois autres que M. *Richer* est en état de publier, & qui sont désirés avec ardeur, par tous ceux qui entendent les matières, & qui sont instruits du mérite de ce sçavant Mathématicien.

M. l'Abbé *Richer* promet un grand Ouvrage sur l'*Architecture*.

Voy. le *Suplément de Moreri* de 1735. Article Lagny (Thomas Fantet, Sieur de).

JEAN-BAPTISTE RIGOLLIER.

JEAN-BAP. RIGOLL. **R**IGOLLIER, (*Jean-Baptiste*) ancien Grand Vicaire, Official & Chapelain dans l'Eglise de Notre-Dame d'Auxonne, qualités qu'il prend lui-même, naquit à Auxonne, où il mourut en 1733. Il est Auteur des deux Ouvrages suivans, où le ridicule règne au dernier point.

1. *Explication mystique & morale du S. Sacrifice de la Messe, selon l'Ecriture Sainte, les sentimens des Saints Peres & des véritables Chrétiens, conformes à la Doctrine de l'Eglise.* Dijon, 1732. in 8°. pagg. 73. sans compter la Préface & l'Epitre Dédicatoire au Roi Règnant, à qui il dit que Loüis XIV. d'heureuse mémoire son bisayeul, conduit & inspiré par l'Esprit Saint, n'a pas moins fait pour détruire l'Hérésie en France, & pour y perpétuer la pureté de la Religion, que les Apôtres, pour y abolir l'Idolatrie, & y établir la même Religion. Loüis XIV. étoit sans doute un grand Roi, plein de zèle pour la Religion : mais afin que la comparaison fût exacte, il faudroit que de son tems, la France eût été entiérement Calviniste, comme elle étoit toute Idolâtre avant les Apôtres. *J'ose mêler mes Vœux*, ajoûte l'Auteur, *avec ceux des Prêtres du Seigneur, qui implorent continuellement la longue santé & prospérité de V. M. la durée de son Règne devant Dieu, la conservation de sa Famille Royale, & le mérite de son immortalité*. Je crois que c'en est assez pour juger du style de cette Epitre.

2. *Discours prononcé dans l'Eglise Collégiale de Notre-Dame d'Auxonne, le 2. Octobre 1729.* In folio, pagg. 29. sans nom de Ville ni d'Imprimeur. La Naissance de M. le Dauphin fait le sujet de ce Discours, qui est du même style que l'Epitre dont je viens de parler.

JEAN ROBELIN.

JEAN ROBELIN. **R**OBELIN, (*Jean*) Docteur en Médecine, étoit né à Dijon, où à Auxonne. Il vivoit sur la fin du XIVe. Siècle, & a laissé les Ouvrages suivans :

1. *Jo. Robelin Burgundionis Pœmata.* Paris, Orry, 1685. in 8°. pagg. 141.

2. *Discours funèbre sur la mort de M. le Duc de Joyeuse.* Ibid. 1687. *in* 8°.

ROBERT.

ROBERT, d'Auxerre, surnommé Abolanz, Chanoine de l'Eglise Cathédrale d'Auxerre dans le XIIe. & XIIIe. Siècle, eut dans son Chapitre la qualité de Lecteur, qui lui donnoit la Direction de tous les Chantres de l'Eglise d'Auxerre, & le soin des Archives & des Msf. C'étoit un homme studieux, & sur-tout fort attaché à l'Histoire. Il fit écrire à ses dépens, deux grands volumes d'Actes des Saints à l'usage de son Eglise; l'un qui contenoit les mois de Mai, Juin, Juillet, Août; l'autre, les quatre derniers mois de l'année, & d'autres Livres utiles. Peu après que ces Ouvrages furent finis, un mouvement de piété le porta à se retirer aux Prémontrés; & avant que d'y entrer, il fit son Testament dans lequel il nous aprend ces circonstances. Ce Testament est de 1205. Il prit l'Habit de Prémontré dans le Monastère de S. Marien d'Auxerre, qu'il visitoit souvent auparavant en qualité d'ami de Milon, Abbé de cette Maison. M. l'Abbé Lebeuf a prouvé que la *Chronique de Saint Marien d'Auxerre*, est de *Robert*, qui a été attribuée par plusieurs Critiques à un Moine, nommé Hugues.

Robert mourut en 1212. Les deux Vers Latins qu'on lit dans cette Chronique à l'an 1172. prouvent que celui qui les a composés, n'étoit alors que dans sa seizième année, & qu'en ce tems il prit la tonsure où il se fit Moine. Voici ces Vers:

Annus hic ipse mihi sextus decimus fuit Ævi,

Quo mea, Christe, tuo præbeo colla jugo.

M. l'Abbé Lebeuf prétend que ces deux Vers attribués par Camusat, premier Editeur de la *Chronique de Saint Marien*, sont d'une main étrangére, & non de l'Auteur même de la Chronique, qu'ils peuvent être du Continuateur, & que de la marge ils sont passés dans le texte, puisqu'ils sont d'une écriture différente. M. Lebeuf croit qu'il y a beaucoup d'autres Vers dans cette Chronique, qu'il ne faut point mettre sur le compte de *Robert*. Le Continuateur de cet Ouvrage donne de grandes loüanges à *Robert*. *Eodem anno* (1212) dit-il, *moritur fel. memoriæ Frater Robertus; hic egregiè literatus. Sed eloquens erat impense, & in Historiarum notitia nulli temporis sui secundus . . . Virgo creditur obiisse.*

La Chronique de S. Marien d'Auxerre a pour Titre: *Chronologia seriem temporum, & Historiam rerum in Orbe gestarum, continens ab ejus origine usque ad annum à Chr. orta 1200.* Nicolas Camusat, Chanoine de Troyes, l'un des plus sçavans hommes de son tems dans l'Histoire, fit imprimer pour la premiére fois cet Ouvrage à Troyes, chez Noël Moreau en 1608. Il se trouve aussi à la page 17. du Tome I. des Historiens François, imprimés par les soins de du Chesne, dans sa Division Latine de la France. Baillet prétend que la Vie de S. Gilbert, premier Abbé de Neuffontaine en Auvergne, a été tirée de la Chronique de *Robert*, & insérée dans le II. To-

ROBERT. me de la *Bibliothèque des Prémontrés* par le Pere Paige. Le Pere Mabillon prétend que le Mſ. de cette Chronique, conſervé dans l'Abbaye de S. Marien d'Auxerre, eſt plus ample que ce qui eſt imprimé. M. le Venier, Pénitencier d'Auxerre, mort en 1669. avoit deſſein d'en publier une nouvelle Edition; mais ce projet n'a pas été exécuté.

M. de Launoy, dans ſa Diſſertation Latine, qui a pour Titre: *Locus Sulpicii Severi de prima Galliæ Martyrum epocha vindicatus*, traite aſſez mal *Robert*, Auteur de cette Chronique. *Tam confuſa*, dit-il, *monumenta ſecutus eſt, ut miſſum à Clemente Photinum Lugdunenſem Epiſcopum ſcribere non erubuit.*

M. l'Abbé le Gendre fait cependant beaucoup de cas de la Chronique de *Robert*, dont il louë l'humilité. Il ajoûte qu'un ſi bel Ouvrage, qui lui avoit coûté tant de peines, ne pouvoit que lui faire un très grand honneur.

M. Dupin s'eſt trompé, en croyant que *Robert* a pouſſé ſa Chronique juſqu'en 1212. Ces ſeuls termes du Continuateur démontrent cette erreur: *Hucuſque*, dit-il, *perduxit ſua Chronica Frater Robertus, currente adhuc hoc anno 1211.* &c.

Le même Dupin & le P. Mabillon, avec pluſieurs autres, ont crû mal-à-propos que la *Chronique de S. Marien*, étoit d'un nommé Hugues. *Hugonis eſſe certum.* C'eſt le P. Mabillon qui parle, *perſuadet Primarii, ut quidem puto, exemplaris Titulus his verbis*: Incipit Prologus Magiſtri Hugonis in Chronicis ſuis. *Prima Scriptoris manus deſinit in anno 1203. quæ ſequuntur ad an. 1320. alia manu adjecta ſunt.* Cette continuation ne va que juſqu'en 1223. Ce qui a cauſé l'erreur du P. Mabillon ſur l'Auteur de la Chronique, c'eſt qu'il y a la tête de cet Ouvrage, une Chronique de Hugues de Saint Victor, & qui porte ſeulement le nom de Hugues, laquelle devoit ſervir de Guide à *Robert* pour ſes époques, & qu'il fit mettre à la tête du volume; ce qui a fait confondre les deux Ouvrages en un. Au reſte le Continuateur de la Chronique de *Robert* eſt abſolument inconnu; & ſelon M. l'Abbé Lebeuf, ceux qui le nomment Hugues, devinent. Je dirai en finiſſant cet article, que la Chronique imprimée par les ſoins du P. Marténe, dans ſon *Tréſor d'Anecdotes*, Tom. III. pag. 1384. qui va depuis l'an 1022. juſqu'en 1188. peut ſervir de préliminaire & d'introduction à celle de *Robert*.

Voy. Baillet, *Vies des Saints*, au 3. Octobre, Table des Auteurs. M. le Gendre, *Jugemens ſur les Hiſtoriens de France*, pag. 15. à la tête de ſon *Hiſtoire de France*. Launoy, *Locus Sulpicii Severi de prima Galliæ Martyrum epocha vindicatus*, pag. 54. Dupin, *Auteurs Eccléſiaſtiques du XIIe. Siècle*, pag. 210. Mabillon, *Itinerarium Burgundicum*, pag. 4. à la tête du II. Tome de ſes Œuvres poſthumes. Fabricius, *Bibliot. med. & infim. Latinit.* Tom. I. p. 311. *Lettre de M. l'Abbé Lebeuf ſur le véritable Auteur de la Chronique de S. Marien d'Auxerre*, dans la *Continuation des Mémoires de Littérature & d'Hiſtoire*, Tom. VIII. Part. II. pag. 412. & le *Suplément de Moreri* de 1735.

CLAUDE

CLAUDE ROBERT.

ROBERT, (*Claude*) Chanoine de la Chapelle-au-Riche de Dijon, Grand Vicaire du Diocèse de Châlon, naquit à Cheslay, Village entre Bar-sur-Seine & Tonnerre, d'une famille peu connuë, selon le P. Perry, Jésuite, qui a remarqué que *de son tems l'on voyoit encore à Cheslay la Maison du pere de Robert, & qu'il étoit assez bien accommodé pour un homme de sa condition.* Le P. Jacob s'est donc trompé dans ses *Ecrivains de Châlon*, en faisant naître Claude *Robert* à Bar-sur-Aube. *Robert* naquit vers 1564. Il a eû soin de nous aprendre lui-même, qu'après avoir fait ses premiéres études en Bourgogne, il se rendit à Paris, & fut élevé dans le Collége de Cambray, où il fut gratifié d'une bourse. Il profita pendant quelques années des Leçons du sçavant Théodore de Marsilly, Professeur des Belles-Lettres. Il fit sa Philosophie & sa Théologie avec une ardeur incroyable. Les jours les plus longs suffisoient à peine à ses études. Une inclination si loüable lui concilia tellement l'estime & l'amitié de Théodore de Marsilly, que ce Professeur le proposoit pour modèle à ses autres Ecoliers. *Robert* se distinguoit aussi par sa pieté. M. Fremyot, Président au Parlement de Dijon, qui connoissoit son mérite, lui confia l'éducation de son fils André Fremyot, qui fut depuis Abbé de S. Etienne de Dijon, & Archevêque de Bourges. *Robert*, qui venoit de se faire recevoir Licentié en Droit Canon, quitta Paris pour se rendre en Bourgogne avec son Elève. Il y fit quelque séjour, & en 1590. il fut pourvû d'un Canonicat à la Chapelle-au-Riche de Dijon. Il le garda pendant 19. ans; c'est-à-dire, jusqu'en 1609. qu'il le résigna à Barthelemi Quarré, son parent, dont il a été parlé ci-dessus.

Robert parcourut avec son Disciple, la France, la Flandre, l'Allemagne & l'Italie. Je vois les noms de *Robert* & d'André Fremyot, cités comme présens à une Thése de Médecine, soutenuë en 1594. dans l'Université de Padouë, par Jean Guenebault, Dijonnois, Auteur du *Réveil de Chindonax.*

Robert se fit connoître & estimer à Rome de plusieurs personnes distinguées par leur naissance & par leur mérite, tels que les Cardinaux Baronius, Bellarmin & d'Ossat. Ce fut en cette Ville qu'il conçut le dessein de son grand ouvrage de la *Gaule Chrétienne*. Le Cardinal Baronius, à qui il fit part de ce projet, l'invita à l'exécuter, & lui dit obligeamment qu'il ne connoissoit personne plus capable que lui, de l'entreprendre. Une invitation si glorieuse l'anima extrèmement, & le Public ne fut pas long-tems sans joüir du fruit de son travail.

M. Fremyot ayant été élevé à l'Archevêché de Bourges, emmena *Robert* avec lui, & se servit utilement de ses lumières. Il l'employa dans toutes les visites qu'il fit en son Diocése. Ce Prélat ne consulta néanmoins pas tellement son interet particulier & celui de son Eglise, qu'il ne consultât aussi celui de Jacques de Nuchéses, son neveu. Il lui confia l'éducation de ce jeune homme, qui étant monté dans la suite sur le Trône Episcopal de Châlon-sur-Sône, reconnut les obligations qu'il avoit à un si bon Maître. Il lui

CLAUDE ROBERT. conféra un Canonicat dans sa Cathédrale, le fit son Archidiacre & son Grand Vicaire. M. de Nuchèses voulut lui procurer d'autres Bénéfices, qu'il refusa constamment. Il remplit ses fonctions de Chanoine, avec une exactitude que le P. Perry a loüée dans son *Histoire de Châlon*; & par une délicatesse de conscience, il ne voulut jamais résigner ce Bénéfice. Cet habile homme mourut à Châlon, dans le Palais Episcopal, le 16. Mai 1637. & fut enterré dans l'Eglise Cathédrale. Jacques de Nuchèses, Evêque de cette Ville, le pleura amérement, & lui dressa l'Epitaphe suivante, qui est sur une lame de cuivre, attachée à un pillier, vis-à-vis de son tombeau:

Epitaphium Claudii Roberti.

D. O. M.

Hic jacet Claudius Robertus, Præsbyter Lingonensis Diœcesis, hujus Ecclesiæ Canonicus, Major Archidiaconus, Author Galliæ Christianæ, qui obiit 16. Maii an. 1637. Posuit amantissimo Præceptori Cabilonensis Episcopus Jacobus, & ei quem Virum suum constituerat Vicarium Generalem, ex animi voluit hoc studio gratitudinis parentari.

Cette Epitaphe est imprimée dans l'*Illustre Orbandale*. On trouve d'autres Epitaphes de *Claude Robert*, dans le Traité du Pere Jacob, *de claris Scriptoribus Cabilonensibus*, composées par ce Pere.

Robert sçavoit parfaitement les Langues sçavantes. Sa Bibliothèque, qu'il légua aux Jésuites de Châlon, étoit choisie & remplie d'excellens Historiens. Il avoit un frere (Edme Robert) qui fut Doyen de la Chapelle-au-Riche, par résignation de Jean Robert son frere, mort le 19. Janvier 1597. à 58. ans, dont il parle dans sa *Divio*. Edme Robert étoit sçavant dans les Langues, & avoit été Professeur dans l'ancien Collége de Dijon. Son Epitaphe gravée à la Chapelle-au-Riche, où il est enterré, marque qu'il avoit des talens particuliers pour élever la Jeunesse. Aussi a-t-il eû des Ecoliers qui lui ont fait honneur par leur mérite & par leur érudition. *Claude Robert* avoit souhaité ardemment d'être enterré avec ses deux freres: *In quorum*, dit-il, *charissimorum fratrum fide, faxit Deus opt. max. possim aliquando quiescere!*

L'Ouvrage, qui a donné de la réputation à Claude *Robert*, est intitulé: *Gallia Christiana, in qua Regni Franciæ, Ditionumque vicinarum Diœceses, & in iis Præsules describuntur.* Paris, Sébastien Cramoisy, 1626. *in folio*, pagg. 662. Les trois *Appendix*, pagg. 119. sans compter les Préfaces, les Tables Chronologiques, *&c.* Le P. Jacob, son ami, assure que l'Auteur avoit dessein de donner une seconde Edition de cet Ouvrage. En effet, M. le Conseiller de la Mare envoya à MM. de Sainte-Marthe, les matériaux que *Robert* avoit amassés pour cette seconde Edition. Malgré cette obligation, ces sçavans Auteurs n'ont pas rendu à *Claude Robert* la justice qu'ils lui devoient. (Le P. Perry leur a déja fait ce reproche avant moi.) A peine en font-ils mention dans leur Préface. Il est vrai qu'ils ont augmenté considérablement son Ouvrage, comme on peut le voir par la nouvelle Edition qu'ils en ont donnée en 1656. en 4. volumes *in folio*. Mais on a l'obligation à *Robert* d'avoir ouvert le premier cette carriére. Les personnes

DE BOURGOGNE. 211

impartiales feront toûjours de l'eſtime de ſon travail, & s'étonneront qu'un CLAUDE ROBERT.
ſeul homme ait pû le pouſſer ſi loin. Il y a des fautes, à la vérité, mais elles ſont inévitables dans le prodigieux nombre de faits contenus en cette
collection, & MM. de Sainte-Marthe n'en ont peut-être pas diminué le
nombre. Quoiqu'il en ſoit, la Bourgogne, en particulier, aura toûjours
lieu de ſe glorifier d'avoir produit un ſi habile homme, qui a inſéré dans ſon
Ouvrage, quantité de choſes qui regardent l'Hiſtoire de cette Province, &
qui le rendront toûjours précieux. Les Traités intitulés, *Divio & Belna*,
qui ſont à la fin de la *Gaule Chrétienne*, ſont très bien faits. L'Auteur a
donné dans l'*Appendix*, une liſte des Chanceliers de France, qui ont été
Evêques, une autre de quantité de Généraux d'Ordres, celle des Patriarches
d'Aquilée, & de pluſieurs Evêchés des Royaumes voiſins. Ces liſtes ſont
ſuivies d'un Diſcours Latin, qui a pour Titre : *Digreſſio, ſeu diſcurſus de
morte pulchra, honeſta, pretioſa*, &c.

Le P. Jacob fait mention de quelques autres productions manuſcrites de
Claude Robert, que la modeſtie de l'Auteur, dit-il, ne lui ont pas permis
de donner au Public. Voici ces Traités.

I. *Adagia Sacra ex Sacris Scripturis eruta*.

II. *De Theologia Scholaſtica*.

III. *De Geographia*.

Du Cheſne, à la fin de ſa Préface de l'*Hiſtoire Généalogique des Ducs
de Bourgogne*, imprimée en 1628. *in* 4°. dit que *Claude Robert* lui a fourni pluſieurs enſeignemens pour l'illuſtration de la Branche des Seigneurs de
Montagu.

Voy. Perry, *Hiſtoire de Châlon*, pag. 469. Robert, *Gallia Chriſtiana*,
pag. 386. *Illuſtre Orbandale*, Tom. II. pag. 544. Vignier, *Chronica
Lingonenſis*. Pierre de Saint-Romuald, *Journal Chronologique*, Tom. I.
pag. 414. Jean Guenebauld, *Réveil de Chindonax*, pag. 9. Boëcler,
Bibliograp. Critica, pag. 875. Edit. de Léipſic, 1715. Du Sauſſay, *de
Myſticis Gall. Scriptor.* Dupin, *Catalog. des Auteurs Eccléſiaſt.* Tom. III.
col. 394. Jacob, *de claris Scriptor. Cabilon*. p. 86. 110. &c. & *Bibliotheca Pontificia* du même, pag. 290. outre pluſieurs Ecrivains cités par le Pere
Jacob, *ibid*.

PHILIPPE ROBERT.

ROBERT, (*Philippe*) Avocat au Vénérable Parlement de Bourgo- PHILIPPE ROBERT.
gne (c'eſt la qualité qu'il prend à la tête de ſa Traduction de l'*Exhortation à la paix*, du Grec d'Iſocrate,) étoit né à Châlon. Cet Auteur a
demeuré dans l'obſcurité pendant près d'un ſiècle, juſqu'à ce que Loüis
Mailley, Avocat de Dijon, s'aviſa en 1666. de ramaſſer les Poëſies Latines de *Robert*, & de les faire imprimer. L'Editeur prit ſoin, non ſeulement
de raſſembler ces Pièces fugitives, mais encore de découvrir quelques circonſtances de la Vie de leur Auteur, leſquelles il a fait entrer dans l'Epitre
Dédicatoire des Poëſies de *Philippe Robert* à M. Philibert de la Mare, Con-

seiller au Parlement de Dijon. Mailley, qui prend le nom d'Æmilius, nous aprend dans cette Epitre Dédicatoire, que *Robert* eut dans sa jeunesse une grande passion pour les voyages, & que voulant voyager avec fruit, il étudia l'Antiquité, parcourut l'Italie, & accompagna Loüis de Bessey, Abbé de Citeaux, au Concile de Trente, comme l'Auteur le dit lui-même. [1]

Bessalusque pater cui sunt Comes additus ipse,
Cùm tegeret nostras primula barba genas.

Robert se fit connoître & estimer des Sçavans de Rome qui vouloient l'y retenir ; mais ou les affaires de sa famille, ou l'amour de la Patrie, ne lui permirent pas de faire un long séjour dans cette Ville. De retour en Bourgogne, il songea à prendre un parti, & crut n'en pouvoir prendre un plus conforme à son inclination, que celui de la Jurisprudence. Il étudia en Droit sous le Professeur *Ginthius Gifaldus*, né en Piémont, à qui *Robert* adresse des Vers [2] où il fait mention de quelques ennemis de Gifaldus. Nous voyons par les Poësies de *Philippe Robert* qu'il avoit été aussi Disciple de Govéan. [3]

Has quoque nunc sedes inter cœtusque beatos,
Præfulges nostra Hector, Goveane, juventa.

Mais le Professeur, qui fit le plus d'honneur à *Robert*, fut Cujas dont il prit des leçons, & avec qui il eut une liaison intime. *Dominus Cujacius privatum me monuit.* Ce sont les paroles qu'il avoit écrites sur un exemplaire d'un cours de Droit qui lui avoit apartenu, & qu'on trouve chargé de Notes qu'il avoit aprises du même Cujas. Ce cours de Droit étoit, il y a plusieurs années, chez M. Charles-Benigne de Thésut, Doyen du Parlement de Dijon. *Robert* avoit acquis au Barreau de cette Ville, plus d'honneur & de réputation que de bien. Il plaidoit peu. Vers 1594. il fut choisi pour remplir les fonctions d'Avocat Général, pendant que le Parlement de Dijon étoit à Semeur, dans le tems de la Ligue. Il s'étoit auparavant débarrassé des affaires du Barreau, pour se livrer entièrement aux Belles-Lettres. C'est à ce loisir, qu'il se procura, que nous devons une partie des Ouvrages qu'il a mis au jour. Il mourut à Beaune en 1594.

CATALOGUE DE SES OUVRAGES.

1. *Exhortation à la paix, discourant des biens & profits provenans de la paix, & des incommodités & malheurs provenans de la guerre ; traduite du Grec d'Isocrate, Orateur Athénien, en François par M. Philippe Robert.* Lyon, Jean Stratius, 1589. *in* 8°. pagg. 60. *It.* Paris, Jean Parent, *in* 8°. selon du Verdier, Draudius, & le P. Jacob.

2. Dans l'Ouvrage intitulé : *Car. Molinæi Consilium super commodis &*

---

[1] Robert décrit ce voyage à la page 71. & suiv. de ses Poësies. A la pag. 73. on lit une Pièce intitulée : *De ejusdem Naufragio apud Venetos.*

[2] Pag. 53.

[3] Pag. 38.

incommodis

DE BOURGOGNE.

incommodis Jesuitarum : Accessit fragmentum Epistolæ pii cujusdam Episcopi, &c. & imprimé à Hanau, *apud Thom. Vilerianum*, 1604. *in* 12. On trouve deux Lettres de Pontus de Thiard, Evêque de Châlon à *Philippe Robert*, après lesquelles sont inférées trois Pièces de ce dernier en Vers Elégiaques : *In improbum Censorem Operum P. Thiardæi Episcopi*. Jean Adam Scherzerus, dans sa *Bibliotheca Pontificia*, imprimée en 1676. *in* 4°. fait mention d'un fragment d'une Lettre de Pontus de Thiard contre le faux Jésuite Charles. C'est la Pièce Latine dont je viens de parler. Teissier prétend que ce fragment est non seulement imprimé dans la Bibliothèque de Scherzerus, mais encore à la page 378. du Livre, qui a pour Titre : *Contr'Assassin*, de l'impression de Lyon, 1612. *in* 8°. Mais ce n'est qu'une partie de la Pièce Latine, traduite en François. Pontus de Thiard la composa contre les Jésuites, peu de tems après la mort d'Henri III. Je crois, au reste, que cette Edition du *Contr'Assassin*, citée par Teissier, est plûtôt de Genève que de Lyon. David Home, Ministre de Gergeau, passe pour en être l'Auteur. On y trouve les lettres initiales de son nom D. H. Voy. le *Dictionnaire de Bayle*, III. vol. pag. 939. Edit. de 1720.

3. *Philippi Roberti Jurisconsulti & Patroni Divionensis, Carmina Græca & Latina quæ supersunt.* Dijon, veuve Chavance, 1666. *in* 8°. pagg. 119. Mailley, Editeur de ce Recüeil, dit que *Robert* avoit fait un beaucoup plus grand nombre de Poësies, qui ont péri, aussi bien que les deux Ouvrages suivans :

4. *De Platonica Æternitatis Arcanis.* Ms.

5. *Traduction du Rheteur Isæus Athénien, Disciple d'Isocrate, & Précepteur de Démosthène, dont il reste cinquante Oraisons.* Ms. Fabricius & Malinkrot ont fait mention de cet Ouvrage.

6. M. le Président Bouhier, en la IIe. Observation, qui est dans son Edition de la *Coûtume de Bourgogne*, cite les *Mémoires Mss. sur cette Coûtume de Philippe Robert, célèbre Avocat de son tems, & qui faisoit alors en* 1587. *les fonctions de Substitut de M. le Procureur Général, par Ordre de la Cour*. Bernard Durand, autre célèbre Avocat, en avoit fait un extrait sur l'original.

J'ai vû chez M. le Conseiller de la Mare, une longue Lettre Latine de plus de douze feüillets, *in folio*, datée le 12. Novembre 1594. que Pontus de Thiard, Evêque de Châlon, écrivit à *Robert*. Elle étoit dans un Recüeil Ms. intitulé : *Gallorum Epistolæ*. Il est aujourd'hui dans la Bibliothèque du Roi. Le même Pontus de Thiard se félicite dans son Livre, *de recta nominum impositione*, des momens heureux qu'il a passés avec *Philippe Robert*.

Voy. ses *Poësies*, & l'*Epit. Dédicat.* de cet Ouvrage, par Loüis Mailley. Du Verdier, *Bibliotheque Françoise*, pag. 970. Jacob, *de claris Scriptoribus Cabilonensibus*, pag. 30. Draudius, *Bibliot. Exotica*, page 84. Fabricius, *Biblioth. Græc.* Tom. I. pag. 912. Malinkrot, *de Histor. Græc.* pag. 144. Edit. de 1709. Jean-Adam Scherzerus, *Bibliot. Pontif.*

Eloges de Teiſſier, Tom. I. pag. 483. Pontus de Thiard, *de recta nominum impoſitione*, pag. 80. & la *Coûtume de Bourgogne* de M. le Préſident Bouhier, p. 623.

PIERRE ROBIN.

PIERRE ROBIN.

ROBIN, (*Pierre*) Bachelier de Sorbonne, Curé de Noyers, a profeſſé les Belles-Lettres dans l'Univerſité de Paris. Il fit imprimer en 1708. quelques Harangues qu'il avoit prononcées en préſence des Fils de France, qui paſſérent à Noyers en 1701.

VINCENT ROBIN.

VINCENT ROBIN.

ROBIN, (*Vincent*) de Dijon, Médecin du Roi, vivoit encore en 1633. Il a fait les Ouvrages ſuivans:

1. *Deux Epigrammes Latines* à la tête du *Réveil de Chindonax*, par Jean Guenebauld, imprimé en 1621.

2. *Avis ſur la peſte reconnuë en quelques endroits de Bourgogne, avec choix des remédes propres pour la préſervation & guériſon de cette maladie.* Dijon, Nicolas Spirinx, *in* 12. pagg. 80. Pluſieurs exemplaires portent la date de 1638. mais c'eſt la même Edition que celle de 1628. dont l'Imprimeur changea le premier feüillet.

3. *Synopſis rationum Fieni, & Adverſariorum, de tertia die fœtus animatione, ex quibus clarè conſtabit celebratam antiquitate opinionem de fœtus formatione deſerendam eſſe, Fieni verò novam complectendam.* Dijon, veuve Claude Guyot, 1632. *in* 4°. pagg. 44.

4. *Paraphraſe en Vers ſur deux Pſeaumes de David, pour la conſolation des Bons.* Dijon, Spirinx, *in* 4°. pagg. 19. ſans date.

Voy. la page 16. du Traité de Pierre Quarré, Médecin de Dijon, intitulé: *Les merveilleux effets de la Nymphe de Santenay*. Quarré l'apelle *très fameux Médecin de Dijon*.

CLAUDE ROILLET OU ROUILLET.

CLAUDE ROILLET.

ROILLET, *ou* ROUILLET, (*Claude*) de Beaune, Poëte Latin & François. La Croix-du-Maine dit qu'*il floriſſoit à Paris* en 1563. & qu'il régentoit au Collége de Bourgogne. *Roillet* mourut fort âgé, vers 1576. C'eſt de lui qu'il eſt parlé dans le IIIe. volume des *Preuves de l'Hiſtoire de Paris*, par D. Félibien. Il paroît par un Titre de 1536. qu'on y raporte, que *Claude Roillet* étoit pour lors Principal du Collége de Bourgogne; ce qui s'accorde aſſez avec ce qu'en dit la Croix-du-Maine, à l'endroit cité. Du Boulay, dans ſon *Hiſtoire de l'Univerſité de Paris*, s'eſt trompé, en avançant que *Roillet* étoit Principal en 1560. Le même du Boulay nous aprend que cet Auteur étoit Recteur de l'Université de Paris en 1560. & qu'il avoit profeſſé au Collége de Boncour. Voici le paſſage de du Boulay, tel que vient de me le fournir le ſçavant Pere Grozelier, de l'Oratoire : *Claudius Roillet , Belnenſis, Diœceſis Æduenſis, poſt IV. annorum profeſſionem in Grammaticis apud Burgundicum Nationis Gallicæ Procurator factus, IV. Non. Maii an.* 1586. *ad Becodianum deinde tranſiit, unde anno* 1560. *aſſumptus eſt in Rectorem Univerſitatis, reverſus in Burgundicum ejuſdem Gymnaſiarcha factus , edidit Poëmata non pœnitenda, Philaniram Tragœdiam an.* 1563. *apud* Th. Richard. *Non infeliciter quoque Verſus Latinos & Gallicos emiſit.*

CATALOGUE DE SES OUVRAGES.

1. A la tête du Livre de Claude Guilliaud, Théologal d'Autun, qui a pour Titre : *Collationes in omnes B. Pauli Epiſtolas.* Lyon, Griphe, 1543. in 4°. il y a quatorze Vers Iambiques, & dix-huit Diſtiques Latins à Guilliaud, qui avoit été ſon Précepteur. Ils ſont intitulés : *In Præceptoris ſui Commentarium*, &c.

2. *Claudii Roilleti Belnenſis varia Poëmata.* Paris, Guill. Julien, 1556. in 16. feüillets 150. Ce Recüeil contient quatre Tragédies Latines, dont Philanire eſt la premiére. (L'Auteur, ſelon la Croix-du-Maine, la traduiſit enſuite en François) des *Dialogues, des Eglogues, des Epigrammes*, &c. Léger du Cheſne, au feüillet 351. du II. volume de ſon Recüeil, intitulé : *Farrago Poëmatum*, & imprimé en 1560. a inſéré trois Epigrammes de *Roillet*, qu'il a tirées des Poëſies de ce dernier. Gruter a raporté cinq Pièces de Poëſie du même, dans ſes *Delitiæ Poëtarum Gallorum*, imprimées en 1604. Tom. III. pag. 253. Gruter le qualifie par erreur de *Belunenſis* pour *Belnenſis.*

3. Quatre Diſtiques Latins au-devant de la *Coûtume de Sens*, donnée en 1556. par Jean Penon, Avocat de Sens.

4. *Ode ad Guillelmum Gallandium.*

5. *Elegia de obitu Petri Gallandii.* Paris, 1559. in 4°.

6. Cinq Diſtiques Latins dans le Recüeil qui a pour Titre : *In Joachimum Bellaium, Andinum Poëtam, clariſſ. doctorum Virorum Carmina & Tumuli.* Paris, Morel, 1560. in 4°.

7. *Quatre Diſtiques Latins*, imprimés en 1562. à la tête du *Commentaire de Claude Guilliaud, ſur S. Mathieu.*

8. *Oratio & Ode in obitum Ducis Guiſanii.* Paris, 1563. in 4°.

9. *Six Diſtiques Latins* au-devant du *Recüeil des Hiſtoires prodigieuſes* de P. Boiſtuau-Launay. Paris, 1566. *in* 8°.

10. *Chriſtus Patiens : Gregorii Naziazeni Tragedia, ſeu potiùs Tragi-Comœdia, à Cl. Roilleto Belnenſi Verſibus Latinis expoſita.* Cette Traduction de S. Grégoire de Nazianze, parut pour la première fois, ſi je ne me trompe, en 1570. à Cologne ; & pour la ſeconde fois, dans le II. volume,

CLAUDE ROILLET. pag. 253 - 298. de l'Edition de ce Pere, publiée en 1611. à Paris, par Frédéric Morel. Ce sçavant Professeur Royal en Grec, a employé la Version de *Roillet*; ce qui prouve l'estime qu'il faisoit de cet Ouvrage.

11. *Acteon Gallicus super Apotheosi Caroli IX. auspicato adventu, & inauguratione Henrici III. Franciæ Regis*, &c. Paris, 1575. in 4°.

12. *Huit Distiques Latins* à la tête du Traité de Pierre Emotte, intitulé: *Catholicæ Fidei Professio*, & imprimé à Paris en 1578.

13. Le P. Jacob a inséré à la page 124. de ses *illustres Ecrivains de Châlon*, quatorze Vers Elégiaques de *Roillet*, à la loüange de Guillaume Paradin, qui à son tour, loüa *Roillet* par 28. autres Vers Latins, insérés à la page 19. du Recüeil des Poësies de Paradin. Voici le jugement qu'il porte de la Muse de *Roillet*, dans son troisiéme Distique:

Nam tua tam nobis conscripta videntur ad unguem,
Ipse tuo ut Musas suspicer ore loqui.

Voy. la *Vie de Roillet*, parmi les Vies Mss. des Poëtes François de Guillaume Colletet, desquels le P. le Long a fait imprimer la liste à la pag. 885. de sa *Bibliothèque des Historiens de France*. La Croix-du-Maine, *Bibliothèque Françoise*, pag. 62. Konig, *Bibliotheca vetus & nova*, p. 699. De tous les Ouvrages de *Roillet*, il ne fait mention que du seul Recüeil de ses Poësies. Le P. Jacob, *de clar. Scriptor. Cabilon.* pag. 124. *Preuves de l'Histoire de Paris*, par D. Félibien, Tom. III. pag. 757. & du Boulay, *Histoire de l'Université de Paris*, Tom. VI. pag. 927.

JEAN ROLLIN.

JEAN ROLLIN. ROLLIN, (*Jean*) fils de Nicolas Rollin, Seigneur d'Autun, & Chancelier de Philippe le Bon, Duc de Bourgogne, & de Jeanne de Landes, fut Archidiacre de Châlon, Evêque de cette Ville en 1431. & quelque tems après, il passa à l'Evêché d'Autun. Le Pape Nicolas V. le fit Cardinal, le 20. Décembre 1448. Le Cardinal *Rollin* fit de grands biens à l'Eglise d'Autun, & à l'Hôpital de Beaune, que son pere avoit fait bâtir. Il mourut fort âgé, le 22. Juin 1482.

Il a fait un Cartulaire d'Autun, qui étoit entre les mains de M. de la Mare, & dont ce Sçavant a fait mention dans son *Conspectus Historicorum Burgundorum*, sous ce Titre:

Tabularium Cænobii Sancti Martini Æduensis, Joannis Rolini Card. Episc. Æd. Abbatis S. Martini, curâ digestum & conscriptum. In folio, sur du vélin.

Decreta Synodalia D. Rollin, an. 1468. *Diœcesis Æduensis*. Ms. *in folio*, dans la Bibliothèque de M. le Président Bouhier.

Le Missel du Cardinal *Rollin*, en très beau vélin manuscrit, est conservé, *in folio*, dans la Bibliothèque des Jésuites de Dijon.

Voy. Frizon, *Gall. Purp.* Claude Robert, & Sainte-Marthe, *Gall. Christ.*

Chrift. Aubery, *Hiftoire des Card.* Tom. II. pag. 268. Munier, *Mémoires d'Autun*, & Philibert de la Mare, *Confpect. Hiftor. Burgund.*, p. 42.

FRANÇOIS ROUSSEAU.

ROUSSEAU, (*François*) né à Coulanges-les-Vineufes, à deux lieuës d'Auxerre, a voyagé pendant un grand nombre d'années en Perfe, au Pégu, & aux Indes Orientales. Pomet, dans fon *Hiftoire des Drogues*, raporte quelques circonftances de la Vie de ce Voyageur. » Rouffeau, dit-il, étoit un Marchand de Paris, qui fut ruïné par le feu de la » grande falle du Palais, [1] & fe voyant réduit, fa femme, & cinq en- » fans à la mendicité, s'avifa de faire de la cire à cacheter, de la manière » dont il l'avoit vû préparer aux Indes. De forte que Madame de Longue- » ville, qui étoit une Dame fort charitable, voulut bien faire voir de cette » cire au Roi Loüis XIII. qui, ayant été reçuë de toute la Cour, en fit un » fi grand débit, qu'en moins d'un an, il gagna plus de cinquante mille li- » vres. Il donna à cette cire le nom de cire d'Efpagne, pour la différen- » cier de la gomme-laque fonduë, & tant foit peu colorée avec du vermil- » lon, que l'on voyoit auparavant, qui portoit le nom de cire de Por- » tugal. »

Le même Pomet, dans fon *Hiftoire des Drogues*, imprimée en 1694. *in folio*, raporte à la page 33. une *Lettre de Rouffeau fur la Cochenille*. Le P. Plumier, Minime, dans une Lettre adreffée au Sieur Pomet, & inférée dans le *Journal des Sçavans* de 1694. p. 312. Edit. *in* 12. réfute le fentiment de *Rouffeau* fur la Cochenille, & affure que c'eft un infecte qui reffemble à la punaife. Le P. Labat, qui dans *fon voyage aux Ifles d'Amérique*, dit qu'il a vû *Rouffeau* à la Rochelle en 1708. prétend que ce que *Rouffeau* a écrit de la Cochenille, ne lui a pas fait honneur. Il affure que cet infecte ne vient que fur le fruit du poirier piquant, qu'on apelle *Raquette* dans les Ifles, & qu'on pourroit apeller figuier piquant, puifque fon fruit a beaucoup de raport avec la figue ordinaire. Le P. Labat entre dans un détail auffi curieux qu'exact, fur tout ce qui regarde la Cochenille.

Voy. l'*Hiftoire des Plantes de Montpellier*, &c. par M. Garidel, & fa *Differtation fur la Cochenille*.

Il y a eû un *Jean Rouffeau*, Sieur de la Grange-ronge, Avocat au Parlement de Paris, qui fit imprimer en 1697. un Ouvrage de fon frere, fameux Capucin, connu en ce tems-là fous le nom du Pere Ange. Ce Livre eft intitulé : *Secrets & remédes éprouvés, dont les préparations ont été faites au Louvre par Ordre du Roi, par deffunt l'Abbé Rouffeau, ci-devant Capucin, & Médecin de Sa Majefté.* Paris, Jean Jombert, *in* 12. Je ne fçais fi ces deux freres font de la même famille que *François Rouffeau*. Je n'ai pû

---

[1] J'avouë qu'il me paroît difficile de concilier ce fait avec la relation du P. Labat, qui affure qu'il a vû *Rouffeau* en 1708. à la Rochelle. L'incendie de la grande falle du Palais, arriva quelques années avant la mort de Loüis XIII. qui finit fes jours en 1643. *Rouffeau*, dit Pomet, avoit alors cinq enfans. Il s'enfuivroit de ce récit que *Rouffeau* en 1708. étoit âgé d'environ cent ans.

Part. II.

FRANC. ROUSS. trouver aucun éclaircissement sur ce sujet. Cet Abbé avoit fait d'autres Ouvrages dont il est parlé dans sa Vie, composée par son frere l'Avocat, & mise à la tête du Livre dont je viens de donner le Titre. L'Abbé *Rousseau* mourut à Paris, le 9. Fevrier 1694. à 51. ans. On l'accusoit d'avoir tiré ses secrets du Pere Basile Valentin, Bénédictin du XVIe. siècle.

Voy. l'*Histoire des Drogues* par Pomet, pag. 30. 33. 55. 273. &c. & le P. Labat, *Voyage aux Isles d'Amérique*, Tom. IV. pag. 44.

FRANÇOIS LE ROUX.

FRANC. LE ROUX. ROUX, (*François le*) Cordelier, naquit en 1632. dans le Bourg de Chagny, entre Beaune & Châlon. Le P. *le Roux* étoit Docteur en Théologie, Commissaire Général de la Province de France, Visiteur perpétuel des Religieuses de Sainte Claire. Il a été deux fois Provincial de la Province de S. Bonaventure ; & après avoir exercé ces différens emplois avec une sagesse peu commune, il mourut à Moulins, le 7. Octobre 1696. âgé de 64. ans. Le P. Lachére, Elève & Confrere du P. *le Roux*, composa son Eloge en Latin, sous le Titre de *Laus funerea*, &c. & fit graver cette Epitaphe sur une table de cuivre :

Maximus hic minor est, tumulum venerare, Viator,

Et pro ter magno vota repende Viro.

Lux ero [1] *nascenti fuit illi nomen, & omen ;*

Voce, opere, & Scriptis luxit ubique suis.

Ordo Ministerii lituum, Sorbona coronam

Doctrina dederat, det diadema Deus !

Le P. Ruffier, Cordelier, Docteur de Sorbonne, prononça l'Oraison funèbre du P. *le Roux* dans le Définitoire de la Province de S. Bonaventure, assemblé à Dijon en 1698. Cette Pièce fut imprimée la même année, à Dijon, chez Ressayre, *in* 8°. Je remarquerai, en passant, que dans le Titre de cette Oraison funèbre, on a mis par erreur, la mort du P. *le Roux* en 1697.

CATALOGUE DE SES OUVRAGES.

1. *Traités spirituels de S. Bonaventure, traduits en François.* Paris, Edme Couterot, 1693. *in* 12. 2. vol.

2. *Traités spirituels des devoirs intérieurs de piété, que chacun peut pratiquer tous les jours pour s'animer dans le chemin de la perfection.* Lyon, Pierre Valfray, 1707. *in* 12.

3. *Traité spirituel pour les Supérieurs, où il est traité de l'importance qu'il y a d'avoir de bons Supérieurs parmi les Religieux ; quelles sont les Règles de S. Bonaventure, par le moyen desquelles ils peuvent remplir exactement les fonctions de leur supériorité.* Ibid.

---

[1] *Lux ero*, Anagramme de *le Roux*.

4. *Traité spirituel pour les Maîtres des Novices*, où il est parlé de l'importance qu'il y a d'en avoir de bons dans les Religions, & des qualités qui sont nécessaires pour réussir dans les fonctions de cet emploi. Ibid.

5. *Traduction des Ouvrages de piété du B. Pere David, d'Ausbourg*, Religieux Cordelier, tirés du XXVe. Tome de la Bibliothèque des Peres. Mss.

6. *Traduction des Commentaires sur l'Apocalypse, & sur la Règle de S. François*, expliquée par S. Bonaventure. Ms. dans le Couvent de Dijon, de même que le précédent.

Voy. son Eloge Latin, sous le Titre de *Laus funerea*, &c. par le P. Lachére, & son *Oraison funèbre*, par le P. Ruffier.

GUILLAUME ROYHIER.

ROYHIER, (*Guillaume*) [1] Docteur en Droit Civil & Canon, Conseiller du Roi, Avocat au Parlement de Bourgogne, naquit à Dijon en 1529. Il étoit déja reçû Avocat dès 1555. Il fut Maire de Dijon en 1581. 1582. 1583. 1584. 1585. & 1603. & ce qui est de singulier, c'est qu'après avoir été Maire, il devint Echevin en 1589. On doit cependant moins être surpris d'un pareil événement, arrivé dans des tems de simplicité, que s'il arrivoit de nos jours. Il est vrai que par Arrêt du 20. Juillet 1589. *Royhier* obtint séance au-dessus des six autres Echevins.

Le Conseiller Breunot, dans ses *Mémoires Mss.* dépeint *Royhier*, comme un zêlé Ligueur. Il dit que » le 15. Novembre 1589. *Royhier* Député » de la Ville au Parlement, tint un long propos de l'union & des miracles » faits par le passé, pour la conservation de l'Eglise, qu'il pria la Cour de » faire exécuter roidement les Arrêts par ci-devant rendus. » Cet Auteur entendoit parler des Arrêts donnés depuis la mort du Roi Henri III. M. Breunot assure que *Royhier* croyoit qu'il étoit plus à propos de se rendre au Turc, que de reconnoître le Roi. Dès 1578. il avoit été Député par le Tiers-Etat du Bailliage de la Province, pour assister aux Etats de Blois, comme il paroît par le *Recüeil des Etats*, imprimés en 1551. à Paris, *in* 4°.

Munier, dans la Préface de ses *Mémoires pour l'Histoire d'Autun*, fait beaucoup d'estime de *Royhier*, & dit qu'il mourut en réputation d'un très habile homme. Je crois que cette mort arriva vers 1603.

CATALOGUE DE SES OUVRAGES.

1. Il a traduit le Poëme d'Homére *des Rats & des Grenoüilles*, sous le Titre de *Ratracomiomachie*. Lyon, Jean Temporal, 1554. *in* 4°. Fabricius en cite une Edition de 1550. mais je crois qu'il se trompe.

2. Dix Vers François à la tête du *Dictionnaire des Rimes*, par Etienne Tabourot, imprimé en 1588. Tabourot dit que ces Vers avoient été faits avant l'an 1540. L'Auteur les avoit donc composés à l'âge de 10. ans.

---

[1] Il prenoit pour Devise, *Roi hier*, *demain rien*.

BIBLIOTHEQUE DES AUTEURS

GUILL.
ROYHIER.

3. J'ai vû chez M. le Conseiller de la Mare, un Mſ. de *Royhier*, qui a pour Titre : *Guilielmi Roherii, Jurisconsulti Divionensis, de Juris arte, Libri. Jul.* 1587. In folio de 200. feüillets minutés & bien écrits. Ce Mſ. ne contient que VI. chapitres. Il y en a un, *de Essentia*, & un autre, *de Providentia*. Cet Ouvrage est hérissé de Grec.

4. *Marci Liturgia Græc. Lat. Rohieri manu notata.* Ces Notes font sur un exemplaire de cette Liturgie, imprimée en 1583. à Paris, chez Drouard, *in* 8°. Cet exemplaire étoit dans la Bibliothèque de M. de la Mare.

5. *Notes sur la Coûtume de Bourgogne*. Mſ. Bernard Durand en avoit fait des extraits, qui se trouvent à Dijon, chez M. Guyton, Greffier du Parlement.

6. *Observations sur Masuer*. C'est un Recüeil d'Arrêts du Parlement de Dijon. M. le Président Bouhier en a une copie.

Voy. la Croix-du-Maine, *Bibliothèque Françoise*, p. 159. Cet Auteur l'apelle sans raison, *Rhoyer*. Celle de du Verdier, p. 538. Draudius, *Bibliot. Classic.* p. 191. *Discours de Souvert sur les successions des peres aux enfans*, pag. 35. chap. V. Cl. Robert, *Gall. Christ.* p. 64. Préface des *Mémoires de Munier pour l'Hist. d'Autun*, pag. XIV. Fabricius, *Bibliot. Græc.* Tom. I. pag. 300. & la *Coûtume de Bourgogne* de M. le Président Bouhier, pag. 460.

FRANÇOIS RUFFIER.

FRANÇ.
RUFFIER.

RUFFIER, (*François*) Cordelier, Bachelier de Sorbonne, né à Tournus, vers 1660. d'un Marchand de cette Ville. Ce Pere fit imprimer à Dijon, chez Jean Ressayre, en 1698. l'*Oraison funèbre du très Révérend Pere François le Roux*, &c. (dont j'ai parlé plus haut) *in* 8°. pagg. 32.

EMANUEL-PHILIBERT DE RYMON.

EMAN. DE
RYMON.

RYMON, (*Emanuel - Philibert de*) Lieutenant Civil & Criminel aux Bailliages du Pays & Comté de Charollois. Je trouve dans les Régistres du Parlement de Dijon, que *Rymon, par Lettres données à Blois, le* 7. *Mai* 1602. *fut pourvû de la Charge de Conseiller du Roi, Lieutenant Général & Enquêteur au Bailliage des Cas Royaux du Comté de Charollois, sur la résignation de Claude de Ganay, qu'il fut reçû, le* 6. *Mars* 1606. *& qu'après le décès dudit Emanuel-Philibert de Rymon, arrivé en* 1627. *Denys Girard fut pourvû de cet Office.* Dès 1614. Rymon avoit résigné à Jacques Quarré, sa Charge de Lieutenant Particulier au Bailliage de Charollois.

Rymon est Auteur des deux Ouvrages qui suivent :

1. *Traité de la Juridiction Royale, & des Cas Royaux & Privilégiés d'icelle, desquels les Juges Châtelains, Prévôts, Baillifs, Lieutenans, Sénéchaux, Présidiaux, & tous autres Magistrats Royaux, connoissent tant*

en

DE BOURGOGNE. 221

EMAN. DE RYMON.

en première instance, que de cause d'Apel: Entre les Ecclésiastiques Nobles & Plébéiens, privativement, & à l'exclusion de tous les Officiers des Seigneurs Hauts Justiciers de ce Royaume. Paris, Jean Richer, 1618. *in* 8°. pagg. 99. sans l'Epitre Dédicatoire & la Préface.

Comme il y avoit des différends entre la France & les Archiducs de Flandes, concernant les Droits de Justice & de Souveraineté dans le Comté de Charollois, le Roi Loüis XIII. écrivit à *Rymon*, de foüiller dans les Archives du Pays, & de l'instruire de bouche, & par écrit, de tout ce qui pouvoit concerner les droits de sa Couronne. Cet Ordre produisit l'Ouvrage suivant :

Traité des Pays & Comté de Charollois, & les Droits de Souveraineté, que la Couronne de France a eû de tout tems & ancienneté sur iceux. Ibid. 1619. *in* 8°. de 51. feüillets, sans compter les Preuves & les Préfaces, *&c.* Ces deux Ouvrages de *Rymon* sont assez estimés.

Tamisier lui dédia en 1617. son *Anthologie.* Voy. la pag. 315. du IVe. Tome de la *Bibliothèque Françoise*, par M. l'Abbé Goujet, qui le traite *d'homme d'esprit, & qui cultivoit les Lettres avec beaucoup de soin.*

Part. II.   Kkk

S.

GEORGE-LOUIS LE SAGE.

GEORGE LE SAGE.

SAGE, (*George-Loüis le*) eſt né le 9. Janvier 1676. à la Colombière, proche de Coulches au Dioceſe d'Autun. Il eſt le troiſiéme fils de François le Sage, Seigneur de Saint-Martin-les-Communes, & de Villars, & d'Anne d'Aubigné, fille de Nathan d'Aubigné, & petite-fille de Théodore-Agrippa d'Aubigné. Après la Révocation de l'Edit de Nantes, étant extrêmement jeune, il fut envoyé à Genève, chez M. d'Aubigné, Docteur en Médecine, ſon parrein & ſon oncle maternel. M. *le Sage* m'a avoüé qu'il paſſoit dans les Claſſes inférieures pour avoir peu d'eſprit, quoiqu'on remarquât en lui du bon ſens & du jugement. Après ſon cours de Philoſophie, certaines circonſtances, plûtôt que ſon inclination, l'engagérent à l'étude de la Théologie. Il déplut à quelques Profeſſeurs, par la liberté avec laquelle il penſoit ſur les matières de la Religion. Rebuté de la Théologie, il voulut diſſiper ſon chagrin, & fit pour cela un voyage en Bourgogne, l'an 1699. Il paſſa quelques ſemaines dans ſa Patrie. Mais ayant apris qu'on en prenoit occaſion de décrier ſes mœurs & ſa doctrine, il ſongea à quitter Genève. Il partit de cette Ville en 1700. Après avoir traverſé l'Allemagne & la Hollande, il arriva en Angleterre au mois d'Octobre de la même année. Il y demeura 4. ans & demi. Pendant le mois de Mai 1705. il revint en Hollande, ſéjourna environ un an à la Haye; d'où il repaſſa en Angleterre; & cinq ans après, c'eſt-à-dire, au mois de Juillet 1711. il revint rejoindre ſes parens à Genève. Il y fit ſes plus chéres délices de la Philoſophie & des Mathématiques, & les enſeigna juſqu'en 1717. que ſe prévalant du relâchement qui étoit en France au ſujet de l'exécution des Arrêts contre les Proteſtans, il ſe rendit à Paris, où étant tombé malade, il reprit la route de Genève en 1718. & s'y maria au mois d'Octobre 1721.

Le génie doux & tranquile de M. *le Sage*, l'a toûjours porté à chercher des moyens de concilier les différentes diſputes de la Religion. J'ai oüi dire qu'un jour, dans un Caffé de Londres, il propoſa par hazard, un plan de conciliation, qui fut préſenté à un Milord, lequel devint ſon Patron. Ce Seigneur le prit en une telle affection, qu'il lui donna un apartement dans ſon Hôtel; & étant entré dans le Miniſtére ſous le Règne de la Reine Anne, il combla M. *le Sage* de nouveaux bienfaits. Mais la faveur de ce Seigneur

DE BOURGOGNE.

n'ayant pas duré long-tems, M. *le Sage*, qui perdit cet apui, résolut de se fixer entiérement à Genève. C'est-là où il fait son unique occupation de la Littérature.

GEORGE LE SAGE.

CATALOGUE DE SES OUVRAGES.

1. *Le Mécanisme de l'esprit, ou la morale naturelle dans ses sources.* Genève, 1699. *in* 12.

2. *La Religion du Philosophe, ou sentimens raisonnables sur diverses matieres de Religion & de Morale. Première Partie.* Londres, 1702. *in* 12. Voy. les *Mémoires de Trevoux*, du mois de Novembre 1709. pag. 2044.

3. *Suite de la religion d'un Philosophe.* Ibid. 1709. *in* 12. L'Auteur a une troisiéme partie de cet Ouvrage, prête à être imprimée.

4. *Aphorismata Philosophica, sive specimen Philosophiæ Eclesticæ. In usum liberæ Scholæ Westmorlandiæ. Pars prior.* Genève, 1713. *in* 12. Pars II^a. 1714. Pars III^a. 1715.
J'ai oüi dire que la premiére Partie parut d'abord à Londres en 1711. M. *le Sage* étoit alors Professeur dans l'Ecole de Lowther. Voy. Bernard, *Nouvelles de la République des Lettres*, Octobre, 1710. pag. 450.

5. *Court abregé de la Philosophie par aphorismes, auquel on a joint le Mécanisme de l'esprit.* Genève, Fabri & Barillot, 1718. *in* 12. Le *Mécanisme de l'esprit* avoit déja été imprimé à Genève, comme nous l'avons dit. Voy. au sujet de ce dernier Ouvrage, Basnage, *ibid. Septembre*, 1700. 1721. *Juin*, 1708. & *Mai*, 1709. article X.

6. *Essay sur les caractéres d'une vocation divine dans un Sermon, à l'imitation de celui du Docteur Blockall sur le Texte de S. Jean. (Jean IV. I.) Bien aimés, ne croyés pas à tout esprit.* Amsterdam, Pierre Majulie, *in* 12.

7. *Pensées détachées sur la Grammaire, la Rhétorique & la Poëtique.* Genève, Pierre Jacquier, 1721. *in* 12. On verra dans ce Livre, dit l'Auteur, à la fin de sa Préface, que lorsque les Connoisseurs assurent qu'un Discours ou un Poëme, sont bons ou mauvais, ce n'est pas par un certain goût qu'un long commerce avec les Livres, leur aît procuré ; mais c'est uniquement par des principes de bon sens, aidés de quelques connoissances aisées à acquérir. Voy. les *Mémoires Historiques & Critiques*, Juillet 1722. pag. 89.

8. *Des études.* Genève, 1726. brochure *in* 12. de dix pages. Il en est parlé dans le XIIe volume, pag. 217. de la *Bibliothèque Germanique*, article des *Nouvelles Littéraires de Genève*, où le Journaliste dit que cette brochure contient plusieurs pensées hardies sur la méthode d'enseigner & d'étudier dans les Universités. Cette Pièce, ajoûte-t-il, pourroit servir de suplément au Traité, *de Charlataneria Eruditorum*. L'Auteur donna une nouvelle Edition de cet Ouvrage en 1734. à Genève, chez Pellet, *in* 12. pagg. 45. sous ce Titre : *Pensées hazardées sur les études*.

9. *Court abregé de Philosophie, première Partie, qui traite de la Philo-*

GEORGE LE SAGE. sophie en général, & de la Logique. Genève, Héritiers de Caille, 1728. in 12. brochure de 47. pagg. sans l'Epitre Dédicatoire & la Préface. Voy. un extrait de cet Ouvrage dans le *Mercure de France*, Novembre, 1728. pag. 2443. & suiv.

10. *De la lumière, des couleurs & de la vision, suivant les principes du Chevalier Newton.* Genève, J. F. Bardin, 1729. in 12. pagg. 34. Voy. l'extrait de cette Pièce dans le *Mercure de Mai* 1729. p. 962. & dans les *Mémoires de Trevoux du mois d'Août* de la même année, article LXXXIII. pag. 1467. & suiv.

11. *De l'Univers & de la disposition de ses Parties.* Ibid. 1729. in 12. pagg. 36.

12. *Pensées hazardées sur les études, la Grammaire, la Rhétorique & la Poëtique, avec l'art de méditer sur la garde-robe du Docteur Swift.* La Haye, Jean Van-Duren, 1729. in 12.

13. *Court abregé de Physique, suivant les dernières Observations des Académies Royales de Paris & de Londres.* Genève, Pierre Pellet, 1730. in 12. L'Auteur a donné une Edition plus ample de ces Observations en 1732. ibid. chez Fabri & Barillot, in 12. pagg. 265.

14. *Elémens de Mathématiques.* Ibid. Pellet, 1733. in 12. pagg. 43.

15. On attribuë à M. *le Sage*, des *Remarques sur l'Angleterre, faites par un Voyageur, dans les années* 1710. & 1711. imprimées à Amsterdam, ou plûtôt à Roüen, en 1713. in 12.

CLAUDE DE SAINT-JULIEN DE BALEURRE.

CLAUDE DE S. JUL. SAINT-JULIEN DE BALEURRE, (*Claude de*) parent de Pierre de Saint-Julien, dont je vais parler, & de la même famille, selon le P. Jacob, a composé l'Epitre Dédicatoire, qui est à la tête de l'Ouvrage de Jean le Maire, intitulé : *La Couronne Margaritique*, Edit. de Lyon. La Croix-du-Maine dit que *Claude de Saint-Julien* a fait quelques autres Ouvrages ; mais il ne les cite pas.

Voy. la *Bibliothèque Françoise* de la Croix-dn-Maine, pag. 62. & le Traité du P. Jacob, *de clar. Scriptor. Cabilon.* pag. 129.

PIERRE DE SAINT-JULIEN.

PIERRE DE S. JUL. SAINT-JULIEN, (*Pierre de*) naquit à Baleurre, Château du Diocèse de Châlon, possédé par sa famille. Il étoit l'aîné de seize enfans, qu'eurent Claude de Saint-Julien, & Jeanne de Lantaige.

Pierre de Saint-Julien fut élevé dans l'Abbaye de Tournus, où il avoit pour parens, Antoine de Couvent, Sous-Prieur & Infirmier, & Antoine de Veré, Chantre, qui voyant son inclination pour l'Histoire, le secondérent autant qu'il leur fut possible, en lui procurant la connoissance des Antiquités

DE BOURGOGNE.

tiquités du Pays, & la communication des Archives de cette Abbaye.

S'étant destiné à l'Eglise dès ses premiéres années, il fut d'abord Protonotaire Apostolique. Ensuite étant allé à Rome, pour y solliciter la Sécularisation du Prieuré de S. Pierre de Mâcon; & l'ayant obtenuë, il en fut fait le premier Chanoine Séculier en 1557.

Il obtint ensuite, en vertu de ses Grades, un Canonicat à la Cathédrale de Châlon, puis un autre à Saint Vincent de Mâcon, qu'il eut par permutation du Doyené de Cuisery, & de la Chapelle de Branges, qu'il possédoit.

Il eut successivement les quatre Archidiaconés de l'Eglise de Mâcon, & celui de Tournus, en l'Eglise de Châlon. Enfin, il fut élû Doyen de cette derniére Eglise en 1583. & mourut le 20. Mars 1593. dans un âge assez avancé, puisqu'il s'étoit fait imprimer dés 1546. Il fut enterré dans le Chœur de la Cathédrale, du côté de l'Evangile. On grava sur sa tombe, cette courte Inscription:

Petri San-Juliani Baleurrei, Cabilonensis Ecclesiæ Decani, Depositum, qui obiit die XX. Martii an. Domini 1593.

CATALOGUE DE SES OUVRAGES.

1. *Deux Opuscules de Plutarque; l'un, de ne se courroucer; & l'autre, de curiosité: Ensemble, un autre Opuscule du même Plutarque, auquel est disputé, à sçavoir, si les maladies de l'ame tourmentent plus que celles du corps; traduits en François par Pierre de Saint-Julien.* Lyon, Jean de Tournes, 1546. *in 8°. It.* Paris, Jacques Bogard, la même année, *in 16.* Le P. Jacob s'est trompé, en croyant que ces deux Traités avoient été imprimés séparément.

2. *Epitaphe de Jacques Fourré, Evêque de Châlon, son ami, mort en* 1578. Cette Epitaphe, qui consiste en dix-huit Vers Latins, est imprimée dans le Traité du P. Jacob, *de claris Scriptoribus Cabilonensibus*, pag. 23.

3. *De l'origine des Bourgognons, & de l'ancienneté des Etats de Bourgogne, des Antiquités d'Autun, de Châlon, de l'Abbaye & Ville de Tournus.* Paris, Nicolas Chesneau, 1581. *in folio.* Selon M. l'Abbé Goujet, ce fut à la sollicitation de Pierre Tamisier, homme d'esprit, que *Saint-Julien* recüeillit, après les ravages des Huguenots, & mit par écrit ce qu'il avoit remarqué des Antiquités de l'Abbaye de Tournus, sous ce Titre: *Recüeil de l'Antiquité, & choses plus remarquables de l'Abbaye & Ville de Tournus.* Cette Pièce, qui se trouve, pag. 495-537. de *l'origine des Bourgognons*, n'a pas été imprimée séparément.

Au reste, *l'origine des Bourgognons* est moins une Histoire qu'un tissu de Fables.

4. *Gemelles, ou Pareilles, recüeillies de divers Auteurs, tant Grecs, Latins, que François.* Lyon, Pesnot, 1584. petit *in 8°.*

5. *Discours & Paradoxe de l'origine de Capet. Extrait du différend entre Loüis II. Roi de France, & Marguerite de Bourgogne.* Paris, Guillaume le Noir, 1585. *in 8°. It.* Lyon, Benoît Rigaud, 1588. *in 8°. It.*

Part. II. Lll

dans les *Mélanges Historiques*, pag. 217. & suiv. Nicolas Vignier, Médecin & Historiographe du Roi, réfuta le Traité de *Saint-Julien* par celui-ci : *De la Noblesse, Ancienneté, Remarques & Mérites d'honneur de la troisiéme Maison de France*. Paris, 1587. *in* 8°. *Saint-Julien* répondit à cette Critique, par l'Ouvrage suivant :

6. *Apologie, & plus que juste deffense d'honneur & de réputation de Pierre de Saint-Julien, assaillie par un Anonyme indiscret, & plus Lettré que sage*. Paris, 1588. *in* 8°. It. à la page 266. des *Mélanges Historiques*.

7. *Mélanges Historiques, & Recüeil de diverses matières, la plûpart paradoxales, & néanmoins vrayes*. Lyon, Benoît Rigaud 1589. *in* 8°. Le P. Jacob s'est trompé, en mettant cette Edition à l'année 1588. Cet Ouvrage concerne l'Histoire de France, & en particulier celle de Bourgogne. On y trouve des Généalogies de quelques anciennes Maisons de cette Province. Cet Ouvrage passe pour le meilleur & le plus utile de tous ceux de l'Auteur.

8. *La Chronique des Rois de France, depuis le commencement jusqu'à Charles, petit Fils du Roi Jean*. Mf. J'ai vû cet Ouvrage, aussi bien que le suivant, chez M. le Conseiller de la Mare. Ils sont à présent dans la Bibliothèque du Roi.

9. *Généalogie des Ducs de Bourgogne, commencée en* 1001. *à Guillaume & Othon, & finie à Charles le Terrible*. Mf. Ibid.

10. Le P. Perry, dans ses preuves de l'*Histoire de Châlon*, fait mention d'un Ouvrage de *Saint-Julien*, dont aucun autre Auteur n'a parlé. C'est une Traduction en François de l'*Histoire des Evêques de Châlon*, écrite en Latin par Pierre Naturel, Chantre de cette Eglise. Mf.

11. *De Burgundionum Infantia & Adolescentia*. Mf. cité par le Pere Jacob.

12. *Histoire des Bourguignons, depuis qu'ils abandonnèrent les Gaules, jusqu'à leur retour en icelles*. Mf. cité par la Croix-du-Maine & du Verdier.

13. J'ai une Bible qui lui a apartenu, sur laquelle il écrivit au mois d'Août 1582. douze Vers Latins Elégiaques.

Voy. la *Bibliothèque Françoise* de la Croix-du-Maine, pag. 1017. & celle de du Verdier, pag. 414. Possevin, *Apparat. Sac.* Perry, *Hist. de Châlon*. pag. 333. & 379. *Preuves de cette Histoire*, pag. 110. Jacob, *de clar. Scriptor. Cabilon*. pag. 49. Konig, *Bibliot. vet. & nov.* Cet Auteur n'a parlé que d'un seul Ouvrage de *Saint-Julien*, *Tractatus de Burgundia*. C'est *l'origine des Bourgognons*. La *Préface de l'Histoire de l'Abbaye de S. Philibert de Tournus*, par M. Juenin, Chanoine de cette Eglise, le *Dictionnaire de Moreri*, le Suplément de 1735. & les *Mémoires du P. Nicéron*, Tom. XXVII. pag. 176.

GEOFFROY DE SALAGNY.

SALAGNY, [1] (*Geoffroi de*) quoique l'un des plus considérables Auteurs du siècle XIV. n'est cependant connu que depuis peu d'années, & encore d'une manière très imparfaite ; ce qui est d'autant plus extraordinaire, qu'il nous a apris lui-même dans ses Ouvrages, les principales circonstances de sa Vie.

Il étoit de la Maison de Salagny, l'une des plus nobles du Diocèse de Mâcon, [2] & se disoit Seigneur du Lieu, qui porte ce nom dans le Beaujolois. Il avoit un frere, nommé Pierre de Salagny, Seigneur de Salornay, dont il parle [3] quelque part, & un neveu, qu'il apelle [4] Guichard de Salagny. Leurs Armoiries [5] étoient d'Azur à trois Tourteaux d'or. Il est vrai-semblable, que *Geoffroi* étoit neveu de Jean de Salagny, [6] qui fut fait Evêque de Mâcon, environ l'an 1330. & qui vivoit encore en 1359. Claude le Laboureur [7] fait mention d'un Testament de l'année 1344. dont cet Evêque, & Jean de Salagny, son cousin, furent les Exécuteurs.

Suivant ce que *Geoffroi de Salagny* raporte [8] du tems, où il commença, & où il finit le grand Ouvrage, dont il sera parlé dans la suite, il naquit en 1316. Après avoir fait les premières études, il commença [9] à prendre des leçons de Jurisprudence à l'âge de 13. ans ; c'est-à-dire, en 1329. Ce fut en l'Université d'Orléans, [10] dont il fait de grands éloges, & où il étudia quatre ans, au bout desquels il reçut le Bonnet de Docteur. Qualité, qu'il prend au commencement de son Ouvrage. De-là, il fut se perfectionner dans cette Science, [11] en l'Université d'Angers, & ensuite en [12] celle de Montpellier.

S'étant ensuite retiré à Mâcon, où il fut d'abord Chanoine, [13] & ensuite Doyen de l'Eglise de S. Vincent de la même Ville, il y commença

---

[1] C'est ainsi qu'il s'apelle lui-même au commencement de son *Commentaire sur l'Infortiat*, & en plusieurs autres endroits de son Ouvrage.

[2] Le même, *ibid*.

[3] Le même, Tom. I. *fol*. 42. col. 2. & 4.

[4] Le même, Tom. III. *fol*. 107. col. 4.

[5] Le même, Tom. II. *fol*. 6. col. 2. où je crois que *Luzurio* est la même chose qu'*Azurio*. Voy. les *Etimologies de Ménage*, au mot, *Azur*.

[6] Saint-Julien, *de l'origin. des Bourgogn*. pag. 291. Les Auteurs de la nouvelle *Gallia Christ*. Tom. IV. pag. 1085.

[7] *Mazures de l'Isle-Barbe*, Tom. II. pag. 539.

[8] Voy. ci-après, Note I. de la page suiv.

[9] *Geoffroi de Salagny*, audit Comment. Tom. II. *fol*. 33. col. 4.

[10] Le même, *ibid*. Tom. IV. *fol*, 189. col. 1. & Tom. IX. *fol. ult*. col. 2.

[11] Le même, *ibid*. Tom. III. *fol*. 109. col. 3.

[12] Le même, *ibid*.

[13] Le même, *ibid*. Tom. II. *fol*. 25. 26. Tom. IV. *fol*. 30. col. 1. Tom. V. *fol*. 82. col. 1. Tom. IX. *fol*. 289. col. 4.

GEOFF. [1] un vaste *Commentaire sur l'Infortiat*, à l'âge de 26. ans, en l'année
DE SALAG. 1342. & l'acheva en l'année 1364. en la Ville d'Avignon. Il dit à la fin de
cet Ouvrage, que pour y avoir travaillé avec trop d'aplication, il avoit été
deux fois malade à la mort.

Dans cet intervale néanmoins, il ne fut pas uniquement occupé de cette
composition. Il nous aprend [2] qu'il fut Vicaire Général de l'Archevêque
d'Arles. Ce fut aparemment sous Etienne de la Garde, qui tint ce Siége
depuis 1347. jusqu'en 1359. & duquel il parle quelque part. [3]

Il fit aussi différens voyages. Nous sçavons de lui, qu'il fut à [4] Milan,
& qu'il se trouva à Rome [5] dans le tems du grand Jubilé de 1350. Il assista de plus [6] au Couronnement qui se fit à Naples, au mois d'Août
1356. de la Reine Jeanne I. & de Loüis de Tarente, son mari. Enfin, [7]
il traversa tous les Royaumes d'Espagne, qui étoient alors au nombre de
quatorze, pour se rendre en Portugal, où vrai-semblablement il exécuta
quelque Commission secrete de la part de la Cour de Rome, quoiqu'il ne
s'en explique pas. Puis étant retourné à Mâcon, il pensa y être [8] empoisonné par la malice d'un de ses Domestiques; mais il eut le bonheur d'écha-per de ce danger.

S'il est vrai, comme on le prétend, [9] qu'il aît exercé à Rome l'Emploi, auquel on donne le nom d'*Auditor Contradictarum*, il faut que ce soit
sous Urbain V. à la Cour duquel il étoit en 1364. [10] & à qui vraisemblablement, il présenta son Ouvrage. Ce qui peut le faire croire, c'est que la
copie manuscrite de son *Commentaire sur l'Infortiat*, & à laquelle il dit
[11] que son Copiste employa sept années, s'est trouvée en sept gros volumes, en la Bibliothèque de l'Université d'Avignon, d'où Jacques Novarini, [12] Professeur en Droit en cette Université, la tira, pour la faire imprimer à Lyon, sous ce Titre:

Goffredi Saligniaci (il falloit dire, *Salaniaci*, comme en d'autres endroits)
*celeberrimi, necnon perspicacissimi Legum Professoris, è Matisconensi Diœcesi orti, Primariaque ejus Urbis Ædis Sacræ Decani eminentissimi, primò
Bajocensis Episcopi, Contradictarum Sanctissimi Papæ tandem Auditoris vigilantissimi, Commentarii in Infortiatum. Lugduni, apud Sennetonios,*
1552. IX. *vol. in folio.*

---

[1] Le même, Tom. II. *fol.* 33. col. 4. Tom. III. *fol.* 107. col. 4. Tom. VIII. *fol.* 99. col. 1.
& Tom. IX. *fol. ult.* col. 1.

[2] Le même, Tom. V. *fol.* 22. col. 1.

[3] Le même, Tom. I. *fol.* 108. col. 4.

[4] Le même, Tom. V. *fol.* 50. col. 2.

[5] Le même, Tom. VII. *fol.* 248. col. 3.

[6] Le même, Tom. I. *fol.* 10. col. 3.

[7] Le même, Tom. I. *fol.* 10. col. 4. Tom. III. *fol.* 107. col. 4. & Tom. VI. *fol.* 143. col. 4.

[8] Le même, Tom. III. *fol.* 107. col. 4.

[9] Jacques Navarini, en la Préface qu'il a mise au-devant de l'Ouvrage de *Geoffroi de Salagny*.

[10] Ledit *Geoffroi*, Tom. IX. *fol. ult.* col. 1.

[11] Le même, Tom. IX. *fol.* 171. col. 4.

[12] Novarini, au lieu cité ci-dessus.

DE BOURGOGNE.

Il est faux que cet Auteur ait été Evêque de Bayeux, comme nous le sçavons, tant par l'Histoire de ce Diocèse, qu'a donnée M. Hermant, que par la nouvelle Edition de la *Gallia Christiana*.

Novarini, qui avoit pareillement raporté ce fait dans sa Préface, a rencontré plus juste, en disant que *Geoffroi* avoit été aussi Evêque de Châlon-sur-Sône. Il le fut, en effet, après Jean de Salornay, qui aparemment étoit son parent. Mais on ne sçait pas précisément le tems où il fut élevé à cette Dignité. Il paroît seulement par un Titre autentique, qu'il en étoit déja revêtu au mois de Janvier 1372. suivant l'ancien stile. Mais il n'y est apellé que par son nom de Batême; & c'est le seul, sous lequel il ait été connu de tous ceux [1] qui en ont parlé, jusqu'à la derniere Edition de la *Gaule Chrétienne*. On y voit qu'il mourut en 1374. puisque son Successeur dans l'Evêché de Châlon, en prit possession au mois de Décembre de cette année.

Voilà tout ce que j'ai pû aprendre des circonstances de sa Vie. A l'égard de son grand *Commentaire sur l'Infortiat*, quoique magnifiquement imprimé, il est resté presque aussi inconnu dans la République des Lettres, que le nom de l'Auteur. Il n'en n'est même fait mention dans aucun des amples Catalogues des Livres de Droit, qui ont été donnés au Public, si ce n'est dans celui de *Freymonius*, [2] où il en parle ainsi d'une maniére bien vague: *Goffredus Saligniacus super universo Infortiato. Lugduni.* Denys Simon, [3] qui a voulu en parler, paroît n'avoir pas vû son Ouvrage, puisqu'il s'en explique en cette sorte : *Goffredus Saliniacus a écrit in Digest. & Codicem. Lugd.* 1557. *sept vol. in fol.*

Les Amateurs de l'Histoire Littéraire ne seront pas fâchés d'aprendre que cet Auteur nous a conservé les noms de plusieurs Jurisconsultes, dont il cite les Ouvrages, & dont je doute qu'il soit fait mention ailleurs. Tel est un *Bernardus de Collezon*, [4] ou Tollezon, un *Macarius* [5] *Alamanaus*, un *Ægidius* [6] *Sancii*, un *Reginaldus de Reunis*, [7] ou *Remis*, un *Petrus* [8] *Helias*, un *Joannes* [9] *de Feritate*, & un *Joannes* [10] *Rolandi*.

J'ai crû devoir entrer dans ce détail, parce que l'Ouvrage, d'où je l'ai tiré, est devenu, je ne sçais comment, extrêmement rare. J'en dois la communication, ainsi que des Mémoires sur lequel a été composé le présent article, à la politesse de M. le Président Bouhier.

---

[1] Saint-Julien, *de l'origine des Bourgogn.* pag. 472. Le P. Perry, *Hist. de Châlon*, page 250. &c.

[2] Wolfgang Freymonius, *Elench. Auctor. Jur. fol.* 16. Edit. de 1574.

[3] Denys Simon, *Biblioth. de Droit*, Tom. II. pag. 260.

[4] Ledit *Geoffroi*, Tom. I. fol. 55. col. 2. Tom. VI. fol. 5. col. 4. &c.

[5] Le même, Tom. II. fol. 106. col. 1.

[6] Le même, Tom. II. fol. 140. col. 3. & 4.

[7] Le même, Tom. IV. fol. 117. col. 2. & Tom. VI. fol. 94. col. 3.

[8] Le même, Tom. VII. fol. 189. col. 2.

[9] Le même, Tom. VII. fol. 232. col. 4.

[10] Le même, Tom. VII. fol. 246. col. 4.

JACQUES SALIER.

JACQUES SALIER. *SALIER*, (*Jacques*) Minime, Profeſſeur en Théologie, Provincial, Définiteur de la Province de Bourgogne, naquit à Saulieu en 1615. & mourut à Dijon, le 20. Août 1707. âgé de 92. ans. Ce Pere, au ſentiment de M. de la Monnoye, & de ceux qui ont lû ſes Ouvrages, en rendoit parfaitement la Scholaſtique. Il en a donné des preuves dans l'Ouvrage ſuivant :

1. *Historia Scholastica de Speciebus Euchariſticis, ſive de formarum materialium natura, ſingularis obſervatio ex ſacris, prophaniſque Autoribus,* in 4°. 3. vol. Le premier parut à Lyon, en 1687. chez Pierre Valfray; & en 1689. à Paris, chez Charles Cabry. Le ſecond, en 1692. à Dijon, chez Claude Michard; & le troiſiéme, en 1704. dans la même Ville, chez Jean Reſſayre. Voy. l'extrait du premier volume de cet Ouvrage, dans l'*Hiſtoire des Ouvrages des Sçavans* du mois de Septembre 1690. pag. 13. & Novembre, *ibid.* 1689. pag. 129. où Baſnage, Auteur de ce Journal, blâme le P. *Salier*, *de chercher les Eſpèces Euchariſtiques dans les Auteurs prophânes*. Voy. auſſi Dupin, *Table des Auteurs Eccléſiaſtiques*, Tom. II. col. 2742. qui s'eſt trompé, en parlant du I. volume des *Eſpèces de l'Euchariſtie*, comme s'il contenoit l'Ouvrage tout entier.

2. *Cacocephalus, ſive de Plagiis Opuſculum, in quo varia Plagiariorum vitia traduntur, & ingenuorum Operum Jura ex prophanis, ſacriſque Autoribus vindicantur.* Authore R. P. J. S. Mâcon, J. And. Deſaint, 1694. in 12. pagg. 127. L'Auteur ne diſſimule point l'accuſation de Plagiat, qu'on formoit contre lui, par raport à ſon Traité, *de Speciebus Euchariſticis.* Voici comme il ſe juſtifie de ce reproche : *Ulteriùsque inclamarem, me, per antecedentia, concomitantia & ſubſequentia, facilè probaturum, non ſolùm Operis deſignationem, ſed ipſum integrum Opus, ita eſſe meum, ut, ne unam ratiunculam, ab alio deſumpſerim ſine elogio, &c.* Quelques perſonnes prétendent, que par ce mot grec, *Cacocephalus*, l'Auteur a voulu déſigner M. Maltête. C'étoit aparemment le ſçavant Chanoine de la Sainte Chapelle de Dijon.

3. *Penſées ſur le Paradis, & ſur l'Ame raiſonnable.* (Dijon, Reſſayre,) *in* 8°. pagg. 283 ſans nom d'Auteur, ni de Ville. Quoique le Titre promette des *Penſées ſur le Paradis*, tout l'Ouvrage cependant roule ſur l'*Ame raiſonnable*. Une partie des exemplaires de ce Livre eſt conſervée dans la Bibliothèque des Minimes de Dijon.

Voy. Baſnage, *Hiſt. des Ouvr. des Sçav.* Octobre 1689. pag. 129. & Septembre 1690. pag. 13. Dupin, *Table des Aut. Eccleſ.* Tom. II. col. 2742.

CLAUDE DE SALINS.

SALINS, (*Claude de*) Docteur en Médecine, & Maître des Comptes de Dijon, naquit à Beaune vers 1664. de Hugues de Salins, Médecin, & de Marguerite Bonamour. Il a fait imprimer les deux petites Pièces suivantes :

Paraphrases en Vers sur le premier & le cinquiéme Pseaume de David. Brochure *in* 4°. sans date, ni nom de Ville, mais en 1714. à Dijon, chez Ressayre.

Paraphrase en Vers sur les Pseaumes 41. & 136. Ibid. 1716. *in* 4°.

HUGUES DE SALINS.

SALINS, (*Hugues de*) pere du précédent, Docteur en Médecine de la Faculté d'Angers, fut aggrégé, le 5. Janvier 1688. au Collége des Médecins de Dijon, & fut ensuite pourvû d'une Charge de Secretaire du Roi en la Chambre des Comptes de Dôle. Il naquit à Beaune, & mourut à Meursault, Village auprès de cette Ville, le 28. Septembre 1710. âgé d'environ 78. ans. Son Epitaphe se trouve dans l'Eglise de Meursault, gravée sur le marbre de la maniere suivante :

Hic jacet
Hugo de Salins,
Hugonis, præcellentis medici filius,
Doctor Medicus Divione aggregatus,
In Dolana rationum Curia Secretarius Regius,
Vir in omni genere politioris Literaturæ versatus,
Græcè & Latinè eruditissimus,
Qui Pauperibus effusâ cum charitate,
Ditioribus summâ cum laude Medicinam fecit.
Patriam etiam scriptis ornavit.
Quumque Doctrinam probitate & pietate cumulasset,
Bonis magnum & eruditis sui desiderium reliquit.
Natus Belnæ III. Nonas Decemb. anno M D C. XXXII.
Denatus hoc in Agro Belnæ III. Cal. Octob. M D C C. X.
Charissimo, semperque sibi lugendo patri,
Filius amantissimus,
Claudius de Salins,
Regi à Consiliis,

HUGUES DE SALINS

In suprema rationum Burgundiæ Curia Senator,
Monumentum hoc posuit;
Et in Anniversarium solemne sacrum
Annuo censu constituto.
In perpetuum parentavit.
Requiescat in pace.

CATALOGUE DE SES OUVRAGES.

1. *Vingt-quatre Vers Lyriques sur la mort de l'Abbé Boisot.* Imprimés en 1694. à Dijon, chez Ressayre. Ils se trouvent à la suite de la Lettre de M. Moreau, sur le même sujet.

2. *Récit fidèle de tout ce qui s'est passé dans la maladie de Madame de Cœur-de-Roi-Vallot.* 1697. *in* 4°. sans nom de Ville, ni d'Imprimeur.

3. *Réponse aux passages, tirés du Livre de M. de Mandajors, Maire d'Alès,* intitulé: *Nouvelles Découvertes sur l'Etat de l'ancienne Gaule, du tems de César.* Cette Pièce se trouve dans le *Journal des Sçavans* de 1697. pag. 555 - 572. Edit. de Hollande, *in* 12.

4. Une longue Ode Latine en Vers Hendécasyllabes, adressée à Pierre Taisand, qui l'inséra à la tête de son *Commentaire sur la Coûtume de Bourgogne,* imprimé à Dijon, chez Ressayre, en 1698. *in folio.*

5. Il fit réimprimer l'Ouvrage de son frere aîné, intitulé : *Défense du Vin de Bourgogne contre le Vin de Champagne, par la réfutation de ce qui a été avancé par l'Auteur de la Thèse soûtenuë par M. le Pescheur, aux Ecoles de Médecine de Reims, le 5. Mai 1700. &c.* Luxembourg, André Chevalier. (Dijon) 1704. *in* 8°. M. *de Salins* y joignit un Avertissement de quatre feüillets, & changea quelque chose au commencement de cette Pièce. Quelques personnes prétendent que la Traduction Latine qui en fut faite, sous le Titre de *Defensio Vini Burgundioni adversùs Vinum Campanum,* est du même Auteur.

6. *Copie de la Lettre de M. de Salins, &c. écrite à un de ses amis, servant à réfuter l'extrait de la Dissertation de M. Moreau de Mautour, sur la Ville de Bibracte.* Dijon, Antoine de Fay, 1708. *in* 8°. pagg. 24.

7. *Lettre du même à un de ses amis, contenant ses réflexions sur une Dissertation Historique, au sujet de l'ancienne Bibracte, composée par un Auteur anonyme, imprimée à Paris en* 1706. *chez Pierre Cot.* Beaune, François Simonnot, (1709.) *in* 12. pagg. 48. Cet Auteur anonyme est le Pere Lempereur, Jésuite. Voy. le *Journal des Sçav.* de 1709. pag. 521. & suiv. Edit. de Hollande, *in* 12. M. *de Salins* étoit très persuadé que *Beaune* est l'ancienne Bibracte, dont Jules-César a fait mention dans ses Commentaires. Il suportoit avec peine, qu'on ne fût pas de son sentiment. Son zèle pour la gloire de sa Patrie, étoit au-dessus de toute expression. Il m'a avoüé qu'il avoit travaillé pendant trente années pour prouver son sentiment. Ce travail produisit un gros Ouvrage Latin, qu'il vouloit faire imprimer

DE BOURGOGNE.

primer aux dépens de la Ville de Beaune, qui ne voulut jamais faire les frais de l'impression.

8. *Relatio mirandæ cujusdam suppressionis alvi Joannis Berardier, Belnensis Juvenis.* Paris, la Caille. Jean Berardier, qui vivoit encore en 1730. fut trois ans sans aller à la selle que très rarement. Ses excrémens sortoient par les sueurs fréquentes. Cette dureté de ventre, qui lui arriva après une maladie dangereuse, ne l'empêchoit pas de se porter assez bien.

JEAN-BAPTISTE DE SALINS.

SALINS, (*Jean-Baptiste de*) frere aîné du précédent, Docteur en Médecine, naquit à Beaune au mois d'Avril 1690. & mourut en cette Ville, le 8. Fevrier 1710. âgé de 80. ans. Il a fait les Ouvrages qui suivent.

1. *Défense du Vin de Bourgogne contre le Vin de Champagne, par la réfutation de ce qui a été avancé par l'Auteur de la Thèse, soûtenuë aux Ecoles de Médecine de Reims, le 5. Mai 1700. dans la cinquiéme partie du Corollaire, que l'on raporte ici tout entier.* Dijon, Jean Ressayre, 1701. pagg. 21. *It.* avec quelques changemens & un avertissement de son frere Hugues de Salins. Luxembourg, André Chevalier (*Dijon, Ressayre,*) in 8°. pagg. 31. *It.* traduite en Latin, sous ce Titre: *Defensio Vini Burgundioni adversùs Vinum Campanum.* Beaune, François Simonnot, 1705. in 4°. *It.* Dijon, Grangier, 1706. in 4°. pagg. 29. Voy. le *Journal des Sçavans* de 1706. pag. 197. Edit. in 12. La Réponse qu'y fit M. le Pescheur, est imprimée à la page 566. du même Journal.

2. *Lettre écrite à un Magistrat du premier Ordre, pour réponse à un Docteur Remois, Auteur d'un Libelle diffamatoire, par deux Lettres qu'il a écrites contre l'honneur & la réputation des Vins de Beaune, & particuliérement contre l'Auteur de leur défense, tirée de ses Mémoires par un Sçavant de qualité, de ses amis, par lesquels il est prouvé que le Vin de Beaune, est plus agréable & plus sain que le Vin de Reims.* Paris, 1706. in 4°. pagg. 18.

HUGUES SAMBIN.

SAMBIN, (*Hugues*) de Dijon, Architecte. L'Abbé de Marolles, qui sçavoit fort bien, & qui avoit composé l'Histoire des Peintres, des Graveurs & des Architectes, fait naître *Sambin* à Dijon, quoiqu'en ait pensé Allard, Ecrivain peu exact, qui dans sa Bibliothèque du Dauphiné, prétend que *Sambin*, qu'il apelle mal *Sambein*, est né à Vienne. La famille de *Sambin* est certainement de Dijon. Elle y subsistoit encore au commencement du siècle dernier, & je crois que Hugues *Sambin* y est mort. Quoiqu'il en soit de cette derniére circonstance, il a fait imprimer l'Ouvrage suivant: *Œuvre de la diversité des termes, dont on use en Architecture, réduit en ordre par Me. Hugues Sambin.* Lyon, Jean Durant, 1672. in folio, pagg. 76. Il y a dans ce Livre trente-six planches en bois, bien gra-

Part. II. Nnn

HUGUES SAMBIN. vées, & assez bien dessinées. Draudius attribuë à *Sambin* l'Ouvrage qui suit : *Termes d'hommes & de femmes, aornées de leurs bases, corniches, frises*, &c. Je ne sçais si c'est la même chose que l'Ouvrage précédent. Sambin a dédié son *Œuvre de la diversité des termes*, à M. Eléonor Chabot, *Gouverneur de Bourgogne, à qui il promet de faire & d'offrir à l'avenir, quelque chose de mieux, servant à l'Architecture*. Je ne crois pas qu'il ait tenu parole.

On attribuë à *Sambin*, & à Gaudrillet, son gendre, Menuisier de Dijon, le Dessein du Portail de S. Michel de cette Ville, le platfonds de la Chambre des Comptes, les formes de l'Abbaye de S. Benigne, & une partie de celles de S. Etienne, Ouvrages qui ont encore aujourd'hui de la réputation.

Jusqu'à ce jour, on apelle à Dijon, Sambin, *le petit Hugues*. J'ai des Livres qui lui ont apartenu, sur lesquels il a écrit : *Huguet Sambin*, peut-être pour désigner la petitesse de sa taille.

Voy. le *Catalogue d'Estampes* de l'Abbé de Marolles, imprimé en 1666. pag. 116. & celui de 1672. pag. 63. Draudius, *Bibliot. Classic*. pag. 206. & Allard, *Bibliot. du Dauphiné*, pag. 201.

MICHEL SARRASIN.

MICHEL SARRASIN. SARRASIN, (*Michel*) Médecin du Roi, & Conseiller du Conseil Souverain de Quebec en Canada, est né dans la petite Ville de Nuys, le 5. Septembre 1659. Il exerça d'abord la Chirurgie avec honneur. Sa piété lui inspira le dessein d'entrer dans le Seminaire des Missions étrangères. Après un an d'épreuve, le Supérieur, qui connut ses dispositions, lui conseilla de suivre la Médecine, pour laquelle il avoit toûjours marqué du penchant. M. *Sarrasin* obéit. Il exerce la Médecine avec beaucoup de succès à Quebec, où il s'est marié avec la fille d'un François, de laquelle il a eû quelques enfans. Un séjour si éloigné de la France ne l'a pas empêché d'être en relation avec plusieurs Sçavans de Paris. Il a composé les Ouvrages suivans.

1. *Histoire du Castor*, imprimée en 1704. dans l'*Histoire de l'Académie des Sciences*. Nicolas Lémery l'a inférée presque toute entiére dans son Traité universel des Drogues simples, aux mots *Castor* & *Castoreum* de l'Edition de 1723.

2. *Histoire d'un animal, qu'on peut apeller Rat d'Amérique, assez semblable à celui que Raïus a décrit sous le nom de Mus Alpinus*. Voy. le *Journal des Sçavans* de 1718. pag. 586. Edit. *in* 12.

3. Dans les *Mémoires de Trevoux* du mois d'Août 1728. pag. 1572. on trouve un long *Certificat de M. Sarrasin*, daté le 5. Octobre 1727. contenant la relation d'une découverte singuliére, faite pendant le printems de la même année, dans le Caveau de l'Hôpital, près de Quebec. On découvrit les cadavres entiers de trois Religieuses, enterrées depuis plus de vingt ans, & couvertes de chaux vive. Elles étoient mortes de la petite vérole en 1703. & 1708. & leurs corps rendoient encore du sang. Les Journalistes ont

joint à cette Pièce, l'Eloge de M. *Sarrasin*, où ils disent qu'il s'est distingué entre les Médecins de toute l'Europe, par sa vertu austére & sa rare prudence, autant que par son éminent sçavoir ; ce qui engagea le Roi Loüis XIV. à lui donner la Place qu'il occupe à Quebec.

MICHEL SARRASIN.

4. Dans l'*Histoire de l'Académie Royale des Sciences*, année 1730. on a placé quelques *Remarques de M. Sarrasin, sur une espèce d'Erable de l'Amérique Septentrionale, dont la sève est sucrée, sortant par incision pendant le mois d'Avril*, &c.

5. M. *Sarrasin* a fait un Traité Ms. sur la Pleuresie.

Le P. de Montfaucon, dans le *Suplément de son Antiquité éclaircie*, Tom. II. pag. 892. cite M. *Sarrasin* à l'occasion du *Lotus* d'Egypte, *&c.*

CLAUDE SAULNIER.

SAULNIER, (*Claude*) Prévôt & Chanoine de l'Eglise Cathédrale d'Autun, étoit né en cette Ville, où il mourut le 15. Mars 1697. âgé de 76. ans. Il étoit devenu aveugle quelques années avant sa mort. On lit l'Epitaphe suivante dans la Cathédrale d'Autun, où il est enterré avec François Saulnier, son oncle paternel.

CLAUDE SAULNIER

Hic jacet D. Franc. Saulnier, utriusque Juris Doctor, quondam Canonicus hujus Ecclesiæ, & præpositus de Susseyo, qui Officium B. Francisci ritu solemniori celebrandum instituit. Obiit IV. Id. Aug. an. D. 1610. Hic cum Patruo jacet vener. D. Claudius Saulnier, primâ post Decanum & Cantorem dignitate conspicuus ab an. æt. suæ 54. vidit lucem magnam qui ambulat in tenebris, nunc in umbra mortis sedens in pace quiescit, donec lux æterna luceat ei in novissimo die. Obiit 15. Martii an. Sal. 1697. ætat. 76.

Claude *Saulnier* n'est connu que par cet Ouvrage : *Autun Chrétien*, contenant la naissance de son Eglise, les Evêques qui l'ont gouvernée, & les hommes illustres qui ont été tirés de son sein, pour occuper les Sièges les plus considérables de ce Royaume, & les premiéres Dignités de l'Eglise, ses prérogatives & son progrès. Autun, Jacques Guillemin, 1686. *in* 4°.

PIERRE SAULNIER.

SAULNIER, (*Pierre*) 87e. Evêque d'Autun, fut élevé à cette Dignité au mois de Mars 1588. à l'âge de 40. ans. Il passoit pour l'un des plus habiles Canonistes de son tems. Il mourut, selon Claude Saulnier, son parent, duquel j'ai fait mention, à 64. ans, le 24. Décembre 1612. à Autun. Le témoignage de Claude Saulnier me paroît d'un plus grand poids que celui de Claude Robert, qui dans sa *Gaule Chrétienne*, place la mort de ce Prélat en 1616. Robert nous aprend qu'il étoit de Charolles, & qu'il avoit été Moine, Prieur Claustral & Chambrier de Charlieu. Claude Saulnier, dans son *Autun Chrétien*, fait mention d'un Discours que cet Evê-

PIERRE SAULNIER

PIERRE SAULNIER que fit à l'ouverture des Etats de Bourgogne ; mais il ne dit pas s'il est imprimé.

Voy. Saulnier, *Autun Chrétien*, pag. 67. & Robert, *Gallia Christiana*, pag. 26.

Il y a eû un JEAN SAULNIER, qui a composé un Ouvrage, qui a pour Titre : *Tableau des Vérités Chrétiennes, contenant les résolutions de plusieurs belles Questions Théologiques, Morales; traduites de l'Italien du R. P. Ange Delly.* Paris, 1631. & 1636. *in* 8°.

Le P. Labbe, dans sa *nouvelle Bibliothèque des MSS.* p. 315. fait mention d'un autre JEAN SAULNIER, Docteur en Théologie, Auteur d'un Ms. intitulé : *Maison de conscience*, & conservé dans la Bibliothèque du Roi. *Part. II. Cod.* 255.

C'est peut-être le même que JEAN SAULNIER, qui, selon le Docteur de Launoy, en son *Histoire Latine du Collége de Navarre*, page 202. & pag. 209. Edit. *in* 4°. étoit Boursier du Collége de Navarre en 1493. & Théologien en 1497.

Un autre PIERRE SAULNIER a fait imprimer l'Ouvrage suivant : *De Capite Ordinis S. Spiritûs , Dissertatio , in qua ortus, progressusque totius Ordinis, ac speciatim Romanæ Domûs, amplitudo, prærogativa, jus & œconomia disseruntur.* Auth. PETRO SAULNIER. Lyon, 1649. assez gros *in* 4°.

Je ne sçais si ces SAULNIER sont de la même Famille que CLAUDE, ET PIERRE SAULNIER.

❦❦❦❦❦❦❦❦❦❦❦❦❦❦❦:❦:❦❦❦❦❦❦❦❦❦❦❦❦❦❦❦

GASPARD DE SAULX.

GASPARD DE SAULX SAULX, (*Gaspard*) Maréchal de Tavanes, fils de Jean de Saulx, Seigneur d'Orrain, Grand Ecuyer de Bourgogne ; & de Marguerite de Tavanes, naquit à Dijon au mois de Mars 1509. Il épousa, le 16. Décembre 1546. Françoise de la Baulme, fille du Comte de Montrevel, dont il eut cinq garçons & deux filles. Il mourut en sa Terre de Sully, le 19. Juin 1573. & fut enterré dans le Chœur de la Sainte Chapelle de Dijon, proche du Grand Autel, à côté de l'Evangile. On lui éleva un très beau Mausolée en marbre blanc, sur lequel on mit cette Inscription.

> *D'hardiesse, d'assaut, de conseil, de vaillance,*
> *Je défis, [1] je prins, j'aidé, je regagnai,*
> *Charles-Quint, un Milord, Henry, le Dauphiné,*
> *A Renty, à Calais, aux Guerres, à Valence,*
> *Cinquiéme Maréchal, premier je fus en France,*

---

[1] Il manque ici une syllable, de même que dans la Table gravée & dans les imprimés. Ce Sonnet est inséré dans les *Mémoires de Guillaume de Tavanes*, pag. 33. de l'Edit. *in* 4°. & pag. 32. de l'Edit. *in folio*. Palliot l'a aussi raporté à la page 136. de son *Parlement de Bourgogne*, avec un Eloge en Vers, où les actions de ce Maréchal sont assez bien détaillées. Cet Eloge, qui étoit dans un Tableau, à côté du Mausolée, & qui n'y paroît plus aujourd'hui, se trouve aussi dans les *Mémoires de Guillaume de Tavanes*, pag. 33. Edit. de Francfort, *in* 4°.

Admiral

DE BOURGOGNE.

Admiral de Levant, aux Mers j'ai commandé :
J'ay, Lieutenant de Roy, la Bourgongne gardé ;
J'ay, pour lui-même, été Gouverneur de Provence ;
En soixante-trois ans qu'au monde j'ai vescu,
Je n'ai rien, fors la mort, treuvé qui ait vaincu
Ma puissance, mon bras, mon bonheur, ma proüesse,
Dont mon corps, mon esprit, & mon renom aussi,
Vieil, heureux, immortel, gist, revist, court sans cesse
Au tombeau, dans les Cieux, par tout ce monde icy.

On lit ensuite ce qui suit.

La Réduction des Villes de Châlon, Mâcon, Tournus & Villefranche, 1562. & les Victoires obtenuës ès Batailles de Jarnac, Moncontour, 1566. par le Roi Henri II. où led. Sr. Maréchal s'est trouvé, témoignent sa valeur.

Dame Françoise de la Baume, [1] *sa Compagne, par l'étroite amitié d'entr'eux, a fait construire cette sepulture. Passant, prie Dieu, bien te soit : A la mémoire de Gaspard de Saulx, Sieur de Tavanes, Maréchal de France, Gouverneur pour le Roi en Provence, qui décéda en Juin* 1573.

Guillaume de Saulx de Tavanes, son fils aîné, Lieutenant Général de Sa Majesté en Bourgogne, a fait mettre ici cet Ecrit par devoir de piété.

Je passe sous silence les actions de ce grand Capitaine, parce qu'elles n'entrent point dans le plan de cette Bibliothèque.

Gaspard de Tavanes n'est pas l'Auteur des *Mémoires* imprimés sous son nom ; c'est Jean de Tavanes, qui les a composés, comme nous le prouverons dans l'article de ce dernier.

On ne voit dans ces Mémoires que cinq ou six *Avis de Gaspard de Tavanes, sur les affaires présentes de la France en* 1572. Ils sont à la page 442. Il y a encore quatre *Avis* du même dans les *Mémoires de Guillaume de Tavanes*, pag. 81. de l'Edit. *in folio* & pag. 77. de l'Edit. *in* 4°. où l'on n'en trouve que trois, le premier ayant été retranché, je ne sçais par quelle raison.

Il faut bien prendre garde de confondre ces *Avis*, avec ceux qui ont coûtume d'être à la tête ou à la fin des *Mémoires* qui portent le nom *de Gaspard de Tavanes*.

Ceux-ci sont de la composition de Jean de Tavanes, le fils, puisqu'il est parlé des Rois Henri IV. & Loüis XIII. à la page 19. du 3e. *Avis*, où l'Auteur s'adresse à ce dernier, & lui rapelle le souvenir de son pere ; ce qui ne sçauroit convenir à *Gaspard de Tavanes*, mort 28. ans avant la naissance de Loüis XIII.

Le P. Perry, Jésuite, à la page 380. & suiv. de son *Histoire de Châlon*, raporte quelques *Lettres du Maréchal de Tavanes*. Il fait l'extrait de quelques autres, aux pagg. 321. 329. 344. & 345.

---

[1] Elle mourut en 1608. Voy. son Eloge dans le Tom. III. liv. XI. de l'*Histoire Ecclésiastique de Bèze*, qui est contraint de lui rendre justice, malgré les préjugés de son parti.

GASPARD DE SAULX   A la page 369. des *Mémoires de M. de Nevers* ; Paris, Billaine, 1665. *in folio*, on trouve une *Lettre du Maréchal de Tavanes au Roi Charles IX.* datée du 3. Décembre 1567.

Le P. Bertaud, Minime, à la fin du I. vol. de son *illustre Orbandale, ou Histoire de Châlon*, a inféré un *abrégé des choses plus mémorables, arrivées pendant les Guerres Civiles, sous les Règnes de François II. Charles IX. Henri III. & Henri IV. & particuliérement celles qui regardent Châlon, & quelques autres Villes de la Province de Bourgogne, tirées des Mémoires de M. de Tavanes, d'Avila & de plusieurs Mss.* Quand même cette relation seroit tirée entiérement des *Mémoires de Tavanes*, Gaspard de Tavanes n'y auroit point de part, puisqu'il n'est pas Auteur de ces *Mémoires*, comme je l'ai dit. Cependant on trouve dans cet *abrégé*, quatre ou cinq de ses *Lettres*. C'est tout ce qu'on peut lui révendiquer de cette compilation.

Voici des Mss. que j'ai vûs chez le sçavant Philibert de la Mare, Conseiller au Parlement de Dijon, & qui se trouvent aujourd'hui dans la Bibliothèque du Roi : *Lettres écrites à Henri II. à Charles IX. à Catherine de Médicis, par Gaspard de Saulx*. Ms. *in folio*, original.

Lettres écrites par Gaspard de Tavanes, à plusieurs personnes de qualité. Gros *in folio*, Ms. original. *Lettres écrites à Gaspard de Saulx, par plusieurs Princes ; François II. Charles IX. Catherine de Médicis, des Cardinaux*, &c. *Lettres écrites à Gaspard de Saulx, par Guillaume de Saulx, Seigneur de Villefrancon*, petit *in folio*. *Recüeil de diverses Pièces, concernant le démêlé entre M. Gaspard de Saulx, & MM. Recours, & Popon, Conseillers au Parlement, Commissaires du Roi pour l'exécution de l'Edit de Pacification*, du 15. Décembre 1573. in folio, *ibid*. *Déclaration du Roi, Ordonnances & Requêtes de ceux de la Religion Prétenduë Réformée, trouvées chez M. Gaspard de Saulx*, in folio.

Autres Lettres écrites à Gaspard de Saulx, par des Princes, &c. in folio. *Lettres de plusieurs Maréchaux de France, écrites à Gaspard de Saulx*, in folio.

Nicolas Bonyer, Dijonnois, a dédié au *Maréchal de Tavanes*, sa Traduction en Vers François Alexandrins, de l'*Elégie du Mantoüan, sur les Poëtes lascifs*.

Voy. son Eloge, par François de Rabutin, dans son *Commentaire sur les derniéres Guerres*, fol. 165. Les *Lettres de Languet*, Tom. I. Edit. de Ludovic. Le Gendre, *Histoire de France*, Tom. III. pag. 128. Le P. Anselme, *Hist. des grands Officiers de la Couronne* ; & le *Dictionnaire de Moreri*.

GUILLAUME DE SAULX.

GUILL. DE SAULX   SAULX, (*Guillaume de*) Seigneur de Tavanes, Chevalier des deux Ordres du Roi, &c. Bailli de Dijon, étoit fils de Gaspard de Tavanes, Maréchal de France ; & de Françoise de la Baulme. Il épousa, le 18. Octobre 1576. Catherine Chabot, fille aînée d'Eléonor, Comte de Chaini, Grand Ecuyer de France, dont il eut plusieurs enfans. A l'âge de 79. ans, il se remaria avec Jeanne-Baptiste de Pontaillier; Jean de Saulx & Guillaume de Tavanes, vinrent de ce dernier mariage. *Guillaume de Saulx* mourut après l'an 1633. âgé de plus de 80. ans.

L'unique Ouvrage qu'il a laissé, est intitulé: *Mémoires de plusieurs choses avenuës en France, ès Guerres Civiles, depuis l'an 1560. jusqu'en l'an 1596.* La premiére Edition est *in 4°.* chez Samuel Bachi-Petri. Pagg. 86. [1] Il y en a une autre à la suite des *Mémoires de Gaspard de Tavanes.* Lyon, *in folio.* Elle est sans date, sans nom d'Imprimeur, & à deux colonnes. Marcel [2] en cite une autre de 1625. que je n'ai pû voir. Le P. le Long, qui en fait aussi mention, [3] dit qu'elle est *in 4°.* La premiére est fort différente des autres, & n'est qu'en deux Livres. Le premier *Avis de Gaspard de Tavanes* ne s'y trouve pas.

Voici d'autres Pièces qui regardent *Guillaume de Tavanes.* Elles étoient autrefois dans la Bibliothèque de M. de la Mare, à Dijon, & se trouvent aujourd'hui dans celle du Roi.

Lettres écrites à Gaspard de Tavanes, par Guillaume de Saulx, Seigneur de Villefrancon, petit *in folio* Mſ. *Lettres écrites à Gaspard de Saulx, par plusieurs Princes, avec quelques autres de Henri III. à Guillaume, fils aîné de Gaspard,* gros *in folio* Mſ. original. *Lettres écrites à Gaspard & Guillaume de Saulx, par des Princes.* Mſ. *in folio*, original.

Philibert Bretin, Médecin de Dijon, dédia en 1582. sa *Traduction Françoise de Lucien à Guillaume de Tavanes, & à Jean de Saulx, son frere puîné.*

Voy. le Gendre, *Jugemens sur les Historiens de France*, la Bibliothèque *des Historiens de France* du P. le Long; & le *Dictionnaire de Moreri.*

JACQUES DE SAULX.

SAULX, (*Jacques de*) Comte de Tavanes, Lieutenant Général des Armées du Roi, Bailli de Dijon, l'un des plus braves hommes de son tems, & des plus expérimentés, mourut le 22. Décembre 1683. à l'âge de 63. ans. Il avoit épousé Loüise-Henriette Pottin, fille puînée de Réné, Duc de Tresmes, Pair de France.

Il a composé des *Mémoires concernans les Guerres de Paris, depuis la Prison des Princes, en 1650. jusqu'en 1653.* Paris, 1691. & Cologne, la même année, *in 12.*

Voy. la *Bibliothèque des Historiens de France* du P. le Long; & le *Dictionnaire de Moreri.*

---

[1] Dans l'Edit. *in* 4°. on trouve une petite Préface, & une Epitre Dédicatoire au Roi Loüis XIII. qui ne paroissent pas dans l'Edition *in folio*; l'*Index* de l'*in* 4°. est par matières, & celui de l'*in folio*, est par ordre alphabétique.

[2] *Histoire de France*, Tom. IV.

[3] *Bibliothèque des Historiens de France*, pag. 434. N°. 8461.

JEAN DE SAULX.

JEAN DE SAULX. *SAULX*, (*Jean de*) Vicomte de Tavanes & de Ligny, troisiéme fils du Maréchal de Tavanes, fut Gentilhomme de la Chambre du Roi Charles IX. Capitaine des Gendarmes, Gouverneur d'Auxonne, puis Lieutenant de Roi sous Henri III. dans l'Auxerrois. Henri IV. lui donna un Brevet de Retenuë pour être Maréchal de France, & lui permit, en attendant de continuer, d'en porter le Titre & les Armes ; ce que le Roi Loüis XIV. confirma de nouveau par un Brevet du 16. Mars 1616. avec pouvoir d'entrer dans ses Conseils après les Officiers de la Couronne, & la joüissance de la pension de Maréchal de France. Il épousa en premiéres nôces, le 14. Janvier 1579. Catherine Chabot, fille du Marquis de Mirebeau ; & en secondes nôces, Gabrielle Desprez, fille de Melchior de Montpezat, & d'Henriette de Savoye, Marquise de Mirebel. Il avoit 74. ans lorsqu'il testa, le 6. Octobre 1629. On ignore l'année de sa mort.

Jean de Tavanes est le véritable Auteur des *Mémoires imprimés sous le nom de Gaspard de Tavanes* ; on n'en sçauroit douter, pour peu qu'on fasse d'attention à ce qui y est raporté. M. le Gendre les attribuë à *Guillaume de Tavanes*. Cependant celui-ci avouë qu'à la mort de son pere, il n'avoit que 19. ans. Comment accorder ce fait avec ce qu'en avance l'Auteur des *Mémoires*, qui ne se donne que 18. ans à la mort du sien ? Le même Auteur des *Mémoires* se qualifie *Gouverneur d'Auxonne*, & *Lieutenant de Bourgogne pour le Duc de Mayenne* ; ce qui ne peut convenir qu'à *Jean de Tavanes*. Il entre aussi dans le détail du Siége d'Auxonne, & se dit Gouverneur de cette Ville, Titre que n'ont jamais eû, ni Gaspard, ni Guillaume de Tavanes. » Les Huguenots (dit-il) y avoient empoisonné les » puits, y jettent du blé, m'envoyent un pestiféré, avec une Lettre ; je » fis boucher les puits, deffendre les eaux, sans oüir le pestiféré, ne reçois » rien de la Ville, laquelle nous forçames de se rendre, &c. » Je passe quantité d'autres traits semblables, qui prouvent invinciblement que *Jean de Tavanes* est l'Auteur des *Mémoires*. Dans l'Epitre Dédicatoire à ses enfans, neveux, cousins, » j'ai vû, dit-il, j'ai sçû partie des faits de M. » de Tavanes, mon pere, non du tout par lui, qui, à la forme des anciens » François, s'employoit à faire, non à dire ; si peu curieux, qu'il a refu- » sé des Mémoires à ceux qui vouloient, disoit-il, immortaliser son nom. » Ses Actes, ses Avis[1] considérés, se trouveront Conseils d'Etat, &c. »

J'ai vû trois Editions des *Mémoires de Tavanes*, toutes trois *in folio*, sans date d'impression, & sans nom de Ville. Il y en a une qui est intitulée : *La Vie de M. Gaspard de Saulx, Seigneur de Tavanes*, &c. *ensemble quelques Mémoires & Avis d'Etat, donnés au Roi par M. le Vicomte de Tavanes, son fils ; imprimés à Sully par son Commandement*.

Je ne sçais si je dois compter pour une seconde Edition, celle qui a pour Titre : *Mémoires de très noble*, &c. *Gaspard de Saulx*, &c. *Seigneur de Tavanes*. Selon toutes les aparences, c'est la même que la premiére, faite à Sully ;

---

[1] Ces termes prouvent, ce me semble, que Gaspard de Tavanes n'a fait que des *Avis*.

Sully; il n'y a de changement que dans le Titre; car on y voit les mêmes caractéres, le même papier, même nombre de pages, (478) même vignette; & ce qui paroît décider cette question, c'est que dans cette prétenduë seconde Edition, à la première colonne de la 417e. page, on trouve une transposition de chiffres, de même que dans l'Edition de Sully. Comme l'Auteur y raconte des choses arrivées en 1616., on peut fixer cette impression à l'année suivante, ou environ. Elle est sur du bon papier, en beaux caractéres, & mérite, ce me semble, la préférence sur la troisiéme, faite vers 1650. à Lyon, si je ne me trompe. C'est, sans doute, de ces Editions que parle Guy-Patin, [1] en ces termes. » J'ai oüi dire autrefois » au P. Loüis Jacob, Carme Bourguignon, qu'un certain M. *de Tavanes* » avoit fait imprimer dans un Château en cachette, un tome de *Mémoires* » *Historiques*, *in folio*, qu'il n'avoit osé publier, à cause de plusieurs cho- » ses étranges qu'il y avoit dites contre les Grands, & entr'autres, de Ca- » therine de Médicis, & qu'il n'en avoit donné que quelques exemplaires à » peu de ses amis. Cet Auteur y parle quelquefois hardiment; mais néan- » moins je n'ai encore pû rien trouver de pareil. *Vir fuit Militaris ingenii,* » *fervens & altè cinctus*, qui ne fut jamais sçavant, mais qui a tâché de » s'apuyer de quelques raisons d'Etat, plus vrai-semblables que bonnes, *in* » *gratiam sui Regis*, &c. ,, il parle ailleurs de Fourmy, Imprimeur de Lyon ,, qui avoit imprimé le *Varandæus*, & qui venoit de faire une Edition ,, des *Mémoires de Tavanes*, qu'il ne débite qu'en cachette, parce qu'il n'en ,, a pû obtenir le privilége pour plusieurs choses bien hardies qui sont là-de- ,, dans, de François I. de Henri II. & de Catherine de Médicis. ,,

M. l'Abbé le Gendre, dans ses *Jugemens sur les Historiens de France*, dit que l'Auteur des *Mémoires de Tavanes*, est un Caton, qui moralise à tous momens; & pour ce qui le regarde, ajoûte-t-il, il n'est pas autrement Caton; car il se loüe souvent, & ne cesse de loüer & son Pere & sa Famille.

Les Journalistes de Trevoux [2] conseillent à ceux qui voudront se mêler de Littérature & d'Histoire, de lire les *Mémoires de Gaspard de Tavanes*, parce qu'ils sont remplis d'une infinité de faits remarquables.

Je viens de découvrir dans la curieuse Bibliothèque de M. le Président Bouhier, un Ms. *in folio*, qui contient les *Mémoires de Jean de Tavanes pour la Vie de Gaspard de Saulx*, *Sieur de Tavanes*, *Maréchal de France*, *son pere*, *& pour la sienne*. Ce sont les matériaux qu'il avoit rassemblés pour en former, ce qu'on apelle tantôt les *Mémoires de Gaspard de Tavanes*, & tantôt la *Vie de Gaspard de Tavanes*.

En 1574. on vit paroître *in 8°*. à Paris, chez Hulpeau & de la Nouë, un Livre, sous ce Titre: *Instruction & Devis d'un vrai Chef de Guerre, ou Général d'Armée, recüeilli des Mémoires de feu Gaspard de Tavanes, par Charles de Neufchaises, Seigneur des Francs, neveu du Maréchal.* [3]

[1] Voy. *Lettres* 127. & 136. à *Charles Spon.*

[2] *Mémoires de Trevoux*, Juin 1717, pag. 950.

[3] Voy. du Verdier, *Bibliot. Françoise*, pag. 158. & la Croix-du-Maine, pag. 48. Cette Edition de l'*Instruction & Devis*, que je crois unique, porte tantôt le nom de l'un de ces Libraires, & tantôt celui de l'autre. M. l'Abbé Lenglet, à la pag. 85. du 16e. vol. de sa *Méthode d'étudier l'Histoire*, Edit. *in 4°*. a pris cette *Instruction* pour les *Mémoires de Tavanes*.

JEAN DE SAULX

Quoique Neufchaises, au 61e. feüillet de cette *Instruction*, marque expressément qu'il l'a puisée dans les Mémoires de M. de Villefrancon (Guillaume de Tavanes, Gouverneur de Bourgogne sous le Duc d'Aumale) & dans ceux du Sieur de Beaumont-Brisé, Lieutenant de Roi en Bourgogne, sous l'Amiral de Brion : Il ne cite qu'une ou deux lignes de ces Mémoires : tout le reste est tiré des Mémoires, qui portent le nom de *Gaspard de Tavanes*. Au feüillet 52. & suiv. il y a un *Discours du Combat en Champ Clos*, qu'on cite comme une Pièce tirée des *Mémoires de Tavanes*. Je n'ai pû trouver dans ces *Mémoires*, ce Discours qui est curieux.

Qu'il me soit permis de hazarder une conjecture sur les *Mémoires Mss. de Tavanes*. Je les crois fort différens de ceux qui sont imprimés. M. de la Mare en avoit une copie Mss. qui est aujourd'hui dans la Bibliothèque du Roi. C'est-là où l'on peut vérifier, si ma conjecture est bien fondée. [1] Voici sur quoi je l'apuye. Je n'ai pû trouver dans les *Mémoires* imprimés, le *Discours du Combat en Champ Clos*, que Neufchaises dit en avoir tiré ; peut-être se trouve-t-il dans les Mss.

Voy. le Gendre, *Jugemens sur les Historiens de France*. Le Long, *Bibliothèque Historique de France*. M. Lenglet du Fresnoy, *Méthode pour étudier l'Histoire*. Palliot, *Parlement de Bourgogne*, pag. 137. & le *Dictionnaire de Moreri*.

BENIGNE DE SAUMAISE.

BENIG. DE SAUMAISE

*S*AU MAISE, (*Benigne de*) [2] Seigneur de *Tailly*, *Bouze* & *S. Loup*, d'une Famille [3] noble & ancienne, fut fils d'*Etienne*, Lieutenant Particulier en la Chancellerie [4] de Semeur-en-Auxois ; & d'Antoi-

---

[1] A la page 66. des Mss. de M. Seguier, on cite les *Mémoires de Tavanes* en 2. vol. in folio Mss.

[2] Le surnom de *Benigne de Saumaise* donne lieu à une espèce de Problème, qu'il est mal aisé de résoudre. Dans sa Traduction de *Denys d'Alexandrie*, il prit le nom de *Saumaise*. Depuis ce tems-là, il s'apella presque toûjours *Saumaise*, ou *de Saumaise*, ainsi que tous ses enfans. *Daniel de Saumaise*, son frere, Sieur de *Pieds-de-Fonds*, qui avoit long-tems porté les Armes dans les Régimens du Duc de *Boüillon*, & du Sieur de *Dammartin*, & qui fut ensuite Receveur *des Aides & Tailles* en l'Election de *Vezelay*, fut le premier de sa Famille, si je ne me trompe, qui rétablit l'article, *de*, dans le surnom de *Saumaise*. On en voit la preuve dans un Jugement des Commissaires du Roi, pour le Règlement des Tailles en la Généralité de Paris, du 14. Décembre 1599. confirmé par un Arrêt de la Cour des Aides de Paris, du 7. Juin 1600. qui ordonna que ce *Daniel*, comme issu de noble Lignée, joüiroit des privilèges & exemptions qui apartiennent à la vraye *Noblesse*. Lesquels Actes, avec des Lettres-Patentes de confirmation, du 2. Juillet 1620. furent régistrés au Parlement de Dijon, le 12. Août 1622. D'un autre côté, plusieurs preuves engagent à croire que le nom de cette Famille étoit *Saumaire*. Aux preuves qu'en a raportées M. de la Monnoye, en ses *Additions au Menagiana* de l'Edition de 1715. Tom. I. pag. 54. il me seroit aisé d'en ajoûter grand nombre d'autres. Dans l'Arrêt de réception de *Benigne* en la Charge de Lieutenant en la Chancellerie de Semeur, il est apellé *Saumaire*. J'ai vû une de ces Sentences renduës peu après, & signées de la même manière, & un Arrêt du Parlement du 10. Avril 1594. où il est apellé *Benigne Saumaise*. Dans le Régistre du Parlement de Dijon, séant à Semeur en Juillet 1594. il est parlé de la résignation de la Charge de Conseiller, faite à *Benigne Saumaire* par M. de la Reynie, & ordonne l'information de vie & mœurs, &c. dudit *Saumaire*. Les Vers de *Jacques Guijon*, qu'il fit imprimer lui-même à la suite de *Denys le Périégète*, fol. 43. sont adressés *ad Benignum Salmarianum*. Son pere *Etienne*, à la tête d'une Sentence renduë, le 15. Nov. 1578. prend la qualité de Docteur en Droit, Lieutenant Particulier en la Chancellerie de Semeur, &

DE BOURGOGNE.

nette [5] Sayve, fille de Jean Sayve, Seigneur de Flavignerot, Président à Mortier au Parlement de Dijon. Il fut reçû, le 15. Mai [6] 1587. en la

BENIG. DE SAUMAISE

fon oncle *Jérôme de Saumaife*, Conseiller au Parlement de Dijon, ne se sont jamais appellés que Saumaire. Pag. 28. de l'*État des Officiers de Philippes le Hardi*, Duc de Bourgogne, dans le II. vol. des *Mémoires de Guillaume Aubré, pour servir à l'Histoire de France & de Bourgogne*, il est parlé d'un *Jean de Saumaire*, Receveur du Domaine de Dijon en 1501. & ce dernier n'a jamais autrement signé son nom. Par trois Arrêts du Parlement des 23. Juin 1514. 17. Fevrier 1531. & 28. Juin 1543. & par divers autres Actes de la Chambre des Comptes, que j'ai eûs entre les mains, on voit qu'il en étoit de même de *François de Saumaife*, leur pere, Maître en la même Chambre, & de *Jean Saumaife*, pere de *François*, qui étoit Receveur au Bailliage de Dijon. Comment résister à des faits auffi évidens ? Voici cependant de quoi en balancer la force. Ce sont de vieilles heures qui sont aujourd'hui entre les mains de M. Milliére, Seigneur d'*Aiserey*, & qui ont autrefois apartenu à *Jean de Saumaife*, dont il vient d'être parlé. Il a écrit de sa main sur la fin, qu'il étoit fils de *Hiérome de Saumaife*, Seigneur de *Chafans* & de *Chambeu*. Il y spécifie ensuite tous ses emplois, ses deux mariages ; le premier, avec Michele Contaut, la naissance de *François de Saumayze*, son fils. C'est ainsi qu'il a écrit le nom de l'un & de l'autre. La suite est de la main de ce *François*, qui s'y qualifie Ecuyer ; & de celle d'Etiennette Jaqueran, sa femme, & contient les naissances de leurs enfans ; entr'autres, celle d'*Etienne de Saulmayfe*, son fils aîné, pere de *Benigne*, le nom duquel se trouve écrit comme je viens de le marquer. De plus, le soixantième des Sonnets de *Claude Turvin*, imprimés en 1572. est adressé à un homme de cette Famille, qu'il apelle *Saumaize*. Enfin, à la vuë des heures mentionnées ci-dessus, & dont la foi ne paroit aucunement suspecte, il est difficile de n'être pas convaincu, que tel étoit le vrai nom des ancêtres de *Benigne de Saumaife*. Ainsi son frere, & lui & leurs descendans ont été en droit de le reprendre.

[3] Antoine Clement, en la Vie de *Claude de Saumaife*, qui est au-devant de ses Epitres, l'a voulu faire descendre des anciens *Comtes de Saumaife*, alliés aux Ducs de Bourgogne, & qui étoient des plus grands Seigneurs de la Province. M. de la Mare, en sa *Vie manuscrite* du même *Saumaife*, lui a donné la même extraction, aparemment par complaisance pour sa Famille. C'est une idée qui n'est jamais venuë en la tête, ni de *Daniel de Saumaife*, lequel n'auroit, sans doute, pas oublié cette alliance, lorsqu'il se fit confirmer en sa Nobleffe, ni de *Claude de Saumaife* lui-même ; mais après sa mort, la vanité de sa veuve l'engagea à hazarder cette Généalogie, qui n'a aucun fondement ; l'ancienne Famille des *Comtes de Saumaife* étant éteinte depuis le XIV. siècle. Cela n'empêche pas que la Famille de *Benigne de Saumaife* ne soit noble & ancienne, comme on vient d'en voir la preuve. Aussi M. de la Monnoye, lequel en l'endroit ci-dessus marqué, avoit semblé la révoquer en doute, s'en est rétracté dans ses nouvelles Additions au *Menagiana*, qui sont imprimées dans les *Mémoires de Littérature de M. de Sallengre*, Tom. I. p. 242. On remarque encore que les *Saumaife* n'ont jamais repris de Fief pour la Seigneurie dont ils ont porté le nom. Cela est prouvé par les Régistres de la Chambre des Comptes. Pag. 132. & pag. 268. de l'*Histoire de Saint Etienne de Dijon*, il est fait mention d'un *Barthelemi de Saumaife*, Bourgeois de Dijon, qui en 1252. fit une fondation dans la Paroisse de *Notre-Dame* de cette Ville, dans l'intention d'avoir en cette Eglise, qu'on bâtissoit alors, une place pour sa sépulture. Voilà, ce me semble, le plus ancien de ce nom. Il a été inconnu néanmoins à ceux qui ont fait la Généalogie de cette Famille.

Voici encore un témoignage autentique, dont il est à propos de faire part au Lecteur. Je l'ai tiré d'un Livre *in folio* Ms. que je conserve dans mon Cabinet, & qui a pour Titre : *Instruction générale de toutes les affaires dans lesquelles il a plû à Dieu de m'exercer*, &c. Pierre Saumaise, Conseiller au Parlement, Seigneur de Chafans, qui avoit dressé cette Instruction pour ses enfans, leur commande de s'en servir pour terminer les Procès qu'ils auroient avec les parens de Philippe Gyroux, Président au Parlement, condamné à mort par Arrêt du Parlement de Dijon, le 8. Mai 1643. & à faire amende honorable à *Pierre Saumaife*, la torche au poing. On lit, page 7. de ce Ms. & suivantes :

» Noblesse de toutes les lignes paternelles & maternelles de mes enfans.
» Pour la preuve de onze degrés de race de mon Nom & Armes, il faut voir l'arbre de géné-
» ration depuis *Odo de Salmaria*, seu *Salmasia*, jusqu'à mes enfans. En marge duquel est l'Arrêt du
» Parlement de Dijon, donné, toutes les Chambres assemblées. *Signé*, Joly, Greffier de la Cour,
» & scellé du Sceau Royal de lad. Cour, par lequel l'Arrêt donné le 4. de Mai 1644. contre Pier-
» re Bouvot, dit de Lisle, ayant envoyé à Malthe un faux arbre de génération contre mes en-
» fans, par les Ordres du feu Président Gyroux, ledit arbre a été déclaré faux & calomnieux ;
» & moi & ma Maison, déclarée de noble extraction, & que l'extrait dudit faux arbre, tiré
» des Régistres du Conseil de Malthe, seroit lacéré & brisé.
» Mon extraction distinguée par degrés, a été produite audit Procès, & justifiée par pièces
» publiques de reprises de Fiefs, Partages, Tutelles, Contrats anciens, Extraits des Régistres
» de la Chambre de Ville de Dijon, & autres extraits des Fondations & Tombes de mes Pré-
» décesseurs.

BENIG. DE Charge de son pere, & épousa la même année [7] Elizabeth Virot, fille
SAUMAISE d'Antoine, Seigneur de Tailly, & nièce de Guillaume Virot, Conseiller
de la Cour, duquel il sera parlé dans la suite.

Les troubles de la Ligue s'étant élevés en 1589. il se distingua par sa fermeté, pour le Service des Rois Henri III. & Henri IV. Comme il étoit un des principaux Citoyens de la Ville de Semeur, il ne contribua pas peu à la contenir dans l'obéïssance, & à l'engager à recevoir ceux des Officiers du Parlement, qui étoient demeurés fideles à leur légitime Souverain. Ce fut, sans doute, ce qui porta le Roi Henri IV. à le recompenser, le 24. Mars 1592. [8] d'une Charge de Conseiller à la Cour, en laquelle néanmoins il ne fut reçû que le 11. Août 1594. Le Parlement séant encore à Semeur, l'année suivante, la Ville de Dijon ayant été remise sous l'Obéïssance du Roi, il y fut prendre sa séance avec tous les autres Officiers du Parlement, de l'un & de l'autre parti, qui par-là, se trouvérent heureusement réunis. Il y exerça sa Charge avec une intégrité irréprochable, & une rare capacité, pendant l'espace de 46. années, & mourut enfin, Doyen de la Cour, le 15. Janvier 1640. âgé d'environ 80. ans. Il fut enterré à Dijon, en l'Eglise de S. Pierre, sa Paroisse.

Quoique sa principale aplication fût pour son métier, qui l'occupa extrèmement pendant tout le cours de sa vie, il ne négligea pas cependant les Belles-Lettres ausquelles il avoit donné, avec succès, les premiéres années de sa jeunesse. Il faisoit fort bien des Vers Latins, comme on en peut juger par l'*Epitaphe de François Fyot, Seigneur de Barrain*, son Confrere, inférée par *Pierre Palliot*, en son *Histoire du Parlement de Dijon*, page 254. & qui est de *Benigne Saumaise*, de la main duquel je l'ai vû écrite chez M. de la Mare, Conseiller au Parlement de Dijon, & chez M. Fyot de la Marche, Président au même Parlement. J'ai vû aussi de *Benigne Saumaise*, un beau *Poëme Latin Ms.* au sujet d'un coup de tonnerre, qui

---

» Ladite Généalogie peinte & enluminée avec mes Armes, est en une longue boëte de fer
» blanc, en mon coffre en ma chambre, avec les Titres de ma Maison, &c. Les autres lignes
» maternelles du côté paternel, &c. ont été prouvées par pièces publiques pardevant Messieurs les
» Commandeurs de Châlon, & de la Madeleine de Dijon; & sur leur Raport & la foi de quatre
» Gentilshommes, avec la contr'épreuve, elles ont été déclarées bonnes & valables au Chapitre
» Général, à Malthe. en 1643. ainsi qu'il en a apert par l'Acte de la réception de mes fils,
» avec cette marque d'honneur, *nemine discrepante*.
» Toutes ces pièces sont aussi audit coffre dans ma chambre, & les faut bien conserver, pour
» faire, s'il plaît à Dieu, d'autres Chevaliers, si mes Fils ont des enfans.

[4] M. de la Monnoye s'est trompé, *ibid.* quand il a dit que c'étoit au Bailliage.

[5] Cela paroît par son Contrat de mariage du 16. Mars 1557. visé en l'Arrêt de la Cour des Aydes dont il est parlé ci-devant. M. de la Mare, en la *Vie Ms. de M. de Saumaise*, & après lui M. de la Monnoye, au même endroit, se sont peut-être trompés en la nommant *Aglantine*. Comme l'Epitaphe qui est à la fin de cet article, parle aussi de cette *Aglantine*, elle aura pû avoir deux noms.

[6] Régistres du *Parlement*, & *Palliot*, *Histoire du Parlement*, &c. p. 258.

[7] Cela paroît par le Régistre des Délibérations de la Grand'Chambre, du 17. Juin 1587. où l'on voit encore qu'Elizabeth Virot étoit fille d'Antoine Virot, & non de Guillaume, comme l'a dit Antoine Clement, en la *Vie de Claude de Saumaise*, & après lui MM. de la Mare & de la Monnoye. Il sera encore parlé d'elle en la Vie de *Claude Saumaise*.

[8] Palliot, à l'endroit cité.

étoit

DE BOURGOGNE.

étoit tombé fort près du Roi Loüis XIII. Il eſt intitulé , *de fulmine ad la-* BENIG. DE
tus Ludovici XIII. cadente. Il y a encore d'autres Vers de ſa façon [1] dans SAUMAISE
la *Deffenſe du Traité de Benigne Milletot, ſur le Délit commun & le Cas
privilégié* , & l'on ne peut guéres douter qu'il n'en ait compoſé beaucoup
d'autres, dont il y a lieu de regretter la perte.

Mais le plus conſidérable de ſes Ouvrages, eſt ſa *Traduction en Vers
François de la Géographie de Denys d'Alexandrie*, connu ſous le nom de
Périégete, accompagnée de Remarques ſçavantes & judicieuſes, & qui
font connoître qu'il étoit bien verſé dans la Langue Grecque. Cet Ouvrage,
dont le Mſ. original, plus ample que les imprimés, a paſſé en la Bibliothéque du Roi, avec les autres Mſſ. de M. de la Mare, parut ſous ce Titre :
*Denys Alexandrin, de la ſituation du monde, nouvellement traduit du Grec
en François, & illuſtré de Commentaires pour l'éclairciſſement des lieux les
plus remarquables contenus en cet Ouvrage, par Benigne Saumaiſe.* A Paris, chez Adrian Perrier, 1597. in 12. 42. feüillets pour la traduction ;
124. pour les notes ; ſans compter l'Epitre Dédicatoire au Roi Henri IV.
& la Préface.

L'Auteur, en ſa Préface, convient qu'il n'avoit jamais pû prendre ſur
lui, de s'attacher à une ſeule étude, & dit agréablement qu'au ſortir des
embraſſemens ſérieux de la Juriſprudence, il alloit paſſer ſa mélancolie avec
l'Hiſtoire, la Poëſie & la Géographie. Il ajoûte qu'à peine il avoit atteint
l'âge de vingt ans, lorſqu'il entreprit cette Traduction, & qu'il y avoit
plus de 14. ans qu'elle étoit achevée, quand il conſentit de la rendre publique.

Quoiqu'il en ſoit, il eſt certain qu'elle lui fit honneur, & que ſi l'on con-
ſidére le tems où elle a été compoſée, il n'y a rien de trop outré dans ce qu'a
dit à ce ſujet, le ſçavant **Claude Saumaiſe**, ſon fils, en lui [2] dédiant un
de ſes Livres, qu'en fait de Poëſie, peu de gens de ſon tems l'avoient égalé,
& qu'aucun ne l'avoit ſurpaſſé.

D'autres ont auſſi parlé avec éloge, non ſeulement de cette [3] Traduction, mais encore du [4] mérite perſonnel de l'Auteur, que la tradition fait
regarder dans le Parlement de Bourgogne, comme un des plus grands Ma-
giſtrats qui y ait été. Mais ce qui rendra particuliérement ſa mémoire im-

---

[1] Pag. 9. du *Traité de Milletot* de l'Edit. de 1611. Taiſand a fait imprimer ces Vers, page 372. de ſes *Vies des Juriſconſultes*, de la première Edition.

[2] *Præfat. in Tertulliani Libr. de Pallio*.

[3] *Jean Alb.* Fabricius, *Bibliot. Græc.* Tom. IV. pag. 27. *Pet. Colomeſii Opuſcul.* pag. 340. Edit. 1709.

[4] *H. Grotius, Hiſt.* 405. Edit. 1686. Didier Hérault, *Animadv. in Salmaſii Obſervat. ad Jus Attic.* Lib. 7. cap. 1. pag. 492. où on lit ſur *Benigne & Daniel de Saumaiſe*, ces paroles , d'autant plus remarquables, qu'elles viennent de la bouche d'un ennemi de *Claude Saumaiſe*, à qui elles ſont adreſſées : *De patre tuo nihil habeo quod dicam, nec is ſum qui quidquam fingam. Virum eum fuiſ-
ſe aiunt eximiæ probitatis, innocentiæ, integritatis, & ad Officium quo in Parlamento Divionenſi uſ-
que ad extremum vitæ ſpiritum functus eſt, quantum ſatis eſſet aut etiam ſupereſſet cum fide non modò exercendum ſed ornandum doctrinæ & eruditionis. Novi & patruum tuum Virum optimum & antiqui moris, Tributorum in Vezeliis Coactorem. Quod Officium ne quis aliter interpretetur apud nos,
neque inhoneſtum eſt, neque natalium prærogativam gravat.* Voy. auſſi le bel éloge que fait de Benigne Saumaiſe, M. de la Mare en la *Vie des Guijon*, pag. 21. & en celle de *Claude Saumaiſe*,
Lib. 3. vers la fin.

Part. II. Qqq

BENIG. DE SAUMAISE mortelle, c'eſt l'illuſtre fils dont je viens de parler, & l'excellente éducation qu'il lui donna.

Il eſt à propos de placer ici les Epitaphes de pluſieurs *Saumaiſe* qui ſont enterrés dans la Chapelle qu'on trouve d'abord en entrant au côté droit de l'Egliſe Paroiſſiale de S. Pierre à Dijon. Il y eſt parlé de *Benigne Saumaiſe*.

Au Charnier, devant cet Autel de la Sainte Croix, repoſent les corps de Jean Saumaiſe, Conſeiller du Roi, & Maître en ſa Chambre des Comptes à Dijon, décédé en 1526. *& de François Saumaiſe ſon fils, auſſi Conſeiller du Roi, & Maître en lad. Chambre des Comptes, Sieur de Chambœuf & Chaſans, décédé en* 1569. *Leurs Portraits ſont en la fermeture du tableau dudit Autel, avec celui de Demoiſelle Michelle Scoteſert, femme dudit Jean Saumaiſe. Le corps de ladite Scoteſert, & celui de Demoiſelle Etiennette Jacqueron, femme dudit François, ſont ſous ce même tombeau.*

Au même Charnier, gît le corps de Benigne Saumaiſe, Sieur du Tailly, Conſeiller du Roi en ſa Cour de Parlement de Bourgogne, décédé le 15. *Juin* 1640. *fils d'Etienne Saumaiſe, Lieutenant Général au Bailliage d'Auxois, & de Demoiſelle Aglantine Sayve, fille de M. Sayve, Préſident audit Parlement, & ledit Etienne, fils dudit François Saumaiſe, & de ladite Jacqueron.*

Audit Charnier, gît auſſi le corps de Pierre Saumaiſe, Conſeiller & Secretaire du Roi audit Parlement, Sieur dudit Chambœuf, fils de François Saumaiſe, Conſeiller du Roi, & Maître en ſadite Chambre des Comptes, Secretaire de Monſeigneur Loüis de Bourbon, & de Demoiſelle Benigne Brocard: ledit François, auſſi fils dudit François Saumaiſe & de ladite Jacqueron, & frere dudit Etienne. Ledit Pierre décédé en 1652. *le* 7. *Oct. eut pour femme en premiéres nôces, Demoiſelle Anne Briet, fille de Daniel Briet, Greffier au Parlement, le corps de laquelle eſt audit Charnier; & en ſecondes nôces, Demoiſelle Elizabeth Sayve, fille d'Etienne Sayve, Conſeiller du Roi audit Parlement. Priez Dieu pour leurs ames.*

Cy gît encore Jean Saumaiſe, fils dudit Sieur Pierre Saumaiſe, & de Dame Elizabeth Sayve, dont l'ame étoit trop grande & vaſte pour être renfermée dans un corps mortel, & qui n'étant compoſé que de vertus & ſciences, a mérité d'aller au Ciel, la 21e. *année de ſon âge, le* 28. *Déc.* 1658.

CHARLOTTE SAUMAISE.

CHARL. SAUMAISE SAUMAISE, (*Charlotte*) de Chaſan, niéce du ſçavant Claude Saumaiſe, étoit fille de Benigne Saumaiſe, Secretaire des Commandemens de M. le Duc d'Orléans; & de Charlotte du Buiſſon. Cette Demoiſelle épouſa M. de Flecelles, Comte de Bregy, Lieutenant Général des Armées du Roi, Conſeiller d'Etat d'Epée, Envoyé Extraordinaire en Pologne, & depuis Ambaſſadeur en Suéde. Cette Comteſſe étoit une des plus belles femmes de ſon tems, & des plus ſpirituelles. Benſerade lui adreſſe une Epitre en Vers, où il lui marque qu'il eſt dangereux de voir ſouvent une perſonne ſi aimable, & qu'il eſt bon de n'être en commerce avec elle que par écrit.

DE BOURGOGNE. 247

Les manières polies de Madame de Bregy lui firent d'illustres amis, comme il paroît par ses *Lettres* & ses *Poësies*, données au Public en 1666. *in* 12. à Leyde, chez Duval, pagg. 119. & *ibid.* Jean Sambix, 1668. aussi *in* 12. pagg. 120. La Reine Mere, Anne d'Autriche, lui donna des marques de son estime. Elle parle d'elle dans son Testament. Madame de Bregy avoit été une de ses Dames d'honneur.

CHARL. SAUMAISE

Cette Dame parut toûjours aimable, même dans un âge avancé ; ce qui donna occasion à quelque Courtisan malin, de faire ce couplet de chanson :

> Vous avés, belle Bregy,
>
> Plus de printems que les lys ;
>
> Car les lys n'en ont qu'un ;
>
> Vous en avés cinquante, & bientôt cinquante-un.

Elle mourut le 13. Avril 1693. à 74. ans & fut inhumée à S. Gervais, où l'on voit son Epitaphe, avec celle de son mari.

J'ai tiré presque tout cet article du *Parnasse François de M. Titon du Tillet*, page 455. & suiv. Edit. *in folio*. Après avoir lû les Ouvrages de cette Dame, j'ai été contraint d'avoüer que le Portrait que M. Titon fait de cet Auteur & de son esprit, est trop flatté. Ces Lettres & ces Poësies n'ont rien que de fort commun. M. Titon met l'Edition des Ouvrages de cette Dame en 1660. *in* 16. Je crois qu'il se trompe.

※※※※※※※※※※※※※※※※※※※※※※※※※※※※

CLAUDE DE SAUMAISE.

CL. DE SAUMAISE

SAUMAISE (*Claude de*) naquit à Semeur-en-Auxois, le 15. Avril 1588. & y fut batisé, le 21. du même mois, comme il est constaté par le Régistre des Batêmes de sa Paroisse, que j'ai vû. Ainsi c'est inutilement, qu'on a voulu donner d'autres dates à sa naissance. Il étoit fils de Benigne de Saumaise, alors Lieutenant en la Chancellerie de Semeur, & depuis Conseiller au Parlement de Dijon ; & d'Elizabeth Virot. Ce sçavant Magistrat, dont j'ai donné la Vie dans l'un des articles précédens, fut l'unique Maître de son fils, pour la connoissance des Langues Grecque & Latine. C'est un fait, que le fils nous aprend lui-même dans un Ouvrage, [1] où il lui marque sa reconnoissance de toutes les obligations qu'il lui avoit. Dans la suite, ayant voulu aussi aprendre l'Hébreu, l'Arabe & même le Cophte, il y parvint [2] sans le secours d'aucun Maître. Il tenta même de pénétrer dans les mystéres de la Langue Etrusque ; [3] & ses efforts à cet égard, quoiqu'inutiles, ne laissent pas de faire voir jusqu'où il portoit ses vûës.

En 1604. son pere l'envoya à Paris [4] pour y étudier en Philosophie.

---

[1] Saumaise, *Præfat. in Tertullian. de Pallio.*

[2] Le même, *Epist.* 39. Gassendi, *in Vita Peiresc.* pag. 269. 294.

[3] Le même, *Epist.* 110.

[4] Voy. *Guijonius. Oper.* pag. 59.

CL. DE SAUMAISE Mais cette étude ne l'empêcha pas de former des liaisons avec les Sçavans les plus illustres dans les Belles-Lettres, qui se trouvoient en cette grande Ville, & sur-tout avec le sçavant Casaubon, [1] qui dès lors conçut une grande opinion de ce que devoit attendre de lui, la République des Lettres.

En 1606. il se transporta à Heidelberg, pour s'y instruire de la Jurisprudence, à laquelle son pere le destinoit, sous le fameux Denys Godefroy, qui y professoit cette Science avec une grande réputation. Mais ce ne fut pas la seule à laquelle s'apliqua *Saumaise*. Son goût décidé pour la Littérature Grecque & Latine, & l'entrée que lui donna Jean Gruter dans la célèbre Bibliothèque Palatine, dont il avoit la garde, redoublérent son ardeur, pour en feüilleter les précieux Mss. qui y étoient en grand nombre, & pour en conférer les principaux avec les imprimés. Il en copia même plusieurs pièces, qui n'avoient jamais vû le jour ; & entr'autres, les Epigrammes anecdotes de l'Anthologie, dont il communiqua quelques-unes à Joseph Scaliger, [2] lequel, à cette occasion, lui donna de grandes loüanges.

On prétend [3] que pendant son séjour à Heidelberg, son ardeur pour le travail fut si grande, que de trois nuits il en passoit deux à l'étude. Aussi y tomba-t-il malade si dangéreusement, qu'il crut en mourir, & fit même son Epitaphe en Vers Grecs & Latins, qu'on a conservés. [4] Mais étant revenu heureusement en convalescence, il songea à donner au Public les premiers fruits de ses études.

Pour cela il fit imprimer en 1608. en Grec & en Latin, les deux Livres de Nilus, Archevêque de Thessalonique, & un Ouvrage du Moine Barlaam, sur la Primauté du Pape, avec ses Remarques, qu'il dédia à M. Servin, Avocat Général au Parlement de Paris, dont tout jeune qu'il étoit, il avoit mérité l'amitié. Et l'année suivante, parut de sa façon, une nouvelle Edition de l'Historien Florus, qu'il dédia à Gruter, dont il joignit les Observations aux siennes.

Revenu en 1610. dans sa Patrie, il s'y fit recevoir au nombre des Avocats du Parlement, le 19. Juillet de la même année. Mais ce fut par complaisance pour son pere ; car il n'en fit jamais la profession, & tourna même ses études de tout autre côté. La Critique, sur laquelle il avoit déja fait ses preuves, l'occupa tout entier. Il travailloit sur-tout avec beaucoup d'assiduité à une nouvelle Edition, beaucoup plus ample de l'Anthologie Grecque, qu'il a souvent promise, & qui cependant, par je ne sçais quelle fatalité, n'a jamais paru. Mais il voulut auparavant pressentir le jugement du Public, par la publication de deux Inscriptions en Vers Grecs d'Hérode l'Athénien, & de Régille, sa femme, qui jointes à quelques autres Pièces, furent imprimées à Paris en 1619. avec de sçavantes Remarques.

Ce projet fut interrompu par une dispute littéraire d'une autre espèce, qui

---

[1] Casaubon, *Epist. ad Lingelshem*, 1606. Voy. aussi Colomiés, *Gall. Orient.* p. 191. premiére Edition.

[2] Jos. Scaliger, *Epist.* 248.

[3] Clement, en sa *Vie de Saumaise*.

[4] Voy. le *Journal des Sçavans* de 1695. p. 251. Edit. *in 12*.

s'étoit

DE BOURGOGNE.

s'étoit élevée entre Jacques Godefroy, sçavant Jurisconsulte, & fils de Denys, & le Pere Jacques Sirmond, Jésuite illustre, au sujet des *Provinces Suburbicaires*. Saumaise jugea à propos de s'y mêler, comme ami du premier; & cela produisit depuis 1619. jusqu'en 1621. quelques Ecrits assez vifs de part & d'autre, dont il est fait mention dans les Auteurs, [1] qui ont donné l'Histoire Ecclésiastique du dernier siècle.

CL. DE SAUMAISE

Pendant cet intervale, *Saumaise* fit imprimer à Paris, les Auteurs de l'*Histoire Auguste*, avec les Remarques de Casaubon, & les siennes, qui furent admirées de tous les Connoisseurs. Mais en l'année 1622. ayant publié le Livre de Tertullien, *de Pallio*, avec des Notes sçavantes, où il critiqua un peu vivement quelques endroits de celles du P. Petau, habile Jésuite, sur S. Epiphane; cela lui attira une réponse des plus aigres de la part de ce Pere, sous le nom d'*Antonius Kercoëtius*. *Saumaise* y répliqua sur le même ton, & cette dispute produisit divers écrits, remplis, à la vérité, de beaucoup d'érudition; mais où les gens sages auroient souhaité plus de moderation de part & d'autre.

Il y a aparence que la diversité de Religion entre ces deux Sçavans, eut quelque part à cette aigreur. Car encore que Saumaise le pere ait toûjours été bon Catholique, on dit que sa femme, qui affectionnoit fort les Prétendus Réformés, avoit élevé son fils dans les mêmes principes, & qu'il s'y affermit encore davantage pendant son séjour à Heidelberg. Il s'y engagea de plus en plus par le mariage qu'il contracta, le 5. Septembre 1623. avec Anne Mercier, fille de Josias Mercier, Sieur des Bordes, l'un des hommes des plus accrédités parmi les Protestans de France, & qui d'ailleurs avoit donné plusieurs preuves de son sçavoir. Il avoit une jolie Maison de Campagne, près de Paris, nommée Grigny, où les nouveaux mariés passérent une partie des années suivantes; & ce fut là où *Saumaise* mit la derniére main à son grand Ouvrage sur Solin, ou pour mieux dire, sur l'Histoire naturelle de Pline, qui parut à Paris, en 2. vol. *in folio*, en 1629.

Au mois d'Août de la même année, *Saumaise* vint voir sa Famille à Dijon, & y tomba malade. Après sa guérison, son pere songea sérieusement à lui résigner sa Charge. Quoique la Religion, dont le fils faisoit profession, parut y faire un obstacle, le Parlement passa par-dessus cette considération, en faveur de son mérite, & on écrivit à M. le Garde des Sceaux de Marillac. [2] Mais ce Magistrat, qui haïssoit mortellement les Protestans, fut inexorable sur ce point. Alors *Saumaise*, déchû de cette espérance, ne songea plus qu'à se livrer tout entier à ses études favorites. Comme il préparoit un troisiéme Tome, [3] pour le joindre à ses *Exercitations Pliniennes*, & qu'il vouloit y découvrir les erreurs, non seulement de Pline, mais encore des Modernes, sur le fait des Plantes, il ne voulut rien omettre de ce qui pouvoit le perfectionner dans cette Science. Et comme il sçavoit que les

---

[1] Dupin, *Bibliothèque des Auteurs Ecclésiast. du XVII. siècle*, Part. II. p. 185. & suiv. Basnage, *Hist. Eccles.* Tom. I. p. 350.

[2] Hug. Grotius, *Epist. ad Gerard. Joan. Vossium*, 1730. Sarrau, *Epist.* p. 126. Edit. in 4°.

[3] Saumaise, *Epist.* p. 51.

CL. DE
SAUMAISE

Arabes avoient beaucoup travaillé sur cette matiére, ce fut ce qui l'engagea [1] à aprendre leur Langue. On peut juger du progrès qu'il y fit, par le fragment de ce volume, qui parut long-tems après sa mort, à Utrecht, en 1689.

La réputation qu'il s'étoit justement acquise par tant d'Ouvrages, remplis d'une prodigieuse érudition, engagea les Universités de Padouë [2] & de Boulogne, à lui offrir des Chaires de Professeurs, avec de gros apointemens. Mais il abhorroit trop le Titre de *Professeur*, pour l'accepter. Les Curateurs de l'Académie de Leyde, & les Magistrats de la même Ville, se flattérent avec plus de fondement, de le tenter, en lui offrant dans leur Académie, la Place honorable, que Joseph Scaliger y avoit autrefois occupée. Ils lui en écrivirent en 1631. dans des termes fort empressés, en lui marquant qu'on ne souhaitoit de lui autre chose [3] si-non qu'il s'apliquât à illustrer l'Histoire Ecclésiastique, & à réfuter les Annales du Cardinal Baronius. Ils avoient, sans doute, apris que ce sçavant homme avoit fait une étude particuliére [4] des Antiquités Ecclésiastiques, & des différentes controverses qui avoient divisé les Chrétiens. Ce fut sur ce pied qu'il fut apellé à ce poste, sans qu'on y joignît le Titre de *Professeur honoraire*, [5] que *Saumaise* croyoit au-dessous de lui.

Cette distinction, jointe à des apointemens considérables, [6] qui furent attachés à cette Place, déterminérent *Saumaise* à l'accepter. Il se rendit à Leyde au printems suivant, avec toute sa famille, & fut logé dans un Hôtel, qui avoit autrefois apartenu aux Chevaliers de Malthe, dans lequel il y avoit un beau Jardin. Malgré cela, il lui fallut bientôt payer le tribut à l'air grossier du Pays. Il tomba malade en 1634. [7] & fut même menacé d'hydropisie. A peine avoit-il recouvré la santé, après huit mois de langueur, que le Prince d'Orange, Henry-Frédéric de Nassau, l'engagea à écrire *sur la Milice des Romains*. Il obéit, & en composa un Traité en Latin, qui ne parut néanmoins qu'après sa mort en 1657. Il prit même la peine d'en faire une Traduction en François, [8] mais qui n'a jamais vû le jour.

Les soupçons de peste qu'il y eut en Hollande en 1635. l'obligérent à demander permission de venir faire un tour en France. Etant à Paris, le Roi lui accorda un Brevet de Conseiller d'Etat, & le Collier de l'Ordre de Saint

---

[1] Le même, *Epist.* p. 35.

[2] Voy. les *Eloges de Laurent Crasso*, Tom. I. p. 206. Le *Mascurat de Naudé*, p. 287. Sarrau, *Epist.* p. 122. Edit. in 4°.

[3] Voy. la Lettre imprimée des Curateurs de cette Académie, en date du mois d'Août 1631.

[4] Saumaise, *Epist.* p. 32. & 71.

[5] Clement, *in illius Vita*, p. 42. Bernard, *Rép. des Lettres*, Fevrier 1714. p. 238. Sarrau, *Epist.* p. 173. Edit. in 4°.

[6] Suivant une Lettre Ms. d'Alexandre Morus, à M. de la Mare, on lui donna d'abord 2000. liv. de pension, avec le logement. Cette somme fut dans la suite portée à 3000. l. outre l'exemption de tous subsides.

[7] Saumaise, *Epist.* p. 179.

[8] Le même, *Epist.* p. 169.

DE BOURGOGNE. 251

Michel, qui étoit alors d'une plus grande distinction, qu'il ne l'a été depuis. Ensuite, il vint passer quelque tems à Dijon, avec sa famille.

CL. DE SAUMAISE

Pendant le séjour qu'il fit en sa Patrie, M. le Prince de Condé, Henri de Bourbon, Gouverneur de Bourgogne, qui honoroit *Saumaise* de ses bontés, fit de grands efforts pour le retenir en France, en lui promettant sa protection, pour obtenir de la Cour de grands avantages. Quelque répugnance qu'eût *Saumaise* à quitter la Hollande, il se rendit enfin aux instances du Prince & de ses amis ; mais sous quelques conditions, qu'il prit la liberté de proposer, & que j'ai vuës, avec plusieurs Lettres originales sur ce sujet, dans le Cabinet de M. de la Mare. Ces conditions étoient, qu'il seroit rapellé en France par un Commandement exprès du Roi, & qu'on lui accorderoit la même pension de 3600. liv. qui avoit été donnée à Grotius, lorsqu'il se retira de Hollande en France. Il demandoit aussi les deux quartiers de ses apointemens de Leyde, qui étoient échûs depuis son départ, & une somme pour les frais du transport de ses effets. Ces propositions furent agréées par le Prince, qui donna sur cela de bonnes espérances à *Saumaise*. Mais ce dernier en ayant attendu inutilement l'exécution pendant quelques mois, prit enfin le parti de retourner en Hollande, où il arriva au printems de 1636.

Ayant été obligé de débarquer à la Brille, & de s'y arrêter quelques jours, il y fut consulté par un Ministre de ce Lieu, nommé Jean Cloppenburch, sur un Ouvrage qu'il avoit composé contre l'usage des Bureaux des Lombards, établis en Hollande, dans lesquels on tire des intérêts des prêts simples, qu'on y fait sur de bons gages. *Saumaise* ayant lû ces Ecrits, se trouva d'un avis différent de celui de l'Auteur, & promit de lui envoyer ses raisons par écrit. Il le fit, en effet, par un Livre imprimé en 1638. sous le Titre, *de Usuris*, qui fut suivi de plusieurs autres sur le même sujet, lesquels lui attirérent de grands démêlés, non seulement avec les Théologiens, mais encore avec les Jurisconsultes. Il se tira assez mal de cette dispute, surtout à l'égard des derniers, qui le raillérent avec quelque justice [1] d'avoir avancé trop légérement des paradoxes sur une matière, qu'il n'avoit pas suffisamment aprofondie.

En l'année 1640. il mit au jour deux Ouvrages d'un genre bien oposé : L'un, fut son *Commentaire sur l'Abregé de la Philosophie Stoïcienne de Simplicius* : L'autre, fut le *Roman d'Achilles Tatius*, avec des Remarques de sa façon. Mais ayant apris la mort de son pere, arrivée au mois de Janvier de cette année, il fut obligé de se rendre à Dijon, pour recüeillir sa succession. On prétend que dans le séjour qu'il fit à Paris, à son passage, il fut fort gracieusé par le Cardinal de Richelieu, qui paroissant désirer de le retenir dans ce Royaume, [2] lui fit offrir par M. de Chavigny, Secretaire d'Etat, jusqu'à 12000. liv. de pension, s'il vouloit renoncer à la Hollande. Il se sentit ébranlé par un avantage aussi considérable. Mais ayant sçû de M. de Chavigny, qu'on ajoûtoit pour condition, qu'il travailleroit à

---

[1] Voy. entr'autres, Boëcler, *Bibliogr. Curios.* pag. 470.
[2] Barth. Morisot, *Elog. Salmasii*, *ad Calcem Centur. II. Epist.*

CL. DE SAUMAISE l'Histoire du Cardinal, [1] il répondit qu'il n'étoit point homme à sacrifier sa plume à la flatterie, & ne songea plus qu'à continuer son voyage en Bourgogne.

Ses affaires domestiques l'obligérent d'y rester jusqu'à la fin de 1645. qu'il reprit le chemin de Leyde, où pendant son absence, il ne laissa pas de fournir de l'occupation à ses Imprimeurs. Outre quelques Opuscules, *sur l'Usure*, il donna au Public en 1641. sous le faux nom de *Wallo Massalinus*, une Dissertation contre le P. Petau, *de Episcopis & Præsbyteris*; & quelques Lettres à Jean Bévérovicius, *de Calculo & Vitæ termino*. En 1643. il fit imprimer contre Daniel Heinsius, deux Ouvrages sur la prétenduë *Langue Helléniftique*; & en 1644. une longue Lettre à André Colvius, *de Cæsarie Virorum, & Mulierum Comâ*, qui fut peu de tems après suivie d'un Dialogue sur le même sujet. Enfin, dans la même année, on imprima à Paris, une Lettre, qu'il avoit écrite à Gilles Ménage, pour apuyer la Critique qu'avoit faite M. de Balzac, d'une Tragédie Latine de Daniel Heinsius, intitulée : *Herodes Infanticida*.

Ce fut alors, & aparemment à son passage par Paris, que le Roi lui fit expédier un Brevet, où il lui accordoit une pension de 6000. liv. avec de grands éloges de *son éminente doctrine, & de son ancienne & noble Race*. Ce Brevet, daté du 3. Septembre 1644. a été imprimé à la fin de son Eloge, par Clement. Mais je doute que *Saumaise* ait jamais rien touché de cette pension.

On peut bien croire qu'ayant retrouvé en Hollande ses Livres, & plus de tranquilité, il n'y demeura pas oisif. Quoiqu'il s'occupât toûjours, & peut-être trop de ses disputes *sur l'Usure & sur le Prêt*, il ne voulut pas différer de mettre au jour son Ouvrage favori, *sur la Primauté du Pape*. Il parut en 1645. & allarma fort le Clergé de France, [2] qui étoit alors assemblé à Paris. Il en porta ses plaintes au Parlement de Paris, au Cardinal Mazarin, & même à la Reine Mere. Mais on prit le parti le plus sage, qui fut de laisser démêler cette quérelle entre les Théologiens.

L'année suivante, il publia sous le nom de *Simplicius Verinus*, deux Ouvrages sur la réunion des Protestans à l'Eglise Catholique, & sur la *Transsubstantiation*, contre le sçavant Hugues Grotius; & une longue Lettre, adressée à Thomas Bartholin, *de Cruce & Hyssopo*.

Peu de tems après, commença sa grande dispute avec Didier Hérauld, sçavant Avocat du Parlement de Paris. Ils avoient été jusques-là bons amis, & cet Avocat avoit même fort contribué autrefois à son mariage. Mais ayant fait imprimer un Livre de Critique sur le Droit, sous le Titre d'*Observationes & Emendationes*, où il avoit censuré quelques sentimens de *Saumaise*, ce dernier en fut si choqué, qu'il crut ne devoir plus garder de mesures avec lui. Il lui répondit fort aigrement; premiérement, par un Livre anonyme, intitulé : *Miscellaneæ Defensiones pro Cl. Salmasio, &c.* imprimé en 1645. Hérauld ne voulant point demeurer en reste, travailla à une ample Défense,

---

[1] Patin, *Lett.* 2. Le Clerc, *Biblioth. universf.* Tom. XIII. p. 32.
[2] Voy. les *Epitres de Sarrau*, p. 155. & 165. Edit. *in* 4°.

qu'il

qu'il fit imprimer à Paris. Mais *Saumaise*, ayant trouvé moyen d'en avoir les premiéres feüilles, voulut le prévenir par une réfutation anticipée, en 1648. sous ce Titre : *Specimen Confutationis Animadversionum Heraldi*. Cela fut cause que son Adversaire ajoûta un Livre entier à ses *Animadversions*. Mais il mourut avant qu'on eut achevé d'imprimer cet Ouvrage, qui ne parut qu'en 1650. *Saumaise*, qui dans l'intervale, avoit donné au Public en 1648. un ample Traité, sur les années climatériques, ne jugea pas à propos de répondre au gros volume d'Hérauld, étant alors occupé d'un Ouvrage plus intéressant.

En effet, il avoit entrepris l'*Apologie de Charles I. Roi d'Angleterre*, que ses Sujets avoient fait mourir indignement. Ce Livre parut d'abord en Latin en 1649. & fut depuis traduit en François. Quoique cette Version soit sous le nom de Claude le Gros, Sieur de Saint-Hilaire, on sçait néanmoins qu'elle étoit de *Saumaise* lui-même, comme on le verra dans le Catalogue de ses Ouvrages. Le Roi Charles II. à qui fut dédiée cette Apologie, qui avoit été composée à sa priére, lui en fit un remerciment par une Lettre très polie, n'étant pas en état de l'en remercier d'une autre manière. Cet Ecrit ayant attiré à son Auteur, de la part du célébre Jean Milton, une réponse, remplie des plus fortes invectives, *Saumaise* prit sagement le parti de les mépriser, & laissa le soin de l'en vanger à quelques amis, qui s'en acquittérent fort bien. On trouva cependant après sa mort, parmi les papiers, une Replique à Milton ; mais qu'aparemment il avoit jugé à propos de suprimer. Ses héritiers la firent imprimer en 1660.

Il y avoit déja quelques années que l'illustre Christine, Reine de Suéde, se faisoit un plaisir d'attirer dans sa Cour les plus sçavans hommes de l'Europe. Comme elle mettoit, avec raison, *Saumaise* au premier rang, elle l'avoit invité par plusieurs Lettres très pressantes, à se rendre auprès d'elle. Il eut bien de la peine à s'y résoudre, sur-tout à cause de sa santé, à laquelle l'air de Suéde ne pouvoit manquer d'être fort contraire. Enfin, les sollicitations de sa femme, qui se persuada qu'il tireroit de grands avantages de ce voyage, le déterminérent à partir au mois de Juillet 1650. Mais comme elle étoit fort entêtée de la haute noblesse de son mari, elle exigea de lui, qu'il paroîtroit à Stokholm, non en habit de Sçavant modeste, tel qu'il le portoit ordinairement, mais vêtu en Courtisan & en homme de Guerre. Il eut la facilité de suivre ce conseil ; & cette complaisance fit faire beaucoup de plaisanteries à ses dépens. [1]

Mais la Reine, qui connoissoit la solidité de son mérite, & qui en fut encore plus convaincuë par de longs & de fréquens entretiens, qu'elle eut avec lui, n'oublia rien pour lui faire sentir, combien elle le considéroit. Elle conserva toûjours pour lui les mêmes sentimens, & rien n'est égal aux témoignages qu'elle lui en donna dans les Lettres qu'elle lui écrivit en divers tems, & dont j'ai vû les originaux dans le Cabinet de M. de la Mare, où ils sont encore. Elle les confirma de plus, quelque tems après, par une preuve

---

[1] Voy. M. Huet, *Comment. de rebus suis*, p. 126. & 127. le *Menagiana*, Tom. I. page 209. & Tom. II. pag. 28. Edit. de 1715.

CL. DE SAUMAISE bien forte, à l'occasion d'un démêlé que *Saumaise* avoit alors avec Isaac Vossius. Car elle y prit hautement le parti du premier, comme on en peut juger par ces termes d'une Lettre, qu'elle écrivit à Vossius, le 1. de Mai 1652. & dont elle envoya une copie à *Saumaise*. *Ne vous étonnez pas, si j'embrasse cette occasion, pour faire voir, en votre exemple, la différence que je fais entre les hommes. La justice m'oblige à vous priver de la Charge de Bibliothécaire, que je vous avois octroyée, & de vous deffendre l'entrée à ma Cour. Si l'envie vous prend d'y retourner, sçachez que cela ne se fera jamais, si ce n'est que vous n'obteniez grace de celui que vous avez voulu outrager; & ce ne sera jamais que par son entremise, que je vous rétablirai, &c.* Un mois auparavant, elle avoit déja écrit à *Saumaise*, pour le sommer d'exécuter la parole qu'il lui avoit donnée de faire un second voyage en Suéde, offrant de lui envoyer un vaisseau à Lubeck, pour le prendre, & l'assurant qu'elle ne pouvoit vivre contente sans lui. Ce sont les termes de sa Lettre, dont j'ai vû encore l'original au même endroit.

Saumaise n'avoit obtenu dès Curateurs de l'Académie de Leyde, qu'un congé de six mois pour son voyage. Mais la Reine l'ayant retenu près de six autres par-de-là, ces Curateurs lui écrivirent au mois de Mars 1651. une Lettre très pressante, pour la suplier de permettre que *Saumaise* retournât à son poste. Les loüanges, qu'ils donnent à ce Sçavant dans cette Lettre, méritent par leur singularité, d'être transmises à la postérité. Après l'avoir apellé *insignem Salmasium nostrum*, *Virum incomparabilem*, ils ajoutent: *Haud difficiliùs mundum sole, quàm Academiam nostram hoc Musarum Sacrario privari, &c.* Le reste est de la même force.

La Reine se rendit à regret aux désirs de l'Académie de Leyde, & gratifia *Saumaise*, en partant, de son Portrait peint par Bourdon. *Saumaise* revint par le Dannemarc, & eut l'honneur de rendre ses devoirs au Roi Frédéric III. qui lui fit celui de le faire manger à sa table ; & après lui avoir donné son Portrait, & celui de la Reine, & l'avoir honoré de quelques autres présens, il le fit conduire à ses frais, jusqu'aux frontières de ses Etats, où il s'embarqua pour la Hollande.

Il y avoit déja long-tems que sa santé étoit extrèmement dérangée par de longues & de fréquentes attaques de goute. Mais ses incommodités redoublérent depuis son voyage de Suéde ; ensorte que sa femme ayant résolu d'aller prendre les eaux de Spa, pour quelques indispositions, il se persuada qu'elles pourroient lui faire aussi du bien. En effet, il parut s'en trouver mieux, les premiers jours qu'il en usa. Mais une fièvre légère, qui lui survint, l'obligea de se mettre au lit ; & le mal augmentant, il sentit qu'il aprochoit de sa fin, & se prépara sérieusement à la mort. Il y fut assisté par David Stuard, Professeur en Théologie, & Calviniste. On peut bien juger que Stuard ne manqua pas de le confirmer dans les principes de Religion dans lesquels il avoit été nourri. On dit même qu'il tira de lui une profession de Foi, conforme à sa créance. Quoiqu'il en soit, ce sçavant homme mourut, le 3. Septembre 1653. & fut enterré sans cérémonie & sans Epitaphe, dans l'Eglise de S. Jean, à Mastricht.

On assure que peu de jours avant sa mort, il fit promettre à sa femme par serment, qu'elle jetteroit au feu tous les papiers qui étoient en une certaine

armoire, qu'il avoit à Leyde, & où étoient les Ecrits qu'il avoit préparés CL. DE SAUMAISE
contre différens Adverfaires. Elle exécuta, dit-on, très ponctuellement cet
ordre, & en fut même fort réprimandée par la Reine Chriftine, dans une
Lettre qu'elle lui écrivit fur la mort de fon mari, & que j'ai vuë en original
avec les autres, que j'ai ci-deffus citées. Cependant fes enfans fauvérent
du naufrage plufieurs Ouvrages, dont la plûpart ont vû le jour dans la fuite,
& dans lefquels, quoique l'Auteur n'y eût pas mis la derniére main, on ne
laiffe pas de reconnoître fon rare fçavoir. On en verra la lifte dans le Catalogue de fes Ecrits.

L'Académie de Leyde lui fit faire une Oraifon funèbre par Adolphe
Vorftius, l'un de fes Profeffeurs. [1] On dit que la Reine de Suéde lui en fit
faire auffi une autre par un Profeffeur d'Upfal, & qu'elle promit [2] à fa
veuve, de prendre foin de l'éducation de l'un de fes fils, qui étoit à la Cour
de Suéde, & qui étoit le feul, que *Saumaife* eut deftiné à l'étude.

A fa mort, il en laiffa cinq vivans, & une fille, Elizabeth-Benigne Saumaife, qu'il aimoit plus que tous fes autres enfans. Son Teftament, qu'il fit
à Spa, le 30. Août 1653. en fournit une bonne preuve. Car après avoir ordonné un partage égal de fes meubles entr'eux, il voulut que fes immeubles
fuffent partagés en fept portions, dont fa fille en auroit deux, & fes fils,
chacun une. L'aîné, Benigne-Ifaac de Saumaife fut tué en 1655. en la Ville
de Paray en Charollois, par Théophile de Damas, Baron de Digoine. Il
fera parlé de Claude de Saumaife, qui fut le fecond, dans l'article fuivant.
Jofias de Saumaife, Sieur du Pleffis, & le troifiéme des fils, fuivit en Pologne Charles-Guftave, Roi de Suéde, & y fut tué en 1655. Le quatriéme, Loüis de Saumaife, fut apellé en Angleterre par le Roi Charles II. &
le dernier, Loüis-Charles de Saumaife, fut Page de l'Electeur Palatin.
C'eft tout ce que j'ai pû aprendre de ces deux derniers. Je fçais feulement
qu'il en refte quelques defcendans en Hollande. A l'égard de leur mere, on
prétend que s'étant retirée à Paris, [3] elle y mourut vers le mois de Mai
1657.

Ce feroit ici le lieu de m'étendre fur les talens extraordinaires, & prefque
uniques, que *Claude de Saumaife* avoit reçûs de la nature, pour les Sciences;
fur fes mœurs, fur les divers jugemens qu'on a portés de lui, & fur les Adverfaires qu'il a eûs en grand nombre. Mais outre que cela me meneroit
trop loin, fa Vie Mf. & très ample, qu'a laiffée feu M. Philibert de la Mare, fçavant Confeiller au Parlement de Dijon, & qui eft attenduë des Sçavans depuis fi long-tems, ne laiffe rien à défirer là-deffus. Il faut efpérer
que M. le Préfident Bouhier, qui en a l'original entre fes mains, voudra
bien en enrichir le Public. Je me fuis contenté d'en tirer plufieurs faits concernant la Vie de ce grand homme, ainfi que des Eloges, qu'en ont faits Antoine Clement, & Barthelemy Morifot. On trouve le premier au-devant des

---

[1] *Recüeil de Piéces curieufes, fervans d'éclairciffement à l'Hiftoire de la Reine Chriftine,* imprimé
à Cologne en 1668. *in* 12. pag. 86. 87. & 97.

[2] Voy. *l'Eloge de Saumaife* par Clement, p. 71.

[3] *Lettre 138. de Guy Patin.*

CL. DE SAUMAISE

Lettres imprimées de *Saumaife* ; & le second a été inféré à la fin de la seconde Centurie des Epitres de Morifot. Mais ces deux Pièces font fort peu de chose. Je viens préfentement à la liste des Ouvrages de *Saumaife*, que j'ai rangés en cinq classes.

La I. contiendra ses Ouvrages imprimés, & leurs différentes Editions.

La IIe. ses Mss. que j'ai vûs à Dijon, chez M. de la Mare.

La IIIe. les autres Mss. de *Saumaife*.

La IVe. les Livres chargés de ses Notes.

Et la Ve. enfin, les Ouvrages qu'il avoit promis, ou commencés, & dont on n'a guéres que les Titres.

CATALOGUE DES OUVRAGES IMPRIME'S de Saumaife.

1. *Nili*, *Archiepifcopi Theffalonicenfis*, *de Primatu Papæ Romani*, *Libri duo* ; *item Barlaam Monachus*, *cum Interpretatione Latina* : *Cl. Salmafii operâ & ftudio*, *cum ejufdem in utrumque Notis.* Hanoviæ, *in* 8°. 1608. *It.* Heidelbergæ, 1608. *It.* 1612. La Version de *Nilus*, n'est pas de *Saumaife*, mais de Bonaventure Vulcanius, & celle de Barlaam est attribuée à Jean Laydus. *Saumaife* dit qu'il n'a employé que quelques heures à cet Ouvrage. Il est à propos de remarquer que quelques Auteurs en ont fixé l'Edition à l'année 1598. mais c'est une erreur d'autant plus évidente, que *Saumaife* n'avoit alors que 10. ans.

2. *L. An. Flori*, *Rerum Romanarum Libri IV. cum Notis Jani Gruteri*; *nunc primùm accefferunt Notæ & Caftigationes Cl. Salmafii.* Paris, Commelin, 1609. *in* 8°. *Saumaife* nous aprend que ce travail fut à peine pour lui, l'ouvrage de dix jours. Si nous en croyons divers Auteurs, [1] il étoit fâché d'avoir procuré cette Edition. *It.* 1636. *in* 8°. Argentorati apud Zelzner, *curante Freinshemio*, *cum Notis Vineti*, *Salmafii & aliorum.* It. 1638. *in* 12. Lugduni Batavorum, apud Elzevirios ; *Cl. Salmafius addidit Lucium Ampelium è Cod. Mf. nunquam ante hac editum.* It. Oxonii, 1638. *cum Notis Stadii.* It. Lugd. Batav. ap. Wingærden, 1648. *in* 12. Cette derniére Edition a été donnée par Nicolas Blanchard, qui tira des autres Ouvrages de *Saumaife*, tout ce qu'il crut pouvoir éclaircir l'Histoire de Florus. Ce n'est pas sans raison, que celui-ci la désavoüa. On en cite une Edition de la même année, [2] sous le nom d'Hackius ; c'est peut-être la même. *It.* Lugd. Batav. Elzevir, 1655. *in* 12. Les Notes de *Saumaife* se trouvent aussi dans les Editions suivantes du *Florus Variorum* : Lugd. Bat. Elzevir, 1660. 1664. 1672. 1692. 1698. & 1702. *in* 8°. *It.* Neomagi, Andreas ab Hoogenhuyfen, 1662. L'*Ampelius* est à la suite. Hamburgi, Wolker, sans daté, *in* 12. Franequer, Blankard, 1690. *in* 4°. Trajecti, Bat. Ribbius, 1680. *in* 12. *edente Gravio.* It. Londini, Tomson, 1715. *in* 8°.

---

[1] Baillet, *Jugement des Sçavans*, Tom. I. pag. 384. & 598. Edit. *in* 12.
[2] Dans le *Catalogue de M. de Thou* Tom. I. pag. 284.

DE BOURGOGNE. 257

3. Poëme Iambique de 140. Vers, dans la *Deffense du Délit commun*, par Milletot, pag. 35. Edit. de 1611. *in* 8°. On voit à la tête, pag. 147. du Traité d'Albert Rubenius, *de Calceo Senatorio*, Edit. de Nilant, 1711. neuf Vers Latins traduits du Grec par *Saumaise*; deux Epigrammes Grecques, aussi traduites en Latin, à la tête de l'*Hérodote* de Jacques Gronovius, imprimé à Leyde en 1715. *in folio*. Il a donné plusieurs petites Pièces en Vers dans ses Ouvrages, comme dans sa *Réfutation des Remarques de Kerkoëtius*; c'est-à-dire, du P. Petau, dans son explication de l'Inscription Grecque, composée en l'honneur d'Hérodes l'Attique, où l'on trouve la Traduction qu'il avoit faite en 39. Vers Latins Hexamètres de ladite Inscription. Il a encore inséré à la page 82. du même Ouvrage, 58. Vers Hexamètres Latins, contenant la Traduction de la Dédicace Grecque de la Statuë de Régilla, Femme d'Hérodes l'Attique, *&c.* sans compter plusieurs Vers Latins insérés dans quelques-unes de ses Lettres, & deux Epitaphes; l'une, Grecque; & l'autre, Latine, qu'il se fit lui-même dans le cours d'une maladie dangereuse, & qu'on lit dans le *Journal des Sçavans* de 1695. pag. 251. Edit. *in* 12. Plusieurs Ecrivains ont rendu justice à ses talens pour la Poësie Grecque & Latine. Casaubon loue dans ses Lettres la beauté des Vers de *Saumaise*. Dans une Lettre Mf. de M. Huet, que j'ai vuë chez M. de la Mare, cet habile homme assure que *Saumaise* avoit un goût exquis pour la Poësie, qu'il traduisoit très bien les Vers Latins en Vers Grecs, & les Vers Grecs en Vers Latins. A l'égard des Vers François, l'Auteur, qui s'est déguisé sous le nom de Vigneul-Marville, [1] a eû tort de dire que *M. de Saumaise faisoit pitié, quand il se mêloit de faire des Vers François*. *Saumaise* ne se mêloit pas de faire des Vers François. Il n'a jamais fait que le Sonnet, qui est l'objet de la raillerie de ce rigoureux Critique. Encore ne l'a-t-il fait que par une raison qui l'excuse assez. Il le composa pour répondre à des Vers François qu'un illustre Hollandois (M. de Staackmannus) lui avoit envoyés, & il ne prévoyoit pas qu'il seroit un jour imprimé. Voy. les Notes de M. de la Monnoye, sur les *Jugemens des Sçavans* de Baillet, [2] Au reste, ce Sonnet de *Saumaise* est imprimé dans une de ses Lettres à M. Staackmannus, pag. 121. dont Clement donna l'Edition, & dans les *Mélanges de Vigneul-Marville*.

Duarum Inscriptionum veterum Herodis Attici Rhetoris, *&* Regillæ Conjugis, honori positarum, Explicatio. Ejusdem ad Dosiadæ Aras, Simmiæ Rhodii ovum, alas, securim, Theocriti fistulam, Notæ. Paris, Jérôme Droüard, 1619. *in* 4°. pagg. 248. *It.* dans le *Musæum Philologicum Historicum secundum* de Thomas Crenius, imprimé en 1700. *in* 8°. à Leyde, chez Abraham Vander Myn. Fabricius s'est trompé, [3] en mettant cette Edition à l'année 1616.

5. *Amici ad amicum, de Suburbicariis Regionibus & Ecclesiis Suburbi-*

---

[1] *Mélanges d'Histoire & de Littérature*, Tom. I. pag. 34. Edit. de Paris, 1725.
[2] Article, *Hugens*, pag. 263. N°. 1501.
[3] *Bibliotheca Græca*, Tom. II. pag. 447.

Part. II. Ttt

cariis, Epistola. In 8°. pagg. 18. sans nom de Ville ni d'Imprimeur. Cette Lettre parut aparemment en 1619. puisqu'elle est datée du 1. Janvier de cette année. Elle est réimprimée plus correctement à la fin des Epitres de *Saumaise*, publiées en 1656.

6. *Historiæ Augustæ Scriptores VI. Ælius Spartianus, Julius Capitolinus, Ælius Lampridius, Vulcatius Gallicanus, Trebellius Pollio, Flavius Vopiscus. Claudius Salmasius ex veteribus Libris recensuit, & Librum adjecit Notarum ac Emendationum: Quibus adjecta sunt Nota ac Emendationes Is. Casauboni, jam antea edita.* Paris, Grand Navire, 1620. *in folio.* Ce fut Jérôme Droüard, qui imprima cet Ouvrage. *It.* Lugduni Batavorum, Hack, 1670. & 1671. *in* 8°. 2. vol. Les Notes furent abregées par Schrevelius, dans l'Edition de ces Historiens qui parut à Leyde en 1661. *in* 8°. Voy. la *Bibliothèque Curieuse* de Boëcler, pag. 417. & la *Bibliothèque Latine* de Fabricius, pag. 552. Guillaume Musgrave a inséré dans sa *Vie de Geta*, imprimée à Excester en 1716. *in* 8°. tout ce que *Saumaise* avoit dit de ce Tyran, en ses *Commentaires sur Capitolin.*

7. *Eucharisticon Jac. Sirmondo, S. J. P. pro Adventoria. De Regionibus & Ecclesiis Suburbicariis.* Paris, Jérôme Droüart, 1621. *in* 4°.

8. *Sept. Flori Tertulliani, Liber de Pallio. Cl. Salmasius recensuit, explicavit, Notis illustravit.* Ibid. Droüart, 1622. *in* 8°. *It.* 2ᵉ. Edition, *Cl. Salmasius ante mortem recensuit.* Leyde, Jean Maire, 1656. *in* 8°. Il n'y a pas un mot de changé. On a seulement mis à la tête du Livre, un Portrait de *Saumaise*, différent de celui qui paroît au-devant du Recüeil de ses *Lettres*, publiées par Clement. M. Dupin s'est trompé, [1] en fixant à l'année 1600. la première Edition de ce Livre. André Frisius, habile Imprimeur d'Amsterdam, tira ce que *Saumaise* avoit dit à la page 335. & suiv. de ses Notes, sur la Chaussure des Anciens, & le joignit au Traité de Nigronius, *de Caliga Veterum*, imprimé en 1667. *in* 12. & en 1711. *in* 8°. à Amsterdam, chez Théodore Haax. Il est bon d'observer que *Saumaise* a donné deux fois le Texte. Le premier est conforme aux Editions de son tems; & le second, où on lit à la tête: *Nova Editio ex veteribus Libris emendata*, contient plusieurs corrections tirées d'un Tertullien, qui apartenoit à Jacques le Belin, Avocat. C'est un *in folio* en 2. vol. conservé chez M. le Belin, Maître des Comptes, à Dijon.

9. *Confutatio Animadversorum Antonii Kercoëtii, ad Cl. Salmasii Notas in Tertullianum de Pallio: Aut. Francisco Franco. J. C.* Midelburgi. (Paris, Simon Moulert) 1623. *in* 8°. Voy. Placcius, *de Pseudonymis*, pag. 290. N°. 1096.

10. *Refutatio utriusque Elenchi Kerco-Petaviani, Autore Franc. Franco.* (Paris,) 1623. *in* 8°. pagg. 100.

11. *Plinianæ Exercitationes in Caii Julii Solini Polyhistora. Item Caii. Jul. Solini Polyhistor, ex veteribus Libris emendatus.* Paris, Droüart,

---

[1] *Bibliothèque des Auteurs Eccléfiastiques*, Tom. I. pag. 325.

1629. *in folio*, 2. vol. It. *eædem Exercitationes*. Utrecht, Jean Wande-   CL. DE
water, 1689 *in folio*, 2. vol. On a joint à cette Edition l'Ouvrage de *Sau-*   SAUMAISE
maife, intitulé : *De Homonymis Hiles Iatricæ Exercitationes ante hac inedita; necnon de Manna & Saccharo.* [1] Cette Edition, qui est très belle, fut faite par les soins de Sam. Pitiscus, lequel inséra en leur place, les additions de la première Edition, vérifia plusieurs citations, divisa en chapitres le Commentaire de *Saumaife* sur Solin, mit des sommaires à la tête de l'*Index*,' & fit une Préface. Outre les *Exercitationes de Homonymis, &c.* on trouve les *Prolégomènes* du sçavant Jean-Baptiste Lantin, Conseiller au Parlement de Dijon, sur ces Traités. On lit ensuite ceux de *Saumaife* sur le même Ouvrage : *Salmasii de Manna Commentarius*, &c. Dès 1668. MM. de la Mare & Lantin avoient fait imprimer à Dijon, chez la veuve Chavance, *in folio minori*, la Préface de *Saumaife* sur le Livre *de Homonymis Hiles Iatricæ*, & son *jugement sur Pline.* On a eû tort de retrancher cette Préface dans l'Edition de 1689. On trouve un extrait de cet Ouvrage de *Saumaife* dans l'*Histoire des Ouvrages des Sçavans*, par Basnage, Fevrier 1689. pag. 545. & dans les *Nouvelles de la République des Lettres*, *Mars* 1689. & *Avril* de la même année, pag. 185. Jean Masson, qui traite *Saumaife* assez durement, [2] tombe d'accord que cet Ouvrage lui a procuré une réputation immortelle. Boëcler assure [3] que Pierre Scrivelius fit un jour ce compliment à *Saumaife*, en l'abordant : *Salve, sal, sol, Solini*, sur quoi Boëcler ajoûta ces paroles : *Quod quidam Viri docti probare nequeunt; fuit enim Salmasius in reformandis & refingendis Scriptoribus confidentior, &, ut verum dicam, audacior. Interim tamen eruditissimum scriptum est.* Isaac Vossius a laissé des Notes critiques [4] sur son exemplaire des *Exercitations sur Solin*.

     12. *Lucius Ampelius*. Leyde, 1638. *in* 12. It. *ibid*. 1653. *in* 8°. *It*. Neomagi, ex Officina And. ab Hoogenhuysen, 1662. *in* 8°. Dans ces trois Editions, *Ampelius* est joint à Florus.

     13. *De Usuris*. Lugduni Batavorum, 1638. *in* 8°. pagg. 686. *Non dicam quàm infeliciter cum Jurisconsultis de Legibus disputaverit Salmasius*, dit Boëcler. [5]

     14. *Notæ in Pervigilium Veneris*. Ibid. Franc. Heger & Hack, 1638. *in* 12. *It*. dans le Recüeil intitulé : *Baudii Amores*, Leyde, 1637. & Amsterdam, Elzevir, 1638. *in* 12. *It*. dans les *Priapées* & dans le *Pétronius* d'Utrecht en 1654. Les mêmes Notes de *Saumaife* se trouvent abregées dans le *Petronius Variorum*, parmi les *Priapées*, pag. 77. Edit. de Blaeu, 1669. *in* 8°. & de la Haye, 1712. où ces Notes sont en entier, pag. 225.

---

[1] Le Traité, *de Manna & Saccharo* avoit été imprimé en 1664. *in* 8°. à Paris, chez Charles du Mesnil.

[2] *Histoire critique de la République des Lettres*, Tom. XV. pag. 209.

[3] *Bibliotheca Curiosa*, pag. 614.

[4] Voy. le *Catalogue de la Bibliothèque de Leyde*, pag. 205.

[5] *Bibl. Curiosa*, pag. 470.

CL. DE SAUMAISE

& suiv. Quelques Notes de *Saumaise* se lisent encore dans le *Cupido Cruci affixus* d'Ausonne, inséré aux Editions, dont j'ai fait le détail. Voy. aussi l'*Ausonius Variorum*, par Tollius, 1671. *in* 8°. Placcius, *de Anonymis*, pag. 417. N°. 1656. & la *Bibliothèque Latine* de Fabricius, page 689.

15. *De modo Usurarum*. Leyde, 1639. *in* 8°. pag. 891. Voy. Lipenius, *Bibliotheca Juridica-Realis*, pag. 196.

16. *Dissertatio de Fœnore Trapezitico, in III. Libros divisa*. Ibid. Maire, 1640. pagg. 820.

17. *Diatriba de Mutuo, non esse alienationem, adversùs Coprianum* (*Cyprianum Regnerum, Ictum. Batavum*) *quemdam Juris Doctorem. Authore Alexio à Massalia, Dom. de Sancto-Lupo*. Ibid. Maire, 1640. *in* 8°. Regnerus apelle plaisamment à son tour *Saumaise, Sphalmasius* (*totus error*) Sorbière s'aplaudit d'avoir trouvé dans *Alexius à Massalia*, Salmasius ab Alexia; & de-là, il conclut que ces termes désignent la Patrie de *Saumaise*. Auxois, dit-il, [1] *Ville en la Duché de Bourgogne*. Cette conjecture n'est pas juste. Il n'y a point en Bourgogne de Ville apellée Auxois. *Pagus Alexiensis* est le Canton de la Province, nommée Auxois, d'*Alexia*, Alise, ancienne Capitale du Pays.

18. *Simplicii Commentarius in Enchiridion Epicteti, ex Libris veteribus emendatus, cum Versione Hieron. Wolfii, & Cl. Salmasii Animadversionibus & Notis, quibus Philosophia Stoïca passim explicatur & illustratur*. Lugd. Batav. 1640. *in* 4°. L'*Enchiridion* & les Sentences d'Epictète, avec les Notes de *Saumaise*, ont été réimprimées en 1711. *in* 4°. à Utrecht, chez Brocdelet, par les soins d'Adrien Reland, qui y a joint les Notes de Meibomius, lesquelles n'avoient point encore paru.

19. *Achillis Tatii Alexandr. Eroticon de Clitophontis & Leucippes Amoribus, Libri VIII. ex Editione Cl. Salmasii*. Lugd. Batav. Franc. Heger, 1640. *in* 12. La Traduction Latine n'est pas de *Saumaise*. Il a conservé l'ancienne, *quamvis*, dit-il, *infinitis locis vitiosam, & à mente Græci Autoris longissimè recedentem*. Voy. la *Bibliothèque Grecque* de Fabricius, Tom. VI. pag. 812.

20. *Interpretatio Hippocratei Aphorismi LXIX. Sect. IV. de Calculo. Addita sunt Epistolæ duæ Jo. Beverovicii, M. D. quibus respondetur*. Leyde, Maire, 1640. *in* 8°. pagg. 20.

21. *Responsio ad calumniatoriam Epistolam Jo. Cloppenburgii*. Ibid. Maire, 1640. *in* 8°. pagg. 44. Cloppenburg, Jurisconsulte Hollandois, avoit fait imprimer en 1640. chez Elzevir, à Leyde, son *Institution Latine sur les Usures*, avec une Lettre à *Saumaise* sur le même sujet.

22. *Brevis Confutatio Notarum larvati cujusdam Theologi in excerpta Dissertationis de Trapezitis*. Ibid. Maire, 1640. *in* 8°. pagg. 48. *It.* Hagæ. C'est l'Ouvrage d'une matinée, selon une Lettre de *Saumaise* à Sarrau,

---

[1] Voy. *Sorberiana*, article *Saumaise*.

DE BOURGOGNE.

du 11. Novembre 1640. Cette Réfutation est une Satire violente contre Daniel Heinsius. Voy. *Bibliotheca Realis-Juridica* de Lipenius.

CL. DE SAUMAISE

23. *Wallonis Messalini, de Episcopis & Præsbyteris, contra Petavium Loyolitam, Dissertatio.* Ibid. Maire, 1641. *in* 8°. *It.* Leyde, 1691. selon le Catalogue du Cardinal Dubois, Tom. III. N°. 2978. si ce n'est pas une faute d'impression. Voy. Placcius, *de Pseudonymis*, pag. 614. N°. 2869.

24. *Epistola ad Beverovicium.* Dans le Traité de Beverovicius, *de Calculo*, imprimé en 1638. pag. 12. Voy. *Linden Renovatus* de Merklin, imprimé en 1686. pag. 205.

25. Dans le Traité du même Beverovicius, *de Vitæ termino*, Edit. de 1641. pag. 438. on lit une *Lettre de Saumaise*, laquelle, selon l'Imprimeur, formeroit un juste volume. On n'a publié qu'une partie de cette Lettre.

26. *De Hellenistica. Commentarius controversiam de Lingua Hellenistica decidens, & plenissimè pertractans Origines & Dialectos Græcæ Linguæ.* Leyde, Elzevir, 1643. pag. 464.

27. *Funus Linguæ Hellenisticæ, sive Confutatio Exercitationis de Hellenistis & Lingua Hellenistica.* Ibid. Maire, 1643. *in* 8°. *It.* 1644. selon le Catalogue de Nicolas Heinsius, pag. 29. Partie II. N°. 79.

28. *Epistola ad Andream Colvium, super cap. XI. primæ ad Corinth. Epist. de Cæsarie Virorum, & Mulierum Comâ.* Ibid. Elzevir, 1644. *in* 8°. pagg. 740.

29. *Epistola ad Ægid. Menagium, super Herode Infanticida, Viri celeberrimi Tragœdia, & Censura Balzacii.* 1644. *in* 4°. pagg. 77. *It.* Paris, Dupuys, 1644. & 1648. *in* 8°. *It.* à la fin du Recüeil de ses Lettres, donné en 1656. *in* 4°. par Clement.

30. ΣΠΟΥΔΟΓΕΛΟΙΟΣ. *De Coma, Dialogus primus: Cæsarius & Curtius, Interlocutores. Hæ nugæ seria ducunt.* L. B. J. M. c'est-à-dire, Lugd. Batav. Jo. Maire, 1645. pagg. 115. *It.* Roterdam, Vander Straat, 1699. *in* 8°. *cum Maimonidis Tractatu de Regibus Hebræorum*, &c. *It.* dans le X. *Fasciculus Dissertat. Crenii.* Roterdam, 1700. *in* 12. Tom. IX. Voy. Placcius, *de Anonymis*, pag. 353. N°. 1442. Sarrau, *Epist.* 117. & 123. à *Saumaise*.

31. *Observationes in Jus Atticum & Romanum.* Lugd. Bat. Maire, 1645. *in* 8°.

32. *Disquisitio de Mutuo, qua probatur non esse alienationem: Auctore S. D. B.* c'est-à-dire, *Salmasio de Burgundia.* Ibid. 1645. *in* 8°.

33. *Confutatio Diatribæ de Mutuo, tribus disputationibus ventilata, Aut. & Præside Jo. Jac. Wissembachio, in Academ. Franeker Professore.* Ibid. 1645. *in* 8°.

34. *Epistola Car. Annibal. Fabroti, Antecessoris Aqui-Sextiensis, de Mutuo, cum Responsione Cl. Salmasii ad Ægidium Menagium.* Ibid. Maire, 1645. *in* 8°. pagg. 32.

Part. II.   V v v

CL. DE SAUMAISE

35. *Simplicii Verini ad Juſtum Pacium Epiſtola, ſive Judicium de Libro Poſthumo Grotii.* Hagiopoli, apud Chriſtian. Chatarinum. 1646. *in* 4°. page 413. *It.* Argentorati, apud Jac. Chilonem, 1654. *in* 8°. C'eſt une Satire très vive contre Grotius & les Jéſuites. Placcius [1] dit que cet Ouvrage a été imprimé à Leyde. Je le crois d'autant plus aiſément, que Maire & Elzevir, Imprimeurs de cette Ville, ont imprimé un grand nombre d'Ouvrages de *Saumaiſe*.

36. *De Tranſubſtantiatione, Liber: Simplicio Verino Auctore ad Juſtum Pacium contra H. Grotium.* Hagiopoli, Typis Theodori Eudoxi (Leyde, Jean Maire) 1646. *in* 8°. pagg. 551. *Ibid.* And. Ulack, 1660. *in* 8°.

37. *Epiſtola ad Th. Bartholinum, de Cruce & Hyſſopo.* Ibid. Maire, 1646. *in* 8°. Voy. Fabricius, *Bibliogr. Antiquaria*, pag. 26. N°. III.

38. *Præfatio in Orat. Alex. Mori. I. Oratio in Calvini laudem. II. de Pace.* Genève, Gamonet, 1647. *in* 4°. *It.* Leyde, 1694. *in* 4°. Voy. les *Lettres de Sorbière*, pag. 534. *Saumaiſe* fit cette Préface au nom de l'Imprimeur.

39. *Specimen Confutationis Animadverſionum Deſider. Heraldi, ſive Tractatus de fuſcribendis & ſignandis Teſtamentis. Item de antiquorum & hodiernorum Sigillorum differentia.* Leyde, Elzevir, 1648. *in* 8°. à la fin des *ſelectæ Queſtiones Juris Arnoldi Vinnii*. Ce Traité, qui eſt curieux & utile, mérite d'être lû. On y aprend toutes les cérémonies des Anciens pour donner l'autenticité à leurs Actes. Voy. les *Mélanges curieux* de Colomiés, pag. 817. Edit. de 1709. Hambourg, *in* 4°.

40. *De Annis climatericis, & antiqua Aſtrologia, Diatribe.* Lugd. Batav. Elzevir, 1648. *in* 8°. Voy. Simon, *Bibliothèque choiſie*, pag. 50. Boëcler, *Biblioth. curieuſe*, pag. 470. & le *Muſæum* du même, pag. 46. Cet Ouvrage fournit des preuves de l'ignorance de *Saumaiſe*, au ſujet de l'Aſtrologie.

41. *Defenſio Regia pro Carolo I. ad ſereniſſ. Magnæ Britanniæ Regem, Carolum II. Filium natu majorem, Hæredem & Succeſſorem legitimum.* Londini, Typis Regii, 1649. *in* 12. pagg. 444. *It.* ibid. 1650. *in folio.* It. Roüen, 1650. *in* 8°. *It.* Leyde, Ulack, 1650. *in* 12. *It.* Paris, Franc. Noel, 1650. *in* 12. *It.* Amſterdam, 1652. *in* 12. Voy. Placcius, *de Anonymis*, pag. 25. & pag. 209. N°. 928. Boëcler, *Biblioth. curioſa*, page 676. Sarrau, pag. 222. 226. 279. 292. de ſes *Lettres*, Edit. *in* 8°. Claude le Gros, de Saint-Hilaire, ami de *Saumaiſe*, traduiſit en François, ſelon quelques-uns, l'Ecrit de ce dernier, ſous ce Titre : *Apologie Royale pour Charles I. Roi d'Angleterre, par Meſſire Claude de Saumaiſe, &c.* Il paroît néanmoins par les Lettres de Sarrau, pag. 279. Edit. *in* 8°. que cette Traduction eſt de *Saumaiſe* lui-même. *Pergas*, lui dit-il, *mittere Verſionem tuam.* Heinſius étoit auſſi de ce ſentiment, [2] auſſi bien que Patin,

---

[1] *De Pſeudonymis*, pag. 569. N°. 2518.

[2] Voy. le Catalogue de ſa Bibliothèque, Part. II. pag. 227. N°. 48. & celui du Baron d'Hoëndoff, pag. 98. N°. 1001.

à qui l'on fait dire [1] qu'il y a une Traduction Hollandoise de cet Ouvrage. On lit dans le *Journal des Sçavans*, [2] que celui qui a composé le *Traité de l'Autorité Royale*, dédié au Roi, & imprimé en 1691. à Paris, chez Cuffet, a tiré de la *Deffenfe de Saumaife*, tout le fond de son Livre, & n'a fait que traduire la première partie de la *Defenfio Regia*. Cette Deffense de *Saumaife* a été réfutée par Jean Milton, dans un Ecrit, intitulé : *Defenfio pro Populo Anglicano*. Londres, 1651. *in* 4°. On l'a loüé d'avoir bien défendu une mauvaise cause, de même que *Saumaife* est accusé par quelques-uns, d'en avoir mal soûtenu une bonne. Au reste, *Saumaife* est très mal traité dans la *Deffenfe* de Milton.

42. Placcius [3] croit que l'Epitre Dédicatoire, qui est à la tête du Livre de Loüis du Moulin, intitulé : *Clamor Regii Sanguinis*, est de *Saumaife*. Il prétend prouver son sentiment par la seconde Deffense de Milton, pag. 3. 37. & 292.

43. *Cl. Salmafii, Viri maximi, Epiftolarum Liber primus. Accedunt de laudibus & vitâ ejufdem Prolegomena, accurante Claudio Clementio.* Lugd. Batav. Adr. Wyngaerden, 1656. *in* 4°. On trouve la clé des *Epitres de Saumaife*, à la pag. 347. des *Opufcules de Colomiés*, Edit. de Fabricius, Hambourg, 1709. *in* 4°.

44. *Cl. Salmafii aliquot Literæ, quibus, quid de Daniele Heinfio quondam fenferit, apparet.* Ce sont trois Lettres assez courtes, que Guillaume Goës fit imprimer à la suite de ses *Animadverfiones in quædam capitis primi & fecundi fpeciminis Salmafiani.* Hagæ Comitis, Adrian. Ulacq, 1657. *in* 12.

45. *De re militari Romanorum, Liber. Opus pofthumum.* Ibid. Elzevir, 1657. *in* 4°. pagg. 243. *It.* dans le Xe. Tome des *Antiquités Romaines* de Grævius, pag. 1284. George Hornius a fait la Préface de l'Ouvrage de *Saumaife. Quæ de re militari Romanorum poft mortem Salmafii funt data, fefellerunt multorum fpem. Schelius hac eruditionis parte Salmafium præftat.* Tel est le sentiment de Crenius, dans ses *Animadverfions Philologico-Hiftoriques*, Part. III. pag. 127. Voy. Boëcler, *Bibliog. curiofa*, pag. 480.

46. *Ad Joannem Miltonum Refponfio. Opus pofthumum Cl. Salmafii.* Dijon, Philibert Chavance, *in* 4°. pagg. 369. *It.* Londres, 1660. *in* 8°. Cet Ouvrage fut imprimé par les soins de Claude Saumaise, le fils, qui dédia l'Ouvrage à Charles II. Roi d'Angleterre.

47. *Epiftolæ aliquot, cur fternutamentum veteribus habitum pro Deo. De Platonis loco in Timæo. Super Plinii loco, de aperiendo capite. Super loco Evangelii, de Hyffopo. De voce, Ramex & gemino Plauti loco. Refertur exemplum Calculorum è renibus. Exftat cum doctorum Virorum Epif-*

---

[1] *L'Efprit de Guy Patin*, pag. 227. Edit. de 1709.
[2] Année 1691. pag. 604. Edit. *in* 12.
[3] *De Pfeudonymis*, pag. 6. N°. 2842.

CL. DE SAUMAISE *tolis & Responsis.* Roterodami, apud Rodolph. à Nuyssel, 1665. *in* 8°. Ces Lettres avoient déja été imprimées dans le Livre, intitulé : *Joh. Beverovicii Quæstiones Epistolicæ, cum Doctorum Responsis.* Roterdam, Léers, 1644. *in* 12.

48. *Judicium de sanguine vetito.* Dans le Traité de Thomas Bartholin, intitulé : *Disquisitio Medica de Sanguine vetito.* Francofurti, apud Petrum Hauboldum, 1675. *in* 12.

49. *Stephanus Byzantinus, de Urbibus, à Salmasio quondam collatus cum Mss. codd. Palatinis & Editis.* Dans l'Edition de cet Auteur, faite par Jacques Gronovius, à Leyde, en 1694. *in folio, Saumaise* y avoit corrigé plus de 600. fautes. C'est sans raison, que Clement assure que notre Auteur avoit traduit ce Géographe en Latin dès l'âge de 15. ans. M. de la Mare, mieux instruit, prétend qu'il n'en avoit alors traduit que la moitié. L'Auteur avoit envoyé son Ms. à Holstenius, pour le faire imprimer en Allemagne ; mais on prétend que celui-ci l'égara. *Saumaise*, à la pag. 29. de son *Inscription d'Hérodes l'Attique*, dit : *Sed hæc pluribus ad Stephanum ipsum.* Dès 1608. Joseph Scaliger écrivoit ceci à Casaubon : *Stephanum Salmasii ante Autumnales nundinas proditurum non puto*, [1] & le même Scaliger écrivant à *Saumaise* lui-même, lui parle ainsi : [2] *Stephani ἐθνικά à te expectamus, si quidem parata habes.* Cette Lettre est datée de 1607. Colomiés, en sa clé des *Lettres de Saumaise*, [3] assure qu'il a vû cet Ouvrage dans la Bibliothèque d'Isaac Vossius. Voy. les *Enfans célèbres* de Baillet, pag. 288. Edit. *in* 12. & la *Bibliothèque Grecque* de Fabricius, Tom. IV. pag. 51. & suiv.

50. *De Ludis Græcorum, Jo. Meursii, cum Supplemento Salmasii.* Dans les *Antiquités Grecques*, de Grævius, Tom. VIII. pag. 341.

51. *In Censorinum, de Die Natali, Notæ & Emendationes Scaligeri, Salmasii*, &c. Cambrige, 1695. *in* 8°.

52. *Notæ in Aristeneti Epistolas.* Ces Notes composent la premiére Piéce du Recüeil, qui a pour Titre : *Acta Literaria ; quibus Anecdota Animadversionum Spicilegia Mss. quorumdam errata continentur, ex Biblioth. H. Leon. Schurfleischii, &c.* Vitebergæ, Sumptibus Ludovicianis, 1714. *in* 8°.

53. *Corrections & diverses Leçons de la Chronique d'Eusèbe ; traduite en Latin par S. Jérôme, & de la Chronique Grecque, dressée par Scaliger sur différens Fragmens, tirés des Fastes Siciliennes, ou de la Chronique d'Alexandrie de Cedrenus, & de George Syncelle.* Iene, chez la veuve de Mayer, 1715. *in* 4°. [4] L'Ecrit, intitulé : *Henrici Leon. Schurfleischii*

---

[1] *Epist. Scalig.* pag. 344. & 790.

[2] *Epist.* 244. pag. 528. Voy. aussi, pag. 529. *ibid.*

[3] *Opuscules* de Colomiés, pag. 347. Edit. de 1709. *in* 4°.

[4] Fabricius, à la pag. 35. de son IV. volume de la *Bibliothèque Grecque*, fixe cette Edition à l'année 1717. à Witemberg, *in* 4°.

Notitia

Notitia Biblioth. Principalis Vimarienfis, fait partie de ce volume. Saumaife avoit conféré cette Chronique avec quatre Mſſ. de la Bibliothèque Palatine. M. Vallarſi, à la pag. 11. de ſon Plan d'une nouvelle Edition de S. Jérôme, imprimé à Veniſe en 1732. *in* 8°. parle de la Chronologie de ce Pere, que Pontac avoit publiée, & en porte ce jugement : *El Monumento piu eſatto, e piu ampio dell' Iſtoria, ſi Soggiungerannole Emendazioni di* Salmaſio, *tratte di quatro Codici Palatini, con le Oſſervationi*, &c.

CL. DE SAUMAISE

54. Dans le ſecond Tome des Œuvres de S. Hyppolite, *in folio*, dont Fabricius a donné l'Edition en 1718. à Hambourg, on trouve quelques *Notes de Saumaiſe ſur Arnobe*. Elles rempliſſent la page 122. de ce volume, & les ſuivantes juſqu'à la page 134. A la fin, on lit ces paroles : *Cætera non abſolvit Auctor, qui hæc cùm Typographo, Arnobium ſub Prælo verſanti, imperfecta tradidiſſet, diem ſuum obiit, quo nomine omiſſa ſunt in Lugdunenſi illa Editione.* Gronovius [1] fait entendre que le *Commentaire entier ſur Arnobe eſt imprimé* ; *quem*, dit-il, *eruditiſſimis Commentariis illuſtravit.* Il en a été repris avec raiſon, par Crenius. [2] Ce *Commentaire de Saumaiſe* fut fait à l'occaſion du nom d'Arnobe, qui ſe trouve ſeul à la tête du Livre, ſans être précédé d'un prénom, ni ſuivi d'aucun ſurnom. Voy. les *Actes de Leipſic* de l'an 1718. pag. 442. les *Nouvelles Littéraires du mois de Mars* 1719. & du *mois de Février* 1720. *Riveti Critici Sacri*, pag. 240. Edit. de 1690. les *Lettres de Sarrau*, p. 52. Edit. *in* 4°. Pope-Blount, *Cenſura celebrior. Autor*, & la *Bibliothèque Latine* de Fabricius.

55. *De Secretariis, ad Chriſtoph. Juſtellum Obſervatio.* M. de Sallengre, à qui cette Diſſertation fut envoyée par le R. P. Oudin, Jéſuite, l'a inſérée dans le II. vol. de ſon *Suplément aux Antiquités Romaines*, p. 657.

56. *Catalogus Græcorum & Latinorum Mſſ. qui anno* 1622. *Operâ atque induſtriâ VV. CC. Nic. Rigaltii, Cl. Salmaſii, & Jo. Hautini, primùm perfecti, denuo recogniti & aucti fuerunt an.* 1645. *operâ & ſtudio clariſſ. Pet. & Jac. Puteanorum.* Ce Catalogue eſt imprimé dans la *nouvelle Bibliothèque des Mſſ.* du P. Labbe, pag. 269. 1653. *in* 4°. Je ſuis ſurpris qu'aucun Bibliothécaire n'ait rangé ce Catalogue parmi les Ouvrages de *Saumaiſe*. C'eſt peut-être celui de ſes Ouvrages, qui lui a le plus coûté de tems & d'aplication. Il y travailla une année entiére avec Rigault, qui en eut toute la recompenſe, ayant été gratifié par le Roi d'une penſion. M. de la Mare dit [3] que *Saumaiſe* le rédigea en 1623. Le P. Jacob, Carme, en a parlé dans ſon *Traité des plus belles Bibliothèques*, pag. 473.

J'ai parlé du Recüeil des *Lettres de Saumaiſe*. Il y en a quelques-unes qui ne ſe trouvent pas dans cette Collection. Je vais donner le détail de celles qui ſont venuës à ma connoiſſance.

---

[1] *Epiſt. ad Richer.* pag. 223.
[2] *Animadverſ. Philolog. & Hiſtor.* Part. III. pag. 176.
[3] *Vie manuſcrite de Saumaiſe.*

CL. DE SAUMAISE

57. *Fragmentum Epistolæ ad Gronovium*, pag. 157. & seqq. *Not. ad Statii Sylvas*, 1637.

Lettre Latine à Jacques-Frédéric Gronovius. A la fin de la Dissertation de cet Auteur, intitulée : *Elenchus Antidiatribes, de Usuris centesimis.* Paris, 1640. *in* 8°. Voy. *Biblioth. Leyd.* pag. 250.

Fragmentum Epistolæ ad Puteanos Fratres. Pag. 587. de la *Vie de Peiresc*, Edit. de la Haye, 1651.

Fragmentum Epistolæ ad Boxhornium. A la page. 8. de l'Apologie de Boxhornius, qui a pour Titre : *Apologia adversùs Dialogistam pro Commentario ad Agricolam Taciti.*

Epitre Françoise à Philippe Vincent, Théologien de la Rochelle, du 28. Décembre 1645. Colomiés l'a inférée à la pag. 189. & suiv. de sa *Gallia Orientalis*.

Dans les *Lettres de Sarrau*, imprimées *in* 8°. & publiées de nouveau *in* 4°. par les soins de M. Burman, il y a sept Lettres de *Saumaise* à ce premier; une à Alexandre Morus, & une autre, à Jacques Godefroy.

A la tête du Livre, intitulé : *Justi Kriex Animadversiones, de Trapezitis*, 1658. *in* 4°. on trouve trois *Lettres de Saumaise* à ce Sçavant, & quatre fragmens de *Lettres* au même. La première est réimprimée à la page 377. des *clarissimorum Virorum Epistolæ*, publiées par M. Burman.

Lettre de Saumaise à Sarrau, datée du 28. Décembre 1643. A la page 674. du Livre de Gronovius, *de Sesterciis*, imprimé en 1691. *in* 4°.

Huit *Lettres* parmi celles de Hotmans, données par Guillaume Meelius en 1700. *in* 4°.

Epistola ad Sarravium, 20. *Novemb.* 1645. Dans les *Animadversions Philologiques & Historiques* de Crenius, imprimées en 1695. *in* 12. Tom. I. Part. I. *Saumaise* fait dans cette Lettre, un parallele curieux de Grotius & de Jean-Gérard Vossius à qui il donne la préférence. On prétend que *Saumaise* fit cette Lettre par un mouvement de jalousie contre Grotius. Voy. Bayle, *Dictionnaire Critique*, article *Grotius*, & la Note de M. de la Monnoye sur l'*Antibaillet*, Edit. de 1730. *in* 4°. pag. 11. où il explique fort au long le sujet de cette Lettre.

Epistolæ tres ad Godot. Jungermannum, ex Autographis. Dans le *Trimestre VII. Monumentorum ineditorum* J. F. Felleri. Ienæ, 1716. Voy. la IVe Pièce, & les *Nouvelles Littéraires*, Tom. III. pag. 402.

Les Ouvrages qui suivent, sont des Editions des *Variorum*, dans lesquelles on a inféré quelques Notes de *Saumaise*. Je les ai mis par ordre, & j'ai commencé par les Poëtes.

58. *In Plautum. Edente Boxhornio.* Lugduni Batavorum, 1645. *in* 8°. Fabricius, dans sa *Bibliothèque Latine*, dit : *Emendationes ad Plautum, per Salmasium, in Bibliotheca Leydensi.* C'est peut-être sur ce Ms. qu'a été faite cette Edition.

59. *Virgilius, edente Schrevelio.* Lugd. Batav. apud Hackios, 1646.

& 1652. *in* 8°. réimprimé ensuite une infinité de fois.

60. *Vitruvius cum Latii, Salmasii, &c. Notis.* Amsterdam, Elzevir, 1649. *in folio.*

61. *Martialis.* Lugd. Batav. 1656. *in* 8°.

62. *Horatius.* Ibid. Hackius, 1658. *in* 8°.

63. *Juvenalis & Persius, edente Schrevelio.* Utrecht, 1685. *in* 4°.

64. *Hesychius.* Lugd. Batav. Hach, 1668. *in* 4°. Voy. la *Bibliothèque Grecque* de Fabricius, Tom. IV. pag. 543. & 552.

65. *Plinius, cum castigationibus Salmasii.* Elzevir, 1635. & 1669. 3. vol. *in* 12. It. Roterodami, apud Hackios, 1669. 3. vol. *in* 8°.

66. *Plinii Epistolæ.* Amsterdam, Hackius, 1669. *in* 8°. It. ibid. 1675.

67. *Suetonius, edente Schildio.* Lugd. Batav. 1652. 1662. 1667. & 1668. Cette derniére Edition parut à Leyde, *in* 12. par les soins de Jacques Gronovius. Voy. la *Bibliothèque Latine* de Fabricius.

68. *Valerius Maximus.* Ibid. Hack, 1670. *in* 8°.

69. *Arnobii Afri, adversùs Gentes Libri VII. cum recensione Viri celeberrimi.* Ibid. 1645. *in* 8°. It. *ibid.* Maire, 1651. *in* 4°. L'Editeur dit dans sa Préface : *Exemplar ante aliquot annos nacti sumus, manu Viri celeberrimi emendatum, cujus eruditio & fama in his Artibus, quæ ab humanitate nomen habent, Principatum tenent, &c.* Ces termes désignent Saumaise, à qui l'on attribuë cette Edition dans la *grande Bibliothèque Ecclésiastique*, imprimée à Genève en 1735. *in folio.* Voy. la page 624. N°. X. où les Auteurs de cet Ouvrage donnent des preuves de leur sentiment, & la *Bibliothèque Latine* de Fabricius, qui attribuë aussi cette Edition à *Saumaise.*

70. *Sulpicius Severus, edente Hornio, &c.* Amsterdam, Franc. Hack, 1647. *in* 8°. It. ibid. 1654.

71. *Lactantius, per Servatium Gallæum.* Lugd. Batav. 1660. *Salmasii Usus Schedis,* dit Fabricius, dans sa *Bibliothèque Latine.*

72. *Justini Apologia I^a. pro Christianis, ad Antonium Pium, cum Notis Roberti & Henrici Stephanorum, Grotii, Salmasii, &c.* Oxoniæ, 1699. *in folio.* It. *ibid.* 1701. 1703. & 1715. *in* 8°.

73. *Corpus Juris Civilis.* Amsterdam, Hack, 1663. *in folio,* 2. vol. *It.* Lugd. Batav. Elzevir.

74. *Apicii Cælii, de Obsoniis & Condimentis, sive de Arte coquinaria, Libri decem.* 1705. *in* 8°. « Le Livre étoit devenu fort rare, disent » les Journalistes de Trevoux. [1] Le Docteur Lister a eû soin de la nou-

---

[1] *Octobre* 1705. pag. 1816.

» velle Edition, & a joint au texte, une Préface fort ample fur l'Auteur, & » les diverfes Leçons du Livre, fes Notes avec celles d'Humelbergius, de » Barthius, de Nonnius, de Cafaubon, de *Saumaife*. L'impreffion eft » belle ; on n'en a tiré que fix-vingt exemplaires ; ainfi l'Ouvrage n'en de- » viendra guéres plus commun. » Les mêmes Journaliftes avoient dit plus haut qu'en Angleterre, des Gens de qualité avoient fait imprimer ce Livre à leurs dépens. *It*. Amfterdam, Waesberg, 1709. *in* 8°.

75. *In Julium Pollucem Caftigationes*. Dans l'Edition de cet Auteur, faite à Amfterdam, en 1706. *in folio*, 2. vol. Voy. Fabricius, *Bibliothèque Grecque*, Tom. IV. pag. 490. & Bernard, *Nouvelles de la République des Lettres*, Décembre, 1700. pag. 697.

76. *Strabonis Geographia*. Ibid. 1707. *in folio*, 2. vol. Dès 1644. Jean *Bodæus à Stapel*, avoit cité dans fon *Théophrafte*, pag. 427. & ailleurs, les corrections de *Saumaife* fur Strabon.

77. *Pervigilium Veneris*, ex Editione Pithæi, cum *J. Lipfii*, *Salmafii*, *& Scriverii Notis*. La Haye, 1712. & 1717. *in* 8°.

78. *Carmina & Fragmenta Carminum Familiæ Cæsareæ*; *hoc eft*, *Cæsaris Germanici*, *quæ exftant Opera omnia*, *cum Latina*, *tum Græca*, *nunc primùm conjunctim edita*, *cum Commentariis integris* H. *Grotii*, *Notis Guill. Morellii*, *& Cl. Salmafii*, &c. edente Jo. Conr. Schwartz. Cobourg, Maurice Hagen, 1715. & 1716. *in* 8°. Voy. le *Journal des Sçavans du mois d'Août* 1717. pag. 224. Edit. *in* 12.

79. *Obfervationes & Emendationes in Codicem Ecclefiæ Africanæ Juftelli*. Tom. IV. *Jo. Chriftoph. Wolfii Anecdota Græca*, *Sacra & Profana*, *nunc primùm edita*. Hambourg, Felginer, 1724. *in* 12. Ces Remarques de *Saumaife* étoient en Mf. fur un exemplaire de la première Edition du Code des Canons de l'Eglife d'Afrique, que Juftel fit imprimer en 1615. à Paris. Cet exemplaire apartenoit au fçavant Jean-Albert Fabricius, qui y reconnut la main de *Saumaife*.

80. *Quintus-Curcius*, edente D. *Suakemburgio*, *cum Notis variis*. Lugd. Batav. 1725. *in* 4°.

OUVRAGES MANUSCRITS DE SAUMAISE,
qui étoient chez M. de la Mare. [1]

1. *De Pœnitentia & Exomologefi Veterum*. Petit *in folio* d'environ 20. pages. C'eft un Recüeil tiré des Conciles & des Peres.

2. *Adverfaria Linguæ Arabicæ*. In folio d'environ 200. pages.

3. *De variis Græcorum Dialectis*. *De Mimis & Fabulis*. *Varia de vef-*

---

[1] Je les vis au mois de Juin 1716. & j'en tirai les Titres fur les originaux. M. de la Mare, dans fa *Vie Mf. de Saumaife*, a parlé de plufieurs Mff. de ce Sçavant, qui ont été égarés. Clement & M. de la Mare en avoient promis l'Edition. Voy. *Epift. Sarrau ad Salmaf.* pag. 73. Edit. de M. Burman, *in* 4°, & breve *Apologet. Marefii pro Salmafio*.

DE BOURGOGNE.   CL. DE SAUMAISE

tibus & coloribus. Vasorum genera varia. Variæ Lectiones in Librum Aldelmi, de laudibus Virginum. Varia excerpta ex Luitprando, de rebus per Europam gestis. De Cippis & Codicibus. Variæ Lectiones in Abdiam, ex vet. Cod. in Historiam S. Clementis; excerpta ex vet. Cod. Mf. in quo continetur Vita S. Johannis Apostoli Dendrophori. Telesmata & Apotelesmatici. Varia, de speculis domus, de scamnis estrigis ad rem militarem pertinentia. Il y a plus d'ordre dans ces derniers Traités que dans le reste de cet Ouvrage. *Varia ad rem Grammaticam pertinentia. De Equuleo, variæ Lectiones in Claudianum Mammextum, ex vet. Cod. Varia ad rem militarem & tacticam pertinentia. Varia Carmina ex Græco Latinè reddita. Sententiæ.* Gros in folio.

4. *Excerpta ex Etymologico Suidæ, nondum publicato, nobis (Salmasio) ex Bibliotheca Palatina communicato. Glossæ veteres variæ, Glossæ Græco-Latinæ. Glossæ usque ad literam B. excerpta ex vet. Glossis, usque ad literam D. Glossæ Græco-Latinæ.* In 4°. épais de deux doigts.

5. *Exoticarum Observationum Adversaria.* In 4°. de la grosseur du précédent.

6. *Notata in varios Authores Græcos & Latinos.* In folio épais d'un doigt.

7. *Notata in Auctores Finium Regundorum. Variæ Lectiones in Plinium. Glossæ Græcæ, seu potiùs index Epigrammatum Anthologiæ Glossæ Latinæ. Notata in Epigrammata Græca. Varia in Festum, Isidori Glossas, & excerpta Pithœi è Glossario Latino. De Jure annulorum aureorum. Variæ Sententiæ Morales, ex Mf. Cod. Bibliot. Petri & Jacobi Puteanorum Fratrum.* Petit *in* 4°.

8. *Fragmenta ex Poëtis Græcis, & excerpta ex Apollonio Grammatico, ex Libro Constantini Porphyrogenetæ. De Virtutibus & Vitiis. Excerpta ex Diodoro Siculo Theophili quædam. Excerpta ex Jo. Damasceno varia. De Tutela Navis & Parasemo. Varia addenda Notis ex Plinio. Incertus Author in Cosmographia. Varia, errores Plinii in Græcis. Excerpta ex Geodesia Bulgariæ Cartophilacis. Iambici Versus, de studiis Constantini Porphirogenetæ. Colores recepti in Scutis.* Mf. Grec *in* 4°. épais d'un doigt.

9. *Nota in Symmachi Epistolas.* Petit *in* 4°.

10. *Glossæ Græco-Latinæ. Varia. Glossæ Græco-Latinæ excerptæ ex veteribus Glossis Cl. Puteani, Senat. Parisiensis. Varia. Glossæ, excerptæ ex veteribus Glossis.* Petit in 4°.

11. *Cl. Salmasii Epistolæ septem ad Christinam Reginam. Ad Elikmannum Epistolæ undecim. Ad diversos Epistolæ quinquaginta.* In 4°.

12. *De Notis vet. quibus usi sunt veteres Critici in legendis & recensendis Libris. De Aureo Justiniano. Nota in Libros V. & XII. Plinii Histor. Natural. Variæ Lectiones in Libros Rhetoricorum ad Herennium. In septem Ovidii loca. In Anacreontem conjecturæ & variæ Lectiones. In Anasta-*

Part. II.   Zzz

CL. DE SAUMAISE

fii Vitas Pontif. [1] *In quædam capita Pomponii Melæ, Lib. I. C.* 3. 4 5. 6. 7. 8. *& 9. In Macrobium, C.* 2. *& suiv. Variæ Lectiones in Dolabellam, & Latinum, de Agrorum limitibus. Excerpta ex Glossario Medico. Variæ Lectiones, & excerpta in Thimothei & Nicodemis Iatro Sophistæ Botanico Lexico, & aliis Lexicis similibus. In Canonica Thimothei Responsa, apud Balsamonem edita, p.* 1060. *edita & quædam SS. Athanasii & Basilii. Variæ Lectiones ex vet. Cod. in Martialem.* In 4°.

13. *De Acia & Fibulis Antiquorum.* Dédié à Jacques Dupuys. *In* 4°. de plus de 200. feüillets.

14. *De Militia.* In 4°. aussi gros que le précédent. Voy. la *Vie de Peiresc*, par Gassendi, pag. 297.

15. *De Cæsarie Virorum, & Mulierum Coma. Epistola Dedicatoria Lectori Cæsariato Batavo, Dialogi III.*

16. *De Interpretatione Tertulliani, de differentia Presbyterorum & Plebis.* In 4°. d'environ 40. pages. Voy. *Epist. Salmasii ad Dallæum*, page 24. & 25. où l'Auteur fait mention de cet Ouvrage.

17. *Varia in Prisciani Librum, de Ponderibus, de Argenteis, quæ Judas Proditor accepit.* [2] On trouve dans ces Traités plusieurs choses sur les Monnoyes anciennes. *De instrumentis Musicis. Notata in Juvenalem. Locus Ephraim, de Paradiso, ex Georgio Syncelle, Salmasii manu.* 1607. *Variæ Lectiones in Phornutum & Palæphatum, & in Gregorium Wazianzenum.* Ces dernières Notes sont peu de choses. *In folio.*

18. *Fragmentum de Papilionibus.*

AUTRES OUVRAGES MANUSCRITS DE SAUMAISE.

1. Traduction du premier Pseaume en Vers Grecs, & du premier chapitre des Lamentations de Jérémie en Vers Latins. *Græcam, eamque Hexametron in primum Davidis Psalmum Metaphrasim, sed & Latinam ejusdem generis in primum caput Threnorum Jeremiæ vidi,* dit Jacques Guijon, dans une Lettre datée de 1604. adressée au Traducteur, & insérée à la pag. 45. des *Ouvrages des Guijons*, publiés par les soins de M. de la Mare. Benigne Saumaise avoit communiqué cette Version à Jacques Guijon. Serrau, qui avoit vû ces deux petites Poësies, engage l'Auteur [3] à ne point laisser périr de si beaux monumens de sa piété, & de ses talens pour la Poësie.

2. *Pindare traduit en Vers Latins.* L'Original est conservé à Dijon dans la Bibliothèque de M. Thomas d'Islant, qui apartenoit autrefois à Jacques-Auguste de Chevanes, Avocat au Parlement de Dijon. Fabricius [4] a re-

---

[1] *Saumaise* a fait quelques corrections sur *Anastase*, insérées dans les Editions de Paris & de Mayence.

[2] Voy. *Exercit. in Solin.* pag. 1143. & *Epist.* 49. *Salmas. ad Peyresc.* où il assure que cet Ouvrage est tout prêt.

[3] *Epist.* pag. 84. Edit. *in* 8°.

[4] *Biblioth. Græc.* Tom. I. pag. 556.

pris mal-à-propos Baillet, d'avoir dit [1] que *Saumaise* a traduit tout Pindare. *Certè Pindari Versio*, ajoûte-t-il, *Salmasio Auctore, nunquam vidit lucem.* Si cette raison étoit bonne, il faudroit nier l'existence d'un grand nombre de Mss.

3. *Traduction de la Liturgie Copte-Arabique, pour la placer dans la Discipline Ecclésiastique.* M. de la Mare en parle dans sa *Vie Ms. de Saumaise.* Voy. *Salmasii ad Dallæum*, *Epist.* 32. pag. 72. Plusieurs Sçavans Catholiques & Protestans, qui ont vû cette Traduction, se sont plaints que *Saumaise* s'est trompé dans la Version de cette Liturgie, & qu'il a sur-tout mal traduit la prière de l'Invocation, qui est regardée par les Cophtes, comme la forme de la Consécration; & que *Saumaise* en entreprenant cette Traduction, a tenté une chose au-dessus de ses forces. Voy. Renaudot, *Liturgiar. Oriental. Collectio*, Tom. I. pag. 306. l'*Europe Sçavante*, Tome XI. pag. 43. & le P. le Brun, *Explication des Cérémonies de la Messe*, Tom. II. pag. 478. & 508.

4. *Dioscoride, avec des Commentaires sur chaque chapitre.* « Il y aura, » dit Patin, [2] beaucoup d'Hébreu & d'Arabe, à ce que m'a dit M. de » *Saumaise* lui-même. Il sera Grec-Latin, grand *in folio*. »

5. *Correctiones ad Harpocrationem.* Elles sont citées dans la *Vie* Ms. de *Saumaise*, par M. de la Mare.

6. *Notæ in Geoponica.* Voy. pag. 195. *Plutarchi, de Fluminibus*, par Maussac.

7. *Anthologie copiée par Saumaise, sur les Mss. de la Bibliothèque Palatine.* Voy. la *Bibliothèque Choisie* de Jean le Clerc, Tom. VII. p. 210. Il y a plusieurs copies de cet Ouvrage, plus ou moins amples les unes que les autres. Clement [3] vante fort celle qu'il a vuë: *Infinitis locis auctior*, dit-il, *Latina item interpretatione & luculentis annotationibus illustrata.* Voy. *Not. ad Trebell. Pollionis Claudium*, cap. V. Tom. II. pag. 261. *Ad Tertullian. de Pallio*, pag. 262. & *Scaliger*, *Epist.* 245. pag. 527. & seq.

8. *In Ammianum Marcellinum Notæ.* Elles étoient chez M. de la Mare, en marge d'un exemplaire de cet Auteur, de l'Edition donnée par Lindemborg, à Hambourg, en 1609. *in* 4°. *Saumaise* vouloit faire imprimer cet Historien, *y ayant rencontré*, dit-il, *tout plein de belles choses, & dignes d'être vuës.* V. Sarrau, *Epitre* à Dupuys, & la *Bibliothèque Latine* de Fabricius, qui assure que le Ms. des *Notes sur Ammien Marcellin*, étoit à Paris, chez M. Mentel, & que Cuper les y avoit copiées. [4] Peut-être *Saumaise* en avoit-il communiqué l'original au Médecin Mentel. Quoiqu'il en soit, j'ai vû chez M. de la Mare, les *Notes de Saumaise*, insérées sur l'exemplaire dont j'ai fait mention.

---

[1] *Enfans célèbres*, pag. 277. Edit. *in* 12.
[2] *Lettre XXIII. à Charles Spon*, Tom. I. pag. 91.
[3] *De laudibus & vita Salmasii*, pag. LXVII.
[4] *Bibliotheca Latina*, Tom. II. pag. 102. Edit. de Venize, 1728. *in* 4°.

CL. DE
SAUMAISE

9. *Tractatus Theologici Miscellanei. Ingens volumen in* 4°. Ce sont les termes de Clement, qui en fait un grand éloge. Je crois que Clement a loüé un peu trop les Mss. de *Saumaise*. Ceux que j'ai lûs chez M. de la Mare, ne me paroissent pas mériter toutes les loüanges que ce Panégyriste leur donne.

10. *Commentarius de Officiis Domus Augustæ. Opus ingens*, dit Clement.

11. *De Ordine Monastico.*

12. Desmaretz cite [1] une Lettre de *Saumaise*, du 15. Avril 1646. dont voici les termes. *Habeo quatuor Dialogos jam paratos ante sex menses. Prior inscribitur* Κομῄτης. *Alter* Φυσιόλογος. *Tertius* Γραμματικός. *Ultimus* Σελμιακὸς *jam diu forent impressi, nisi Liber D. Sphanhemii Typographi mei Prælum per totam præteritam hyemem occupasset*, &c. *Nunc autem illis aliquid debeo inserere quod spectet nobilitatem meam, quando quidem de re ascripsit* (*Dematius.*) Cet Auteur avoit écrit contre son Livre, *de Coma*. Dans une Lettre du 15. Août de la même année, *Saumaise* fait encore mention de ces Dialogues, en ces termes : *Ferè constitueram eos supprimere, sed Canes solvam & dimittam.*

13. *Explication d'un Lieu d'Ammian Marcellin, touchant la Gaule, par les Sieurs de Saumaise & Damzon.* Cod. 34. Mss. Dupuy.

14. *De Usuris Justinianeis.* Dans une Lettre écrite à Descartes, le 22. Novembre 1639. il parle de ce Traité. Et à la page 81. de sa Dissertation, de *Fœnore Trapezitico*, il dit : *Ut pluribus sumus dicturi in tertio de Usuris Justinianeis volumine.* Il promettoit ce Traité dés le commencement de l'année 1634.

15. *Diatriba de Vita Josiæ Merceri.* Elle fut brûlée par l'obéïssance indiscréte de Madame de Saumaise, aux ordres de son mari. Colomiés s'est trompé [2] en disant que *Saumaise* promettoit la Vie de Mercerus, mais que la mort l'avoit empêché de tenir parole. Teissier, qui en fait mention [3] comme d'un Ouvrage fini, ignoroit aparemment le sort qu'il avoit eû, puisqu'il dit qu'il n'est pas encore imprimé, au lieu de dire qu'il étoit péri.

16. *Notæ in antiquas Inscriptiones Græcas.* Elles étoient chez M. de la Mare. L'Auteur lui-même, [4] en raportant l'Inscription de Chindonax, ajoûte : *Qua de Inscriptione nos fusiùs in Editione Græcarum Inscriptionum.* Voy. le *Menagiana*, Tom. III. pag. 221.

17. *De Notis Græcorum Arithmeticis.* C'est une Lettre à Ismaël Boüillaud, que j'ai vuë chez M. de la Mare.

18. *Traité de la Milice Romaine.* C'est une Traduction abregée de son

---

[1] Vide *Apologeticon pro incompar. Salmasio.*
[2] *Mélanges curieux*, pag. 821. Edit. in 4°.
[3] *Catalogue Latin des Auteurs.* &c. Tom. II. pag. 49.
[4] *Eucharisticon, de Suburbicariis*, &c. pag. 558.

Ouvrage

DE BOURGOGNE. 273

Ouvrage Latin sur la même matière. Il la fit en faveur du Prince d'Orange. Elle contient 140. pages *in folio*. L'original étoit autrefois chez Loüis Saumaise, de Saint-Loup, fils de l'Auteur. M. Lantin, Doyen du Parlement de Bourgogne, en a une copie. *Saumaise* vouloit faire imprimer cette Version, comme il paroît par ces paroles : [1] *Brevi, ut spero, proditurus*. Elle est loüée dans une Lettre Mss. de Sorbière à M. de la Mare, datée du 11. Novembre 1661. laquelle j'ai vuë chez ce dernier.

CL. DE SAUMAISE

19. *Apologia contra Miltonum*. M. de la Mare promettoit de le donner au Public.

20. *De Stipendio Commentariolus*. Saumaise l'envoya à Sorbière. Celui-ci remit à Joseph Suarès, Evêque de Vaison, qui le fit passer dans la Bibliothèque Barberine. L'Auteur fait mention de ce Traité à la pag. 242. de son Livre, *de re militari Romanorum*.

21. *Exercitatio de Scriptis Plinianis*. Je ne sçais si c'est le même Ouvrage que son *Jugement sur Pline*, imprimé dans ses *Exercitations sur Solin*.

22. *De re vestiaria*. Le Mss. étoit chez M. de la Mare, qui y avoit ajoûté un autre Ouvrage de *Saumaise, de Coloribus*. Il parle de ce dernier Traité dans une Lettre [2] à Peiresc, où il nous aprend que dès 1634. il en avoit composé un juste volume, prêt à voir le jour. On croit qu'il est perdu. A l'égard du Traité, *de re vestiaria*, dont l'Auteur fait mention en plusieurs endroits de ses Ouvrages, [3] M. Dacier y renvoye. Mais je n'ai pû découvrir où se trouve ce Mss. Voy. le *Menagiana*, Tom. IV. pag. 61. & la Vie de Peiresc, pag. 297. Edit. *in* 4°.

23. *Ad Suidam Notæ*. Fabricius assure [4] qu'il a vû ces Notes dans la Bibliothèque de Gudius.

24. *De l'origine des Armoiries*. On déroba ce Traité à *Saumaise*.

25. *Dissertatio de Monetis*. Cod. 561. Mss. Dupuys.

26. *De ponderibus & mensuris Veterum*. Cod. 667. *ibid*.

27. Ménage, à la page 5. de son *Antibaillet*, dit qu'il a plusieurs Dissertations de *Saumaise*. Jacques Guijon en avoit aussi quelques-unes.

28. *Epithalame*. Il en est fait mention en ces termes, dans une Lettre de Jean Cabelavius à *Saumaise* : *Mitto nunc ecce Epithalamium tuum, perelegans & venustum totum in nuptias olim nostras pleno conditum affectu. Cu-*

---

[1] *Prolegom. ad Lib. de Homonymis Hiles Iatricæ*.

[2] *Salmas. Epist*. pag. 109.

[3] *Not. ad Trebell. Poll. Claudium*, pag. 405. col. II. *Sic emendari*, dit-il, *in Commentario meo de re vestiaria. Not. ad Vopisc. in Carin*. cap. 22. *Salmas. ad Tertull. de Pallio*, pag. 80. où il donne un essai de ce Traité. M. Lantin en a fait aussi mention dans sa Préface *ad Prologom. de Homon. Hiles, &c*. Voy. *Salmas. Epist*. 60. *ad Gronov*. Vossius, *Epist*. 237. pag. 103. & 109. Grotius, *Epist*. 368. & 418. *Acta Lipsic*. Tom. VIII. pag. 24. & Fabricius, *Bibliogr. antiquor*. pag. 546.

[4] *Bibliothèque Grecque*, Tom. II. pag. 703.

Part. II.   A a a a

rabo hoc igitur recudi, te volente tamen & sinente. Voy. Gall. Oriental. Colomesii, pag. 203.

29. *Lettre à Wiquefort sur la paix de Munster*. Elle étoit chez M. de la Mare.

30. *Lettre sur un tremblement de terre, arrivé en Hollande, & autres merveilles en* 1640. Cod. 550. Mss. Dupuys.

31. *Epistolæ Cl. Salmasii, Dan. Heinsii, &c.* Cod. 583. ibid.

32. *Lettres de Saumaise, parmi celles des grands Hommes*. Mss. cod. 135. Biblioth. Hoëndorff, pag. 256. des Mss.

33. Patin, dans une Lettre à Charles Spon, [1] s'exprime ainsi : « Daillé a dit à M. Duprat, notre ami, qu'il ramasse de tout côté les Epitres Latines de feu M. de *Saumaise*, autant qu'il s'en peut trouver, afin de les faire imprimer en Hollande. Il y a d'honnêtes gens en Hollande, qui travaillent au même dessein, de leur côté, & qui en ont déja beaucoup. Le fils de M. Sarrau en a, lui tout seul, plus d'un cent de fort belles qu'il donne. » *Saumaise* & Sarrau s'écrivoient une fois la semaine. Voy. les Lettres de ce dernier, pag. 85. Edit. *in* 4°.

34. M. Burman nous fait connoître un nouveau Recüeil des *Lettres de Saumaise*. Voici comme il en parle : [2] *Optassem, & majori beneficio orbem Literarum devincerem, simul cum his Sarravianis ex penu literario Rev. Viri Auslarii, apud Virum doctissimum Scalbruggium, Gymnasii Moderatorem asservari intellexeram. Sed cum isti labori jam se accinxerit doctiss. Scalbruggius, de illis exitio ereptis, & brevi publicè exponendis harum rerum Amatores securos esse jubeo.*

35. On lit dans le *Menagiana*, qu'une Nièce de M. de Peiresc, avoit un Cabinet plein de Lettres de Sçavans, dont cette fille se servoit pour allumer son feu. Ménage nous assure que des Lettres qui périrent par la simplicité de cette fille, il regretta principalement celles de *Saumaise*. Plus bas, il ajoûte qu'il se souvient d'avoir écrit en 1663. à M. Huet, qu'un habile homme de Leyde, s'en retournant de France en Hollande, fut volé par des Soldats, qui enlevérent tous ses papiers, parmi lesquels il y avoit plusieurs Lettres anecdotes de *Saumaise*, la plûpart originales. M. le Président de Mazaugue, conserve 45. Lettres originales de *Saumaise* à Peiresc, & cinq du même *Saumaise* à Dupuys. *Geneva publicabitur,* [3] dit M. Leibnitz, *volumen Epistolarum in quibus ultra triginta nuncupantur Salmasiana multùm habentes bonæ frugis.* Masson [4] parle d'un Recüeil de *Lettres de Saumaise*, qui étoit chez un Sçavant de Paris.

36. Lettre écrite à Claude-Barthelemi Morisot, de Dijon, où *Saumaise*

---

[1] *Lettre* 94. du 15. Octobre 1653. Tom. 1. pag. 144.

[2] *Præfat. Pet. Burmanni ad Epistolas Marq. Gudii & Sarravii*, 1697. in 4°.

[3] *Miscellanea Leibnitiana*, N°. 140.

[4] *Histoire critique de la République des Lettres*, Tom. XV.

lui parle de son *Orbis Maritimus*. Je crois que cette Lettre est supofée par Morisot, violemment soupçonné de fabriquer la plûpart des Lettres des Sçavans, qui lui sont adressées.

37. Morhofius, à la page 192. de son *Polyhistor*, assure qu'il y a beaucoup de *Lettres de Saumaise*, dans la Bibliothèque de Gudius.

38. Frafulgentio, pag. 228. de sa *Vie de Frapaolo*, traduite en François, & imprimée l'an 1646. parle des *Lettres de Saumaise* à ce fameux Théologien de Venise.

39. Clement avoit promis au Public un second & ample Recüeil des Lettres de *Saumaise*. Voici comme il en parle aux pages 46. & 64. de l'Eloge de ce Sçavant . *Propè diem*, (*si Deus volet*) *Libros* (*Epistolarum*) *II. & III. quos habeo paratos simul cum altera parte hujus voluminis ad annum usque 1640. producta Typographis exibebo*. C'est dommage que la mort de Clement ait empêché l'exécution de ce dessein. Bayle, [1] touché de cette perte, avoit écrit à un Médecin de Ziric-zée, qui avoit épousé la fille ou la sœur de Clement, pour s'informer de lui, s'il n'avoit pas les Ouvrages Mss. de *Saumaise*, dont Clement étoit possesseur. Ce Médecin répondit qu'il n'en avoit aucuns, & que pour en aprendre quelque chose, il falloit s'adresser à un Ministre de Leyde, à qui la plûpart des papiers de Clement, échûrent, & qui les laissa périr.

40. Amirault disoit en 1649. [2] *Habeo penes me Literas illustriss. & incompar. Salmasii*. Voy. Colomiés, *Gallia Orientalis*, pag. 206.

41. J'ai lû dans un Mémoire de M. de la Mare, pour la Vie de *Saumaise*, que Ménage avoit envoyé en Hollande, 40. *Lettres de Saumaise, à lui écrites pour les imprimer, & qu'elles firent naufrage*.

42. J'ai vû chez le même M. de la Mare, une Lettre Mss. de M. Huet à ce Sçavant, datée du 23. Juin 1674. où il lui aprend qu'il a un grand nombre de Lettres de *Saumaise*, qui étoit, dit-il, fort exact à faire réponse aux Lettres de ses amis. « Quoique je ne fusse alors, ajoûte-t-il, lorsque j'étois » en Hollande, qu'un petit garçon sortant du Collège, je ne lui ai pour- » tant jamais écrit un billet sans réponse. »

Dans le *Mercure de France*, Novembre 1723. pag. 955. il est dit que Samuel Luchtman, Imprimeur de Leyde, vouloit imprimer par souscription des Lettres de Juste Lipse, qui n'ont jamais été communiquées au Public, & qu'on devoit y joindre les Lettres de Grotius, de *Saumaise*, &c. à Lipse, & que ce Recüeil, qui seroit publié par M. Burman, formeroit trois volumes *in* 4°. Il parut *in* 4°. en 1727. en 5. vol. mais on n'y trouve pas une seule Lettre de *Saumaise*.

43. M. Huet parle [3] des Remarques de *Saumaise* sur le *Phaleg* de Bochard, *auſquelles*, dit-il, *l'Auteur acquiesça*.

---

[1] Voy. ses *Lettres*, pag. 45. 180. & 190.
[2] *Compellat. ad Philipp. Vincent*, pag. 33.
[3] *Dissertations*, Tom. I. pag. 194.

BIBLIOTHEQUE DES AUTEURS

CL. DE SAUMAISE

LIVRES IMPRIMÉS, QUI ETOIENT A DIJON, chez M. de la Mare, notés de la main de Saumaise. [1]

1. *Jamblicus, de Vita Pythagoræ, Græcè-Latinè editus.*

2. *Avetii Theodoreti,* &c. Paris, Commelin, *in* 4°. Les Notes de Saumaise sont très amples.

3. *Historia Augusta Casauboni.* Paris, 1630. *in* 4°. Notes très amples.

4. *Vegetius,* &c. *de re militari, per Slewechium & Modium.* Anvers, Rapheleng, 1607. *in* 4°.

5. *Tertullianus, de Pallio.*

6. *Nonnius Marcellus, de proprietate Sermonum.* Ibid. Plantin, 1565. *in* 8°.

7. *Terentius.* Lyon, Griphe, 1550. *in* 8°. Notes assez amples.

8. *Apuleius.* Leyde, 1588.

9. *Anthologia.* Paris, Henri Etienne, 1566. *in* 4°.

10. *Dioscorides Græco-Latinus.* Paris, Birckman, 1549. *in* 8°. Les Notes sont presque toutes tirées de l'Arabe.

11. *Novum Testamentum, tribus columnis.* Ibid. Henri Etienne, 1580. *in* 8°. Saumaise y a marqué une division de versets. Il prétendoit, avec raison, que celle qui est en usage, & que Robert Etienne fit dans son voyage de Lyon, devoit être changée. Voy. *Præfat. Henr. Stephan. ad Concord. Græc. Nov. Testam.*

12. *Plautus Lambini.* Lyon, Griphe, 1587. *in* 8°. 2. vol.

13. *Novum Testamentum Arabicum Leipenii.* Leyde, 1616. *in* 4°.

14. *Pentateuchus Arabicus.* Leyde, Jean Maire, 1622.

15. *Glossaria Henrici Stephani.* 1573. *in folio.* Notes très amples.

16. *Anthologia Jo. Brodæi.* Francfort, 1600. *in folio.* Saumaise y a écrit plusieurs Variantes, tirées de la Bibliothèque Palatine, & un grand nombre d'Epigrammes.

17. *Arrianus, de Expeditione Alexandri, Græco-Latinus.* Paris, Henri Etienne, 1575. *in folio.*

18. *Herodotus Græcè editus.* Bâle, 1541.

19. *Athenæus Græco-Latinus,* (*edente Casaubono.*) Paris, Commelin, 1598. *in folio.*

20. *Etymologicum magnum Gr.* Apud Aldum, 1549.

21. *Senecæ Opera.* Paris, Commelin, 1593. *in folio.*

---

[1] Je suis ici le rang que ces Livres occupoient dans l'armoire où ils étoient enfermés. Ils sont à présent dans la Bibliothèque du Roi, depuis la vente des Livres de M. de la Mare, faite en 1719. à Ganeau, Libraire de Paris.

DE BOURGOGNE.

CL. DE SAUMAISE

22. *Tertullianus.* Franekeræ, 1597. *in folio.*

23. *Suetonii Cæsares.* Paris, Cramoisy, 1610. *in folio.*

24. *Firmici Materni Astronomicon.* Bâle, 1533. *in folio.*

25. *Cassandra Lycophron.* Bâle, 1546. *in folio.*

26. *Dio Cassius.* Paris, Robert Etienne, 1548. *in folio.*

27. *Glossaria duo Græc. Lat. cum Annotationibus H. Stephani.* Paris, 1573. *in folio.*

28. *Historia Sarracenica Elmacini Arab. Lat.* Leyde, 1626. *in folio.*

29. *Alex. Tralliani, Lib. XII.* Paris, Robert Etienne, 1545. *in folio.*

30. *Rhases, de pestilentia. Græcè.* Sans date, *in folio.*

31. *Nicandri Alexipharmaca Græc. Lat.* Paris, 1557. *in* 4°.

32. *Lycophronis Alexandra. Græc. Lat.* Genève, 1601. *in* 4°.

33. *Onozandri Stralegeticus. Græc. Lat.* 1599. *in* 4°.

34. *Apollonii Argonautica Græc. Henr. Stephani.* 1574. *in* 4°.

35. *Artemidori & Achmetis Ænirocritica. Græc. Lat.* Paris, 1603. *in* 4°.

36. *Æschili Tragœdiæ Græc. cum Scholiis Græcis.* Paris, Henri Etienne, 1557. *in* 4°.

37. *Manuelis Moschopuli, de ratione examinandæ orationis, Libellus,* Gr. Ibid. Robert Etienne, 1545. *in* 4°.

38. *Florilegium diversorum Epigrammatum Veterum* Gr. In 4°.

49. *Æliani Tactica. Græc. Lat.* Leyde, 1613. *in* 4°.

40. *Dionysii Alexand. & Pomponii Mela, de situ Orbis Descriptio. Æthici Cosmographia, & Solini Polyhistor Græc. Lat.* Paris, Henri Etienne, 1577. *in* 4°.

41. *Pindarus, Græc. Lat.* Ibid. 1599. *in* 4°.

42. *Vitruvius Philandri.* Lyon, 1586. *in* 4°.

43. *Manilii Astronomica.* Leyde, 1600.

44. *Vegetius, de re militari.* Leyde, 1607. *in* 4°.

45. *Tertulliani Apologeticus & Octavius Minutii Felicis.* Paris, 1613. *in* 4°.

46. *Cod. Theodos. Libri XVI.* Genève, 1586. *in* 4°.

47. *De Lateranensibus Parietinis, à Franc. Cardinali Barberino restitutis, Dissertatio Historica Nicolai Alemanni.* Rome, 1625. *in* 4°.

48. *Euripides* Gr. Bâle, 1537. *in* 8°.

49. *Diogenes Laertius* Gr. Lat. Paris, Henri Etienne, 1570. *in* 8°.

Part. II.

CL. DE
SAUMAISE

50. *Dioscorides Gr. Lat. Ruellii.* Paris, 1549. *in* 8°.

51. *Plutarchus, de Fluviorum nominibus Gr. Lat.* Toulouse, 1615. *in* 8°.

52. *Heliodori Æthyopica Gr. Lat.* Paris, Commelin, 1596. *in* 8°.

53. *Varronis Opera.* Ibid. Henri Etienne, 1573. *in* 8°.

54. *Ælianus, de Animalium natura, Gr. Lat.* Genève, 1616. *in* 8°.

55. *Paterculus Lipsii.* Lyon, 1592. *in* 8°.

56. *Tacitus Lipsii.* Plantin, 1581. *in* 8°. Dans une Lettre à Sarrau, datée du 1. Novembre 1641. *Saumaise* parle de ses *Notes sur Tacite*, & il dit que cet Historien ne lui plaît pas.

57. *Petronii Satyricon.* In 8°.

58. *Quintiliani Institutiones Oratoriæ.* Genève, Stoër, 1604. *in* 8°.

59. *Martialis, Minei Felicis Capella Satyricon, de Nuptiis Philologia.* Leyde, 1599. *in* 8°.

60. *Arnobius adversùs gentes.* Anvers, Plantin, 1582. *in* 8°.

61. *Virgilii Appendix, cum Notis Lindembrug.* Leyde, 1595. *in* 8°.

62. *Poëmata vetera.* Lyon, 1596. *in* 8°.

63. *Tertulliani Satira de Pallio.* In 8°.

Colomiés, dans le Catalogue des Mss. d'Isaac Vossius, imprimé à la p. 891. de ses Opuscules, publiés en 1709. *in* 4°. cite les Notes suivantes de *Saumaise*.

64. N°. 19. *Grammatici veteres Putschii, cum emendationibus aliquot, Salmasii manu.*

65. N°. 22. *Plautus Taubmanni, cum emendationibus & Notis Salmasii manu.*

66. N°. 26. *Tertullianus ad Nationes, ex Codice Agobardi, Salmasii manu notatus.*

67. N°. 35. *Florus Salmasii cum Mss. collatus.*

On trouve les Mss. qui suivent, dans la Bibliothèque de Leyde.

68. *Agathias, de Imperio Justiniani, notatus manu Cl. Salmasii.* Leyde, 1594. *in* 4°. Voy. la *Bibliothèque de Leyde*, pag. 219.

69. *Tertulliani Libri II. ad Nationes. Quædam adscripta sunt à Salmasio.* Genève, 1625. *in* 4°. Voy. pag. 71. *ibid.*

70. *Orationes veteres. Orationes Æschinis, Lysiæ,* &c. Gr. *Salmasius, hìc illìc adnotavit.* Paris, Henri Etienne, 1575. *in folio.* Voy. p. 253. *ibid.*

71. *Miscellanea Petiti. Quædam adnotavit Salmasius.* Paris, 1630. *in* 4°. Ibid. pag. 254.

72. *Vossii Ars Grammatica*, *cum Salmasii Notis*. Amsterdam, 1635. in 4°. Ibid. pag. 259.

73. *Plauti Comœdiæ*, *cum emendationibus Salmasii*. Witembergæ, 1605. *in* 4°. Ibid. pag. 271.

74. *Abregé de la Milice des Romains*, écrit de la main de Saumaise. Ibid. pag. 337. Voy. ci-dessus, N°. 18. des Ouvrages Mss. de *Saumaise*.

75. *Constantinus*, *de thematibus Imperii*. Lyon, 1535. *in* 8°. *Salmasii manus in margine apparet.* Catalog. Grævii, pag. 135.

76. *Prudentius*, *cum Notis Mss. Salmasii*. Bâle, 1540. *ibid*. pag. 230.

77. Au N°. 105. de la *Bibliothèque de Grævius*, on cite, *Salmasii Adversaria*. C'est peut-être quelque Recüeil de Variantes, tiré de la Bibliothèque Palatine.

78. *Phædrus Rigaltii*. Paris, 1599. *in* 12. & *ibid*. 1617. *in* 4°. *Utramque habeo Salmasii manu notatam*, dit Fabricius. [1] M. de la Mare, dit [2] qu'il a donné *à Gudius un exemplaire de Phédre*, *de l'Edition de Rigault*, *tout frangé de la main de Saumaise*. Ces Notes n'étoient presque autre chose que des Variantes. M. de Chevanes, Avocat au Parlement de Dijon, en sa *Vie de M. de la Mare*, parle aussi des Notes de *Saumaise* sur Phédre, de même que de la promesse qu'avoit faite Gudius, de les donner au Public, & d'en faire honneur à *Saumaise*.

79. *Quintus-Curtius*, *cum Salmasii Notis Mss*. Amsterdam, apud Vander-Aa, 1696. *in* 8°. Ces Notes sont peut-être les mêmes, que celles que M. Snakemburg fit imprimer à Leyde en 1725. *in* 4°.

80. *De limitibus Agrorum*, &c. 1554. *in* 4°. *edente Turnebo*, *cum Notis marginalibus Cl. Salmasii*. Voy. *Biblioth. Baluze*, pag. 229. N°. 2980.

81. *Arnobius adversùs gentes*, *& Minut. Octav. in quo multa notavit Salmasius sua manu*. 1605. *in* 8°. Voy. *Catal. de Nic. Heinsii*, p. 94. N°. 661.

82. *In Bibl. Petri Francii*, *V. C. fuere Nonni Dionysiaca*, *cum castigationibus Mss. Jos. Scaligeri*, *Dan. Heinsii*, *Claudii Salmasii*, *& Mattæi Sladi*, dit Fabricius, dans sa *Bibliothèque Grecque*, Tom. VII. pag. 687.

83. *In XII. Panegyricos veteres*, *Notulæ marginales*. Francofurti, Typis Nicolai Hoffmanni, 1607. *in* 16. *Edit. Jani Grutteri.* Cet exemplaire est conservé dans la Bibliothèque du Collège des Jésuites de Dijon.

84. M. l'Abbé Lenglet dit [3] qu'il a vû à Paris, un exemplaire de l'*Itinerarium Antonini*, corrigé de la main de *Saumaise*, & revû sur beaucoup de Mss. Il devoit, ce me semble, indiquer le possesseur de ce Ms.

---

[1] *Bibliothèque Latine*, Tom. I. pag. 378. Edit. de Venise, 1728. *in* 4°.
[2] *Mémoires Mss. ou Mélanges de Littérature & d'Histoire*.
[3] *Méthode pour étudier l'Histoire*, Tom. IV. pag. 6. Edit. de 1729. *in* 4°.

CL. DE SAUMAISE

Les Ouvrages suivans se trouvent dans la Bibliothèque de M. le Président Bouhier.

85. *In Plinii Historiam*, Edit. de Lyon, 1582. *in folio* : *variæ Lectiones.* M. le Président Bouhier conjecture que *Saumaise* tira ces Variantes d'un Ms. de la Bibliothèque Palatine.

86. Notes marginales du même, sur un exemplaire des *anciens Astronomes* ; sçavoir, *Proclus, Aratus, Leontius, Ciceron, Avienus, Germanicus, Hyginus, &c.* Heidelbergæ, 1589. *in* 8°.

87. *In Ptolomæi Geogr. Lib. VII. variæ Lectiones.* Amsterdam, 1605. *in folio.*

88. *In Chronicon Alexandrinum Notulæ marginales.* Monachii, 1615. *in* 4°.

89. *In Aristenæti Epistolas Notulæ marginales.* Paris, 1596. *in* 8°.

90. *In Nonni Dionysiacorum Libros 24. & 25. & seqq. emendationes & conjecturæ, ex Salmasii Schedis descriptæ, & ad oram Edit. Plant.* 1569. *in* 4°. *adscriptæ.*

91. *In Catullum, Tibullum & Propertium Conjecturæ, ad oram exemplaris sui*, Edit. *in* 8°. Paris, 1577. *scriptæ.*

92. *In Juvenalis & Persii Satiras, variæ Lectiones & Conjecturæ, ad oram exemplaris sui scriptæ*, Edit. Florentiæ, 1513. *in* 8°.

93. *In Corippi Africani Carmina, Notæ quædam,* Edit. *in* 8°. *Antuerpiæ*, 1581. *manu Salmasii.*

94. *In Nonnium Marcellinum Notæ Salmasii manu scriptæ, ad oram exempl.* Edit. Paris, 1586. *in* 8°.

95. *In Petronium & Catalecta. In Priapum Conjecturæ variæ Salmas. manu, ad oram duorum exemplarium, primum in* 8°. Lugduni, 1575. *alterum ibidem*, 1615. *in* 12.

96. André-Chretien Eschenbach, dans une Lettre écrite d'Amsterdam, à Konig, Professeur en Droit à Altorff, datée du 8. Juillet 1688. & insérée au Ve. vol. des *Amenités Littéraires* de J. G. Schelhorn, pag. 195. s'explique en ces termes : *Nic. Blancardus, Græcæ Linguæ & Historiæ Professor, quicquid habuit rari in sua Bibliotheca (Franequeræ) hoc mihi liberalissimâ ostendit. Multos ibi vidi Libros manu Scaligeri, Heinsii, Salmasii, Casauboni, & Oiselii notatos.* Je voudrois qu'Eschenbach eût fait le détail de ces Livres notés de la main de *Saumaise.*

OUVRAGES PROMIS, OU COMMENCÉS PAR
Saumaise, & dont on croit qu'il n'a guéres laissé que les Titres. [1]

1. Χριστιανικά Επιγράμματα. Voy. *Præfat. ad Nilum, de Primatu Papæ.*

---

[1] Sarrau disoit qu'il faudroit 600. ans à *Saumaise*, pour composer les Ouvrages qu'il avoit promis.

II

DE BOURGOGNE.

Il en cite une qui regarde Nilus. Il est parlé de ces Epigrammes dans les *Lettres de Sarrau*.

CL. DE SAUMAISE

2. *Nos* Διήγησιν *illam Latinam factam brevi, si Deus faverit, edituri sumus*. Saumaise, qui avoit promis cet Ouvrage dans sa Préface sur Nilus, *de Primatu Papæ*, veut parler d'un Traité de cet Auteur, *de Occisione, Sanctorum Patrum in Monte Sina*, dont Nicéphore fait mention.

3. *In Vetus Testamentum, & in Acta Apostolorum Notæ*. Ces Remarques sont promises par l'Auteur, dans son Traité, *de Usuris*.

4. *Annotationes in Novum Testamentum, magnam partem absolutæ*, dit Clement. Cependant M. de la Mare prétend qu'il n'y a que quelques Variantes, que *Saumaise* a insérées sur un exemplaire du Nouveau Testament de Bèze, Grec-Latin, 1580. in 8°. *Saumaise* renvoye le Lecteur à ce Commentaire, au commencement du Traité, *de Primatu Papæ*. *Verum de his ad Novum Testamentum*, dit-il, à la pag. 2. Il vouloit aller en Angleterre ou à Paris, pour achever cet Ouvrage. Sarrau, dans une Lettre du 28. Juillet 1647. lui conseille d'aller à Paris, où il trouvera autant de Mss. qu'en Angleterre. Guillaume H. Vorstius, dans une Lettre à Nicolas Borremans, dit : *Spero me brevi à Salmasio accepturum quædam illius Schediasmata, in quibus annotaverat varias Lectiones Novi Testamenti, ex Cod. pervetusto Boretiano, ut gratificer D. Curcellæo, qui jam in illis colligendis occupatur*. Voy. Crenii Animadvers. Philolog. Historic. Part. III. p. 303. Epist. Sarrau, pag. 145. & 165. Grotius, dans une Lettre du mois de Mai 1637. dit : *Notas ad Novum Testamentum, ubi prodierint, legam inter primos*.

Sarrau, à la pag. 7. de ses Lettres, cite de *Saumaise*, une Réfutation des Notes d'Heinsius sur le Nouveau Testament. Je crois que cette Réfutation devoit faire partie des *Notes de Saumaise sur le Nouveau Testament*.

5. *Spem mihi ejus Scriptoris (Onosandri) edendi fecit Salmasius*, dit Grotius, dans une Lettre à Jean-Gérard Vossius, du 29. Septembre 1621.

6. *Tactica*, &c. *cum Strategeticis Athenæi, Apollodori, Bitonis, &c. prope diem emittendam asseverat Luc. Holstenius à Cl. Salmasio. Sed eorum hactenus nihil prodiit*. Labbe, *Bibliotheca nova Mss. in 4°. pag. 181.*

7. Scriverius, à la fin de sa Collection des Tragiques anciens, dit : *Vetus ex Tragœdia Medea, ex Virgilianis Versibus contexta ... Exstat penes eruditiss. Cl. Salmasium, prope diem forte, ex vetustissimis Membranis in lucem emittenda, cum aliis antiquis monumentis compluribus hactenus ineditis, quorum spem nobis fecit in Notis ad Hist. Aug. Scriptores*. Voy. Colomesii Gallia Orientalis, pag. 195.

8. *Accipiet libentissimè, & cum meritissima gratiarum actione, vidua Rohania, quam polliceris, defuncti conjugis Epigraphen tumulo inscribendam*. Pag. 137. Epist. Collect. Gudii.

9. *Saumaise*, dans ses *Prolégomènes sur Solin*, assuroit qu'il étoit occupé à éclaircir Onuphre Panvinius, & qu'il avoit interrompu pour cela, ses travaux sur différens Ouvrages de Tertullien.

Part. II.   Cccc

CL. DE SAUMAISE

On connoît par ce passage, quelques Ecrits de *Saumaise*, desquels on ignore la destinée. On ne sçait, par exemple, ce qu'est devenu son Commentaire sur Onuphre Panvinius. Il est certain aussi, qu'il avoit travaillé pendant sa jeunesse, avec autant de soin, sur l'*Apologétique de Tertullien*, sur les Traités de ce Pere, *de corona Militis*, *de Spectaculis*, *de habitu muliebri*, *de cultu fœminarum*, que sur le Traité, *de Pallio*. Il avoit comparé les Editions imprimées de Tertullien, avec le Mss. de l'Avocat Jacques le Belin, & il y avoit joint des Notes. M. de la Mare croit que tous ces Traités sont perdus. C'est aussi le sentiment de M. de la Monnoye, en ses Notes Mss. sur la *Vie de Saumaise*, par le même M. de la Mare. Dès 1622. *Saumaise*, en la Préface de son *Commentaire sur le Traité*, *de Pallio*, avoit promis ces différentes productions. Il en parle encore à la pag. 12. de son Epitre Dédicatoire de son Livre, intitulé : *Confutatio Animadversorum Ant. Kercoëtii.*

10. *In Eliberini Concilii Canones, atque universam Priscæ Ecclesiæ Ritualem Historiam Commentarius.* *Saumaise*, en parlant de la Tonsure des Pénitens, dans son Epitre à Colvius, *de Coma*, &c. dit : *De qua (Tonsura) pluribus tractamus in Commentario nostro de pœnitentia publica Primitivæ Ecclesiæ.* Voy. aussi la page 551. de son Livre, *de Transsubstantiatione contra Grotium*, le *Musæum Italicum* du Pere Mabillon, Tom. II. Part. II. & les *Lettres de Sarrau*, pag. 164. Edit. *in* 4°.

11. *Exercitationes de Philosophia Stoïca. In Simplicium & Epictetum* [1] *pars altera, cum Prolegomenis uberrimis & manuductione ad eandem Philosophiam.* *Mors parenti*, dit-il, [2] *fecit ut Opus de Stoïcorum Philosophia interruperim. In ipso de anima Tractatu defeci, qui absolvetur in secundo volumine, quod post meum è Gallia reditum, Deo juvante, excudetur. Ita enim statui Simplicium & Epictetum Notis perpetuis illustrare, explicare, emendare, ut totius etiam exspatiari instituerim ad singula, ut se dabit occasio, de omnibus Stoïcæ Philosophiæ Decretis disputandi, eaque sigillatim enucleandi.* Il ajoûte plus bas : *Reliqua pars ad reditum nostrum è Gallia, si Deus eum dederit & vitam, reservabitur, cui Prolegomena uberiora præfixa pro manuductione erunt ad Philosophiam Stoïcam.* *Saumaise* estimoit si fort la Philosophie des Stoïciens, qu'il l'appelloit sa Philosophie. Le Traité des passions devoit entrer dans ce Traité, selon une Lettre de *Saumaise* à Sarrau, du 1. Novembre 1641.

12. *Æthicum in Cosmographia, quem nos Auctorem longè auctiorem & emendatiorem, quàm hactenus prodiit, dabimus ex vetustissimis Schedis.* Salmasius in Notis ad Jul. Capitolin. Hist. Aug. pag. 247. *Optimus Æthici Liber Msf. apud me est . . Pluribus ad ipsum Æthicum docebimus.* Ibid. pag. 140. ad Spartianum. Vossius en parle dans son Traité, *de Historicis*

---

[1] *Salmasii emendationes nactus sum in Adriani Epictetum*, dit Fabricius, dans sa *Bibliothèque Grecque*, Tom. III. pag. 264. *De promissa Textus Epicteti sanatione, cum bene erit, quæso, cogita.* Epitre de Sarrau à *Saumaise*, pag. 166. Voy. aussi *ibid*. Epist. 188. an. 1648. pag. 193.

[2] *Præfat. ad Simplic.* pag. X.

Latinis, pag. 692. & suiv. Edit. de 1650. *Æthicus ipse, sive potiùs, Julius Orator admodum comptè editus est ex antiquissimis Schedis*, &c.

CL. DE SAUMAISE

13. *Ridiculus Allatius Eruditis ludibrium debet. Nolim ut ad eum confutandum classicas Observationes interjungas. In iis enim te jam esse totum vulgò hìc dicitur.* Epist. Sarrav. ad Salmas. 183. Edit. Gudii. On ignore de quel Ouvrage Sarrau a voulu parler.

14. *De Majestate Imperii circa sacra.* Nous aprenons d'une Lettre de Morus à M. de la Mare, écrite en 1665. que la créance commune étoit à Leyde, que le Magistrat de Midelbourg en Zelande avoit fait un présent considérable à Madame Saumaise, pour engager son mari à écrire sur les droits du Prince, touchant la Religion ; ce qu'on croit qu'il n'a pas fait. Cependant M. de la Mare, dans une Lettre du 6. Juin 1645. assure que *Saumaise* avoit travaillé à cette Dissertation. *Dissertationem circa sacra parabat Salmasius.*

15. *Phytologia Salmasii Opus est mihi incognitum*, dit Patin, dans une *Lettre à Charles Spon*, Tom. I. pag. 91. Je ne sçais si Patin veut parler de l'Ouvrage de *Saumaise*, *de Homonymis Hiles Iatrica*, qui est un Traité de Plantes.

16. *Nec vana est, aut ficta Fabula, de muliere meretrice, quæ sub Viri habitu Sedem Papalem inquinasse partu prodita est. Quam verissimam esse Historiam, nos ex pluribus exceptione majorum Autorum testimoniis confirmabimus, & quorumdam etiam qui eodem sæculo, quo illam Papissam pro Papa Ecclesia dedit, vixerunt.* Salmasius, *in apparat. ad Lib. de Primatu*, pag. 201. Voy. Colomiés, *Gallia Orientalis*, pag. 216. & pag. 189. *Saumaise* vouloit en 1645. adresser cette Dissertation à Sarrau, son ami. La vérité est pourtant, que malgré cette promesse d'écrire contre Blondel, qui a si sçavamment prouvé que ce sentiment est une fable, il n'a rien laissé sur cette matière, suivant Bayle, dans son *Dictionnaire Critique*. *Ne lineam quidem adversus ipsum* (Blondellum) *exaratam in Schedis suis reliquit* (Salmasius.) Voy. Curcellæi Præfat. Apologet. ad Opus *Blondelli de Joanna Papissa*. L'Ouvrage de Blondel parut en 1647. & *Saumaise* vécut encore 6. ans. Ce ne fut qu'après la mort de *Saumaise*, que Courcelles écrivoit ce que je viens de citer ; sçavoir, l'an 1657. dans sa *Préface Apologétique*, &c. imprimée à Amsterdam, chez Blaeu, *in 12.*

17. *In Aurelii Victoris Schotti Epitome, quam ex Notis tuis ad Hist. Augustam video tibi olim ita tritam, ut ejus Editionem, tunc pollicereris* (Epist. Sarrav. ad Salmasium, pag. 73. Edit. Burman.)

18. *Commentarii in A. Gellii Noctes Atticas.* Voy. le *Catalogue des Œuvres de Saumaise*, donné par Clement, pag. LXVIII. & la *Bibliothèque Latine* de Fabricius.

19. *In Diogenem Laërtium Notæ.* Clement, & le Crasso après lui, en ont fait mention. Fabricius n'en a rien dit dans sa *Bibliothèque Grecque*.

20. *In Lucium Ampelium Notæ.* Quelques Sçavans pretendoient que *Saumaise* n'a jamais eû intention de commenter cet Historien.

CL. DE SAUMAISE

21. *In Hygini Cromatici Librum de Castrametatione.* Voy. la *Bibliothèque Latine* de Fabricius, & *Saumaise* sur *Solin*, pag. 295. Edit. de 1689.

22. *De re nummaria.* Ut pluribus ostendam de re nummaria, dit-il, à la pag. 405. de ses *Notes sur Tertullien du Manteau.*

23. *Commentar. in Rationale Imperii Romani.* Voy. le *Catalogue des Ouvrages de Saumaise*, par Clement.

24. *Animadversiones in Annales Baronii.* Ce n'est qu'un Recüeil confus, contenu en quelques feüilles.

25. *De Synonimis Hiles Iatricæ.* Voy. *Saumaise* sur Solin, & *Præfat. Lantini in Libr. de Homonymis Hiles Iatricæ.* De Homonymis, *dit-il*, nihil superesse arbitror, præter paucula, quæ in Præfatione allata sunt . . . Et plus bas, *sive cum aliis Scriptis, quæ multa desiderantur, perierit.* Voy. *Prolegomena, ibid.* Ces Synonimes n'ont peut-être jamais existé que dans l'idée de *Saumaise*, dit Jean le Cerc, au Tome XIV. de sa *Bibliothèque Choisie, du mois de Septembre* 1689. pag. 401.

26. *Dissertatio de variis annorum formis, Diatriba. De Persarum & Atheniensium anno.* Cette Dissertation devoit faire partie de la précédente. M. de la Mare en avoit des fragmens. *Saumaise*, dans une Lettre écrite de Leyde en 1633. a Gérard-Jean Vossius, lui dit qu'il y travaille. *Et in majorem molem exibit.* Saumaise entreprit cet Ouvrage contre Scaliger & le P. Petau. Voy. les *Epitres de Saumaise*, pag. 82.

27. *Etymologicum Latinum.* Sed de his in Etymologico nostro, *dit-il*, dans ses *Notes sur Tertullien du Manteau*, pag. 209.

28. *De Titulis ac Dignitatibus honorariis.* Herauld, dans une Lettre à Saumaise, l'avoit apellé Professeur Honoraire. *Utinam*, dit Sarrau : [1] *hæc qualiscumque contumelia à te obtineret Tractatum tuum de Titulis, ac Dignitatibus honorariis, cujus fere ante biennium spem faciebas.*

29. *Adversùs Atheos.* J'ai lû une Lettre Ms. de *Saumaise* à la Reine Christine, où il lui promet cet Ouvrage.

30. *In Dionysium Periegetem Notæ.* [2] Voy. ses *Notes in Spartian. Severum*, p. 138. où il dit : *sed ad ipsum Poëtam hæc pluribus discutiemus, quem politiorem, emendatioremque, si Deus faverit, dabimus, comparatis duabus antiquis Interpretationibus Avieni & Prisciani, ubi quid uterque Interpres peccavit, & quoties, aperiemus.* Voy. la *Bibliothèque Grecque* de Fabricius, Liv. IV. pag. 27.

31. *Glossarium ad Anastasium Bibliothecarium.* Ut in eo Libello Anastasii dicemus, dit *Saumaise*, [3] quo voces apud illum Scriptorem obscuras & ignotas explicabimus.

---

[1] *Lettres de Sarrau*, pag. 195. Edit. de M. Burman, in 4º.
[2] *Saumaise* fait vivre ce Géographe sous Marc-Antonin.
[3] *Ad Trebell. Pollionis Claudium*, pag. 405. col. II. Nº. 17.

32.

32. *Commentarius de Sibyllis.* Cæterùm de Sibyllis, *dit-il*, [1] nos alio opere. Et ailleurs: [2] *Nihil est quod æquè diversè prodiderunt antiqui Scriptores, quàm Sibyllarum ætatem, patriam nomina, de quibus nos peculiari opere.*

33. *De Lapidibus. Sed hæc pleniùs in nostro Commentario de Lapidibus.* [3] Est-ce le même Ouvrage que le Traité *de Gemmis*, dont Clement fait mention dans son *Catalogue des Ouvrages de Saumaise.*

34. *Salmasii in Ovidium Observationes.* Voy. la *Bibliotheca promissa & latens* d'Almelovéen, pag. 49. la *Bibliothèque Latine* de Fabricius, & les *Epitres de Saumaise*, pag. 103. & 105.

35. *De Concordia & Unione Ecclesiarum, tum ad varia Patrum scripta.* Je crois que Clement est le seul qui ait annoncé cet Ouvrage; sçavoir, dans l'Epitre Dédicatoire des *Lettres de Saumaise.* C'est peut-être le même Ecrit que celui-ci dont il fait mention: [4] *Votum pro vera Ecclesiæ pace & veritate, contra fucatæ, fictæ & falsæ reconciliationis Authores.*

36. *De Coronis, Diadematis, & aliis Regiis Insignibus.* Saumaise avoit promis à Thomas Bartholin, de traiter cette matière. Voy. *Præfat. Bartholini, de Cruce*, pag. 9.

37. *Catalecta Virgiliana. Dare parat* (*Salmasius*) *meliora & emendatiora cum Notis post Scaligerum uberioribus*, dit Sarrau, dans une Lettre écrite à Lambecius en 1648. [5]

38. *Saumaise*, à la page 84. de son *Apparatus ad Primatum Papæ*, fait mention de son Traité particulier, *de Chrismate.* Voy. Fabricius, *Bibliogr. Antiquar.* pag. 291.

39. *Quadriga errorum. Saumaise* devoit montrer dans la première partie de cet Ouvrage, les erreurs de Goropius sur ses *Origines Belgiques*. Dans la IIe. il prétendoit découvrir celles de Bochard, sur les origines de la Langue Punique. Dans la IIIe. il devoit réfuter les *Origines Scytiques* de Boxhornius, & dans la IVe. ce que Heinsius avoit avancé sur la *Langue Hellénistique.* J'ai vû plusieurs Lettres Miss. d'Alexandre Morus à M. de la Mare, où il lui parle de cet Ouvrage de *Saumaise.*

40. *Aliquot millia Epigrammatum ante hac inedita, ex Bibliothecis passim collegit* (*Salmasius*) dit Boëcler, dans sa *Bibliographia curiosa*, article, *Buccolica.*

41. *Tertium volumen Plinianarum Exercitationum molitus fuit Salmasius, ut constat ex Vossii ad eum Epist.* 125. dit Fabricius, dans sa *Bibliothèque*

---

[1] Voy. *Salmas. Exercitationes Plinianæ*, pag. 54. col. II. Edit. de 1689.
[2] *Ibidem*, pag. 56.
[3] *Ibid.* pag. 89.
[4] Dans une *Lettre à Sarrau*, du 26. Septembre 1642.
[5] Voy. les *Lettres de Sarrau*, pag. 231. Edit. *in* 8°. & pag. 184. Edit. *in* 4°.

CL. DE SAUMAISE

Latine. Voy. la Lettre 114. de Meursius à Vossius, qui critique le Titre que *Saumaise* avoit donné à son Ouvrage.

42. *Liber de Aromatis.* Ce Traité devoit être inséré au 3ᵉ. volume de ses Exercitations sur Pline. Il en est parlé dans le *Catalogue des Mss. de Saumaise*, que Clement a joint à son Eloge.

43. Dans son Traité, *de Usuris*, pag. 353. & 625. *Saumaise* promettoit un Commentaire sur un Passage de S. Luc, VI. 35. concernant l'Usure. Il promettoit aussi un Commentaire sur les Actes des Apôtres, & même sur tout le Nouveau Testament.

44. *De Antichristo & de Papissa.* Il promet ces Traités dans une Lettre à Sarrau, du 6. Décembre 1640.

Les articles suivans sont tirés d'un Catalogue des Ouvrages de *Saumaise*, envoyé à Sarrau. Ils composent la seconde partie de ce Catalogue. Elle porte à la tête ce mot, *Edenda*. La copie de cette liste étoit chez M. de la Mare. Je crois que quelques-uns de ces Mss. ont été imprimés sous d'autres Titres.

45. Παλαιὰ Λογαρικὴ *cum Notis*.

46. *Pomponius Mela cum Notis.* C'est peut-être le même Ouvrage que celui que j'ai indiqué ci-dessus, N°. 40. parmi les Mss. de *Saumaise*, qui étoient chez M. de la Mare.

47. *De Vitiis recentium Poëtarum.*

48. *De Calceis Veterum, Commentarius.*

49. *Juvenalis cum Notis.*

50. *De Schomatis & Tropis Palestra.*

51. *Ænigmata Græca, cum Notis.*

52. *Mensa Isiaca, cum Notis.*

53. *De Notis Veterum, Commentarius.*

54. *De Sepulturis Veterum, Commentarius.*

55. *De veteri Græca Linguâ pronunciatione, Commentarius.*

56. *De sacris & civilibus Provinciis, Commentarius.*

57. *Rhetoricorum Libri ad Herennium, Commentarius.*

58. *Quintiliani Institutiones & Declamationes, cum Notis.*

59. *De Lingua Hellenistica, adversùs Danielem Heinsium.* Je ne sçais si cet Ouvrage est différent du premier, qu'il fit contre Heinsius.

Morhofius, à la pag. 228. de son *Polyhistor*, prétend que *le Crasso* a donné des Titres de plusieurs Ouvrages de *Saumaise*, dont aucun autre Auteur n'a parlé. *De Salmasianis Scriptis, multi illic (apud Laur. Crassum in Elogiis) nominantur inediti Libri, de quibus nullam apud alios mentionem fieri vidi.* Morhofius se trompe : Le Crasso a tiré mot pour mot, cette liste, du *Catalogue des Ouvrages de Saumaise*, que Clement a joint à son Eloge.

CLAUDE SAUMAISE.

SAUMAISE, (*Claude*) second fils du docte Saumaise dont je viens de parler ; & d'Anne Mercier, naquit en 1633. Ce digne fils du grand Saumaise étoit très habile dans la Critique & les Belles-Lettres, & dans la connoissance des Langues sçavantes. La Reine Christine de Suéde, qui faisoit beaucoup d'estime de son mérite, lui avoit donné l'emploi de Cornette de Chevaux-Légers de sa Garde. Après la mort de son pere, il revint en France, & se fixa en Bourgogne. Son trop grand attachement à l'étude, affoiblit son tempérament, qu'un trop fréquent usage de l'antimoine acheva de ruiner. Il mourut à Beaune, le 18. Avril 1667. âgé seulement de 34. ans. Il vit venir la mort, avec une constance plus que stoïque, & dit qu'*il ne se faisoit pas plus de peine de quitter la vie, que de quitter sa chambre*.

On n'a imprimé de ce Sçavant, qu'une *Epitre Dédicatoire à Charles II. Roi d'Angleterre*, qu'on lit à la tête du Livre de Claude Saumaise, intitulé : *Ad Joannem Miltonum Responsio. Opus posthumum*. Dijon, Chavance, 1660. & Londres, la même année, *in 12*.

M. le Conseiller Legouz, dans son *Suplément Mf. au Menagiana*, m'aprend que notre Auteur avoit rédigé en François, un Abregé de la Philosophie de Sextus Empiricus. L'original Mf. étoit chez M. Legouz, de même qu'un Recüeil de Vers François, & quelques autres Ouvrages du même Saumaise.

Mais il a rendu un service très important à la République des Lettres, en instituant Héritiers de sa Bibbliothèque MM. de la Mare & Lantin, Conseillers au Parlement de Dijon. Quoique cette Bibliothèque ne fût pas nombreuse, elle ne laissoit pas d'être d'un très grand prix, par raport à plusieurs Mff. considérables du docte *Saumaise*, dont elle étoit remplie. Presque tous les Mff. dont j'ai fait mention à l'article précédent, s'y trouvoient, sans compter plus de cent volumes chargés des Notes du même Saumaise, de celles de François Juret, & de plusieurs autres Sçavans du premier ordre, & des Recüeils de Lettres originales écrites au docte Saumaise. Les deux sçavans Conseillers, dont je viens de faire mention, tirèrent de cette Bibliothèque les Ouvrages qu'ils donnèrent au Public, sous le Titre, *de Saccharo & Manna. De Homonymis Hiles Iatricæ*, &c.

CLAUDE DE SAUMAISE.

SAUMAISE, (*Claude de*) de la même famille que les précédens, quatriéme fils de Jérôme de Saumaise, Seigneur de Chazan, Conseiller au Parlement de Bourgogne ; & de Catherine de la Tour, naquit à Dijon en 1603. Il commença ses études en cette Ville, au Collège des Jésuites, & les acheva dans le Collège de ces Peres, à Paris, dit, le Collège de Clermont, aujourd'hui le Collège de Loüis le Grand. Il entra dans la Congrégation de l'Oratoire, le 15. Septembre 1635. âgé de 32. ans, & fut ordonné Prêtre au mois d'Avril 1637. En 1648. il fut choisi pour Supérieur de la Maison de Tours, & ensuite de celles de Roüen & de Dijon. Il gouvernoit cette derniére Maison en 1622. Dans l'Assemblée de la Congrégation, tenuë en 1669. il fut élû Assistant du P. Senault, alors Général, & il fut continué sous le P. de Sainte-Marthe. Il fut chargé par l'Assemblée de 1672. d'écrire l'Histoire de la Congrégation, & il recüeillit plusieurs matériaux pour cet Ouvrage, qu'il laissa imparfait. Après la mort du P. Senault, le P. *de Saumaise* & le P. Seguenot, furent députés vers M. de Harlay, Archevêque de Paris, pour l'engager à consentir à l'Election du P. du Breüil, qu'il traversoit, parce qu'il n'aimoit pas ce Pere, depuis un Sermon sur l'aumône, que celui-ci avoit prêché ; mais ils ne purent rien obtenir de ce Prélat, & ce fut le P. de Sainte-Marthe qui succéda au P. Senault. Le P. *de Saumaise* mourut à Paris, dans la Maison de la ruë Saint Honoré, le 25. Mars 1680. âgé de 77. ans. Il a fait les Ouvrages suivans.

1. *Lettre circulaire*, imprimée dans la Xe. *Assemblée de l'Oratoire*, Session XIXe.

2. *Traduction du Directoire des Pasteurs, par D. Jean de Palafox*. Paris, Cramoisy, 1671. *in* 12. On attribuë au P. *de Saumaise* quelques autres Traductions de différens Ouvrages du même D. Jean de Palafox. Mais le R. P. Batterel, de l'Oratoire, m'écrit qu'il ne croit pas que le P. *de Saumaise* en soit l'Auteur.

3. Il a ramassé plusieurs matériaux pour servir à l'*Histoire de la Congrégation de l'Oratoire*. Cet Ouvrage, qui est demeuré imparfait, n'est pas imprimé.

Voy. le *Suplément de Moreri de* 1735.

LOUIS DE SAUMAISE.

SAUMAISE, (*Loüis de*) quatriéme fils du sçavant Claude Saumaise, fut apellé en Angleterre par le Roi Charles II. aparemment pour y remplir quelque emploi auprès de ce Prince. Quoiqu'il en soit, il étoit à Leyde en 1688. & rangea l'Ouvrage posthume de son pere, qu'il fit imprimer l'année suivante, sous ce Titre : *De Homonymis Hiles Iatrica.* Utrecht, Vande-Water, 1689. *in folio*. L'Editeur l'accompagna d'une Epitre Dédicatoire Latine aux Provinces-Unies.

PIERRE DE SAUMAISE.

SAUMAISE, (*Pierre de*) frere de Claude de Saumaise, de l'Oratoire, dont j'ai parlé, Seigneur de Chazans, fut reçû Conseiller au Parlement de Dijon, le 20. Novembre 1612. & mourut à Paris, au mois d'Avril 1658. Ce fut Pierre de Saumaise, qui fit le procès au Président Giroux, condamné par Arrêt du Parlement de Dijon, à perdre la tête, & à faire amande honorable à Pierre de Saumaise, qu'il avoit tâché de faire périr

périr par toutes les voyes les plus iniques, que la fraude & la calomnie pûrent lui suggérer.

Marc-Antoine de Saumaise, son fils, qui mourut quelques mois après son pere, lui dressa l'Epitaphe suivante. Je ne sçais si elle est gravée sur son tombeau.

Hic cinis, pulvis, nihil, & tamen Sal-maf-ius, breve sapientia, fortitudinis & justitiæ monimentum, quod in patris nomine invenit & posuit. M. A. Filius non degener.

CATALOGUE DE SES OUVRAGES.

1. *Discours de Consolation à Monseigneur le Duc de Bellegarde, sur la mort de M. de Termes.* Dijon, Claude Guyot, 1621. in 8°. pagg. 32.

2. *Eloge de la Vie de très illustre Seigneur Messire Pierre Janin, Baron de Montjeu, Chagny, & Dracy, Conseiller du Roi en ses Conseils, Président de Bourgogne, & Sur-Intendant des Finances de France.* Ibid. 1623. in 8°. pagg. 54. Pierre *Saumaise* accompagna le Président Jeannin en Hollande, depuis 1707. jusqu'en 1710. Voy. la pag. 40. de cet Eloge.

3. *Discours d'honneur sur les vertus éminentes de très haut & très puissant Prince, Henri de Bourbon, Prince de Condé, &c.* Ibid. 1627. pagg. 60. L'Auteur présenta lui-même cet Ouvrage au Prince de Condé, qui le reçut avec beaucoup de marques d'estime.

4. *Panégyrique de Loüis le Juste.* Ibid. veuve Guyot, 1629. in 4°. pagg. 79.

5. Ode Françoise de vingt strophes, & une longue Pièce en Vers Latins, aux pag. 15. & 30. de la *Deffense du Délit Commun* de Benigne Milletot, Edit. de 1611.

6. *Lettre à Jacques Bouchard, Avocat au Parlement de Dijon.* A la tête de la Traduction Françoise des Ouvrages de Pline le jeune, par ce dernier, imprimée à Dijon en 1632. in 8°.

7. *Cinq Distiques Latins* à la tête de l'*Indice Armorial* de Géliot en 1635.

8. M. de la Mare, dans ses *Vies des freres Guijons*, pag. 7. a fait mention des *Notes de Pierre Saumaise, sur Alcabitius, de inimicitiis Plantarum.* Je ne crois pas qu'elles soient imprimées.

9. Je conserve un Ms. *in folio*, écrit de la main de M. *de Saumaise*, intitulé: *Instruction générale de toutes les affaires dans lesquelles il a plû à Dieu de m'exercer.* Cet Ouvrage commence ainsi: *La prudence, le silence, le secret & la diligence, sont nécessaires dans les Procès; mais il faut que ces qualités viennent de Dieu.* Si Dominus ædificaverit domum, in vanùm laborat inimicus qui destruit eam. Ces paroles font allusion au Procès dont j'ai parlé, où le Président Giroux chercha à le faire périr par la fraude & l'artifice. M. *de Saumaise* eut besoin, pour se deffendre des traits d'un si redoutable ennemi, des quatre vertus dont il fait mention au commencement de son Ouvrage.

Part. II.   Eeee

PIER. DE SAUMAISE Voy. Palliot, *Parlement de Bourgogne*, pag. 282. *Vitæ Guijoniorum Philiberti de la Mare*, pag. 7. *Sarravii Epistolæ*, pag. 139. Edit. de 1645. in 8°. *Collectio Epistolarum clariss. Virorum per Burman.* 1697. in 4°. Scaliger, *Epist. ad Cl. Salmasium* : la *Gaule Orientale* de Colomiés, pag. 193. Pierre Bernier, pag. 7. de la Préface Latine de son *Plaidoyé sur un Mariage clandestin*, loüe la facilité du génie de *Pierre Saumaise*.

LOUIS SAVOT.

LOUIS SAVOT.

SAVOT, (Loüis) naquit vers l'an 1579. à Saulieu, petite Ville du Diocèse d'Autun, de parens vertueux, mais peu avantagés des biens de la fortune.

Après avoir fait ses premiéres études dans sa Patrie, il se rendit à Paris au commencement du XVIIe. siècle, dans le dessein de s'apliquer à la Chirurgie ; mais il changea de pensées, & se tourna du côté de la Médecine. Il y fut reçû Bachelier en la Faculté de Paris, l'an 1604. Il soûtint ses Thèses en 1609. & fut Licencié l'année suivante.

On ignore si le chagrin qu'il eut de n'avoir que la sixiéme place pour le Doctorat, ou bien la difficulté de fournir aux frais nécessaires, l'empêcha de prendre le Bonnet. Quoiqu'il en soit, il est certain, que soit par dégoût, ou par quelqu'autre motif, il ne s'adonna plus tant à l'exercice de la Médecine.

Il cultiva les Belles-Lettres, & sur-tout l'Histoire naturelle. La recherche des pierres, des terres, des métaux & d'autres curiosités semblables, devint le sujet de son aplication. Il étudia aussi l'Architecture, & devint habile dans la science des bâtimens. Il se jetta ensuite dans l'étude des Mines ; & de-là, dans celle des Monnoyes & des Médailles, & réussit également dans tout ce qu'il entreprit.

Il mourut à Paris, chez M. Moreau, son ami, Docteur & célèbre Professeur en Médecine, vers l'an 1640. âgé de plus de soixante ans.

C'étoit, selon M. Blondel, un homme de bien, & respectable par sa vertu. Il avoit l'air simple, bas & mélancolique.

CATALOGUE DE SES OUVRAGES.

1. *Le Livre de Galien, de l'art de guérir par la saignée, traduit du Grec, & un Discours pour la saignée.* Paris, 1603. *in* 12. It. en Latin, sous ce Titre : *Galeni, de ratione curandi per sanguinis missionem, Liber ex Græco in Latinum versus, cum Præfatiuncula in modum Epistolæ nuncupatoriæ ad inclytos Parisienses Medicos, de causis ob quas non adeo frequenter, liberaliterque aliis in locis, regionibusve sanguis detrahitur, atque Parisiis; & quibus etiam rationibus non nulli Medici in hujusmodi sanguinis mittendi usum invecti sint.* Paris, veuve Pepingué, 1649. *in* 8°. & dans le Livre de Philibert Guybert, qui a pour Titre : *Medicus officiosus* (en François, *le Médecin charitable*) pag. 539 - 614.

2. *Nova, seu veriùs, nova-antiqua de causis colorum sententia, Autore Lud. Savotio in Academia Parisiensi Medicinæ Baccalaureo. Ejusdem de Tetragoni Hippocratici significatione, contra Chymicos Observatio.* Paris,

Perrier, 1609. *in* 8°. Le premier Traité a 23. feüillets ; & le second en a 16. Draudius s'est trompé, en croyant que ces deux Traités avoient paru séparément. *Savot* admet quatre couleurs primitives, le blanc, le noir, le rouge & le bleü, dont toutes les autres sont composées.

LOUIS SAVOT.

3. *L'Architecture Françoise des bâtimens particuliers, où il est traité non seulement des mesures & proportions que doit avoir un bâtiment, tant en son tout & pourpris, qu'en chacune de ses parties ; mais aussi plusieurs choses, concernant ce sujet, utiles & avantageuses, non seulement pour les Bourgeois & Seigneurs qui font bâtir, mais aussi pour beaucoup d'autres sortes de personnes, comme il se verra à la tête des chapitres.* Paris, Seb. Cramoisy, 1624. *in* 8°. pagg. 328. sans une Epître Dédicatoire à M. de la Vieuville, Sur-Intendant des Finances, contenuë en 6. feüillets. It. 1642. *ibid*. It. *ibid*. 1673. Fr. Clouhier, & 1685. *in* 8°. par les soins de Guillaume Blondel, de l'Académie Royale des Sciences, qui y fit des additions, sous ce Titre simple : *L'Architecture Françoise des bâtimens particuliers.* Savot, en cet Ouvrage qu'il a composé pour l'utilité des particuliers qui veulent faire bâtir, entre dans un grand détail de tout ce qui regarde les bâtimens, marquant même les prix de chaque chose ; mais comme depuis ce tems-là, il y a eû des changemens dans l'Architecture, principalement sur ce dernier article, M. Blondel accompagne cet Ouvrage de Notes, où il marque ces changemens. On sçait gré à l'Editeur de nous avoir conservé quelques circonstances de la Vie de *Savot* ; mais il auroit pû s'empêcher de suprimer l'Epître Dédicatoire de l'Auteur. Ce retranchement ne doit pas nous surprendre, puisque feu Blondel lui-même, dans sa dernière Edition de 1685. suprima la Dédicace à M. Colbert, qu'il avoit mise à la tête de la première Edition de 1673.

4. *Discours sur les Médalles antiques, divisé en quatre parties, esquelles il est traité si les Médalles antiques étoient monnoyes ; de leur matière, de leur poids, de leur prix, de la valeur qu'elles peuvent avoir aujourd'hui, selon qu'elles sont rares ou communes, antiques ou vrayes, ou bien modernes, contrefaites ou moulées. Quelles sont celles qui sont telles, par quels moyens & marques il les faut connoître, & de plusieurs autres choses peu connuës concernant les monnoyes, les métaux, les minéraux, les mesures & poids antiques, comme on pourra le voir plus amplement par la lecture de la table des chapitres.* Paris, Sébastien Cramoisy, 1627. *in* 4°. pagg. 399. sans l'Epître Dédicatoire à Messire Antoine de Ruse d'Effiat, &c. une table des chapitres, & une autre des matières. It. en Latin, sous ce Titre : *Dissertationes de Nummis antiquis, divisæ in quatuor partes. Ex Gallica in Latinam Linguam transtulit Ludolphus Neocorus* (c'est-à-dire, Rodolphe Kuster, Sçavant illustre, mort à Paris, le 12. Octobre 1716. âgé de 47. ans.) Cette Traduction est imprimée dans le XIe. Tome des *Antiquités Romaines* de Grævius, pag. 1832. Cet Ouvrage a été reçû avec une estime universelle. Nous en avons peu en ce genre, qui ayent eû autant de réputation. Grævius, dans ses *Epîtres Latines*, le traite de très Sçavant. Le célèbre Leibnitz en portoit le même jugement. *Savotii Liber*, dit-il, *de Numismatibus & re numaria præstat Patini & Joberti scriptis. Is quoque de*

LOUIS SAVOT.

coloribus & Architectura elegantissimè scripsit, & magnæ eruditionis vir fuit. Voy. aussi Fabricius, *Bibliogr. Antiquar.* pag. 76. Crenius, *de Furibus Librar.* pag. 86. & seq. & Banduri, *Bibliot. Nummar.* pag. 81. Cet habile homme prétend qu'on n'a jamais mieux écrit sur ce sujet que *Savot*; & après l'avoir comblé de loüanges, il ajoûte : *Ideoque non immeritò proditum sit olim meliùs hunc in Gallica Lingua, quàm alium, quamvis in sua de Nummis in universum disseruisse.* Fabricius, dans une Note sur la *Bibliotheca Nummaria* du P. Banduri, m'aprend qu'il y a un excellent abregé d'une partie de l'Ouvrage de Savot. *Judicium Savoti*, dit Fabricius, *de raris & vulgaribus Imperatorum Romanorum Nummis, Interprete & Abbreviatore Patricio Junio, nuper edidit Thom. Hearne, in Appendice ad Collectanea Historica Jo. Lelandi*, Tom. V. pag. 269-282. Oxonii, 1715. *in* 8°. M. de Salo, dans le *Journal des Sçavans* de 1665. assure que l'*Introduction à l'Histoire, par la connoissance des Médailles de Charles Patin*, n'est presque qu'une redite de ce qui est dans *Savot*, quoiqu'il ne le nomme pas avec les autres dans la *Préface*, & qu'il ait mieux écrit qu'un autre sur cette matière. M. l'Abbé Lenglet, dans sa *Méthode pour l'Histoire*, est du même sentiment que M. de Salo, & dit que le Livre de Patin, est un Ouvrage copié de *Savot*, sans néanmoins que Patin en ait averti. Le Sieur Camusat vient de renouveller cette accusation dans le I. volume de son *Histoire Critique des Journaux*. Ce Critique blâme Patin de n'avoir nommé *Savot*, qu'une seule fois dans son Ouvrage, & où cela n'étoit pas nécessaire. Bien des gens cependant prétendent que cette censure de Patin est outrée. On convient, à la vérité, que Patin a copié *Savot*. Mais ce Plagiat ne peut guéres tomber que sur le chapitre cinquiéme, qui est transcrit mot à mot, du chapitre premier de *Savot*; sçavoir, *si les anciennes Médailles étoient des monnoyes, &c.* Teissier, après le P. Labbe, apelle l'Ouvrage de *Savot*, *eruditum Opus*.

5. *Discours sur le sujet du Colosse du Grand Roi Henri, posé sur le milieu du Pont-Neuf de Paris, où il est traité de l'origine des Statuës, &c. Pourquoi celles des Princes & des Dieux étoient plus grandes que Nature, &c.* Paris, de Montreüil, *in* 8°. sans date Le P. le Long, qui parle de ce Livre dans sa *Bibliothèque des Historiens de France*, pag. 449. N°. 8587. ne marque pas l'année de l'impression. Ce fut aparemment, dit-il, après la mort du Roi Henri IV. en 1610. Ce *Discours sur le sujet du Colosse, &c.* n'a que 24. pages *in* 8°. en comptant l'Epître Dédicatoire au Roi Loüis XIII. Blondel n'a pas connu cet Ouvrage. Il s'est contenté de dire qu'il avoit apris que *Savot* étoit l'Auteur d'un *petit Ouvrage sur le Colosse Royal du Pont-Neuf*. Mais il doutoit de ce fait, aussi bien que le P. Niceron, qui avoüe qu'il ne sçait ce que c'est que ce Livre. Il auroit pû cependant s'en instruire, s'il eût consulté la *Bibliothèque des Historiens de France* du P. le Long.

Voy. Konig, *Bibliot. vet. & nov.* pag. 727. Cet Auteur n'a connu qu'un Ouvrage de *Savot*, *de coloribus*, qu'il place à l'année 1615. aussi bien que Hallervord, qui n'a fait que copier Konig dans sa *Bibliot. Curiosa*, page 252. M. Lenglet, *Méthode pour l'Histoire*, IV°. vol. pag. 466. Edit. de 1729.

1729. *in* 4°. Camufat, *Hift. Crit. des Journaux* en 1734. Tom. I. pag. 42. &. fuiv. le *Journal des Sçavans* de 1665. pag. 101. Edit. *in* 12. *Mifcellanea Leibnitiana*, pag. 432. Teiffier, *Catalog. Bibliot.* pag. 433. Cet Auteur s'eft contenté de citer le Titre du *Traité des Médailles*, fans en donner, ni la forme, ni l'Edition. Crenius, *de Furibus Librar.* pag. 86. & feq. Banduri, *Bibliot. Nummar.* pag. 81. Fabricius, *Bibliogr. Antiquar.* pag. 76. Le Long, *Bibliot. des Hiftor. de France*, pag. 445. N°. 8585. *Préface de Blondel* fur les deux Editions qu'il a données du *Traité de l'Architecture de Savot*; le Suplément de Moreri de 1735. & les *Mémoires du P. Niceron*, Tom. XXXV. pag. 41.

LOUIS SAVOT.

CLAUDE DE SAYVE.

SAYVE, (*Claude de*) Seigneur de Chevanes, Premier Préfident à la Chambre des Comptes de Dijon.

CL. DE SAYVE.

A la page 25. de la *Defcription de l'Entrée d'Henri de Condé à Dijon*, par Pierre Malpoy, imprimée en cette Ville en 1632. *in folio*, il y a un *Compliment de Claude de Sayve à ce Prince*.

CLAUDE SEGUENOT.

SEGUENOT, (*Claude*) naquit à Avalon, le 7. Mai 1596. Il étoit fils de Jean Seguenot (c'eft le véritable nom de cette Famille) Confeiller & Avocat du Roi aux Bailliage, Chancellerie & Prévôté de cette Ville; & de Barbe Odebert. Après avoir fait fes études de Théologie en Sorbonne, il fréquenta le Barreau de Dijon & de Paris, & y plaida quelques Caufes. Il fut enfuite pourvû d'une Charge de Judicature, qu'il quitta pour entrer en 1624. dans la Congrégation de l'Oratoire. En 1625. il fut l'un des douze Prêtres de l'Oratoire, qui accompagnèrent M. de Bérulle en Angleterre, à la fuite de la Princeffe, Henriette de France, fœur du Roi Loüis XIII. mariée à Charles I. Roi d'Angleterre. De retour à Paris en 1626. il y reçut l'Ordre de Prêtrife, de M. de Gondy, Evêque de cette Ville; & dès 1629. c'eft-à-dire, à l'âge de 33. ans, il fut fait fucceffivement Supérieur des Maifons de Nanci, de Roüen & de Saumur, & il gouverna long-tems celle de Dijon. Il fut en grande liaifon avec les fameux Abbé de Saint-Cyran, Antoine Arnauld, & prefque tous les amis de l'un & de l'autre. Le commerce qu'il eut avec eux, troubla fon repos pendant quelques années. Ayant fait paroître en 1638. fon Traité de la Sainte Virginité, traduit de S. Auguftin, avec d'amples Notes Théologiques; ces Remarques, qui contenoient plufieurs propofitions contraires aux fentimens reçus communément dans l'Ecole, fur les Vœux, fur la pauvreté des Moines, fur le Sacrement de Pénitence, fur la Virginité, fur l'état du Mariage, *&c.* lui cauférent beaucoup de chagrin.

CLAUDE SEGUEN.

La Congrégation de l'Oratoire, felon Richard Simon, cenfura ces Remarques par un Acte du 3. Juin 1638. figné du Général, & des principaux Membres de cette Congrégation. Le Livre fut fuprimé; & la raifon qu'on

Part. II.   F fff

CLAUDE SEGUEN. en donna, fut que les Notes n'avoient été vuës, avant l'impreſſion, par aucun Prétre de l'Oratoire. En effet, il n'eſt fait mention dans ce Livre, d'aucune aprobation, & l'on n'y trouve qu'un ſimple privilége du Roi. L'Auteur avoit fait paſſer ſes Notes ſous la ſimple permiſſion qu'il avoit euë de traduire le Traité de S. Auguſtin de la Virginité, & de faire imprimer ſa Traduction. M. Simon, qui nous aprend toutes ces particularités, qu'il accompagne de ſes réflexions dans le ſecond volume de ſa *Bibliothèque Critique*, ajoûte que les propoſitions contenuës en ces Remarques, & qui furent communémeat blâmées, n'avoient jamais été avancées, ni entenduës auparavant dans la Congrégation de l'Oratoire. Les ennemis du P. *Seguenot* profitérent de cette occaſion pour le chagriner. Ils portérent leurs plaintes au Cardinal de Richelieu. Le Syndic de Sorbonne, par Ordre de ce Miniſtre, dénonça cet Ouvrage à la Faculté, pour l'examiner. La Faculté le condamna par un Acte du 1. Juin 1638. [1] où elle s'explique ainſi : *Damnavit ut pote continentem multas propoſitiones novas, falſas, ſcandaloſas, piarum aurium offenſivas, ab inſignioribus pietatis Chriſtianæ operibus averſivas, quietis animarum perturbativas, communi & omnino tutæ praxi Eccleſiæ contrarias, erroneas & hæreſim redolentes, &c.* La Cenſure finit ainſi : *Librum tot nævis & erroribus reſperſum cenſoriâ hac animadverſione notavit, dignumque cenſuit cujus lectione omnes Catholici interdicantur. Datum in Sorbona, die primâ menſis Jun. & confirmatum die primâ Jul. an. 1638.*

Dans cet intervalle, le P. *Seguenot* fut enlevé de Saumur, où il étoit, & conduit à la Baſtille, & il y demeura juſqu'après la mort du Cardinal de Richelieu, qui ordonna, dit-on, ſa détention, à la priére du P. Joſeph qui voulut ſe vanger par-là du P. *Seguenot*, croyant que ce Pere l'avoit eû en vuë dans pluſieurs de ſes Notes. Malgré la ſoumiſſion du P. *Seguenot*, & ſa rétractation des propoſitions condamnées, qu'il ſigna, il ne put obtenir ſa liberté. Auſſi diſoit-on publiquement, que le Cardinal de Richelieu en uſoit ainſi avec lui pour contenter les Moines qui ſe plaignoient que la Traduction du Traité de la Virginité, n'avoit été faite que pour combattre la Profeſſion Religieuſe.

Après la mort du Cardinal de Richelieu, arrivée en 1642. le P. *Seguenot* fut mis en liberté, & rentra dans la Congrégation *ſans flétriſſure*. Ce ſont les termes de Richard Simon, & il y remplit depuis les premiéres places. En 1660. il fut fait Aſſiſtant du Général. Mais il fut exilé peu de tems après à Boulogne, pour avoir fait paroître, continuë le même Critique, trop d'attachement à des ſentimens qu'il avoit pris dans Saint-Cyran & dans Janſenius. Le P. *Seguenot* avoit cependant ſigné le Formulaire en 1658. & juſtifié par écrit ſa ſignature. Son exil fut révoqué, & en 1666. il fut nommé de nouveau Aſſiſtant, & confirmé en 1669. Il fut fait Supérieur de la Maiſon de Paris depuis 1667. juſqu'en 1673. & mourut en cette Ville, le 7. Mars 1676. âgé de près de 80. ans.

---

[1] Voy. *Cenſura Facultatis Pariſienſis in Librum qui inſcribitur* : De la Sainte Virginité, &c. par le P. Seguenot. Pariſiis, apud Adrian. Taupinart, *in* 4°.

CATALOGUE DE SES OUVRAGES.

1. *Conduite de l'Oraison pour les Ames qui n'y ont pas de facilité.* Lyon, 1634. *in* 12. It. Paris, 1635. Lyon & Paris, 1660. *in* 12. It. 1663. *It.* nouvelle Edition donnée par le P. Quesnel en 1674. Quelques-uns ont prétendu que ce Traité n'étoit pas tout entier du Pere *Seguenot*, que la meilleure partie venoit du P. de Gondren, Général de l'Oratoire, qu'il avoit copié, en y mêlant pourtant beaucoup de choses de sa *composition*, *de peur de paroître Plagiaire.* Voy. un extrait fort long de cet Ouvrage, dans la *Bibliothèque des Auteurs Ecclésiastiques du XVII*e. *siècle*, de M. Dupin, & Richard Simon, *Bibliothèque Critique*, Tom. II. chapitre XXI. & XXII.

2. *Elévations à Jesus-Christ-Notre-Seigneur, au très Saint Sacrement, contenant divers usages de grace sur ses perfections divines.* 1635. Cet Ouvrage est dressé par articles, & sous les mêmes Titres du *Chapelet Secret du Saint Sacrement*, qui est de la Mere Agnès de S. Paul, & non de l'Abbé de Saint-Cyran, comme on l'a crû communément.

3. *Traité de la Sainte Virginité*, *Discours traduit de S. Augustin, avec quelques Remarques pour la clarté de sa Doctrine.* Paris, Jean Camusat, 1638. *in* 8°. pagg. 201. pour la Traduction, & 192. pour les Notes. Voy. ce que j'ai dit de ce Livre dans la Vie de l'Auteur. J'ajoûte seulement que les Remarques de cet Ouvrage furent réfutées par celui-ci du Docteur Lemée: *Réfutation de Claude Seguenot, & Apologie pour la vérité contre ses Œuvres.* Après sa sortie de la Bastille, le P. *Seguenot* entreprit de deffendre ses Notes contre la censure de la Faculté du 1. Juin 1638. Mais cette Deffense n'a point été imprimée. Le Ms. original fut enlevé depuis, avec les papiers du P. Quesnel, parmi lesquels il se trouva. C'est sans raison, au reste, que plusieurs Ecrivains ont prétendu que l'Abbé de Saint-Cyran étoit Auteur des Notes qui accompagnent la Traduction du *Livre de la Sainte Virginité.*

4. *Traité de la Contrition pour servir d'Apologie à ces Notes, sur la Traduction de la Sainte Virginité.* Ms. Il est parlé de ce Traité qui étoit écrit en Latin dans une Lettre de M. Arnauld au P. Quesnel, datée le 23. Fevrier 1680. M. de Néercassel, Evêque de Castorie, a employé presque tous les passages de ce Traité dans son *Amor Pænitens.*

5. Le P. *Seguenot* a aussi traduit en Latin une partie des Ouvrages du Cardinal de Bérulle.

6. *Retraite de dix jours.* Ms. chez M. Seguenot, neveu de l'Auteur. On trouve, *ibid.* quelques autres Ouvrages Mss. du P. Seguenot.

Voy. Simon, *Bibliot. Crit.* Tom. II. chap. XXI. & XXII. *Critiq. de la Bibliot. des Aut. Ecclés. de Dupin*, par le même, Tom. II. chap. VII. *Le véritable P. Joseph*, p. 443. *Lettres de M. Arnauld*, Tom. VIII. pag. 271. Dupin, *Bibliot. des Aut. Ecclés.* du XXIIe. siècle, Part. II. page 139. & *Tables du même Ouvrage*, Tom. II. col. 2923. Il se trompe, en plaçant la mort du P. *Seguenot* au 17. Mai 1670. & le *Suplément de Moreri* de 1735.

TOUSSAINT SIBILLE.

TOUSS. SIBILLE.

SIBILLE, (*Toussaint*) Avocat au Parlement de Paris, étoit né à Châlon, & mourut en cette Ville fort âgé, l'an 1518. Il a écrit :

Du mépris du monde. Paris, Cavellat, 1579. *in* 16.

De la Paix, in 16.

Du Verdier confond *Toussaint Sibille* avec *Thomas Sybille*, ou *Sybillot*, & attribuë à Thomas les Ouvrages de *Toussaint*. Il se trompe encore, en croyant que Thomas Sybille étoit de Châlon ; il étoit Parisien.

Voy. la *Bibliothèque Françoise* de du Verdier, pag. 1181. celle de la Croix-du-Maine, pag. 467. & le Traité du P. Jacob, *de claris Scriptoribus Cabilonensibus*, pag. 67.

GEORGE, SEIGNEUR DE SOUVERT.

GEORGE DE SOUV.

SOUVERT, (*George*, *Seigneur de*) fut reçû Président au Parlement de Bourgogne, le 10. Mars 1611. & mourut à Dijon, le 7. Juin 1614. âgé de 47. ans. Il fut enterré aux Cordeliers, où l'on voit cette Epitaphe dans la Chapelle qui porte le nom de cette Famille.

Georgius de Souvert, quem in Suprema Burgundiæ Curia Præsidem infulatum, constanti ubique ingenii, eruditionis, christianæ modestiæ, ac probitatis laude nihil oblivisci solitum præter injurias. Mors immatura eripuit anno æt. XLVII. VII. Id. Jun. an. MDCXIV.

On attribuë à ce sçavant Magistrat, un Ecrit très estimé & très utile pour l'intelligence de la Coûtume de Bourgogne. Cet Ecrit a pour Titre : *Discours du Procès pendant au Parlement de Grenoble, par évocation entre Marcelline Pivert, veuve de Guillaume Droas, dit la Plante, de Dreux, Demanderesse en garde possessoire pour les biens de la succession d'Eugène Pivert ; d'une part. Et M. George de Souvert, Conseiller au Parlement de Dijon, &c. comme mari de Demoiselle Barbe Morisot, Deffendeur ; d'autre part.* In 4°. 1604. pagg. 70. sans nom de Ville ni d'Imprimeur. Canat, Avocat de Châlon, fit réimprimer cette Pièce dans son Edition de la *Coûtume de Bourgogne*, imprimée en 1652. M. de Chevanes l'inséra presque toute entiere en 1665. dans son *Commentaire sur la même Coûtume*, sans faire aucune mention de l'Auteur. M. le Président Bouhier, en sa Préface de la *Coûtume de Bourgogne*, Edit. de 1717. loüe M. de *Souvert*, & sa pénétration à dévelop er les endroits les plus obscurs & les plus embarassés de notre Coûtume, sur ce qui concerne les successions. Ce sçavant Magistrat conjecture que Jean Depringles, habile Avocat au Parlement de Dijon, & beau-frere de M. de Souvert, est le véritable Auteur du *Factum* dont j'ai parlé. Si ce fait est véritable, il a été ignoré de Canat, qui ne nous en a rien apris. Il se peut faire que *George de Souvert* ait consulté sur cet Ecrit, Jean Despringles, célèbre Jurisconsulte, son beau-frere, & Jean de Souvert, dont je vais parler.

Voy.

Voy. Palliot, *Parlement de Bourgogne*, pag. 91. *Coûtume de Bourgogne* de M. le Préfident Bouhier, page VIII. de la Preface, & article de *Jean Depringles*, pag. XLVII. *ibid.*

JEAN DE SOUVERT.

SOUVERT, (*Jean de*) frere du précédent, fut d'abord Avocat au Parlement de Bourgogne, Conseil des Etats de cette Province, ensuite Avocat au Grand Conseil, & enfin Préfident au Parlement de Dijon, Charge dont il fut pourvû après la mort de George de Souvert, son frere, & qu'il réfigna au bout d'un an; c'eſt-à-dire, en 1615. à Jacques Sayve. *Jean de Souvert* mourut à Dijon vers 1620. fans avoir été marié.

Fevret, dans son *Dialogue des illuſtres Avocats du Parlement de Bourgogne*, fait un grand Eloge de *Jean de Souvert*, & dit qu'il avoit très peu de mémoire; ce qui ne l'empêcha pas néanmoins de remplir avec honneur, la Profeſſion d'Avocat, & d'être regardé comme le modéle des Avocats de ſon tems. Le même Fevret loüe ſa fermeté à deffendre les interêts du Peuple. *Souvert*, dit-il, fut à Paris pour les affaires de la Province de Bourgogne. Il foûtint les interêts de cette Province au Grand Conseil, avec beaucoup de réputation. Il demeura long-tems à Paris. A ſon retour, il paſſa le reſte de ſa vie à méditer & à écrire. *Jean de Souvert* a laiſſé les Ouvrages ſuivans:

1. *Avis pour Meſſieurs les Gens des trois Etats du Pays & Duché de Bourgogne, ſur le ſujet de leur Aſſemblée du mois de Mai prochain.* 1605. in 8°. fans nom de Ville ni d'Imprimeur, pagg. 91. Cette Piéce eſt fort eſtimée.

2. *Remontrance à Meſſieurs des trois Etats des Pays & Duché de Bourgogne, au ſujet de leur Aſſemblée du 8. du mois d'Août prochain.* 1611. in 8°. pagg. 87.

3. Fevret nous aprend que Jean de *Souvert* a laiſſé en Mſ. un ample Traité de *l'Amour du bien public*. *Quod quidem varium & multiplex*, ajoûte Fevret, *non edi, tandiuque premi, dolendum eſt.*

Voy. Palliot, *Parlement de Bourgogne*, pag. 92. & Charles Fevret, *de claris Fori Burgundici Oratoribus*, p. 96. & ſeqq.

EMILIEN SOYROT.

SOYROT, (*Emilien*) Chanoine de la Sainte Chapelle de Dijon, naquit en cette Ville, le 25. Mars 1665. d'Etienne Soyrot, Avocat au Parlement, & y mourut le 27. Septembre 1719. Il a fait l'*Abregé de la Vie de Meſſire Benigne Joly, Prêtre, Chanoine de S. Etienne de Dijon*. Dijon, Reſſayre, 1707. in 12. pagg. 84. & réimpr. pluſieurs fois depuis.

JACQUES SOYROT.

JACQUES SOYROT. SOYROT, (*Jacques*) Conseiller au Parlement de Metz, naquit à Dijon, le 22. Décembre 1658. de François Soyrot, Grand Maître des Eaux & Forêts de Bourgogne; & d'Anne de Gaule, & mourut subitement en cette Ville, le 7. Mars 1708.

Il réussissoit dans la Poësie Françoise. Pag. 48. du Recüeil intitulé : *Funus Santolinum*, imprimé à Dijon, in 4°. en 1698. & réimprimé avec les *Œuvres de Santeüil*, en trois volumes, Paris, 1729. on trouve *deux Epigrammes* de M. *Soyrot* sur la mort de ce célèbre Poëte. Les Héritiers de ce Magistrat, conservent plusieurs Poësies Ms. de sa composition.

LOUIS SPIRINX.

LOUIS SPIRINX. SPIRINX, (*Loüis*) habile Graveur, né à Dijon, vivoit au milieu du siècle dernier. L'Abbé de Marolles en fait mention dans son *Catalogue d'Estampes* de 1666. & loüe beaucoup les *Pièces maritimes que Spirinx a exécutées, selon la pensée de Claude-Bartholomé de Dijon*. C'est-à-dire, les Gravures insérées dans l'*Orbis Maritimus* de Cl. Barthelemi Morisot. Le même Abbé de Marolles cite encore les *Thèses & les Armoiries de Spirinx*. Et dans son second *Catalogue d'Estampes*, il parle avec estime, *des Images de la Vierge, par Spirinx, dont la gravure étoit nette & variée*.

Voy. le *Catalogue d'Estampes* de l'Abbé de Marolles, imprimé en 1666. pag. 97. & 119. & le second *Catalogue d'Estampes* du même Auteur, imprimé en 1672. pag. 51.

GABRIELLE SUCHON.

GABRIEL. SUCHON. SUCHON (*Gabrielle*) naquit en 1631. à Semeur, Capitale d'Auxois, d'une bonne & ancienne Famille de cette Ville. Elle fut pendant quelques années Religieuse Jacobine de la même Ville, après quoi elle réclâma contre ses Vœux. Elle eut assez de courage pour entreprendre le voyage de Rome, sans communiquer son dessein à personne. Le Pape lui accorda un Rescrit contre ses Vœux, auquel ses parens s'oposérent. Un Arrêt du Parlement de Dijon la condamna à rentrer dans son Monastére. Mais elle éluda cet Arrêt : je ne sçais comment. Elle resta auprès de sa mere, & mourut à Dijon, le 5. Mars 1703. âgée de 72. ans.

Cette fille avoit toûjours sur la tête une espèce de voîle, qui lui rapelloit le souvenir de son premier état. Comme elle étoit extrèmement laborieuse, elle employoit presque tout son tems à lire ou à écrire, & à enseigner des enfans. Son entretien étoit fort agréable. Je me souviens d'une conversation que j'eus avec elle, où elle étala les avantages de son sexe, qu'elle deffendoit avec beaucoub de fermeté. Elle en a donné des marques dans l'Ouvrage suivant :

DE BOURGOGNE. 299

GABRIEL SUCHON

1. *Traité de la Morale & de la Politique, divisé en trois parties; sçavoir, la liberté, la science & l'autorité, où l'on voit que les personnes d'un sexe, pour en être privées, ne laissent pas d'avoir une capacité naturelle qui peut les en rendre participantes : Avec un petit Traité de la foiblesse, de la légéreté & de l'inconstance qu'on leur attribuë mal-à-propos. Par G. S.* (Gabrielle Suchon) *Aristophile*. Aux dépens de l'Auteur. Lyon, B. Vignien, & se vend chez Jean Certe. 1693. *in* 4°. fort épais. M. le Président Cousin, qui donna un extrait de ce Livre dans le *Journal des Sçavans* de 1694. pag. 765. Edit. *in* 12. dit que cet Ouvrage, composé en moins d'un an, sans aucun conseil, ni aucun secours étranger, n'est pas une des moindres preuves de ce que la personne qui nous le donne, soûtient à l'avantage de son sexe. L'Auteur dut, sans doute, ce jugement à la politesse de M. le Président Cousin; car son Livre est très médiocre, & il est entiérement tombé. L'Ouvrage suivant est meilleur.

2. *Traité du Célibat volontaire, ou la Vie sans engagement.* Paris, J. & Mich. Guignard, 1700. *in* 8°. 2. vol. contenus en 654. pages. On en trouve un extrait & un Eloge dans les *Nouvelles de la République des Lettres* par Bernard, Mai 1700.

Voy. le *Journal des Sçavans* de 1694. pag. 765. Edit. *in* 12. & les *Nouvelles de la République des Lettres* du mois de Mai 1700. pag. 582.

T.

ETIENNE TABOUROT.

TABOUROT, Seigneur des Accords [1] (*Etienne*) Avocat au Parlement de Bourgogne, & ensuite Avocat du Roi au Bailliage & à la Chancellerie de Dijon, naquit en cette Ville, l'an 1549. comme on le voit par son Portrait, où il est dit âgé de 35. ans en 1584. Il étoit fils aîné de Guillaume Tabourot, célèbre Avocat au Parlement, & Maître des Comptes, qui est fort loüé par Saint-Julien, dans son Livre de l'*Origine des Bourguignons*; & de Didiere Thierry. Etienne *Tabourot* mourut en 1590. Son corps ayant été ouvert, on trouva son foye plein de pustules & de tubérosités.

» Ce fut, dit Bayle, un homme d'esprit & d'érudition ; mais qui donna
» trop dans les bagatelles. » On en peut croire aisément Bayle sur ce dernier article.

CATALOGUE DE SES OUVRAGES.

1. M. de la Monnoye prétend [2] que les Poësies imprimées en 1567. à Dijon, sous le nom de Jean Desplanches, sont entiérement d'Etienne Tabourot. Ces Poësies sont intitulées : *Synathrisie*, *ou Recüeil confus*, *&c.* in 4°. Du Verdier, pag. 1171. de sa *Bibliothèque Françoise*, en fixe l'Edition à l'année 1566.

2. *Tabourot* a traduit en Vers Latins la *Fourmi de Ronsard* & le *Papillon de Belleau*. Ces Traduction furent imprimées à Paris, chez Antoine Havic, en 1572. *in* 8°. Voy. du Verdier, *ibid.* pag. 315.

3. Sonnet à la tête de la première Partie des *Bergeries de Remi Belleau*.

4. Dans le IVᵉ. volume de ses *Bigarures*, pag. 57. il dit qu'en 1572. il donna au Public quelques *Sonnets* imprimés à Paris, chez Galiot Dupré, qu'il prétend les corriger, & faire imprimer ses autres Poësies. Et au chapitre XX. pag. 280. il ajoûte qu'étant encore Ecolier (aparemment en Droit) il fit la *Coupe Poëtique*, *la Marmite*, *& autres*, *à l'imitation des Grecs*.

5. Trois *Distiques* Latins joints à l'*Epithalame*, que Jean Thomas fit

---

[1] La Seigneurie des Accords est un Fief imaginaire, qu'il ne fonda que sur la Devise de ses Ayeux. Il se donna aussi par anagramme, selon Baillet, *Auteurs déguisés*, pag. 440-607. Edit. *in* 12. le nom de *Torvobatius*.

[2] *Notes sur les Auteurs déguisés de Baillet*, pag. 308. Edit. in 4°.

imprimer à Dijon, chez Jean Desplanches, *in* 4°. sur le Mariage du Roi Henri III.

6. *Sonnet* à la tête de la *Coûtume de Bourgogne*, réformée en 1576. *in* 4°.

7. *Sonnet* au-devant des *Termes d'Architecture* de Sambin, en 1572.

8. *Discours de ce qui s'est fait au Batême de Léonor-François de Saulx, Fils de M. le Vicomte Jean de Tavanes, le* 11. *Mai* 1581. *par E. T. D.* (c'est-à-dire, Etienne *Tabourot*, Dijonnois.) Dijon, Jean Desplanches, *in* 4°. (1581.) C'est une Pièce d'environ 150. Vers.

9. *Sonnet* à la tête du Livre de la *préparation des Médicamens*, par C. Dariot, 1582. *in* 8°. It. 1603. *in* 4°.

10. *Les Bigarures du Seigneur des Accords*. Paris, Jean Richer, 1572. *in* 12. It. 1582. It. *le premier Livre des Bigarures, où est traité de toutes sortes de folies.* Paris, Richer, 1583. *in* 16. de 216. feüillets. J'en ai vû une autre de la même année, contenuë en 219. feüillets, *ibid. in* 16. It. 1584. It. *Bigarures du Seigneur des Accords, quatrième Livre.* Paris, Richer, 1585. *in* 12. Dans l'Avis au Lecteur, il s'excuse de ce qu'il donne à ce Recüeil, le Titre de quatrième Livre, quoiqu'il ne soit que le second. *Si je suivois*, dit-il, *la façon des Ecrivains ordinaires, il ne seroit pas bigarré. Jules de la Scala a commencé ses Livres de la Subtilité contre Cardan, par le quinziéme Livre*, &c.

11. *Touches*. Paris, Richer, 1585. *in* 16. It. 1586. & 1588. *in* 12.

12. *Les Bigarures & Touches du Seigneur des Accords, avec les Apophtegmes du Sieur Gaulard, & les Escraignes Dijonnoises.* Paris, Jean Richer, 1614. & 1615. *in* 12. It. Roüen, 1616. & 1625. *in* 12. It. *ibid.* 1628. *in* 16. It. *ibid.* 1640. 1647. & 1648. *in* 8°. It. Paris, 1662. *in* 12.

13. *Tabourot* fit imprimer en 1585. à Paris, chez Richer, *douze Fables de Fleuves ou Fontaines, avec sa Description pour la Peinture & les Epigrammes, par P. D. Th.* Ces Lettres initiales désignent Pontus de Thyard, Evêque de Châlon. L'Epitre Dédicatoire est de *Tabourot*. Le P. Jacob, qui fixe cette Edition à l'année 1586. [1] se trompe.

14. *Les Portraits des quatre derniers Ducs de Bourgogne, de la Maison de Valois, avec leurs Epitaphes, & l'Abregé de leurs Vies en Latin & en François.* Paris, Richer, 1587. *in* 8°. 22. feüillets.

15. Jean le Fêvre, [2] Dijonnois, Chanoine de Langres & de Bar-sur-Seine, oncle de *Tabourot*, ayant composé un Dictionnaire de Rimes, mourut sans le faire imprimer. Etienne *Tabourot* l'augmenta, & le fit paroître sous ce Titre: *Dictionnaire des Rimes Françoises de feu M. Jehan le Fêvre, Dijonnois, Chanoine de Langres, & Secretaire de Monseigneur le Cardinal de Givry, réduit en bon ordre, & augmenté d'un grand nom-*

---

[1] *De claris Scriptoribus Cabilonensibus*, pag. 57.
[2] Cet article est tiré du Recüeil d'*Eloges de quelques Auteurs François*, imprimé récemment à Dijon, chez Philippe Marteret, *in* 8°. Voy. la page 170. & suiv.

ETIENNE TABOUR. *bre de Vocables & de Monosyllabes François; le tout pour l'avancement de la Jeunesse en la Poësie Françoise.* Paris, Galiot Dupré, 1572. *in* 8°. L'Editeur assure que » si la postérité donne quelques loüanges au travail, & » à ceux principalement qui aportent profit & soulagement au Public, elle » n'oubliera point ce labeur-ci, par lequel seront relevés infinis bons esprits, » amateurs de la Poësie Françoise, lesquels, au lieu de ronger leurs ongles, » se gratter derriére la tête, pour trouver la mémoire d'une contre-rime, » perdent cependant de belles inventions qui s'écoulent, & seront bien aise » de les trouver ici. » Je raporte ce passage, parce qu'il ne se trouve point dans la seconde Edition.

Tabourot nous aprend [1] que les *Vers monosyllabes, qui sont imprimés à la fin du Dictionnaire des Rimes, qu'on a exposé en lumière, imparfait* [2] *à son grand regret, sont de Pierre Boistuau, dit de Launay. Mais j'espére,* ajoûte-t-il, *le faire voir entier, avant qu'il soit guéres.* Il dit ailleurs, [3] qu'il fera une suite du Dictionnaire des Rimes Françoises. Tabourot a tenu parole, comme l'a conjecturé Bayle [4] qui n'a point connu la seconde Edition faite sous ce Titre: *Dictionnaire des Rimes Françoises, premiérement composé par Jean le Fêvre, Dijonnois, Chanoine de Langres & de Bar-sur-Seine, & depuis augmenté, corrigé & mis en bon ordre par le Seigneur des Accords, dédié à Messire Pierre Jeannin, Seigneur de Monjeu & de Courcelles, Chevalier, Conseiller du Roi & Président au Parlement de Bourgogne.* Paris, Jean Richer, 1588. *in* 8°. On a raison de dire dans la Préface, que cet Ouvrage est augmenté de près de la moitié, puisque la premiére Edition n'a que 125. feüillets, & que la seconde en a 242. sans compter une longue Préface, la table qui manque dans l'Edition de 1572. & un très grand nombre de Vers à la loüange de l'Auteur & du Livre. Sorel, qui avoit entrepris [5] de parler de tous nos Dictionnaires de Rimes, n'a point connu celui de le Fêvre.

M. l'Abbé Goujet, à qui cet article a été communiqué, ajoûte [6] *qu'on croyoit se faire honneur en loüant, à l'envi les uns des autres, d'assez mauvaises rapsodies, dont le mérite principal ne consistoit souvent que dans la bonne intention des Auteurs de qui elles venoient. Ce n'est guéres que par-là que l'on peut faire quelque cas de cette seconde Edition du Dictionnaire de le Fêvre, quelque supériorité qu'on lui accorde sur la premiére.*

16. *Oratio, qua illustr. & reverendiss. D. Cardinal. Cajetanum, S. S. Legatum, R. P. Edmundus à Cruce, Cisterc. Abbas, sibi assistente D. Perpetuo Barbisi, Parlamenti Divion. Consiliario, in Urbe Matisconensi excepit.* Dijon, Jean Desplanches, 1590. *in* 12. C'est Etienne Tabourot qui

---

[1] Dans ses *Bigarures*, pag. 309. Edit. de Roüen, 1648.

[2] L'Editeur se plaint, dans sa Préface de la seconde Edition, de l'infidélité d'un certain, qui avoit fait beaucoup de changemens & de retranchemens dans cet Ouvrage.

[3] *Bigarures*, Livre quatriéme (c'est-à-dire, le second) pag. 75.

[4] *Dictionaire Critique*, article, *Accords* (Tabourot, Seigneur des)

[5] *Bibliothéque Françoise*, pag. 14. & suiv. de la seconde Edition.

[6] *Bibliothèque Françoise*, Tom. III. pag. 421.

procura l'Edition de ce Discours, auquel il joignit deux Epigrammes en Vers Latins, & l'Epitre Dédicatoire à D. Edme de la Croix, Abbé de Citeaux. Cette même Harangue avoit déja été imprimée à Lyon, chez Jean Patrasson, par les soins de *Tabourot*.

Voy. les Remarques de M. de la Monnoye sur les *Auteurs déguisés* de Baillet, pag. 308. Edit. *in* 4°. les deux *Bibliothèques Françoises* de la Croix-du-Maine & de du Verdier, Bayle, article, *Accords*, (Tabourot, Seigneur des) celui de *Moreri*; & le *Suplément* de 1735. la *Bibliothèque Françoise* de M. l'Abbé Goujet, Tom. III. pag. 419. & le Recüeil d'*Eloges de quelques Auteurs François*, imprimés *in* 8°. à Dijon, en 1742. chez Marteret, pag. 170. & suiv.

JEAN TABOUROT.

TABOUROT, (*Jean*) oncle du précédent, comme il le dit lui-même vers la fin de son *Calendrier des Bergers*, étoit Chanoine & Official de Langres. Il mourut en 1595. âgé de 76. ans.

CATALOGUE DE SES OUVRAGES.

1. *Calendrier des Bergers en Dialogue.* Langres, Jean Despreys, 1582. *in* 4°. gothique. *It.* 1588. Paris, *in* 8°. & plusieurs autres fois ailleurs. L'Auteur s'est déguisé en cet Ouvrage, de même que dans le suivant, sous le nom de *Thoinot Arbeau*, qui est l'Anagramme de *Jean Tabourot*.

2. *Orchésographie & Traité en forme de Dialogue, par lequel toutes personnes peuvent facilement aprendre & pratiquer l'honnête exercice des Danses, par Thoinot Arbeau, demeurant à Langres.* Ibid. Jean Despreys, 1589. *in* 4°. de 104. feüillets.

3. Dans la seconde Edition du *Dictionnaire des Rimes*, par Jean le Fêvre, & augmenté par Etienne Tabourot, son neveu, 1588. *in* 8°. on trouve quelques Vers François de *Jean Tabourot*. Ils sont à la tête de ce Livre. On en voit encore quelques autres du même Auteur, au *folio verso* 217.

4. Deux Vers Elégiaques Latins, à la tête des *Emblêmes d'Alciat*, avec les Notes de Claude Minos.

5. *La Preudhomie des Laboureurs.* Elle contient onze Stances en Vers François. Etienne Tabourot l'a inférée au XXe. chapitre de ses *Bigarures*.

D. CLAUDE TAISAND.

TAISAND, (*D. Claude*) Religieux de l'Abbaye de Citeaux, où il entra l'an 1698. étoit fils de Pierre Taisand, Trésorier de France en la Généralité de Bourgogne, dont nous parlerons bientôt; & de Marcelline Dubois.

D. Taisand a composé la *Vie de M. Taisand, Trésorier en la Généralité de Bourgogne & Bresse.* Dijon, Jean-Baptiste Augé, 1716. *in* 4°. pp. 16.

On trouve un extrait de cette Vie dans les *Nouvelles Littéraires* de 1716. Tom. III. & dans le *Journal des Sçavans* de la même année, page 295. Edit. *in* 12.

L'Auteur n'a pas borné à ce petit Ouvrage, son zèle pour la mémoire de son pere. En 1721. il fit imprimer *les Vies des plus célèbres Jurisconsultes de toutes les Nations*, &c. *par Pierre Taisand*. Comme j'en ferai mention dans l'article de Pierre Taisand, je n'en dirai ici autre chose, si-non que l'Editeur mit à la tête une Epitre Dédicatoire, & réimprima au commencement de ces Vies, celle de son pere, avec quelques Additions, qui n'ont pas été goûtées du Public.

On auroit pû, si la chose en eut valu la peine, révendiquer deux Distiques Latins, imprimés à la premiére page de cette Vie. J'envoyai un jour cette bagatelle à M. Taisand, dont j'étois ami. Il falloit, ou ne les point publier, ou les attribuer à quelque Anonyme. Le premier parti étoit le meilleur.

D. *Taisand* avoit promis un *Taisaniana*, recüeilli des Ouvrages Mss. de son pere.

NICOLAS TAISAND.

TAISAND, (*Nicolas*) Prêtre, Bachelier en Théologie de la Faculté de Paris, étoit né à Dijon, où il a professé la Philosophie pendant plusieurs années, de même qu'à Paris, & ailleurs. Ayant été pourvû de la Cure de Jansigny en Bourgogne, à 4. ou 5. lieües de Dijon, il ne laissoit pas de demeurer neuf mois à Paris, se contentant de donner les trois autres mois à l'instruction de ses Paroissiens. Il mourut au Village de Mirebeau, à 4. ou 5. lieües de Dijon, au mois d'Octobre 1663. Son corps fut transporté à Jansigny, où il fut enterré.

Nicolas Taisand est Auteur de l'Ouvrage suivant : *Propositio Philosophica de recta sciendi ratione. Adjectis Opusculis ad eam illustrandam conducentibus.* Dijon, Philibert Chavance, 1657. in 4°. pagg. 126. La seconde partie de cet Ouvrage contient deux Traités François ; l'un, *sur l'Incarnation* ; l'autre, *du bon & du mauvais usage des choses naturelles*. Son Livre est dédié aux Etats de Bourgogne. Dans son Epitre Dédicatoire, il nous aprend quelques circonstances vagues de sa Vie. *A triginta ferme annis exulavi lubens, dispendium bonorum perpessus, periculis fluminum, &c.* Il promettoit un autre volume, intitulé : *Principia naturalia* ; & à la page derniére de ses *Opuscules*, il dit qu'il *les fera suivre incontinent, suivant le succès des Ouvrages qu'il publie*. Puisque l'Auteur n'a rien fait imprimer depuis ce tems-là, le succès n'a pas répondu aparemment à ses désirs, quoiqu'il eût promis de belles choses au Public, par ce Distique, qui fait allusion à son nom :

Mira tacens loquitur ; *Lector, jam disce tacere,*
Aut priùs ex ipso disce tacente loqui.

On pourroit répondre que *Taisand* devoit lui-même aprendre à se taire, ou à faire de bons Livres.

PIERRE

PIERRE TAISAND.

TAISAND (*Pierre*) naquit à Dijon, le 7. Janvier 1644. de Jean Taisand, Conseiller au Bailliage de Dijon; & de Marguerite Vallot, sœur d'Antoine Vallot, fameux Avocat au Parlement. A l'âge de 12. ans, il fut envoyé au Collége des Jésuites de Pont-à-Mousson, où il se distingua parmi ses Condisciples. Il alla ensuite étudier en Droit en l'Université de Toulouse, & y demeura deux années. Il fut de-là prendre ses Degrés en celle d'Orléans, à l'âge de 18. ans; & à 21. ans, il y plaida sa première Cause. Ce plaidoyé fut suivi de plusieurs autres, dont quelques-uns ont été insérés dans les Journaux du Palais.

En 1673. il fit un voyage à Paris; ce qui lui donna occasion de paroître au Barreau du premier Parlement de France, où il plaida plusieurs Causes, & se fit connoître de l'illustre Premier Président de la Moignon, qui lui donna un libre accès en sa maison. Il acquit aussi l'estime & l'amitié de plusieurs personnes sçavantes, sur-tout de la célèbre Mademoiselle de Scudéry.

S'étant marié la même année, quelques tems après son retour en Bourgogne, il s'attacha de plus en plus à la Profession d'Avocat, & s'y distingua, de sorte qu'en 1674. M. d'Aligre, nommé à la Charge de Chancelier de France, lui fit l'honneur de le choisir pour présenter ses Lettres au Parlement de Dijon. Le Discours qu'il y prononça en présence de Loüis de Bourbon, Gouverneur de la Province, fut aplaudi des Auditeurs. Il fut choisi l'année suivante par le Comte de Roussillon, pour présenter au même Parlement ses Lettres-Patentes de Lieutenant Général au Gouvernement de Bourgogne dans les Bailliages d'Autunois, Auxois & Auxerrois, & il s'en acquitta avec le même succès.

En 1680. se sentant la poitrine trop foible pour continuer la Profession d'Avocat, il se fit pourvoir d'une Charge de Trésorier de France en la Généralité de Bourgogne. Il ne perdit pas pour cela le goût qu'il avoit pris pour la Jurisprudence. Au contraire, ayant plus de loisir, il forma le dessein de faire un nouveau Commentaire sur la Coûtume de Bourgogne. Il y fut aidé par beaucoup de personnes, & sur-tout par M. de Mucie, Président à Mortier au Parlement, qui lui communiqua, non seulement les Arrêts qu'il avoit vû rendre, depuis qu'il étoit entré au Palais, mais encore ceux qui avoient été recüeillis par feu M. Philibert de la Mare, son beau-pere, ancien & judicieux Avocat.

Au commencement de l'année 1715. ayant fait présenter au feu Roi Loüis XIV. quelques Ouvrages Mss. qu'il avoit composés en l'honneur de son auguste Famille, ce grand Prince les reçut avec bonté, & en recompensa l'Auteur, par un beau Médaillon d'or, où il étoit représenté, avec ces mots: *LUDOVICUS REX CHRISTIANISSIMUS*; & sur le revers, les quatre Princes, ses Fils & petit-Fils, avec cette Légende: *FELICITAS DOMUS AUGUSTÆ*. Mais M. *Taisand* n'eut pas la satisfaction de voir ce Médaillon, étant mort à Dijon le 12. Mars 1715. avant qu'il l'eut reçu. Il fut enterré à S. Etienne, où on lui dressa cette Epitaphe:

Part. II.   Iiii

PIERRE TAISAND.

D. O. M.

Hic jacet Petrus Taisand, qui Patroni munere in Foro Burgundico per 16. annos cum laude functus, Regius deinde Quæstor, suam Juris universi peritiam, edito ad patrias Leges Commentario demonstravit. Aureo Numismate à Ludovico XIV. propter merita ornatus, probis verò ita carus, ut eum 72. fere annos emensum, velut immaturè raptum defleverint.

Dilectiss. Conjugi 12. Mart. 1715. mortuo Marcellina Dubois, Uxor mæstissima posuit.

Gaudeat luce perenni.

De son mariage avec Marcelline Dubois, il avoit eû douze enfans, dont dix moururent avant lui, sans postérité. Les deux autres ont embrassé l'Etat Religieux, l'un desquels étoit Dom Claude Taisand, Religieux de Citeaux, dont j'ai parlé, auquel il laissa sa Bibliothèque & ses Ouvrages manuscrits.

CATALOGUE DE SES OUVRAGES.

1. *Discours Académique sur la science du Salut.* Paris, 1673. *in* 12. L'Auteur composa cet Ouvrage pendant le séjour qu'il fit à Paris en 1673.

2. *Discours prononcé à la présentation des Provisions de M. d'Aligre en l'Office de Chancelier de France.* Dijon, Jean Ressayre, 1674. *in* 4°.

3. *Histoire du Droit Romain.* Paris, Hélie Josset, 1678. *in* 12. pagg. 127. Cet Ouvrage est dédié à M. Bossuet, alors Evêque de Condom, & Précepteur de M. le Dauphin. Voy. le *Journal des Sçavans* de la même année, pag. 234. Edit. *in* 12. & le *Suplément à la Bibliothèque Latine* de Fabricius, Part. II. Edit. de 1722. pag. 108.

4. *Lettre sur l'Eternité à une Religieuse.* Dijon, Secard, 1690. *in* 12.

5. *Coûtume générale des Pays & Duché de Bourgogne, avec le Commentaire de M. Taisand, dans lequel cette Coûtume est expliquée par le Droit Romain, les Loix des anciens Bourguignons, par l'usage, le Commentaire de M. de Chasseneuz, les Annotations de M. Begat, Président au Parlement de Dijon, du Sieur Avocat Despringles, & autres: A quoi on a joint les Notes de Me. Charles Dumoulin, & ses décisions sur des questions considérables, avec un grand nombre d'Arrêts, tant anciens que nouveaux, de tous les Parlemens de France, & notamment du Parlement de Dijon,* &c. *la conformité avec les autres Coûtumes de France, & les Tables des Titres, des Articles & des Matières.* Dijon, Ressayre, 1698. *in folio.* „ Ce Com-
„ mentaire n'a pas eû tout le succès que l'Auteur en attendoit. Ce n'est pas
„ qu'il n'ait été fort loüable d'entreprendre d'éclaircir les Loix particuliéres
„ de son Pays, qui sont assez obscures en plusieurs endroits. Mais pour un
„ Ouvrage de cette nature, il falloit un homme plus consommé dans le Bar-
„ reau, plus versé dans les Consultations, & qui eût un peu plus foüillé
„ dans les sources de notre Droit Municipal. Peut-être eût-il acquis une par-
„ tie de ces avantages, s'il avoit fait plus long-tems la Profession d'Avocat.
„ Mais il lui en manquoit encore plusieurs autres, sans lesquelles il n'est gué-
„ res possible d'atteindre à la perfection.

DE BOURGOGNE.

PIERRE TAISAND.

„ Il est vrai que M. le Chancelier lui donna pour Examinateurs, feus
„ MM. François-Claude Jehannin, & Gabriel-Guillaume Morisot, deux
„ des plus illustres Avocats qui ayent été en ce Parlement. Mais la peine
„ qu'ils prirent de revoir cet Ouvrage, ni le soin qu'ils se donnérent d'en re-
„ trancher plusieurs choses, n'ont pas empêché qu'il n'en soit resté beaucoup
„ d'autres, qui devoient avoir le même sort. D'ailleurs, le principal dé-
„ faut de ce Commentaire, c'est que les matières n'y sont pas assez aprofon-
„ dies. Or, ce défaut ne pouvoit être corrigé par les deux sçavans Revi-
„ seurs, qu'en refondant eux-mêmes tout l'Ouvrage. En quoi certainement
„ ils auroient pû rendre un grand service à leur Patrie, si les affaires, dont ils
„ étoient accablés, leur en eussent laissé le loisir. „

Tel est le jugement qu'a porté de ce Commentaire, M. le Président Bouhier, dans son *Histoire des Commentateurs de la Coûtume de Bourgogne*, pag. LXII.

6. *Priéres du Pécheur Pénitent*. Dijon, de Fay, 1707. *in* 12.

7. *Office de Sainte Thérèse, en François*. Ibid. Augé, 1707. *in* 8°.

8. *Discours Académique sur la véritable & la fausse humilité*. Même Ville & même Imprimeur, 1712. *in* 4°.

9. *Les Offices de Saint Augustin, de Sainte Monique, de Sainte Ursule, & de ses Compagnes, Vierges & Martyres*. Dijon, Augé, 1715. *in* 4°. Quelques amis de l'Auteur ont eû beaucoup de part à cette Traduction.

10. *Les Vies des plus célèbres Jurisconsultes de toutes les Nations, tant anciennes que modernes ; sçavoir, Latins ou Romains, François, Espagnols, Italiens, Allemands, Anglois, Hollandois*, &c. *tirées des meilleurs Auteurs qui en ont écrit, & mises par ordre alphabétique, au nombre de plus de cinq cens*. Paris, L. Sevestre, 1721. *in* 4°. pagg. 582. It. *nouvelle Edition augmentée*. Ibid. Nicolas Leclerc, 1737. *in* 4°. pagg. 800. Cet Ouvrage parut après la mort de l'Auteur, par les soins de D. Claude Taisand, son fils, comme je l'ai dit en son article. Voy. au sujet des *Vies des Jurisconsultes*, l'article de M. de la Monnoye en cette Bibliothèque, au N°. XIII. de ses *Ouvrages non imprimés, ou qui se trouvent épars & mêlés dans des compositions étrangères*.

Dans la Vie de M. Taisand par son fils, on voit une longue liste d'Ouvrages qu'il avoit eû dessein, dit-on, de donner au Public. Mais l'Auteur m'a souvent avoüé que son intention n'étoit pas qu'ils vissent le jour, & qu'il les avoit faits uniquement pour son usage. En effet, il y en a plusieurs peu importans, ou qui paroissent n'avoir été qu'ébauchés. Je me contenterai de citer les suivans :

11. *Questions de Droit Civil, Canonique, Coûtumier & François, décidées par des Edits & Déclarations du Roi, des Arrêts du Conseil d'Etat, des Parlemens & du Grand Conseil*.

12. *Questions du Droit Civil, Canonique, Coûtumier, décidées par des Arrêts du Parlement de Dijon, anciens & modernes, divisées en plusieurs Centuries, suivant l'ordre des tems où ils ont été rendus*.

PIERRE TAISAND.
13. *Traité des Criées & Decrets*, contenant des Remarques, &c. à l'usage de Bourgogne. J'ai vû chez l'Auteur ces différens Ouvrages. Dom Claude Taisand, son fils, avoit dessein d'en faire un *Taisaniana*.

Voy. la *Vie de M. Taisand*, &c. par D. Taisand, son fils, la *Préface des Vies des Jurisconsultes* du même Taisand, la *Bibliothèque des Coûtumes*, par MM. Berroyer & de Laurière, & sur-tout l'*Histoire des Commentateurs de la Coûtume de Bourgogne*, par M. le Président Bouhier, pag. LX. & suiv. dont cet article est tiré presque entiérement.

PIERRE TAMISIER.

PIERRE TAMISIER.
TAMISIER, (*Pierre*) étoit né à Tournus de Chretien Tamisier, qui étoit Couturier en cette Ville, l'an 1541. Pierre Tamisier fut Procureur au Parlement de Paris, & mourut d'apoplexie, étant Président à l'Election du Mâconnois, le 4. Janvier 1591.

C'étoit un homme d'esprit, & ami des Sçavans de son tems. Ce fut lui qui engagea Pierre de Saint-Julien à recüeillir, après les ravages des Calvinistes, & à publier ce qu'il avoit remarqué sur les Antiquités de la Ville, & de l'Abbaye de Tournus. Le P. Jacob, Carme, loüe sa probité & son érudition.

CATALOGUE DE SES OUVRAGES.

1. *Plusieurs petites Pièces de Vers*. Dans l'*Origine des Bourguignons* par Saint-Julien.

2. *Un Sonnet*, à la tête des *Mélanges Historiques* du même Pierre de Saint-Julien.

3. *Prières Chrétiennes & Catholiques*. (En Vers) Lyon, Benoît Rigaud, 1586. *in* 16.

4. *Quelques Vers*, au-devant du Livre de Jacques Molan, Avocat de Lyon, *contre les Astrologues*.

5. *Méditations de Saint Augustin*. (En Vers) Ibid. Pillehotte, 1587. *in* 12.

6. *Sonnet de Vers raportés*. C'est le Titre d'une petite Pièce de *Tamisier*, imprimée dans les *Bigarures de Tabourot*, pag. 198. chap. XIII. Edit. de Roüen, 1640. *in* 8°.

7. *Sonnet*, à la tête du Livre d'Isaac Bohier, intitulé : *Portrait de l'homme*, imprimé en 1588.

8. *Anthologie, ou Recüeil des plus beaux Epigrammes Grecs, pris & choisis de l'Anthologie Grecque, mis en François sur la Version Latine de plusieurs doctes Personnages : Avec les Opuscules de Phocylide, Naumache & Pythagore, aussi traduits du Latin. Plus, l'Amitié exilée de Cyre Prodrome*. [1] *Elégie de Solon*, alléguée par Démosthène, des effets qui causent la

---

[1] C'est un Discours Chrétien écrit en Grec, traduit en Latin par Gesner, & traduit du Latin, par *Tamisier*.

ruine

DE BOURGOGNE.

ruine & l'éverſion des Royaumes, Républiques & Cités; traduits du Latin en Vers François. Lyon, Pillehotte, 1589. *in* 12. It. ibid. 1617. *in* 12. & 1639. La Traduction de Phocylide, dit M. l'Abbé Goujet, [1] eſt dans un langage facile à entendre, & tel que le parloient alors les perſonnes qui avoient l'eſprit cultivé. Sa verſification eſt ſimple, mais facile & naturelle. Elle a, ſans doute, des défauts; beaucoup de termes, qui y ſont employés, ont vieilli; les éliſions ne ſont guéres obſervées, mais le tour du Vers n'eſt pas mauvais pour ce tems-là, & les rimes ſont communément exactes. Je ne vous donnerai pas, ajoûte M. l'Abbé Goujet, cette Traduction comme une Verſion littérale; l'Auteur ignoroit la Langue Grecque (M. Goujet inſinuë ailleurs qu'il la ſçavoit imparfaitement) & il dit lui-même qu'il n'a traduit Phocylide, que ſur la Verſion Latine d'Henri Etienne. Mais après le texte original, il ne pouvoit choiſir une autre copie. &c. A l'égard des autres Traductions de *Tamiſier*, contenuës dans l'*Anthologie*, le ſçavant Auteur, que je viens de citer, les trouve un peu trop paraphraſées. Au reſte, *Tamiſier* a traduit les *Vers dorés* de Pythagore ſur la Verſion en Vers Latins de Jean Curterius ou Courtier. Colletet, dans ſon Diſcours de la *Poëſie Morale*, dit que la Traduction de *Tamiſier* étoit déja rare lorſqu'il écrivoit; & il avoüe que les *Vers en ſont un peu durs & contraints*, mais que le ſens eſt toûjours noble & toûjours raiſonnable.

PIERRE TAMISIER

„ Ce n'eſt point ſur le Grec, dit encore M. Goujet, que *Tamiſier* fit ſa
„ Verſion de l'*Anthologie*, mais ſur les Traductions Latines de quantité de
„ Sçavans, qui s'étoient exercés à mettre en Proſe ou en Vers, quelques-
„ unes de ces Epigrammes. La Traduction de *Tamiſier* en contient 768.
„ On la doit autant à ſon goût particulier, qu'aux ſollicitations de M. de
„ Rymon, l'un de ſes amis, Procureur du Roi au Bailliage du Mâconnois,
„ homme d'eſprit, & qui cultivoit les Lettres avec beaucoup de ſoin. *Ta-*
„ *miſier* dit dans l'Epitre Dédicatoire à ſon ami, que ſon premier deſſein
„ n'avoit point été de faire imprimer cette Traduction, ne s'en étant occu-
„ pé que pour ſe récréer. Et entre quelques motifs qu'il en aporte, il y en a
„ un qui lui fait honneur. C'eſt qu'il avoit réſolu de ne plus traiter que des
„ ſujets qui puſſent l'édifier. Il devoit donc, ce me ſemble, ſuprimer au
„ moins pluſieurs Epigrammes un peu licencieuſes, que l'on trouve dans
„ ſon Recüeil. Il prétend qu'il en a ſacrifié beaucoup de cette eſpèce; cela
„ peut être; mais il en a encore trop conſervé. Il n'a pas ſuivi dans ſa Tra-
„ duction, ni l'ordre des Livres, ni la diviſion des matières, comme on
„ l'a obſervé dans les bonnes Editions de l'Anthologie. C'eſt un inconvé-
„ nient, la confuſion devenant trop grande, & rendant la lecture de ſon
„ Ouvrage moins utile. Mais cet inconvénient eſt beaucoup moindre au-
„ jourd'hui, me perſuadant aiſément que cette Traduction a fort peu de Lec-
„ teurs; non pas tant parce qu'elle eſt rare, que parce que le ſtyle en eſt fort
„ vieilli, & que la Verſification en eſt plate & dure... Jordan, en ſon *Eſ-*
„ *ſai ſur les Traducteurs François*, en cite une Edition faite à Lyon en
„ 1597. Je ne la connois point. Je ne ſçais ſi c'eſt de cette Traduction, que

---

[1] *Bibliothèque Françoiſe*, Tom. IV. pag. 298.

Part. II.   K k k k

BIBLIOTHEQUE DES AUTEURS

PIERRE TAMISIER.

„ l'Abbé de Marolles veut parler dans son Epitre à M. Pinon, Abbé de Con-
„ dé, qui est à la fin de sa Traduction de l'*Ibis* d'Ovide. Si cela est, il en
„ fait un Eloge, qu'elle mérite peu. „

9. *La sacrée Poësie Evangélique de Juvencus, ancien Poëte Chrétien, mise du Latin en Vers François, avec des sommaires.* Lyon, Benoît Rigaud, 1591. *in* 8°. *Tamisier* mourut pendant l'impression de cet Ouvrage; & ce fut Claude Paulmier, Chanoine de Mâcon, son cousin, qui prit soin de l'Edition.

10. L'Abbé de Marolles, dans sa Préface sur sa Traduction Françoise des Pseaumes, parle *d'une Paraphrase des Pseaumes en Vers François, par Tamisier.* Voy. la Bibliothèque Sacrée du P. le Long, pag. 981. Edit. *in folio.*

Voy. *Petri Tamiserii umbra*, à la tête de la Traduction de *Juvencus*. Loüis Jacob, *de claris Scriptor. Cabilon*, pag. 131. Colletet, *Discours de la Poësie Morale*, pag. 79. & 87. La Préface de la *nouvelle Histoire de l'Abbaye Royale & Collégiale de Saint Philibert, & de la Ville de Tournus*, par M. Pierre Juenin, Chanoine de cette Eglise; le Suplément de Moreri de M. l'Abbé Goujet, & la *Bibliothèque Françoise* du même, Tom. IV. pag. 298. 299. 304. 305. 306. 310. 312. 315. & 316.

JEAN-BAPTISTE TAPHINON.

J. B. TAPHIN.

TAPHINON, (*Jean-Baptiste*) habile Avocat au Parlement de Bourgogne, Docteur Aggrégé en l'Université de Dijon, Académicien Honoraire de la même Ville, est né à Montbard.

Dès sa plus tendre jeunesse, M. *Taphinon* a fait part au Public, des productions de son génie & de son goût. Il mériteroit une place parmi les *Enfans célèbres* de Baillet.

CATALOGUE DE SES OUVRAGES.

1. *Dissertation sur les caractères de Corneille & de Racine, contre le sentiment de la Bruyère.* Paris, François de Laulne, & Jean Musier, 1709. *in* 12. pagg. 35. *It.* réimprimée à la page 70. du I. Tome du Recüeil des *Dissertations sur les Tragédies de Corneille & de Racine*, publié en 2. vol. *in* 12. à Paris, par les soins de feu l'Abbé Granet. Le judicieux Editeur a fait dans sa curieuse Préface, un grand Eloge de la Dissertation de M. *Taphinon.* Selon lui, » cet Ecrit est l'Ouvrage d'un homme d'esprit & de goût...
„ Ce sont des réflexions que la sagacité & le bont goût ont fait éclore.
„ Cette Critique, poursuit M. l'Abbé Granet, écrite avec une ingénieuse
„ précision, m'a paru l'Ouvrage de l'esprit & du goût. L'Auteur n'avance
„ rien qu'il n'apuye sur des principes & sur des raisonnemens solides. Il se-
„ roit à souhaiter que ceux qui se mêlent d'aprétier le mérite des grands hom-
„ mes, le prissent pour modèle. »

J'ajoûte à ce juste éloge, qu'à peine l'Auteur avoit fini son cours de Philosophie, quand il donna cette Pièce au Public. Elle lui procura l'estime

& l'amitié du célèbre Despréaux, qui lui dit obligeamment, qu'en faveur du style & du feu qui étincelloit dans cet Ecrit, il lui pardonnoit d'avoir critiqué son ami Racine, & qu'il avoit remarqué avec plaisir, qu'il lui rendoit dans *Britannicus*, *Iphigénie*, *Phédre*, & *Andromaque*, ce qu'il lui ôtoit dans ses autres Tragédies.

<small>J. B. TAPHIN.</small>

Voy. aussi un extrait & un éloge de cette Dissertation dans les *Mémoires de Trevoux du mois d'Octobre* 1709. pag. 1702. & suiv.

2. *Discours sur le sujet donné par Messieurs de l'Académie Françoise, pour le Prix de l'Eloquence* : *Que Dieu est la protection de tous ceux qui mettent leur confiance en lui*. Ce Discours est imprimé à la pag. 73. du Recüeil de l'Académie Françoise pour l'année 1711. Paris, Jean-Baptiste Coignard, 1711. *in* 12. *It*. Lyon, 1711. *in* 12. Voy. les *Mémoires de Trevoux*, *Fevrier* 1711. pag. 332. & suiv.

3. *Discours sur le sujet donné par Messieurs de l'Académie, pour le Prix de* 1714. *la nécessité de connoître la Religion & de la pratiquer*. Dans le Recüeil de 1714. pag. 207.

4. *Autre Discours sur le sujet proposé pour le Prix de* 1715. *les inconvéniens de la Richesse*, *non seulement selon l'Evangile*, *mais encore selon les Philosophes Payens*. Dans le Recüeil de 1715. pag. 59.

5. Dans le *Recüeil des Jeux Floraux de Toulouse pour l'année* 1712. ou 1713. il y a une Pièce en Vers de M. *Taphinon*, intitulée : *La Fête d'Ismène*. On le presse de donner au Public, un Recüeil de ses différentes Pièces de Poësie, qui ont couru en Mss. dans Paris, vers ce même tems.

6. Les occupations de son état, & son peu d'empressement à publier ses Ouvrages, nous ont privés jusqu'à present de sa *Traduction des Lettres de Cicéron & de Brutus, avec des Remarques & une Préface*, quoique par Ordre de M. le Garde des Sceaux, feu M. de Sacy, Avocat au Conseil, de l'Académie Françoise, & Censeur des Livres, l'ait aprouvée avec éloge, dès le 20. Avril 1719.

NICOLAS TASSIN.

TASSIN, (Nicolas) Géographe exact & laborieux, & assez estimé en son tems, dit M. l'Abbé Lenglet, étoit né à Dijon, & vivoit en 1660. M. Lenglet ajoûte que *Tassin degagea la Géographie de l'obscurité où elle étoit auparavant*, *& que son travail n'est point encore négligé par les Maîtres*. Voici les Cartes que j'ai vuës de lui.

1. *Les Côtes de France*. Paris, 1624. *in folio*. Et une Carte générale, & trente particuliéres, par Ordre du Cardinal de Richelieu.

2. *Plans & Profils de France*. Paris, 1631. & 1638. *in* 4°. 2. vol.

3. *Plans & Profils des Villes de Lorraine*. Paris, 1633.

4. *Plans & Profils des Villes de Bourgogne*. Ibid. 1634. *in* 4°. oblong, 2. vol.

NICOLAS TASSIN. 5. *Cartes & Plans des Villes, Bourgs*, &c. *de Suisse.* Ibid. Melchior Tavernier, 1635. *in* 4°. oblong.

6. *Cartes des Provinces de France, & les Profils des principales Villes du Royaume.* Ibid. Tavernier, 1638. & 1644. *in* 4°. oblong, 2. vol. Je les ai vuës en 25. Cartes *in folio.*

7. *Cartes générales & particulières de toutes les Côtes de France, tant de la Mer Océane, que Méditerranée, où sont marqués toutes les Isles, les Golphes, Ports, Havres, Rades, Bayes, Bancs, Ecüeils & Rochers plus considérables; avec les anchrages & profondeurs nécessaires. Par le Sieur Tassin, Géographe Ordinaire de Sa Majesté*: Chez Vanlonchon, 1634. *in* 4°.

8. *L'Alsace*, en deux feüilles. Paris, 1637.

9. *L'Anjou*, en une feüille. *Ibid.* 1637.

10. *La France*, en une feüille. *Ibid.* 1638.

11. *La France*, en neuf feüilles. *Ibid.* 1638.

12. *Le Duché d'Aumale, avec le Duché & Vidamie d'Amiens.* 1645. *in folio.*

13. *Cartes générales de France & d'Espagne.* 1648. *in* 4°. oblong.

14. *Le Berry, Boulenois, Ponthieu, Arras.* Paris, *in folio.*

15. *La Bresse, Bretagne Duché, Dauphiné, Franche-Comté, Guyenne, Haynault, Cambresis, Chatellenie de Doüay, Isle de France, Languedoc, Limosin, Lyonnois, Lorraine & Bar, le Maine, Navarre, Normandie, Duché d'Orléans.*

16. *Les Environs de Paris*, en 4. feüilles, 1668.

17. *La Picardie, Artois, Provence, Sedan, Touraine, le Valois.* In folio.

18. *Le Vermandois, Thierasche, le Duché de Guiche.* Paris, 1656. *in folio.*

19. *Le Vexin, Beauvais, Hurepoix, Savoye, Suisse, Duché de Luxembourg, les XVII. Provinces.*

20. *La Flandres, Artois, Hainaut.*

21. *Cartes des Provinces de France, & les Plans des Villes.* 1667. *in* 4°. oblong.

Voy. Sorel, *Bibliothèque Françoise*, pag. 286. de la seconde Edition; M. l'Abbé Lenglet, *Méthode pour étudier l'Histoire*, Tom. I. pag. 28. Edit. de 1729. *in* 4°.

FRANÇOIS

DE BOURGOGNE.

FRANÇOIS-JACQUES TASSINOT.

TASSINOT, (*François-Jacques*) ancien Conseiller au Parlement de Metz, naquit à Dijon, le 2. Fevrier 1654. & mourut à Chaumont en Baffigny, le 20. Mai 1730.

FR. JACQ. TASSINOT

Ce Magiftrat, à fes heures de récréation, a compofé plufieurs Pièces en Vers Bourguignons ; entr'autres, la fuite de la Traduction du fecond Livre de l'Enéïde, par M. le Confeiller Pierre Dumay. Mais M. *Taffinot* n'a rien fait imprimer que la Pièce fuivante :

Remarcimen dé brave Barôzai de Dijon, *fait par Grégoire Gouy*, *au Gran Roi Loui Quaitôze*. Dijon, Antoine Michard, 1682. *in* 12.

ANDRÉ TAUREAU OU THOREAU.

TAUREAU *ou* THOREAU, en Italien TORELLI, (*André*) célèbre Jurifconfulte, & Profeffeur en Grec dans l'Univerfité de Boulogne, naquit à Dijon en 1594. d'une bonne & ancienne Famille de cette Ville. Il étudia en Droit à Touloufe, & fe rendit fi habile dans cette Science, qu'il la profeffa en préfence de fes Maîtres. De retour à Dijon, il fe fit recevoir Avocat au Parlement. Le dégoût qu'il prit pour cet employ, ou quelques autres raifons qui ne font pas venues à ma connoiffance, l'empêchérent d'en faire les fonctions. Peut-être en fut-il détourné par l'envie qui lui prit de voir l'Italie. Il fe rendit à Milan, où il reprit les fonctions du Barreau. Sa réputation fut fi grande, que la République de Venife le nomma Profeffeur en Droit. Aparemment que ce pofte ne lui plut pas beaucoup, puifqu'il ne le garda pas long-tems. Il en eut un pareil à Veronne, où il ne fe plut pas encore. Mais étant attiré à Boulogne, où on lui offrit la première Chaire de Profeffeur en Grec & en Latin, il l'accepta, & s'établit en cette Ville. On croit qu'il y mourut en 1646.

ANDRÉ TAUREAU

CATALOGUE DE SES OUVRAGES.

1. *Illuftrium Familiarum Placentiæ Gentilitia Stemmata*.

2. *Borromaorum Gentilitia Teffera*.

3. *Athenæi Veronenfis Anancofis*.

4. *Orphei Lyra : De Harmonia triplicis Mundi*, *Divini*, *Ætherei*, *Elementarii*.

5. *Pithei Tribunal*, *five de Jurifprudentiæ commercio cum Mufis*.

6. *Marfyas excoriatus*, *five ignorantia profligata*.

7. *Prometheus in Caucafo*, *de curis & laboribus Doctorum*.

8. *Mercurii Spelunca. De fapientiæ domicilio*.

9. *Parentatio Jo. Bapt. Augucii*, *Oratio habita Bononiæ*.

10. *Lacrymæ folemnes Gelatorum*, *ob exceffum è Vivis Cl. V. Melchior. Zoppi*.

Part. II.   L l l

ANDRE' TAUREAU

11. *Pompa lugubris in obitu Marcelli Dulphi*, *Oratio*.

12. *Aries Magariensis*, *in negligentes Filiorum culturam parentes*, *Oratio*.

13. *Trophæa hodiernæ Militiæ*.

14. *Heros*, *sive de rebus gestis Urbani VIII. Panegyricus*, *cum Elogiis XLV. Cardinalium*.

15. *Armandi Cardinalis Richelii Imago*.

16. *Christianum Palladium*.

17. *De Electione Innocentii X. Liber singularis*.

18. *Classicum ad Bellum Sacrum*.

TERIDIUS, OU TETRADIUS.

TERIDIUS.

TERIDIUS, *ou* TETRADIUS, neveu de Saint Céfaire, & Moine de Lerins, étoit né à Châlon. Il mourut à Lerins, en odeur de Sainteté, sous Clotaire I. vers 541. M. Dupin, qui a fait mention de cet Ecrivain, dans sa *Bibliothèque des Auteurs Ecclésiastiques du sixiéme siècle*, dit qu'il passe pour Auteur d'une Règle, faite pour des Religieux & des Religieuses.

Voy. le P. Jacob, *de claris Scriptoribus Cabilonensibus*, pag. 6.

CLAUDE TERNET.

CLAUDE TERNET.

TERNET, (*Claude*) Professeur en Mathématiques, & en Astrologie, est Auteur d'une Tragédie fort mauvaise, intitulée : *Le Martyre de la glorieuse Vierge*, *Sainte Reine*. Septiéme Edition. Autun, Blaise Simonnot, *in* 8°. Ternet a aussi publié plusieurs Almanachs vers 1670.

BENOIST TEXTOR.

BENOIST TEXTOR.

TEXTOR, (*Benoît*) Médecin, né à Pont-de-vaux, vivoit dans le XVIe. siècle. Il a fait les Ouvrages suivans :

1. *Traité de la nature du Chancre*. Lyon, Jean de Tournes, 1550. *in* 8°.

2. *De la manière de se préserver de la pestilence*, *& d'en guérir*, *selon les bons Auteurs*. Ibid. 1551. *in* 8°.

3. *Stirpium differentiæ ex Dioscoride*, *secundùm locos communes*. Paris, 1534. *in* 16. *It*. Strasbourg, 1552. *in* 4°.

Voy. les *Biblioth. Franç*. de la Croix-du-Maine, pag. 29. & de du Verdier, pag. 114.

LE PERE THEOPHILE.

THEOPHILE, (*le Pere*) Cordelier Bourguignon, a composé selon Luc Wading, un Livre intitulé: *Commentarius in septem Visiones Apocalypsis*.

Voy. la *Bibliothèque Sacrée* du P. le Long, pag. 986. Edit. *in folio*.

JACQUES DE THESUT.

THESUT, (*Jacques de*) Protonotaire Apostolique, Prédicateur & Aumônier du Roi, naquit à Châlon en 1645. & y mourut le 5. Décembre 1691. à 46. ans. Il est Auteur de ces deux Ouvrages:

1. *Oraison funèbre de M. Jean de Maupeou, Evêque de Châlon.* Châlon, Philibert & Blaise Tan, 1677. *in* 8°.

2. *Remarques curieuses & importantes pour l'intelligence des Conciles de la Sainte Eglise, où l'on éclaircit les Canons les plus obscurs & les plus difficiles à entendre, enrichis d'un sommaire, contenant les Papes, les Conciles & les Schismes.* Lyon, Jean Certe, 1690. *in* 12.

ANTOINE THIBAULT.

THIBAULT, (*Antoine*) Bachelier en Théologie de la Faculté de Paris, Curé d'Yvry, entre Beaune & Autun, a fait un Ecrit qui a pour Titre: *La Paroisse de Chagny; c'est-à-dire*, I. *la qualité de l'Union de l'Eglise Paroissiale du Bourg de Chagny à l'Abbaye de S. Ruf; par Durandus, Evêque de Châlon, en 1220.* II. *La Société dès lors du Prieuré Conventuel avec la Vicairie Perpétuelle en la même Eglise de S. Martin.* III. *Comment le Gouvernement de ladite Paroisse est, il y a long-tems, retourné des Réguliers aux Pasteurs Séculiers.* Châlon, Philippe Tan, 1652. *in* 8°. pagg. 56.

L'Etat autrefois varié, à présent stable & arrêté de l'Eglise Paroissiale du Bourg de Chagny, laquelle des Cures Séculiéres est venuë à un Curé Régulier, qui étant fait Prieur, a mis un Curé-Vicaire-Perpétuel, au commencement Régulier, en après toûjours Séculier, avec Prescription Canonique. Ibid. 1657. *in* 8°. pagg. 37.

JEAN-ALEXIS THIBAULT.

THIBAULT, (*Jean-Alexis*) Procureur au Parlement de Dijon, fils de Loüis Thibault, Bailly du Comté de la Motte, & Lieutenant dans la Justice du Comté de Thil-en-Auxois, & de Françoise Taupin, est né le 29. Avril 1705. à Chenault, Paroisse de Precy-sous-Thil.

Si un jeune homme qui employe les premiéres années de son âge, à éclaircir les plus grandes difficultés de sa Profession, est estimable, il mérite une loüange particuliére, lorsque son travail est suivi du succès.

On ne sçauroit donc refuser des Eloges à M. *Thibault*, qui a donné au Public un Ouvrage digne de l'aprobation des Connoisseurs, par la clarté, la méthode & la solidité qui s'y trouvent. Ce Livre a pour Titre : *Essai sur la Vente des Immeubles & des Offices par Decret, principalement suivant l'Usage du Duché de Bourgogne, avec des Observations sur les Ventes judicielles, sur les Decrets volontaires & sur les Directions, un Recüeil d'Edits, Déclarations du Roi, Arrêts de Réglemens, Certificats d'Usages, & Formules sur cette Matière.* Dijon, Arnauld-Jean-Baptiste Augé, 1737. *in* 8°. Dédié à M. de Berbisey, Premier Président du Parlement de Dijon. Malgré l'estime que le Public a paru faire de ce Livre, l'Auteur est bien éloigné de penser qu'il l'ait porté à sa perfection. Il y a fait des corrections & des additions considérables, qu'il a communiquées à des personnes éclairées. Ainsi il y a tout lieu d'espérer que la seconde Edition qu'il prépare, sera reçüe encore plus favorablement du Public.

GASPARD THIERRY.

THIERRY, (*Gaspard*) fils de Claude Thierry, Secrétaire du Roi; & de Jeanne-Reine Bardin, né à Dijon, le 11. Novembre 1680. a servi le Roi en qualité de Capitaine d'Infanterie, fut reçû Avocat Général au Parlement de Bourgogne, au mois de Mars 1709. & après avoir fait les fonctions de cette Charge pendant plus de 27. années, avec beaucoup d'aplaudissemens, il a obtenu des Lettres de Conseiller Honoraire, & fut reçû au Parlement en cette qualité, le 18. Janvier 1737.

M. *Thierry* a sçû mettre à profit les momens de loisir que lui a laissé de tems en tems, la Charge importante dont il étoit revêtu. Il les a employés à la composition des Ouvrages suivans :

1. *Présentation des Lettres de Loüis de Bourbon*, *pour le Gouvernement de Bourgogne en* 1709. Cette Piéce fut imprimée *in* 4°. à Paris, par Ordre de S. A. S.

2. Le Fils de ce Prince donna les mêmes Ordres, pour l'impression de la *Présentation des Lettres de Loüis-Jules de Bourbon, pour le même Gouvernement.* Paris, *in* 4°.

3. *Discours sur les vertus de Loüis de Bourbon*, *Duc d'Anguien*. Dijon, Ressayre, 1710. *in* 4°. pagg. 16.

4. *Priéres tirées de l'Ecriture Sainte.* Dijon, Arnauld-Jean-Baptiste Augé, 1727. *in* 12. pagg. 69. *It. ibid.* 1728. pagg. 90. Ce petit Ouvrage marque la piété & la modestie de l'Auteur, qui n'y a pas mis son nom.

5. *Ode à son Eminence*, *Monseigneur le Cardinal de Fleury*, *Principal Ministre*. Ibid. Augé, 1729. *in* 4°.

6. *Ode au même.* Ibid. Ces petites Piéces ne portent point le nom de M. *Thierry*. Il est Auteur de plusieurs autres Poësies anonymes, imprimées en

en feüilles volantes, & sans date; mais on sçait qu'elles sont de lui. On en a encore inséré plusieurs autres de sa composition, dans les *Mercures de France* des années 1737. 1739. & 1740. qu'on lui attribuë, & sur lesquelles il n'a pas voulu s'expliquer.

GASPARD THIERRY.

Il travaille actuellement à donner au Public, ses *Conclusions*, avec les Arrêts intervenus en conséquence.

CLAUDE THIROUX.

THIROUX, (*Claude*) Ecuyer, Conseiller du Roi, Vierg[1] d'Autun, Elû des Etats de Bourgogne, avoit épousé Marguerite Munier, petite-fille de Jean Munier, Auteur des *Mémoires pour l'Histoire d'Autun*, imprimés en cette Ville, l'an 1660. *in* 4°. Ce fut *Claude Thiroux*, mort en 1687. âgé de 66. ans, qui fut l'Editeur de ce Livre, dont il composa la Préface, & l'Epitre Dédicatoire, de même que l'Eloge du Président Jeannin, qu'on trouve à la pag. 66. des *Eloges des Personnes illustres*, &c. insérés à la fin de ces Mémoires.

CLAUDE THIROUX.

ETIENNE THIROUX.

THIROUX, (*Etienne*) Jésuite, naquit à Autun en 1647. Il étoit fils de Denys Thiroux, Vierg; (c'est-à-dire, Maire) d'Autun; & de N. Saulnier. Il entra dans la Société, l'an 1664.

ETIENNE THIROUX.

Le P. *Thiroux* a été Recteur à Charleville, & ensuite à Ensisheim en Alsace. Il a professé long-tems la Théologie à Dijon, où il est mort, le 26. Avril 1727. âgé de 80. ans.

On attribuë à ce Pere, l'Ouvrage qui suit : *Direction spirituelle pour servir de règle à tous les Chrétiens, qui veulent sincerement leur salut, & acquérir la perfection*. On voit une analyse de ce Livre dans le Mercure de Mars 1737. pag. 504. où l'on dit qu'il a été imprimé en 1730. *in* 8°. à Lyon, chez Duplain.

Le P. *Thiroux* a fait imprimer sous ce Titre, un Ouvrage du P. Lescalopier, sçavant Jésuite, mort à Dijon : *Scholia, seu breves Elucidationes in Librum Psalmorum, ad usum & commodum omnium qui Psalmos cantant, vel recitant, ut quæ difficilia sunt intelligant. Adduntur Scholia in Cantica Breviarii Romani. Authore Stephano Thiroux, S. J.* Lyon, Duplain, 1727. *in* 8°. pagg. 455. Comme le P. *Thiroux* est l'Auteur de l'Epitre Dédicatoire à M. Bouhier, Premier Evêque de Dijon, l'Imprimeur crut que ce Pere étoit aussi l'Auteur de l'Ouvrage, & mit mal à propos : *Autore*, pour *Edente Stephano Thiroux*, &c.

J'ai vû du P. *Thiroux*, trois volumes *in folio* Mss. sur le Nouveau Testament, qui sont présentement à Rome. Cet Ouvrage lui coûta trente années de travail. Le P. le Long, sur l'avis que je lui en donnai, en a fait mention à la page 987. de sa *Bibliothèque Sacrée*, Edit. *in folio*.

[1] C'est-à-dire, Maire.

DOM JEAN-L'EVANGELISTE THIROUX.

D. JEAN THIROUX. THIROUX, (*Dom Jean l'Evangéliste*) né à Autun, l'an 1663. entra dans la Congrégation de S. Maur en 1680. & fit profession le 29. Avril de l'année suivante, dans l'Abbaye de la Sainte Trinité de Vendôme. Après avoir professé la Philosophie & la Théologie pendant plusieurs années, avec beaucoup de succès, il fut nommé Prieur de Nogent-sous-Coucy, & ensuite de S. Nicaise de Meulent. Déchargé de la Supériorité, il passa quelques années dans l'Abbaye de S. Florent de Bonneval ; & en 1715. il fut envoyé dans l'Abbaye de S. Germain-des-Prés ; & de-là, dans celle de S. Denys, où il fut d'un très grand secours au P. de Sainte-Marthe, pour la nouvelle Edition de la *Gallia Christiana*. D. *Thiroux* rangea & dressa des Mémoires pour des Métropoles entières, & y joignit les Remarques & les Observations nécessaires. D. de Sainte-Marthe ayant été Elû Général de la Congrégation de S. Maur, D. *Thiroux* fut chargé de le continuer. On prétend que le Public ne perdit rien dans ce changement. Le P. *Thiroux* est mort à Auxerre, l'an 1735.

Voy. la Préface du II. volume de la *Gallia Christiana*, & la *Bibliothèque Historique & Critique de la Congrégation de S. Maur*, par D. le Cerf, pag. 472.

ANTOINE THOMAS.

ANTOINE THOMAS. THOMAS, (*Antoine*) naquit à Dijon, & entra au Seminaire de S. Sulpice de Paris. Après un séjour de six années dans cette Maison, il en sortit, & se maria deux fois. Il est mort à Paris, âgé de plus de 70. ans.

Il est Auteur d'une brochure, intitulée : *Apologie du R. P. Honoré, Supérieur des Missionnaires, contre les Médisans, par M. T. B.* Dijon, Chavance, 1679. in 4°. pagg. 8.

Il a aussi composé une *Comparaison du Monde avec le sable*. [1] Je ne sçais si cette Pièce est imprimée.

CLAUDE THOMAS-LA-BLONDE DE S. BERNARD.

CLAUDE THOMAS. THOMAS-LA-BLONDE DE SAINT BERNARD, (*Claude*) Religieux Feüillant, naquit à Dijon, & entra dans cet Ordre, le 20. Fevrier 1622. & mourut en 1661. âgé de plus de 50. ans. M. Dupin en a fait mention dans ses *Tables des Auteurs Ecclésiastiques*, où il nous aprend que ce Pere a composé les Ouvrages suivans :

1. *Colloques de Dieu avec l'Ame.* Autun, 1651. *in* 12.

---

[1] Espèce d'Horloge.

2. *Théologie des Saints Peres*. Paris, 1660.

3. *L'Année Sacrée, ou Epigrammes pour tous les jours de l'année*.

Voy. Dupin, *Table des Auteurs Ecclésiastiques*, Tom. II. col. 2381.

EDME THOMAS.

THOMAS, (*Edme*) Official, Chantre & Chanoine de l'Eglise Cathédrale d'Autun, naquit à Dijon, le 9. Fevrier 1591. Il étoit fils de Jacques Thomas, Doyen du Parlement de Bourgogne; & de Jeanne Chasot. *Edme Thomas* avoit été élû, le 17. Août 1629. Doyen de la Chapelleau-Riche de Dijon, & il conserva ce Bénéfice jusqu'à l'année 1638. Il mourut le 28. Octobre 1660. à l'âge de 69. ans, & fut enterré dans la Nef de la Cathédrale d'Autun, avec cette Epitaphe :

> *Edmundus Thomas, Cantor, Canonicus,*
> *Officialis, & Cleri Syndicus, Resurrectio-*
> *Nem hîc exspectat. Hanc Epigraphen*
> *Carissimi Avunculi Tabulis Testamentariis,*
> *Exaratam, Beneficiorum memor Nepos*
> *Inscribi curavit. An.* 1660.

Edme Thomas s'est fait connoître par son Histoire d'Autun, dont il publia d'abord le projet, sous ce Titre :

Dessein de l'Histoire de l'antique Cité d'Autun, divisée en deux parties; la premiére, enrichie de la représentation des Monumens anciens qui restent, & des raretés qui ont été trouvées dans les ruïnes ; & la seconde, justifiée par Titres, Chartres, Donations, Testamens & Histoires manuscrites. Par Edme Thomas, ancien Chantre, Chanoine, &c. *Official de l'Evêché, & Syndic du Clergé.* Autun, Blaise Simonot, sans date, in 4°. pagg. 8.

L'Auteur fit ensuite imprimer *in folio*, cette Histoire qu'il avoit promise, mais il ne remplit pas entiérement son dessein. Il n'y en a que 104. pages imprimées, sans Frontispice & sans Préface. L'Ouvrage finit au premier chapitre de second Livre de la seconde Partie; encore ce chapitre n'est-il pas entiérement imprimé. Tout ce que *Thomas* avoit composé sur cette Histoire, se trouve en Ms. dans la Bibliothèque de M. Thomas, Seigneur d'Islan, & parent de l'Auteur, laquelle avoit apartenu autrefois à M. Jacques-Auguste de Chevanes, connu parmi les Sçavans, & célèbre Avocat au Parlement de Dijon. L'Ouvrage de *Thomas*, lorsqu'il mourut, s'imprimoit en 1660. à Lyon, chez Guillaume Barbier. M. de Chevanes, voyant que l'Auteur avoit laissé son Histoire imparfaite, ne jugea pas à propos d'en laisser continuer l'impression. Il refusa donc les feüilles originales de *Thomas*. Ce fait est prouvé par une Lettre du fils de Barbier, écrite sur le manuscrit de *Thomas*, où se ttouvent le nom de l'Auteur, & celui de l'Imprimeur.

EDME THOMAS.

Les Amateurs de l'Histoire de Bourgogne ne seront pas fâchés d'aprendre en quoi consiste ce qui n'est pas imprimé. On trouve d'abord la *continuation du quatriéme chapitre*; le cinq, le six, le sept, sont en entier; le huitiéme, qui a pour Titre: *Des Hommes illustres de la Ville & Cité d'Autun, depuis le Christianisme*, est bien moins travaillé que le reste; ce qui me persuade que l'Auteur ne l'avoit qu'ébauché. Le troisiéme Livre traite *de la Religion des anciens Autunois, quels Dieux ils ont adoré, & en quels Temples de leurs Cités?* Ce Livre est divisé en sept chapitres. Dans le septiéme & dernier chapitre, l'Auteur traite de la *différence des Druydes, de leurs demeures, de leurs habits, de leur ban général & perpétuel, & de la superstition de leur Religion.* L'Auteur a, ce me semble, mieux réüssi dans ce troisiéme Livre, que dans les autres.

Tous ces différens morceaux ne forment que la première Partie de l'Histoire d'Autun. La seconde devoit contenir l'*Histoire de l'Etablissement de la Foi Chrétienne dans Autun*; [1] ce qui faisoit la matiére de six chapitres. Dans le Dessein imprimé de cette Histoire d'Autun, on lit la suite des chapitres, qui doivent entrer dans le corps de l'Ouvrage. Les feüilles de l'imprimé *in folio* sans titre, s'accordent avec ce projet, & avec le Ms. original, dont j'ai détaillé les chapitres.

C'est donc sans raison, que le sçavant P. de Montfaucon, qui témoigne [2] avoir manié les fragmens de l'Histoire d'Autun, les attribuë au Médecin Jean Aubéry, après les avoir donnés en premier lieu, à Thiroux, de Fontaine. Il s'est trompé pareillement, en croyant que l'exemplaire imprimé, qu'il cite, est le seul qui existe. J'en ai un, & en ai vû cinq ou six autres.

S'il m'est permis de juger de cet Ouvrage, je ne craindrai point d'avancer qu'on y trouve plusieurs recherches importantes, & une judicieuse Critique en plusieurs endroits. L'Auteur y employe heureusement un grand nombre de passages de César, & de quelques autres Auteurs, dont personne n'avoit fait usage avant lui, & qu'il met dans un grand jour. J'avoüe cependant que sa Critique n'est pas égale par tout, & qu'il ajoûte foi avec trop de crédulité, à plusieurs Traditions apocryphes. Il raporte gravement, par exemple, ce qu'on débite à Chartres, concernant le prétendu Druyde,

---

[1] *Thomas* vante en cet endroit, son *Recüeil de Médailles antiques*. Il prétend que c'étoit l'un des plus considérables de la France. Je n'ai pû découvrir ce qu'il est devenu. Il promettoit aussi un *Discours*, qui découvrira aux *Historiens & aux Antiquaires*, plusieurs curiosités inoüies. Mais cet Ouvrage ne peut contribuer qu'à grossir la *Bibliotheca promissa & latens* d'Almélovéen.

[2] Dans son *Antiquité éclaircie*, Tom. II. Part. II. pag. 436. de la II. Edition faite en 1722. Si l'on est curieux de connoître comment les Auteurs se copient les uns les autres, sans discussion & sans examen, il n'y a qu'à lire J. G. Schelhornius (*Amœnitates Literariæ*, Tom. II. pag. 399. imprim. en 1725. *in* 12.) qui sur la foi du P. de Montfaucon, lequel il cite pour son garant, attribuë l'Histoire d'Autun au Médecin Aubéry: Jean Léclerc (*Bibliothèque ancienne & moderne*, XIII. vol. pag. 28.) qui répéte mot pour mot, ce que le sçavant Bénédictin a dit sur cette Histoire imparfaite. Le P. le Long, (*Bibliothèque des Historiens de France*, N°. 15043.) qui copie le P. de Montfaucon, dont il avoit apris cette fausse circonstance: M. l'Abbé Lenglet du Fresnoy, *Méthode pour étudier l'Histoire*, Tom. IV. pag. 220. Edit. de 1729. *in* 4°. fidéle Copiste du P. le Long sur cet article. J'ajoûte que M. de Salins s'est trompé, aussi bien que tous ces célèbres Auteurs, à la pag. 39. de sa *Letre à un ami*, imprimée à Beaune en 1708. dans laquelle il attribuë l'Histoire d'Autun à l'Avocat Nicolas de Chevanes, mort quelques années avant que la première feüille de cet Ouvrage fût mis sous presse.

DE BOURGOGNE. 321

qui consacra un Autel à la Vierge qui devoit enfanter : *Virgini paritura.* EDME THOMAS.
J'observe encore qu'on ne doit pas chercher beaucoup d'agrémens & de délicatesse dans son style. Il paroît avoir eû plus d'égard à la vérité historique, qu'à la beauté des expressions. » Autun, dit-il, [1] a fourni à mes études
» pendant trente années, une occupation autant agréable qu'utile, dont le
» fruit a été, que j'ai soigneusement ramassé le crayon de tous les monu-
» mens antiques, conservés de l'injure des tems, & de la rage des Barbares,
» que j'ai recüeilli toutes les Inscriptions qui s'y trouvent, & dont M. Per-
» rin, Chanoine en l'Eglise Cathédrale d'Autun, Me. Pierre Ladonne,
» Avocat, Aubéry & Leauté, Médecins fameux, avoient laissé quelques
» Memoires.

» Je m'en hardis en l'année 1650. de donner au Public un petit Ouvrage
» Latin, sous ce Titre : *De antiquis Bibracte, seu Augustoduni Monimen-*
» *tis.* J'ai été invité & sollicité de traiter plus amplement le même sujet en
» François, & d'en former une Histoire complette. »

Cet Ouvrage Latin, dont parle *Thomas*, fut imprimé à Lyon, chez Barbier, en 1650. *in* 4°. On l'attribuë à Jacques Leauté, Médecin d'Autun. Voy. l'article de *Leauté* dans cette Bibliothèque. C'est la conjecture d'*Edme Thomas*, qui fut l'Editeur de ce Livre, & dont il composa l'Epitre Dédicatoire, à M. Bouchu, Premier Président du Parlement de Bourgogne.

Voy. l'*Antiquité éclaircie* du P. de Montfaucon, Tom. II. pag. 436. Edit. de 1722. J. G. Schelhornius, *Amœnitates Literaria,* Tom. II. pag. 399. Leclerc, *Bibliothèque ancienne & moderne,* Tom. XIII. pag. 28. Le Long, *Bibliothèque des Historiens de France,* N°. 15043. & M. l'Abbé Lenglet du Fresnoy, *Méthode pour étudier l'Histoire,* Tom. IV. pag. 220. Edit. de 1729. *in* 4°.

JEAN THOMAS.

THOMAS, (Jean) naquit à Dijon, de Pierre Thomas, Sieur de JEAN THOMAS.
Charrey, &c. & de Guillemette Maillard. Il fut d'abord Avocat du Roi à la Chambre des Comptes de Bourgogne, & ensuite Conseiller au Parlement de cette Province. Il fut reçû dans cette derniére Charge, le 29. Mai 1571. & mourut le 1. Juillet 1586.

Ce Magistrat aimoit la Poësie. Il a composé plusieurs petites Pièces en ce genre, dont voici la liste :

1. *De Gallia præsenti miseria.* Dijon, Desplanches, 1579. Brochure *in* 4°.

2. *Epithalamium Henrici III. Versu Heroïco.* Ibid. 1575. *in* 4°.

3. *Vingt-neuf Vers Latins Alexandrins,* imprimés à la tête de la *Coûtume de Bourgogne,* Edit. de 1576.

---

[1] Voy. l'*Avis au Lecteur,* à la tête du *Dessein de l'Histoire d'Autun.*

Part. II. Nnnn

4. Dans le *Tumulus Pomponii*, par Jacques de Vintemille, imprimé à Paris en 1580. *in* 8°. on trouve quelques Vers Latins de *Jean Thomas*. Voy. les pages 22. 29. 46. & 47.

Voy. le *Parlement de Bourgogne*, de Pierre Palliot, pag. 224.

NICOLAS-AUGUSTE TIXIER.

TIXIER, (*Nicolas-Auguste*) naquit à Beaune en 1672. entra dans la Congrégation de l'Oratoire, le 13. Avril 1691. âgé de 19. ans, professa les Humanités au Mans & à Condom, & la Théologie à Saumur. Il quitta la Congrégation après un séjour de 17. années. Peu de tems après en être sorti, il fut pourvû de la Cure de Jentilly, proche de Paris, & ensuite de celle de Brouage. Enfin, il fut nommé à un Canonicat de Sainte Oportune à Paris, Bénéfice qu'il ne conserva que deux années, & qu'il abandonna pour se retirer dans sa Patrie, où il mourut d'une inflammation de poitrine, le 3. Janvier 1721. âgé de 49. ans.

Cet Auteur avoit du talent pour la Poësie Iambique. On lui a même reproché un goût un peu trop marqué pour la Satyre. Au reste, sa conversation étoit fort enjoüée, & il avoit l'imagination très vive.

On trouve dans les Œuvres posthumes de Santeüil, publiées en 1698. à Paris, *in* 12. par les soins de M. de la Martelière, trois Poësies Latines de *Tixier*. La première, *Santolio Victorino*, est à la page 222. La seconde, à la page 225. & la troisiéme, qui est une Elégie de 124. Vers, *in Santolii obitum*, est inférée à la fin de ce Recüeil, pag. 34.

HENRI-HUBERT LE TORS.

TORS, (*Hubert-Henri le*) est né à Caën, [1] le 3. Octobre 1704. d'Hubert le Tors, Avocat à Avallon; & d'Anne Jacob. Ayant été reçû Avocat au Parlement de Paris, le 25. Avril 1724. il revint demeurer à Avallon, où sa Famille est établie depuis 1677. Il y plaida jusqu'en 1732. qu'il fut pourvû de la Charge de Lieutenant Criminel au Bailliage de cette Ville.

M. *le Tors* a fait part au Public de ses recherches sur l'Histoire d'Avallon, & il n'oublia point les difficultés, qui ont raport à son sujet, concernant l'Antiquité ou l'Histoire.

CATALOGUE DE SES OUVRAGES.

1. *Examen des principes sur lesquels on peut juger du caractére des Anciens, & de celui des différentes Nations.* Dans le *Mercure de France*, Décembre 1734. pag. 2755. & dans celui de *Janvier* 1735.

2. *Dissertation sur la situation d'un Palais du Roi Thierry*, &c. Mercure

---

[1] M. *le Tors* doit être réputé Bourguignon; sa mere, dans un voyage qu'elle fit à Caën, y accoucha de lui.

de Décembre 1735. pag. 2602. L'Auteur prétend que *Brocariaca* n'eſt pas la Boucheraſſe proche d'Autun ; mais qu'il faut entendre par ce mot, *la Boucheraſſe* auprès de Montréal, dans le Reſſort du Bailliage d'Avallon.

3. *Lettre ſur* Vellaunodunum, *ancienne Ville des Sénonois, & Genabum des Carnutes.* Mercure de Juin 1737. M. Maillard, célèbre Avocat du Parlement de Paris, répondit à cette Lettre par une autre inſérée au Mercure d'Août 1737. pag. 1762. M. *le Tors* y répliqua par la ſuivante :

4. *Réponſe de M. le Tors, Lieutenant Criminel au Bailliage d'Avallon, à la Lettre de M. Maillard, Avocat au Parlement, inſérée dans le Mercure du mois d'Août de cette année.* Mercure de Décembre 1737. I. volume, pag. 2594. Un Anonyme ayant encore combattu le ſentiment de M. *le Tors*, celui-ci ſe deffendit par la Pièce ſuivante :

5. *Réponſe aux Obſervations ſur la poſition de* Vellaunodunum, *ancienne Ville des Sénonois, inſérée dans le Mercure du mois de Septembre 1737. par M.* le Tors, *Lieutenant Criminel au Bailliage d'Avallon.* Mercure de Décembre 1737. ſecond volume, pag. 2833.

6. *Diſſertations ſur quelques chemins Romains, qui ſont aux environs de la Ville d'Avallon.* Mercure de Juillet 1737. pag. 1558.

7. *Lettre de M.* le Tors, *écrite à M. Lebeuf, Chanoine & Sous-Chantre de l'Egliſe Cathédrale d'Auxerre, au ſujet de la Relique de S. Lazare, Ami de J. C. qui eſt dans l'Egliſe Collégiale Notre-Dame S. Lazare d'Avallon.* Mercure d'Avril 1741. pag. 679.

HUBERT LE TORS.

TORS, (*Hubert le*) pere du précédent, eſt né à Chablis, le 23. Octobre 1671. de Jean le Tors, Avocat ; & de Jeanne Roard. M. *le Tors* exerce avec honneur, la Profeſſion d'Avocat au Bailliage d'Avallon. C'eſt à lui que le Public eſt redevable de la Traduction des Georgiques de Virgile, par le célèbre M. de Segrais, imprimée ſous ce Titre : *Les Georgiques de Virgile, traduites en Vers François, Ouvrage poſthume de M. de Segrais.* Paris, le Fêvre, Muſier & Ganeau, 1712. *in* 8°. M. l'Abbé Goujet attribuë [1] cette Edition à *François Parey, Sieur du Frêne*. Il eſt vrai qu'on trouve ce nom dans le Privilége du Roi, & que les lettres initiales de la ſignature de l'Epitre Dédicatoire favoriſent cette opinion. Cependant Parey du Frêne, qui avoit été Domeſtique de M. de Segrais, n'a eû d'autre part à cette Edition, que d'avoir remis le Mſ. original à M. *le Tors*, qui le mit en ordre, en rétablit les lacunes par la compoſition de quelques Vers qui y manquoient, fit l'Epitre Dédicatoire à la Maréchale-Ducheſſe de la Ferté, dans la Maiſon de laquelle Parey du Frêne étoit entré après la mort de ſon premier Maître, & y mit le nom de Parey. M. *le Tors* eſt auſſi l'Auteur de l'Avertiſſement, qui eſt à la tête de cette Traduction.

---

[1] Dans une Note inſérée au XXe. volume des *Mémoires* du feu P. Niceron, pag. 94.

CLAUDE DE TOUF.

CLAUDE DE TOUF. TOUF, (*Claude de*) Baron de Syrot, étoit né le 12. Juillet 1600. à Syrot, [1] selon toutes les aparences. Il avoit épousé Jeanne de Vouchot, qui fut enterrée dans l'Abbaye de Cluni. Le Baron *de Syrot* étoit Lieutenant Général des Camps & Armées du Roi. C'étoit un vaillant homme, qui entendoit très bien la Cavalerie. Il se jetta dans le parti, qui dans le tems des Barricades, s'éleva contre le Cardinal Mazarin, sous le nom de M. le Duc d'Orléans. Il en commandoit les Troupes, lorsqu'il fut blessé à une Baricade du Pont de Gergeau, d'une mousquetade qui ne devint mortelle, que parce qu'elle trouva dans le *Baron de Syrot*, un corps usé par les fatigues de la Guerre. M. Philibert de la Mare, Conseiller au Parlement de Dijon, dit [2] qu'on a mis à *Syrot*, *une Epitaphe un peu hardie pour ces tems-là*. Elle ne se trouve point dans les *Mémoires du Baron de Syrot*, dont je parlerai dans la suite. Elle est gravée sur une plaque de cuivre, & se trouvoit autrefois dans l'Eglise de S. Pierre du Martrey à Orléans. Le Curé, qui voulut faire quelques réparations dans cette Eglise, la fit enlever, & transporter en son grenier ; d'où l'on dit qu'on doit la tirer incessamment, pour la remettre en l'Eglise où elle étoit. Quoiqu'il en soit, elle mérite, ce me semble, d'être raportée ici.

AU NOM DE DIEU.

Passant, tu vois dans ce Tombeau, celui qui a fait des actions dignes d'une gloire immortelle. C'est deffunt Messire Claude del Tufo de Pradines, Baron de Syrot, Lieutenant Général dans les Armées du Roi, descendu de l'illustre Maison del Tufo Néapolitaine, qui a eû des Vicerois, & autres grands hommes, dont quelques-uns d'entr'eux, pour avoir pris l'interet de la France, comme le reste de leur Famille, furent, après les Vêpres Siciliennes, obligés de se rendre en France. Toute l'Europe a été le théatre de sa valeur. La Hollande l'a connuë, l'Italie l'a admirée, l'Empire en a profité, les Souverains en ont été jaloux, puisqu'il a paru dans la lice contre le Roi de Dannemarck, & celui de Suéde, avec tant de succès, qu'il a abattu d'un coup de pistolet, le chapeau de celui qui a enlevé la Couronne à plusieurs Princes. Il s'est particuliérement signalé ès Sièges d'Arras, Secours d'Ouville, Bataille de Rocroy, à Courtray, à Armantières. Ces Exploits lui ont fait avoir les principales Charges dans les Armées Royales, & lui en ont mérité de plus grandes. Sa recompense a été l'affection des Rois, parce qu'il y en avoit peu d'autres qui égalassent ses services. Toutes les vertus d'un grand Guerrier se sont trouvées en lui, & celles d'un vrai Chrétien y ont été encore plus remarquables. Comme est-ce donc que la mort a vaincu ce Victorieux, après l'avoir attaqué souvent, sans le pouvoir abattre ? après l'avoir chargé de

---

[1] Le Fief de Syrot, où il ne reste plus que sept ou huit maisons, est à une demie lieuë de l'Abbaye de Clugny.

[2] *Mémoires MSS. ou Mélanges de Littérature & d'Histoire.*

playes

DE BOURGOGNE.

playes, sans pouvoir entamer son courage. Lorsqu'il combattoit pour la liberté du Roi & celle du Royaume, elle lui a donné le coup fatal devant Gergeau, dont il est mort à Orléans, le VIII. d'Avril 1652. Passant, prie Dieu pour son ame, & pense que la vie n'est qu'une Milice sur la terre.

CLAUDE DE TOUF.

On a du Baron de *Syrot*, l'Ouvrage suivant :

Mémoires & la Vie de Messire Claude le Touf, Chevalier, Baron de Syrot. Paris, Claude Barbin, 1683. *in* 12. 2. vol. *It. ibid.* Charles Osmont, 1685. *in* 12. 2. vol. C'est Madame la Comtesse de Pradines, fille de l'Auteur, qui a procuré l'Edition de ces Mémoires, comme on le voit par la Préface. M. l'Abbé le Gendre [1] apelle le Baron *de Syrot*, *un desagréable Conteur, qui ennuye par son style, souvent languissant, par d'inutiles moralités, par quantité de minuties, qui ne doivent avoir place que dans les Gazettes*, &c.

Voy. M. l'Abbé le Gendre, *Jugement sur les Historiens de France*, pag. 22.

SIMON-MICHEL TREUVÉ.

TREUVÉ, (*Simon-Michel*) Docteur en Théologie, naquit à Noyers le 8. Août 1651. Il étoit fils d'un Procureur au Bailliage. A peine avoit-il 17. ans, quand au sortir de sa Rhétorique, il entra en 1668. dans la Congrégation de la Doctrine Chrétienne, avec le dessein de s'y fixer. Mais les disputes, qui divisérent alors cette Congrégation, l'ayant fait changer de résolution, il en sortit en 1673. & se retira à Vitri-le-François, où il régenta les Humanités. Quelque tems après, M. le Roy, Abbé de Haute-Fontaine, l'attira dans son Abbaye, au Diocése de Châlon en Champagne. Ce fut dans ce lieu que M. *Treuvé* commença à mettre en usage les grands talens qu'il avoit pour la composition. Il n'avoit pas encore 24. ans, lorsqu'il acheva son *Instruction sur les dispositions qu'on doit aporter aux Sacremens de Pénitence & d'Eucharistie* ; Ouvrage qui fit connoître dès lors ce que l'Eglise devoit attendre des talens de l'Auteur. M. Felix Vialard, Evêque de Châlon, surpris de trouver une si grande érudition dans un homme de cet âge, l'engagea à prendre la Prêtrise. Après un séjour d'environ trois ans à Haute-Fontaine, M. *Treuvé* fut apellé à Espoisses, en Bourgogne, pour être auprès de M. le Comte de Guitaut, pere de M. l'Abbé de Guitaut, mort depuis quelques années Doyen de l'Eglise Métropolitaine de Tours ; & pour être utile à ce Seigneur, par l'étenduë & la solidité de ses lumières. Il fut pourvû quelque tems après d'un Canonicat de l'Eglise ou Chapelle du Château, & fit de fréquentes instructions en ce lieu où l'on en avoit peu entendu jusqu'alors. Il quitta Espoisses pour se rendre à Paris, où il fut quelque tems Aumônier de Madame de Lesdiguières :

S. MICH. TREUVÉ.

---

[1] *Jugemens sur les Historiens de France*, pag. 22.

S. MICH. mais comme cet état convenoit peu à son inclination pour la vie retirée, &
TREUVÉ. à son ardent amour pour l'étude, il ne chercha que l'occasion de s'en dégager ; & dès qu'il eut recouvré la liberté qu'il souhaitoit, il alla sur la Paroisse de S. Jacques du Haut-Pas, dans le dessein de s'y livrer sans réserve, à son attrait pour l'étude, & pour la méditation de l'Ecriture Sainte & des Ouvrages des Peres.

Ses talens étoient trop connus pour qu'on le laissât long-tems joüir tranquilement du repos qu'il s'étoit procuré. On le sollicita de remplir la Place de sous-Vicaire dans l'Eglise Paroissiale de S. André des Arts, & peu après on le fit monter à celle de Vicaire. Outre les Prônes, dont il étoit chargé, & les autres fonctions attachées à cette Place, il prêcha dans un grand nombre de Paroisses des plus considérables de Paris, où il fut toûjours écouté, avec aplaudissement.

Dans le tems de la Révocation de l'Edit de Nantes ; c'est-à-dire, en 1685. il faisoit presque tous les jours quelques Discours de Controverse ; & la plûpart des autres Sermons qu'il composoit alors, avoient aussi pour but principal, de ramener au sein de l'Eglise, ceux qui avoient eû le malheur de s'en séparer, ou que leur naissance & leur éducation en tenoient encore éloignés, & il eut la consolation de voir un grand nombre de Protestans, se rendre à ses raisons, & se réunir à l'Eglise.

M. Bossuet, Evêque de Meaux, à qui l'on en parla d'une manière avantageuse, voulut l'entendre le premier Dimanche de l'Avent, dans la Paroisse de S. Etienne du Mont, & en fut si satisfait, qu'il se détermina dès-lors à le faire son Théologal ; c'est-à-dire, qu'il le chargea d'un emploi, où il y a cinquante Sermons à faire tous les ans. Ce grand Prélat eut tout lieu de s'aplaudir de son choix, lui donna dans la suite un Canonicat de son Eglise, & le choisit pour travailler au Breviaire de Meaux. M. *Treuvé* demeura environ 22. ans dans cette Ville, où il se fit beaucoup estimer par son mérite, par sa piété & par son zèle. Après la mort de M. Bossuet, il se retira à Paris, où il se distingua par ses bonnes œuvres, par ses travaux & par la patience avec laquelle il souffrit de longues infirmités, qui le conduisirent enfin au tombeau, le 22. Fevrier 1730. dans sa 79ᵉ. année. Il fut enterré dans le Cimetière de la Paroisse de S. Nicolas des Champs, comme il l'avoit demandé.

CATALOGUE DE SES OUVRAGES.

1. *Instructions sur les dispositions qu'on doit aporter aux Sacremens de Pénitence & d'Eucharistie, tirée de l'Ecriture sainte, des Saints Peres, & de quelques autres Saints Auteurs ; avec un examen de conscience*, &c. Paris, Guillaume Desprez, 1676. *in* 12. Si nous en croyons l'Auteur du Journal des Sçavans, [1] cet Ouvrage avoit été imprimé cinq fois en 1696. sans compter les Editions contrefaites. It. Paris, 1710. *in* 12. It. ibid. Desprez, 1713. *in* 12. L'Auteur fit un abregé de ce Livre, & le publia chez le même Desprez, en 1677. *in* 12.

---

[1] Voy. le *Journal des Sçavans* de l'année 1696, pag. 763. Edit. *in* 12.

2. *Lettre à M. Arnauld, Docteur de Sorbonne, pour le consulter sur plusieurs cas de conscience.* Cette Lettre, qui est datée du 10. Août 1684. est imprimée avec la réponse de M. Arnauld, faite la même année, dans le IVe. Tome des Lettres de ce Docteur, pag. 107-124. M. l'Abbé Goujet, qui a donné une analyse de cette Lettre, dans sa *Bibliothèque des Auteurs Ecclesiastiques du XVIIIe. siècle*, dit qu'*elle est également un témoignage de la delicatesse de conscience & de la modestie du Consultant.*

3. *Le Directeur Spirituel pour ceux qui n'en ont point.* Paris, Hélie Josset, 1703. 1708. & 1710. *in* 12. It. à Lyon, & ailleurs plusieurs autres fois. Il a même été traduit en Flamand. Je ne doute point que cet Ouvrage n'ait paru avant 1703. ,, M. *Treuvé*, dit M. l'Abbé Goujet, ayant ,, été témoin des grands fruits que produisoit son instruction sur les dispositions ,, qu'il faut aporter aux Sacremens de Pénitence & d'Eucharistie, ré- ,, solut de composer un autre Ouvrage, où repassant sur les mêmes princi- ,, pes, il donnât aux principaux, un nouveau jour, & en établit d'autres, ,, qu'il n'eût point encore posés. C'est ce qui lui fit produire l'Ouvrage qui ,, a pour Titre : *Le Directeur Spirituel pour ceux qui n'en ont point*. On ,, prétend qu'un petit Livre, composé, dit-on, par un Religieux, & in- ,, titulé : *Le Directeur Portatif*, lui en fit naître l'idée. Quoiqu'il en soit ,, de ce fait, qui n'est pas certain, il est seur qu'il voulut lui-même d'abord ,, donner son Ouvrage au Public, sous le même Titre ; mais qu'il trouva ,, plus à propos d'y mettre celui qu'on y voit, parce qu'il convenoit mieux ,, au sujet qu'il y traite. ,,

Ce sçavant Bibliothècaire ne trouvera pas mauvais que je dise qu'il s'est trompé, en croyant que M. *Treuvé* est l'Auteur du Titre de son Livre. J'ai vû des Lettres où il se plaint que Josset, son Imprimeur, avoit lui-même donné malgré lui, ce Titre à son Ouvrage.

4. *Discours de piété où l'on trouve l'explication des Mystères, que l'Eglise honore depuis l'Ascension jusqu'au dernier jour de l'Octave du S. Sacrement, pour servir de lecture spirituelle aux personnes qui ne peuvent entendre les instructions publiques.* Paris, Charles Robustel, 1696. *in* 12.

5. *Discours de piété, contenant l'explication des Mystères, & les Eloges des Saints, que l'Eglise honore pendant l'Avent.* Paris, Bachelu, & Robustel, 1697. *in* 12. It. à Lyon, la même année, *in* 12. C'est le second Tome du Livre précédent. Ces Discours, où l'on trouve plusieurs points de Controverse solidement traités, contiennent aussi trois Panégyriques ; sçavoir, de S. Jean-Baptiste, de S. Pierre & de S. Paul, & de S. Gervais.

6. *Priéres tirées de l'Ecriture Sainte, & de l'Office de l'Eglise, où l'on trouve une prière du matin, une explication du Sacrifice & des Cérémonies de la Messe.* Paris, Robustel, 1696. *in* 12. It. à Liège, chez Broncart. On y a joint des prières pour la Confession & pour la Communion, tirées de l'*Instruction de la Pénitence*, & de l'*Imitation de Jesus*.

7. *Histoire de M. du Hamel, Docteur de Sorbonne, & Curé de Saint Merry.* Paris, Robustel, 1696. *in* 12. J'ai vû des Editions qui ne portent aucune date. Cette Histoire, qui fut composée en 1690. est curieuse, édi-

fiante & bien écrite. Elle est en forme de Lettre, adressée à M. Sachot, alors Curé de la Paroisse de S. Gervais à Paris. L'imprimé est en plusieurs endroits différens, des MSS. qui se trouvent entre les mains de plusieurs personnes.

2. *Deux Retraites de dix jours, contenant chacune trente Méditations & un Sermon sur les principaux devoirs de la Vie Religieuse, avec deux Discours sur la Vie des Religieux de la Trappe.* Paris, Bachelu, 1697. *in* 12. L'Auteur prêcha ces Discours à Meaux, au retour d'un voyage qu'il avoit fait à la Trappe, avec M. Bossuet.

9. *Le Devoir des Pasteurs, en ce qui regarde l'instruction de leur Peuple, avec les extraits tirés du* Pastor Bonus, *composé par M. Opstraët, Professeur en Théologie au Séminaire de Malines.* Reims, François Godard, *in* 12. It. Paris, Jean Guilletat, 1701. *in* 12.

OUVRAGES MSS. DE M. TREUVÉ.

10. *Sermons pour tous les jours du Carême.*

11. *Sermons pour tous les jours de l'Avent.*

12. *Cent Sermons sur les Commandemens de Dieu.*

13. *Vingt Sermons sur les Fêtes de la Sainte Vierge, & sur le culte qui lui est dû.*

14. *Sermons pour tous les Dimanches de l'année.*

15. *Sermons pour l'Octave des Morts.*

16. *Panégyriques de divers Saints.*

17. *Trente Sermons sur la Prière en général, & sur le* Pater *en particulier.*

18. M. *Treuvé* a mis en ordre les *Cas de conscience* de MM. de Lamet & Fromageau, imprimés en 1732. à Paris, 2. vol. *in folio*.

Richard Simon, dans le second Tome de sa *Critique de la Bibliothèque des Auteurs Ecclésiastiques*, par M. Dupin, dit que lorsqu'on voulut publier *l'Abregé des principaux Traités de Théologie*, que l'on attribuë communément à M. le Tourneux, & qui fut imprimé *in* 4°. à Paris, on le fit passer pour l'Ouvrage de M. *Treuvé*, qu'il nomme mal *Trouvé*. Mais ce fait est avancé sans preuves. Il n'y a point de nom dans cet Ecrit ; & la Préface ne désigne pas plus M. *Treuvé*, qu'un autre Auteur. Le Public d'ailleurs a toûjours donné cet Ouvrage, & le donne encore à M. le Tourneux.

M. *Treuvé* a eû part à la composition du Breviaire de Meaux.

J'ai tiré cet article du *Suplément de Moreri* de 1735. de la *Bibliothèque des Auteurs Ecclésiastiques du* XVIIIe. *siècle*, par M. l'Abbé Goujet, Tom. II. pag. 509. & suiv. où l'on trouve l'analyse de la plus grande partie des Ecrits de M. *Treuvé*, & d'une Lettre fort étenduë que ce dernier m'écrivit, le 14. Août 1719. sur sa Vie & sur ses Ouvrages.

BERNARD

BERNARD TRIBOLET.

TRIBOLET, (*Bernard*) Jésuite, naquit à Autun vers l'an 1656. C'est à lui qu'on doit l'Edition des *Lettres instructives sur la Divinité de Jesus-Christ*, composées par Jacques Tribolet, son frere, duquel il sera fait mention ci-après. Le P. *Tribolet* est encore l'Auteur de l'extrait de ces *Lettres*, qui est dans les *Mémoires de Trevoux*, Mars 1711. pag. 408. de même que du petit Livre qui suit :

Réflexions sur Jesus-Christ mourant, pour se préparer à une mort chrétienne. Paris, 1729. *in* 12.

Ce Pere travailloit à l'Histoire d'Autun, sa Patrie, lorsqu'il mourut.

CHRETIEN TRIBOLET.

TRIBOLET, (*Chrétien*) Capitaine d'Infanterie dans le Régiment de Feuquières, naquit en 1660. dans la Ville de Nuys. Il étoit fils de N. Tribolet, Lieutenant Général au Bailliage de Nuys, & ensuite Lieutenant Général à la Table de Marbre à Dijon. *Chrétien Tribolet* épousa en 1699. Roch Morin, dont il eut une fille en 1700. Il mourut la même année en Allemagne, âgé seulement de 40. ans.

Tribolet fit imprimer en 1698. à Lisle, sans nom d'Imprimeur, une Tragédie de sa composition, intitulée : *Scylla*, *in* 8°. pagg. 53. On aprend dans la Préface de cette Pièce, qu'elle fut composée pour être mise en musique & en opéra, par le Sieur Campra.

JACQUES TRIBOLET.

TRIBOLET, (*Jacques*) Docteur de Sorbonne, Abbé de S. Etienne d'Autun, étoit né à Autun au mois de Mars 1655. Après avoir passé plusieurs années en Italie, & avoir fait ailleurs les fonctions de Missionnaire, son zèle pour les Pauvres, lui fit choisir l'Hôpital de Dijon pour le lieu de sa retraite. C'est-là qu'il passa les trois dernières années de sa vie, & qu'il mourut le 4. Novembre 1709. dans sa 55e. année.

L'année de sa mort, il fit imprimer l'Ouvrage suivant : *Lettres instructives & historiques sur la Divinité de Jesus-Christ, sur la Vérité de l'Eglise Catholique, & sur ce qui s'est passé en Languedoc, à la Révocation de l'Edit de Nantes ; avec la décision de la Faculté de Theologie de Helmstad, sur la Question proposée à l'occasion du Mariage de la Princesse de Neuf-chatel, & de l'Archiduc.* Paris, François Fournier, 1710. *in* 12.

Part. II.

JACQUES TRIBOLET.

JACQUES TRIBOLET

TRIBOLET, (*Jacques*) frére du précédent, né à Autun, Avocat au Parlement de Paris, mourut à Paris au mois de Novembre 1724.
Tribolet a donné au Public une *Dissertation sur les Droits de la France dans l'affaire de Neuf-Chatel.*

BONAVENTURE DU TRONCET.

BON. DU TRONCET

TRONCET, (*Bonaventure du*) Mâconnois, Auteur du XVIIe. siècle. Du Verdier dit que *du Troncet* a écrit les *Nuits Amoureuses de sa Thalie, contenant grand nombre de Sonnets, Odes & Chansons non imprimées.*

Voy. la *Bibliothèque Françoise* de la Croix-du-Maine, pag. 37. & celle de du Verdier, pag. 131.

ANNE TULONNE.

ANNE TULONNE

TULONNE, (*Anne*) Mâconnoise. La Croix-du-Maine est le seul qui ait parlé de cette Demoiselle. Il assure qu'elle étoit très versée dans la Poësie Françoise; mais il ne dit pas si elle a fait imprimer quelques Ouvrages, & en quel tems elle vivoit.

Voy. la *Bibliothèque Françoise* de la Croix-du-Maine, pag. 11.

PIERRE TURREL.

PIERRE TURREL.

TURREL, (*Pierre*) Philosophe & Astrologue, Recteur des Ecoles de l'ancien Collège de Dijon, étoit né à Autun, comme il le dit lui-même dans ses Ouvrages, & non à Dijon, quoiqu'en ayent pensé la Croix-du-Maine & Bayle après lui. Ces deux Auteurs se sont encore trompés, de même que Pierre de Saint-Julien & Théodore de Beze, en l'apellant *Turrau*. Sur quoi l'on peut voir le *Menagiana* de M. de la Monnoye, Tom. IV. pag. 124. Edit. de 1729.

Beze assure que *Turrel* étoit un des principaux Devineurs de son siècle. Ce Titre lui causa beaucoup de chagrin. Il fut accusé d'impiété. Pierre Galland, dans sa Vie Latine de du Chastel, publiée par les soins de M. Baluze, décrit fort au long toutes les persécutions suscitées à *Turrel* au sujet de l'Astrologie. *Turrel*, qui fut traduit en Justice, couroit risque d'être condamné comme un Infracteur des Loix Divines & des Loix Humaines. Du Chastel, comme nous l'avons dit en son article, rempli de reconnoissance pour son Maître, plaida sa Cause avec tant de force & d'éloquence, qu'il le fit absoudre. Il prouva qu'il y avoit des Divinations fort innocentes & d'autres fort criminelles; mais que *Turrel* ne s'étoit jamais mêlé que de celles-ci. Personne ne nous a apris le tems de la mort de *Turrel*.

CATALOGUE DE SES OUVRAGES.

1. *Le Période*; c'est-à-dire, *la fin du monde*, contenant la disposition des choses terrestres par la vertu & influence des corps célestes par feu, &c. In 4°. sans date & sans nom de Ville ni d'Imprimeur. Mais Bayle dit que cet Ouvrage fut imprimé en 1531. Jacques Tahureau, en ses *Dialogues*, s'est fort moqué de ce *Période ou fin du Monde*.

2. *Fatale précision par les Astres & dispositions d'icelle sur la Région de Jupiter, maintenant apellée Bourgoigne, pour l'an 1529, & pour plusieurs années subséquentes*. Lyon, 1528. Voy. la *Bibliothèque Françoise* de du Verdier, pag. 1065.

3. Selon Pierre de Saint-Julien, [1] *Turrel* a composé une *Table Chorographique de Bourgogne*. Saint-Julien ajoûte que le même Auteur préparoit une *Histoire de Bourgogne*.

M. de la Mare fait entendre qu'il possédoit ces Mss. Voy. son *Conspectus Historic. Burgund.* pag. 3.

La Croix-du-Maine dit que *Turrel* a fait plusieurs Livres Latins; entr'autres, *le Période du Monde*, &c. J'ose assurer que personne n'a vû ce Livre en Latin. L'Auteur, à la vérité, l'avoit d'abord fait en cette Langue; mais il n'a jamais été imprimé qu'en François.

Voy. les *Bibliothèques Françoises* de la Croix-du-Maine & de du Verdier. Pierre de Saint-Julien, *Origine des Bourguignons*, feüill. 13. *Histoire Ecclésiastique* de Bèze, Tom. II. pag. 80. La Vie Latine de Pierre du Chastel par Galland, donnée au Public par les soins de M. Baluze. Paradin, *Histoire de notre tems*, pag. 132. Langlius, *Oraison* prononcée & imprimée à Poitiers en 1510. *touchant la loüange des François comparés aux Romains*; le *Dictionnaire Critique de Bayle*, & le *Suplément de Moreri* de 1735.

CLAUDE TURRIN.

TURRIN, (*Claude*) Dijonnois, Poëte François. La Vie de cet Auteur nous est entiérement inconnuë. Il y a de l'aparence qu'il mourut vers 1570. puisque l'Edition de ses Ouvrages, qui est posthume, parut en 1572. Voici ce que j'ai pû aprendre sur ses Ecrits.

Les Charites de Cl. Turrin, prises du Grec de Théocrite. Toulouse, Guyon Boudeville, 1561. in 4°. It. au feüillet 30. & suiv. de l'Ouvrage dont je vais faire mention, M. l'Abbé Goujet dit que la *Poësie de Turrin* est fort plate, & qu'elle ne mérite point les loüanges que lui donne l'Editeur dans sa Préface.

Les Œuvres Poëtiques de Claude Turrin, Dijonnois, divisées en six Li-

---

[1] *Origine des Bourguignons*, feüil. 13. & 14.

CLAUDE TURRIN. *vres. Les deux premiers sont d'Elégies Amoureuses, & les autres, de Sonnets, Chansons, Eglogues & Odes.* Paris, Jean de Bordeaux, 1572. *in* 8°. feüill. 96. sans l'Epitre Dédicatoire à sa Maîtresse. L'Imprimeur nous aprend dans son Avertissement, que ces Poësies Mss. étoient ensevelies dans la poussière. Les amis de l'Auteur cherchérent à leur donner de la réputation. Pour moi, je ne sçais s'ils y réussirent, & si ces Pièces eurent quelque succès ; car j'avouë que je n'y ai rien trouvé que de fort insipide. Elles n'ont ni harmonie, ni élévation. *Turrin* cependant s'étoit proposé de grands modèles, Théocrite, Anacréon, Pétrarque, *&c.*

Voy. les *Bibliothèques Françoises* de la Croix-du-Maine & de du Verdier, pag. 64. de la première, & 200. de la seconde. Voy. aussi celle de M. l'Abbé Goujet, Tom. IV. pag. 288.

CYRUS DE TYARD.

CYRUS DE TYARD. TYARD, (*Cyrus de*) Evêque de Châlon, étoit fils de Claude Tyard de Bissy, & de Guillemette de Montgommery. *Gyrus de Tyard*, de Grand Archidiacre de l'Eglise de Châlon, devint Evêque de cette Ville, par la démission de Pontus de Tyard, son oncle, & fut sacré à Rome le 20. Fevrier 1594. En 1614. il assista aux Etats Généraux tenus à Paris, & Palliot remarque qu'il est le premier des Evêques de Châlon, qui ait eû le droit d'entrer au Parlement de Dijon, où il fut reçû le 10. Janvier 1603. & d'y avoir voix délibérative. Cette prérogative lui fut accordée par des Lettres du Roi Henri IV. datées du 13. Août 1602. *Cyrus de Tyard* mourut à Châlon fort âgé & fort regretté de tout son Diocèse, le 3. Janvier 1624. & fut enterré dans le Chœur de l'Eglise Cathédrale, où on lui dressa une Epitaphe.

CATALOGUE DE SES OUVRAGES.

1. *Officia propria Sanctorum Diœcesis Cabilonensis.*

2. *Epistola Pastoralis.* Lyon, *in* 8°.

3. *Pastorale ad usum Diœcesis Cabilonensis accommodatum.* Châlon, 1605. *in* 4°.

4. *Instruction des Curés & Vicaires, pour faire le Prône. Extrait des Saints Canons & des anciens Peres & Docteurs de l'Eglise Catholique.* Châlon, 1605. *in* 4°.

5. *Instructio Pastorum adversùs infestationes Dæmonum & Incantationum maleficia.*

Voy. Jacob, *de claris Scriptor. Cabilon.* pag. 71. & Palliot, *Parlement de Bourgogne*, pag. 30.

PONTUS DE TYARD.

TYARD, (*Pontus de*) Seigneur de Bissy, étoit fils de Jean de Bissy, & de Jeanne de Ganay. [1] Il naquit au Château de Bissy dans le Diocèse de Mâcon, vers 1521.

Il fut instruit avec beaucoup de soin dès son enfance, dans les Langues Latine & Grecque, & même dans l'Hébraïque. Mais quoiqu'il ait affecté de faire parade de cette derniére dans son Traité *de recta nominum impositione*, on prétend qu'il ne la sçavoit que très imparfaitement ; ce qui n'a pas empêché Colomiès de lui donner place dans la *Gallia Orientalis*.

S'étant senti dans sa premiére jeunesse une vive inclination pour la Poësie Françoise, il s'y adonna avec beaucoup d'ardeur, & acquit par-là de la réputation. Ronsard lui donne la gloire d'avoir introduit le premier les Sonnets en France ; mais cette réputation ne fut pas de longue durée. Il semble qu'il ait contribué lui-même à la chute de ses Poësies par le mépris qu'il en fit, & qu'il tâcha d'en inspirer aux autres dans un âge plus avancé.

Il se dégoûta tout-à-coup de la Poësie, pour se livrer à des études plus solides, & étudia la Philosophie, la Théologie & les Mathématiques. La plûpart de ses Ouvrages sont des preuves des connoissances qu'il avoit acquises sur toutes ces Sciences. Mais soit qu'on n'eût pas encore fait de son tems de grands progrès dans les Lettres, soit que la méthode qu'on employoit alors pour y réussir, ne fût pas bonne, il est constant que presque tous les Ecrits de *Pontus de Tyard* ne sont remplis que d'une érudition mal digérée, où il y a peu de choses à aprendre.

Il passa quelques années à la Cour du Roi Henri III. qui conçut de l'affection pour lui, & lui conféra l'Evêché de Châlon-sur-Sône, dont il prit possession, le 16. Juin 1578. après avoir été quelques années Archidiacre de cette Eglise, & Protonotaire Apostolique.

S'étant trouvé le premier des Députés de sa Province dans l'Assemblée des Etats, qui se tint à Blois l'an 1588. il deffendit l'autorité du Roi contre le reste du Clergé qui favorisoit la Ligue, & il en parla en sa faveur avec tant de force & de dignité, qu'il fit une forte impression sur l'esprit de ceux qui assistoient à cette Assemblée, & en ramena plusieurs à leur devoir.

Après avoir gouverné son Diocèse pendant l'espace de 20. ans, se sentant accablé par les années, & affligé des troubles qui agitoient le Royaume, il se démit de son Evêché, & en fit pourvoir Cyrus de Tyard, son neveu, comme nous l'avons dit plus haut.

S'étant ensuite retiré dans sa Terre de Bragny, proche de Verdun-sur-Sône, il ne s'occupa plus que des choses du Ciel & du soin de son salut.

---

[1] Jean de Tyard, Lieutenant Général au Bailliage du Mâconnois, étoit d'une Famille distinguée dans la Province, de même que Jeanne de Ganay, fille de Claude de Ganay, cousin-germain de Jean de Ganay, Chancelier de France. Le nom de Pontus est écrit, tantôt *Tyard*, & tantôt *Thiard* ; mais cette orthographe est vicieuse : Il doit s'écrire *Tyard*. C'est ainsi que les meilleurs Auteurs l'ont toûjours écrit, & que *Pontus de Tyard* l'a écrit lui-même. Voy. sur le nom de *Pontus*, les Mémoires du P. Niceron, Tom. XXI. pag. 292. & *ibid*. pag. 293. un conte tiré du *Menagiana*.

PONT. DE TYARD. C'est-là qu'il mourut, le 23. Septembre 1605. à l'âge de 84. ans. Il y fut enterré proche du Maître-Autel, à côté de l'Evangile, sans Epitaphe.

Il est bon de raporter ici des Vers qu'il fit peu avant sa mort, dans lesquels on peut voir son indifférence pour la vie, & l'ardeur qu'il avoit pour le Ciel.

D. O. M.

Non teneor longâ dulcisque cupidine vitæ.
 Sat vixit ; cui non vita pudenda fuit.
Nec fama illustris me tangit gloria ; forsan,
 Pergenium vivent sat mea scripta suum.
Nilque moror quo sint mea membra tegenda sepulchro :
 Hæc propria hæredis sit pia cura mei.
Sed cupio ut tandem mens Christo innixa, levetur
 Peccati duro pondere, ad astra vehar.

Ces Vers ont été gravés sur un Monument qu'on lui a érigé dans le Chœur de l'Eglise Cathédrale de Châlon, avec ces mots au bas :

Pontus Tyardæus , Ep. Cab.
Extremum hoc voveb. scribebat.

Etienne Pasquier lui a consacré l'Epitaphe suivante :

Mellito juvenis versu qui lusit amores ,
 Inde Mathematicis Artibus emicuit.
Indè etiam sanctis excelluit ordine Libris.
Hospes , nil mirum est : **OMNIA PONTUS ERAT.**

Il conserva jusqu'à la fin de sa vie, toute la vigueur de son corps & de son esprit. Comme il étoit d'une grande taille , & qu'il étoit très assidu au travail, il mangeoit beaucoup & buvoit de même, sans mettre jamais d'eau dans son vin, quelque violent qu'il fût. En se mettant au lit, il avaloit toûjours un grand verre de vin pur, sans que sa santé en fût altérée. Baillet, & plusieurs autres Ecrivains, ont trouvé que ce n'étoit point assez, & ont substitué au grand verre, dont parle M. de Thou, un pot, en disant qu'il avoit coûtume de boire un pot de vin pur, avant qu'il s'endormît.

CATALOGUE DE SES OUVRAGES.

1. *Erreurs Amoureuses.* Lyon , Jean de Tournes, 1549. *in* 8°. Cet Ouvrage, qui contient plusieurs Sonnets divisés en trois Livres, ne porte point le nom de l'Auteur. *It.* 1552. selon la Croix-du-Maine. *It.* derniére Edition, augmentée sous ce Titre : Œuvres Poëtiques, *à sçavoir trois Livres d'Erreurs Amoureuses, un Livre de Vers Lyriques ; plus , un Recüeil de nouvelles Œuvres Poëtiques.* Paris, Galiot du Pré, 1573. *in* 4°. Cette

DE BOURGOGNE.

Edition n'est aujourd'hui guéres plus recherchée que les précédentes.

2. *Solitaire premier, ou Profe des Mufes, avec des Vers Lyriques fur la fin.* Lyon, Jean de Tournes, 1552. *in folio.*

3. *Solitaire fecond, ou Profe des Mufes, avec des Vers Lyriques fur la fin.* Ibid. Jean de Tournes, 1552. *in* 8°.

4. *Léon Hébreu, de l'Amour, Dialogues.* Ibid. de Tournes, 1551. *in* 8°. Il parut la même année une autre Traduction de l'Ouvrage de Léon, fous ce Titre : *La Sainte Philofophie d'Amour de Léon Hébreu, traduite de l'Italien par le Sieur du Parc* (Denys Sauvage.) Ibid. Guillaume Roüille, 1551. *in* 8°. Ce Livre ne méritoit pas l'honneur d'être traduit deux fois.

5. *Difcours du tems, de l'an & de fes parties.* Ibid. Jean de Tournes, 1556. *in* 8°. *It.* Paris, Mamert Patiffon, 1578. *in* 4°. Du Verdier s'eft trompé, en croyant que cette Edition eft *in folio.*

6. *L'Univers, ou Difcours des parties & de la nature du Monde.* Ibid. Jean de Tournes, 1557. *in* 4°. Du Verdier prétend qu'il y a dans cet Ouvrage quelques pages prifes & traduites mot à mot du Livre du Monde de Philon Juif. L'Auteur l'ayant enfuite revû & augmenté, le publia de nouveau fous le Titre fuivant.

7. *Deux Difcours de la nature du Monde & de fes parties. A fçavoir, le premier Curieux, traitant des chofes matérielles ; & le fecond Curieux, des intellectuelles.* Paris, Mamert Patiffon, 1578. *in* 4°. On voit à la tête un *Avant-Difcours de J. D. du Péron* (Jean Davy, qui fut enfuite le Cardinal du Péron) *Profeffeur du Roi, aux Langues, aux Mathématiques & en la Philofophie.*

8. *Mantice, ou Difcours de la vérité de Devination par Aftrologie.* Lyon, Jean de Tournes, & Guillaume Gareau, 1558. *in* 4°.

9. *Ephemerides octavæ Sphæræ, feu Tabellæ Diariæ Ortus, Occafus, & meditationis Cœli illuftrium Stellarum inerrantium, pro univerfa Gallia & his Regionibus, quæ Polum Boreum elevatum habent à* 39. *ad* 50. *grad.* Lyon, Jean de Tournes, 1562. *in folio.*

10. *De Cœleftibus Afterifmis Poëmatium, ad Petrum Ronfardum.* Paris, Galiot du Pré, 1573. *in* 4°.

11. *Homélies fur les Evangiles.* Paris, Mamert Patiffon, 1586. *in* 8°.

12. *Douze Fables de Fleuves & de Fontaines, avec une Defcription pour la peinture & les Epigrammes.* Paris, Jean Richer, 1585. *in* 12. Le P. Jacob, & après lui le P. Niceron, fe font trompés, en mettant cette Edition en 1586. *in* 8°. Le P. Jacob a donné mal à propos le Titre en Latin, de même que le P. Niceron, qui l'a copié.

13. *Les Difcours Philofophiques de Pontus de Tyard.* Paris, 1587. *in* 4°. C'eft un Recüeil des Ouvrages cités aux nombres 2. 3. 5. 7. & 8.

14. *Homélies fur le Décalogue.* Paris, 1588. *in* 8°.

15. *Extrait de la Généalogie de Hugues Capet, Roi de France, & des*

PONT. DE TYARD. *derniers Succeſſeurs de la Race de Charlemagne en France*. Paris, Mamert Patiſſon, 1594. *in* 8°. M. de Thou, dans le 77e. Livre de ſon Hiſtoire, attribuë à *Pontus de Tyard*, cet Ouvrage qui eſt anonyme ; & du Cheſne, à la pag. 30. de ſa *Bibliothèque des Hiſtoriens de France*, dit que *Tyard* l'a fait pour ſervir de réponſe au Livre de François de Roſières, intitulé : *Stemmata Ducum Lotharingiæ*. Paris, 1580. *in folio*.

16. *De recta nominum impoſitione*. Lyon, Jacques Rouſſin, 1603. *in* 8°. L'Auteur, dans ſon Epitre Dédicatoire de ce petit Traité à Loüis de Tyard, ſon neveu, lui aprend qu'au commencement des troubles qui agitérent la France, il avoit traduit du Grec deux Opuſcules de Philon, & qu'il avoit compoſé ce Traité pour ſervir de Préface à ſa Traduction ; mais que Frédéric Morel l'ayant prévenu, en publiant une Verſion Latine de l'un de ces mêmes Opuſcules, & en promettant la Verſion de l'autre, il avoit ſuprimé la ſienne, & ſe contentoit de donner au Public l'Ouvrage qu'il lui adreſſoit, avec quelques Notes ſur les Livres qu'il avoit traduits.

17. *Annotationes in Libros Philonis Judæi, de Tranſnominatis, & Allegoriæ Sacræ*. A la ſuite du Traité précédent.

18. *Fragmentum Epiſtolæ pii cujuſdem Epiſcopi, quo Pſeudo-Jeſuitæ Caroli, & ejus Congerronum maledicta repellit*. Hanovre, 1684. *in* 8°. Ce Fragment eſt imprimé à la ſuite de *Caroli Molinæi Conſilium ſuper commodis & incommodis novæ Sectæ Jeſuitarum*. It. dans la *Bibliotheca Pontificia*, edita à *Joanne Scherzero*. Leipſic, 1677. *in* 4°. avec cette ſouſcription, P. T. E. C. qui ſignifie : *Pontus Tyardæus, Epiſcopus Cabilonenſis*. It. traduit en François à la page 378. du Livre de David Home, intitulé : *Le Contr'Aſſaſſin*. Lyon, 1612.

19. M. le Préſident Bouhier a un Mſ. qui a pour Titre : *P. Thyardæi Inveſtigatio Thematis in ſex Pſalmos Davidis Hebraïcos*.

Voy. les *Bibliothèques Françoiſes* de la Croix-du-Maine & de du Verdier. Jacob, *de clar. Scriptor. Cabilon. Scævola Sammarthan. Elogia*. Colomiès, *Gallia Orientalis*, les *Eloges de M. de Thou*, & les *Additions* de Teiſſier, *Gallia Chriſtiana* ; l'*Hiſtoire de l'Egliſe de Meaux*, par Dom Touſſaint du Pleſſis, Bénédictin de la Congrégation de S. Maur ; le *Dictionnaire de Moreri*, le *Suplément* de 1735. & le XXIe. Tome des *Mémoires* du P. Niceron.

DE BOURGOGNE. 337

V.
BENIGNE VACHET.

VACHET, (Benigne) Prêtre Missionnaire, né à Dijon, mourut à Paris, le 19. Janvier 1720. âgé de 78. ans & quelques mois. M. Vachet a passé la plus grande partie de sa vie dans les Fonctions Apostoliques. Il a été Missionnaire dans une partie de l'Asie, à Siam, à la Chine, à Alger & en Afrique. Il a composé une Rélation de tous ses voyages, mais sans ordre. Le Ms. en est conservé au Séminaire des Missions Étrangéres à Paris, où l'Auteur est enterré.

BENIGNE VACHET.

Dans la *Rélation des Missions des Evêques François aux Royaumes de Siam, de la Cochinchine, de Cambaye & de Tonquin*, [1] on trouve la *Description de l'Isle de Bourbon*, par M. Vachet, qui étoit de cette derniére Mission.

PIERRE-JOSEPH DU VACHET.

VACHET, (Pierre-Joseph du) étoit né à Beaune. Après avoir fait sa Rhétorique & sa Philosophie chez les Peres de l'Oratoire de cette Ville, il entra dans la Congrégation. Le P. du Vachet fut envoyé à Aix, pour y étudier en Théologie sous le P. Thomas Beteau, Ecossois, & Membre de la même Congrégation. Se sentant de l'inclination pour la Poësie Latine, il s'y livra avec ardeur. Le P. du Vachet est mort Curé de S. Martin de Sablon, au Diocèse de Bourdeaux vers 1655. d'une maladie contagieuse. Après sa mort, on imprima le Recüeil de ses Poësies, sous ce Titre : *Petri-Josephi du Vachet, Bellenensis, Congregationis Oratorii D. Jesu Sacerdotis Poëmata*. Saumur, François Ernou, 1664. *in* 8°.

P. JOS. DU VACH.

LE PERE VALERIEN.

VALERIEN, (le Pere) de Dijon, Capucin, vivoit en 1630. Il fit imprimer cette même année, un Livre, qui a pour Titre : *Le Bouclier de patience, traduit en François du Latin de Jacques Coren*, Re-

LE PERE VALER.

---

[1] Cet Ouvrage est imprimé à Paris, chez Pierre le Petit, en 1674. *in* 12.

ligieux Observantin. Lyon, Loüis Muguet, *in* 4°.

Voy. Wading, *Scriptor. Ord. Min.* pag. 328. & le P. Denys de Gènes, *Bibliot. Capucin.* pag. 306.

GUILLAUME VALEROT.

GUILL. VALEROT.

VALEROT, (*Guillaume*) Prêtre, fils de Jean Valerot, Huiffier au Parlement ; & de Marguerite Prieur, eft né à Dijon, le 15. Novembre 1682. En 1715, il fit imprimer à Paris, chez Claude Thibouft, un *Journal de la France* , *ou Calendrier Hiftorique* , *contenant ce qui s'eft paſſé de plus mémorable depuis l'origine de la Monarchie jusqu'à preſent; avec une Hiſtoire abregée de la Vie des Rois de France* , *& des Remarques ſur les différens établiſſemens qui ſe ſont faits ſous leurs Règnes*. In 8°. It. ſeconde Edition revuë *& augmentée*. Ibid. 1719. *in* 8°. It. *troiſiéme Edition augmentée des Etabliſſemens qui ſe ſont faits dans l'Egliſe*. Ibid. de la Tour, 1721. On trouve un extrait de la première Edition de ce Livre dans les *Mémoires de Trevoux* , *Mars* 1715. pag. 456. Les Journaliſtes de Trevoux, qui font l'éloge de l'Auteur, aſſurent qu'il eſt capable de donner au Public des Ouvrages plus importans, & qu'il a beaucoup de talent pour la Chaire. Voy. auſſi les *Nouvelles Littéraires* de 1715. Tom. I. pag. 317.

On attribuë à M. *Valerot*, l'*Hiſtoire Journaliére de Paris*, dont le I. vol. fut imprimé à Paris, chez Ganeau, *in* 12. en 1716. & le ſecond, en 1717.

SIMON DE VALLAMBERT, OU VAL-LAMBERT.

SIMON DE VALLAMB.

VALLAMBERT, *ou VAL-LAMBERT*, (*Simon-de*) né à Avallon, étoit en 1558. Médecin de Madame la Ducheſſe de Savoye & de Berry. Il s'attacha dans la ſuite à M. le Duc d'Orléans.

CATALOGUE DE SES OUVRAGES.

1. *Sim. Vallamberti Inſtitutio Puellæ* , *ex Nicomacho. Natura mulierum ex Phocylide. Exhortatio ad prudentiam & ſpem* , *è Lini Fragmentis. Elegia de amore divino & humano* , *ex Gallico Reginæ Navarræorum* , *cum ſuis aliquot Epigrammatis Græc. & Sententiis*. Paris, Weckel, 1537. *in* 4°.

2. *Epigrammatum Somnia*. Lyon, 1541. *in* 8°.

3. *Dialogue de Platon* , *intitulé : Criton ; ou de l'obéiſſance qui eſt duë à la Juſtice* , *& de la patience qu'il convient avoir* , *quand on eſt condamné à la mort*. Paris, Olivier Maillard, 1542. *in* 8°.

4. *Méditations ſur l'Oraiſon des Chrétiens* , *priſe du viel & du nouveau Teſtament* , *autrement intitulé* : *Le Trépas des Fidèles*. Paris, *in* 8°.

5. *Hiſtoria de vita & rebus geſtis M. Tullii Ciceronis* , *M. Filii*. Paris, Colines, 1545. *in* 8°. It. Hambourg, 1729. par les ſoins, & avec une Préface de Jean-Albert Fabricius.

6. *Epigrammata*. Dijon, Desplanches, 1545. *in* 4°.

7. *Carmina moralia veterum Poëtarum Græcorum Pythagoræ*, *Solonis*, *&c. Latinè*. Paris, Wechel, 1553. *in* 4°. Une partie de ce Recüeil est de la Traduction de *Vallambert*.

8. *Traité de la conduite de Chirurgie*. Paris, Vascosan, 1558. *in* 8°.

9. *Medicamentorum simplicium cognoscendorum methodus*. 1651. *in* 4°.

10. *Trésor des Pauvres, touchant la nourriture & maladie des enfans*. Poitiers, 1565. *in* 4°.

Voy. la *Bibliothèque Françoise* de la Croix-du-Maine, pag. 459. & celle de du Verdier, pag. 1138.

GUILLAUME LEGOUZ, SEIGNEUR DE VALLEPESLE.

VALLEPESLE, (*Guillaume Legouz, Seigneur de*) Fief proche de Langres, dont il tiroit son origine, étoit fils de Pierre Legouz, Maître à la Chambre des Comptes de Bourgogne. Guillaume *de Vallepesle* fut d'abord pourvû de la Charge de son pere, par Lettres du 4. Novembre 1585. Mais avant que de s'y faire recevoir, il obtint des Provisions d'Avocat Général au Parlement, & fut reçû en cette derniére Charge, le 16. Juillet 1586. à la place de Nicolas de Montholon.

Ce Magistrat épousa en premiéres Nôces, le 13. Décembre 1587. Oudette Bourrelier, veuve de Pierre de Vaux, Conseiller aux Requêtes du Palais, de laquelle il eut quelques enfans. Il épousa en secondes Nôces, l'an 1606. Françoise de Montholon, veuve de Pierre Maréchal, Président à la Chambre des Comptes; & en troisiémes, Renée le Valois, Barone de la Villeneuve & la Preuchère.

En 1614. il résigna sa Charge d'Avocat Général, à M. de Xaintonges & mourut peu de tems après. Voici ce que nous avons de M. *de Vallepesle*.

1. *Quelques Vers François* à la tête du II. Livre des *Touches* d'Etienne Tabourot, Edit. de 1585.

2. Quelques autres Vers au-devant de l'Ouvrage Latin du même Tabourot, imprimé en 1587. *in* 8°. sous ce Titre: *Icones Ducum Burgundiæ*.

3. Sonnet à la tête de la seconde Edition du *Dictionnaire des Rimes*, par le Fèvre, donnée au Public en 1588. *in* 8°. par les soins d'Etienne Tabourot, neveu de le Fèvre.

4. *Conclusions données au Procès des Médecins de Dijon, contre les Apoticaires de la même Ville*. Dijon, Jean de Manssant, 1605. *in* 4°. Ces *Conclusions* sont toutes hérissées de Latin, de Grec & même d'Hébreu, selon la coûtume de plusieurs Auteurs de ce tems-là. Si nous en croyons Charles Fevret, qui nous a laissé un grand éloge de M. *de Vallepesle*, ce Magistrat avoit une grande connoissance de ces trois Langues. Fevret raporte sur la foi de quelques témoins oculaires, que le même Magistrat interrogeoit, écrivoit & dictoit en même-tems. Fevret ajoûte que M. *de Vallepesle* étoit

toûjours prêt à parler fur le champ, mais fans aucune action & fans aucun geste, la tête toûjours panchée fur les épaules.

Voy. le *Parlement de Bourgogne*, par Pierre Palliot, pag. 140. & Charles Fevret, *de claris Fori Burgundici Oratoribus*, pag. 54.

CLAUDE VALLON.

CLAUDE VALLON.

VALLON, (*Claude*) naquit à Dijon en 1622. Le 27. Octobre 1640. il entra chez les Jéfuites à Nancy, & fit la Profeffion folemnelle des quatre Vœux, le 25. Mai 1655. Il a paffé la plus grande partie de fa vie dans l'emploi de la prédication. Dans fa vieilleffe, il fut Recteur de quelques Colléges, & mourut dans celui de Dijon, le 9. Novembre 1688.

Ce Pere a compofé quelques *Vers Latins Elégiaques*, imprimés à la tête du I. Tom. de l'Ouvrage, intitulé : *Flores Cardinalium*. Ce Livre, qui eft de Loüis Doni d'Attichy, Evêque d'Autun, fut imprimé en 1660.

Le P. *Vallon* eft auffi l'Auteur du *Difcours funèbre*, *prononcé à Chaumont dans l'Eglife Collégiale de S. Jean, aux Obsèques de M. Nicolas de Livron*. Paris, George Joffe, 1675. in 12.

JACQUES-LOUIS VALLON.

J. LOUIS VALLON.

VALLON, (*Jacques-Loüis*) Marquis de Mimeure, naquit à Dijon en 1659. Il fut Chevalier de l'Ordre de S. Loüis, Sous-Lieutenant des Gendarmes Anglois en 1689. Brigadier en 1707. Maréchal de Camp, & Lieutenant Général des Armées du Roi en 1718. & fut reçû à l'Académie Françoife, le 1. Décembre 1707. Il eft mort à Auxonne, le 3. Mars 1719.

M. *de Mimeure* avoit beaucoup de talens pour la Poëfie Latine Il a compofé plufieurs Pièces en ce genre, que fa modeftie ne lui a pas permis de donner au Public ; mais qui ont couru en manufcrit. » Vos Poëfies Lati-
» nes, (lui dit M. de Sacy, dans fa Réponfe à M. *de Mimeure*, lorfque
» celui-ci fut reçû à l'Académie Françoife,) qui auroient brillé dans les
» tems des Horaces & des Tibulles, & qui ont fait paffer de fi bonne heure
» votre nom dans les Pays Etrangers, n'ont été, pour ainfi dire, que les
» amufemens de votre enfance ; & vos Poëfies Françoifes, pleines de ces
» graces, qui ne font point au pouvoir de l'art, & que feul y peut femer un
» génie heureux, cultivé par des études choifies, & poli par un long ufage
» de la Cour, font depuis long-tems les délices des perfonnes les plus dé-
» liées de la France. »

Quoique M. *de Mimeure* fût très en état de donner de bons Ouvrages ; cependant il n'a prefque rien fait imprimer. Voici, fi je ne me trompe, tout ce qu'on a publié de fa façon.

1. *Vers à la loüange du Roi*. Dans l'un des *Mercures* de l'année 1677. M. de Vifé fit remarquer la fineffe des penfées du jeune Poëte François.

2. *Difcours prononcé le Jeudi 1. Décembre 1707. à fa réception à l'Académie*

démie Françoise. Paris, Coignard, in 4°. & dans le Recüeil de l'Academie Françoise, imprimé in 12.

3. *Ode imitée d'Horace.* A la page 139. du II.e Tome du *nouveau choix de Poësies*, imprimé à la Haye, en 1715.

JACQUES VALLON DE MIMEURE.

VALLON DE MIMEURE, (Jacques) Président au Bureau des Finances, dans la Généralité de Bourgogne, vivoit dans le dernier Siècle. Le Discours qu'il prononça le 6. Mars 1648. en présence de Loüis de Condé, lorsque ce Prince prit possession du Gouvernement de Bourgogne, est imprimé dans la *Description* que Bréchillet fit *de l'entrée du Prince de Condé à Dijon.* Le Recüeil de Bréchillet est imprimé dans la même Ville, en 1650. in 4°. Le Discours de M. *Vallon* est aussi inféré dans le *Théatre de l'Eloquence Françoise*. Châlon & Lyon, 1656.

JEAN VALLON.

VALLON, (Jean) Prêtre, Chanoine de la Sainte Chapelle de Dijon, étoit né en cette Ville, & y mourut le 12. Avril 1650. Il a composé.

1. *Considérations sur toute la Vie de Notre Seigneur Jesus-Christ*, composée en Italien par le P. Barthelemy Riccius, & traduite en François. Paris, 1625. in 12.

2. *Adjonction aux Livres intitulés : Sauvegarde du feu & de la fumée.* Dijon, Palliot, 1646.

JEAN VALLOT.

VALLOT, (Jean) Trésorier & Curé de Saint Etienne de Dijon, étoit né en cette Ville, & y mourut le 3. Septembre 1668. On a de lui les Pièces suivantes.

1. *Traité de l'Admiration.* Dijon, Pierre Palliot, 1657. in 4°.

2. *Oraison Funèbre de Loüis de Foix, Duc de Candale, &c.* Dijon, Philibert Chavance, 1658. in 4°.

3. *Elogium Petri Odeberti.* A la tête de l'*Académie des Afflictions*, par Pierre Odébert.

4. *Sonnet.* Au devant des *Quatrains de Pibrac*, traduits en Vers François par Harbet.

Part. II. Ssss

CLAUDE VARENNE.

CLAUDE VARENNE

VARENNE, (*Claude*) célèbre Avocat au Parlement de Dijon, Secretaire du Roi en la Chancellerie de Bourgogne, naquit à Semur, Capitale d'Auxois, le 4. Octobre 1659.

Il feroit à fouhaiter que les Plaidoyers de cet éloquent Orateur fuffent imprimés. Les Connoiffeurs y trouveroient toutes les délicateffes de l'Art, & les queftions les plus épineufes du Droit Romain & de notre Coûtume, dévelopées avec cette facilité, qui étoit fi naturelle à M. *Varenne*, & qui n'apartient qu'à ces hommes nés pour inftruire les autres : *Queis meliore luto finxit præcordia Titan*. Mais la modeftie dans cette occafion, l'a par malheur emporté fur l'utilité publique, & je ne connois de M. *Varenne*, que l'extrait d'un de fes *Plaidoyés*, qui fut imprimé *in* 4°. en 1685. chez J. Grangier, à Dijon. Il fut fait pour le Procès que M. *le Cardinal le Camus*, Evêque de Grenoble, eut avec les Religieufes de Mont-fleury.

L'on doit, à la vérité, tenir compte à M. *Varenne*, de tous les Factums qu'il a donnés au public, pendant le cours d'une longue & laborieufe vie, dans une infinité d'affaires de la premiere conféquence, dont le détail feroit difficile à faire. Ces *Factums* peuvent fervir à ceux qui cherchent des modéles de perfection pour l'arrangement des faits, pour la folidité des preuves, pour la force & les agrémens du ftile ; ils ont, en un mot, toutes les qualités que les Maîtres de l'Art, demandent dans ces fortes d'Ouvrages, comme ils font faits pour perfuader un Lecteur, qui dans le filence du Cabinet, eft maître de fes réflexions, & à qui rien de ce qui l'environne n'impofe ; il y faut de la jufteffe, de la précifion, de la variété, de la méthode, & une fageffe, qui fe foutienne toûjours. Mais je ne prends pas garde que je m'écarte, & que je ne confulte pas affés mes forces, lorfque j'entreprends de faire l'éloge d'un fi grand Orateur.

M. *de la Monnoye*, à la pag. 288. de fon *Ménagiana*, Tom. III. lui adreffe quelques Vers.

Voy. M. le Préfident Bouhier, pag. 10. de fa *Préface fur la Coûtume de Bourgogne*, Edit. de 1717.

M. *Varenne* eft mort à Dijon, le 14. Juillet 1734.

PIERRE VARENNE.

PIERRE VARENNE

VARENNE, (*Pierre*) Châlonnois, vint s'établir à Dijon, où il mourut en 1678. âgé de plus de 60. ans. Il a fait le Livre intitulé : *Le Cuifinier François, enfeignant la manière de bien aprêter, & affaifonner toutes fortes de viandes, graffes & maigres, légumes & patifferies en perfection*, &c. Revû, corrigé, & augmenté d'un Traité de Confitures, feches & liquides, & pour aprêter des feftins aux quatres faifons de l'année. Enfemble une Table Alphabètique des matières, &c. 9ᵉ. Edi-

tion. Lyon, Antoine Offray, 1664. *in* 12. Il y a eu depuis une multitude innombrable d'Editions de ce Livre.

HUGUES LE VASSEUR.

VASSEUR, (*Hugues le*) Docteur ès Droits, & Juge Royal de Châlon, a donné l'Edition du Livre fuivant: *Lectura Jacobini à Sancto Georgio fuper cod. & ff. veteri.* Lyon, Simon Vincent, 1521. *in folio*, Goth. L'Ouvrage eft dedié à Barthelemy de Chaffeneuz.

HUGUES LE VASSEUR.

ROBERT LE FOUL SIEUR DE VASSY.

VASSY, (*Robert le Foul Sieur de*) Il a eû foin de nous aprendre toutes fes qualités à la tête de la Traduction qui a pour titre: *Le grand & dernier Article de Raymond Lulle*, &c. traduit par le Sieur de Vaffy, Confeiller du Roi ès Bailliage & Prevôté d'Avallon en Bourgogne, Secretaire Général, & Docteur Lullifte de la Religion du Saint Efprit. Paris, Loüis Boullanger, 1634. *in* 12.

ROBERT LE FOUL.

FRANÇOIS VAVASSEUR.

VAVASSEUR, (*François*) naquit en 1605. à Paray, dans le Comté de Charollois. Le 25. Octobre 1621. il entra dans la Compagnie de Jefus. Il enfeigna la Rhétorique dans les Colléges d'Alençon, de Rennes, de la Flêche & de Paris; l'Ecriture Sainte à Bourges, d'où il fut envoyé en 1644. au Collége de Paris, pour y fuccéder au P. Petau, dans le même emploi, qu'il remplit avec beaucoup de fuccès, l'efpace de 36. ans. Il mourut à Paris, le 16. Décembre 1681.

FRANÇ. VAVASS.

Le P. *Vavaffeur* étoit un excellent Humanifte, & fans contredit l'un des hommes de fon tems qui a le mieux connu le tour & les fineffes de la Langue Latine, & qui l'a parlé avec le plus de pureté & d'élégance. Il avoit auffi une grande connoiffance de la Langue Grecque, & étoit plus que médiocrement verfé dans l'Hébraïque. Il avoit un difcernement admirable pour juger des Auteurs anciens & modernes, un fens droit, un Jugement folide, & une Critique fine & délicate.

CATALOGUE DE SES OUVRAGES.

1. *Jobus, five de patientia. Libri IV.* Paris, 1637. *in* 8°. *It.* fous ce titre: *In Librum Job. Poëtica metaphrafis.* Paris, 1638. *in* 12. *It.* Francfort, 1654. *in* 4°. *It.* Paris, 1679. *in* 8°.

2. *Delphini Horofcopus. Aftrum Ludovicus XIII. afpectus duplex; alter Regis, alter Patris. Oratio dicta in Collegio Parifienfi Claromontano S. J. Die X. Octob.* 1638. Paris, Jean Cramoifi, 1638. *in* 4°.

3. *Delphino Gallico Xenia.* Paris, 1639. *in* 4°.

4. *Theurgicon, sive de miraculis Christi Libri quatror.* Paris, 1644. *in* 4°. *It. ibid.* 1645. *in* 12. *It.* Francfort, 1654 *in* 4°.

5. *Orationum X. Volumen.* Paris, 1646. *in* 8°.

6. *Orationum Volumen secundum, quo Sacra continentur.* Paris, Cramoisy, 1662. *in* 8°. Le I. Vol. roule sur des sujets profanes, & le second, qui contient deux Discours, traite des sujets sacrés. On trouve, dit M. l'Abbé Goujet, dans les Discours Sacrés du P. *Vavasseur*, beaucoup d'éloquence, de pureté de stile & de génie.

7. *De forma Christi Dissertatio.* Paris, 1649. *in* 8°. Il y a eu une seconde Edition séparée, selon Thomas Ittigius, qui s'exprime ainsi dans son *Histoire Ecclésiastique du premier Siécle*, chap. VII. sect. 1. n°. 15. pag. 353. *Eam Dissertationem Josue Arnotius denuo edidit, & tam præfatione de facie Dei, quàm Mantissa observationum auxit.* Le P. *Vavasseur* composa cet Ouvrage contre Nicolas Rigault, qui dans un Ecrit avoit prétendu que Jesus-Christ avoit été dépourvû dans son corps mortel de toutes les graces de la nature, & que n'ayant voulu, ni des honneurs, ni des richesses; il avoit renoncé de même à la beauté. Le P. *Vavasseur* prend un juste milieu, & dit que Jesus-Christ n'étoit, ni beau, ni laid. Voy. D. Calmet, *Dissertation sur la beauté de Jesus-Christ*, dans le Commentaire sur Isaïe, pag. CII. & CVIII. C'est mal à propos que le même P. Calmet le nomme Vassor dans son *Histoire de Lorraine*, Tom. III. col. 750. Voy. aussi le premier Tome de la *Bibliothèque Ecclésiastique du XVIII. Siècle*, par M. l'Abbé Goujet.

8. *Antonius Godellus, an Elogii Aureliani Scriptor idoneus, idemque utrum Poëta?* Constantiæ, Vincentius, 1650. *in* 8°. Ce sont deux Lettres où l'Auteur examine si M. Godeau, Evêque de Vence, est Poëte, & s'il étoit bien propre a faire l'Eloge de l'Abbé de Saint-Cyran (Jean du Verger de Haurane) M. Godeau avoit fait en 1646. l'Eloge du Livre de l'Abbé de Saint-Cyran, intitulé: *Petrus Aurelius.*

9. *Cornelius Jansenius Iprensis suspectus.* Paris, Cramoisy, 1650. *in* 8°.

10. *Lettre à un Ami touchant le Jansénisme, tirée de Jansenius suspectus.* Paris, 1651. *in* 4°. Cette Lettre est adressée à M. Maltête, Doyen de la Sainte Chapelle de Dijon, & Ami de l'Auteur. Sotvvel s'est trompé en mettant cette Edition à l'année 1661.

11. *Claudii Memmi Avauxii Elogium & funus.* Paris, Cramoisy, 1651. *in* 4°.

12. *Jacobi Sirmondi, Arverni Ricomagensis, longævitas ad perpetuam viri de literis, de Gallia deque toga & re Christiana benemeriti memoriam.* Paris, 1652. *in folio & in* 4°.

13. *Encyclopediæ funus Dionysio Petavio.* Paris, 1653. *in* 4°.

14. *Elogia in mortem Francisci Foucquet, pueri nondum quadrimi.* Paris, Cramoisy

DE BOURGOGNE. 345

Cramoify, *in folio*, avec d'autres pièces de quelques Jéfuites fur le même fujet.

15. *Diſſertatio de libello ſuppoſititio ad Antonium Arnaldum.* Paris, Cramoify, 1653. *in* 8°. M. Arnauld dans un Livre intitulé : l'*Innocence & la vérité défenduë*, 1652. avoit attribué au P. *Vavaſſeur* l'Ouvrage qui a pour titre : *Calaghanus, natione Hibernicus, an Satyrus ille qui nuper in lucem prodiit.* Le P. *Vavaſſeur* aſſure que ce Livre n'eſt pas de lui.

16. *Regi & Regiæ Stirpi Xenia.* Paris, Cramoify, 1654. *in* 4°.

17. *Elegiarum Liber.* Paris, 1656. *in* 4°.

18. *De Ludicra Dictione Liber in quo tota Jocandi ratio ex veterum Scriptis æſtimatur.* Paris, Cramoify, 1658. *in* 4°. *It. Accedunt Joan. Lud. Balzacii Epiſtolæ Selectæ.* Leipſic, 1722. 2. Vol. *in* 8°. *It. Ludicra Dictione, ejuſdem (Vavaſſoris) Antibarbarus, ſeu de vi & uſu quorumdam verborum latinorum obſervationes, cum notis Kappii.* Leipſic, 1722. 2. vol. *in* 12. L'Auteur fit cet Ouvrage à la prière de Balzac, à qui il eſt adreſſé. » Il a rendu, dit M. l'Abbé Goujet, un grand ſervice à la République des » Lettres par ce Traité, où il attaque avec beaucoup de force & de ſoli- » dité, ce qu'on apelle le ſtile Bouffon, qui s'étoit introduit de ſon tems » & même avant lui, qui gâtoit un grand nombre d'eſprits, & qui s'étoit » emparé même des matières de Religion. » Le P. *Vavaſſeur* employa dix années à la compoſition de cet Ouvrage, qui fut fort aplaudi, quoiqu'on ait remarqué qu'il avoit un peu outré les choſes. Fabricius donne à ce Traité le Titre de *Politiſſimus & Pereruditus*, dans ſa *Bibliothèque Latine*, Tom. II. pag. 294.

19. *De Pace ac Regalibus Nuptiis. Epigrammata XII.* Paris, Sébaſtien Cramoify, 1660. *in* 4°.

20. *Epicorum Liber : cui Ode duplex & aliquot Epigrammata accedunt.* Ibid. Seb. Cramoify, 1661. *in* 4°.

21. *Ad Delphinum Epiſtola.* Ibid. Seb. Cramoify, 1662. *in* 4°.

22. *Regi Dunkerca reſtituta, Filia nata. Epigramma.* Paris, Cramoify, 1662. *in* 4°. *It.* ibid. 1672. *in* 8°. Il y a huit Epigammes.

23. *Regi & Regiæ Stirpi Xenia.* Paris, Cramoify, 1664. *in* 4°.

24. *De Epigrammate Liber, & Epigrammatum Libri tres.* Paris, 1669. *in* 8°. *It. Editio auctior.* Ibid. Edme Martin, 1672. *in* 8°. On prétend que le P. *Vavaſſeur* n'entreprit ſon Traité de l'Epigramme, que pour critiquer la Diſſertation que M. Nicole mit à la tête de ſon *Delectus Epigrammatum*, imprimé en 1659.

25. *Remarques ſur les nouvelles Réflexions, touchant la Poëtique.* Paris, 1675. *in* 12. Le P. Rapin avoit gardé un profond ſilence ſur les Epigrammes du P. *Vavaſſeur*, en parlant de ce genre de Poëſie, celui-ci ne put le ſuporter patiemment. Il feignit de ne pas connoître l'Auteur des Réflexions, afin de l'attaquer plus librement. Le P. Rapin s'en plaignit : mais le P. *Vavaſſeur* ſe contenta de dire que s'il avoit ſçu que le P. Rapin étoit l'Auteur

Part. II. Tttt

des Réflexions, il ne les auroit pas critiquées. M. le Premier Président de Lamoignon, qui estimoit les deux Adversaires, les reconcilia, & engagea le P. *Vavasseur* à suprimer ces Remarques. Ce qui fut si fidèlement exécuté, que cet Ecrit de 141. pages *in* 12. étoit devenu très rare, quand on le réimprima avec les Œuvres de l'Auteur, & la Réponse que le P. Rapin y avoit faite. Le Ministre Lenfant a critiqué à son tour les Remarques du P. *Vavasseur*. Cette Critique se trouve dans les *Nouvelles de la République des Lettres du mois de Fevrier* 1710. pag. 123. & du mois de Mars suivant, pag. 253.

26. *Francisci Vavassoris multiplex & varia Poësis, antea seorsim edita, nunc in unum collecta. Accesserunt ejusdem nundum edita Observationes, de vi & usu verborum quorumdam Latinorum.* Paris, Veuve Claude Thiboust, 1683. *in* 8°. Ce Recüeil contenant les Poësies déja imprimées du P. *Vavasseur* a été donné au Public par le P. Lucas, Jésuite, qui y joignit l'Eloge de l'Auteur. On trouve à la fin de ce Recüeil quelques Lettres du P. Jean Perpinien, Jésuite, que le P. *Vavasseur* avoit commencé de faire imprimer. Les *Observationes de vi & usu verborum quorumdam Latinorum*, ont été réimprimées dans un Livre qui a pour titre : *Scriptores Selecti de elegantiori Latinitate comparanda, à Joanne Ketelio collecti.* Amsterdam, Westein, 1713. *in* 4°.

27. *Francisci Vavassoris, è Sociètate Jesu, opera omnia ante hac edita, Theologica & Philologica, nunc primùm in unum volumen collecta, ad quæ accesserunt inedita, & sub ficto nomine emissa cum Latina tum Gallica.* Amsterdam, Pierre Humbert, 1709. *in folio.* Tous les Ouvrages du P. *Vavasseur* avoient déja été imprimés, à l'exception de son Commentaire sur Osée, auquel il n'avoit pas mis la derniere main lorsqu'il mourut. Le P. le Long l'a oublié dans sa Bibliothèque Sacrée. Ce Recüeil, dit M. l'Abbé Goujet, a cela d'avantageux, qu'outre que l'on y trouve tous les Ouvrages Latins & François du P. *Vavasseur*, chaque Ecrit y est aussi imprimé plus correctement que dans les Editions particulieres, & que l'impression de ce Volume est très belle.

On conserve dans le Collége des Jésuites de Paris quelques Lettres originales du P. *Vavasseur* au P. Petau.

Voy. Sotvvel, Scriptor. Societ. Jesu, pag. 263. l'*Eloge du P. Vavasseur* à la tête de ses Poësies, Edit. de 1683. Le *Journal des Sçavans*, Tom. XI. pag. 47. Dupin, *Biblioth. des Aut. Eccles. du XVII. Siècle*, la *Bibliothèque des Auteurs Eccles. du XVIII. Siécle* par M. l'Abbé Goujet, Tom. I. Le *Parnasse François* de M. Titon du Tillet, pag. 360. Le *Dictionnaire de Moréri, le Suplément de* 1735. Les *Mémoires* du P. Niceron, Tom. XXVII. & la *Bibliothèque Françoise* de M. l'Abbé Goujet, Tom. III. pag. 113. & 336.

SEBASTIEN LE PRETRE DE VAUBAN

VAUBAN (*Sébastien le Prêtre de*) naquit le 12. Mai 1633. à Saint Léger de Foucheret. [1] Il étoit fils d'Urbain le Prêtre, Seigneur en partie de Vauban, d'une Noblesse ancienne du Pays; & d'Aimée de Carmagnol. M. *de Vauban* commença à porter les Armes, en 1650. à l'âge de 17. ans, & se sentant un génie admirable pour les Fortifications, il fit connoître dans plusieurs Siéges, ce que l'Etat pouvoit attendre de sa capacité & de sa valeur. Il fut nommé Chevalier des Ordres du Roi, Grand Croix de l'Ordre S. Loüis, Maréchal de France, &c. On peut voir dans Moréri, & dans l'*Histoire des Grands Officiers de la Couronne*, par le P. Anselme, tous les emplois où s'est élevé ce grand homme. Je me contenterai de dire avec M. de Fontenelle, que M. *de Vauban* a été le seul homme de Guerre, pour qui la paix ait été aussi laborieuse que la guerre même. Pendant la Guerre il assiégeoit: pendant la paix, il fortifioit les Places. » Si ,,l'on veut voir, ajoûte M. de Fontenelle, toute la Vie Militaire de M. de ,, *Vauban* en abrégé, il a fait travailler à 33. Places anciennes, il en a fait ,, 33. neuves; il a conduit 53. Siéges, dont 30. ont été faits sous les Or- ,, dres du Roi en personne, ou de Monseigneur, ou de Monseigneur le ,, Duc de Bourgogne; & les 23. autres sous differens Généraux. Il s'est trou- ,, vé à 140. actions de vigueur. C'étoit, poursuit M. de Fontenelle, un ,, Romain, qu'il sembloit que notre Siècle eût dérobé aux plus heureux tems ,, de la République. ,,

M. *de Vauban* avoit épousé en 1660. Jeanne Doné, Dame d'Epiri, fille de Claude Baron d'Epiri, de laquelle il ne laissa que deux filles, Charlotte, mariée à Jacques Mesgrigni, Comte de Villebertin, & Jeanne-Françoise, qui épousa Loüis Bernin de Valentine, Marquis d'Ussé, Controlleur de la Maison du Roi.

Je ne dois pas oublier que le Roi le nomma à une Place d'Académicien Honoraire de l'Académie des Sciences, & qu'il s'est toûjours fait estimer par un desinteressement qui lui faisoit mépriser les richesses; de sorte que les gratifications considérables qu'il avoit reçuës en differens tems, ne l'enrichirent point, les ayant presque toutes employées pour le service du Roi.

M. *de Vauban* mourut à Paris, le 31. Mars 1707. âgé de 74. ans, & fut enterré en sa Terre de Basoches en Bourgogne, où son corps fut porté. Voici le détail des Ouvrages qu'il a composés.

1. *Manière de fortifier*. par M. *de Vauban*, mise par ordre par M. le Chevalier de Cambray, &c. Amsterdam, Mortier, 1689. & 1692. in 8°. Cet Ouvrage avoit déja paru dès 1688. *in* 8°. à Paris, chez Michallet. Desbordes le réimprima l'année suivante en Hollande & en changea le titre. Hébert Professeur de Mathématiques y joignit des Notes. Coignard le réimprima à Paris, en 1691. *in* 12. avec les Notes de l'Abbé du Fay. Cette Édition fut contrefaite à Amsterdam, chez Pierre Mortier, en 1702. & en 1727. 2. Vol. *in* 8°. *L'Ingénieur François*, imprimé à Paris, chez

---

[1] Village du Bailliage de Saulieu, à deux lieuës d'Avallon.

SEB. DE VAUBAN. Michallet, en 1695. *in* 8°. n'est autre chose que l'Ouvrage de M. *de Vauban*. Bien des gens prétendent que ce Traité n'est pas de cet homme illustre. On prétend qu'il n'en a fourni que les idées. Je me conforme d'autant plus aisément à cette opinion, que ceux qui ont fait l'Eloge de M. *de Vauban*, & ont rendu compte de ses Ouvrages, ne lui attribuent pas celui-ci.

2. M. Desprez de Saint-Savin, a fait imprimer à Paris chez Mercier, en 1736. *in* 8°. oblong, un *nouveau Traité de l'attaque & de la deffense des Places, suivant le système de M. de Vauban*. Je ne sçais si c'est le même Ouvrage que celui-ci :

3. *De l'attaque & deffense des Places par M. de Vauban, Maréchal de France, & Directeur Général des Fortifications du Royaume*. La Haye, Pierre de Hondt, 1737. *in* 4°. Il vient encore de paroître un Livre sous ce Titre :

4. *Essais sur la Fortification par M. de Vauban*. Paris, Valleyre, 1640. *in* 12.

5. *Projet d'une Dixme Royale, qui suprimant la Taille, les Aydes, les Doüannes d'une Province à l'autre, les Décimes du Clergé, & tous les autres impôts onéreux, & non volontaires, en diminuant le prix du sel de moitié, & plus, produira au Roi un revenu certain & suffisant, sans frais, & sans être à charge à l'un de ses Sujets plus qu'à l'autre; qui s'augmenteroit considérablement par la meilleure culture des Terres*. Roüen, 1707. *in* 4°. tous les exemplaires furent suprimés, parce que l'Ouvrage avoit été imprimé sans les formalités nécessaires. *It.* Amsterdam, 1707. *in* 12.

6. M. *de Vauban* a laissé 12. Volumes *in folio* sur les Finances, où il examine diverses idées qui se sont présentées à son esprit. Il a donné à ce vaste Recüeil, le Titre d'*Oisivetés*. Mais M. de Fontenelle assure que s'il étoit possible que les idées qu'il y propose, s'exécutassent, ses *Oisivetés* seroient plus utiles que tous ses travaux.

Le *Testament politique de M. de Vauban*, imprimé en 1708. *in* 12. n'est point de lui, comme l'a remarqué le P. le Long, dans sa *Bibliothèque Historique de France*, pag. 597. N°. 11638. Cet Ouvrage n'est autre chose que le Livre de Pierre le Pesant, Sieur de Bois Guillebert, Avocat Général au Parlement de Roüen, mort en 1714. Cet Ecrit avoit d'abord paru sous le Titre de *Détail de la France*, &c. Mais les Libraires changèrent ce Titre pour donner plus de vogue à cet Ouvrage, qui est bon d'ailleurs.

Voy. les *Eloges des Académiciens de l'Académie Royale des Sciences*, par M. de Fontenelle, Tom. I. pag. 108. Edit. de la Haye, 1731. *in* 12. l'*Histoire des grands Officiers de la Couronne*, par le P. Anselme; & le *Dictionnaire de Moreri*.

D. CLAUDE VAUSSIN.

D. CL. VAUSSIN. VAUSSIN, (*D. Claude*) Docteur en Théologie de la Faculté de Paris, étoit né à Corsin proche Moûtier-Saint-Jean. Le 10. Mai 1645. il fut élû Abbé de Citeaux, & prêta le serment de fidélité, le 6. Fevrier de l'année

DE BOURGOGNE.   349

l'année suivante. D. *Vauſſin* fut le 55e. Abbé de l'Ordre. Le Roi ordonna par Lettres du 20. Fevrier 1646. que » la voix de D. *Vauſſin* sera comptée » avec celle de M. Jean Bouchu, Premier Préſident, ſon frere utérin, non-» obſtant les Ordonnances qui deffendent les deux Freres être Conſeillers en „ un même Parlement, dont on le diſpenſe pour l'eſtime que Sa Majeſté » fait de ſa prudence & de ſon équité. » D. *Vauſſin* mourut à Dijon le 1. Fevrier 1670. à près de 73. ans Il n'a fait imprimer que la Lettre ſuivante :

Lettre du Pere Abbé de Citeaux, à tous les Abbés, Prieurs, Abbeſſes, Prieures, Religieux & Religieuſes de ſon Ordre, pour déclarer la juſtice de ſa conduite, la ſincérité de ſes intentions, & l'équité de ſes deſſeins contre un Libelle diffamatoire, compoſé par l'Abbé de Prières. (Jean Jouant, Abbé de Prières en Bretagne.) Paris, 1662. *in* 4°.

Voy. le *Parlement de Bourgogne*, par Pierre Palliot, pag. 114. & la *Gallia Chriſtiana*, Tom. IV. pag. 252. Edit. de 1728.

LE PERE VERAN.

VERAN, (le Pere) Capucin de Châlon, eſt Auteur des Ouvrages qui ſuivent :

1. *Directoire ſpirituel.* Lyon, 1638. *in* 8°. 2. vol.

2. *Traité de l'Oraiſon Mentale.* Ibid. 1638. *in* 8°.

Voy. *Bibliotheca Capucinorum*, imprimée à Gènes, en 1691. *in folio*.

PELERIN DE VERMANDOIS.

VERMANDOIS, (*Pelerin de*) natif de Dijon, Docteur en Théologie, Prieur de Notre-Dame de Mons, de l'Ordre de Cluni, a compoſé :

1. *Le Chapelet de Virginité, dit d'Amours ſpirituelles.* Paris, Michel Soquand, ſans date.

2. *Peregrini Vermandois, Divion. Aurigæ Mundi.*

Voy. du Verdier, *Bibliothèque Françoiſe*, pag. 945.

JEAN DE LA VESVRE.

VESVRE, (*Jean de la*) naquit à Mont-cenis proche d'Autun. Colomiés la placé parmi les Sçavans dans les Langues Hébraïque & Grecque. *La Veſvre* vivoit au milieu du XVIe. ſiècle.

CATALOGUE DE SES OUVRAGES.

1. *Carmen Hebræo-Latinum in Theſaurum Linguæ Sanctæ, Authore Sante Pagnino.* Paris, 1648. *in folio*.

Part. II.   V v v v

JEAN DE LA VESVR.

2. *La Vesvre* a traduit de Grec en Latin, le Traité de Philon, *de decem Miraculis*. Cette Version fut imprimée en 1554. à Paris, *in folio*.

3. *Duo Epigrammata*. A la fin de l'*Isagoge Jo. Sylvii in Hippocratis & Galeni Anatomiam*. Paris, 1560.

4. On trouve quelque Vers du même dans le troisiéme volume de Gruter, intitulé : *Delitiæ Poëtarum Gallorum*.

Voy. Colomiés, *Gallia Orientalis*, pag. 253. Edition de Fabricius. Hambourg, 1709. *in* 4°.

HENRI VIGNIER.

HENRI VIGNIER.

VIGNIER, (*Henri*) fils d'Etienne Vignier, de Saint-Eusèbe ; & de Jeanne de Vienne, naquit à Bar-sur-Seine, le 18. Mars 1641. Cette Famille n'est pas moins illustre par la piété que par la noblesse. *Henri Vignier* entra en 1670. dans la Congrégation de l'Oratoire, où il se distingua par un grand attachement à tous les devoirs de la Religion & de son état. Il quitta la Congrégation, & fut Curé à la Rochelle pendant plusieurs années. M. Clermont de Tonnerre, Evêque de Noyon, qui étoit son parent, l'attira auprès de lui, & lui conféra un Canonicat dans l'Eglise Cathédrale de cette Ville. *Vignier* abandonna ce Bénéfice, & rentra dans la Maison de l'Oratoire, ruë S. Honoré, où il mourut, le 3. Avril 1707. Il a composé les Ouvrages suivans :

1. *La connoissance de Jesus-Christ, & de nous-mêmes ; de ses bienfaits & de nos devoirs, tirée des Epitres de S. Paul.* Paris, Jacques Collombat, 1703. *in* 12.

2. *Exercices de piété pour aprendre à faire l'Oraison, & à régler son intérieur. Seconde Edition augmentée des Heures Canoniales, avec des dispositions sur chaque verset.* Paris, Jean de Nully, 1703. *in* 12.

3. *Pseaumes de David à trois colomnes, avec des sentimens de piété pour en faciliter la méditation.* Ibid. 1703. *in* 12.

NICOLAS VIGNIER.

NICOLAS VIGNIER.

VIGNIER, (*Nicolas*) naquit à Bar-sur-Seine en 1630. Il étoit fils de Guy Vignier, Avocat du Roi ; & d'Edmonde de Hors, tous deux des plus nobles & anciennes Familles de Bourgogne.

Il fit une partie de ses études à Paris, & s'y apliqua à la Jurisprudence par complaisance pour son pere ; car son goût le portoit à l'étude de la Médecine, pour laquelle il avoit une inclination particuliére. S'étant laissé séduire par quelques Ministres Calvinistes, il embrassa leurs erreurs, & se retira en Allemagne, où l'exercice de la Religion Prétenduë Réformée étoit libre.

Se trouvant sans biens, il exerça la Médecine, avec tant de succès & de réputation, qu'il fut apellé en qualité de Médecin, à la Cour de quelques Princes d'Allemagne.

DE BOURGOGNE.

NICOLAS VIGNIER.

Comme il avoit toûjours beaucoup aimé la lecture, la Médecine ne l'occupa pas entiérement. Il entreprit quelques Ouvrages ; entr'autres, sa *Bibliothèque Historiale*, pour laquelle il fut obligé de lire les Saints Peres, & l'Histoire de l'Eglise. En les parcourant, il trouva la vérité qu'il avoit abandonnée trop légérement, & rentra de bonne foi dans le sein de l'Eglise. Ce fut en France où il retourna, pour le faire avec plus de liberté ; mais sa femme attachée à l'erreur, refusa de l'y suivre, & demeura en Allemagne.

Henri III. qui en entendit parler, voulut le voir, l'honora de la qualité de son Médecin, de celle d'Historiographe de France, & lui fit expédier au Camp devant Pontoise, un Brevet de Conseiller d'Etat, le 29. Juin 1589.

Vignier mourut à Paris le 13. Mars 1596. muni des Sacremens, & fut enterré à S. Etienne du Mont, sa Paroisse, âgé de 66. ans.

C'est sans raison, que quelques Auteurs ont prétendu que *Vignier* fut toûjours Calviniste intérieurement, parce qu'il se trouve dans son *Histoire Ecclésiastique*, plusieurs traits contre les Papes, dont il parle souvent avec irrévérence ; & même contre la Religion Catholique ; mais il n'est pas douteux que ces traits n'y ayent été inférés par ses fils, qui publiérent cet Ouvrage après sa mort, comme Jérôme Vignier, de l'Oratoire, son petit fils, l'a assuré plusieurs fois.

CATALOGUE DE SES OUVRAGES.

1. *Rerum Burgundionum Chronicon, in quo etiam rerum Gallicarum tempora accuratè demonstrantur.* Bâle, 1575. *in* 4°. Cette Chronique s'étend depuis 1408. jusqu'en 1482.

2. *Sommaire de l'Histoire des François, recüeillie des plus certains Auteurs de l'ancienneté, & dirigée, selon le vrai ordre des tems, en quatre livres, extraits de la Bibliothèque Historiale de* Nicolas Vignier. *Plus, un Traité de l'origine, état & demeure des anciens François.* Paris, 1579. *in folio.* Ce dernier Traité a été imprimé séparément avec des augmentations, à Troyes, en 1582. *in* 4°. L'Auteur le traduisit depuis en Latin sur cette Edition. Du Chesne a inséré cette Traduction à la pag. 134. du I. vol. de sa collection des Historiens de France. *Vignier* a mérité de l'estime par ce Traité qui passe pour fort exact. Il y fait mention de tous les bons Auteurs qui ont écrit sur l'Histoire de France, & dont il a tiré beaucoup d'éclaircissemens pour son Histoire.

3. *De la Noblesse, Ancienneté, remarques & mérites d'honneur de la troisiéme Maison de France.* Paris, Abel Langelier, 1587. *in* 8°. pagg. 206.

4. *Les Fastes des anciens Hébreux, Grecs & Romains ; avec un Traité de l'an & des mois.* Paris, 1588. *in* 4°.

5. *La Bibliothèque Historiale contenant la disposition & concordance des tems, des Histoires & des Historiographes ; ensemble, l'état des principales & plus renommées Monarchies, selon leur ordre & succession.* Paris, Abel Langelier, 1588. *in folio,* 3. vol. Cet Ouvrage, selon M. l'Abbé

NICOLAS VIGNIER. Lenglet, est assez estimé, & il n'est guéres de bonne Bibliothèque où il ne puisse tenir une place honorable, quoiqu'il ne soit pas exempt de fautes, & qu'il soit peu commun & recherché. L'Auteur a employé 25. ans à le composer.

6. *La Bibliothèque Historiale*, Tom. IV. non encore imprimé, *avec les additions & corrections aux trois précédens volumes; le tout, tiré des MSS. de l'Auteur, avec la Vie & l'Eloge du même Auteur.* Paris, 1650. *in folio.* La Vie de *Nicolas Vignier* est de Guillaume Colletet.

7. *La vraye Histoire de l'Eglise depuis le Batême de Notre Seigneur Jésus-Christ jusqu'à ce tems.* Leyde, 1601. *in folio.* Cette Histoire est peu estimée. Elle a été publiée par les fils de l'Auteur, qui y ont ajoûté plusieurs choses. Elle ne s'étend que jusqu'à l'an 1519.

8. *Raisons & Causes de Préséance entre la France & l'Espagne, proposées par un Augustin, nommé Augustin Cronato, Romain, pour l'Espagne, & traduites de l'Italien en François; ensemble, les Réponses & Deffenses pour la France à chacune d'icelles.* Paris, 1608. *in* 8°. de 69. feuillets. Jean Vignier, fils de l'Auteur, fut l'Editeur de cet Ouvrage.

9. *Histoire Généalogique de la Maison de Luxembourg, où sont plusieurs occurrences & affaires, tant d'Afrique & Asie, que d'Europe.* Paris, 1617. *in* 8°. L'Auteur étant mort, avant que de terminer cet Ouvrage, du Chesne le continua depuis 1557. où *Vignier* étoit resté, jusqu'en 1616. & le fit imprimer avec quelques autres Pièces. Nicolas-George Pavillon en donna une autre Edition sous ce Titre: *Histoire*, &c. *illustrée de Notes, avec une continuation jusqu'à present, & les Tables Généalogiques des Princes de cette illustre Maison.* Paris, 1619. *in* 4°.

10. *Traité de l'ancien Etat de la petite Bretagne, & du Droit de la Couronne de France sur icelle, contre les faussetés & calomnies des deux Histoires de Bretagne, composées par le Sieur d'Argentré.* Paris, 1619. *in* 4°. Ce Traité fut imprimé par les soins de Nicolas Vignier, son fils, qui mit à la tête une longue Préface.

11. *Vignier* avoit fait des *Observations sur l'origine de la Maison de Lorraine*, dans lesquelles il détruisoit les Fables débitées par Richard de Vassebourg, Archidiacre de Toul; mais cet Ouvrage lui fut dérobé pendant sa vie.

Voy. son Eloge, par Guillaume Colletet, à la tête du IVe. vol. de la *Bibliothèque Historiale*, les *Eloges de M. de Thou*, & les *Additions de Teissier*, les *Eloges de Sainte Marthe*, le *Dictionnaire de Moreri*, & les *Mémoires du P. Niceron*, Tom. XLII.

SIMON VILLARS OU VILLERS-LA-FAYE.

SIMON VILLARS. VILLARS, *ou* VILLERS-LA FAYE, (*Simon*) Chevalier, Sieur de Chevigny, étoit fils de Loüis de Villers-la-Faye, [1] Chevalier de l'Ordre du Roi, Baron de Villars-la-Faye, &c. & de N. de

[1]. Fief à côté de Nuys.

Brancion

DE BOURGOGNE.

Brancion. Cette Famille est des plus considérables du Duché de Bourgogne. Il paroît que *Simon Villars* vivoit encore en 1634. Il a donné au Public les Ouvrages suivans :

SIMON VILLARS.

1. *Traité de l'autre vie , de la condition , actions & opérations des Ames en icelle , par le P. Pinel, de la Compagnie de Jesus, & traduit en Italien par le Sieur S. D. V. Sieur de Chevigny.* Paris, 1607. *in* 12.

2. *Traité de l'ancienne Milice Romaine, tiré de Polybius, & enrichi de plusieurs autorités , où il se verra l'ordre de leurs Armées, de leurs Soldats, & de tous ceux qui leur commandoient, de quelles Armes ils usoient, offensives & deffensives ; leurs recompenses, leurs loix & leurs châtimens.* Dijon, 1634. *in* 8°.

3. *Réponse au Livre intitulé : Le Siège de la Ville de Dôle, composé par M. Jean Boyvin, Conseiller au Parlement de Dôle.* In folio. Ms. Cet Ouvrage étoit chez M. Philibert de la Mare, Conseiller au Parlement de Dijon.

LEONARD DE LA VILLE, en Latin, VILLANUS.

VILLE, *en Latin VILLANUS*, (*Léonard de la*) Maître d'Ecole, étoit né à Charolles. Du Verdier s'est souvenu de lui dans sa *Bibliothèque Françoise* ; mais il n'a pas fait un détail exact de ses Ouvrages. Voici ceux que je connois.

LÉON. DE LA VILLE.

1. *Complainte & Quérimonie de l'Eglise à son Epoux Jesus-Christ , contre les Hérétiques & Turcs , sur* da pacem, Domine, in diebus nostris. *Ensemble, une Déploration de la France à Jesus-Christ sur le Psalme,* Deus venerunt Gentes. Impr. à Lyon, *in* 8°. par Franc. Didier, 1567.

2. *Traité de la Prédestination contre Calvin.* Lyon, Franc. Didier.

3. *Lettres envoyées des Indes Orientales , contenant la conversion de cinquante mille Protestans à la Religion Chrétienne, ès Isles de Solor & de Eude ; traduites du Latin de Fr. Fernand de Sainte Marie, Jacobin.* Lyon, Benoît Rigaud, 1571. *in* 8°.

4. *D'Acrigélasie spirituelle.* Lyon, Rigaud, 1572. *in* 8°.

5. La Croix-du-Maine dit que *la Ville* a revû , corrigé & augmenté un *Discours de l'Antiquité , Origine & Noblesse de la Cité de Lyon.* A Lyon, 1579. chez Guill. Testefort.

Voy. la *Bibliothèque Françoise* de du Verdier , pag. 789. & celle de la Croix-du-Maine. pag. 289.

GUILLAUME DE VILLEBICHOT, dit GRIACHET.

VILLEBICHOT, *dit GRIACHET ,* (*Guillaume de*) étoit né à Talant, petite Ville, & ancien Château des Ducs de Bour-

GUIL. DE VILLEB.

Part. II.   X xxx

GUIL. DE gogne, situé à une demie lieuë de Dijon. *Villebichot* ne m'est connu que
VILLEB. par l'Ouvrage suivant :

Octavius Cleophilus de cœtu Poëtarum, translaté de Latin en Rhétorique Françoise ; une Epitre aux Enfans de Dijon, incitative à la studieuse connoissance des bonnes Lettres. A Lyon, en 1543. par Michel Parmentier.

Voy. la *Bibliothèque Françoise* de du Verdier, pag. 480.

PHILIPPE VILLEMOT.

PHILIPPE **VILLEMOT**, (*Philippe*) naquit à Châlon en 1650. Il fit ses étu-
VILLEM. des dans le Collége de la Trinité de Lyon, & entra ensuite dans la Compagnie de Jesus, où il passa quelques années. Il a été près de 30. ans Curé de la Guillotière, Fauxbourg de Lyon, & fut reçû à l'Académie de cette Ville. Son mérite le fit aimer & estimer de M. de Saint-Georges, Archevêque de Lyon, qui lui donna un apartement dans son Palais. Il fut dans la suite mené à Paris par M. l'Abbé de Gouvernet. Madame de Louvois, veuve du Ministre, charmée de ses grandes qualités, le prit pour son Conseil de conscience, & le refusa à M. le Cardinal de Noailles, qui le lui demandoit instamment. M. *Villemot* mourut proche de Paris, le 11. Octobre 1713.

Le P. de Colonia, de qui j'ai tiré tout ce que je viens de dire de cet Auteur, assure que M. *Villemot* étoit sçavant Théologien, Astronome profond, hardi Philosophe, bon Orateur, bien versé dans toute sorte de Littérature divine & humaine, qu'il passoit avec une merveilleuse facilité de la sécheresse des Spéculations Astronomiques aux fonctions de la Chaire, & à celles des Missions ausquelles il se livra dans toutes les occasions.

M. *Villemot* n'a fait imprimer qu'un seul Ouvrage. Il a pour Titre : *Nouveau systême, ou nouvelle explication du mouvement des Planettes.* Lyon, de Claustre, 1707. *in* 12. Ce systême, qui a fait grand bruit, a eû l'aprobation des plus habiles Astronomes. Il a été traduit en Latin par M. Falconet, de l'Académie des Inscriptions. M. de Malezieux, Chancelier de Dombes, en ayant critiqué quelques endroits, M. Rey, Médecin & Eléve de M. *Villemot*, le deffendit par des réflexions imprimées dans le *Journal des Sçavans du mois d'Octobre* 1727.

Voy. l'*Histoire Littéraire de la Ville de Lyon*, par le P. de Colonia, Jésuite, Tom. II. & le *Saplément de Moreri de* 1735.

PHILIPPE DE VILLERS.

PHILIPPE **VILLERS**, (*Philippe de*) naquit à Dijon vers l'année 1645. [1]
DE VILL. Il eut pour pere Benigne de Villers. Après ses premiéres études, son goût le porta à la Jurisprudence, où il excella. En 1567. [2] il fut reçû

---

[1] Il avoit 37. ans au mois d'Août 1581. comme il le déclara dans une Enquête par Turbe, inférée dans la *Coûtume* de M. le Président Bouhier. Voy. cette Coûtume, pag. 455.

[2] Voy. pag. 455. *ibid.*

DE BOURGOGNE. 355

Avocat au Parlement de Bourgogne, & ne tarda pas à avoir un des premiers rangs parmi ceux de sa Profession. On peut voir l'Eloge qu'en a fait l'illustre Charles Fevret, dans son Dialogue, *de claris Fori Burgundici Oratoribus*. Philippe *de Villers* mourut Doyen des Avocats du Parlement de Dijon, le 1. Janvier 1622. à l'âge de 70. ans, si l'on s'en raporte à l'Epitaphe suivante que ses fils firent graver sur sa tombe à S. Michel, où il est enterré. Les Auteurs de cette Epitaphe n'ont, sans doute, pas fait attention à la déposition de leur pere, qui en 1581. se disoit âgé de 37. ans; de sorte qu'il devoit avoir environ 77. ans, lorsqu'il mourut en 1622.

PHILIPPE DE VILL.

D. O.

In hoc Conditorio quiescit Philippus de Villers, Curiæ Divionensis Patronus, inter Peritissimos Juris Legumque scientissimus, cujus integritas nulli non nota, probitas probata, cognita probè, pietas explorata. Quippe nulli noxius, Deo, Dei-parâ, divis Cœlitibus ritè obnoxius, obnoxiè in vita curavit, procuravit, more majorum; ut bene mereretur in morte ubi cum Deo æternùm viveret. Obiit anno salutis CIƆ DCXXII. *Jan. die* 1. *ætatis* LXX.

Hic pariter sita est D. Joanna Humberti, Conjux dilectissima, incomparabilis, & unici exempli femina, quæ pietatis eximia stipendiis emeritis, & in virtute suprâ sexum constans, decessit an. sal. MDC. XIV. *ætat.* LXIII.

Hoc Monumentum D. D. *Joannes & Petrus de Villers, in eodem Divionensi Senatu Patroni, parentibus optimis, necnon sibi suisque.* A. P. P.

Pierre de Villers, dont il est parlé en cette Epitaphe, selon Charles Fevret, [1] fut héritier de la science & de la vertu de son pere, & mourut comme lui, Doyen des Avocats [2] vers l'année 1650. Son fils & son petit-fils ont été successivement Conseillers au Parlement; & la fille unique du dernier, a été mariée à M. de Fouray de Chessy, Maître des Requêtes.

Charles Fevret dit que Pierre de Villers a laissé un Commentaire sur les quatre Livres des Instituts de Justinien, que l'Auteur n'y a pas donné tous ses soins, mais qu'on y trouve cependant des traits d'un grand génie, & plusieurs choses qui pourroient contribuer à l'éclaircissement du Droit François & de la Coûtume de Bourgogne, si cet Ouvrage voyoit le jour.

„ J'ai crû suffisamment entrer dans les vuës du docte Fevret, dit M. le
„ Président Bouhier, en faisant seulement un extrait de tout ce qui m'a pa-
„ ru propre à l'illustration de notre Coûtume, dans le Commentaire de
„ Philippe de Villers, & le donnant au Public; [3] car de faire imprimer
„ l'Ouvrage tout entier, cela auroit fait un trop gros volume; & d'ailleurs
„ on peut trouver facilement dans nos Livres, presque tout le reste de ce
„ qui est en celui-là.

---

[1] *De claris Fori Burgundici Oratoribus*, pag. 86. 87. & 125.
[2] *Régistres du Parlement de Dijon*.
[3] Dans l'Edition de la *Coûtume* de 1717.

PHILIPPE DE VILL. Ce Commentaire de *Philippe de Villers* sur les Instituts de Justinien se trouve *in folio* en Mſ. chez M. le Préſident Bouhier, & a pour Titre : *Philippi Villertii, Advocati Divionenſis, in Inſtitutiones Juſtiniani, Commentarii, ad uſum Fori Burgundici accommodati.*

Philippe de Villers a compoſé encore l'Ouvrage ſuivant :
Obſervationes in Conſuetudines Ducatûs Burgundiæ. M. le Préſident Bouhier a ce Mſ. qui eſt *in* 4°. Il en a inſéré une partie dans ſon Edition de la *Coûtume de Bourgogne* en 1717.

Ce Magiſtrat a obſervé que le *Traité des Mains-Mortes*, attribué fauſſement au Préſident Begat, dans l'Edition de la Coûtume de Bourgogne, publiée en 1652. eſt de *Philippe de Villers*, & tiré de ſon *Commentaire ſur les Inſtituts de Juſtinien.*

Ce Traité des *Mains-Mortes* eſt imprimé, pag. 196 - 215. de cette Edition, publiée par Nicolas Canat, Avocat de Châlon. Le P. Jacob eſt Auteur de cette faute, dans ſon Eloge Latin du Préſident Begat, inſéré à la tête de la *Coûtume de Bourgogne* de 1662. & de celle de 1665. *in* 4°.

Voy. Bernier, dans la Préface de ſon *Plaidoyé ſur un Mariage clandeſtin*, Fevret, *de claris Fori Burgundici Oratoribus*, pag. 83. & l'*Hiſtoire des Commentateurs de la Coûtume de Bourgogne*, par M. le Préſident Bouhier, pag. XLIV. & XLV.

CLAUDE-ENOCH VIREY.

CLAUDE VIREY. VIREY, (*Claude-Enoch*) naquit en 1566. à Saſſenay, Village proche de Châlon. Après qu'il eut fait ſes premiéres études au Collège des Jéſuites de Dijon, & ſa Philoſophie à Paris dans le Collège de Navarre, il partit pour l'Italie avec Chriſtophle de Harlay, Comte de Beaumont, & reçut le Bonnet de Docteur en Droit à Padouë. Il partit enſuite pour Rome, où il prit plaiſir à examiner les Antiquités de cette Ville. Après avoir paſſé quelques années en Italie, il reprit la route de France, ſe fit recevoir Avocat au Parlement de Dijon, & ſe maria avec Jeanne Biot, de Châlon, dont il n'eut que Chriſtophle Virey, Maître des Comptes, qui épouſa Marie Saumaiſe, fille de Pierre Saumaiſe de Chaſans.

Le mariage ne fixa pas *Virey* dans ſa Patrie. Il accompagna Henri de Condé dans le voyage que ce Prince fit en Flandres, l'an 1609 & ſe fit connoître *d'Ericius Puteanus*, & de pluſieurs autres Sçavans de ce Pays. *Virey*, en qualité de Secretaire de ce Prince, le ſuivit auſſi en Allemagne, en Italie, & par toute la France. Enfin, fatigué de toutes ces courſes & de la vie de Courtiſan, il ſe retira à Châlon, où il acheta une Charge de Secretaire du Roi. Il fut cinq fois Maire de cette Ville, & y mourut de la pierre, le 25. Juillet 1636. âgé de 60. ans.

CATALOGUE DE SES OUVRAGES.

1. *Pluſieurs Harangues au Roi Loüis XIII. à Marie de Medicis, à Anne d'Autriche, au Cardinal de Richelieu, & aux autres Grands de la Cour,*

lorſque

DE BOURGOGNE.

lorſque le Roi paſſa à Châlon en 1629. Ces Pièces ſe trouvent dans le XIVe. volume du *Mercure François.*

CLAUDE VIREY.

2. *Pluſieurs autres Pièces*, dans le XVe. Tome du *Mercure François.*

3. *Harangue à Henri de Bourbon, Gouverneur de Bourgogne.* Châlon, 1632.

4. *Itinerarium Italicum Henrici Borbonii Condæi, &c.* En Vers Latins & François. Mſ.

5. *Deſcription du Territoire de Châlon.* Mſ. *Commentarium fidele de Burgundia Imperio.* Mſ. *Poëme de la Virginité.*

6. *Poëme ſur la Paſſion de Jeſus-Chriſt. De Paſſione Chriſti Poëma alterum. Carmen Latinum Elegiacum*, imprimé au-devant de la *Gallia Chriſtiana* de Robert.

7. *Carmina varia ad diverſos. Flammette ou Amours.* Long Poëme. Mſ.

Voy. le P. Jacob, *de claris Scriptor. Cabilon.* pag. 78.

PIERRE VIREY.

VIREY, (*Pierre*) né dans le Village de ce nom, à une lieuë de Châlon, entra fort jeune dans l'Ordre de Citeaux, fit Profeſſion à Maizières, prit à Paris le Degré de Docteur en Théologie, fut élû Abbé de Charlieu en 1458. & enfin, Abbé de Clairvaux en 1471. Il mourut en 1497.

PIERRE VIREY.

Le P. Jacob dit que cet Abbé a compoſé un Ouvrage, intitulé : *Vita S. Guilelmi, Abbatis Caroli-Loci, poſtea Archiepiſcopi, Primatis, & Patriarcha Bituricenſis.* Le P. Jacob ajoûte que dans un Catalogue Mſ. qu'il a vû des Abbés de Charlieu, il ne trouve aucun Abbé, qui, après S. Guillaume, ait eû le nom de Pierre, que celui-ci ; d'où il conclut qu'il eſt Auteur de cette Vie de l'Abbé Guillaume.

Voy. Jacob, *de claris Scriptor. Cabilon.* pag. 13.

JEAN VIRIDET.

VIRIDET, (*Jean*) fils d'un Notaire Royal, naquit à Paray dans le Charollois en 1655. Après avoir fait ſa Philoſophie à Die en Dauphiné, il étudia en Médecine à Montpellier ſous Barbeyrac. De-là, il ſe rendit à Paris, qu'il quitta après la Révocation de l'Edit de Nantes ; car il étoit de la Religion Prétenduë Réformée. Il paſſa par Genève en 1690. de-là, à Rolles, petit Bourg dans le Pays de Vaux, puis à Morges, où il établit ſa réſidence. Voici les Ouvrages qu'il a compoſés.

JEAN VIRIDET.

1. *Jo. Virideti, D. M. Tractatus novus Medico-Phyſicus, de prima coctione, præcipuè de ventriculi Fermentis, novis in Medicina hypoteſibus,*

Part. II.   Yyyy

JEAN VIRIDET. *superstructus & innumeris inventis, curiosisque experimentis & observationibus locupletatus.* Genève, 1692. *in* 8°.

2. *Dissertation sur les Vapeurs.* Iverdon, 1726.

3. *Traité du bon Chile pour la production du sang, où l'on voit, outre les causes ordinaires qui le corrompent, plusieurs maladies qu'on n'a pas connuës.* Lauzanne, 1735. 2. vol. *in* 12.

X.

PIERRE DE XAINTONGE.

AINTONGE, (*Pierre de*) Avocat Général au Parlement de Dijon, par la résignation de Guillaume de Vallepesle, du 12. Novembre 1614. fut reçû le 13. Novembre en 1615. en cette Charge, dont il remplit les fonctions, jusqu'au 14. Mars 1641. qu'il la résigna en faveur de Gaspard Quarré. On a de ce Magistrat :

1. *L'Harmonie de la Justice. Discours prononcé le 16. Novembre 1615. à l'ouverture du Parlement. Autre Discours prononcé lorsqu'il prit possession de sa Charge.* Dijon, Claude Guyot, 1616. *in* 4°. Ces deux Pièces se trouvent aussi dans le Recüeil, dont je parlerai au N°. 3.

2. *Harangues & Arrêts prononcés, & Conclusions prises aux Audiences du Parlement de Bourgogne.* Paris, 1624. *in* 4°.

3. *Discours & Harangues prononcées au Parlement de Dijon depuis 1615. jusqu'en la presente année 1625.* Paris, 1625. *in* 8°.

4. *L'Arche reposée sur la France, sous la conduite de Loüis le Juste.* Dijon, 1629. *in* 4°.

5. *Pratique des vertus. Premier Tome.* Dijon, 1634. *in* 4°. Cet Ouvrage n'a pas eû de suite.

FIN DE LA SECONDE PARTIE.

ADDITIONS ET CORRECTIONS
pour la premiére Partie de cette Bibliothèque.

Pag. 1. ligne derniére : pag. 194. & 4104. *Lisez* : pag. 194. N°. 4104.
Pag. 5. lig. 2. prononcée. *Lisez* : prononcé.
Pag. 11. lig. 19. 1637. *Lisez* : 1737.
Pag. 14. lig. 7. 1695. *Lisez* : 1645.
Pag. 15. lig. 17. clopine. *Lisez* : chemine.

Dans *l'article de Jean-Baptiste Bazin*, pag. 21. on a dit que *quelques-uns de ses Essais ont été envoyés au P. Desmoletz, pour être insérés dans ses Recüeils*, &c. Le R. P. Desmoletz ayant discontinué ses Mémoires de Litterature, aucun Ouvrage de M. *Bazin* n'y fut inséré. Mais l'Editeur de cette Bibliothèque envoya l'Eloge de ce Magistrat, de même que sa *Conciliation* de Cicéron & d'Hirtius, à M. de la Roque; qui plaça ces deux Pièces dans le Mercure de France. La derniére parut au *Mercure de Décembre* 1740. 1. vol.

Pag. 31. lig. 35. lui est duë. *Lisez* : lui fut duë.
Pag. 54. lig. 4. 1644. *Lisez* : 1674.
Pag. 65. lig. 12. celle de Brueys. *Lisez* : la Critique de Brueys.
Pag. 66. lig. 15. Aubert de Vessé. *Lisez* : Aubert de Versé.
Pag. 72. lig. 2. par M. le Dauphin. *Lisez* : pour M. le Dauphin.

Pag. 72. à la fin de l'article de M. Bossuet : Ajoûtez que les trois premiers volumes de ses Ouvrages imprimés à Venise, viennent de paroître, & que quelques Libraires de Paris ont donné, cette presente année 1742. un projet de souscription pour les Œuvres de ce grand Evêque. La forme de cette Edition sera *in* 4°. On en imprimera aussi un petit nombre d'exemplaires *in folio*.

Pag. 80. lig. 3. à l'article de M. le Président Bouhier, il est dit que sa seconde fille n'étoit pas encore mariée. Elle l'a été depuis à M. Fleutelot, Seigneur de Marlien, Conseiller au Parlement de Dijon.

Ibid. A la fin du premier article des Ouvrages de ce Président, on peut joindre ce témoignage du sçavant Marquis Scipion Maffei, qui, en ses *Osservazioni Letterat*; Tom. V. pag. 378. en parle ainsi : *Il sign. Presidente Bouhier, della cui amicitia mi pregio, nel suo bellissimo Trattato, ha provato solidamente, come le lettere Pelasgiche, portate nel Lazio, eran piu antiche di Cadmo, e di Deucalione.*

Pag. 84. vers la fin de l'article 8. des Ouvrages du même, on peut ajoûter ce passage de la Préface de M. Verburg, cité dans cet article : *Quum intelligerem illos de Natura Deorum Libros Parisiis* M D C C X X I. *Gallicè esse editos, & illustrissimi in Senatu Divionensi Præsidis J. Bouhierii, cujus eruditio jam dudum Literato Orbi innotuerat ex Dissertatione de Priscis Græcorum ac Latinorum Literis; quæ legitur impressa in fine Paleographiæ Græcæ eruditissimi Montfauconii, Animadversionibus illustratos; non tantùm istam Editionem mihi è Gallia mittendam curavi, sed plerasque illustrissimi Viri Notas è Gallicis Latinas feci, easque suis locis contextui subjeci.* M. l'Abbé d'Olivet a aussi inséré dans sa belle Edition de Cicéron, les Notes de M. le Président Bouhier, sur les *Catilinaires*, sur les *Tusculanes*, & sur le Livre *de la Nature des Dieux*. Et voici comment il s'exprime sur ce sçavant Magistrat, à la pag. 10. de sa Préface.

Joannes Buherius, in Senatu Divionensi Præses, meusque in Academia Gallica Sodalis; cui pro diuturna animorum studiorumque conjunctione, & multis magnisque officiis, etsi debeo plurimum, nihil de illo tamen dicam, quod non cæteri omnes ; pa-

ADDITIONS

rem esse Criticorum sagacissimis, plures ab eo superatos, ipsum à nemine. Annotationes illius in Catilinarias, in Tusculanas, & in Libros de Natura Deorum, quascunque capiet instituti operis modus ac ratio, velim omnes, è Gallico sermone, cujus includebantur angustiis finibus in Latinum translatas, hîc dabo, ut legantur ubicumque est Latinis pretium Literis, & dum manebit, ipsæ vivent.

Pag. 88. lig. 24. Pupien. *Lisez*: Papien.

Ibid. lig. antépénultiéme. *Miscollaneæ. Lisez: Miscellaneæ.*

Pag. 90. à la suite de l'article 29. des Ouvrages du même, ajoûtez ce passage de l'Auteur du *pour & contre*, Tom. XIII. pag. 118. où il s'explique ainsi touchant l'Auteur des Remarques sur les Tusculanes : *L'érudition, qu'il y a répanduë, confirme la réputation distinguée qu'il s'est acquise depuis long-tems dans ce genre. Il y a joint une Dissertation fort curieuse sur Sardanapale*, &c.

Ibid. lig. derniere, 1741. *Lisez*: 1742. Il est bon d'observer qu'outre ces Editions des *Mémoires sur la Vie & sur les Ouvrages de Montagne*, il y en avoit eû une autre beaucoup plus correcte que celle de Trevoux, qui fut inférée avec de grands Eloges au *Mercure de France*, Octobre 1740. pag. 2249. & on a encore imprimé cette Vie à Londres la même année, dans un *Suplément aux Essais de Montagne*, comme il paroît par le *Journal des Sçavans du mois d'Août* 1740.

Pag. 91. après la lig. 18. *ajoûtez ce qui suit*. Dans la liste des Ouvrages imprimés de M. le Président Bouhier, on a oublié ses Remarques sur un petit Livre, intitulé : *Consultation sur le Traité de la Dissolution du Mariage pour cause d'impuissance*, par un Anonyme.

Ces Remarques parurent avec la Consultation en 1739. *in* 8°. sans nom de lieu, ni d'Imprimeur, avec une Préface, où l'Auteur réfute par occasion, ce que le Sieur de Pitaval avoit écrit contre lui dans un des Tomes de ses *Causes celèbres*, dont il a été parlé ci-dessus, pag. 88. article 22.

On a aussi oublié la *Lettre, écrite à M. de la Roque sur une Médaille Grecque de l'Empereur Commode*, imprimée au Mercure de France du mois de Mai 1740. pag. 904.

Pag. 92. après la lig. 26. *ajoûtez ce qui suit*: Outre les trois Lettres de M. l'Abbé d'Olivet, mentionnées en cet endroit, il y en a encore une quatriéme que cet Abbé adressa à M. Bouhier, au sujet de la question, si la Poësie Françoise peut se passer de rimes, & qu'il fit imprimer à la suite de ses *Remarques de Grammaire sur Racine*. Paris, Gandouin, 1738. *in* 12.

M. du Tilliot a pareillement dédié à ce Président, ses *Mémoires pour servir à l'Histoire de la Fête des Foux*, &c. Lauzanne & Genève, Bousquet, 1741. *in* 4°.

Et M. de la Roque l'aîné, son *Mémoire Historique sur une Médaille d'Hérodes Antipas*, en trois Parties, qui ont été imprimées dans le *Mercure de France*, *Juin & Octobre* 1740. *& Juin* 1741.

M. Cocquard, Avocat au Parlement de Dijon, lui a aussi adressé des Vers imprimés dans le *Mercure de Mai* 1731. pag. 1198. de même que la belle Epigramme suivante, traduite d'Owen, & inférée aux *Amusemens du cœur & de l'esprit*, Tom. VIII. pag. 135. Amsterdam, Henri du Sauzet, 1740. *in* 12.

> Si ma Muse, en suivant les transports de mon zèle,
> Pouvoit te procurer quelque gloire nouvelle,
> Je chanterois ton nom en cent Ecrits divers.
> Mais pourquoi recourir aux Filles de Mémoire ?
> Ta gloire, cher Bouhier, peut anoblir mes Vers;
> Mes Vers ne peuvent rien ajoûter à ta gloire.

Ibid. lig. 27. 1741. *Lisez*: 1742.

Pag. 93. après la lig. 20. *ajoûtez*: Nous aurons bientôt quelques-uns des Ouvrages, qu'on attendoit de M. le Président Bouhier, & qui sont présentement sous presse ; sçavoir, ses *Observations sur la Coûtume du Duché de Bourgogne*, en deux volumes *in folio*.

Ses *Dissertations sur l'Histoire d'Hérodote*, qui paroîtront à la suite de la Traduction Françoise de cet Auteur, par M. l'Abbé Bellenger, Docteur de Sorbonne.

Et sa *Traduction en Vers François du quatriéme Livre de l'Enéïde de Virgile & de plusieurs autres Pieces*, tant *d'Horace & d'Ovide*, que *d'Anacréon*, *de Martial*, &c. *in* 8°.

A la fin de l'article de M. le Président Bouhier, on peut encore ajoûter ce qui suit.

M. l'Abbé Goujet a fait aussi plus d'une fois, une mention honorable de M. le Président Bouhier en sa *Bibliothèque Françoise*, & entr'autres, au Tom. II. pag. 69. où il dit *qu'il est l'un des hommes de notre siécle, qui se connoit le mieux en belle Littérature.*

Le spirituel Auteur des *Lettres Chinoises*, Tom. II. pag. 196. parle de lui en ces termes :

Un habile Magistrat, qui remplit dignement un des premiers Emplois d'une Province, se délasse de ses occupations sérieuses par l'étude des Belles-Lettres. Il leur consacre ses momens de loisir. Ainsi ses amusemens mêmes deviennent utiles au Public. Après qu'il l'a servi dans les fonctions pénibles de sa Charge ; il l'instruit par les charmans Ouvrages, qu'il lui donne.

Pag. 96. lig. 10. 1687. Lisez : 1587.
Pag. 98. à l'article de Hugues Boursaut, Anatiliques. *Lisez* : Analitiques.
Pag. 100. Article Bouvot. Pag. 100. lig. 1. 1658. *Lisez* : 1558.
Ibid. Effacés le point après le mot *six* de l'article premier de ses Ouvrages.
Pag. 104. lig. antépénultiéme, de Vie Religieuse. *Lisez* : de la Vie Religieuse.
Pag. 107. article de Raimond Breton, lig. 1. 1689. *Lisez* : 1589.
Pag. 108. article de Germain Brice, lig. 2. dans le XIIe. siécle. *Lisez* : dans le XVe. siécle.
Pag. 111. lig. 18. & 19. N... Brosse. *Lisez* : Gabriel Brosse. Ajoûtez qu'il a fait une Ode inférée à la tête du Livre d'Annibal Gantez, intitulé : *L'Entretien des Musiciens*, &c. Auxerre, Jacques Bouquet, 1643. *in* 18.
Pag. 117. à l'article de M. *Bruys*, lig. derniére 1740. *Lisez* : 1742. On peut voir aussi sa Vie imprimée dans le XLIIe. volume des *Mémoires* du Pere Nicéron, pag. 130 - 166.
Pag. 126. lig. 31. Mocquat. *Lisez* : Mocquot.
Pag. 128. lig. 3. répandus de S. Céfaire dans. *Lisez* : de S. Céfaire répandus dans.
Ibid. lig. 7. Lemoricensem. Lisez : Lemovicensem.
Pag. 130. lig. 30. Jean des Santes. Lisez : Jean dos Santos.
Pag. 132. article de Chasseneuz, lig. 2. 1. 80. *Lisez* : 1480.
Pag. 141. lig. 1. le P. le Long. *Lisez* : Voy. le P. le Long.
Pag. 148. Après l'article de Pierre Clément, ajoûtez celui-ci.

DENIS-XAVIER CLEMENT.

CLEMENT, (*Denis-Xavier*) Docteur en Théologie, né à Dijon le 6. Octobre 1706. a fait les Ouvrages suivans :

1. *Entretiens de l'Ame avec Dieu, tirés des paroles de S. Augustin, dans ses Méditations, ses Soliloques ; & son Manuel.* Paris, Hippolite Guérin, 1740. *in* 16.

2. *Sermon sur la Dédicace solemnelle de l'Eglise des RR. PP. Augustins Déchaussés de Paris ; sous le Titre de Notre-Dame des Victoires. Prononcé le Mercredi, quatriéme jour de l'Octave de la Consécration,* 16. Novembre 1740. Paris, Hippolite-Loüis Guérin, 1741. *in* 12.

Pag. 149. Ajoûtez à l'article d'*Etienne de Clugny*, que ce Magistrat est mort le 8. Novembre 1741.

Ibid. Après l'article de *Ferry de Clugny*, ajoûtez le suivant.

FRANÇOIS DE CLUGNY.

CLUGNY, (François de) naquit le 4. Septembre 1637. à Aigues - Mortes, [1] Ville du Bas-Languedoc. Il eut pour pere Guy de Clugny, Chevalier de Colombier, Capitaine d'une Compagnie de Gens de pied, entretenuë pour le Service du Roi, & Commandant à Aigues-Mortes, en l'absence de M. le Marquis de Varennes ; & pour mere, Anne de Conseil, fille de François de Conseil, Seigneur de Condamine.

Ayant perdu son pere dans l'enfance, sa mere prit soin de son éducation, & le mit en pension au Collége des Prêtres de l'Oratoire de Beaune, pour suivre les intentions de son mari, qui l'avoit chargée en mourant, d'amener ces deux fils en Bourgogne. Cette pieuse mere, après avoir ainsi pourvû à l'éducation de François *de Clugny*, & avoir obtenu pour son aîné, nommé Antoine, une Commission de Capitaine de Chevaux-Légers, se retira aux Carmelites de Beaune, où elle prit le voile en qualité de simple Sœur Converse, & où elle finit ses jours dans la pratique des vertus.

François *de Clugny* avoit à peine achevé sa Rhétorique, qu'il demanda à être reçû dans la Congrégation de l'Oratoire, où il entra à l'âge de 14. ans.

Après son année d'institution, il alla à Jully étudier en Philosophie, & revint ensuite à Paris, pour y faire son cours de Théologie. Il enseigna ensuite la Grammaire & les Humanités à Beaune, au Mans, à Angers, à Troyes, où il fut ordonné Prêtre, le Samedi Saint de l'an 1662. & enfin, à Montbrison. Il étoit en cette derniére Ville, lorsqu'il fut menacé de perdre la vuë ; elle s'affoiblit tout-à-coup de telle maniére qu'il ne voyoit presque plus. On lui conseilla, pour trouver un remède à cette incommodité, d'aller à Paris, où il se mit entre les mains des plus habiles Oculistes. Les remédes, qu'ils aportérent à son mal, ne firent pour lors aucun effet ; mais quelque tems après, sa vuë fut assez rétablie, pour qu'il pût lire & écrire, quoiqu'avec peine.

Le P. Senault, Général de l'Oratoire, crut qu'il falloit le placer dans une maison de repos, & l'envoya en 1665. à Dijon, où il passa le reste de ses jours. Il y fit de grands fruits, soit par ses prédications, soit par ses catéchismes publics, soit par la direction, pour laquelle il avoit un talent particulier, & qui lui attiroit la confiance d'un grand nombre de personnes.

Malgré son humilité, il fut obligé en 1680. d'accepter pour trois années la Supériorité de la Maison de Dijon ; mais on ne put le faire consentir à la garder plus long-tems.

Il assista, en qualité de Député de l'Evêque de Langres, à la publication d'un Avertissement Pastoral du Clergé de France, à ceux de la Religion Prétenduë Réformée, qui fut faite par Ordre du Roi, dans leur Temple d'Is-Sur-Tille, le 23. Octobre 1688. Avant cette lecture, il prêcha sur ce sujet dans l'Eglise Paroissiale du même Lieu, en présence d'un grand nombre de personnes qualifiées, qui s'y étoient renduës pour l'entendre.

Il mourut à Dijon, consumé de mortification, de travaux spirituels, & en réputation de sainteté, le 21. Octobre 1694. au commencement de sa 58e. année.

CATALOGUE DE SES OUVRAGES.

1. *La dévotion des Pécheurs*, par un *Pécheur.* Lyon, 1685. *in* 12. It. *seconde Edition augmentée.* Ibid. 1689. *in* 12. It. ibid. 1701. *in* 12. Aussi-tôt que cet Ouvrage parut, il fut déféré au Grand Vicaire de M. l'Evêque de Langres, comme contenant une doctrine dangéreuse. Mais l'ombrage, qu'on en avoit pris, fut bientôt dissipé.

Le P. *de Clugny* a pris dans ce Livre le nom de *Pécheur*, comme il a fait dans tous ses autres Ouvrages.

2. *Le Manuel des Pécheurs, divisé en deux Parties.* Dijon, 1686. *in* 12. La seconde Partie, qui est du Pere Bourée de l'Oratoire, fut imprimée à Lyon, en

---

[1] Cette Famille est de Bourgogne. Voy. l'article de *Ferry de Clugny*, & la Généalogie de la Maison de Clugny, par M. Etienne de Clugny, Conseiller au Parlement de Dijon.

1696.

1696. *in* 12. *It.* 3e. *Edition.* Lyon, 1713. *in* 12.

3. *De l'Oraison des Pécheurs.* Lyon, 1689. *in* 12. *It.* ibid. 1701. *in* 12.

4. *Sujets d'Oraison pour les Pécheurs, tirés des Epitres & des Evangiles de l'année.* Lyon, 1695. & 1696. *in* 12. 4. vol. Les trois premiers volumes, & le quatriéme, jusqu'à la pag. 223. sont du P. *de Clugny.* Le quatriéme, depuis ladite page, est du P. Bourée, dont on peut consulter l'article dans cette Bibliothèque. Le cinquiéme volume de cet Ouvrage, imprimé à Lyon en 1696. *in* 12. sous le Titre de sujets d'*Oraison pour les Pécheurs sur tous les Mystères de Notre Seigneur Jésus-Christ*, est aussi du P. Bourée.

Le même P. Bourée est encore l'Auteur des *Sujets d'Oraisons pour les Pécheurs sur les Saints & les Saintes les plus remarquables, dont on fait les Fétes durant le cours de l'année, ou qui ont excellé dans la vertu de Pénitence.* Lyon, 1696. *in* 12. 2. vol.

C'est à tort que cet Ouvrage, dans le *Suplément de Moreri*, imprimé en 1735. & dans le 37e. Tome. des *Mémoires du P. Nicéron*, est attribué au P. *de Clugny.*

Voy. l'*Abregé de la Vie du P. de Clugny*, par le P. Edme-Bernard Bourée, de l'Oratoire, imprimé à Lyon en 1698. *in* 12. le *Suplément de Moreri* de 1735. & le XXXVII. vol. des *Mémoires du P. Nicéron.*

Pag. 153. lig. 44. leur dignité. *Lisez*: leurs dignités.

Ibid. Lig. 46. *après ces mots*, Commerce Littéraire. *Ajoûtez*: Tous ces talens joints à des mœurs réglées & aimables, lui procurérent une place à l'Académie naissante de Dijon; mais il ne l'a remplie que quelques mois. Il en fit volontairement sa démission au mois de Mars 1741. après avoir prononcé sur l'*excellence de la science des mœurs*, un Discours divisé en trois Parties, lequel fut généralement aplaudi.

Pag. 154. lig. 10. a vûës. *Lisez*: avoit vûës.

Ibid. Lig. 23. & 24. *après ce mot* Décembre, *au lieu de* pag. 3023. *Lisez*: pag. 3006.

Pag. 155. lig. 27. *après le chiffre* 10. *ajoûtez*: en 1732.

Pag. 156. lig. 14. *après ce mot* Professions. *Ajoûtez*: &.

Pag. 157. lig. 14. *après ces mots*, ibid. pag. 1456. *Ajoûtez* & à la fin du VIIIe. Tome de la Bibliothèque de Campagne, ou Amusemens du cœur & de l'esprit, à la Haye, chez Jean Neaume, 1738.

Ibid. Lig. 28. *après ces mots* de l'esprit. *Ajoûtez* à Amsterdam, chez Henri du Sauzet, & séparément.

Ibid. Lig. 30. *après ces mots* en 1740. *refondez ainsi tout l'article* II. *& III. Suite des Epigrammes choisies d'Owen, traduites en Vers François*, au nombre de 58. dans le VI. & le VIIIe. Tome des nouveaux Amusemens du cœur & de l'esprit, à Amsterdam, chez Henri du Sauzet. *Histoire de la Vie & des Ouvrages de Timanthe, Peintre Grec, Contemporain de Zeuxis*, pag. 1092. & suiv. du 1. vol. du Mercure de Juin. *Observations critiques* concernant la même Histoire, dans le Mercure de Novembre, pag. 2444. & dans le second vol. du Mercure de Décembre, pag. 2771. M. l'Abbé Goujet, habile Connoisseur, après avoir lû cette Histoire & ces Observations, manda à M. *Cocquard* qu'elles lui avoient *paru dignes de l'Académie des Belles-Lettres, que ses recherches étoient profondes, & que sa Critique étoit exacte.*

20. En 1741. *Lettre à Monsieur * * où l'on justifie un endroit critique de la Tragédie de Rodogune*, pag. 313. & suiv. du Mercure de Fevrier. *Discours sur l'excellence de la science des mœurs*, divisé en trois Parties, & prononcé à l'Académie de Dijon. Ms.

Dans le Mercure Suisse du mois d'Octobre de la même année, il parut sous le nom de M. *Cocquard*, une Pièce allégorique en Vers sur l'Amour; mais elle n'est certainement pas de lui.

21. En 1742. *Quatrain à M. du Tilliot, sur son Livre, intitulé: Mémoires pour servir à l'Histoire de la Fête des Foux*, &c. inféré dans les Additions à l'article LUCOTTE DU TILLIOT de la présente Bibliothèque.

M. *Cocquard* vient encore d'envoyer aux Auteurs du Mercure de France, & des nouveaux Amusemens du cœur & de l'esprit, un grand nombre de Pièces, comme *Elégies, Madrigaux, Epigrammes, Traductions en Vers François, & autres Poësies diverses*, en attendant qu'il réunisse lui-même, ainsi qu'il le fait espérer, en 2. ou 3. vol. *in* 12. non seulement les différens Ouvrages en Vers & en Prose de sa composition, qui ont paru jusqu'ici divisément, mais encore plusieurs autres productions qui n'ont pas été mises au jour.

Pag. 166. lig. 9. *il fut choisi pour remplir la même place dans la Province de Champagne, &c.* Corrigez : il fut fait Provincial de la Province de Champagne. Son tems expiré, le Général jetta les yeux sur lui, pour lui confier le Gouvernement de la Province Wallonne, ou Gallo-Belgique ; mais le Roi Loüis XIV. souhaita qu'il fût une seconde fois Recteur du Collége de Strasbourg, afin qu'il pût affermir quelques établissemens, qu'il avoit faits dans son premier Rectorat.

Lig. 17. *mais quoiqu'il ne donnât, &c.* Corrigez : mais le zèle, qu'il avoit pour la gloire du Roi, & pour le bien du Royaume, le mit mal dans l'esprit de quelques personnes interessées, à ce que le Prince n'entrât pas dans la connoissance de bien des choses. Le P. Daubenton céda à la tempête, & se retira dans la Province de Champagne.

Lign. 24. *& il y eut un Assistant, &c.* Corrigez : & il y fut élû Assistant du Général pour la Nation Françoise : Peu s'en fallut qu'il ne fût lui-même élû Général.

Pag. 167. lign. 1. *aux dépens.* Corrigez : *Imprimerie.* Lig. 9. Hiacynte. Corrigez : Hyacinte. Lig. 17. *n'a jamais écrit.* Corrigez : ne l'a jamais écrite *au P. Croiset.* Ajoûtez : Celui qui suposa la Lettre, n'avoit aparemment jamais conversé qu'avec des Dupes. Il auroit dû pour le moins, sçavoir de quelle manière les Jésuites signent leurs Lettres, & sentir qu'il n'étoit pas assez délié pour contrefaire le P. Daubenton qui ne l'étoit pas moins que le fameux P. Coton, & l'étoit peut-être plus.

Lig. 24. ajoûtez : Dans la grande *Bibliothèque Ecclésiastique*, le nom du P. *Daubenton* est mal écrit *d'Aubenton* ; il est qualifié *Confesseur du Roi très Chrétien* ; il falloit dire, *du Roi Catholique.*

Ce qu'on dit à la fin de l'article du P. *Daubenton*, que cet article a été communiqué par le R. P. Oudin, doit s'entendre des additions à cet article, & non de l'article même.

Pag. 167. lig. antépénultiéme, les Daillez, les Claude & les Jurieux ont puisé. *Lisez* : les Daillé, les Claude & les Jurieu y ont puisé.

Pag. 168. lig. 10. du *XXIII. siècle.* Lisez : du XVIII. siècle.
Ibid. Lig. 23. Pachimerem. Lisez : *Pachymerem.*

Pag. 172. lig. 28. ces Observations . . . font du seul Nicolas Canat. Corrigez : sont de Nicolas Canat, & d'Adam Joly, comme on l'a dit à la pag. 348. de la premiére Partie de cette Bibliothèque.

Pag. 173. lig. 30. d'un autre espèce. *Lisez* : d'une autre espèce.
Pag. 174. lig. 5. Deschiseaux. *Lisez* : Deschisaux.
Ibid. lig. 9. son génie botanique. *Lisez* : les dispositions qu'il avoit pour la Botanique.

Ibid. Lig. 4. de la Note au bas de la pag. & Jean Echard. *Lisez* : où Jean Echard.
Pag. 175. lig. 23. *de clausulis prorogatoriis.* Lisez : *de clausulis derogatoriis.*
Pag. 177. lig. 4. 1737. *Lisez* : 1537.
Pag. 182. lig. antépénultiéme, 1695. *Lisez* : 1595.
Pag. 189. après l'article 13. des Ouvrages de *Pierre Dumay. Ajoûtez* : Le Recüeil Ms. de ses *Poësies Françoises & Latines*, est entre les mains de M. Bernard, Seigneur de Sassenay, & Vicomte de Châlon-sur-Sône, son petit-fils.

Ibid. Article François Duneau, lig. 2. fut reçû Profès des quatre Vœux. *Lisez* : fit la Profession solemnelle des quatre Vœux.

Pag. 210. lig. 29. & de lui envoyer. *Lisez* : & de le lui envoyer.
Pag. 228. lig. antépénultiéme, Cœfeteau. *Lisez* : Cœffetau.
Pag. 236. ajoûtez l'Ouvrage suivant à la fin de l'article de M. l'Abbé Fyot de Vaugimois : *La dévotion aux Saints Anges, réduite en Méditations, où il est traité de ce qui regarde ces Esprits Célestes ; avec une méthode pour entendre la Messe, en union à ces bienheureux Esprits. Des Litanies Françoises & Latines, & autres*

Prières, à l'usage des personnes Ecclésiastiques & Séculieres, qui sont devouées à leur culte. Lyon, veuve de la Roche & fils, 1738. *in* 12.

Pag. 237. lig. 4. 1593. *Lisez* : 1560.
Pag. 241. lig. 1. ces Mémoires. *Lisez* : ses Mémoires.
Pag. 244. Tom. VII. *Lisez* : Tom. III.
Pag. 248. lig. pénultiéme, Boüillant. *Lisez* : Boüillart.
Pag. 253. lig. 28. *Hortalan. Lisez* : *Hortulan.*
Pag. 255. lig. 5. 1558. *Lisez* : 1552.
Ibid. lig. 7. ce qui fait une erreur de deux années. *Lisez* : ce qui jette dans un autre embarras.

Pag. 267. après la lig. 21. *Ajoûtez* : & dans la *Bibliotheque Françoise* du même Auteur, Tom. II. de la seconde Edition.

Ibid. après la lig. 39. *Ajoûtez* : Je ne sçais si cette Epitre est différente de celle qui est intitulée : *Epistola ad Amicum*, & qui commence ainsi : *Cur sua virtuti dum pendit quisque tributa*, &c. qui est toute à la loüange de M. Daguesseau & de sa Famille. Elle se trouve dans les *Selecta Carmina* ; mais elle avoit été imprimée dès 1717. à Paris, *in* 8°. M. Gaullyer n'a point inséré parmi les *Selecta Carmina*, une petite Pièce, qui a pour Titre : *Epistola Consolatoria ad XX. Scripta in obitum doctissimi, piique Viri, Patris Mabillonii.* Paris, *in* 8°. sans date & sans nom d'Auteur ; mais on croit qu'elle est de *Grenan*, & c'est son stile.

Pag. 271. Supléez l'article suivant à celui du P. Grozelier.

NICOLAS GROZELIER.

GROZELIER, (*Nicolas*) Prêtre de la Congrégation de l'Oratoire, est né à Beaune, le 29. Août 1692. de Loüis Grozelier, Ecuyer, Sieur de Beaumont, Officier au Bureau des Finances de la Généralité de Bourgogne & Bresse, d'une des plus anciennes Familles de cette Ville.

Le 27. Octobre 1710. il entra à l'Institution de l'Oratoire à Paris ; d'où il partit environ un an après, pour aller faire ses études de Théologie à Saumur, où il resta deux ans.

En 1713. il alla professer les Humanités & la Rhétorique à Riom en Auvergne ; où il resta cinq ans, & il n'en partit que pour Nantes, où il a de même professé la Rhétorique pendant deux ans.

Il fit pendant son séjour à Nantes, réciter une Ode Françoise à Messieurs de la Chambre Royale, établie dans cette Ville, pour les affaires des Gentil'hommes de Bretagne, & des Complimens en Vers François, qui étoient aussi de sa façon, à M. & à Madame la Maréchalle d'Etrées, qui étoient venus tenir les Etats de Bretagne.

Il revint au mois de Septembre 1720. demeurer à S. Magloire à Paris, où il ne resta qu'un an, & d'où on le renvoya professer à Saumur la Philosophie pendant deux ans, & il revint la professer à Montmorency près de Paris, aux Confreres de l'Oratoire.

En 1725. il professa la Théologie à Troyes, où il est encore. Quelqu'occupation que lui donne ce poste, la vive inclination, qu'il s'est toûjours sentie pour les Muses, ne l'empêche pas de s'apliquer à la Poësie Françoise, où il réüssit fort bien. Mais quelques invitations que lui ayent pû faire ses amis, de ne pas priver le Public de ses Poësies, il semble ne les avoir faites que pour lui.

En 1726. il fit des Devises sur le Mariage du Roi pour orner la Salle du Collége de Troyes, où le P. Dejean, Professeur de Rhétorique, prononça une Harangue sur le même sujet. Elles ont été imprimées dans le *Journal de Verdun*, sous le nom du P. Dejean.

Il a donné la même année une seconde Edition du 1. vol. des *Observations Physiques*, dont la premiére avoit paru en 1719. Il n'a d'autre part à ce volume, que d'avoir veillé à la seconde Edition ; mais il a mis au jour deux autres volumes de pareilles observations, qui sont toutes de sa façon. Le I. a paru en 1726. & le III. en 1730. Les Auteurs des *Mémoires de Trevoux* ont fait avec éloge, l'extrait du dernier, au mois de Décembre 1730. pag. 2114. & suiv.

Pag. 272. lig. 20. Hercula. *Lisez* : Hercules.

Pag. 275. lig. 33. qui le firent voir. *Lisez* : qui l'allérent voir.

Pag. 277. lig. 33. on lui doit, aussi bien qu'à D. Coutant, les Tables qu'on y a jointes. *Lisez* : D. *Guesnié* est seul Auteur de la Table, & D. Coutant l'est de la Critique & des Tables des Ouvrages faussement attribués à S. Augustin. C'est ce que D. le Cerf n'a pas distingué.

Ibid. lig. antépénultiéme, je crois qu'il se trompe. *Lisez* : mais dans la *Defense de sa Bibliothèque*, il est convenu que D. *Guesnié* mourut le 21. Octobre 1722.

Pag. 278. lig. 30. *Gandarum*. Lisez : *Gandavum*.

Pag. 279. lig. 28. *Théodorie*. Lisez : *Théodoric*.

Pag. 281. lig. derniere de la troisiéme Note *G. V. D.* Lisez : *J. U. D.* (Juris utriusque Doctor.)

Pag. 282. lig. 1. *Sabandiæ*. Lisez : *Sabaudiæ*.

Pag. 283. lig. 2. *& decuset nomen*. Lisez : *& decus & nomen*.

Pag. 286. lig. 13. *adligerium*. Lisez : *ad Ligerim*.

Pag. 309. article *Henri de Marsac*, lig. 10. Adras. *Lisez* : Arras.

Pag. 314. lig. 24. après ces mots, quelques-uns croyent qu'il étoit Allemand. *Ajoûtez* : entr'autres, M. l'Abbé Lebeuf, dans une Dissertation, imprimée au I. Tom. de son *Recüeil de divers Ecrits*, &c. Paris, 1738. *in* 12. Mais comme la plûpart des Auteurs, qui ont fait mention d'*Honoré*, ou n'ont point parlé de sa naissance, ou l'ont fait naître à Autun, j'ai crû pouvoir lui donner place dans cette Bibliothèque.

Pag. 316. lig. 16. *significata*. Lisez : *significatu*.

Pag. 317. lig. 16. *excerpto*. Lisez : *excerpta*.

Pag. 318. lig. 1. *Adelat*. Lisez : *Arelat*.

Ibid. lig. 7. *suum quod virtutis*. Lisez : *suum quid virtutis*.

Pag. 319. tout à la fin de l'article d'*Honoré*. Ajoûtez : & la *Dissertation de M. l'Abbé Lebeuf, sur Honoré*, imprimée dans le premier Tome de son *Recüeil de divers Ecrits pour servir d'eclaircissement à l'Histoire de France*.

Pag. 322. lig. 19. *Micetas*. Lisez : *Nicetas*.

Pag. 351. lig. 13. ce qui est sans exemple. *Corrigez* : ce qui étoit alors sans exemple, (car M. de la Chaussée, reçû à l'Académie Françoise, le 25. Juin 1736. y prononça son Remerciment, qui est presque tout en Vers.)

Ibid. lig. pénultiéme, *Barnevelde*. Lisez : *Barneveldt*.

Pag. 352. après la lig. 3. *Ajoûtez* : Ce Poëte prononça son Eloge funèbre, dans l'Académie Françoise, le jour de la Réception de M. le Duc de Villars.

Ibid. Ajoûtez aux Ouvrages de M. de Crébillon : *Réponse en Vers au Discours de M. de Fontenelle*. Ces deux Pièces, lûës à l'Académie Françoise, le 25. Août 1741. ont été imprimées ensemble, *in* 4°.

Pag. 353. lig. antépénultiéme, *Pélodacrie*. Lisez : *Gélodacrie*.

Pag. 356. *à la fin de l'article* 7. *des Ouvrages de Juret*. Ajoûtez : & Rittershusius, dans ses *Notes sur Salvien*, pag. 184. en ces termes : *Vide quæ ad Symmachum notavit Juretus in Miscellaneis, laboriosissimo & eruditissimo opere, omninoque indigno, cui detractum iret quidam ejus Rivalis, ne dicam osor, ac arrosor omnium Bonorum*. C'est *Scioppius*, dont il parle.

Pag. 363. lig. 4. & 5. Receveur en chef du Grenier à Sel d'Auxerre. *Corrigez* : qui, après avoir été en sa jeunesse (en 1684.) Officier de Dragons dans le Régiment de Listenois, fut pourvû d'une Charge de Gentil'homme Ordinaire dans la Maison de M. le Duc d'Orléans, Frere unique du Roi Loüis XIV.

Ibid. Au Catalogue des Ouvrages de M. de la Curne de Sainte-Palaye, supleez le suivant.

1. *Remarques sur la Vie de Romulus par Plutarque*. Hist. de l'Académie des Inscriptions & Belles-Lettres. Vol. VIII. pag. 114. & suiv.

2. *Remarques sur un Mf. contenant la Vie de Charlemagne*. Ibid. pag. 280. & suiv.

3. *Remarques sur quelques chapitres du second Livre de la premiére Décade de Tite-Live*. Ibid. vol. VIII. pag. 363. & suiv.

ET CORRECTIONS.

Mémoires concernant la Vie & les Ouvrages de Rigord & de Guillaume le Breton. Ibid. pag. 528. & suiv.

5. *Mémoires concernant les Ouvrages & la Vie de Glaber, Historien du tems de Robert & de Henri I.* Ibid. pag. 549. & suiv.

6. *Mémoires sur la Vie & sur les Ouvrages de Guillaume de Nangi, & de ses Continuateurs.* Ibid. pag. 560. & suiv.

7. *Autres sur la Chronique de Morigny, & sur les Auteurs qui l'ont composée.* Ibid. vol. X. pag. 541. & suiv.

8. *Autres sur la Vie du Moine Helgaud, sur l'Epitôme de la Vie du Roi Robert, & sur trois Fragmens imprimés à la suite de cette Epitôme, dans la collection des Historiens de France.* Ibid. pag. 553. & suiv.

9. *Autres sur deux Ouvrages Historiques, concernant Loüis VII. &c.* Ibid. 563. & suiv.

10. *Autres sur la Vie de Froissard.* Ibid. pag. 664. & suiv.

11. *Autre concernant la Vie de Jean de Venette, avec la Notice de l'Histoire en Vers des trois Maries, dont il est Auteur.* Ibid. vol. XIII. pag. 520. & suiv.

12. *Autre concernant les Ouvrages de Froissart.* Ibid. pag. 134. & suiv.

13. *Jugement de l'Histoire de Froissart.* Ibid. pag. 555. & suiv.

Pag. 364. lig 8. *après ces mots*, sans avoir été marié. *Ajoûtez* : Par son Testament en date du 23. Avril de la même année, il avoit institué les RR. PP. Jésuites d'Autun, héritiers universels de tous ses biens, dont l'emploi étoit destiné à la Fondation d'un Collége dans la Ville d'Arnay-le-Duc, sa Patrie.

Ibid. lig. 17. chez M. de la Curne. *Lisez* : entre les mains de M. de la Curne.

Pag. 365. article 2. des Ouvrages du P. *Laguille*, au lieu de 1725. *Lisez* : 1715.

Pag. 367. lig. 3. 1671. *Lisez* : 1571.

Pag. 373. lig. 15. à deux Auteurs Ecrivains. *Lisez* : à deux Auteurs différens.

Pag. 377. art. 33. des Ouvrages de M. *Languet*, Archevêque de Sens, contenant troisiéme. *Joignez cette ligne à la suivante, & corrigez* : contenant une troisiéme Lettre.

Pag. 388. article de M. Lebeuf, lig. 2. le 6. Mars. *Lisez* : le 7. Mars. Ajoûtez qu'il est aujourd'hui Membre de l'Académie des Belles-Lettres. *Suprimez ces paroles des lignes* 5. & 6. *de son Eloge* : cette Famille est l'une des meilleures & des plus anciennes d'Auxerre ; *& supleez* ce qui suit.

Quoiqu'il y eût des personnes de son nom à Auxerre dès le XIIIe. siècle, il n'est point descendu de ceux-là, son ayeul ayant été Pierre Lebeuf, Avocat à Joigny, dont les Ancêtres, depuis plusieurs siècles, possédoient des Charges honorables dans la même Ville.

Faisant ses études à Paris, en 1703. la connoissance qu'il eut de M. Chastelain, Chanoine de Notre-Dame, lui inspira le goût des Ouvrages du P. Mabillon, de ceux des Bollandistes, de D. Luc d'Achery, du P. Martene, &c. & lui fit naître l'envie de voyager pendant les vacances, afin de faire des collections dans ce genre, jusqu'à l'an 1708. qu'il se rendit à Auxerre.

Ce fut là qu'il composa, dès l'année suivante, une Dissertation en faveur des Bollandistes, & de M. Baillet, sur un sujet indiqué dans le 1. vol. de son *Recüeil de divers Ecrits*, &c. pag. 191. & marqué ici N°. 130. Les Mémoires, qu'il fournit au P. Janning, au P. du Sollier, & autres Continuateurs de Bollandus, & depuis à D. Denys de Sainte-Marthe, rendirent ses recherches fort variées, & lui donnèrent occasion de recüeillir assez de matériaux pour faire une Histoire complette d'Auxerre : Mais il n'en publia que quelques morceaux, & selon les circonstances, aussi bien que ceux qu'il a insérés dans les Mémoires du P. Desmoletz, & dans les Mercures de France. On verra ci après ceux qu'il a composés depuis l'établissement d'un Prix à l'Académie des Belles-Lettres, & pour celle de Soissons.

Pag. 391. lig. 16. Orterrerie. *Lisez* : Orfèvrerie.

Pag. 394. art. 81. Pierre de Natatibus. *Lisez* : *Pierre de Natalibus*.

Pag. 395. lig. 4. 1739. *Lisez* : 1733.

Pag. 409. lig. 3. qu'il a été imprimé. *Lisez* : qu'ils ont été imprimés.

Pag. 415. dans la note 2. 1728. *Lisez* : 1738.

ADDITIONS ET CORRECTIONS
pour la seconde Partie.

PAg. 5. article *Jean Magnien*. Lisez : *Jean Magnon*.
Pag. 17. lign. 30. *Lindevius*. Lisez : *Lindenius*.
Pag. 18. lig. 1. de la Note. Voici ce qu'en écrivoit. *Lisez* : voici ce qu'écrivoit.
Ibid. lig. pénultiéme, *Odierre*. *Lisez* : *Odievre*.
Pag. 19. lig. 35. *Agand*. *Lisez* : à Gand.
Pag. 20. lig. 1. *Lautens* (Jean) *de Gand*. Lisez : (*Lautens* (Jean) de Gand.)
Pag. 28. lig. 14. *Lacdoric*. *Lisez* : *Ludovic*.
Ibid. lig. 38. prépare une nouvelle Edition. *Lisez* : prépare une Edition.
Pag. 29. lig. 33. n'a pas 12. lignes. *Lisez* : n'a pas 12. pages.
Pag. 46. lig. 3. Académicien de Dijon. *Corrigez* : M. *Michault* fit une démission volontaire de cette Place, avec plusieurs autres Académiciens, le 17. Mars 1741.
Ibid. pag. 21. *læsit amor*. Lisez : *sævit amor*.
Ibid. après l'article 5. de ses Ouvrages. *Ajoûtez* : Dans le Recüeil des *Eloges de quelques Auteurs François*, imprimé à Dijon, chez Philippe Marteret, 1742. *in* 8°. on trouve deux *Eloges* composés par M. Michault ; sçavoir, ceux de *Jacques Daléchamps*, & du *Chevalier de Méré*.
Pag. 53. lig. 1. *prases*. Lisez : *phrases*.
Pag. 54. note 1. lig. 1. *Agatho-Chronicus*. Lisez : *Agatho-Chronius*.
Pag. 68. Après la lig. 10. ajoutez : Feu M. l'Abbé Granet, dans ses *Réflexions sur les Ouvrages de Littérature*, Tom. X. pag. 39. s'exprime ainsi au sujet du *Duel aboli*, Poëme de M. de la Monnoye. » On a dit, avec raison, que depuis cette Piéce, » il n'y en a aucune qui en ait aproché parmi celles, que l'Académie a couronnées » depuis 68. ans. Il y a beaucoup de pensées & de génie dans ce Poëme ; mais la » versification est quelquefois rude. »
Pag. 72. lig. pénultiéme, *Mommeti*. Lisez : *Mammeti*.
Pag. 74. après la lig. 12. *Ajoûtez* : & à la Haye, chez Jean Van-Duren, en 1740. *in* 8°. les Poësies de M. *de la Monnoye* sont fort augmentées dans cette Edition.
Pag. 76. lig. 12. c'est un Abregé Ms. de 20. pages. *Lisez* : c'est un abregé Ms. de 4. pages.
Pag. 86. article *Philibert-Bernard Moreau de Mautour*. *Ajoûtez*, qu'il fit toutes ses Classes au Collége des Jésuites de Dijon, d'où on l'envoya étudier en Droit à Toulouse. De-là, il se rendit a Paris, où il se maria à l'âge de 26. ans ; & peu de tems après il y fut pourvû d'une Charge d'Auditeur des Comptes, dont il étoit devenu le Doyen, plusieurs années avant sa mort.
Il étoit entré Elève à l'Académie des Belles-Lettres, dès le renouvellement de 1701. Il y fut nommé Associé en 1705. & Pensionnaire en 1712.
Son grand âge & ses infirmités l'obligérent en 1736. à demander le Titre de Vétéran, qu'il avoit justement acquis par 35. années entières de zèle & d'assiduité ; & qui lui fut universellement accordé. Il fit, quelque tems avant sa mort, un Testament olographe, par lequel il suplioit instamment l'Académie de ne lui point faire d'Eloge.
Pag. 86. à l'art. 1. des Ouvrages de M. de Mautour, supléez celui-ci : *Un grand nombre de Poësies Françoises, Odes, Epitres, Sonnets, Madrigaux, Epigrammes*. Elles sont pour la plûpart dans les volumes du Mercure, à commencer depuis 1686. jusques dans les derniers tems de sa Vie. Il mettoit son nom aux premiéres. Dans la suite, il n'y mit que ces trois Lettres initiales : M. D. M. [Moreau de Mautour] & quelquefois rien. J'indiquerai celles qui sont venuës à ma connoissance.
Pag. 87. après l'article 9. de ses Ouvrages. *Ajoûtez* : Remarques sur deux Mé-

dailles frapées à Nancy pour M. le Duc de Lorraine, & fur l'explication du P. Hugo. Dans les *Mém. de Trev.* Septembre 1707. *Sur* le mot *Sportula*. Dans l'*Hiftoire de l'Académie des Belles-Lettres*, Tom. I. pag. 161. *Sur une Cornaline du Cabinet du Roi, qu'on apelle le Cachet de Michel-Ange.* Ibid. Tom. I. pag. 270. *Explication d'un ancien Dyptique Confulaire.* Ibid. Tom. V. pag. 300. *Obfervations fur une ancienne Infcription découverte à Tain en Dauphiné.* Ibid. Tom. V. pag. 294. *Explication d'un morceau d'ancienne peinture à Fraifque.* Ibid. Tom. V. pag. 297. *Obfervations fur un paffage d'Horace.* Dans le *Journal de Verdun*, Août 1718. Il a mis à la tête du Recüeil des *Noms, Armes & Blafons de la Chambre des Comptes de Paris*, gravé au burin en 1720. par Antoine Ménard, Italien, neveu du Pere Coronelli, une *Epitre à M. de Nicolaï, Premier Préfident*, & une *idée générale de l'origine & des fonctions de la Chambre.* Remarques fur une Eftampe de Scipion Nafica. Dans le *Mercure de France*, Août 1723. *Differtation fur le culte de Cybèle.* Dans le IIIe. vol. de l'*Hiftoire de Paris*, par D. Félibien, en 1725. & dans les *Mémoires de Trevoux*, Novembre 1725. Réflexions fur deux Urnes cinéraires d'Egypte. Dans le II. vol. de la première Edit. du *Voyage de Gemelli*, & dans le I. vol. de là feconde Edit. donnée en 1727. Obfervations fur un ancien Autel dédié à Apollon, proche de Colmar en Alface. Dans le *Journal de Luxembourg*, Janvier 1727.

Pag. 88. après l'article 30. *Ajoûtez*: cette même Pièce fe trouve encore dans le *Mercure de France*, Juin 1726.

Pag. 90. articles 50. & 51. *Ajoûtez*: ces Obfervations ont auffi été imprimées par extrait dans l'*Hiftoire de l'Académie des Belles-Lettres*, Tom. III. pag. 296. *fuprimez l'article* 30. de la page précédente.

Ibid. après l'article 59. *Ajoûtez* : Dans l'*Hiftoire de l'Académie des Belles-Lettres.*

Ibid. à l'article 60. fupléez celui-ci : *Notice d'un ancien Mf. rempli d'un grand nombre d'Ecuffons d'Armoirie blafonnés & enluminés, concernant l'origine & l'exercice des Rois de l'Epinette à Lifle en Flandres, depuis S. Loüis. Enfemble, la Defcription de la Cour Amoureufe de Charles VI. & des Officiers, dont elle étoit compofée.* Dans le *Mercure du mois d'Avril* 1718. M. de Mautour a donné ce Mf. à la Bibliothèque du Roi.

Pag. 91. à la fin de l'article de M. Moreau de Mautour. *Ajoûtez* : & fon *Eloge* par M. de Boze, dans le Tome III. pag. 379. de l'*Hiftoire de l'Académie Royale des Infcriptions.* Paris, 1740. *in* 12.

Pag. 95. article Pierre Moreftel. Corrigez ainfi les trois premières lignes, & le commencement de la quatriéme. Moreftel [*Pierre*] naquit à Tournus vers l'an 1575. Ayant été pourvû de la Cure de S. Nicolas de la Taille, dans l'Archevêché de Roüen, au Pays de Caux; du confentement du Patron Laïc, il réfigna cette Cure, le 26. Septembre 1740. à François Chretien, pour prendre un Canonicat de la Sauffaye. Il fut élû Doyen de ce Chapitre en 1651. & mourut le 7. Septembre 1658. âgé de 83. ans, & non vers l'an 1646. comme on l'a dit dans cette Bibliothèque.

Pag. 96. lig. 8. *Eucyclopedia*. Lifez : *Encyclopedia*.

Ibid. article 11. on a dit que le *Séjour délicieux* fut imprimé en 1648. On ne s'eft pas trompé ; mais il y en a une Edition antérieure faite en 1623. felon un Ouvrage nouveau, dont j'ai emprunté les corrections, que j'ai faites pour l'article de Moreftel.

Pag. 98. lig. 31. *Morifoti.* Lifez : *Morifoto.*

Pag. 114. lig. 2. *originaire.* Lifez : & eft *originaire.*

Pag. 116. lig. 12. & exerça. Lifez : exerça.

Pag. 124. article 15. lig. 3. des Ouvrages de *Guillaume Paradin*, 1674. Lifez : 1574.

Ibid. lig. derniére, communiquée. Lifez : communiqués.

Pag. 125. lig. 3. *de Lugduno Prixo.* Lifez : *de Lugduno Prifco.*

Pag. 131. lig. 30. Relleau. Lifez : Belleau.

Pag. 133. fuprimez le dernier mot de la ligne 7.

Pag. 134. lig. 5. par laquelle. Lifez : pour laquelle.

Pag. 149. lig. 2. qui lui fut. Lifez : qu'il lui fut.

Pag. 157. lig. 18. dont le mérite eft obfcurci. Lifez : dont le mérite étoit obfcurci.

Ibid. lig. 35. après ces mots, *It. ibid.* 1730. *in* 12. *Ajoutez* : nouvelle Edition augmentée, avec des Figures & des Notes, par Jean Hyacinthe Piochon de Launay, son fils. Le même a fait imprimer en 1741. à l'occasion d'un Bandage nouveau de son invention, plus utile & plus commode que tous ceux qu'on a mis en usage jusqu'à present, une feuille intitulée : *Instruction abregée sur la conduite, que doivent tenir ceux qui sont incommodés des descentes.* Ce petit Écrit présenté par M. de Launay, à l'Académie Royale des Sciences, a été honoré par cette Compagnie, d'une aprobation en date du 29 Juillet 1741. Voy. le *Mercure de France*, Mars 1741. & le *Journal de Verdun du mois de Juillet* de la même année.

Pag. 158. après la lig. 3. *Ajoutez les deux articles qui suivent.*

AIMÉ PIRON.

PIRON, (*Aimé*) Apoticaire à Dijon, y naquit le 1. Octobre 1640. & y mourut le 9. Décembre 1727. Il a cultivé avec succès, la Poësie Bourguignonne. Ses petits Ouvrages en ce genre, sont en tel nombre, que le détail en seroit ennuyeux & superflu, ne consistant qu'en brochures du jour, & dont les Titres ne donneroient aucune idée claire du génie de l'Auteur. Ces petits Poëmes Burlesques rouloient, tantôt sur les plus graves événemens du tems, comme, *l'Ebaudisseman Dijonnoi su lai Naissance du Duc de Bregogne : Joyeusetai su le retor de lai santai du Roi : Phelisbor ecliaforai : Monmélian tarbôlai : Guillaume encharbotai, &c.* tantôt sur des événemens particuliers à Dijon & aux environs, comme *le Compliman dé Veigneron de Vougeô ai M. l'Abbé de Cited, lote Moaître, po son Proçai du Fauteüil des Eta : Le Privilége egairai : lai Comédie du bá du Bôr : Bontan de retor ; Opera Grionche, &c.* Mais les Noels Bourguignons furent son travail périodique & constant. Il en publia régulièrement tous les Avents pendant 25. ou 30. années. Ce fut lui qui engagea M. de la Monnoye, dont il fut ami pendant 80. ans, à composer ceux qu'il mit au jour, & qui ont été imprimés plusieurs fois.

Aimé *Piron* avoit épousé en secondes nôces Anne Dubois, fille de Jean Dubois, habile Sculpteur, dont on a fait mention dans cette Bibliothèque. Il en eut Alexis Piron, dont je vais parler.

ALEXIS PIRON.

PIRON, (*Alexis*) Avocat au Parlement de Dijon, & célèbre Poëte François, est né en cette Ville, le 9. Juillet 1689. d'Aimé Piron, & d'Anne Dubois.

CATALOGUE DE SES OUVRAGES.

1. *Les Fils Ingrats. Comédie en Vers en V. Actes.* Paris, veuve Mergé, 1729. *in* 8°. Cette Pièce est louée dans le *Mercure de Novembre* 1728. pag. 2483. & suiv. où l'on en trouve un long extrait. M. de Fontenelle dit dans son Aprobation, que cette Comédie a autant plû par la morale, que par ses autres agrémens.

2. *Callisthène. Tragédie.* Paris, veuve Mergé, 1730. *in* 8°. *It.* dans le *nouveau Recüeil choisi, & mêlé des meilleures Pièces du Théatre François & Italien.* La Haye, 1733. *in* 8°. L'Auteur du *Mercure de Mars* 1730. pag. 599. fait l'Eloge de *Callisthène,* & dit qu'on a rendu justice à la main de l'Ouvrier, qui est en état d'égaler nos meilleurs Auteurs Dramatiques, par ce génie mâle, qui s'est dévelopé dans ses premiers Ouvrages, & par le vrai qui règne dans ses maximes. Le célèbre M. de Fontenelle Joüe aussi dans son Aprobation, la noblesse & l'élévation des sentimens qui dominent dans cet Ouvrage. Le *Nouvelliste du Parnasse* assure, [1] que cette Pièce triste, mais sublime, renferme des choses admirables, & une quantité de Vers & de pensées dignes de Corneille. Malgré ces justes Eloges, il a paru, au sujet de cette Tragédie, une brochure composée, autant pour critiquer *Callisthène,* que pour faciliter

---
[1] Lettre III. pag. 62.

ET CORRECTIONS.

l'intelligence de l'action de cette Pièce de Théatre. Cette espèce de Critique, qui est de l'Abbé de Chompré, connu par son Dictionnaire de la Fable, a pour Titre : *La Vie de Callisthène, Philosophe à la Cour d'Alexandre le Grand*. 1730. *in* 8°.

3. *Gustave Vasa*. Tragédie. Paris, 1732. *in* 8°. Dans le *Mercure de Mars* de la même année, il est dit que cette Tragédie fut reçuë unanimement par les Comédiens François. Voy. le *Pour & Contre*, Tom. I. pag. 134. & suiv.

4. *Les Courses de Tempé. Pastorale*. Paris, le Breton, 1734. *in* 8°. Voy. un extrait de cette Pièce dans les *Mercures de Septembre & Octobre* 1734.

5. *Le Prieuré*. Pièce assez longue, inférée à la pag. 219. & suiv. des *Anecdotes ou Lettres secrettes sur divers sujets de Litterature & de Politique*. Mars 1736.

M. Piron compte de faire imprimer dans peu, trois ou quatre volumes d'*Œuvres mélées*.

Pag. 159. lig. 22. & fut enterré à S. Eustache. *Lisez* : & fut enterré à Notre-Dame, dont il étoit Chanoine & Chancelier.

Pag. 188. lig. 10. doit paroître. *Lisez* : devoit paroître.

Ibid. lig. 15. de ces Ouvrages. *Lisez* : de cet Ouvrage.

Pag. 192. lig. 24. Apologies. *Lisez* : Apologues.

Pag. 194. lig. 17. *Genesion*. *Lisez* : *Genesim*.

Pag. 199. lig. 15. le P. de Vignier. *Lisez* : le P. Vignier.

Pag. 200. lig. 1. Strabou. *Lisez* : Strabon.

Pag. 225. après l'article 3. *Ajoutez* : J'ai vû un exemplaire de ce Livre, à la tête duquel on lit une Note manuscrite, d'une main qui m'est inconnuë. Il est dit dans cette Note, que *Saint-Julien* étoit de très mauvaises mœurs, qu'il n'*entreprit cet Ouvrage que pour se loüer lui-même, & ses Ancêtres, ou sa Maison, & pour se faire valoir de son vivant, & généralement acquerir faveur de ceux parmi lesquels il vit libertinement. Il loüe infinis, qui ne méritent d'être loüés, & par envie ou malice, il ne parle de plusieurs, qui le méritent plus, ou pour le moins autant que ceux desquels il parle. Il est de la société & conjuration factieuse, que l'on apelle Ligue des Catholiques unis, & grand ennemi des Fidèles, & de la Religion Réformée*. L'Auteur de cette Note ajoûte que *Saint-Julien* entreprit son Histoire *en faveur de sa Profession & haine directe contre les Reformés. Il n'y a page, où il ne tâche de faire digressions contr'eux, sans occasion, & pour se faire valoir, & mettre en estime d'avoir été quelque habile homme, ennemi des Doctes de son tems, & bon François, Anti-Royaliste*, &c.

Pag. 236. lig. 1. de la note d'en bas. syllable. *Lisez* : syllabe.

Pag. 240. lig. 8. Loüis XIV. *Lisez* : Loüis XIII.

Ibid. lig. 19. avec ce qu'en avance. *Lisez* : avec ce qu'avance.

Pag. 262. art. 41. lig. 3. *Typis Regii*. Lisez : *Typis Regiis*.

Pag. 272. lig. 14. & 15. de re ascripsit. *Lisez* : *de ea scripsit*.

Pag. 273. lig. 8. de le donner. *Lisez* : de la donner.

Ibid. lig. 1. de la troisiéme note, *sic emendari*. *Lisez* : *sic emendavi*.

Pag. 275. lig. 6. Frafulgentio. *Lisez* : Frà Fulgentio.

Ibid. lig. 6. Frapaolo. *Lisez* : Frà Paolo.

Pag. 282. lig. 24. *mors parenti*. *Lisez* : *mors parentis*.

Ibid. lig. 27. *perpetius*. *Lisez* : *perpetuis*.

Pag. 322. lig. 31. & il n'oublia point. *Lisez* : & il n'oublie point.

Pag. 336. article 18. lig. 1. *cujusdem*. *Lisez* : *cujusdam*.

Pag. 337. vers la fin de l'article de *Pierre-Joseph du Vachet*, Bellenensis. *Lisez* : Belnensis.

Pag. 342. lig. 5. Plaidoyers. *Lisez* : Plaidoyés.

Pag. 345. lig. 12. It. *ludicra dictione*. Lisez : It. *de ludicra dictione*.

Pag. 348. lig. 3. on prétend. *Lisez* : on croit.

Ibid. lig. 14. 1640. *Lisez* : 1740.

Pag. 2. des additions & corrections, *suprimez* la lig. 6.

FIN.

TABLE
ALPHABETIQUE DES AUTEURS CONTENUS
en cet Ouvrage.

Les Auteurs indiqués sans étoile, se trouvent dans le corps de l'Ouvrage : Ceux marqués avec une étoile ★, dans les Additions, & ceux marqués avec une double étoile ★★, dans le corps de l'Ouvrage & dans les Additions.

A

AGano. Châtillon-sur-Seine.	1.
Alagus. Auxerre.	ibid.
Alexandre d'Auxerre.	2.
Alonnus. *Léonard* Autun.	3.
André. *le Pere* Mâcon.	ibid.
Ange. *le Pere* Saulieu.	ibid.
Antitus.	ibid.
Arbaleste. *Guy*	4.
Arbaleste. *Jacques* Beaune.	ibid.
Archange. *le Pere* Bourbon-Lancy.	ibid.
Arvifet. *Antoine* Pont-de-vaux.	5.
Arvifet. *Etienne* Pont-de-vaux.	ibid.
Aubry le Bourguignon.	ibid.
Autels. *Guillaume des* Charolles.	ibid.

B

BAcot de la Bretonniére. *François* Verdun-sur-Sône.	8.
Baillet. *Jean* Dijon.	ibid.
Bailly. *François* Auxerre.	ibid.
Bannelier. *Jean* Dijon.	9.
Barbier. *Marc-Antoine* Verdun-sur-Sône.	ibid.
Barbuot. *Jean* Flavigny.	ibid.
Bargedé *N. . .* Tonnerre.	10.
Barnaud. *Jean* Charolles.	ibid.
Basiles Borde. *le Pere*	ibid.
Bauderon. *Antoine* Mâcon.	11.
Bauderon. *Brice* Paray-en-Charollois.	13.
Bauderon. *Brice* Mâcon.	14.
Bauderon. *Gratien*	ibid.
Baudinot. *Palamedes*	15.
Baudot. *François* Dijon.	ibid.
Baufremont. *Claude de*	16.
Baufremont. *Henri de*	ibid.
Baufremont. *Nicolas de*	17.
Bauldry. *André* Villaine en Duesmois.	18.
Baulme. *Jean de la*	ibid.
Bauyn. *Bonaventure*	19.
Bauyn. *Prosper* Dijon.	ibid.
Bazin. *Jean-Baptiste*	ibid.
Bazin. *Jean-Baptiste* Dijon.	20.
Beaune. *Jean de* Beaune.	21.
Begat. *Jean* Dijon.	22.
Begin. *Jacques* Dijon.	27.
Beliere. *Claude de la* Charolles.	ibid.
Belin. *Anselme le* Dijon.	27.
Belin. *Jacques le*	ibid.
Belin. *Jacques-Jean le* Dijon.	28.
Berbis de Mailly. *Voy.* Mailly.	
Berbisey. *Jacques* Dijon.	ibid.
Berchere. *Denis Legouz de la*	30.
Berchere. *Jacques Legouz de la* Dijon.	29.
Berchere. *Jean-Baptiste Legouz de la*	30.
Berchere. *Pierre Legouz de la* Dijon.	31.
Bernard. *Saint* Fontaines.	32.
Bernard. *Claude* Dijon.	37.
Bernard. *Etienne* Dijon.	38.
Bernard. *Jean* Dijon.	41.
Bernard du Plessis-Besançon. *V.* Plessis-Besanç.	
Bernardon. *Guillaume* Châlon.	43.
Bernier. *Pierre* Dijon.	ibid.
Bertaut. *François* Rouvray.	45.
Bertaut. *Gilles* Châlon.	44.
Bertaut. *Léonard* Autun.	ibid.
Beuverand. *Jean-Baptiste* Châlon.	45.
Beuverand de la Loyère. *Voy.* Loyère.	
Biet. *Claude* Chauvot.	ibid.
Binet. *Etienne* Dijon.	46.
Bion. *Jean-François* Dijon.	48.
Bissy. *Henri Pons de Thiard* Pierre.	49.
Blanasque. *Jean de*	51.
Blanchot. *Pierre* Arnay-le-Duc.	52.
Blanchot. *Pierre*	ibid.
Blondeau. *Pierre*	53.
Blondel. *Jean le* Dijon.	52.
Blondel. *Jean*	53.
Bocquillot. *Lazare-André* Avallon.	ibid.
Bohier. *Isaac* Cluni.	56.
Boillot. *Jean* S. Mesmin.	57.
Boillot. *Philibert* Beaune.	ibid.
Boisot. *Jean-Nicolas* S. Jean-de-Lône.	ibid.
Boivin. *François de*	58.
Bollenat. *Pierre* Noyers.	ibid.
Bonfeal. *Pierre* Dijon.	59.
Bonnefons. *Jean* Bar-sur-Seine.	ibid.
Bontems. *Leger*	60.
Bony. *Simon*	61.
Bonyer. *Nicolas* Dijon.	ibid.
Borde le P. Basile. *Voy.* Basile Borde.	
Borde du Houssay. *N.*	62.
Borthon. *Jean* Auxonne.	ibid.
Bossu. *Jean le*	ibid.
Bossuet. *Jacques-Benigne* Dijon.	ibid.
Boton. *Pierre* Mâcon.	72.
Bouchard. *Hugues* Dijon.	73.

Bouchard. *Jacques* Dijon. 73.
Bouchin. *Etienne* 74.
Bouchul. *Jean* Dijon. 75.
Bouhier. *Jean* Dijon. ibid.
Bouhier. *Jean* Dijon. 77.
Bouhier. *Jean* Dijon. 78.
Bouhin. *Pierre* Saint-Seine. 93.
Boulier. *Anne-Séraphine* Dijon. 94.
Boulier. *Philibert* Dijon. ibid.
Bourceret. *Laurent* Dijon. 95.
Bourgouin. 96.
Bourrée. *Edme-Bernard* Dijon. ibid.
Boursault. *Hugues* Semur. 98.
Bouffet. *Jean-Baptiste* de Aniéres. ibid.
Bouffuet. *François* Seurre. 99.
Boutiere. *George de la* Autun. ibid.
Bouton. *Hémart* Mâcon. 100.
Bouton de Chamilly. *Voy.* Chamilly.
Bouvot. *Job* Châlon. ibid.
Boyer. *Philibert* Paray. 101.
Boyer. *Philippe* Dijon. ibid.
Boyvault. *Jacques* Dijon. 102.
Brechillet. *Etienne* Dijon. ibid.
Brechillet. *Joseph* Dijon. 103.
Bredin. *Edouard* ibid.
Bret. *Michel* Dijon. 104.
Bretagne. *Claude* Dijon. ibid.
Bretagne. *D. Claude* Semur. ibid.
Bretagne. *François* Nan-sous-Thil. 105.
Bretagne. *François* Semeur. ibid.
Bretagne. *Jacques* 106.
Bretin. *Philibert* Auxonne. ibid.
Breton. *Raimond* Beaune. 107.
Breunot. *Gabriel* Autun. 108.
Briandet. *Pierre* Dijon. ibid.
Brice. *Germain* Auxerre. ibid.
Briffault. *Bernard* Dijon. 110.
Briois. *Hélie le* ibid.
Briois. *Pierre le* ibid
Briton. *Claude* 111.
Brocard. *Pierre* Dijon. ibid.
Brosse. *N.* Auxerre. ibid.
Brosse. *D. Loüis-Gabriel* Auxerre. ibid.
Brulart. *Nicolas* Dijon. 112.
Bruneau. *Jean* Châlon. ibid.
Brunet. *Claude* Auxerre. ibid.
Brunet. *Jean-Loüis* Auxerre. 113.
Brunet. *Joseph* Beaune. ibid.
Bruys. *François* Serriéres. ibid.
Bugnyon. *Philibert* Mâcon. 117.
Bureau. *Laurent* Liernais. 119.
Burgat. *Claude* Châlon. 120.
Burgat. *François* Mâcon. ibid.
Burteur. *Jean-Pierre* Dijon. ibid.

C

Cadiou. *Jean-Baptiste* 121.
Caillet. *Benigne* Dijon. ibid.
Caillet. *Jean* Dijon. ibid.
Calon. *Edme* 122.
Camus. *Charles* Dijon. ibid.
Canat. *Nicolas* Châlon. ibid.
Cappus. *Jean-Baptiste* Dijon. 123.
Carmagnole. *André* ibid.
Carrelet. *Bernard* Dijon. ibid.
Carrelet. *Louis* Dijon. 124.
Carrelet. *de Rosay Pierre* Dijon. ibid.
Casotte. *Jean* Dijon. ibid.

Césaire. *S.* près Châlon. 125.
Chamilly. *Noel Bouton de* Chamilly. 128.
Champion. *Honoré.* ibid.
Chagny. *Pierre de* Dijon. 129.
Changy. *Jacques de* Dijon. ibid.
Chanterenne. *Pierre* Dijon. ibid.
Chapot. *Jean* Châlon. 130.
Charmoy. *Louis de* ibid.
Charmoy. *Nicolas de* ibid.
Charpy. *D. Gaëtan* Mâcon. ibid.
Charpy. *Nicolas* Sainte-Croix. ibid.
Chartraire de Givry. *François-Anne* Dijon. 131.
Charvot, *Antoine de* 132.
Chasan. *Claude-Bernard de* ibid.
Chasseneuz. *Barthelemi de* Issy-l'Evêque. ibid.
Chastel. *Pierre du* Arc-en-Barois. 138.
Chavigny. *Jean-Aimé de* Beaune. 139.
Chein. *Louis* Beaune. 142.
Chevanes. *Jacques-Auguste de* Dijon. ibid.
Chevanes. *Jacques de* Autun. 144.
Chevanes. *Nicolas de* Autun. 145.
Chicoré. *Pierre* 146.
Chifflot. *Antoine* ibid.
Chifferet. *Pierre* Nuys. ibid.
Choquet. *Jean* Dijon. ibid.
Chouet. *Jacques* Auxerre. ibid.
Chretien. *Felix* 147.
Cirey. *Jean de* Dijon. ibid.
Clement. *Denys* *
Clement. *Pierre* 148.
Clerguet. *Salomon* Châlon. ibid.
Clugny. *Etienne de* Avallon. ibid.
Clugny. *Ferry de* Autun. 149.
Clugny. *François de* *
Clugny. *Jacques de* Avallon. 150.
Clumis. *Jacques de* Saint-Jean-de-Lône. ibid.
Cochet de S. Valier. *Melchior* 151.
Cocquard. *François-Bernard* Dijon. 152.
Colin. *Jean* Beaune. 158.
Colin. *Philibert* Chailly. ibid.
Colon. *Bernard* Dijon. ibid.
Comestor ou le Mangeard. *François* Arnay-le-Duc. 159.
Coqui. *Jean* ibid.
Cornibus. *Pierre de* Beaune. ibid.
Cothenot. *Jean* Dijon. 160.
Cothier de Juilly. *Voy.* Juilly.
Court. *Charles-Caton de* Pont-de-vaux. ibid.
Court. *Louis de* Pont-de-vaux. 161.
Crebillon. *Voy.* Jolyot.
Crochard. *Claude* Châlon. 162.
Croix. *Marc de la* Pondevaux. 163.
Cuchot. *Jean-Baptiste* Châlon. ibid.
Cuni. *Jean de* Dijon. ibid.
Curtot. *Jean* Arnay-le-Duc. 161.
Cusset. *Pierre* 163.
Cyriac Demangin. *Clément* ibid.

D

Dariot. *Claude* 165.
Daubenton. *Guillaume* ibid.
Daubus. *Charles* 167.
David. *D. Claude* 168.
David. *Maurice* ibid.
David. *Pierre* 169.
Davion. *Julien* Auxerre. ibid.
Decret. *Claude* Tournus. ibid.

Defrafans. *Jacques*	169.
Dejoux. *Antoine* Tournus.	170.
Delyon. *Gafpard* Clugny.	ibid.
Depringles. *Jean* Nuys.	ibid.
Derequeleyne. *Gafpard-Antoine* Dijon.	173.
Derequeleyne de Longepierre. *Voy.* Longepierre.	
Desbarres. *Marie-Dorothée*	ibid.
Defchifeaux. *Pierre* Mâcon.	174.
Defcoufu. *Celfe-Hugues* Châlon.	ibid.
Defcoufu. *Celfe-Hugues* Châlon.	176.
Defpériéres. *Jean-Bonaventure* Arnay-le-Duc.	ibid.
Defplaces. *Jean*	178.
Develles. *Jacques* Autun.	ibid.
Dhoges. *Pierre* Châlon.	179.
Doneau. *Hugues* Châlon.	180.
Donet. *Philibert* Saulieu.	183.
Dubois. *Jacques* Mâcon.	184.
Dubois. *Jean* Dijon.	ibid.
Dubroquard. *G.*	185.
Ducret. *Touffaint* Châlon.	ibid.
Ducrot. *Lazare* Auxerre.	186.
Dumay. *Paul* Touloufe.	ibid.
Dumay. *Pierre* Dijon.	188.
Duneau. *François* Châtillon-sur-Seine.	189.
Dupin. *Martin*	190.
Dupré. *Guillaume*	191.
Dupuy. *N.*	ibid.
Durand. *Bernard* Châlon.	ibid.
Durand. *Bernard* Châlon.	192.
Durand. *Hugues*	193.
Durand. *Jofeph.*	ibid.
Durand. *Pierre* Châlon.	194.
Durand. *Pierre* Beaune.	ibid.
Durey. *Claude.*	195.
Duval. *Jean-Baptifte* Auxerre.	ibid.
Duval. *Nicolas.*	197.
Duverne. *Pierre* Dijon.	ibid.

E

Eloy. *N.*	198.
Emotte. *Pierre* Beaune.	ibid.
Enellan. *Jean* Châlon.	199.
Efpiard. *François-Bernard* Dijon.	ibid.
Eftiennot de la Serre. *D. Claude* Varennes	201.
Eftiot. *Jean* Dijon.	ibid.
Eumenius. Autun.	203.
Euftache.	205.

F

Fabarel. *Jean.*	206
Fachon. *Guichard.*	ibid.
Falcon.	ibid.
Farcier *Edme* Tournus.	207.
Fauras. *Jean* Dijon.	ibid.
Fernier. *Guillaume* Auxerre.	208.
Ferrand. *Jacques* Dijon.	ibid.
Fevre. *Jean le* Dijon.	ibid.
Fevre. *Raoul le*	209.
Fevret. *Charles* Semur.	ibid.
Fevret de S. Mefmin. *Charles* Dijon.	213.
Fevret. *Claudine* Dijon.	214.
Fevret. *Jacques* Dijon.	ibid.
Fevret. *Pierre* Dijon.	115.
Filsjean. *Etienne* Dijon.	216.
Florent. *François* Arnay-le-Duc.	ibid.
Flory. *Jean*	220.
Foderé. *Pierre-Jacques*	220.
Foreftier. *Pierre*	221.
Foucher. *Claude-François* Dijon.	ibid.
Foucher. *Jean* Auxerre.	222.
Foucher. *Simon* Dijon.	ibid.
Foulon de la Chaume. *Jean-Benigne*	226.
Fouffard. *Nicolas*	222.
Frédégaire le Scholaftique.	226.
Fremyot. *André* Dijon.	227.
Fremyot. *Jeanne-Françoife* Dijon.	229.
Fremyot. *Luc* Dijon.	230.
Frodon.	ibid.
Fromageot. *Antoine* Dijon.	231.
Fromon.	ibid.
Fuftailler. *François.*	ibid.
Fyot de la Marche. *Claude* Dijon.	233.
Fyot de Vaugimois. *Claude* Dijon.	235.
Fyot. *François.*	237.
Fyot de la Marche. *François*	238.

G

Gagne. *Amé-Claude-François*	240.
Gagne. *Antoine-Bernard* Dijon.	ibid.
Gambu. *André* Mâcon.	ibid.
Gargenville. *Jean de*	241.
Garnier.	ibid.
Garreau. *Antoine* Toulon-fur-Aroux.	242.
Gauchery. *Jean*	ibid.
Gaudelet. *Jean* Dijon.	243.
Gaudrillet. *Jofeph* Dijon.	ibid.
Gaulthier.	244.
Gaulthier.	ibid.
Gaulthier. *Prudent*	ibid.
Gauthier. *Jofeph* Avalon.	242.
Gazon. *Jean* Dijon.	245.
Geliot. *Louvan*	ibid.
Genreau. *Jacques* Dijon.	246.
Geoffron. *Jacques* Saulieu.	ibid.
Georgemey. *François* Châtillon-fur-Seine.	247.
Gerard.	ibid.
Germain. *Saint* Autun.	ibid.
Gilbert. Auxerre.	249.
Gilbert. *Claude* Dijon.	ibid.
Gilles de Noyers. *Jean* Noyers.	250.
Gilles. *Jean-Loüis* Dijon.	251.
Gillet. *Etienne*	250.
Gillot. *Jean* Arnay-le-Duc.	151.
Girard. *Antoine*	ibid.
Girard. *Jacques* Tournus.	253.
Girard. *Jean* Givry.	254.
Girard. *Jean* Dijon.	ibid.
Girardel. *François* Chamerois.	256.
Girardel. *Pierre* Chamerois.	ibid.
Giffey. *Eudes de* Autun.	357.
Godin. *Jean* Montbard.	258.
Godran. *Charles* Dijon.	ibid.
Godran. *Jean* Dijon.	259.
Gomaut. *Jean* Seurre.	260.
Gombault. *Jean*	ibid.
Gonel. *Guillaume* Châlon.	ibid.
Gontier. *Guillaume* Châlon.	261.
Gontier. *Jean-Baptifte-Bernard* Dijon.	262.
Gougenoft. *N.* Dijon.	263.
Goujon. *Jacques-Florent* Dijon.	ibid.
Goujon. *Pierre*	264.
Gouthieres. *Nicolas de*	ibid.
Goux. *le Voy.* Berchere.	

Goux. le *Voy.* Legoux.		Jacquinot. *Jean* Dijon.	332.
Grange. *Jean de la* Semur.	265.	Jannon. *Hugues*	333.
Grange. *Pierre de la*	ibid.	Jant. *Jacques de*	ibid.
Granger. *Guillaume* Dijon.	ibid.	Jean.	334.
Grazilier. *D. Claude-Thomas* Dijon.	266.	Jean.	ibid.
Grenan. *Benigne* ** Noyers.	ibid.	Jean.	335.
Grenan. *Pierre* Noyers.	268.	Jeannin. *Pierre*	ibid.
Griguette. *Benigne* Dijon.	269.	Jehannin. *François-Claude*	339.
Griguette *Joseph*	ibid.	Jehannin. *François*	341.
Grillot. *Claude*	270.	Jobers. *Claude* Roche-Paray.	ibid.
Grivel. *Claude* Verdun-fur-Sône.	ibid.	Jodon. *Antoine*	ibid.
Grolleau. *N.*	271.	Joliclerc. *Christophle* S. Jean-de-Lône.	342.
Groftet. *Philibert*	ibid.	Joly. *Adam*	ibid.
Grozelier. *Nicolas* ** Beaune.	ibid.	Joly. *Antoine* Dijon.	ibid.
Grufot. *Gilles*	ibid.	Joly. *Antoine* Dijon.	ibid.
Gueneau. *Jean-Edme* Dijon.	272.	Joly. *D. Barthelemy* Dijon.	343.
Guenebauld. *Jean* Dijon.	ibid.	Joly. *Benigne* Dijon.	ibid.
Guerin. *Gerard* Châlon.	277.	Joly. *Claude* Dijon.	344.
Guefnié. *Dom Claude* Dijon.	ibid.	Joly. *George* Dijon.	345.
Guibaudet. *François* Orrain.	279.	Joly. *Hector*	346.
Guibaudet. *François* Dijon.	280.	Joly. *Jean-Benigne*	ibid.
Guibaudet. *François* Dijon.	ibid.	Joly. *Louis*	ibid.
Guibaudet. *Thomas* Dijon.	ibid.	Joly. *Louis*	ibid.
Guichenon. *Samuel* Mâcon.	ibid.	Joly. *Philippe*	347.
Guide. *Philibert-Hegemond* Châlon.	289.	Jolyot de Crebillon. *Prosper* **	349.
Guide. *Philippe* Châlon.	290.	Jornot. *Guillaume*	352.
Guide. *Philippe*	291.	Irénée. *le Pere*	ibid.
Guijon. *André* Autun.	ibid.	Irfon. *Claude*	ibid.
Guijon. *Hugues* Autun.	292.	Juilly. *Charles-Cothier*, *Sr. de*	353.
Guijon. *Jacques* Autun.	294.	Julien. *Nicolas* Châlon.	ibid.
Guijon. *Jacques de* Noyers.	297.	Juliot. *Benigne* Dijon.	354.
Guijon. *Jean* Saulieu.	ibid.	Junot. *Jean-Baptiste* Châtillon-fur-Seine.	ibid.
Guijon. *Jean* Autun.	298.	Jurain. *Claude* Auxonne.	ibid.
Guillaume. *Gabriel* Dijon.	299.	Juret. *François* Dijon.	355.
Guillaume. *Jean* Arnay-le-Duc.	300.		
Guillaume. *Pierre* Dijon.	303.	**L**	
Guilleminot. *Jean* Montbard.	305.		
Guilliaud. *Maximilien* Châlon.	304.	Lachere. *le Pere François* Loye.	362.
Guttery. *Jean de*	305.	Lacurne de Ste. Palaye. *Jean-Baptiste* Auxerre.	363.
Guttery. *Michel*	ibid.	Lacurne. *Jean* Arnay-le-Duc.	364.
Guy de Munois. *Munois*	306.	Ladonne. *Etienne*	ibid.
Guy de Parey de Paredo.	278.	Ladonne. *Jean*	365.
Guyton. *François*	307.	Laguille. *Louis* Autun.	ibid.
		Lalamant. *Jean.* Autun.	366.
H		La Loye. *Jean-François de* Dijon.	368.
		Lambert.	ibid.
Harbet. *Nicolas* Auxonne.	309.	Lambert. *Jacques* Mâcon.	ibid.
Henri de Marfac. Marfac.	ibid.	Lambert. *Jean*	369.
Herbert. Auxerre.	310.	Lambert. *Philibert*	ibid.
Heric. Hery.	ibid.	Languet. *Claude*	ibid.
Hervi. *Nicolas*	313.	Languet. *Hubert*	370.
Hilarion de Nolay. *le Pere.*	ibid.	Languet. *Jean-Baptiste-Joseph* Dijon.	374.
Hoin. *Pierre* Saint Nicolas.	313.	Languet. *Jean-Joseph.* Dijon.	374.
Honoré.	314.	Lantin. *Benigne* Dijon.	380.
Hugues.	319.	Lantin. *Jean-Baptiste* Châlon.	ibid.
Hugues. *Saint*	320.	Lantin. *Jean-Baptiste* Dijon.	382.
Hugues.	321.	Lantin. *Jean-Baptiste* Dijon.	385.
Hugues.	ibid.	Lantin de Damerey. *Jean-Baptiste*	ibid.
Humbert.	322.	Lantin. *Pierre*	386.
Humbert. *Etienne*	ibid.	Launay. *Claude de* Dijon.	ibid.
		Laufferois. *Jean de*	ibid.
I		Leandre. *le Pere* Dijon.	387.
		Leauté. *Jacques*	ibid.
Jacob. *Louis* Châlon.	323.	Leauté. *Pierre-François* Dijon.	388.
Jacob. *Octavien*	330.	Lebeuf. *Jean* ** Auxerre.	ibid.
Jacquier. *Nicolas* Dijon.	ibid.	Leblanc. *Jean-Bernard* Dijon.	401.
Jacquinot. *Barthelemy* Dijon.	331.	Leblanc. *Marcel* Dijon.	402.
Jacquinot. *Dominique*	332.	Leblanc. *Philibert* Beaune.	403.

Leclerc. *George-Louis* Montbard.	404.	Le Roi. *Claude*	409.
Leclerc. *Germain* Auxerre.	405.	Lézand. *Claude* Tournus.	411.
Legoux de la Berchère. *Voy.* Berchère.		Liébaut. *Jean* Dijon.	ibid.
Legouz. *François* Auxerre.	ibid.	Liévre. *Guillaume le* Avallon.	412.
Legouz. *Guillaume, Seigneur de Vallepesle.* *Voy.* Vallepesle.		Ligier. *Louis* Auxerre.	ibid.
		Longepierre. *Hilaire-Bernard Detequeleyne Sr. de* Dijon.	414.
Legoux. *Jean* Dijon.	ibid.	Lordelot. *Benigne* Dijon.	417.
Legouz. *Pierre* Dijon.	ibid.	Lorin. *André-Joseph* Dijon.	418.
Legrand. *Benigne*	406.	Lourdelot. *Jean* Dijon.	419.
Legrand. *Etienne* Châtillon-sur-Seine.	407.	Lourdereau. *Jean* Auxerre.	ibid.
Lemulier. *le Pere Valentin*	ibid.	Louvet. *le Pere Pierre* Saint-Seine	420.
Lemulier. *Pierre* Semeur.	ibid.	Loyère. *N...* *Benverand de la* Châlon.	421.
Lenet. *Philibert-Bernard* Dijon.	408.	Loyset. *Claude*	ibid.
Lenet. *Pierre* Dijon.	ibid.	Lucotte. *Jean-Benigne, Sr. du Tilliot* Dijon.	ibid.
Léri. *Jean de la* Margelle.	409.		
Le Roi. *Benigne* Dijon.	ibid.		

Fin de la première Partie.

TABLE

DE LA SECONDE PARTIE DE LA BIBLIOTHEQUE
des Auteurs de Bourgogne.

M

		Marcenay. *Vorlet de* Châtillon-sur-Seine.	16.
		Marchand. *François*	17.
		Marchand. *Jean-Loüis* Dijon.	ibid.
Macer. *Jean* Santigny.	1.	Marchand. *Jean-Louis* Auxonne.	ibid.
Machou. *Jean* Tournus.	2.	Marche. *Olivier de la*	19.
Machureault. *Josias* Châlon.	ibid.	Mare. *Philibert de la*	25.
Maconnai. *Gaspard*	3.	Mare. *Philibert de la* Dijon.	26.
Madelenet *ou* Magdelenet. *Gabriel*	ibid.	Marguerite du S. Sacrement. *la Sœur* Beaune	22.
Magnien. *Barthelemy*	5.	Margueron. *Noel*	21.
Magnon. *Jean*	6.	Mariche. *Loüis* Châlon.	ibid.
Maignien. *Jacques*	ibid.	Marie. *Jean* Auxerre.	23.
Maillard. *Hubert* Flavigny.	ibid.	Marinel. *Martin*	ibid.
Mailley. *Louis* Dijon.	ibid.	Mariotte. *Edme*	24.
Mailly. *Gabriel Berbis, Seigneur de*	8.	Marlet. *Claude le*	25.
Mailly, *Maly, ou Malig.* *Guillaume*	7.	Marténe *Edmond* Saint-Jean-de-Lône	30.
Mailly. *Guillaume* Mailly.	ibid.	Martin. *Barthelemy* Chanceaux.	34.
Mailly. *Jean de*	ibid.	Martin. *Benigne*	ibid.
Maistret. *Jacques* Juilly.	8.	Martin. *Bernard* Dijon.	35.
Maizière. *Philippe de* Chagny.	ibid.	Martin. *Claude* Autun.	ibid.
Malaing. *Jean de*	9.	Martin. *Jean* Dijon.	ibid.
Mallemans *ou* Mallement. *Claude* Beaune.	ibid.	Martineau de Soleyne. *Jacques*	36.
Mallemans. *Etienne*	11	Masson. *Claude* Beaune.	37.
Mallemans. *Jean*	ibid.	Massot. *Jean*	36.
Malpoix. *Pierre* Dijon.	13	Massot *Jean* Dijon.	37.
Malpoix. *Thibault*	14.	Matal. *Jean*	38.
Malteste. *Antoine*	ibid.	Materot. *Luc*	ibid.
Malteste. *Claude*	ibid.	Mathieu. *Claude* Dijon.	ibid.
Malteste. *François*	15.	Mathion. *Odot-Loüis* Dijon.	ibid.
Mamerot. *Roch* Auxerre.	16.	Mathou. *Dom Claude-Hugues* Mâcon.	39.
Mamert. *Saint*	ibid.	Maucouvent. *Antoine*	40.

Maumenet. *Louis* Beaune.	30.
Maurice. *Jean*	42.
Mazilles, *Jean de*	ibid.
Meat. *N.*	ibid.
Melenet. *Jean Montot.*	ibid.
Menault. *Pierre-Richard* Beaune.	43.
Meneftrier. *Claude le* Dijon.	ibid.
Meneftrier. *Jean-Baptifte* Dijon.	44.
Merle. *Andoche*	45.
Micault. *Louis-François* Nuys.	ibid.
Michard. *Antoine*	ibid.
Michault. *Jean-Bernard* Dijon.	46.
Michault. *Pierre*	47.
Michel. *Claude* Dijon.	49.
Migieux. *Claude de*	ibid.
Mignault. *Claude* Talant.	50.
Milet. *Barthelemy* Dijon.	56.
Milletot. *Benigne*	57
Milletot. *Jean-Benigne* Dijon.	58.
Millotet. *Marc-Antoine* Dijon.	ibid.
Millotet. *Marc-Antoine* Dijon.	59.
Mimeure. *Voy.* Vallon.	
Minot. *Philippe* Dijon.	60.
Moitoret. *Antoine de Blainville* Pichange.	ibid.
Monjournal. *Claude de*	80.
Monnoye. *Bernard de la* Dijon.	61.
Montagu. *Philibert de* Autun.	80.
Montholon. *Jean de* Autun.	ibid.
Moreau. *Etienne* Dijon.	81.
Moreau. *Jacques* Dijon.	83.
Moreau. *Jacques* Châlon-fur-Sône.	84.
Moreau, *D. Jean-Baptifte* Nevers.	85.
Moreau de Mautour. *Philibert-Bernard* ** Beaune.	86.
Moreau. *Pierre* Paray-le-Monial.	91.
Morel. *Andoche* Dijon.	92.
Morel. *Jacques-Philibert* Châlon.	93.
Morel. *Jean* Châlon.	ibid.
Morelet. *Jean* Dijon.	94.
Morelet. *Laurent* Dijon.	ibid.
Moreftel. *Pierre* ** Tournus.	95.
Morin. *Pierre* Beaune.	96.
Morifot. *Antoine* Dijon.	ibid.
Morifot. *Claude-Barthelemy* Dijon.	97.
Mortiéres. *Jacques de* Châlon.	99.
Moulin. *Antoine du*	ibid.
Mouteau. *Philippe* Bourbon-Lancy.	101.
Mucie. *Jacques de* Dijon.	ibid.
Mudry. *François* Beaune.	ibid.
Muet. *Pierre le* Dijon.	ibid.
Muet. *Romuald le* Colanges-les-Vineufes.	102.
Mugnier. *Edme* Châlon.	103.
Muguet. *N...* Châlon.	ibid.
Mugnier. *Jean* Autun.	ibid.
Muffard. *Claude* Autun.	104.

N

Naiffey. *Jean de*	105.
Nardot. *le Pere Adrien* Dijon.	ibid.
Nardot. *François-Antoine* Dijon.	ibid.
Naturel. *Pierre* Châlon.	ibid.
Naudot. *Jacques* Autun.	106.
Neuchaifes ou Neuchefes. *Jacques de*	107.
Neuveglife. *Charles de* Saint-Gengoux.	108.
Nicaife. *Claude* Dijon.	109.
Nicolas. *Jean* Dijon.	112.
Nicolas. *le Pere* Dijon.	ibid.
Niquevard. *N...*	113.

Noble. *N... le*	113.
Noblot. *Charles* Aify.	114.
Noyers. *Hugues de*	115.

O

Odebert. *Louis* Avallon.	116.
Odebert. *Pierre*	ibid.
Odon.	117.

P

Palluet. *Pierre* Dijon.	119.
Panier. *Edme & Joseph* freres.	ibid.
Papillon. *Almaque*	ibid.
Papillon. *Thomas*	121.
Paradin. *Claude* Cuifeaux.	122.
Paradin. *Guillaume* Cuifeaux.	123.
Paradin. *Jean* Louhans.	125.
Paradin. *Trajan*	126.
Parife. *Blaife*	127.
Pafquelin. *Guillaume* Beaune.	ibid.
Pafquelin. *Guillaume* Beaune.	ibid.
Pafquier. *Etienne*	130.
Patin. *Jean-Baptifte* Beaune.	ibid.
Patouillet. *Jean* Etevaux.	131.
Patouillet. *Louis* Dijon.	132.
Peneffot. *N...* Châlon.	ibid.
Penneti. *le Pere Antoine* Mâcon.	ibid.
Perard. *Benigne* Dijon.	ibid.
Perard. *Etienne* Dijon.	133.
Perard. *Jacques*	135.
Perard. *Jules*	ibid.
Periers. *Bonaventure des Voy. Defperiers.*	
Perreau. *Pierre-Thomas*	136.
Perreaud. *François* Buffy.	ibid.
Perrelle. *Jean* Châtillon-fur-Seine.	ibid.
Perreney. *Joseph-Aimé*	137.
Perrier. *François* Saint-Jean-de-Lône.	138.
Perrier. *François* Beaune.	140.
Perrier. *Jean* Beaune.	141.
Perrier. *Nicolas* Saint-Jean-de-Lône.	ibid.
Perrin. *François*	142.
Perry. *Claude* Châlon.	143.
Perry. *Claude*	146.
Peffeliére. *Pierre*	ibid.
Petit. *Paul* Dijon.	ibid.
Petitot. *François* Dijon.	148.
Petitot. *Simon*	ibid.
Philandrier. *Guillaume* Châtillon-fur-Seine.	ibid.
Picard. *Jean* Toutry.	151.
Picardet. *Anne*	152.
Picardet. *Hugues* Mirebeau.	ibid.
Pichou. *N...* Dijon.	154.
Picquet. *Claude* Dijon.	155.
Piget. *Zacharie*	156.
Pinffonat. *Jacques* Bellevèvre.	ibid.
Piochon. *Jean* ** Dijon.	ibid.
Pion. *Pantaleon*	157.
Piron. *Voy.* dans les Additions.	
Piron. *Aimé* *	
Piron. *Alexis* *	
Pirot. *Edme*	158.
Pife. *le Pere Marcellin de* Mâcon.	159.
Pleffis-Befançon. *Bernard, Seigneur du*	ibid.
Plume. *Anne de la*	160.
Poillot. *Denis* Autun.	ibid.

Poifeu. *Yves de* Valdevergy.	161.
Poligny. *Jean de* Dijon.	ibid.
Pollechat. *Pierre*	162.
Poncelet. *Louis de*	ibid.
Pontoux. *Claude de* Châlon.	ibid.
Pontoux. *Nicolas de* Châlon.	164.
Popion. *Claude* Auxonne.	ibid.
Popon, *ou* Pompon. *Mâclon*	ibid.
Poupo. *Pierre* Bar-fur-Seine.	166.
Poyens. *François* Nuys.	ibid.
Préci. *Jean de*	167.
Preftet. *Jean* Châlon-fur-Sône.	ibid.

Q

Quarré. *Barthelemi*	169.
Quarré. *Etienne* Dijon.	ibid.
Quarré d'Aligny. *François* Dijon.	170.
Quarré. *François* Châlon.	172.
Quarré. *Gafpard* Dijon.	ibid.
Quarré. *Pierre*	173.
Quentin. *Leger* Autun.	174.
Quinfon. *Paulin*	ibid.
Quintin. *Jean* Autun.	175.

R

Rabutin. *François de*	178.
Rabutin. *Jean-Louis*, Comte de Buffy.	179.
Rabutin. *Louife-Françoife de* Buffy	ibid.
Rabutin. *Marie de*	180.
Rabutin. *Marie-Thérèfe de* Buffy	182.
Rabutin. *Nicolas-Amé*, Marquis de Buffy	ibid.
Rabutin. *Roger*, Comte de Buffy Epiry.	ibid.
Rabyot de Corlon. *Lazare* Autun.	185.
Raignauld.	ibid.
Rainogala.	186.
Rameau. *Jean-Baptifte* Dijon.	ibid.
Rapin. *Claude* Auxerre.	188.
Ravey. *Claude* Châlon.	ibid.
Raviot. *Guillaume* Dijon.	ibid.
Raynard, Raynaud, *ou* Regnier.	189.
Regnauld. *Gilbert*	190.
Regnier. *Jacques* Beaune.	192.
Regnier. *Jean* Auxerre.	ibid.
Remi.	193.
Remond. *François* Dijon.	196.
Renvoify. *Richard de*	197.
Rétice. *Saint*	198.
Reynault, *ou* Raynaud.	199.
Riboudeault. *Philippe* Châlon.	200.
Richard. *Germain-Gilles* Dijon.	201.
Richard. *Jean* Dijon.	202.
Richard. *Jean-Baptifte* Dijon.	203.
Richard. *Pierre* Beaune.	204.
Richer. *Claude* Auxerre.	205.
Rigollier. *Jean-Baptifte* Auxonne	206.
Robelin. *Jean* Dijon.	ibid.
Robert.	207.
Robert. *Claude* Cheflay.	209.
Robert. *Philippe* Châlon.	211.
Robin. *Pierre*	214.
Robin. *Vincent* Dijon.	ibid.
Roillet *ou* Rouillet. *Claude* Beaune.	ibid.
Rollin. *Jean*	216.
Rouffeau. *François* Coulanges-les-Vineufes.	217.
Roux. *François le* Chagny.	218.
Royer. *Guillaume* Dijon.	219.
Ruffier. *François* Tournus.	220.
Rymon. *Emanuel-Philibert de*	ibid.

S

SAge. *George-Louis le la* Colombiére.	222.
Saint-Julien de Baleurre. *Claude de*	224.
Saint-Julien. *Pierre de ★★* Baleurre.	ibid.
Salagny. *Geoffroi de*	227.
Salier. *Jacques* Saulieu.	230.
Salins. *Claude de* Beaune.	231.
Salins. *Hugues de* Beaune.	ibid.
Salins. *Jean-Baptifte de* Beaune.	233.
Sambin. *Hugues* Dijon.	ibid.
Sarrafin. *Michel* Nuys.	234.
Saulnier. *Claude* Autun.	235.
Saulnier. *Pierre*	ibid.
Saulx. *Gafpard de* Dijon.	236.
Saulx. *Guillaume de*	238.
Saulx. *Jacques de*	239.
Saulx. *Jean de*	240.
Saumaife. *Benigne de*	242.
Saumaife. *Charlotte*	246.
Saumaife. *Claude* Semeur-en-Auxois.	247.
Saumaife. *Claude de*	287.
Saumaife. *Claude de* Dijon.	ibid.
Saumaife. *Louis de*	288.
Saumaife. *Pierre de*	ibid.
Savot. *Louis* Saulieu.	290.
Sayve. *Claude de*	293.
Seguenot. *Clande* Avallon.	ibid.
Sibille. *Touffaint* Châlon.	296.
Souvert. *George* Seigneur de	ibid.
Souvert. *Jean de*	297.
Soyrot. *Emilien* Dijon.	ibid.
Soyrot. *Jacques* Dijon.	298.
Spirinx. *Louis*	ibid.
Suchon. *Gabrielle* Semeur.	ibid.

T

TAbourot. *Etienne* Dijon.	300.
Tabourot. *Jean*	303.
Taifand. *D. Claude*	ibid.
Taifand. *Nicolas* Dijon.	304.
Taifand. *Pierre* Dijon.	305.
Tamifier. *Pierre* Tournus.	308.
Taphnon. *Jean-Baptifte* Montbard.	310.
Taffin. *Nicolas* Dijon.	311.
Taffinot. *François-Jacques* Dijon.	313.
Taureau *ou* Thoreau. *André* Dijon.	ibid.
Téridiers *ou* Tétradius. Châlon.	314.
Ternet. *Claude*	ibid.
Textor. *Benoît* Pontdevaux.	ibid.
Théophile. *le Père*	315.
Théfut. *Jacques de* Châlon.	ibid.
Thibault. *Antoine*	ibid.
Thibault. *Jean-Alexis* Chenault.	ibid.
Thiéry. *Gafpard* Dijon.	316.
Thiroux. *Claude*	317.
Thiroux. *Etienne* Autun.	ibid.
Thiroux. *D. Jean l'Evangélifte* Autun.	318.
Thomas. *Antoine* Dijon.	ibid.
Thomas. *la Blonde de Saint Bernard. Claude* Dijon.	ibid.

Thomas. *Edme* Dijon.	319.	
Thomas. *Jean* Dijon.	321.	
Tilliot. *Jean-Benigne du* Voy. Lucotte.		
Tixier. *Nicolas-Auguste* Beaune.	322.	
Tors. *Hubert-Henri le* Caen.	ibid.	
Tors. *Hubert le* Chabli.	323.	
Touf. *Claude de* Syrot.	324.	
Treuvé. *Simon-Michel* Noyers.	325.	
Tribolet. *Bernard* Autun.	329.	
Tribolet. *Chretien* Nuys.	ibid.	
Tribolet. *Jacques* Autun.	ibid.	
Tribolet. *Jacques* Autun.	330.	
Troncet. *Bonaventure du*	ibid.	
Tulonne. *Anne.*	ibid.	
Turrel. *Pierre* Autun.	ibid.	
Turrin. *Claude* Dijon.	331.	
Tyard. *Cyrus de*	322.	
Tyard *Henri Pons de* Cardinal de Bissy. Voy. Bissy.		
Tyard. *Pontus de* Château de Bissy.	ibid.	

V

Vachet. *Benigne* Dijon.	337.	
Vachet. *Pierre-Joseph du* Beaune.	ibid.	
Valerien. *le Pere* Dijon.	ibid.	
Valerot. *Guillaume* Dijon.	338.	
Vallambert *ou* Val-Lambert. *Simon* Avalon.	ibid.	
Vallepêle. *Guillaume Legoux, Seigneur de*	339.	
Vallon. *Claude* Dijon.	340.	
Vallon. *Jacques-Louis* Dijon.	ibid.	
Vallon de Mimeure. *Jacques*	341.	
Vallon. *Jean* Dijon.	ibid.	
Vallot. *Jean* Dijon.	ibid.	
Varenne. *Claude* Semeur.	342.	
Varenne. *Pierre*	ibid.	
Vasseur. *Hugues le*	343.	
Vassy. *Robert le Foul, Sieur de*	ibid.	
Vavasseur. *François* Paray.	ibid.	
Vauban. *Sébastien le Prêtre de* Saint-Leger *de* Foucheret.	347.	
Vaussin. *Dom Claude* Corsin, proche Moûtier-Saint-Jean.	348.	
Veran. *le Pere*	349.	
Vermandois. *Pelerin de* Dijon.	ibid.	
Vesvre. *Jean de la* Montcenis.	ibid.	
Vignier. *Henri* Bar-sur-Seine.	350.	
Vignier. *Nicolas* Bar-sur-Seine.	ibid.	
Villars *ou* Villers la Faye. *Simon*	352.	
Ville, *en Latin* Villanus. *Léonard de la* Charolles.	353.	
Villebichot *dit* Griachet. *Guillaume de* Talant.	ibid.	
Villemot. *Philippe* Châlon.	354.	
Villiers. *Philippe de* Dijon.	ibid.	
Virey. *Claude-Enoch* Sassenay.	356.	
Virey. *Pierre* Virey proche Châlon.	357.	
Viridet. *Jean* Paray.	ibid.	

X

Xaintonge. *Pierre de*	359.	

FIN

APPROBATION.

J'Ai lû par Ordre de Monseigneur le Chancelier, le Manuscrit, qui a pour Titre : *Bibliothèque des Auteurs de Bourgogne*, où je ne vois rien qui puisse en empêcher l'impression. A Paris le 24. Octobre 1741.

SALLIER.

PRIVILEGE DU ROI.

LOUIS par la grace de Dieu, Roi de France & de Navarre : A nos Amés & Feaux Conseillers, les Gens tenans nos Cours de Parlemens, Maîtres des Requêtes ordinaires de nôtre Hôtel, Grand Conseil, Prevôt de Paris, Baillis, Sénéchaux, leurs Lieutenans Civils & autres nos Justiciers qu'il appartiendra : SALUT. Notre bien Amé le Sr. PAPILLON l'un de nos Secretaires en la Chancellerie près le Parlement de Besançon, Nous a fait exposer qu'il désireroit faire imprimer & donner au Public un Ouvrage de la composition de Feu Sr. Papillon son Frere, intitulé : *Bibliothèque des Auteurs de Bourgogne.* Un autre composé par le Sr. *** intitulé : *Eloges de differens Auteurs*, s'il Nous plaisoit lui accorder nos Lettres de Priviléges pour ce necessaires : A CES CAUSES voulant favorablement traiter l'Exposant, nous lui avons permis & permettons par ces Presentes, de faire imprimer lesdits Ouvrages autant de fois que bon lui semblera, & les faire vendre & débiter par tout notre Royaume, pendant le tems de douze années consécutives, à compter du jour de la date desdites Presentes. Faisons deffenses à toutes sortes de personnes de quelque qualité & condition qu'elles soient, d'en introduire d'impression étrangere dans aucun Lieu du nôtre obéissance; comme aussi à tous Libraires, Imprimeurs & autres, d'imprimer, faire imprimer, vendre ni contrefaire ledit Ouvrage, ni d'en faire aucun extrait, sous quelque prétexte que ce soit, d'augmentation, correction, changement de Titre ou autres, sans la permission expresse & par écrit dudit Exposant ou de ceux qui auront droit de lui; à peine de confiscation des exemplaires contrefaits, & de trois mille livres d'amende contre chacun des contrevenans, dont un tiers à Nous, un tiers à l'Hôtel-Dieu de Paris, & l'autre tiers audit Exposant, & de tous dépens, dommages & intérêts; à la charge que ces Presentes seront enregistrées tout au long sur le Régistre de la Communauté des Libraires & Imprimeurs de Paris, dans trois mois de la date d'icelles; que l'impression desdits Ouvrages sera faite en notre Royaume, & non ailleurs, en bon papier & en beaux caractéres, conformément à la feüille imprimée, attachée pour modéle sous le contrescel desdites Presentes : que l'Impétrant se conformera en tout aux Réglemens de la Librairie, & notamment à celui du 10 Avril 1725 : qu'avant de l'exposer en vente, le Manuscrit ou Imprimé qui aura servi de copie à l'impression desdits Ouvrages, sera remis dans le même état où l'Approbation y aura été donnée, ez mains de notre très cher & feal Chevalier, le Sieur d'Aguesseau Chancelier de France, Commandeur de nos Ordres, & qu'il en sera ensuite remis deux Exemplaires dans notre Bibliothèque publique, un dans celle de notre Château du Louvre, & un dans celle de notredit très cher & féal Chevalier le Sieur d'Aguesseau Chancelier de France; le tout à peine de nullité des Presentes; du contenu desquelles vous mandons & enjoignons de faire joüir ledit Exposant ou ses ayant cause, pleinement & paisiblement, sans souffrir qu'il leur soit fait aucun trouble ou empêchement. Voulons que la Copie desdites Presentes qui sera imprimée tout au long au commencement ou à la fin desdits Ouvrages, soit tenuë pour duëment signifiée, & qu'aux Copies collationnées par l'un de nos Amés & Feaux Conseillers-Secretaires, foi soit ajoûtée comme à l'Original. Commandons au premier notre Huissier ou Sergent sur ce requis, de faire pour l'exécution d'icelles, tous actes requis & necessaires, sans demander autre permission, nonobstant Clameur de Haro, Chartre Normande & Lettres à ce contraires. C A R tel est notre plaisir. Donné à Versailles le 16 Fevrier, l'an de grace 1742, & de notre Règne le 27. Par le Roi en son Conseil.

Signé, SAINSON.

Régistré sur le Régistre 11. de la Chambre Royale & Sindicale des Libraires & Imprimeurs de Paris. N°. 3. fol. 2. conformément au Réglement de 1723, qui fait deffenses, art. 4. à toutes personnes de quelque qualité qu'elles soient, autres que les Libraires & Imprimeurs, de vendre, débiter, & faire afficher aucuns Livres pour les vendre en leurs noms, soit qu'ils s'en disent les Auteurs ou autrement, & à la charge de fournir à ladite Chambre Royale & Syndicale des Libraires & Imprimeurs de Paris, huit exemplaires de chacun, prescrit par l'article 108. du même Réglement. A Paris, le 7 Avril 1742.

Signé, SAUGRAIN, *Syndic*.

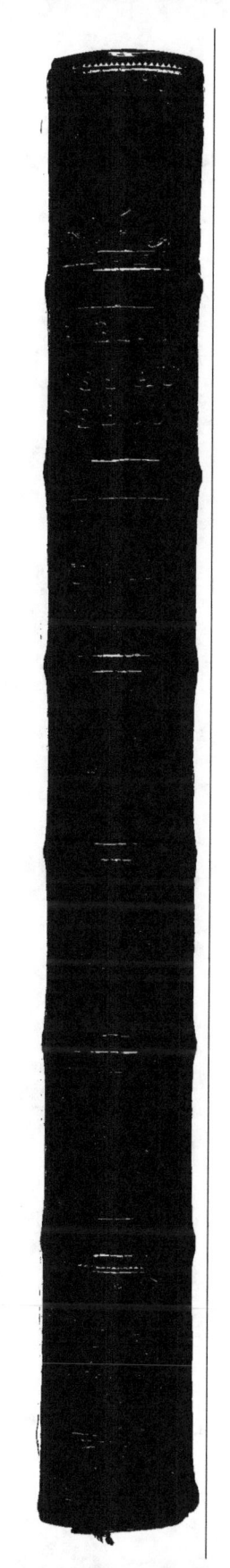

www.ingramcontent.com/pod-product-compliance
Lightning Source LLC
Chambersburg PA
CBHW071948220426
43662CB00009B/1047